先秦情态动词研究

巫雪如 著

清华语言学博士丛书

中西書局

图书在版编目(CIP)数据

先秦情态动词研究/巫雪如著. —上海:中西书局,2018.1
(清华语言学博士丛书 / 蒋绍愚主编)
ISBN 978-7-5475-1350-7

Ⅰ.①先… Ⅱ.①巫… Ⅲ.①古汉语—助动词—研究—先秦时代 Ⅳ.①H141

中国版本图书馆 CIP 数据核字(2017)第 262012 号

先秦情态动词研究

巫雪如 著

责任编辑	李潇潇
装帧设计	梁业礼
出版发行	上海世纪出版集团 中西书局(www.zxpress.com.cn)
地　　址	上海市陕西北路 457 号(200040)
印　　刷	上海肖华印务有限公司
开　　本	890×1240 毫米 1/32
印　　张	19
字　　数	494 000 字
版　　次	2018 年 1 月第 1 版 2018 年 1 月第 1 次印刷
书　　号	ISBN 978-7-5475-1350-7/H·075
定　　价	75.00 元

总　　序

近二十年来，我国博士生培养事业有了很大进展，在各个领域都培养出了一大批优秀的博士生；在语言学领域也是这样。这些新培养出来的博士生，大多视野开阔，思想敏锐，既有扎实的专业基础，又有强烈的创新意识，是我国语言学事业继往开来的生力军。博士论文和出站报告是他们刻苦攻读、悉心研究所取得的成果，有些优秀的博士论文达到了学术前沿的水平，体现了语言学研究的新思路、新成就。面对这些学术新人和学术新成果，我们由衷地感到高兴。

众所周知，一门学问要能生根，要能茁壮地成长发展，必须不断挖掘和发现新的材料，必须不断进行理论更新，必须不断涌现大批新的研究人员。语言学是一个既古老又相对年轻的学科。中国是拥有语言富矿的国家，汉语历史悠久，语言多种多样；有优良的语言研究传统，新的语言研究成果不断涌现。现在由于国力日益强盛，更引发各国青年人学习汉语的热潮。这对我国语言学科发展来说，既是一种机遇，又是一种挑战。只要我们海峡两岸暨香港、澳门语言学同人合力研究，让我国语言学科走到世界学术的尖端，这是可望也可及的目标。正是从这一思想出发，并为了使得这些学术新成果更快地和读者见面，为了帮助这些新人更迅速地成长，以便为语言学注入新的活力，我们创办了这个《清华语言学博士丛书》。现在计划每年出版一辑，每辑选收1—5种海峡两岸暨香港、澳门语言学博士的优秀论文、出站报告和其他著作。我们希望《丛书》能聚集一批优秀的年轻学者，这些年轻人将来能带领中国的语言学迈着稳健的步伐前进。

《清华语言学博士丛书》创办以来，得到了海峡两岸暨香港、澳门语言学界同人和有关单位的大力支持。很多著名的语言学家担任了顾问和编委，很多博士生踊跃投稿，很多专家不辞辛劳负责审稿。清华大学提供了经费，上海中西书局负责出书。大家的热忱支持进一步坚定了我们办好《清华语言学博士丛书》的决心，我们一定使之成为展示我国语言学新思想、新成果的平台，成为语言学新苗茁壮成长的园地。

希望大家对《清华语言学博士丛书》不断提出意见和建议。让我们共同努力，把《清华语言学博士丛书》办好！

蒋绍愚

2013年6月

内容摘要

本书的研究对象为先秦汉语的情态动词。在本书的界定中，“情态动词”指的是可以表达情态语义的动词，其范围除了传统归为助动词或能愿动词的“可”“能”“欲”“愿”等成员外，也包括其他可表情态语义的实义动词，如“知”“信”“命”“禁”等。本书的研究目的在于探讨这些情态动词的语义、用法及情态演变路径，同时描绘先秦情态动词系统的整体面貌，并与跨语言的研究成果做比较，指出先秦情态动词与之相较下的共性与特性。

本书的第一章中首先说明“情态动词”的定义，接着探讨“情态”一词在语言学研究中的定义及中外学者的研究概况，并从跨语言的情态研究成果入手，寻求适应于先秦汉语实际情况的情态界定方式，最后说明本书的研究范围及方法。

在第二章中，我们回顾了汉语情态动词的相关研究文献，并在各家的研究基础上，从动词语义及语法表现两方面对先秦汉语的情态动词做出新的界定，我们同时将先秦情态动词所表达的情态类型分为认识、道义、动力及条件四类，并列出先秦汉语中所有可表达这四类情态类型的动词成员。

在划定出本书研究对象的范围后，我们根据情态乃以表达说话者观点或态度为中心语义的特征，将先秦情态动词分为典型情态动词及非典型情态动词两类。典型情态动词指的是可表达说话者观点或态度的动词，如“可”“足”“能”“得”“当”等，非典型情态动词则为上述成员以外的动词。非典型成员另依是否表主语能力或意愿分为非典型情态动词(一)及非典型情态动词(二),前者主要包括传统助动词或能愿动词研究中可表主语指向情态的成员,如“肯”“敢”“欲”“愿”等,后者则包括上述两类情态动词以外的其他成员,如“知”“信”“恐”“命”“使”等。

在第三至第五章中,我们分别对上述三类情态动词的语义及发展作较为深入的分析与探讨,包括个别情态动词的形成、语义的演变及其在先秦汉语中的情态表达类型与方式,必要时亦对情态动词在句中的语法表现作简单的分析。

在第六章中,我们首先对情态动词进行分类,接着分析情态动词不同的形成方式及演变机制,再以情态语义地图的方式呈现先秦情态动词的演变路径,并与跨语言情态研究成果做比较,最后根据情态动词的类型及形成方式,分析情态动词不同演变途径的决定条件。

在结语中,我们指出本书的研究成果及问题,并提出未来可能的研究方向。

目　　录

第二章　情态动词的界定及类型

第三章　典型情态动词析论

第四章　非典型情态动词(一)析论

第五章　非典型情态动词(二)析论

第六章 情态动词相关问题讨论

第七章 结　语

第一章
序　论

1.1 “情态动词”释义

本书的研究对象为先秦汉语的情态动词。由于“情态动词”一词在汉语学界仍属较新兴的术语，因此，本书首先对“情态动词”的释义及界定做一些简单的回顾与探讨，同时划定本书的研究对象及范围。

“情态”(modality)作为语言学的研究课题在西方已有相当长的历史。不过，关于“情态”一词的界定及范围，至今学界的意见仍相当纷歧，多数学者同意“情态”是一个以表达说话者观点或态度为中心的语义范畴，同时可扩及到其他不表示说话者观点或态度的语义范畴，如表达主语之能力或意愿等。

“情态”作为汉语语言学的研究课题是从西方语言学界引入的，而“情态动词”的名称则可说是由英语的“modal verbs”直接翻译而来的。在英语的相关研究中，“modal verbs”大多用来指称英语助动词(auxiliary verbs)中表达可能、义务、能力或意愿等情态语义的“may”“must”“can”“will”这一类词(Lyons 1977:791;Palmer 1990:2;Traugott 2002:105)。除了“modal verbs”之外，这类词还经常被称作“modal auxiliaries”(Coates 1983;Pulleyblank 1992:122;Bybee 1995)或“modal auxiliary verbs”(Perkins 1983:1;汤志真 1997/

2000:99①)。由于汉语中也有一套传统称之为“助动词”或“能愿动词”且同样能表达可能、义务、能力或意愿等情态语义的词，如“可能”“必须”“能”“要”等，因此许多研究汉语情态的学者也将这类词称为“情态动词”(曹逢甫 1996;汤廷池，汤志真 1997/2000;朱冠明 2002,2003;彭利贞 2007:2;王红卫 2008)，有些则称为“情态助动词”(许和平 1991;郑萦 2003;徐晶凝 2008:239)。

在涉及英语情态研究的文献中，“情态动词”(modal verbs)除了可用来指称上述传统称为助动词的这类词外，也可用来指称其他可表达情态语义的实义动词，如 Perkins(1983:94－95)将“modal auxiliary verbs”及“modal lexical verbs”均列为英语中情态表达的语言形式，前者即上述之情态助动词，后者则包括一般称为行事动词(performative verbs)的动词，如表达断言行为(acts of asserting)的“affirm”(确认)与“predict”(预测)、表达估价行为(acts of evaluating)的“guess”(猜测)与“regard”(认为)、表达要求行为(acts of requesting)的“ask”(要求)、“order”(命令)与“forbid”(禁止)，以及表达建议行为(acts of suggesting)的“advise”(劝告)等。汤廷池、汤志真(1997/2000:99－100)也将“shall/should”及“may/might”这类具有形态特征的助动词称为“modal auxiliary”，而将“want”“intend”“mean”“desire”这类以主语名词组为义务来源之动词称为“modal verb”。

在汉语的情态研究文献中，谢佳玲(2002)所称的“情态动词”同样不限于传统归为助动词或能愿动词的这类词，而包括其他可表达情态语义的实义动词，如“认为”“相信”“允许”“同意”“命令”“请”及“希望”等。此外，徐晶凝(2008:19－23)也将“情态实义动词”与“情态

---

① 本书所列作者著作之年代若同时列出两个年代并以“/”区隔者，表示这部著作有前后两个不同版本或不同出版年份，相关出版资料皆列于本书最后之参考文献中。本书之所以采取这种处理方式主要是因为我们认为如果要较为清楚地呈现学术发展的脉络，标明该著作的原始出版年代应是较适当的做法，不过由于某些书的初版版本目前已不易见到，引用时只能根据后来再版的版本，因此我们采用这种折中方式来处理。

助动词”并列为现代汉语中能够表达说话人主观态度和看法的语言形式。其中,“情态实义动词”包括“知道”“相信”“希望”“怀疑”等,“情态助动词”则包括“可能”“可以”“能”“应该”等。

本书所称的“情态动词”,其界定与谢佳玲(2002)较为相近,亦即涵盖所有能表达情态语义的动词,而范围则大致同于谢佳玲(2002)所称的“情态动词”、Perkins(1983)所称的“modal auxiliary verbs”加上“modal lexical verbs”,以及徐晶凝(2008)所称的“情态助动词”加上“情态实义动词”。本书之所以采用这个界定及范围,一方面是为了适应本书的研究动机及主旨,另一方面则是为了反映先秦汉语本身的特点。

首先,本书初始之研究动机原在全面探讨先秦汉语的情态表达系统,亦即涵盖情态动词、情态副词及句末语气词在内的各类与情态表达有关的语言形式,不过,在研究及写作的过程中,一方面由于时间与篇幅的限制,另一方面由于研究旨趣的转变,本书最后将研究重点锁定在情态动词发展及流变的探讨上,至于情态副词、句末语气词及先秦整体情态表达面貌则留待后续研究再行开展。也就是说,本书所拟探讨的“先秦情态动词”实际上指的是先秦汉语可表达情态概念的语言形式中所有可归类为“动词”的成员,而非根据语法功能所界定的某种“助动词”或“能愿动词”的动词次类。① 基于这个研究主旨,先秦汉语中那些虽然一般不被归为助动词或能愿动词,但却显然与情态语义表达有关的动词自然也应该被列入本书的研究范围。

其次,在英语的词类系统中,历来学者大多将“auxiliary verbs”或“modal verbs”归入“verbs”中(Jespersen 1924/2007:88;Huddleston

① 谷峰(2010)的研究对象为“先秦汉语情态副词”,该文对情态副词的界定同样是以情态语义为准,亦即将“副词”这个词类中所有与情态表达有关的成员划归到情态副词的范围。本书对“情态动词”的界定方式与谷峰对“情态副词”的界定方式基本一致,不过,由于“情态动词”一词在汉语学界经常与传统所谓“助动词”或“能愿动词”有所纠葛,才导致本书在“情态动词”的界定上遭遇了较多的问题与困难。

1984：126）。在英语“modal verbs”的研究中，大多数学者之所以将“modal verbs”限定于“may”“must”“can”“will”这一类词，主要是因为他们认为这类词具有与他类动词截然不同的语法特征（Palmer 1990：3－4；Coates 1983：4－5），且是所有情态表达形式中语法化程度最高的一类，因此是最足以代表英语情态表达的一类词。汉语的情况则与之不同。在现代汉语中，一般称为助动词或能愿动词的这类词并不具有可与他类动词截然区分的语法特征，不同学者对这类词所设定的语法特征及因而划定的成员范围都有相当大的差异，有些学者甚至不同意现代汉语中有可以从词法与句法表现或功能上与一般动词区隔的助动词存在（汤廷池，汤志真 1997/2000：97；谢佳玲 2002）。在先秦汉语中，传统归为助动词或能愿动词的这类词与一般动词在句法功能上的区别更不显著，文献中曾经提及的各种句法标准大抵均无法将这类动词与其他谓宾动词区别开来。我们认为，既然先秦汉语中没有可以根据句法功能划分的助动词或能愿动词，而情态动词从名义上看又是一个与语义有关的范畴，因此，先秦情态动词在界定上就不应是一个具有共同语法特征的动词次类，而应是一个具有共同语义范畴的动词成员集合，这个共同的语义范畴即为“情态”。在这个界定下，所有能表达情态语义范畴的动词都可归为情态动词，因此，本书所称的“先秦情态动词”涵盖的范围就不仅包括传统归为助动词或能愿动词的“可”“当”“能”“欲”等，也包括其他可表达本书所界定的情态语义的实义动词，如表达认知的“谓”“信”“意”“疑”等，表达指令的“命”“令”“使”“禁”“许”等。[①] 也就是说，本书对情态动词的界定与目前学界倾向将情态动词理解为取代传统称为助动词或能愿动词之新兴术语的做法不同。如果将目前一般学界所界定的情态动词称为狭义的情态动词，则本书所界定的情态动词即是一种广义的情态动词。

---

① 关于本书所界定的情态语义，下文将有较详细的说明。

当然,如果为了顾虑"情态动词"在过去汉语学界已被赋予的若干既定内涵,我们也不妨放弃用"情态动词"一词来称呼本书的研究对象,而用另一个足以涵盖本书研究范围的名称来命名,如"先秦汉语情态助动词与情态实义动词研究",或"先秦汉语中与情态表达有关的动词系统研究",不过,前者由于先秦汉语中之所谓"助动词"与实义谓宾动词原就几乎无法区分,因此并不适用;后者则由于名称过于冗赘,如在行文中每次都必须以"与情态表达有关的动词"来称呼本书的研究对象,势必造成更多的困扰,而现有的"情态动词"一词并非完全不能涵盖本书研究的范围,因此,两相权衡之下,我们仍以"情态动词"来指称本书的研究对象。

我们深知,当不同的研究者对同一个语法术语的内涵有不同的理解与界定时,不论是对研究者或对读者来说都可能造成一定的困扰,不过,这类术语界定不一致的情况原本就是汉语语法学界长期存在且无法完全避免的问题。我们认为,只要本书在正式讨论前将这个术语的界定说明清楚,这个问题就应不致对本书的论述及读者的阅读造成太大的影响。

由于本书的研究对象为由情态语义范畴所界定的"情态动词",而这个语义范畴又是语言中一个相当复杂的概念,因此我们在序论中先较为详细的介绍与本书论旨相关的情态研究成果,至于情态动词本身的研究成果及界定等相关问题则留待第二章再做详细讨论。

1.2 研究意义

情态(modality)作为一个研究课题在西方已经有很长的历史。20世纪70年代以后,情态更成为语言学研究的热点,各个学派都对它投以相当多的关注,理论层出不穷,研究成果也非常丰富。如Lyons(1977)、Palmer(1979/1990,1986/2001)、Coates(1983)及Perkins(1983)等可说是英语情态研究的奠基之作。

现代汉语学界从 20 世纪 80 年代以后开始借鉴西方语言学情态的研究成果，对现代汉语的各类情态及情态表达方式进行探讨。如 Tsang(1981)，Tiee(1985)及范开泰(1988)是这类研究中时代较早的。其后，情态研究在现代汉语学界逐渐受到重视，各类研究成果不断出现，仅以台湾地区而言，1990 年以后，以语言学之“情态”命名的硕博士论文就多达二十篇以上，内容涉及情态动词、情态副词、语气词以及多种不同方言的情态表现，如忻爱莉(1998)、谢佳玲(2002)及于嗣宜(2007)等。此外，以情态研究为主的其他论著也相当丰富，如 Lin & Tang(1995)；汤廷池、汤志真(1997/2000)；汤廷池(2000)；郑萦(2003)及谢佳玲(2006a、2006b)等。大陆地区的情态研究近年来也有长足的发展，除了对情态词的定义、分类、功能、语义及句法表现等方面进行分析外，亦有学者从语用或交际层面探讨现代汉语的话语情态(discourse modality)，温锁林(2001)、齐沪扬(2002)、彭利贞(2007)及徐晶凝(2008)等都是这方面研究的重要论著。

相较于现代汉语对情态研究的重视，在古汉语，尤其是先秦汉语的研究中，明确以情态范畴作为研究对象的则较为少见，就笔者目前所见的仅有马悦然(1982)、Harbsmeier(1989)、Takashima(1994)、Peyraube(2000,2001)、李明(2001)、郑萦(2004)、朱冠明(2008)、王红卫(2008,2009)及谷峰(2010)等论著。此外，某些古汉语通论性著作亦有部分小节专论情态，如 Pulleyblank(1992:122 - 125)。其他不以情态命名而与情态研究相关者包括以助动词、语气副词及句末语气词为研究对象的论著，这些论著虽与情态的研究对象大致重合，但关注角度及研究方法则互有异同。刘承慧(2007,2008)从言说主观性(subjectivity of utterance)的角度探讨先秦句末语气词“矣”“也”的功能及分化，是这些论著中与情态研究较为相关的。

目前语言学界对情态一般的定义是，情态表达说话者对命题或语句内容的主观意见及态度，如果以最广义的情态界定来看，可以说所有的言说(utterance)都含有某种情态在内。本书定义的情态也是一种广义的情态，不仅包括传统逻辑模态研究中的可能性与必然性等概念，也包括广义逻辑模态中的道义模态、意愿模态及评价模态等。此外，我们也将交际双方基于尊卑上下、亲疏远近及所处立场不同所导致的语句使用差异纳入情态讨论的范围内，也就是包含前文所说的话语情态。在现存的语言中，日语一般被认为是相当注重人际对待关系的语言，与之相较，现代汉语的表现则较不明显，而先秦汉语在这方面的表现可说是介于两者之间。先秦汉语虽然不像日语那样在人际对待上有一套完整的形式区别系统，不过由于先秦是一个尊卑、亲疏、上下等级极为严明的社会，人际的一切行为都受到当时礼制的规范，因此在语言的使用上也反映出较明显的基于人际关系或社会规范所产生的特殊表现方式，这些表现方式即为本书所定义的情态系统的一部分。

先秦汉语是目前流传的书面语中时代较早且文献量及文体种类皆相当丰富的语言，因此其情态系统可说是语言中非常重要的范畴。我们认为，厘清先秦汉语的情态表达方式不仅有助于深化我们对先秦汉语的理解，在跨语言的情态系统研究上也具有重大的意义。由于以往的研究较少关注这方面的问题，因此本书拟借鉴西方语言学及现代汉语对情态问题的研究成果，对先秦情态表达方式做一些初步的探索，并以其中的情态动词作为本书研究的重心。

本书虽以先秦情态动词作为研究重心，不过由于情态动词隶属于整个情态系统的一部分，因此，为了深化对情态动词的研究，有必要先对整个情态系统及相关研究成果作一个概略的探析。以下先介绍情态的基本概念、情态的研究现况及汉语学界对情态研究的主要成果，藉此界定本书先秦情态动词的研究范围，最后说明本书所采用的语料范围及其来源、时代等相关问题。

1.3　西方模态及情态研究概观

本节介绍西方情态的相关研究成果。由于语言学的情态研究基本是借鉴逻辑学中模态的研究成果①,因此以下先简单介绍一下逻辑学中与语言学情态研究相关的模态研究情形,进而比较二者的区别,最后概述语言学情态的研究成果。

1.3.1 逻辑学模态研究概观

"模态"作为一个研究课题从古希腊时期的亚里士多德便已开始。亚里士多德将命题分为实然命题和模态命题,其中模态命题又分为必然命题和偶然命题。必然命题和偶然命题指的是在实然命题上加上"必然"和"可能"等模态词的命题。亚里士多德的模态逻辑就是研究这种"可能/必然"的概念及其联系等问题。由于"可能/必然"与命题的真值有关,因此这种模态逻辑称为真值模态(alethic modalities,或译为真势模态)。真值模态是传统模态逻辑研究的主要内容,它关注的是命题中的真值问题。② 在真值模态中,可能性是指命题在某些可能世界为真,如:

(1) It is possible that it will rain tomorrow.(明天可能会下雨。)

在例(1)中,说话者并不确知明天的天气为何,不过他可以设想几种可能性。换句话说,对说话者而言,在几种可能的世界中,至少有一种可能是明天会下雨。必然性则是指命题在所有可能世界皆为真,如:

(2) It is certain(necessary) that it will rain tomorrow.(明天一定会下雨。)

例(2)是指不管哪一个可能世界成为现实,明天都会下雨。换句话说,在所有可能的世界里,明天都会下雨。模态逻辑研究的是逻辑上的可能性和必然性,与真实世界的实际知识无关。比方一个人在七月的时

---

① "modality"一词在现代语言学中多译作"情态",在逻辑学中则多译作"模态",本书以下亦将逻辑学中的 modality 称为模态,将语言学中的 modality 称为情态。

② 本段论述可参考 Allwood *et al*.(1977:108-109)。

候说:“台北明天可能会下雪。”这个命题虽然在真实世界里几乎不可能发生,但在逻辑上是可能的。在模态逻辑中,可能性和必然性可以互相定义:如“可能是”相当于“不必然是”,而“必然是”则相当于“不可能不是”。逻辑学家以 M/N[①] 来代表“可能性/必然性”的概念,其定义为:

i. Mp = it is possible that p.(命题 p 是可能的)
ii. Np = it is necessary that p.(命题 p 是必然的)

其中 M 和 N 被称为模态算子(modal operators),运用这两个模态算子及命题连接词可以产生许多复杂的表达式,如:

i. $Mp \equiv \sim N \sim p$ ‘It is possible that p iff it is not necessary that not p’(命题 p 是可能的,当且仅当非 p 是不必然的)
ii. $\mathrm{N}p \equiv \sim \mathrm{M} \sim p$ ‘It is necessary that p iff it is not possible that not p’(命题 p 是必然的,当且仅当非 p 是不可能的)

现代的模态逻辑可分为狭义模态逻辑(或称为标准模态逻辑)和广义模态逻辑(或称为非标准模态逻辑),狭义模态逻辑只研究与可能性及必然性相关的真值模态逻辑,广义模态逻辑则包括真值模态逻辑以外的其他逻辑,如道义逻辑(deontic logic)、认识逻辑(epistemic logic)、价值逻辑(evaluative logic)与时态逻辑(tense logic)等。对语言学情态研究影响最大的逻辑学家是 von Wright,他的模态逻辑研究即属于广义模态逻辑。

von Wright(1951:1-2)将模态区分为下面四种模式:[②]

i. 真值模式(mode of alethic)或实然模式(modes of truth),如:

(3) He is a bachelor, so he must be unmarried.(他是一个单身汉,所以他一定没有结婚。)

ii. 认识模式(mode of epistemic)或知道模式(mode of know-

---

① 有些人以 M/L 或◇/□代替 M/N。
② 以下四种模式中的例句均引自徐晶凝(2008:5)。

ing)，如：

(4) John may be there by now.（约翰现在可能在那儿。）

iii. 道义模式(mode of deontic)或义务模式(mode of obligation)，如：

(5) You may come in now.（你现在可以进来。）

iv. 存在模式(mode of existential)或实体模式(mode of existence)，如：

(6) Lions can be dangerous.（狮子可能是危险的。解释：有的狮子是危险的。或者：狮子有的时候是危险的。）

von Wright 指出，第一类真值模式是传统模态逻辑所关注的，它们可分为两个次类，一是命题必然、可能或偶然为真，二是某种特质必然、可能或偶然存在。第二类认识模式的基本模态是证实、证伪及未定，其次类区分与第一类相同。第三类道义模式的基本模态是义务（"ought to"）、许可（"may"）及禁止（"must not"）。第四类存在模式有时又称为量化理论，一般不被认为是模态逻辑的分支，不过 von Wright 认为归类只是术语上的问题，真正值得注意的是，存在模态的全称、存在及不存在等属性与真值、认识及道义模态在本质上很类似。它们的类似点可表列如下(表 1-1)：

表 1-1 von Wright 模态表

真值模态	认识模态	道义模态	存在模态
必然(necessary)	证实(verified)	义务(obligatory)	全称(universal)
可能(possible)		许可(permitted)	存在(existing)
偶然(contingent)	未定(undecided)	两可(indifferent)①	
不可能(impossible)	证伪(falsified)	禁止(forbidden)	不存在(empty)

① 我们将"indifferent"译为"两可"，因为 von Wright(1951:37)对"indifferent"的定义是："If an act and its negation are both permitted, the act is called (morally) indifferent"。(若行为及其否定二者皆可容许，则该行为称为两可)。

von Wrigh(1951:21)认为表1-1中的四个模式彼此之间有模拟关系,从"形式表现"(formal behavior)的观点来看,"证实"与"必然"、"未定"与"偶然"、"证伪"与"不可能"可以彼此对应。O'Connor(1954)在评论中进一步指出,表1-1的四类模式中,同一列的模态概念彼此间皆有模拟关系。

除了上述四个模式以外,von Wright 还指出,在真值模态中,某些表达可能性或必然性概念的模态词在一般语言中可以同时用来表达与能力(ability)或倾向(disposition)有关的概念,如"can":

(7) Jones can speak German.(琼斯会说德文。)

von Wright 将这种表达能力或倾向的模态称为动力模态。

von Wright 对模态所作的区分对语言学的情态研究有很大的影响,他所区分的认识模态及道义模态是后来语言学情态研究中最重要的两个类别,各类别下平行概念间的模拟关系也为情态词的多义现象提供了逻辑分析的基础。

Rescher(1968:24-26,33)也将模态从传统的真值模态扩大到其他方面。他指出,从亚里士多德以来,逻辑学家所探讨的传统模态环绕着真实(truth)的概念本身,亦即真值模态。除了真值模态外,Rescher 另外列举了 7 个重要的模态。以下是 Rescher 所列的 8 个模态:

i. 真值模态:命题【必然(necessary)/实然(actually)或断言(assertoric)/可能】为真。

ii. 认识模态:与知识及信仰有关。命题是【可知的/可信的/可接受的/可预期的】。

iii. 时间模态(temporal modalities):与时间有关。命题【有时/大多/总是/一直/昨天】是这个状态。

iv. 意愿模态(boulomaic modalities):与期望有关。命题是【被希望/被担心/让人觉得后悔/被渴望】的。

v. 道义模态：与责任有关。命题是【应该/应该避免/被禁止/允许】发生的。

vi. 评价模态(evaluative modalities)：命题是【好的/极好的/坏的】事。

vii. 因果模态(causal modalities)：现存的事件状态会【导致/防止(或妨碍)】命题的出现。

viii. 可能模态(likelihood modalities)：命题是【可能的/大概的】。

Rescher 所列的模态类型有些也成为语言情态的研究范畴，如意愿情态及评价情态等。

1.3.2　逻辑模态与语言情态

如前节所述，逻辑模态的研究成果对语言学的情态研究有很大的影响，不过正如 Palmer(1990：6－7)所指出的，上文中表 1－1 所列的模态，本质上是逻辑学家的一组范畴，von Wright 设定它们的目的是为了根据真值表(truth-tables)探索它们的形式结构。语言学家研究情态的目的则与之不同。语言学的情态研究主要是为了探索语言中可以清楚辨识的情态类别，以及表现这些情态的系统。以下略述二者之间的主要差别。

逻辑模态与语言学情态的区别首先表现在真值模态与认识情态上。如前节所述，模态命题是亚里士多德作为实然命题的对立范畴提出来的，实然命题加上可能、必然等模态成分即成为模态命题，因此，可能、必然等模态成分可以说是实然命题的命题外成分。同样的，在自然语言中，表达可能、必然等概念的情态词也可以说是语句内容的命题外成分。不同的是，在真值模态逻辑中，逻辑学家关注的是命题真值在逻辑上的可能性与必然性，这种可能性与必然性与说话者的态度无关，是一种客观的形式逻辑推论，如上文在 von Wright 的真值模式下所举的例(3)“He is a bachelor，so he must be unmarried.(他是一个单身汉，所以他一定没有结婚。)”在这个推论中，“他一定没有结婚”的必然性是由“单身汉”这个词词义本身蕴涵的“—结婚”特征直接推得的。此外，以下例(8)、例(9)也是真值模态所研究的有效推论形式。

(8) 物体受摩擦必然发热，
所以，物体受摩擦不可能不发热。

(9) 任何事物的静止必然要么是相对的，要么是绝对的，
事物的静止必然不是绝对的。
所以，任何事物的静止必然是相对的。(以上二例引自胡龙彪，黄华新 2006:315)

然而，像例(3)或例(8)、例(9)这类客观逻辑推理语句实际上很少在自然语言中出现。[①] 在日常对话或一般文本中，包含情态词的命题或语句，例如“明天可能会下雨”或者“这件事一定会成功”，其中的“可能”或“一定”大多不是客观的逻辑推论，而是说话者根据自己的知识或信仰对语句内容所作的判断。在模态逻辑中，与知识或信仰有关的模态是属于认识模态的范畴。因此，Palmer(1990:7)指出，虽然真值情态是逻辑学家的主要关注点，但它在一般语言中却不具地位，与认识情态之间也没有可以清楚辨识的区别，因此不在语言学的情态研究范围内。也就是说，模态逻辑中表可能和必然概念的真值模态在语言学中是属于认识情态研究的范畴，不过具体的研究方法与目的并不相同。

1.3.3　语言学情态研究概观

情态作为一个独立的语法范畴，其定义及涵盖范围在语言学研究中一直有很大的争议，如 Palmer(1986:1-2)指出，与语言中的时(tense)、体(aspect)、数(number)、性(gender)等语法范畴相较，情态的语义功能特征较不明显，概念也较模糊，因此容许相当多可能的定

① 关于认识情态中的客观情态问题，以下介绍各学者的研究成果时会有进一步的分析。

义。由于情态在语言研究中从一开始就没有明确的定义与范围，因此语言学史上各个学派对于情态的看法一直相当纷歧，所采取的研究方法与角度也大不相同，相关研究文献更可以说是浩如烟海。限于时间、篇幅及本书的研究主题，我们无法在此对全部的情态研究作深入的分析。在近年出版的彭利贞(2007)及徐晶凝(2008)这两部现代汉语情态研究专著中，二人对西方语言学的情态研究已经有了相当简要的概括，因此本节的文献回顾将以二人的研究为基础，将西方各个语言学派对情态的看法作一个概略的介绍[①]，并在其后针对与本论文研究主题较为相关的学者论点作进一步的分析与探讨。

彭利贞(2007:14－24)将西方各学派对情态的研究分为四大类：(1)传统语法。以Jesperson(1924，何勇等译1988)的研究为主，他在语气(moods)的范畴下讨论情态，强调语气应以动词形式表达为条件，因此，他所谓的情态就是情态助动词所表达的意义。传统语法认为句子由内容和表达方式两部分组成，而情态就是其中的表达方式。(2)结构主义语法。以Bloomfield(1933，袁家骅等译1980)及Quirk(1985)的研究为主。结构主义以助动词这个词类范畴来研究情态问题，主要从形式出发，观察助动词的分布和功能，同时也注意到情态动词的意义分类。(3)格语法与生成语法。格语法以Fillmore(1968，胡明扬译2002)的研究为主，他将句子分为命题和情态，其中情态的意义较宽泛，包含否定、时(tense)、体(aspect)及语气(mood)等范畴。生成语法以Radford(1988)的研究为主，他将情态动词视为助动词的一小类，主要探讨它们的句法特征。(4)功能主义与认知语法。功能主义以Halliday(1994)的研究为主，他将情态看作是人际元功能的重要组成部分，表示语言使用者对事物认识的估价和不确定性。认知语法以Dirven & Verspoor(1998)、Taylor(2002)、Johnson(1987)及

① 本书以下对各学者研究之介绍若为引自彭、徐二人之研究回顾者，则其文献出处亦以二人所列为主。

Sweetser(1990)等人的研究为主。认知语法把情态看作是一组背景成分,并以力量(force)的概念来理解情态动词所表达的意义及它们在不同世界间的推论与变化过程。

彭利贞认为上述各个学派对情态的研究都是零星而较不全面的,另有一些语言学家则对情态作了系统的研究,这些语言学家主要从语义的角度对语言中的情态概念进行分析,如 Lyons(1977)、Palmer(1979,1986)、Perkins(1983)、Coates(1983)及 Papafragou(2000)等。

徐晶凝(2008)根据 Lampert & Lampert(2000)将西方情态研究分为四大理论模型:功能模型(functional model)、逻辑模型(logic model)、认知模型(cognitive model)和民族模型(national model)。功能模型以 Givón 及 Halliday 为代表。Givón(1989)将情态限定为说话人对命题的态度,并分为认识态度及评价态度/道义态度两大类。不过 Givón 对情态的解释集中在认识情态上,却未能将道义情态整合进来。Halliday(1985)将情态分为认识情态和意态,其中认识情态限定为界于“是”与“否”两极之间的可能性和经常性,而意态则包括不同程度的义务和意愿。不过 Halliday 所分的这两类情态也不是截然可分的。逻辑模型以 Kratzer 的关联情态为代表。该模型将情态限制在与可能性和必然性相关的范畴,并将自然语言的语义等同于模态逻辑中的语义,运用逻辑表达式来分析情态的意义。逻辑模型虽然对情态的意义解释比较精确,但分析法较抽象,且忽略语言中的交际因素,因此对认识自然语言的情态表达帮助不大。认知模型以 Talmy、Sweetser 及 Langacker 为代表。该模型将情态建立在力量的意念上,并以认知图式分析情态助动词的意义以及同一个情态载体如何及为何可以用于不同的情态域。不过认知模式并未对情态的范围做出明确的界定,也没有为整体情态体系提供理论框架。民族模型以 Palmer(1979,1986)及 Coates(1983)为代表。该模型将情态限定于情态助动词所表达的意义类,并认为情态载体的确定依赖于民族语言的文化需要,不同语言中表达情态的手段各不相同。

最后，徐晶凝总结各家研究指出，四大模型不仅研究视角不同，对情态内涵理解的宽窄也不相同，因而在情态的语法表达手段认定上也有分歧。如 Palmer(1986)认为情态表达形式应以语法化(grammaticalization)作为重要的标准，因此以情态助动词、语气、小词(particle)和附着形式(clitics)为主要研究内容，至于形容词(如 possible)、副词(如 possibly)、名词(如 possibility)、动词(如 hope，believe)等词汇形式及语调特征等均排除在外。不过 Palmer(1979)实际详细描写的情态只限于情态助动词，这是传统情态研究的核心内容。功能学派所研究的情态载体则包罗万象，如 Givón(1989)将情态助动词(如 will，may，must 等)、认知动词(如 think，believe，guess，doubt 等)、形容词(如 possible，probable，likely，true 等)及副词(如 maybe，perhaps，probably 等)都包括在内。认知学派的 Talmy 也提出大情态体系的概念，将许多开放类词汇都纳入情态研究中。

上述二人对西方情态研究史的回顾采取的是不同的视角，彭利贞以语言学派为纲，将各学派对情态的相关论述置于其下；徐晶凝则以情态研究的理论模型为纲，将同属一个模型的情态论述置于其下。这两个不同视角的介绍让我们对西方的语言情态研究状况能有更完整的认识。

在上述各类情态研究中，传统语法、结构主义语法及生成语法都是以助动词的形式句法功能为主，而格语法所涉及的情态范围则过于宽泛，这些研究与本书的关注角度基本无关，因此不予讨论。逻辑模型以逻辑表达式分析自然语言，诚如上文徐晶凝所指出的，这种分析法并不适用于自然语言，因此本书对这个模式也不多作讨论。认知语法(模式)以力量的概念及认知图式分析情态助动词的意义，这种方式虽然有助于深入理解个别情态助动词的意义及推论变化的过程，不过，由于该学派并未对整体情态系统作出界定，因此，我们将在下文分析个别情态词的演变过程再引述他们的看法，而不在这里对认知学派多作介绍。与本书研究主旨较相关的主要是功能模型及民族模型,以下就以这两种模型的研究为主,较为详细地介绍其中与本书情态研究相关的论点。

1.4 西方学者情态研究简介

在前一小节中,我们以彭利贞(2007)及徐晶凝(2008)两人的研究为基础,对西方语言学的情态研究做了一个粗略的鸟瞰,并锁定功能模型与民族模型作为本书情态研究的理论基础。本节将对上述两个模型的研究成果作较为深入的介绍,此外,我们也将简单介绍在上一小节中未被提及的 Bybee 等人的情态研究成果。由于各家情态研究所涉及的内容及范围非常广泛,无法在此一一详细介绍,事实上,就本书的论旨来说也无此必要,因此本节将仅介绍与本书研究较为相关的论点。以下以出版时间为序,介绍各位学者的相关研究,最后在小结中说明这些成果与本书研究之关系。

1.4.1 Halliday(1970,1994)

关于情态的定义,Halliday(1970)是从功能的角度来界定的。他认为情态是由语言中的人际功能衍生出来的,是说话者在言说事件中的一种参与形式。情态外在于命题内容,是说话者态度的一部分。透过情态,说话者表达了对命题可能性的评断及自己的角色与立场。在 Halliday(1970)的定义中,情态仅包括说话人对命题可能性的评断,至于其他情态,如表达许可与义务的道义情态等,Halliday 则将它们称为“意态”(modulation)。意态与情态不同,意态是命题内容的一部分,与说话者对可能性的评断无关。

Halliday(1994:88 - 89)又对情态作出新的定义,他认为情态指的是位于“是”与“否”之间的意义区块,也就是肯定与否定两极之间的中间地带。在这个定义下,他将原来的情态和意态均归入情态范畴,但将原来的“modality”(情态)改称为“modalization”,以便与意态作出区别。其前后情态定义如表1-2：

表1-2 Halliday前后情态定义表

Halliday(1970)	Halliday(1994)	
情态(modality) 意态(modulation)	情态(modality)	情态(modalization) 意态(modulation)

根据从"是"到"否"之间的不同类型，Halliday探讨了命题(proposition)与提议(proposal)的区别。命题包含陈述(statement)及疑问(question)，命题中的正负两极指的是断言与否定，也就是然与不然。两极之间的中间地带包括两种不同的梯度：可能性(probability)梯度与经常性(usuality)梯度。提议包括提供(offer)及命令(command)，提议中的肯定与否定两极指的是规定与禁止，也就是做与不做。两极之间的中间地带同样包含两种不同的梯度：在命令中为义务(obligation)梯度，在供应中为意向(inclination)梯度。在Halliday的情态系统中，命题与提议分别对应情态与意态，其中情态是说话人对命题的可能性判断，意态则是说话人对提议可实现性或可希望性的判断。表达这些情态的方式则包括定式情态算子(finite modal operator)、情态附加语(modal adjunct)、被动动词谓语(passive verb predicator)、形容词谓语(adjective predicator)，以及两者混合使用等。表1-3概括了情态与意态的主要范畴及其在句中的表现方式。

表1-3 Halliday情态系统表

言说功能		中间类型		表达方式	例句
命题	陈述 疑问	情态 (modalization)	可能性： possible(可能) probable(大概) certain(必定)	定式情态算子 情态附加语 两者混合	they must have known they certainly knew they certainly must have known
			经常性： sometimes(有时) usually(经常) always(总是)	定式情态算子 情态附加语 两者混合	it must happen it always happens it must always happen

续表

<table>
<tr><th colspan="2">言说功能</th><th colspan="2">中间类型</th><th>表达方式</th><th>例 句</th></tr>
<tr><td rowspan="2">提议</td><td>命令</td><td rowspan="2">意态
(modulation)</td><td>义务：
allowed(允许)
supposed(应该)
required(必须)</td><td>定式情态算子
被动动词谓语</td><td>You must be patient.
You're required to be patient!</td></tr>
<tr><td>供应</td><td>意向：
willing(自愿的)
keen(热切的)
determined(决然的)</td><td>定式情态算子
形容词谓语</td><td>I must win!
I'm determined to win!</td></tr>
</table>

此外，Halliday(1994：354－363)还提出情态隐喻的概念。以表达可能性的类型为例，情态隐喻指的是说话人不用子句中的情态成分表达自己关于可能性的意见，而用一个单独的主句构成主从复句来表达，如例(11)的“I think it's…”为例(10)“It's probably…”的隐喻变体。

(10) It's probably going to rain, isn't it?

(11) I think it's going to rain, isn't it?

情态的表达有许多变体，根据情态的主观/客观及显性(explicit)/隐性(implicit)两种不同的向度(orientations)区分，可能性的表达类型主要有下列四类：

i. 显性主观：I think Mary knows.

ii. 隐性主观：Mary'll know.

iii. 隐性客观：Mary probably knows.

iv. 显性客观：It's likely Mary knows.

显性主观及显性客观的表达方式都是情态隐喻，因为它们都以主要子句的形式表达情态，而不像一般形式那样附加在命题上。在显性主观中，说话者用“I think”来突出自己的观点；在显性客观中，说话者则利用“It's likely”来隐藏自己的观点。

最后，Halliday 指出，在人际互动的语法中，情态属性的重要性在于整个情态系统建构在一个显见的吊诡上，那就是，只有当我们不确定时我们才说我们确定，因此，当我们下意识地认定玛丽确实离开了，我们只会说"玛丽离开了"，当我们加上表高值可能性的情态词，如："玛丽确实离开了""我确信玛丽离开了""玛丽一定离开了"，这些都意味着说话者的某种不确定。透过情态，说话者宣示了自己对这件事的意见。

1.4.2 Lyons(1977)

Lyons(1977)对语言学情态的研究是从模态逻辑的可能性及必要性入手，并将模态逻辑研究的概念和方法引进语言学的情态研究。他在书中虽然没有明确地对情态下一个清楚的定义，不过他所提出的若干观点经常被后来研究情态的学者所引述。首先，他在论及"possibly"(可能)及"fortunately"(幸运)等句副词时指出，这些词从语义学的角度看具有"评价功能"(evaluative function)，用来表达说话者对句子所表达的命题或命题所描述的情况的意见或态度，这些句子副词所表达的内容与情态大致相同(Lyons 1977:451 - 452)。其次，Lyons 在论及插入动词(parenthetical verbs，如"I think")及行事动词(performative verbs，如"I promise")时指出，这两类动词为主观性标记，也就是一种能让说话者在发话的同时对话语内容做出评论并表达自己态度的机制。这种主观性的概念在理解认识情态及道义情态时极为重要(Lyons 1977:739)。从以上的叙述可以看出，Lyons 认为句子的命题成分与情态成分是可以区分的，命题成分表达的是句子的内容，而情态成分则表达了说话者主观的态度或意见。

Lyons(1977:787 - 849)共探讨了三种情态：认识情态、时态情态(tense modality)及道义情态。

在认识情态中，Lyons 提出了命题中"事实"(factivity)、"非事实"(non-factivity)及"反事实"(contra-factivity)的概念。事实命题主要见于直接陈述或以叙实谓语(factive predicator)为主要动词的子句中,这类命题表达说话者对命题真值的承诺,如例(12)—例(13)。非事实命题主要见于包含情态词的陈述或以非事实谓语(non-factive predicator)为主要动词的子句中,在这类命题中,说话者不对命题的真假作承诺,如例(14)—例(15)。反事实命题主要见于 wish 子句及过去式虚拟条件句中,如例(16)—例(17):

(12) Edinburgh is the capital of Scotland.(爱丁堡是苏格兰的首府。)

(13) I know that Edinburgh is the capital of Scotland.(我知道爱丁堡是苏格兰的首府。)

(14) He may have gone to Paris.(他可能去巴黎了。)

(15) He believes that Edinburgh is the capital of Scotland.(他相信爱丁堡是苏格兰的首府。)

(16) I wish he had been to Paris.(我巴望他已经去巴黎了。)

(17) If he had been to Paris, he would have visited Montmatre.(如果他去了巴黎的话,他早就去过蒙马特了。)

Lyons 认为例(12)是事实的直接陈述,这类陈述不明确表达出说话者对命题的承诺,因此是非情态的。例(13)是对认识情态命题的断言,表达的是说话者对他所说的命题真实性的肯定。Lyons 认为在以上各类表达中,说话者对命题承诺强度最大的是例(12)这类直接陈述,因为在这类陈述中,说话者之所以不提及讯息来源,也不对它的真实性做限定,那是因为他对所说的内容有完全的保证。当我们在话语中加入"must, necessary, certainly"等情态词时,结果只是显出我们对命题真实性的承诺所根据的知识是相当有限的。

Lyons 在前述的观点中虽然强调了主观性和说话者态度在情态中的重要性,不过他并不赞同 Kurylowicz 等学者所主张的认识情态涉及主观性而道义情态则不涉及的看法,他认为认识情态与道义情态都有主观与客观的区别，只不过在日常语言中，认识情态的主客观之间，以及客观认识情态与真值情态之间的界限并不是截然可分的。

Lyons 的客观认识情态指的是说话者根据一定的客观条件对命题的可能性所作的直接陈述，其中包含无条件或者断言的“I-say-so”成分。透过客观情态的表达方式，说话者保证其讯息的正确性，此时说话者所作的是一个告知的行为(act of telling)。主观情态与客观情态不同。主观情态对无条件或者断言的“I-say-so”有所保留，且表达的不是事实的陈述，而是意见、传闻或尝试性推论的陈述。主观情态的陈述不是一个告知的行为，其语力(illocutionary force)与疑问类似，因为二者都明确表示说话者不肯或者无力为他所陈述的命题之正确性背书。认识情态虽有主客观之分，不过 Lyons 也指出，客观情态在非科学领域的日常语言中相当少见，主观情态才是日常语言中的基本概念。

关于时态与情态的关系，Lyons 指出，从亚里士多德以来，关于未来事件或事态的描述或预测，其真实性在哲学上是有争议的，许多哲学家甚至否定我们可以对未来作任何陈述，原因是我们只能相信，而不能知道未来世界的事态，因此，我们对未来事件或事态的描述只能是一种主观的情态表达，也就是说，是一种预测而非陈述。不过 Lyons 认为在语言表达上，对未来事件的描述也可以解释为一种客观情态，因此说话者也可以用已知的方式处理未来事件，如“I know that it will rain tomorrow”(我知道明天会下雨)，其中 know 就是一个事实陈述的动词。在这类陈述中，其语力相当于告知行为，而非预测、愿望或承诺等情态。不过，Lyons 也指出，语言学上的一个重要事实是，与先知或预言家不同，一般人很少能宣称他具有对未来的认识，因此许多语言都以情态成分而非单纯的时态来指称与未来有关的事态。与此相关的是，对未来事态的预测与道义情态有相当密切的联系，尤其是与意愿、期望或意志有关，如英语的 will 就同时与意志和未来时态有关。

关于道义情态，Lyons 指出它与认识情态的差别首先在于，认识情态与命题的可能性或必要性的真值有关，道义情态则与行为执行的可能性或必要性有关。由于道义情态主要以命令来表达，而命令也可以分析为使某人负起让命题成真的义务，因此认识情态中的真值与道义情态的命令并不是无关的。道义情态与认识情态的第二个差别是，道义情态与未来有内在联系，因为我们只能对听话者施加当时或未来应实现的义务，而不可能对过去施加这类义务。第三个差别是，义务情态的必要性主要源自某种来源或原因，可能是某个特定的人或组织，也可能是某种道德或法律规范，或者只是某些内在的驱使。最后 Lyons 指出，许多语言中的情态动词及形容词都可用于两种不同的意义，如 may 可以表允许或可能，这是因为“使某种事态变成可能”可以概念化为“允许这个事态存在”；而 must 可以表必须或必然，这是由于“使某种事态变成必然”也可以概念化为“迫使这个事态存在”。也就是说，当我们允许某个事态存在，这个事态的存在就成为一种可能；当我们迫使某个事态存在，这个事态的存在就成为一种必然。因此，客观认识情态及真值情态中的可能性和必然性概念可以藉由我们对道义情态的给予许可及施加义务的模拟来理解。

1.4.3 Coates(1983)

Coates(1983)对情态的研究集中在英语情态助动词(modal auxiliaries，以下简称“助动词”)的语义分析上，她所指的助动词包括“must”“should”“ought”“may”“might”“can”“could”“would”“will”“shall”。Coates(1983:4－5)指出，在语法形式上，这些助动词有以下 7 个特征：(1)可直接否定(can't)；(2)可以不用“do”来倒装(can I?)；(3)编码(John can swim and so can Bill)；(4)强调(Ann COULD solve the problem)；(5)第三人称单数不加-s(＊cans)；(6)没有非限定形式(to can)；(7)不同时出现(＊may will)。在语义上，这些助动词的语义涵盖范围非常广泛且用法互相重叠，图 1－1 是它们错综复杂关系

的表现：

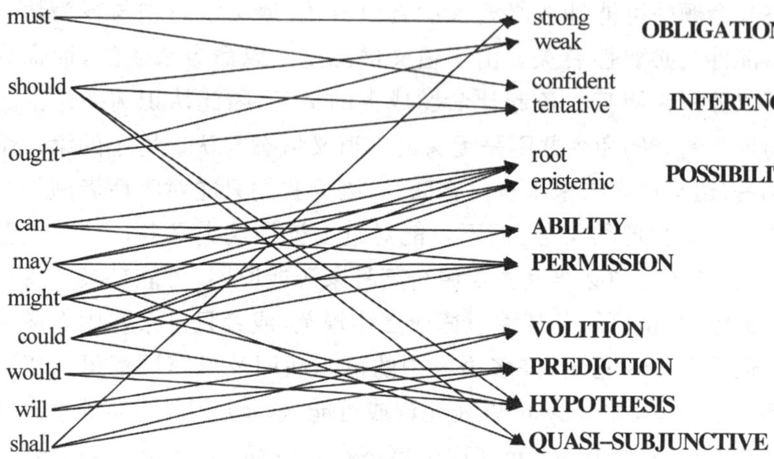

图 1-1 Coates 英语情态动词之形式与意义间的关系

Coates(1983:9-22)在说明自己分析中的理论问题时指出，由于她的分析是以语料库中的实际语言为对象，因此首先要面对的是一个在理论语义学研究中经常被规避或忽略的问题，那就是，语言并不是一个有条理的现象，就语义上来说，模糊性似乎是所有自然语言的属性。传统分析对不同语义加以区分，并视为不相连属的独立范畴，不过，承认语言的模糊性也就直接否定了独立范畴的存在。针对这个问题及它与助动词研究之间的关系，Coates 从四个角度加以探讨：(i)单义与多义，(ii)助动词语义模型，(iii)模糊性，(iv)认识与非认识情态。

i. 单义与多义

关于助动词的分析有两派主张：单义与多义。单义派主张每个助动词都有基本义，各语义范畴之间不是截然可分的；多义派主张将不同语义视为独立的范畴来处理。这两派的处理方式各有缺点，单义派无法确切找出每个助动词的基本义，多义派则不得不承认助动词的整体面貌是凌乱不堪的，因此分析助动词语义较好的方式是将二者综合起来。

ii. 助动词语义模型

鉴于上述两种分析都不能满足助动词语义分析的需求，因此Coates采用模糊集合理论（fuzzy set theory）作为助动词语义分析的模型。模糊集合理论主张某些集合内的成员是连续等级而非二分的，比方在“个子高的人”这个集合里，多高才叫“高”？这就涉及了边界问题。事实上，“高”与“不高”并不是二分的集合，其内部成员是有等级之分的。不过Coates并不以量化方式区分成员的等级，而是以“中心”（core）、“裙褶”（skirt）及圆周（periphery）等通用术语来称呼。模糊集合如图1－2所示：

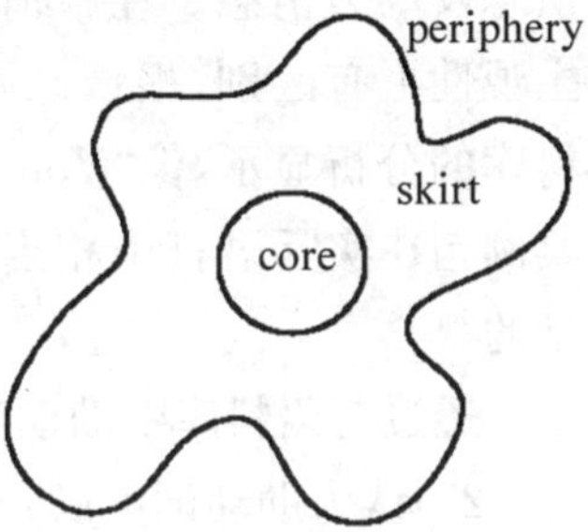

图1－2　Coates模糊集合

以模糊理论来分析，助动词中被归为主观性的情态（包括认识情态与根情态），以及程度较强烈的根情态成员都属于集合的“中心”成员，被归为程度较弱的客观情态成员则位于“圆周”地带，介于“中心”与“圆周”的不同等级的中间成员则称为“裙褶”。

iii. 模糊性

Coates认为模糊性可以分为三类：等级（gradience）、两可（ambiguity）及融合（merger）。Coates用“can”的语义连续统由中心的“能力”到圆周的“可能性”为例，说明“等级”的模糊性。“两可”的意思是，在语境中无法决定所指的是哪一种意义，如“must”的认识情态义和根情态义在句中的两可情况。与“两可”的情况相同，“融合”也不能在上下文中排除其中一种可能性，不同的是，“融合”的两种意义在上下文中是可以并存而不需要互相排斥的。

iv. 认识与非认识情态

Coates指出，认识情态与说话者对可能性的假定或评估有关，且大多指出说话者对所表达命题真实性的信心（或缺乏信心）。在自然语言中，认识情态大多涉及说话者的推论，因此是一种主观的情态。由于客观认识情态在实际语言中并不常出现，因此认识情态范畴中的模糊性是相当少的。也就是说，从主观（中心）到客观（圆周）的梯度中，只有少数例子是位于圆周的。非认识情态即根情态，包括道义情态及动力情态。在根情态中，梯度是重要的特征。认识情态只在主观性上有区别，根情态则在主观性及强弱连续统上皆有区别。语料库的分析显示，像“You may go”，及“He can speak English”这些经典例句在实际语言中相当少见，强度及主观性较低的例句才是较常见的。

透过对语料库中助动词语义的实际使用频率分析，Coates（1983：23－27）认为助动词可以分为四个群组，这四个群组分别与（1）义务/需要、（2）意图/预测/未来、（3）可能性/能力/允许、（4）认识可能性这四种语义概念相联系。Coates 接下来即运用模糊集合理论依序分析这四个群组内的成员。以“must”的分析为例，她首先指出它的共同基本语义特征大约是“it is necessary for”，其次她认为“must”的典型中心义是“强烈的义务”，接着她列出 4 个中心成员或典型成员例句的特征：

i. 主语是有生的

ii. 主要动词为活动动词

iii. 说话者对使主语去执行这个动作有兴趣

iv. 说话者对主语有权威或影响力

这四个特征表现出强烈的主观性及义务。随着这四个特征的逐渐隐没，“must”所表现的主观性及义务强度也逐渐递减，最后成为位于圆周的成员。

1.4.4　Perkins(1983)

Perkins（1983：1－2）在介绍相关情态研究时指出，对情态的研究至少可以追溯到亚里士多德的时代，近年来关于情态研究的作品更是大量出现,尽管如此,“何谓情态”至今仍是一个悬而未决的问题。大量不同的学派从不同的出发点以不同的途径对情态的概念进行研究,这些研究均以其取径方法决定其研究目的,其结果不仅使“何谓情态”有许多不同的答案,甚至连问题本身也因个人期望得到的答案不同而有不同的内涵。Perkins 认为将自己限制在单一研究途径中很容易忽略其他相关的重要问题,因此,他认为理想的解决方式是同时由多种不同的角度进行研究。Perkins 指出自己对情态的研究是由对情态助动词(如 may)与其他形式(如 possible,possibly,possibility)之间的关系的思考结果展开的,前者大多被视为情态表达的主体,后者则只出现在解释或改写情态助动词意义的文句中。Perkins 认为两者有共同的语义特征,同为“情态表达”(modal expressions)的一部分,因此,他对情态的研究不仅涉及一般最常被讨论的情态助动词(如 may,must),还包括准助动词(如 have to)、形容词(如 possible)、分词(如 be permitted to)及名词(如 certainty)的情态表达,同时涵盖情态副词(如 possibly)及情态词汇动词(如 order)等。

Perkins(1983:6 - 13)对情态概念的思考不由形式逻辑出发而由一般角度着眼,他指出“必要性”“可能性”及“不可能性”等抽象概念是从人类的态度与经验中衍生出来的。简单地说,人类在思考或行动时经常设想目前的事情可能是这样,或者过去的事情要是这样就好了,而非它们的实际状况。Perkins 用“事情为其他情况”(things being otherwise)来称呼这种思考或行为模式。设想“某事”(something)为其他情况指的是设想它们在某些非真实世界里是真的或实在的,或者设想它们在真实世界中除了当下以外的其他时刻是真的或实在的。在情态支配下的“某事”不是事件就是命题,而情态本身则可以从可能世界的角度来理解,也就是在可能世界中,这些事件或命题可以被设想为真的或实在的。根据概念学家的观点,事件或命题可以与特定的世界观、事物的状态或一组原理相关联,或者由这些框架来界定,这些框架就是一般所指的情态。情态可以用普遍的概念特质为基础加以分类。Perkins 认为在情态概念域的归纳上，Rescher 的分类是其中包罗较广大的一个，因此 Perkins 对情态的分析即以 Rescher 的分类为基础。

Rescher(1968)共列举了 8 类模态：(1)真值模态，(2)认识模态，(3)道义模态，(4)因果模态，(5)可能模态，(6)意愿模态，(7)时间模态，(8)评价模态(详见本书 1. 3. 1)，Perkins 将(1)—(6)类归为较中心的情态，且将这些中心情态用三组普遍原理来解释：

i. 真值情态与认识情态：与推论、归纳等理性法则一致。
ii. 义务情态：由社会或机构组织之法则界定。
iii. 因果情态：与物理、化学及生物学的自然法则一致。因果情态原指经验到的事物状态及在它们之后所见到的事物状态之间的关系，不过由于 Rescher 所谓的因果情态只与事件发生的顺序有关，而无必然的因果关联，为避免误解，Perkins 借用 von Wright 的术语将它改称为"动力情态"。Perkins 认为动力情态指的是存在于实然状态与未实现事件之间的关系，由于可能情态及意愿情态也与非事实事件发生的顺序有关，因此将它们归为动力情态下的次类。

Perkins 用上述三组普遍原理(理性法则、社会法则及自然法则)作为决定英语情态表达之本质的背景。

Rescher 的最后两类情态为时间情态及评价情态。Perkins 认为时间情态有其特殊的概念域，在英语中主要表现为时态(tense)，是较边缘的情态表达方式；而评价情态则因评价谓语如"good""amazing""wonderful"等主要是对实际世界而非其他可能世界做评论或评价，因此不在他的讨论范围内。

在话语功能与情态的关系上，Perkins(1983:14)主要关注两种话语功能：工具(instrumental)功能与陈述(representational)功能，话语的工具功能(以命令句为例)与事件的发生有关，话语的陈述功能(如断言句)与命题真值的评价有关。

此外,Perkins(1983:18 - 19)指出,情态本质上是语言中的断言成分或绝对成分之外的限制性成分。一个人可能由于对自己所说的事实不确定,或者为了得体或礼貌,因此不绝对肯定地说情况如何如何,取而代之的是表明自己对所说的事实并不确信,只是基于推测或是一种将来的可能性而已。同样的,一个人可能由于自己并没有适当的权限,或者由于不愿承担直接的责任,又或者只是纯粹出于礼貌,因此不使用直接的命令句表达,取而代之的是表明自己只是依法行事,或者只是要求自己的愿望能被接受,而不是在施加义务。

Perkins(1983:21 - 23)认为每个语句(utterance)原则上都可以区分出形式成分(句法及语义)及语用成分(语句的语境),同样的,情态表达也可以区分出核心义(core meaning)及语境义(contextual meaning)。

在情态助动词的语义分析中,Perkins(1983:25 - 35)主张每个情态词都有一个核心义,这个核心义应与由语境衍生出的语境义区别开来,他指出许多学者对情态词的多义分析即是由于未将二者区别开来。

除了情态助动词外,Perkins 在书中依序分析了英语的各类情态表达方式,并比较它们在表达的情态类别及主、客观程度上的区别。他指出,虽然某些情态表达方式经常被用来作为情态助动词的释义或改写形式,不过在经过上述的比较后,他认为没有任何两种情态表达是完全同义的。最后,Perkins 指出,情态助动词与它们的改写形式相较起来是无标记的,也是所有情态表达方式中在形式上最不明确的一类,它们除了表现出与命题的真值或事件的发生存在某种关联之外不传达其他讯息。情态助动词之所以几乎是所有语言学者在情态表达研究中的唯一对象,正是因为它们提供了英语中最无标记,也因此是最直接的情态表达方式。无标记意味着它们与子句的结构完全融合在一起。根据 Lyons 的说法,系统中那些语法化程度越深,且与句法间有越多控制(government)及一致(agreement)关系的成员,就是这个系统的中心成员。由此看来,与其他以词汇形式表现的情态表达相较，英语的情态助动词确实是情态表达系统的中心，也是唯一可以在形式上与其他表达方式作出区别的类。

最后，Perkins(1983:160－161)在结论中指出，核心义的分析方式可以为Bolinger(1977)的“一形一义”(one form one meaning)论点提供若干支持证据。核心义的分析方式对句法采取一种特别的观点，亦即句法主要是借着语义及语用对个别表达的限制而产生的。以Perkins对英语情态的分析为例，在形式上分属不同范畴的情态表达与它们所传达的礼貌程度是一致的，也就是说，同一个形式范畴传达了同一种礼貌程度，由此可见，形式与语义及语用上的关联及制约是相当清楚的。

1.4.5 Palmer(1986,2001)[①]

Palmer(1986:1－7)对情态的基本假设是:(1)情态可以视为与语言中的时、体、数、性等类似的语法范畴。(2)情态是一个可以在跨语言中被识别、描述及比较的范畴，具有类型学的特点。不过情态不像时或数有清楚的语义范畴，尽管Lyons所提出的“情态与说话人的意见或态度有关”似乎是一个可行的思考方向，但实际上，与情态相关的概念，如态度与意见、言语行为(speech act)、主观性、非事实性、非断言(non-assertion)，以及可能性与必要性等，其意义不仅在跨语言中有极大的差别，甚至可以说根本没有明确的基本特征。“典型性”(prototypicality)的观点对情态来说几乎无用武之地。除了语义之外，情态在形式上也不易界定。尽管Palmer明确坚持以语法化的表达形式作为情态研究的内容，但他也指出，由于语法化并不是“是或非”而是“多或少”的程度问题，且与情态相关的特征在不同的语言中也可能有不同的语法形式，再加上某些词汇形式的语义与情态的语法形式密切相关，且与其他语言甚至本身语言中的情态语法形式可

① Palmer对情态的研究专著另有Palmer(1979/1990)，不过由于Palmer对情态的界定及主要概念均已见于Palmer(1986/2001)中，因此本书不再另行介绍Palmer(1979/1990)的论点。

以互换，因此要在情态研究中划分出明确的语法研究范围是相当困难的。最后，在结合语义与语法的综合考虑与判断后，Palmer(1986：33-50)所划定的情态语法研究对象主要包括英语中的情态动词(modal verbs)、欧洲语言中的虚拟语气(subjunctive mood)及澳洲、美洲印第安语言中的附着形式(clitics)和小词(particle)等。

其次，Palmer(1986：14-22)对情态做了进一步的界定，这些界定包括：i. 命题与情态：情态是句子中的非命题成分，表达说话者对命题的意见与态度。

ii. 主观性：语言中的情态涉及话语的主观特征，或者进一步说，主观性是情态的一个重要判断标准。因此，情态可以定义为说话者(主观)态度与意见的语法表现形式。

iii. 事实性：情态研究不应限制在非事实的范畴内，事实与非事实的陈述都是主观的，也都代表说话者的观点。

iv. 认识与道义：许多语言中的情态动词都可同时有认识和道义情态两种解释，以英语为例，可能性与允许、应然性与义务、必然性与要求都可以用同一个助动词表示：如：

(18) He may come tomorrow.(他明天可能会来。/他明天可以来。)

(19) The book should be on the shelf.(书或许在书架上。/书应该在书架上。)

(20) He must be in his office.(他一定在办公室。/他必须在办公室。)

v. 可能性与必然性：可能性与必然性虽然是传统模态逻辑的中心概念，且与认识情态及道义情态有清楚的关联，但这个系统并非普遍性的，因为在某些语言中，说话者是以他拥有什么样的证据而非以可能性或必然性来表达他对命题承诺的强度。

vi. 语气与情态：语气和情态的区别可以就形式特征与相关语义

范畴来界定，其区别类似于时态(tense)与时间(time)的区别。不过由于传统将语气限制在动词的形态范畴内，而语言中表达情态的形式标记并不限于动词范畴，因此语气并不是能代表情态中所有语法系统的通用术语。

在句类与情态的关系上，Palmer(1986:23－33)引述 Lyons 将句类分为直述句(declaratives)、命令句(jussive)及疑问句(interrogatives)三类的看法。Pamler 指出，直述句一般被视为与认识情态有关，不过他不同意 Lyons 所主张的直述句是非情态的，且在认识强度上高于其他情态句的看法，他认为直述句在认识情态上是无标记或中性的，这种命题表达并不指明它的认识强度。命令句一般被视为与道义情态有关，不带情态词的命令句也可以说是无标记或中性的，在不同情况下，带情态词与不带情态词的命令句表现出不同的义务强度。疑问句与情态的关系则在不同的语言中有较大的差别，有些语言中表达疑问的机制与情态无关，有些语言则以小词或附加形式等情态范畴表达疑问，汉语的句末语气词即其中一类。

在情态的分类上，Palmer(1986:51,96－121)将情态分为认识情态和道义情态两大类，其中认识情态除了包含传统的可能性与必然性概念，还包含说话者对话语内容的承诺梯度，如“传闻”“报导”及感官证据等。道义情态与认识情态的两个共同特色是主观性及非事实性，不过在属于道义情态的英语情态动词中，有一类用法与这两个特色皆不相关，如“can”经常用来表达非情态的事实陈述，如：

(21) John can speak Italian.(约翰会说意大利语。)

这句话仅止于断言约翰有能力说意大利语，并不涉及说话者的态度或意见，然而，如果从形式上来定义的话，“can”无疑是个情态动词。有鉴于此，Palmer 将情态分为三类：认识、道义及动力情态。动力情态又分为主语指向(subject-oriented)及中立情态[neutral，或称条件情态(circumstantial)]两个次类。一般情态研究经常将道义及动力情态合称根情态(root modality),与认识情态相对,不过 Palmer 认为“根情态”这个称呼并不是很恰当。最后 Palmer 指出,祈愿式(Volitives)与评价式(Evaluations)这两类范畴与情态的关系还有待证实。祈愿式可视为情态的原因在于它们包含非事实性,此外,它们与可能行为的关系比真值更密切,因此更接近于道义情态。评价式主要与事实命题相关,如果将评价定义为对已知事实的态度,那么严格上它们不能算是情态,不过在某些语言中,评价经常包含在情态系统中。

Palmer2001 年对之前 1986 年的书做了修订,在这一版中,Palmer 对情态的界定及研究角度与前一版有较大的差异。首先,他指出,近年来情态已经被公认是有效的跨语言语法范畴,可作为类型学研究的主题。情态与时、体密切相关之处在于三者都是子句范畴,且一般标记在动词结构中;不同之处在于时与事件的时间有关,体与事件的本质有关,情态则不直接指涉任何事件特征,仅指涉事件的命题状态。

其次,Palmer(2001:1 - 4)认为情态有两个基本概念,一是“现实”(realis)与“非现实”(irrealis),二是断言(assertion)的概念。“现实”与“非现实”的划分是情态研究的方法之一,“现实”将情境描绘成已实现的、已发生的或正在发生的,是透过实际感知所得知的;“非现实”将情境描绘成纯粹存在于思维领域中,仅仅是透过想象得知的。不同语言处理现实和非现实的语法范畴有很大的差别。断言与非断言可以用来解释传统欧洲语言中用来区分现实与非现实的“直陈式”(indicative)与“虚拟式”(subjunctive)的用法:选择直陈式是因为断言,选择虚拟式是因为非断言。也就是说,选择虚拟式这种非现实标记并不是依赖真实与否的区分,而是依赖断言与否的区分。

在情态的分类上,Palmer(2001:7 - 18)将情态分为命题情态(propositional modality)和事件情态(event modality)两大类,命题情态与说话者对命题的真值或事实状态的态度有关,其下包含认识情态与证据情态;事件情态与未实现或未发生的潜在事件的态度有关,其下包含道义情态和动力情态。英语的认识情态有三种类型的判断：推测(speculative)、推论(deductive)及假设(assumptive)，证据情态有两种主要类型：感知(sensory)及报导(reported)。道义情态与动力情态的区别在于，道义情态中的条件因素对相关者而言是外在的，动力情态则是内在的。因此，道义情态与外来的义务或许可有关，动力情态则与个人内在的能力或意愿有关。除了以上讨论的类型外，Palmer 还列出了其他与情态有关的语法范畴，如：预设、否定与疑问、愿望/恐惧、过去时及复杂系统。

最后，Palmer(2001:22)将情态系统的基本范畴归纳如下：

命题情态	**事件情态**
认识情态	道义情态
预测	许可
推论	义务
假设	应允
证据情态	动力情态
报导	能力
感知：视觉的、非视觉的、听觉的	意愿

1.4.6 Bybee(1985), Bybee *et al*. (1994)

Bybee 对情态的研究是在语气(mood)的范畴下进行的。Bybee (1985:165－168)对语气(mood)的定义是：语气是动词上的标记，用来指明说话者选择如何将命题放入话语语境中。这些标记包括语力(illocutionary force)标记，如命令式，也包括说话者对命题真实性的承诺度标记，这些语气范畴标记的共同点是，它们都标示了说话者正在用命题做什么，而且作用范围是整个命题。在这个定义下，标示说话者对命题真实性承诺度的认识情态也包含在语气的范畴内。至于其他情态，如道义情态与动力情态则不包括在内，因为这两个情态所描述的情况都只与施事者及其主要谓语有关，而非与说话者及整个命题有关。这两类情态可以称之为“施事指向”(agent-oriented)情态。Bybee

指出，之所以将认识情态划归语气范畴而施事指向情态则否，这是因为在跨语言研究中，认识情态经常以屈折形态表现，而施事指向情态则较为罕见，其中原因可以从情态助动词与语气标记的历时发展来解释。道义情态发展成认识情态是历时演变中常见的案例，如英语中的“may”，本义是“强壮”或“有能力”“有力量”，之后从这个施事指向的意义发展成认识概念中的“可能”义。“must”也有与之平行的发展。“must”从施事指向的“义务”义发展为认识义的“推论”或“极可能”。从施事指向情态到认识情态的发展是语义泛化（generalization）的结果，因为认识情态比施事指向情态的语境适用范围更大。可以说，情态词的发展是朝向成为范围涵盖整个命题标记的方向进行的。

最后 Bybee(1985：168，191 - 196)指出，情态标示的是一个概念域，可以用不同类型的语言方式来表达；语气标示的则是在这个语义域中以屈折形态表现的次类。语气作为一个跨语言的语法范畴，它的标记形式并未形成一个一致的语法范畴，不过表达语气的曲折形态在语言内部及跨语言之间仍有许多相关性，这些不一致及相关性可以从历时演变的角度来解释，因此，语气范畴最好视为一组历时的相关功能。

循着上述 Bybee 对语气范畴所做的界定，Bybee *et al*.（1994：176 - 177)认为要真正了解情态只有透过对情态历时相关功能的研究。在这个前提下，Bybee 将情态研究的重点放在情态语法意义的历时演变轨迹上，藉以厘清某些特定的语法意义如何且何以出现在情态域中，这些语法意义包括传统认为与情态有关的义务、应然及可能性，以及某些与情态历时相关的语义概念，如能力及欲望。

Bybee *et al*.（1994：177 - 181）将情态分为四类：施事指向、说话者指向、认识及从属（subordinate）情态。施事指向情态描述的是施加在施事者身上的内在与外在条件的存在，这些条件涉及由主要谓语表达的行为的完成，其语义概念包括义务、需求、能力及欲望。说话者指向情态包括对听话者的命令及允许，这类情态所描述的不是施加在施事者身上的条件的存在，而是说话者将这些条件施加在听话者身上。说话者指向情态的语法范畴包括命令、禁止、祈愿、劝诱、警告及允许。认识情态适用于断言及表明说话者对命题真值的承诺度。在认识情态中,无标记案例是对命题的绝对承诺,有标记者则承诺度较低。表达认识情态的包括可能性、应然性及推论的必然性。从属情态探讨的是某些表达说话者指向及认识情态的同一个形式也可以出现于从属句中,如补语子句、让步子句及目的子句。

如前所述,Bybee *et al*.(1994)对情态的研究主要集中于情态的历时发展,透过跨语言的历时研究,书中将不同来源的情态演变总结为三个路径(图 1-3—图 1-5),图 1-6 则为整体情态的演变路径(Bybbe *et al*. 1994:240-241)。

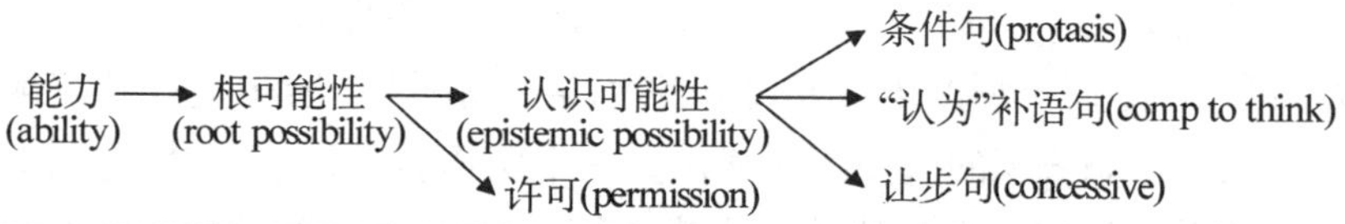

图 1-3　Bybee *et al*. 源于能力的演变路径

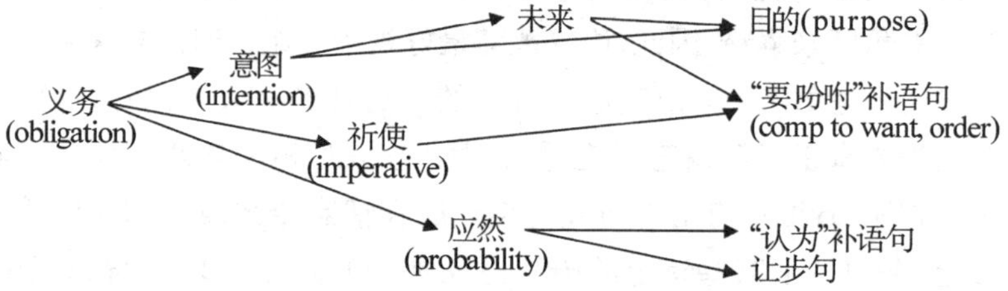

图 1-4　Bybee *et al*. 源于义务的演变路径

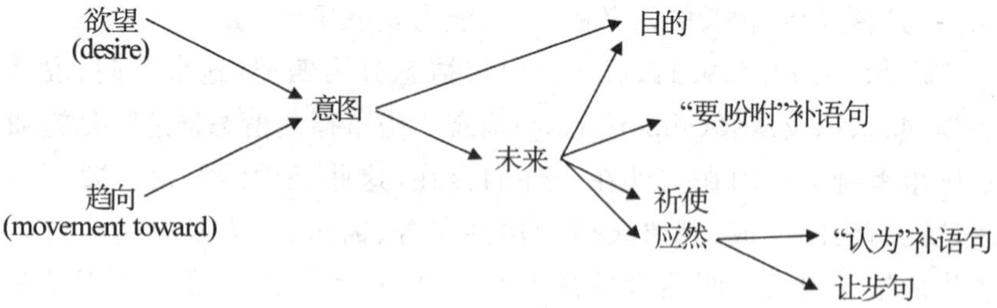

图 1-5　Bybee *et al*. 源于欲望及趋向的演变路径

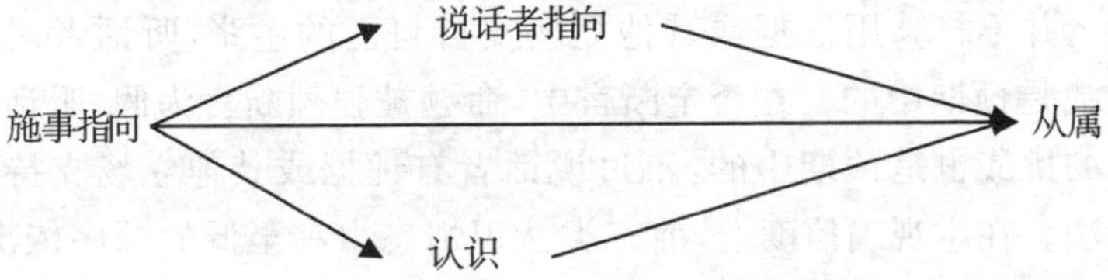

图 1-6 Bybee *et al*. 情态的演变路径

1.4.7 Givón(1989,1994)

Givón(1989:127-172)从话语语用学的角度界定情态,他认为情态是作用于整个命题的后设算子(meta-operators)。在自然语言中,命题主要用于交际语境中,因此在对命题的实然状态(veridicality status)进行概念化时,他主张以说话人的主观确信度(speaker's subjective certainty)取代客观的真值。根据 Givón 的说法,这个修订的前提是语言学的意义不能由真值来界定,而应由"交际合同"(communicative contract)来界定。在交际合同中,说话人声称命题为真,而听话人则可以加以挑战。在这个理论前提下,Givón 将亚里士多德的四个客观认识模态以话语语用学的术语重新定义,二者的关系如表 1-4:

表 1-4 亚里士多德与 Givón 情态对照表

客观认识模态	交际认识情态
必然之真:根据定义为真	预设前提(Presupposition):预设或背景讯息
事实之真:根据事实为真	现实断言(Realis-Assertion):强断言讯息
可能之真:根据假设为真	非现实断言(Irrealis-Asseration):弱断言讯息
非真:谬误	否定断言(NEG-Assertion):强断言否定讯息

在预设前提中,命题被认定为真,其根据为定义、事先协议、普遍文化传统、在场对话情境或说话者事先已经说过的话,听话者不应加以挑战。在现实断言中,命题被强烈断言为真,虽然说话者有证据或其他立场支持他的看法,不过听话者的挑战是合理的。在非现实断言中,命题被轻微地断言为可能或不确定、必要或被期望与否。不过

说话者并不打算用证据或其他立场支持自己的主张，听话者对命题的挑战是预期中的。在否定断言中，命题被强烈断言为假，听话者对命题的挑战也是预期中的，不过说话者有证据或其他立场支持自己的看法。在主观确信度上，前三类认识情态由高至低的顺序依次是：预设前提＞现实断言＞非现实断言。Givón 同时指出，英语中的"know""think""believe""guess"等动词经常可在"I *know* she was here"这类句子中充当后续命题的认识量词（epistemic quantifiers），其中"know"是主观确信度最高的一个动词。

Givón 对情态的区分有两种不同的框架，第一种区分，分为五个交际情态模式 Givón（1989：130）：

（a）认识模式：关于事实或可能性；
（b）心理（psychological）模式：关于主观确信度；
（c）意图（intentional）模式：关于意愿、能力或需要；
（d）社会（social）模式：关于地位、权威、权力或义务；
（e）行为（action）模式：关于因果或控制（manipulation）。

Givón 认为上述五个模式是渐变的，虽然认识-心理模式组与意图-社会-行为组看起来似乎有较明显的断层，不过各模式之间并不是截然可分的。这五个模式之间的渐变不是来自逻辑上的必然，而是来自与可能性及规范性有关的语用推论。其推论过程有以下 6 个参数：

i. 主观确信度；
ii. 对证据可靠性的信赖；
iii. 接受挑战的意愿；
iv. 响应挑战的倾向；
v. 权威/力量的梯度；
vi. 行为意图或控制他人行为意图的强度。

Givón 指出，前四项参数主要涉及语用认识情态，后二项则过渡到非认识模式。也就是说，说话者对命题的主观确信度来自对证据可靠性的信赖，而证据可靠性又直接影响说话者接受挑战的意愿及响应挑战的倾向。听话者对可能性或确信度的挑战又进一步扩及到意图、力量及行为的领域。意图涉及个人的能力，能力又与内在或外在的限制有关。限制需靠力量去克服，若为外在限制则可渐变到义务。最后，义务受到内在外在的驱使，其中的力量又涉及与其他参与者之间的关系，因此又与外在施事者的控制有关。

Givón 对情态的第二种区分分为两大类 Givón(1994)：

i. 认识态度(epistemic attitudes)：事实、信仰、可能性、确信度、证据。

ii. 评价/道义态度(valuative/deontic attitudes)：期望、偏好、意图、能力、义务、控制。

这个分类是传统的认识/道义情态二分法，Givón 在这里的分类目的是为了将传统的情态重新定位为只与说话者对命题的态度有关。也就是说，Givón 在以上两种情态分类中都企图以说话者的主观态度为基础，将认识情态与非认识情态整合起来。

1.4.8 小结

以上我们介绍了 7 位西方语言学者情态研究的主要成果，以下简单论述这些研究成果与本书研究的相关性。

首先要说明的是，我们介绍这些研究成果，主要目的并不在于描述西方情态研究的现况，也不在于评析各家说法的优劣，而是希望藉由这些不同的研究视角与方法，扩大我们对情态研究的视野，让我们在思考先秦情态的概念、范畴及形式表达等问题时能有更多可供借鉴的研究途径。①

---

① 在本节中，我们之所以对某些学者的论点作了较为详细的引述，那是因为这些论点大多是下文论证时的重要参考依据，为了避免在行文中穿插过多理论性的说明文字，也为了让读者对相关理论有更详细的认识，因此我们将这些论点先集中在此，以便下文引述。

根据前文介绍，我们可以发现，在情态的定义与范围上，虽然大多数学者同意情态主要是一个语义范畴，但一方面由于这个语义范畴的概念相当模糊，另一方面由于语义范畴的探讨仍需以语法形式为依托，因此，在学者们对情态概念界定纷歧的情况下，被划入情态范畴的语法表达形式，其范围的广狭自然也有相当大的差别。就语义范畴来说，一般认为情态主要是表达说话者对命题或事件的主观性态度或意见，其中又以可能性及必要性等概念为情态表达的中心。由于英语中的"may""must"等情态助动词是最符合这类语义范畴的表达方式，因此许多学者都将情态动助词视为英语情态表达的中心。不过，由于英语中具有共同语法形式特征的情态助动词包含像"can""will"这类与说话者态度无关，只与句中施事者（主语）的能力或意愿有关的成员，因此有些学者便将情态的概念延伸至表能力或意愿上。此外，由于"possible""necessary"等形容词及其"-ly"的副词形式，以及"perhaps""maybe"等副词经常被用作助动词"may""must"等的释义改写形式，如果从语义的角度来看，这些形容词及副词无疑也可以归为情态的表达方式之一。再扩大来看，语言中的其他词汇形式同样也可以用来表达上述各类语义概念，如名词的"possibility""certainty"及动词的"think""guess"等。也就是说，如果从英语助动词的形式特征出发，情态的概念可以扩展到原本不被视为情态范畴的语义概念；如果从语义的概念出发，则情态可以扩展到多种不同的语法表现形式。单一语言中的情态研究尚且如此，在跨语言的比较中，情态的表现更如 Palmer（1986：4）所指出的是一个没有明确基本特征及确定范围的语法—语义范畴，不同的语言在情态的概念内涵及表达形式上有极大的差别。从表面上来看，上述情态的种种模糊及不确定性似乎很容易造成研究范围界定上的困难，不过我们认为，学者们指出的这些情态的特性反而提示了先秦汉语情态研究的一个可行的方向。我们认为，如果跨语言的研究证明情态是一个具有个别语言特色，且应以个别语言本身实际表现为主的语法—语义范畴，那么在先秦汉语的情态研究中,我们也应从先秦汉语本身的语言系统出发。在语义范畴的界定上,我们可以先参照多数学者认同的情态中心语义概念,找出先秦汉语中表达这些概念的语法形式,接着再由中心语义概念及表达这些概念的语法形式向外延伸,以界定先秦情态表达的可能范畴,并勾勒先秦汉语情态系统的轮廓。

由于我们对西方情态研究采取的只是一种借鉴的态度,因此,对于若干在西方情态研究中相当受到重视的概念或议题,如语气与情态、现实与非现实之间的关系及区别、情态的类型及其联系等,我们也不从理论层面上对它们进行系统深入的剖析①,只有当我们实际分析先秦汉语情态系统需要借鉴这些相关概念时,我们才会在相应的论述中对这些问题做必要的说明。

1.5 汉语情态研究回顾

前文曾经指出,现代汉语学界从 20 世纪 80 年代以后开始借鉴西方语言学情态的研究成果,对现代汉语的各类情态及情态表达方式进行探讨,至今已有相当多的研究成果。古汉语学界明确以情态范畴为研究对象者虽较少见,但其他相关研究亦多有值得借鉴者。本节回顾汉语情态研究成果,第一小节以涉及现代汉语之情态研究为主,第二小节则以涉及先秦汉语之情态研究为主。

1.5.1 现代汉语情态研究回顾

本节对现代汉语情态的研究回顾将比照前一节对西方情态研究的介绍方式,也就是先以彭利贞(2007)及徐晶凝(2008)二人的研究为基础,对现代汉语学界的情态研究成果作一个概略的介绍,之后再针对与本书研究主题较为相关的论点作进一步的探讨。我们之所以采用这种回顾方式,一方面是由于本书研究的范围主要是先秦汉语,

---

① 关于这些问题的探讨,可参考彭利贞(2007:37-81)。

现代汉语的情态研究成果对本书而言仍只具有借鉴意义，因此深入评析现代汉语的情态研究成果并非本书的职责所在；另一方面，我们认为这方面的工作既然已经有学者作出相当好的成绩，我们理应善加利用，在他们的基础上作进一步的探析，这应是一种合理而有效率的研究方法。以下就以二人的回顾为基础，简介现代汉语情态的研究情况。

彭利贞(2007:25－36)将汉语的情态研究追溯到马建忠(1898)在《马氏文通》中对助动字的讨论，其次是何容(1942)《中国文法论》中的“语气、mood和句类”一章，他认为二者都涉及与后来的情态类似的概念。吕叔湘(1942)在《中国文法要略》中也论及与情态动词有关的“可能、能力、许可”等概念，此外，他在讨论语气与语气词时也提出“实说与虚说”“确定与测度”“命令与禁止”等与西方学者后来所说的情态密切相关的概念。王力(1943/1985)在《中国现代语法》中对“能愿式”的定义及分析与后来西方语言学家的情态概念极为类似。高名凯(1948)《汉语语法论》所提出的“能词”也涉及“可能”“许可”“意欲”“应然”“必然”等西方语言学家讨论情态时所提出的概念。①

较早借鉴西方学者的情态研究成果对现代汉语情态动词进行系统研究的是Tsang(1981)，他界定的情态只包括说话者指向的认识情态与道义情态，而将能力、意愿等意义排除在外，文中并探讨“会”“要”所表达的时间意义。

Tiee(1986:220－237)从情态的定义与分类出发，指出情态助动词是在命题上加上可能性、盖然性、义务、必要性、确定性、意愿、潜

---

① 以上各家说法出处根据彭利贞(2007)列举如下：马建忠：《马氏文通》，北京：商务印书馆1983年版，第183—184页；何容：《中国文法论》，北京：商务印书馆1985年版，第149—153页；吕叔湘：《中国文法要略》，北京：商务印书馆1982年版，第246—256，258页；王力：《中国现代语法》，北京：商务印书馆1985年版，第69页；高名凯：《汉语语法论》，北京：科学出版社1957年版，第233－247页。Tsang(1981)以下之各家说法，出处见本书最后所列参考文献。

力、条件等预测的主观感觉的成分。此外，他指出，汉语中表达情态的方式除情态助动词及副词外，还包括一些句末语气词。

范开泰(1988)参照模态逻辑将汉语的模态语义分为真值模态义、道义模态义和意愿模态义，并注意到汉语情态动词的多义现象。

贺阳(1992)将一般译为“情态”的modality称为“语气”，他认为“语气是通过语法形式表达的说话人针对命题的主观意识”，他把语气分为功能语气、评判语气及情感语气三类，用来表达这些语气的形式包括体现语调的句终标点符号、特殊句式、同现限制、助动词及其可能有的否定形式、语气副词及其可能有的否定形式及叹词等。彭利贞指出贺阳语气分类上的若干问题，如所分语气类别有的属于语气(mood)，有的属于情态(modality)，有的则属于别的范畴，是否能归为一个系统仍有待深入论证。其次是分类与一般学者有别，合理与否亦有待商榷。其他如情感语气的定义不明，分类系统是否穷尽等问题，都有待进一步论证。

齐沪扬(2002)也把“情态”(modality)置于“语气”的范畴中分析，并在贺阳的基础上作出新的语气分类系统，不过，彭利贞认为贺阳的分类问题在他的分类中依然存在。

汤廷池、汤志真(1997，见汤廷池 2000:81-101)认为情态是说话者对句子命题内容的观点或心态，包括对命题真伪、认知、愿望、义务、评价、可能性、盖然性、必然性等的判断。汉语的“情态词”有三大类:(1)句尾语气词，(2)情态副词，(3)情态动词与情态形容词。

黄郁纯(1999)分析了汉语六个能愿动词(会、能、可以、应该、要、想)，指出它们涉及五个义项:认识、道义、潜力、习性及意愿。此外，她对能愿动词连用限制的分析结果是:逻辑取向情态＞话语取向情态＞主语取向情态。

温锁林(2001:174-213)把modality称为“口气”，并将它定义为“说话人对所述命题的情态和态度”。口气包括情态范畴和传信范畴

(evidentiality)两方面,情态范畴表达说话人对命题和情景的主观感受,如急促与舒缓、强调与委婉、惊异与惬意等;传信范畴表示说话人对客观信息的可靠性和真实性的态度,包括真值情态、道义情态和意愿情态。此外,温锁林认为应该把语气和口气加以区分,语气是说话人使用语句所要达到的功能用途,口气则表达说话人的主观态度,将二者混同起来,不利于解释两种语用意义的区别。彭利贞指出,温锁林在情态研究上的问题包括:(1)表达主观感受部分的所有成员是否都属情态范畴还有待论证;(2)传信范畴中的真值、意愿、道义情态等是否可称为"客观情态"也有值得斟酌之处。

谢佳玲(2002)将汉语情态语义类型归纳为认知、义务、动力和评价四类,其讨论范围涉及情态副词、能愿动词及具情态义的实义动词等。

鲁川(2003)指出,情态范畴是说话者基于自己的主观立场及观点对客观事物所作的判断和评议,是用来附加到语言中的情绪或态度之类的主观信息范畴。鲁川在文中对情态范畴进行了多层次的分类,不过,彭利贞指出,鲁川的情态范畴较一般西方学者的界定为宽,几乎所有的所谓"主观信息"都可以归到情态范围之下,这种认识是一个值得讨论的问题。其次,彭利贞认为鲁川在情态的分类上也存在若干值得进一步讨论的地方。

崔希亮(2003)对情态的概念与一般论著不同,他用的是所谓情态的"概括意义",既包括 mood、moods,又包括 modality 或 modal grams。崔希亮所建构的是一个庞大的"汉语的表态系统",由三部分组成:(1)直陈情态,与说话人主观态度有关,如推测、判断、假设等,由"语气"范畴来表达;(2)事件情态,与事件本身状态有关,如开始、持续、进行、完成等时间属性,由情态副词、动词本身或动词附加成分表达;(3)能愿情态,与说话人的判断有关,如可能、能力、义务、意愿等,由能愿动词来表达。彭利贞指出崔希亮的情态研究值得进一步讨论的地方包括:(1)体范畴是否可视为情态的一部分?(2)所列的直陈语气成员是否合宜？(3)将 mood 与 modality 视为同一个上位范畴下的平行子范畴，应有进一步的证据；(4)将表“可能”的认识情态归入道义情态是否合理？(5)汉语中的能愿动词是施事突出的情态，此结论与其他学者不同，应有进一步的论证。

以上是我们根据彭利贞(2007)对现代汉语情态研究现况所作的概略介绍。以下将以徐晶凝(2008)的研究为基础，对前文的介绍作进一步的补充。

徐晶凝(2008：30－41)将汉语情态研究的回顾分为大陆学界与大陆学界以外两部分，在大陆学界的研究部分，她介绍了吕叔湘、王力、贺阳、齐沪扬、鲁川及崔希亮等人的研究，在大陆学界以外的研究部分则以谢佳玲的研究为主。徐晶凝所介绍的学者基本与彭利贞一致，不过在内容的详略及评析方面有所差别。

在吕叔湘(1942)的研究上，徐晶凝指出，他的研究虽然没有以情态为题，但与情态框架的构建有直接关系(吕叔湘所建构的情态框架详见下一小节分析)。此外，徐晶凝还指出吕叔湘研究中两个值得注意的地方，一是吕叔湘已经区分“与认识有关”和“与行动有关”两类语气，这是认识情态与道义情态两大情态类的本质特征，他还将情态类与陈述句、祈使句建立了直接的关联。二是他已经认识到实说和虚说的对立，亦即意识到现实情态与非现实情态的意念差别。最后，徐晶凝指出吕叔湘研究中的不足之处在于其论述仅围绕句类和语气助词展开，未对情态作全面的描述，尤其是未提及情态副词的作用。

在王力(1944/1984)的研究方面，不同于彭利贞对“能愿式”的介绍，徐晶凝指出的是他在《中国语法理论》第九章第 22－23 节中对语气助词和情态副词在表达形式上的描写。

在贺阳(1992)及齐沪扬(2002)的研究方面，徐晶凝列表呈现了他们的研究(见表 1－5)，并指出二人的研究大同小异，而其使用的语气(mood)一词实际上相当于情态(modality)：

表 1-5　贺阳、齐沪扬语气系统对照表

<table>
<tr><td></td><td colspan="3">贺阳(1992)</td><td colspan="3">齐沪扬(2002)</td></tr>
<tr><td>定义</td><td colspan="3">通过语法形式表达的说话人针对句中命题的主观意识,是对句中命题的再表述:可以是说话人表达命题的目的,可以是说话人对命题的态度、评价等,可以是与命题有关的情态。</td><td colspan="3">说话人使用句子要达到的交际目的以及说话人对说话内容的态度或情感。</td></tr>
<tr><td rowspan="20">语气系统</td><td rowspan="7">功能语气</td><td rowspan="2" colspan="2">陈述语气</td><td>肯定</td><td rowspan="2">陈述语气</td><td rowspan="6">功能语气</td></tr>
<tr><td>否定</td></tr>
<tr><td rowspan="2">疑问语气</td><td>询问</td><td>询问</td><td rowspan="2">疑问语气</td></tr>
<tr><td>反诘</td><td>反诘</td></tr>
<tr><td rowspan="2" colspan="2">祈使语气</td><td>请求</td><td rowspan="2">祈使语气</td></tr>
<tr><td>命令</td></tr>
<tr><td colspan="2">感叹语气</td><td colspan="3">感叹语气</td></tr>
<tr><td rowspan="8">评判语气</td><td rowspan="2">认知语气</td><td>确认</td><td rowspan="2" colspan="3"></td></tr>
<tr><td>非确认</td></tr>
<tr><td rowspan="2">模态语气</td><td>或然</td><td>或然</td><td rowspan="2">可能语气</td><td rowspan="8">意志语气</td></tr>
<tr><td>必然</td><td>必然</td></tr>
<tr><td rowspan="2">履义语气</td><td>允许</td><td>允许</td><td rowspan="2">允许语气</td></tr>
<tr><td>必要</td><td>必要</td></tr>
<tr><td rowspan="2">能愿语气</td><td>能力</td><td>能力</td><td rowspan="2">能愿语气</td></tr>
<tr><td>意愿</td><td>意愿</td></tr>
<tr><td rowspan="5">情感语气</td><td colspan="2">料定语气</td><td>料定</td><td rowspan="2">料悟语气</td></tr>
<tr><td colspan="2">领悟语气</td><td>领悟</td></tr>
<tr><td colspan="2">诧异语气</td><td rowspan="3" colspan="3"></td></tr>
<tr><td colspan="2">侥幸语气</td></tr>
<tr><td colspan="2">表情语气</td></tr>
</table>

关于鲁川(2003)的研究,徐晶凝指出其主要观点是,语言的主观信息包括主观因素及主观标记两类。主观因素隐含在客观信息词语之内,表达言者的主观认识,包括人称、时间、空间、趋向及褒贬因素等。主观标记由语气标记和情态标记表达,其中语气是对人的,体现为言者对闻者的态度,主要由句类和语气助词来表达;情态是对事的,体现言者对事情的主观情绪或态度,主要由情态副词和情态助动

词来表达。表 1 - 6 是鲁川对情态的有层次的分类：

表 1 - 6 鲁川情态分类表

情态范畴	判断	推断	确定：确信事件准保必定发生。	必、总是、一定
			揣测：揣测事件或许可能发生。	约、大概、也许
		必要	理应：道义上必要，无强制性。	该、应当、当然
			必须：事实上必要，有强制性。	得、必须
		常规	照常：认为事件仍然按照常规。	仍、依然、照例
			反常：因事件违反常规而不满。	偏、反倒、居然
		适度	过分：认为事件超过适当分寸。	过、极其、简直
			不足：认为事件未到适当分寸。	只、不过……而已
		机遇	幸好：因既成事实恰好而侥幸。	恰、刚好、幸亏
			遗憾：对既成事实遗憾而无奈。	咳、可惜、只得
	评议	评估	评价：对属实性适宜性的评价。	配、值得、善于
			能力：对是否具有能力的估计。	可、可以、能够
		提议	建议：建议他人进行某种活动。	最好、赶快、千万
			禁止：禁止他人进行某种活动。	别、莫、甭、不得

徐晶凝指出，就实质而言，鲁川的语气大致相当于贺阳、齐沪扬的功能语气，而情态则相当于二人的意志语气等。因此，他们三人在此范畴的理解本质上是一致的，其关系如表 1 - 7：

表 1 - 7 鲁川与贺阳、齐沪扬语气/情态对照表

鲁川(2003)		贺阳(1992)、齐沪扬(2002)	
主观标记	语气	功能语气	语气
	情态	意志/评判/情感语气	

此外，三人的研究明确指出语气助词、情态副词、情态助动词等所表达的意义属于同一个大的范畴。

关于崔希亮(2003)的研究，徐晶凝指出他是在 Palmer(2001)的意义上使用情态一词的，并将情态的含义扩大到跟动词性复合体有关的一切事件和情景，其情态系统如表 1 - 8 所示：

表 1-8 崔希亮情态系统表

<table>
<tr><td colspan="13">表 态 系 统</td></tr>
<tr><td colspan="7">语 气 范 畴</td><td>时体范畴</td><td colspan="5">能 愿 范 畴</td></tr>
<tr><td colspan="7">言 者 情 态</td><td>事件情态</td><td colspan="5">施 事 情 态</td></tr>
<tr><td>疑问</td><td>祈使</td><td>感叹</td><td>推测</td><td>委婉</td><td>肯定</td><td></td><td rowspan="3"></td><td colspan="2">物力论情态</td><td colspan="3">道义论情态</td></tr>
<tr><td rowspan="2">吗</td><td rowspan="2">啊/吧</td><td rowspan="2">啊</td><td rowspan="2">吧</td><td rowspan="2">吧/呢</td><td rowspan="2">嘛/呗</td><td rowspan="2">语气
副词</td><td>能力</td><td>意愿</td><td>可能</td><td>禁许</td><td>义务</td></tr>
<tr><td>能/会</td><td>肯/要
可以</td><td>能/会</td><td>甭/别
能/会</td><td>得/必须/肯
要/可以</td></tr>
</table>

徐晶凝对这个情态系统提出的批评与前文彭利贞所说大致相同,一是情态助动词除用于物力论情态及道义论情态外,还可用于认识情态;二是情态助动词并非只表施事情态,认识情态和道义情态都是言者取向情态。

徐晶凝对大陆汉语学界以外的情态研究回顾集中在谢佳玲(2002)的研究上,首先,她指出谢佳玲对情态的定义是:"情态作为一个自然类,内部应当具有共同的属性:广义的情态必须具备[+可能世界]这个属性,而狭义的情态则必须具备[+来源]和[+可能世界]两个属性。"其次,她指出在这个定义下,谢佳玲所列出的语言形式包括情态助动词、副词和情态实义动词,统称情态词,其研究如表 1-9:

表 1-9 谢佳玲情态系统表

<table>
<tr><td colspan="2">大类</td><td>小类</td><td>定 义</td><td colspan="2">内 部 小 类</td></tr>
<tr><td rowspan="9">广义情态</td><td rowspan="9">狭义情态</td><td rowspan="5">认知情态</td><td rowspan="5">表达对一个命题为真的判断与证据</td><td>猜测</td><td rowspan="3">判断系统</td></tr>
<tr><td>断定</td></tr>
<tr><td>真伪</td></tr>
<tr><td>引证</td><td rowspan="2">证据系统</td></tr>
<tr><td>知觉</td></tr>
<tr><td rowspan="4">义务情态</td><td rowspan="4">表达让一个事件为真的指令与保证</td><td>允许</td><td rowspan="2">指令系统</td></tr>
<tr><td>要求</td></tr>
<tr><td>承诺</td><td rowspan="2">保证系统</td></tr>
<tr><td>威胁</td></tr>
</table>

续表

<table>
<tr><th colspan="2">大类</th><th>小类</th><th>定 义</th><th colspan="2">内 部 小 类</th></tr>
<tr><td rowspan="6">广义情态</td><td rowspan="4">狭义情态</td><td rowspan="4">评价情态</td><td rowspan="4">表达对一个已知为真的命题的预料与愿望</td><td>符合</td><td rowspan="2">预期系统</td></tr>
<tr><td>不合</td></tr>
<tr><td>符合</td><td rowspan="2">愿望系统</td></tr>
<tr><td>不合</td></tr>
<tr><td rowspan="2"></td><td rowspan="2">动力情态</td><td rowspan="2">表达让一个事件为真的潜力与意愿</td><td>潜力</td><td></td></tr>
<tr><td>意愿</td><td></td></tr>
</table>

徐晶凝指出谢佳玲的研究有两点值得注意，一是她采纳 Palmer (1986)的说法，认为认知情态包含判断与证据两个小类，二是她在 Palmer(1986)的系统之外增加评价类。此外，徐晶凝指出，谢佳玲在情态词的句法鉴定方面采纳了典型范畴理论，认为在情态动词到情态副词之间是一个没有截然分界的连续统，并提出若干分类的判断依据。最后，徐晶凝指出，谢佳玲透过现代汉语情态词的综合研究，在勾勒现代汉语的情态系上可说已相当全面而深入，不过徐晶凝也指出谢佳玲研究上的两大问题：一是未考虑各类情态词在整个情态表达体系中的分工，二是将证据类与判断类视为汉语情态系统中的两个小类，这种分析并不合适。

以上是我们根据彭利贞(2007)及徐晶凝(2008)对现代汉语情态研究回顾所作的概略介绍，以下介绍二人未提及的朱冠明(2005)及二人本身的研究成果，最后探讨现代汉语情态研究成果与本书研究的关系。

朱冠明(2005)对情态的研究主要采纳 Palmer(1986)的意见，亦即情态是人类语言中一个重要的语法范畴，尽管许多不同的语言形式都能表达情态意义，但作为一个语法范畴，其内部成员应具有封闭性和基本一致的形式特征。朱冠明(2005)认为汉语同英语一样，其情态范畴的核心或典型成员是情态动词。此外，他参照国外学者对情态语义的研究，将汉语情态动词分为动力情态、道义情态、知识情态三大类，并依据说话人对命题“可能性/必然性”的判断程度(degrees)分为表可能性、盖然性、必然性三个等级。以下是朱冠明(2005)汉语情态动词的分类系统(见表1-10)：

表1-10 朱冠明汉语情态动词分类系统

<table>
<tr><th rowspan="2">类型
程度</th><th rowspan="2">知识情态</th><th colspan="2">道义情态</th><th colspan="2">动力情态</th></tr>
<tr><th>该允</th><th>估价</th><th>主语指向</th><th>中性(条件)</th></tr>
<tr><td>可能性</td><td>可能他～到上海了</td><td>可以你～进来</td><td rowspan="3">I 配他不～当班长
II 值得这本书～看</td><td rowspan="3">I 能他～说德语
II 愿意我～一个人去</td><td>能从苏州一小时就～到上海</td></tr>
<tr><td>盖然性</td><td>应该他～到上海了</td><td>应该你～进来</td><td></td></tr>
<tr><td>必然性</td><td>一定他～到上海了</td><td>必须你～进来</td><td>必须总统～对选民负责</td></tr>
</table>

彭利贞(2007:160)对现代汉语的情态研究主要集中在情态动词上,他首先根据学者们对情态的定义与类型等相关研究,指出情态应分为认识情态、道义情态和动力情态三类。其次,他借鉴认知语言学的典型范畴理论,重新审视情态动词的范围,提出“动词-情态动词-副词”连续同一体的假说,用来认定若干有争议的情态动词的身份,最后他将情态动词分为典型、较典型及非典型三类,并将这些情态动词的语义系统列表如下(见表1-11)：

表1-11 彭利贞情态动词语义系统表

<table>
<tr><th>情态</th><th>语义</th><th>语用及用词</th><th>语义</th><th>语用及用词</th><th>语义</th><th>语用及用词</th></tr>
<tr><td rowspan="2">认识情态</td><td rowspan="2">[必然]</td><td>[推定]必然、肯定、一定、准、得、要</td><td rowspan="2">[盖然]</td><td rowspan="2">[推断]会、应该(应当、该、当)</td><td rowspan="2">[可能]</td><td rowspan="2">[推测]可能、能(能够)</td></tr>
<tr><td>[假定]要</td></tr>
<tr><td rowspan="2">道义情态</td><td rowspan="2">[必要]</td><td>[命令]必须、得</td><td rowspan="2">[义务]</td><td>[指令]应该、要</td><td rowspan="2">[许可]</td><td>[允许]能、可以、准、许</td></tr>
<tr><td>[保证]肯定、一定、准</td><td>[承诺]会</td><td>[允诺]可</td></tr>
<tr><td rowspan="3">动力情态</td><td colspan="2">[能力](无障碍):可以</td><td colspan="2">[能力](恒定):会</td><td colspan="2">[能力]:能</td></tr>
<tr><td colspan="2">[意愿](强):要</td><td colspan="2">[意愿](被动):肯</td><td colspan="2">[意愿](一般):想、愿意</td></tr>
<tr><td colspan="6">[勇气]:敢</td></tr>
</table>

此外,彭利贞还考察了情态动词与其他语法范畴如动词情状、体、否定等范畴的关系,并分析了情态动词连续同现的语义组配关系、规则

及解读机制等。

徐晶凝(2008)的情态研究指的是话语情态(discourse modality)，包括情态和意态两部分。情态指的是说话人对命题真值或对听话人实施某种行为的可能性/必然性所持的态度，属于语言的主观性；意态则是指说话人在语句中所表达的对听话人的态度，属于语言的交互主观性。徐晶凝(2008)指出，话语情态与语用的关系非常密切，在汉语中，情态表达形式往往与礼貌策略有关，比方在某些句子中，情态词的使用可使语气显得较为委婉；意态则主要关注说话人对听话人的态度，与语用自然有非常密切的关系，如语气词“吧”在语境中有助于维护听话人的面子，建构和谐的交际语境等。在现代汉语中，能够表达上述情态与意态两类态度与看法的语言形式主要有九类：(1)句类和语气：“陈述句/祈使句、直陈语气/祈使语气”等；(2)语气助词：“吧”“呢”“嘛”“啊”等；(3)情态助动词：“可能”“可以”“能”“应该”等；(4)情态副词：“必须”“一定”“也许”等；(5)名词：“可能性”“必然性”等；(6)情态实义动词：“知道”“相信”“希望”等；(7)连词：“如果/要是”“即使/即便”；(8)否定副词和频度副词：“不”“没”“又”“再”等；(9)隐性语法操作：如“的”字短语做后置定语小句、动词重叠等。其中(1)—(4)类是成系统的、封闭的、语法化程度较高的，可以完整表达情态系统中的某个侧面，其他各类则较零散而不成系统，因此她对现代汉语的情态研究只以(1)—(4)类为对象。

在句类和语气的研究上，徐晶凝认为现代汉语只存在直陈语气和祈使语气两大言语行为语气，两大语气的对立具体表现在句子的主语人称、谓语动词的语义特征及句子的时体特征上。

在语气助词的研究上，徐晶凝认为语气助词除一般认为可用于标注说话人的“信疑”态度外，在情态体系中，它们主要用来和句类共同作用，表达说话人基于自己与听话人的关系及对听话人的态度而将语句带到交际语境中的方式，是现代汉语中的传态语气系统。在这一部分，她详细探讨了“啊”“呢”“嘛”“吧”“呗”等核心语气的原型意义，以及它们出现在不同句类、不同句法位置上的种种意义上的差别及解释。

在情态助动词和情态副词的研究上，徐晶凝根据原型范畴理论及范畴成员在句法上要有形式依据（包括句法分布特征及词语共现顺序）等原则，并采纳朱德熙（1982）所提出的助动词句法分类标准，将现代汉语中与情态表达相关的词语分成五个连续的类，以展现它们在句法分布上所表现出的连续现象，这五个类分别是：副词（大概、必定、或许、恐怕……）、准副词（必须、不必、一定、必然……）、助动词（可能、能、可以、应该、肯、愿意……）、评价情态主动词（难、容易、好意思、值得、妄想……）及心理动词（打算、希望、需要、期待……）。徐晶凝指出，上述归类为副词或准副词的成员中，有一部分是专门用于认识情态（一定、必然、未必……）和道义情态（必须、不必、务必……）梯度的表达，这一类情态副词称为核心情态副词。情态助动词和核心情态副词构成情态的不同梯度和维向。所谓情态梯度是指说话人在多大程度上承诺命题为真，或者在多大程度上强制某行为被听话人执行，如“可能→应该→一定”构成说话人对命题承诺由低至高的程度，而“可以→应该→必须”则构成说话人对行为被执行的由低到高的强制度。所谓情态维向则是指说话人对命题可能性进行推测或发出道义诉求时所采取的不同角度，如“可能”是基于推理可能，而“应该”则是基于情理规范。不过情态助动词本身并不能体现认识情态和道义情态的对立，亦即它们并未将两种情态的对立语法化为自己内在的语义，而是通过句中其他解释成分来区分的。核心情态副词之外，还有一些情态副词，如“反正”“幸好”“难怪”“居然”等，这些副词称为边缘情态副词，用来表达说话人对语句内容的主观评价，它们构成了现代汉语的评价情态。

以上我们对现代汉语的情态研究成果作了简单的回顾介绍，在这些研究中，与本书论旨较为相关的是各家对现代汉语情态系统的分类，以及表达这些情态系统的语言形式。总的来说，在现代汉语的情态研究中，各家对情态的定义、范围及分类等问题仍存在相当大的分歧,如语气、时间、证据及评价等范畴是否属于情态范畴,各家看法不一,而各家对情态的分类结果更有相当大的出入。在情态的表达形式上,学者们也就各自不同的情态定义及范围做出不同的界定,大致说来,多数学者同意情态助动词是现代汉语情态的主要表达形式,其他如情态副词及句末语气词也是经常被提出的。本书不拟在此对各家的情态系统作进一步的辨析,诚如本节一开始所指出的,本书的研究范围为先秦汉语,现代汉语的情态研究成果是本书重要的借鉴参考,而其系统本身则非本书的关注所在。就研究成果的深度和广度来说,徐晶凝(2008)的《现代汉语话语情态研究》可说是对现代汉语情态系统描绘得最深入也最全面的一部著作,其研究范围与方法也值得作为先秦情态系统研究的借鉴。

1.5.2 先秦汉语情态研究回顾

前文曾经指出,在先秦汉语的研究中,明确以情态范畴作为研究对象的论著并不多见,而全面描绘先秦情态系统者至今仍是付之阙如,因此本节对先秦汉语情态研究的回顾将包括一般被视为情态语法表达形式的助动词、句末语气词及副词等相关研究。

在上一节现代汉语的情态研究回顾中,我们曾提及马建忠、吕叔湘及王力等人的研究,由于马建忠的研究实际上是以古汉语为范围,而吕、王二人的研究亦兼及古汉语,因此我们在这一节的回顾中首先对三人涉及先秦汉语情态研究的部分作进一步的介绍。

前文彭利贞(2007)对《马氏文通》情态研究的介绍主要是其中"助动字"的分析,包括"可""足""能""得"四字,马建忠谓助动字"不直言动字之行,而惟言将动之势,故其后必有动字以续之者,即所以言其所助之行也"[①],彭利贞(2007:25)认为马建忠这段论述"已经注意到一个句子中有这种'势'的存在,并对这种势与主要动词在句中

---

① 马建忠:《马氏文通》,北京:商务印书馆1998年版,第183页。

的配合进行了富有启发性的分析。"我们认为，作为第一部以现代语言学方法分析古汉语语法的论著，《马氏文通》的相关论述确有许多值得重视之处。关于这部分论述的评析，我们将在2.1.2节探讨先秦汉语情态动词研究时再作讨论。在《马氏文通》中，与情态研究关系较大的还包括"虚字卷之九"对"助字"的讨论。"助字"即现在一般所称的语气词，是汉语重要的情态表达方式之一。《马氏文通》将助字所表达的语气分为传信及传疑两类，传信助字包括"也""矣""耳""已"等，传疑助字包括"乎""哉""耶""欤"等，文中并对各个语气词的用法及所传达的语气作深入的辨析。

吕叔湘(1942/2004)的《中国文法要略》下卷第十四章讨论"正反·虚实"，其中"正反"探讨否定词"不""弗""非""未"等，"虚实"则探讨一般所谓的"助动词"。吕叔湘认为助动词表示的是可能、必要，以及其他相近的概念，所列的词包括"可""能""得""须""要""宜""必""足""肯""敢"等。上列这些词除"须""要"之外，都是先秦时期已出现的助动词。吕叔湘指出，虽然这些词通常称为助动词，但它们的性质并不相同，"可""宜""足"原为形容词，"能""须""肯""敢""要"的动词性仍相当明显，"必"则是限制词，文言中的"得"则是动词，它们的共同点是大多和别的动词或形容词谓语合用，表示未实现的事情。在具体分析"可能"的概念时，吕叔湘指出"可能"大体可分为三类，一是就能力而言，二是就旁人、环境或情理许可而言，三是不含能力或许可意，仅仅是对未来事实的估计，是最客观的可能，即"或然性"。表达这些概念的词包括"能""可""得"等，其他如"恐""或"等亦有表"或然"之意。三类虽大体可分，但实际用法时有交错难分的现象。此外，吕叔湘指出文言的"足""宜"是从价值方面来判断，"敢""肯""忍""欲"则是从心理方面来判断，这些词都隐含可能性，"宜""欲"另含必要性。"必要"在概念上有种种分别，如主观的必要、客观的必要、情理上的必要、估计事实的必然等。最后，吕叔湘透过否定(如"不")及量化(如"只")等方式对可能和必要的关系作了深入的探析。

从以上的介绍来看，吕叔湘在1942年的著作中，对先秦助动词的分析已经几乎涵盖了所有现代情态研究的重要概念，只是限于著作体例及当时的研究方式，未能将这些概念以较系统的论述方式呈现。

《中国文法要略》下卷的第十五至十七章分别为“传信”“传疑”及“行动·感情”，主要探讨语气和语气词等问题。吕叔湘指出，“语气”有广义及狭义两类，广义的语气包括“语义”和“语势”。语义指正反、定不定及虚实等区别，主要以加限制词来表现；语势指说话的轻重缓急，主要以语调来表现；狭义的语气可以定义为：“概念内容相同的语句，因使用的目的不同所生的分别”[①]，兼用语调及语气词来表现。其语气类目如表1－12[②]。

表1－12　吕叔湘语气系统表

语气（广）	语义（限制词）	正与反	肯定		ø[③]
			不定（是非问句）		语调或疑问词：其、岂、宁、乎、欤、也、邪
			否定		不、弗、未、非
		虚与实	实说		ø
			虚说	可能、必要等	能、可、得、恐、或、足、宜、敢、肯、欲、必
				设想（假设句）	ø、则、若、如、苟、使、令；果、诚、信、或
	语气（狭）（语调与语气词）	与认识有关	直陈（强调则为确认）		ø、矣（决定）、已、也（确认）、焉（指示）、耳
			疑问	肯定性：测度	无乃、其、殆、邪、乎、欤、夫
				中性：询问	乎、欤、也
				否定性：反诘	岂、庸、讵、不亦、何、哉
		与行动有关	商量（建议、赞同）		无严格商量语气，表建议或愿望用“乎、欤、其”。
			祈使	肯定性：命令	ø、愿、请、幸、必、其、唯；矣、哉
				否定性：禁止	毋、勿、莫、不得、愿、请、幸、必、其；也
					夫、哉、乎、矣；
		与感情有关：感叹、惊讶等			噫、嘻、呜乎、嗟呼
	语势（语调）	轻与重			——
		缓与急（缓：提顿）			者、也者、也、乎、焉、矣

---

① 可参考吕叔湘（1942/2004：204）。

② 表中虚线后各范畴的表达方式为本书依吕叔湘书中之相关讨论所增，所列均为见于先秦汉语之例。也就是说，吕叔湘的《中国文法要略》内容虽然兼论古今汉语，不过由于表1－13所列的各个范畴在先秦均已出现，因此，这个表也可以视为先秦汉语的语气系统表。

③ ø的意思是表达该范畴之语义者为零形式。

我们将表 1－12 与徐晶凝(2008)的现代汉语话语情态系统作一个对照(见表 1－13)。从表 1－13 可以看出,吕叔湘的广义语气系统实际上已经几乎涵盖了徐晶凝所列的各类情态表达形式,所缺的两类则是现代汉语特有的表达形式。可以说,吕叔湘的语气系统已经为先秦情态勾勒出一个相当完整的轮廓了。

表 1－13　徐晶凝、吕叔湘情态系统对照表

	徐晶凝(2008)	吕叔湘(1942)
1	句类和语气:陈述句/祈使句、直陈语气/祈使语气	直陈、祈使
2	语气助词:吧、呢、嘛、啊	不定、直陈、疑问、感情:乎、欤、也、邪
3	情态助动词:可能、可以、能、应该	可能、必要:能、可、得、宜
4	情态副词:也许、大约、恐怕、难道	不定、疑问、反诘:其、殆、无乃、岂、庸
5	名词:可能性、必然性	——
6	情态实义动词:知道、相信、希望	祈使:愿
7	连词:如果/要是、即使/即便	设想(假设句):则、若、如、苟;果、诚、信
8	否定副词和频度副词:不、没、又、再	否定:不、弗、非、未
9	隐性语法操作:如"的"字短语做后置定语小句、动词重叠等	——

上文曾经提到,徐晶凝(2008)指出吕叔湘研究中的不足之处在于其论述仅围绕句类和语气助词展开,未对情态作全面的描述,尤其是未提及情态副词的作用,我们认为这个批评似乎有失公允。首先,吕叔湘广义语气系统中的"语义"这一次范畴,其中的"否定"及"虚说"中的"可能、必要"等概念实际上已见于前章"正反·虚实"中的论述,"肯定""实说"等概念则与狭义语气中的"直陈"有关,"虚说"中的"设想"则见于第二十二章"假设·推论"中的论述,因此,吕叔湘的论述范围实已兼及否定词、助动词及连词等,并不仅止于句类和语气助词。此外,吕叔湘在情态副词方面亦有相关论述,如在表"不定""疑问""反诘"等概念中论及"其""殆""无乃""岂""庸"等副词,在"设想(假设句)"中论及"果""诚""信"等副词,这些副词如果根据徐晶凝

(2008:292－293)的情态副词系统来分类,无疑都属于情态副词。值得一提的是,从吕叔湘的论述来看,他是将与事实命题相关的评价副词排除在语气系统之外,因此,他对副词的论述不包括"顾""反"这类与事实相反的评价副词,而像"果""诚""信"这类可以用在实然命题中的副词,吕叔湘也只讨论它们出现在假设句中的情况。这种处理方式与前文所介绍的 Perkins(1983)及 Palmer(1986)可以说是一致的,亦即情态主要是对非现实的可能世界所作的评断或态度,对已知事实的态度严格上不能算是情态。

从以上的介绍可以看出,吕叔湘的研究诚如徐晶凝(2008:30－31)所指出的,"虽然没有以情态为题,却与情态框架的构建有着直接的关系",以先秦汉语的情况来说,吕叔湘的研究实已涉及大多数的情态类型,对情态概念的分析也相当具有深度及启发性。总体说来,吕叔湘的研究可说已经为先秦汉语的情态系统研究打下了相当坚实的基础。

王力的研究中与情态相关的主要是他在《中国语法理论》中对能愿式、语气词及语气副词的讨论。[①] 在能愿式的分析上,王力(1944/1984:100－108)指出能愿式包含可能式和意志式,可能式是话里掺杂着说话人的意见,用"能""可""必"等字表示,意志式是话里掺杂着主事者的意志,用"欲""肯""敢"等字表示。能愿式最显明的职务是将主观成分加在客观行为之上,这是它与其他所有形式的对立之处,也是最值得注意的地方。在语气词及语气副词的分析上,王力探讨了"也""乎""欤""邪""哉"等先秦常用的语气词的功能,以及"岂""宁""庸""讵"等表反诘的语气副词。整体来说,王力对情态研究的主要贡献在于他对各类情态表达形式所作的具体分析,这些分析结果对于各类情态表达形式的进一步研究均有重大意义。

---

① 王力的相关论述又见《汉语史稿》(1957/1988:582－601)及《汉语语法史》(1989/1990:336－356)。由于这两处论述与情态研究的关系不大,因此不在此作介绍。

以上我们介绍了与情态或情态表达形式相关的三位早期学者的研究成果。除了上述研究外，许多涉及先秦汉语语法的著作如太田辰夫(1958，蒋绍愚等译 2003)，刘景农(1959/1994)，易孟醇(1989)及杨伯峻、何乐士(1992/2001)等也都对助动词、副词及语气助词等有详略不等的论述，不过由于这些论述大多与情态系统无直接关联，因此不再多作介绍。最后简单介绍一下 Pulleyblank(1992)、Peyraube(2000，2001)及谷峰(2010)对上古汉语情态的研究成果。

Pulleyblank(1992：122－125)有一小节专论上古汉语的情态。他指出，印欧语中诸如期望、意图、臆测的可能性等情态表达与时、体范畴同样包含在动词屈折形式的系统中，在英语中，这类以动词屈折形式表达的虚拟语气只有一些残存的用例，其他则由一套情态助动词系统(can，may，shall，will，ought，must，dare 等)来表达。相同的概念也可以用实义动词(wish，intend，hope 等)、形容词(possible)或副词(possibly，perhaps)来表达。汉语没有动词屈折形式，因此也没有虚拟语气，不过汉语有一些类似情态助动词的表达方式：

i. 动词：如"能""敢""肯""欲"，后接子句宾语。

ii. 动词：如"得""获"，后面不接子句宾语，但可接动词，表示能够之意。

iii. 形容词："可"(表"可能"义)、"足""难""易"，后接被动动词作补语。

iv. 其他形容词："宜""可"(表"应该"义)，后接主动动词作补语。

其他情态概念可由状语或名词修饰语来表达，如"将"在指称未来时经常隐含意图性，"必"可用在名词谓语或动词前，它占据的位置相当于英语的助动词 must。此外，汉语有一些主要用来表情态的小品词，如"其"用来将陈述限定为可能的而非已知的事实。此外，"其"也可用在与事实相对的条件句及祈使句中，在祈使句中，"其"有将命令淡化为表希望或规劝的效果。其他情态词还包括"殆""庶几""盖"及

“毋(无)”“勿”“宁”等。

Pulleyblank 论及的情态表达包括情态助动词及情态副词，范围较吕叔湘小，论述亦较简略而未成系统，不过他对个别情态词的说解有值得参考的地方，关于这个部分我们将留待下文相关章节再作分析。

Peyraube(2000,2001)对情态的研究集中于情态助动词(modal auxiliaries)。他首先根据语义将传统称为“能愿动词”的词分为以下四类：

i. 可能性(possibility，包括可能及许可)：可、能、足、得、克、获、可以、足以

ii. 意愿(volition)：敢、肯、欲、愿

iii. 必要性(necessity)：宜、当

iv. 被动(passive)：见、为

接着探讨能愿动词的词性及发展，并逐一分析 i 及 ii 类成员的情态表达类型及 ii 类成员的句式分布情况，最后总结先秦情态助动词的情态发展方向。他得到的主要结论是：(1)先秦情态助动词是由实义动词经由语法化发展而来的，这个过程发生在上古早期；(2)先秦情态助动词的语义是由非认识情态(包括道义情态及动力情态)向认识情态发展；(3)认识情态的内部发展是由主观性较弱的认识可能(epistemically possible)向主观性较强的认识必然(epistemically nceessary)发展。由于 Peyraube 的研究范围与本书有若干重合之处，因此，他的论点我们将在下文的相关章节中再作分析。

谷峰(2010)《先秦汉语情态副词研究》是一篇以先秦汉语情态副词为研究对象的博士论文，书中援引 Lyons(1977)、Palmer(1986)、Maynard(1993)及 Bybee *et al*. (1994)等学者对情态的认识及定义，将情态界定为“语句中表现言说主观性(subjectivity of utterance)的部分(既包括说话者对谈话内容的态度，也包括说话者对听者的态

度），但不包括时体、语态、位移指示、词序、语体风格等”。

在情态副词的分类上，他以意义为准，将先秦情态副词分为表1-14所示之几个次类，接着全面描写表中所列情态副词的句法表现，并探讨其中多数副词的话语功能。此外，他还以“曾”“诚”“果”“其”等情态副词的多义性为切口，探索情态副词相关的语义—语用演变现象。

表1-14 谷峰先秦汉语情态副词表

情态类型	情态意义	词例
评价（evaluative）	反预期	曾、憯、宁、一、乃
认识（epistemic）	确认	允、慎、亶、展、谌、询、洵、孔、信、诚、果、固、方、正、适、乃、即
	推断	必、固、断、决、要
	揣测	其、将、且、殆、庶、庶几、意、意者、或者、其诸、得无（得毋、得微）、无乃（毋乃）
	反诘	岂、其、庸、讵/巨/渠、宁
说话者取向（speaker-oriented）	希望	尚、其、式、苟、庶、庶几
	请求	尚、其、式、殆、请、姑
社交直指（social deictic）	谦敬	辱、惠、昭、幸（而）、不幸 敢、窃、愚、敬、谨、请

谷峰（2010）的《先秦汉语情态副词研究》是迄今为止最广泛而深入的运用现代语言学理论及研究成果来研究先秦情态的著作，该书不仅对先秦情态副词的句法功能有相当细致的描写，同时引入历史的向度及借鉴西方的词义演变理论等，构拟出情态副词词义的演变路线。在先秦的情态研究中，可说是相当有创见的一部著作。

以上是学者们涉及先秦情态系统的相关研究成果，除此之外，单独探讨各类情态表达形式的专著或论文亦不在少数，不过，由于本书乃以先秦情态系统中的情态动词为主要研究对象，因此，与情态动词相关的研究成果将于下章中详述，至于其他方面的研究成果则留待先秦情态动词的后续研究中再作进一步的分析和讨论。

1.6 研究范围及相关说明

以上我们分别介绍了西方、现代及先秦汉语的情态研究成果，本节将以这些成果为基础，谈谈我们对先秦情态的认识及界定，并说明本书的研究范围及方法。

1.6.1 先秦情态表达系统与本书的研究范围

西方跨语言的情态研究显示，人类的语言中普遍存在情态这样的一个语义范畴，只是具体范围及表达形式各不相同。在情态的语义范畴上，大多数学者同意情态是在命题之外表达说话者对命题的主观态度或意见，其中又以可能性与必要性为其中心概念。由于可能性与必要性指涉的主要为非现实事件，因此情态又往往与非现实情境有关。在情态的类型上，大多数学者同意认识情态及道义情态为最主要的两种情态类型，其他如动力情态因与说话者态度无关，评价情态则与现实世界相关，因此有些学者不认为这些范畴属于情态类型。不过，诚如前文所指出的，本书对情态采取的是一种广义的界定，亦即包含认识、道义、动力及评价等各类情态，甚至包括交际双方基于不同地位或关系所采取的不同表达方式。这种界定是为了适应先秦汉语的实际情况而定的。

目前学界一般认为，汉语里有一套和英语类似的情态助动词，亦即在词类上具有封闭性，在语义上主要表达情态的这一类词。英语情态研究之所以把不表达说话人主观态度的动力情态纳入情态范畴，主要是因为动力情态与认识情态及道义情态都是由具有相同句法特征的情态助动词来表达的。先秦汉语的情态助动词范围虽然各学者所列有相当大的差异，但仍有若干核心成员是大多数学者所认同的，这些核心成员所表达的情态同样是不限于说话人主观态度的认识及道义情态，而包括动力情态及评价情态，因此我们也将这些情态纳入研究范围。

在汉语情态助动词的研究中，研究范围的界定可以说是首要之务。现代汉语学界对助动词范围的界定主要是以句法功能为判定标准，如只能带谓词宾语，可以放在"～不～"的格式里等。以句法功能来界定助动词，所面临的问题是助动词与其他词类之间的界限并不是截然可分的，采用不同的句法标准，或者用不同的严苛标准来运用这些句法标准作验证时，界定出来的助动词范围就可能有很大的不同。与助动词在句法功能上难以绝对区分的词类主要是谓宾动词与副词，近年许多研究都提出"（情态）动词—助动词—（情态）副词"为连续统的说法（谢佳玲 2002；彭利贞 2007；徐晶凝 2008 等）。在先秦汉语中，助动词与谓宾动词间的区别比现代汉语更困难，与副词间的区别则相对较为容易，因此，我们认为，在先秦的情态系统中，与情态表达有关的谓宾动词可与助动词合为一类，称为情态动词，与情态相关的副词则另为一类，称为情态副词。关于情态动词与情态副词的区别，我们 2.1.3.1 小节会有进一步的论述。

先秦汉语中的情态副词与情态动词同样具有多样化的情态表现，如吕叔湘将表否定的副词（不、弗、未等）、用于疑问句中的副词（其、殆、岂、庸等）、用于祈使句中的副词（唯、其、幸等），以及用于假设句中的"果、诚、信"等皆列于广义的语气系统中；Pulleyblank（1992）则认为时间副词"将"经常隐含意图性，而出现于句首的"盖"表达的也是情态的意义。除此之外，先秦还有其他许多表达说话者语气或态度的副词，这些副词在情态系统中的定位及分类也是先秦情态研究中的重要课题之一。此外，古汉语中特有的谦敬副词，如"敢""窃""辱""幸"等也都应纳入情态表达系统，理由是，这类谦敬副词所表达的虽然不是说话者对命题的意见或态度，而是对交际双方所处地位或立场的一种处置方式，不过这类表达在先秦汉语系统中可说是主观性相当强的一类，前述鲁川（2003）的研究中指出，语言主观标记中的语气体现为言者对闻者的态度，主要由句类和语气助词来表达，我们认为在先秦汉语中，这类言者对闻者的态度还可以藉由谦敬副词来表达。

最后是语气及句末语气词的问题。在西方语言学的研究中，情态(modality)与语气(mood)、句类(sentence types)及言语行为(speech act)等有着错综复杂的关系。前文指出，西方多数语言学者认为情态属于语义范畴，语气则与动词屈折形式有关，如 Bybee(1985:168,191-196)即明确指出，情态标示的是一个概念域，可以用不同类型的语言方式来表达；语气标示的则是在这个语义域中以屈折形态表现的次类。在传统西方的语言学研究中，由动词屈折形态表达的语气主要包括直陈语气(indicative)、虚拟语气(subjunctive)及祈使语气(imperative)等。前文曾经提到，Palmer(1986:24)引述 Lyons(1977:745)的说法指出，语言中存在三种基本的句类：直述句、疑问句及命令句，Lyons 认为这三个句类是着眼于语法结构的。他同时提出另一套着眼于语力的话语(utterances)分类，即陈述(statement)、问题(question)及指令(command)。Palmer(1986:24)将 Lyons 的话语、句类与语气对应如下：

话语：	陈述	问题	指令
句类：	直述句	疑问句	命令句
语气：	直陈语气	——	祈使语气

此外，Palmer(1986:26-31)进一步指出，直述句是说话者对他相信为真或假的命题的陈述，因此与认识情态相关；命令句则表达指令，因此与道义情态相关；疑问句与情态的关系则视不同语言而定，汉语的句末语气词可说是一种用来表达疑问的情态范畴。

前述话语中的陈述、问题、指令等与言语行为有关。言语行为理论是 Austin(1975)所提出的，Lyons(1977:726-727)指出，Austin 首先将话语区分为述谓句(constative)和施事句(performative)，述谓句表达陈述，其功能为描写事件、过程或事态，特色是具有真假值；施事句相对而言没有真假值，它们是用来以言行事(如“我劝你不要抽烟了”），而不是在陈述这件事的真假。简单来说，述谓句与施事句的差别在于前者是藉由语言说某事，亦即断言某事是否如此，后者则藉由语言来做某事。除了表达陈述和指令外，提问也是言语行为中的一个重要功能。在言语行为与句类的关系上，Palmer（1986：32）指出，在英语中，陈述句、疑问句及命令句的典型用法分别为表达陈述、提问及指令，不过这种对应不是绝对的，如直述句例（22）或疑问句例（23）也可以用来表达指令：

（22）You are coming tomorrow.（你明天来。）

（23）Can you open the door?（你可以开门吗？）

综上所述，我们可以将句类定义为基于语法结构所作的句型分类，包括直述句、疑问句及命令句等；话语则是句子在语境中的功能，也就是用句子来执行陈述、提问或指令等功能，语气则是以动词屈折形式表达的句类或话语功能。最后在情态方面，认识情态大致对应于直述句或直陈语气，道义情态则大致对应于命令句或祈使语气。不过这些对应在不同的语言及不同的语境中仍有许多复杂的关系，以下探讨先秦汉语的状况。

汉语由于没有动词屈折形式，因此，如果根据西方语言学对语气的定义，则汉语可说是没有语气（mood）这一个语法范畴的。不过，有些现代汉语学者主张语气可以不限于用动词屈折变化为其表达形式，如温锁林（2001：218）认为语气是一种语法范畴，是句子本身所特有的表示话语功能类型的语用成分。徐晶凝（2008）引述 Bybee（1985）的看法，认为语气的含义可以概括为“表示说话者选择怎样的方式将命题放到语篇环境中”或者“说话者想在特定的语篇中用语句做什么”。表达这类语气的形式可以从动词形态出发，扩大到其他形式上。温、徐二人都从语用功能出发来界定语气，不过在语气类型及表达形式上则有不同看法。温锁林将语气分为陈述语气、祈使语气、感叹语气及疑问语气四类，并将根据不同语气分出的句子的类别称做“句类”。他认为语气一般用语调来表达，句末语调是表达语气的绝对手段，其他表达手段还包括“着”“过”等助词、人称代词及动词等。此外，温锁林认为一般语法论著将句末语气词视为语气表达方式的看法是不正确的，他认为句末语气词表达的并非语气，而是与说话者态度有关的情态意义，二者不应混淆。徐晶凝则认为现代汉语只有直陈及祈使两种语气，分别对应陈述句和祈使句两种句类，这两种句类又与认识情态和道义情态的基本区分有关。疑问句由于其辖域不涵盖整个命题，且在情态意义上不具独立的地位，因此不具有独立为一个语气的条件。此外，徐晶凝（2008：66－68）将语气分为言语行为语气（speech act mood）和传态语气（attitude-conveying mood），言语行为语气即一般所称的“直陈/祈使”一类的语气，是说话人使用语句要完成的言语行为类型，在现代汉语中是通过句子的主语人称、句中动词的语义和时体限制的作用来表达的；传态语气指的是说话人基于交际双方关系或交际目的所选择的一种交互主观性态度，在现代汉语中是由句末语气词来表达的。如果单从分类来看，温锁林所定义的语气大致对应于徐晶凝的言语行为语气，而温锁林认为句末语气词主要表达情态意义也与徐晶凝所说的传态语气有类似之处，也就是说，二人都将句子本身所表达的话语功能与句末语气词所表达的情态功能做了大致的区分。

在古汉语的语气词研究中，《马氏文通》是最早借鉴西方语言学观点来加以探讨的，其相关论述为：

> 泰西文字原于切音，故因声以见意，凡一切动字之尾音，则随语气而为之变。……惟其动字之有变，故无助字一门。助字者，华文所独，所以济夫动字不变之穷。……助字所传之语气有二：曰信、曰疑。故助字有传信者，有传疑者，二者固不足以概助字之用，而大较则然矣。（马建忠 1998：323）

《马氏文通》的“助字”即现在一般所谓的句末语气词。从以上的论述来看，马建忠是将汉语的句末语气词与西方语言中的动词屈折变化相联系，如前所述，西方语言的动词屈折变化是语气（mood）的主要表达形式，而“传信、传疑”的概念也与语气、句类及情态表达有关。先秦汉语句末语气词与句类/语气的关系也是先秦汉语情态系统的一部分。

从以上的论述可以看出，先秦汉语的情态表达系统至少涉及了情态动词、情态副词、句末语气词及句类等多种语言表达形式，本书所选取的研究对象为其中的情态动词。本书之所以选取情态动词作为研究重心，主要的理由是，如前所述，先秦的情态表达系统相当复杂，而至今相关的研究成果仍不多见，我们认为，要完整呈现先秦情态系统的面貌，必须先对各类情态表达的语言形式作较深入的描写与分析。情态动词在许多语言中都是情态系统最重要的表达形式，先秦汉语的情况亦然。以情态动词作为先秦情态系统研究的起点，不仅能初步勾勒先秦情态系统的轮廓，作为日后整体先秦情态表达系统研究的基础，同时也能与跨语言的情态动词研究相互参照，以探析先秦情态动词与其他语言间的共性及特性。

1.6.2　本书研究的语料范围及对象

本书的题目为“先秦情态动词研究”，主要探讨先秦汉语情态动词的语义、用法及发展演变等。在中国历史的分期中，“先秦时期”一般指秦始皇统一六国前的所有时代，包括远古、夏朝、商朝及周朝在内。不过，就汉语的研究来说，由于迄今所见能作为研究材料的文字记录最早为殷周甲骨文，其他则包括殷周金文，以及先秦传世与近年出土的各类简帛文献，因此，“先秦汉语”所指最广义的范围也仅能由殷周甲骨文算起，并包括上述各类文字记录。

本书研究先秦情态动词，所考察的主要文献范围较上述为小，亦即不包括出土文献中的甲骨、金文，也不将一般被归为西周至春秋早中期（以下简称“先秦前期”）文献的《周易》《尚书》《诗经》及《逸周书》

等传世文献列入[①]，也就是说，我们研究先秦情态动词时，语料考察范围主要集中于《左传》《国语》以下一般被视为春秋末年至战国末年（以下简称“先秦后期”）的先秦传世文献[②]，以及近年出土之著作时代大约相当的简帛文献。[③] 我们区分这两类文献的理由是，根据大西克也（1988：240－241）及魏培泉（2001：179－180）的研究，甲骨、金文及《尚书》所反映的语言与春秋晚期到战国时代的文献所反映的语言可能是不同系统的方言，前者反映的大致是演变较剧烈的当时领导阶级的语言，而后者反映的则是在演变上较保守的列国方言。由于不同方言成为优势方言的时期不同，因此某些语言变化表面看来似乎呈现逆反之势。也就是说，甲骨、金文及《尚书》中的某些语言现象，在演变序列上可能反而较《左传》《国语》以下的先秦文献更加超前。我们认为，既然以甲骨、金文及《尚书》为代表的先秦前期语言不必然为《左传》《国语》以下文献所代表的先秦后期语言的直接来源，且在演变速度上有更加超前的可能，我们就应该将这两个不同时期的语言分开研究，以避免不必要的纠葛，而本书选取的范围则为先秦后期的语言。本书之所以选取这个时期的语言作为主要研究范围，一方面是由于这个时期的文献量丰富且解读相对较为容易，另一方面则是认为，如果前述大西克也及魏培泉对这两个时期文献所反映语言现象的说法成立，那么我们更应该先从演变相对较保守的语言研究起，弄清这个时期语言中情态动词的发展演变后，再与先秦前期的语言现象作比较，以厘清二者的关系。限于时间及能力，本书仅能完成前阶段的工作。

---

① 关于这几部书的语料断代问题，可参考张玉金（2004：1－16）。

② 本书所考察的先秦文献包括《左传》《国语》《战国策》《论语》《孟子》《墨子》《庄子》《荀子》《韩非子》《吕氏春秋》《老子》《商君书》《管子》《晏子春秋》《孙子兵法》《仪礼》《周礼》《礼记》《大戴礼记》《公羊传》及《穀梁传》等 21 部，主要语料来源及相关问题见下节（1.6.3）之说明。

③ 本书考察的出土简帛文献包括：包山、郭店、上博、望山、九店、新蔡葛陵楚简，云梦睡虎地、龙岗秦简，及马王堆、银雀山、阜阳及定县汉简，资料来源见参考文献。

本书对先秦情态动词的研究虽是以先秦后期的文献为主要考察对象，不过这并不表示我们完全不涉及先秦前期文献中所出现的情态动词的用法。本书的做法是，在筛选符合本书定义的情态动词时，只以先秦后期文献作为搜寻考察范围，也就是不将那些只出现在前期文献而未出现在后期文献的情态动词列入，不过在具体分析个别情态动词的发展演变时，仍将它们在先秦前期文献中的用法列入分析讨论范围。我们采取这种做法的理由是，虽然本书所探讨的先秦情态动词原拟限于先秦后期文献中的用法，不过，一方面由于这两类文献事实上无法截然分开，某些后期文献中也可能混杂前期文献的内容；另一方面由于多数学者在论述先秦助动词或能愿动词等与情态动词相关的问题时，都是将先秦前期文献也列入考察范围，为了全面探讨个别情态动词在先秦文献中的用法，也为了完整反映学界对这些情态动词的研究成果，本书在进行相关论述时也会对前期文献中的用法及学者们的意见作必要的分析及检讨。

1.6.3 本书所采用的先秦词类系统及相关语法术语说明

本书的研究主题为情态动词，关于情态动词的名称及界定，我们在1.1小节中已有简单论述，详细分析则见下章。这里先对本书所采用的先秦词类系统及相关术语作简单的说明。

1.6.3.1 先秦词类系统

关于先秦汉语的词类系统，历来学者有许多不同的分类，本书主要采用的是"'中央研究院'上古汉语标记语料库"(以下简称"上古标记语料库")中的词类系统[①]，理由是，这个标记语料库是笔者实际参与建置的语料库，其中的词类系统是许多学者及标记者在实际语料标记的基础上历经多次讨论之后所确立的，并已有实际的标记成果可供各界查询。该语料库目前已完成大多数先秦文献的标记工作，

---

① 该语料库之网址为：http://db1x.sinica.edu.tw/kiwi/akiwi/。

范围涵盖本书所拟考察之所有先秦文献，因此，本书所引用之语料来源及相关统计数值均以该语料库之标记结果为主。以下简介该语料库的词类系统。①

“上古标记语料库”将上古词类先分为实词和虚词两类，实词包括动词、名词、数词及饰词，虚词包括副词、介词、连词、助词及感叹词，共计九类，其中动词、名词及副词三类之下又依语义或语法表现分为若干小类。本系统之词类划分原则、词类分类结果及例句见魏培泉(1997)。由于本书的研究与动词的关系较为密切，因此以下先列出本系统的动词分类结果，并简单说明该系统之动词的分类原则。②

动词[内动(不及物)、外动(及物)]：

1. 动作动词

VA：动作不及物动词(内动)【例】奔三百里而舍焉

VC1：动作单宾动词(外动)【例】穆王将征犬戎、温人之周

VC2：准动作单宾动词(准外动)【例】置之车中、寡人欲置相于秦

VD：动作双宾动词(外动双)【例】以金与关吏

VE：后接句宾语或动词组的动作及物动词(外动子)【例】言举斯心加诸彼而已

VF：复杂双宾动词(外动复)【例】劝、助、谓、使、告：昔者呼我牛而

① 关于“‘中央研究院’上古汉语标记语料库”的建置缘起及断词标类准则等问题，可参考魏培泉、谭朴生、刘承慧、黄居仁、孙朝奋(1997)，魏培泉(1997，1999b)的相关论述。在魏培泉(1997，1999b)中，上古汉语的词类系统已大致确立，不过，在其后的实际标记工作开始进行后，我们又对原来的词类系统做了小幅度的修改，以下所介绍的是这个上古汉语词类系统的最新修订结果。

② “‘中央研究院’上古汉语标记语料库”原是“中央研究院”词库计划中的一部分，该计划包括现代汉语及古代汉语两部分。由于现代汉语的词库计划早于古代汉语词库计划，且为了整合的需求，因此上古汉语在断词标类上大致参照现代汉语的做法，也就是以“中央研究院”词库小组(1993)所订的《中文词类分析》为主要分类标准，并参酌二者语言的差异及研究统计所需而略作修正。以下所介绍的动词分类标准多采自“中央研究院”词库小组(1993)。

谓之牛、吾直告之吾相狗马耳

VG：分类动词【例】为、有、无、如、若；齐豹为卫司寇、知之为知之

2. 状态动词

VH1：状态不及物动词（内静）【例】河内凶、小大之狱

VH2：准状态不及物动词（准内静）【例】余不忍也

VI：状词（叠音而表状态之词、附词缀的词，以及连绵词有中表状态用的词）【例】其叶青青、怫然而怒、逍遥于天地之间而心意自得

VJ：状态及物动词（外静）【例】舍则失之

VK：后接句宾语或动词组的状态及物动词（外静子）【例】伍举知其有备也、主忌苟胜

VM：助动词（法相动词）[①]【例】可、能、得、难、易、敢、肯、足、必：宋不可攻也

VP：使成动词：动词的使动、意动及其他不及物转及物用法【例】大天而思之、朝诸侯、食人者治于人、不远千里而来、百姓安之、昭公将去群公子

本系统的动词分类兼顾语义及语法表现，在分类时，首先依据动词本身语义的动作性或状态性而将动词分为动作动词及状态动词两类[②]，VA—VF 为动作动词，VH—VK 为状态动词。其后再依动词的及物性将动词分为不及物动词、及物动词与准及物动词等类。不及物动词不接宾语，但可接补语，包括 VA 及 VH1。及物动词若无语境辅助，一般需接宾语，包括 VC1、VD、VE、VF、VJ 及 VK。及物动词

---

① “法相”是“中央研究院”词库小组（1993：66）对“modal”一词的中译，目前学界一般译为“情态”。

② 关于动词的动作性或状态性，“中央研究院”词库小组（1993）提出五个适用于现代汉语动词的判断标准，如可用程度副词“很”“非常”等词来修饰者为状态动词，可出现在命令句者为动作动词等，其标准虽不完全适用于上古汉语，不过我们在为上古汉语动词归类时，若两者之动词语义无明显差异，即大致参照现代汉语的归类结果。

依所带宾语类型又可分为：(1)单宾动词，仅带一个名词宾语，包括VC1及VJ。(2)双宾动词，包括VD及VF。其中VD需带两个名词宾语，而VF所带的宾语中，其中一个宾语是句宾或可以是句宾。VF又可分为两小类，第一小类相当于传统所谓的兼语动词，如"劝""使""助""请"等；第二小类属于信息传递类，如"告""语""示""教"等。(3)带句宾或动词组的动词，包括VE及VK。准及物动词包括VC2及VH2。其中VC2如无语境辅助，一般须接宾语，只是在语义上可说是涉及三个论元的，第三个论元一般由介词"于"引介；VH2以表情绪的动词为主，在语义上可分析为只有单论元，故可视如不及物动词，不过在语法上有时表现得很像及物动词，如后接名词组时通常不需要介词引介，且普遍可后接像宾语的子句。除上述各类动词外，还有几类用法较特别的动词，一是VG，为分类动词，通常联系两个名词组，宾语一般不省，也可以联系句子；二是VI，为状词，一般为描绘声音状貌用，通常有特殊的构词形式，如双声、叠韵、叠音加附词缀等；三是VM，为助动词，乃本书研究对象"情态动词"的主要成员；四是VP，为使成动词，凡他类动词的使动、意动用法以及其他不及物动词转及物用法通归此类。

上述动词分类系统与传统上古汉语动词分类的主要差别在于：一、将形容词划入动词的一小类，大致相当于状态不及物动词；①二、为动词分类时，主要根据为动词所带宾语类型及其句法表现。

除了上述动词分类系统外，本书在描述先秦动词的各类语法表现时，也同时参考了李佐丰(2003)的动词分类系统。李佐丰(2003：23－54)的动词分类同样是兼顾语义及语法表现的。他根据主语和宾

---

① 在传统的汉语语法著作中，形容词大多被归为与动词并列的一类词，只是名称稍有不同，如马建忠(1989/1998)称之为"静字"、陈承泽(1922/1959)称之为"象字"，其后之学者则多称之为形容词，如杨树达(1930/2007)，王力(1957/1988)，刘景农(1959/2003)，杨伯峻、何乐士(1992)等。李佐丰(1994：15)虽然指出，形容词实际上是动词中的性质动词一类，无法直接从谓词分类中划分出来，不过他仍根据传统词类系统将它另立一类。一直到李佐丰(2005：84)，他才正式将形容词归入动词，称为性质动词。

语的不同特点，将动词连续划分为几种不同的类别，分类结果如图1－7：

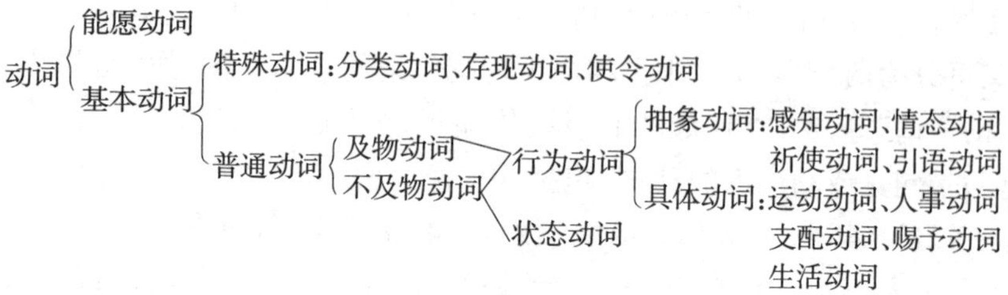

图1－7　李佐丰先秦动词分类图

在图1－7中，李佐丰首先根据宾语的性质，将动词分为能愿动词和基本动词两类。基本动词主要表示行为、活动、变化、关系等，一般可带体词性宾语。能愿动词主要表示可能性、可行性和愿望、态度等，通常只能带谓词性宾语，不带体词性宾语。

其次，根据主语的不同，李佐丰将基本动词又分为两类：普通动词和特殊动词。普通动词主要表示行为、活动、状态、变化等，通常用名词性词语或代词作主语。特殊动词主要表示分类、存现、使令等关系，这种动词与基本动词主要不同处在于可用谓词性短语、主谓短语、“之”字短语作主语，表示存现的“有”“无”还常用时间词和方位词作主语。部分特殊动词可与基本动词兼类，此时通常用名词性词语或代词作主语。

再次，根据宾语的特点，普通动词又可分为不及物动词和及物动词两类。不及物动词陈述主语的行为、变化，通常不支配或指向其他人、物；及物动词所表示的行为、活动则可以指向主语之外的某个人、物。

再下层的状态动词及行为动词也是根据主、宾语特点分出的类，状态动词表示非自主的变化，主语均为当事，一般只带使动宾语，不带直接宾语和间接宾语。行为动词表示自主的行为、活动，主语一般为施事，可带直接宾语或间接宾语，也可以不带宾语。

根据宾语的性质，行为动词又可分为抽象动词和具体动词两类。抽象动词主要表示与心理、感知、情绪、言语等有关的抽象行为，除可带体词性宾语外，还至少可带谓词性宾语、主谓性宾语或“之”字性宾语之其中一种，其下又可分为感知动词、情态动词、祈使动词和引语动词四类。具体动词主要表示心理、言语活动之外的各种具体行为，通常只带具体性宾语，其下又可分为运动动词、人事动词、支配动词、赐予动词和生活动词五类。

上述两套动词分类系统各有特色，“上古标记语料库”的分类明确以动词与所带宾语的句法关系为分类依据，因而分类结果也表现出在句法关系描述上的优势；李佐丰的分类则在语义分析上较为细致，除动词语义外，同时兼顾所搭配主宾语的句法及语义特征，因而分类结果在探讨特定动词语义及语法表现时具有较大的参考价值。在下文中，我们将以“上古标记语料库”的动词分类系统作为论述及句法分析的主要依据，必要时亦将引述李佐丰的动词分类系统及其他相关研究成果作为进一步论述时的依据。

1.6.3.2 相关语法术语名义及使用说明

在汉语语法研究中，相关术语在界定及运用上的困难及不一致等问题是语法学界长期以来的困扰，至今仍未能得到妥善的解决。尽管如此，目前学界在进行汉语的语法分析时，相关术语的定义及使用已逐渐形成一些基本的共识，如主语、谓语、宾语等句子成分，名词、动词、副词等词类分类，定语、状语等句法功能分析，施事、受事、工具等语义角色，尽管学者们对这些术语的定义及内涵不尽相同，在使用上也难免出现互有纠葛的现象，不过事实上，这些差别不一致处只有在对个别问题进行深入探讨时才会表现出较严重的冲突或矛盾，在一般的汉语语法研究中，这些术语的使用及分析方式仍是行之有效的。以例(24)这类基本句子为例，其中“赵穿”为专有名词，充当施事主语；“攻”为及物动词，充当主要谓语；“灵公”为专有名词，充当受事宾语；“于”为介词，所引介的“桃园”为地名，“于桃园”在句中充当补语，这些分析方式大致可说是没有疑义的。由于本书的主旨在于探讨情态动词的形成及发展，且重点放在情态动词的语义及情态表达的发展途径上，而非情态动词所在句子的句法分析，因此，本书在实际论述中，仅对情态动词的界定有较深入的分析及探讨，其他术语的使用则大致遵循目前一般学界通行的用法，必要时才在论述中作进一步的说明。

（24）赵穿攻灵公于桃园。（《左传·宣公二年》）

第二章
情态动词的界定及类型

2.1 情态动词的范围及界定

2.1.1 现代汉语情态动词的范围及界定

2.1.1.1 形式句法标准

关于情态动词范围的界定，现代汉语语法学界主要是从语法功能入手，大多数学者同意助动词是具有若干共同句法特征的一个封闭的词类，不过在实际划分时，由于学者们提出的句法标准各不相同，因此划分出的范围也有相当大的差异。Li & Thompson(1981，黄宣范译 1983：161)指出助动词与动词相同的性质有二：(1)可以出现在 A-not-A 问句中；(2)可以否定。其与动词不同的性质有六：(1)必须跟动词一起出现；(2)不接时貌记号；(3)不能由“很”或“更”之类的加强语修饰；(4)不能被名词化，如不能说“他是能的”；(5)不能出现在主语之前；(6)不能接直接宾语。根据这些标准，Li & Thompson 所界定的助动词为：应该、应当、该；能、能够、会、可以(表能力)；能、可以(表允许)；敢；肯；得、必须、必要、必得；会(表意愿，未来或通晓)，共 16 个。朱德熙(1982：61)则提出五个助动词的特点：(1)只能带谓词性宾语，不能带体词宾语；(2)不能重叠；(3)不能带后缀“了”“着”“过”；(4)可以放在“～不～”的格式里；(5)可以单说。根据这些标准,朱德熙所界定的助动词包括:能、能够、会、可以、可能、得、要、敢、想、应、应该、应当、该、愿意、情愿、乐意、肯、许、准、(不)配、值得、别、甭、好、难、易、好、容易,共27个。在上述两套句法标准中,Li & Thompson 的(1)与(6)两个特点可以合并为朱德熙的(1),Li & Thompson 的(2)与朱德熙的(3)意思相同,其他句法特征则没有重叠之处。除了上述两家所列的助动词句法标准外,许多学者也提出其他不同的鉴别标准,如黄盛璋(1956)提出助动词能单独作谓语,单独回答问题,也可以用于反复问;黄岳洲(1956)提出助动词能嵌在“是……的”之间,如“是应该的”;刘坚(1960)提出助动词能用“很”来修饰,在“助动词+动词”结构中可用“X怎么样”来提问;王年一(1960)提出助动词不能构成“所”字结构及“的”字结构、不能加“被”或“给”、不能名物化、不能作定语及不能用形容词修饰;曹逢甫(1990/2005:286-292)指出认知情态助动词可以放在句首的主语之前;郑天刚(2001)提出助动词不能构成肯定祈使句,也不能直接前加“甭”或“别”构成否定祈使句,后面不能加“的是”,在脱离上下文的情况下,后项不可缺少;徐晶凝(2008:253)提出助动词可以放在“不~不 verb”的格式里等。由于各家对助动词所提出的句法标准不一[①],因此各家所划定的助动词范围也有相当大的差异,根据郑天刚(2001)对7位学者所确定的助动词数量所作的统计,刘坚(1960)为26个,朱德熙(1982)为27个,梁式中(1960)为28个,孙德金(1996)为37个,李临定(1986)为44个,陈光磊(1981)为55个,马庆株(1988)为58个。在各家列举的助动词中,扣除重复部分共计110个,其中13个为7家所共同列举者,这13

① 事实上,各家所提标准有些甚至是互相矛盾的,如 Li & Thompson 认为助动词不能由“很”或“更”修饰;刘坚(1960)则指出助动词能用“很”修饰;Li & Thompson 认为助动词不能被名词化,如不能说“他是能的”;黄岳洲(1956)则认为助动词能嵌在“是……的”之间,如“是应该的”;Li & Thompson 认为助动词不能出现在主语之前,曹逢甫则提出认知情态助动词出现在句首主语前的例证等。

个助动词为：要、愿意、乐意、肯、敢、可能、可以、会、能、能够、应该、应当、该。

由于学者们根据形式特征所划定的助动词范围差异较大，因此这种做法也受到若干学者的批评，如汤廷池（1988：228－235）评论 Li & Thompson 有关汉语助动词的研究时指出，Li & Thompson 所提出的句法特征标准与所列举的助动词之间存在大量冲突与矛盾之处，因此，汤廷池认为单凭语法特征来界定助动词是有困难的，因为汉语的助动词缺乏英语助动词那样明确的形态标志及独特的句法表现，不易成为一个明确而独立的语法范畴；胡裕树、范晓（1995：248－250）认为助动词内部差异多于一致，个性强于共性，已有文献所提及的助动词表现形式的语法特点均有例外情况；孙德金（1996：295）则认为"前人所认定的助动词语法特点多半不具有对内的普遍性"。彭利贞（2007：93－97）在分析这些划定标准的不足与有效性时指出，尽管许多学者对这些形式标准提出质疑，不过他认为这些说法并不足以证明已有文献中对助动词语法特征的探寻及描写都是徒劳的，他提出六点说明以理解这些划界标准的有效性：（1）这些标准对某些成员相对有效；（2）某些标准（如不能重叠及不能带后缀"了""着""过"等体标记）对所有成员都适用，显示不同标准的有效性存在程度差异；（3）有些标准不一定精当；（4）个别标准存在排他性高低的问题；（5）个别标准因语料观察范围、角度及处理方法不同而有待商榷；（6）是否有文献未提到的其他标准？也就是说，以往文献所提出的这些助动词句法划界标准，如果排除其中不适切的标准，并将其他标准依其有效性程度的不同加以审慎运用，这些句法标准在助动词的鉴别上仍是相对有效的。

关于助动词的划界问题，彭利贞（2007：97－98）指出，现代汉语情态动词的划界问题存在三类词之间：（1）副词与情态动词，如"一定""可能"等；（2）实义动词与情态动词，如"会""想""打算"等；（3）助动词与情态助动词（此类区别是否存在仍有待研究）。为了解决上述学者们所提出的助动词划定标准所产生的问题，彭利贞(2007:98-104)提出“动词—情态动词—副词连续统一体”的假设。他认为传统运用属性范畴论(或称经典范畴论)来界定助动词范畴的做法容易引起争论，理由是，属性范畴论的做法是从某些成员身上找出一定特征后再去框定其他成员，以组成一个范畴，然而透过这种方式组成的范畴，其内部的具体成员事实上是存在差异的，并非所有成员都具有原来规定的所有特征，在这种情况下，学者们对助动词的界定自然容易产生争议。他主张借鉴典型范畴论为助动词与其他词类进行划界，也就是说，在“动词—情态动词—副词连续统一体”的假设中，从动词范畴到情态动词范畴再到副词范畴是一个连续渐变的过程。在这些范畴中，每个范畴都有典型成员和非典型成员，典型成员位于范畴中心，拥有这个范畴成员的较多共同属性，非典型成员则位于范畴边缘，拥有这个范畴成员的较少共同属性，同时可能拥有临近范畴的一些属性，因而与临近范畴形成模糊的过渡地带。在助动词的研究史上，典型成员的归类一般没有争议，非典型成员则因处于与临近范畴之间的模糊过渡地带，因此学者们对其归类争论不断。最后，彭利贞借鉴典型范畴论对若干存在争论的情态动词进行界定，并将情态动词的成员归类如下：

A. 典型的情态动词：能(能够)、要、会、应该(应当)、可以(可)、肯、敢

B. 较典型的情态动词：得、该、可能、想、一定、准

C. 非典型的情态动词：必须、肯定、得、乐意、情愿、许、愿意

另外，彭利贞指出许多文献将“配”“值得”归为助动词，不过由于这些成员所表达的情态范畴无法确定，因此暂不列入情态动词成员。

典型范畴理论或名为原型理论(theory of prototype)，是认知心理学家 Eleanor Rosch 于 20 世纪 70 年代所提出的。Lakoff(1987)在介绍 Rosch 的原型理论时指出，在经典的理论中，范畴完全由成员所

共有的特质来界定，只有当这些事物具有某些共同的特质时，它们才隶属于同一个范畴。在这个理论中，用来界定范畴的特质是所有成员共有的，因此，同一个范畴中的所有成员都具有相同的地位。由于这种抽象的客观理性思考模式与经验事实相互矛盾，因此 Rosch 提出了原型理论。她以认知心理学的实验证明，人类的认知中存在原型效应（prototype effect），也就是说，人类对范畴内成员地位的认知是不对称的，比方在“鸟”这个范畴中，知更鸟被认为是比鸡、企鹅及鸵鸟更具代表性的成员；在“椅子”这个范畴中，书桌椅或办公椅则比摇椅、理发坐椅、游戏椅或电动椅更具代表性。这些代表性成员即所谓的“原型”成员，也是范畴中的好的成员，其他成员相对而言则是较坏的成员。此外，人类的认知中还有“参考点推论”（reference-point reasoning）的特质，也就是说，人类对范畴内的这些较坏的成员会以原型成员为参考点，根据它们与原型成员间家族相似性（family resemblances）的高低将它们归类为不同等级的非原型成员。在原型理论中，范畴与范畴间并没有明显的界线，中间存在模糊的地带，处于边缘模糊地带的成员可能同时具有两个范畴的某些特性，如鲸鱼在外形及生活习性上具有鱼这个范畴的特性，但在生物学的归类上却属于哺乳动物这个范畴。

原型理论对西方语言学有很大的影响，我们在 1.4.3 小节中所介绍的 Coates 的“模糊集合理论”就是对原型理论的运用。在现代汉语语言学界，原型理论也被广泛借鉴来分析汉语中的各类问题，尤其是词类的划界问题，如袁毓林（1995，2005）、张国宪（1995）、李宇明（1996）及张谊生（1998）等。借鉴原型理论来研究情态动词也是近年来汉语的研究趋势，除上文所介绍的彭利贞（2007）外，谢佳玲（2002）及徐晶凝（2008）等人对情态动词的划界也都是采用这种方式。谢佳玲（2002）的划界结果详见下文，徐晶凝（2008：254－255）则根据 11 条句法标准将与情态表达有关的词语分为五类，其分类结果见表 2－1：

表 2-1　徐晶凝情态表达词语分类表

词类	副　词	准副词	助动词	评价情态主动词	心理活动动词
例词	大概、毕竟、必定、势必、未必、或许、也许、恐怕、不免、未免、准(是)	必须、不必、一定、肯定、必然、没准、难免	可能、能、能够、可以、应该、应当、该、得、会、想、要、肯、愿意、情愿、乐意、敢、许、准	难、容易、好意思、好、用、配、懒得、值得、乐于、善于、敢于、(不)至于、企图、妄图、妄想	打算、希望、需要、期待、同意、想

2.1.1.2　语义标准

情态动词除了由句法特征的形式角度来界定外，许多学者也同时注意到它的语义特色，如吕叔湘(1942/2004:247)指出这类词“表示可能、必要以及与此相近的若干概念，……以和别的动词(或形容词谓语)合用为原则，表示未实现的事情”。吕叔湘(2001:354)又指出：“助动词里边有一部分是表示可能与必要的，有一部分是表示愿望之类的意思的。”前引王力(1984:99,108)对“能愿式”说明时也指出，这类词“话里掺杂着说话人的意见”或“主事者的意志”，其职务是把“主观的成分加在客观的行为之上”。马庆株(1989/2004:59)认为“现代汉语能愿动词是只能后续谓词性成分的非自主动词，它表示6种模态义：必然、必要、愿望、可能、许可、估价”。孙德金(1996)根据词义将助动词分为六类：意欲类、意想类、可能类、必要类、许可类及其他类。除了以上介绍的数家说法之外，还有许多学者也对情态动词的语义作了详略不等的概括，这些概括大致不离可能、必然、必要、允许、禁止、意愿、能力及评价等概念。

除了直接对情态动词语义作出概括外，许多学者也借鉴西方语言学的情态理论将现代汉语的情态动词分为若干情态类型，其中分为认识情态和义务情态两类的有 Tsang(1981)及汤廷池、汤志真(1997/2000)等；分为认识情态、道义情态及动力情态三类的有 Tiee(1985)、朱冠明(2005)、彭利贞(2007:160)及徐晶凝(2008:262-265)等；在前述三类情态上另外加上评价情态的则有谢佳玲(2002)。① 在

① 朱冠明(2005)将道义情态又分为“该允”及“估价”两个小类，不过他的“估价”(包括“配”“值得”)与谢佳玲(2002)的“评价”(包括“果然”“幸亏”)所指并不相同。

这些情态大类下，有些学者又做了进一步的分类，如朱冠明(2005)将道义情态分为该允及估价两类，将动力情态分为主语指向及中性(条件)两类，详细分类情形见表1-10；彭利贞(2007:160)将动力情态分为能力、意愿及勇气三类；徐晶凝(2008:262-265)将能动情态(按，即动力情态)分为中立、能力及意愿三类，详细分类情形见表2-2；谢佳玲(2002)的分类更加细密，实际分类情形见表1-9。

表2-2 徐晶凝情态助动词所表达之情态类型分类表

情态域					例句
认识	道义	能动			
		中立	能力	意愿	
可能1					其实比利时人【可能】不是笨，只是太死心眼。
	能3				我不是废物，你不【能】随便侮辱我。
		能2			看来没有一本书【能】马上给她一个深刻印象。
			能1		凭我的能力就【能】从容地解决这个难题。
				肯	她怕上当，起初不【肯】。

其次，根据说话人对命题真值的承诺强度或对动作被执行的可能性或必要性态度，情态又可分为不同的梯度，如朱冠明(2005)在各类情态下分出可能性、盖然性及必然性三种梯度；彭利贞(2007:160)则将认识情态分为必然、盖然及可能三个梯度，将道义情态分为必要、义务和许可三个梯度，详细分类情形见表1-11。不过，徐晶凝(2008:265-266)指出，与英语的情态助动词不同，汉语的情态助动词主要不是用来突出情态梯度的对立，而是侧重于表达情态维向的不同。所谓维向指的是情态意义上的差异，也就是说话人对命题可能性进行推测或发出道义诉求时所采取的不同角度。她将汉语的认知情态分为可能性(可能、能)，应然性(应该、该)及将然性(要、得、会)三个维向，并指出“可能性是基于理论上的可能性而做出的推断，而应然性则是基于情理规范而做出的推断，将然性则是说话人对可能事态是否成立所做出的‘预言式’预测”。在道义情态上，他区分出三

个维向，分别为许可与禁止（能、可以、许、准）、义务（应该、该、得）及祈愿（要），并指出"'可以'类表达的是说话人主观发出的一个道义诉求，'应该'类则是根据情理说话人认为听话人有义务执行某行为，'要'则是从意愿的角度做出的道义诉求"。

上文我们虽然将汤廷池、汤志真（1997/2000）及谢佳玲（2002）的情态语义分类与其他学者放在一起比较，不过事实上这几位学者对情态动词的看法与一般学者并不相同，那就是，他们并不认为现代汉语存在类似英语情态助动词这样一类具有共同词法或句法功能，因而是需要与一般动词区隔的独立的类。① 汤廷池、汤志真（1997/2000：81－100）对情态动词的界定是，在语义上表达说话者对句子命题内容的观点或心态，而在句法功能和动词分类上则属于（主语）控制动词或提升动词。属于（主语）控制动词者为义务情态词中以主语为义务来源的词，如"能（够）""会""愿意""肯""敢"等；属于提升动词者为义务情态词中以说话者为义务来源的词，如"可以""应该""要"及认知类的"可能""应该""会""要"等。汤廷池、汤志真虽然认为汉语不存在"助动词"这一词类，不过他们所列出的情态动词范围仍与一般助动词大致重合。

谢佳玲（2002）在汤廷池、汤志真（1997/2000）的基础上对情态词作了更清楚的界定，她主张汉语的情态系统应由语义来界定，她将具有〔＋可能世界〕这个语义属性者称为"广义情态"，同时具有〔＋来源〕及〔＋可能世界〕这两个语义属性者称为"狭义情态"，凡符合上述定义的词都称为情态词。根据这个定义，她所划定的情态词范围相当广泛，包含以往被视为实义动词的"猜想""听说""命令""希望""企图"等及被归为评价副词的"果然""居然""幸亏"等。在界定情态词的范围后，她进一步运用典型范畴理论，并根据这些情态词所具备的词法及句法中的动词属性及副词属性的多寡，将这些情态词区分为典型情态

---

① 否定汉语中有"助动词"这个类的学者还包括陈承泽（1922/1959：19）及郑贵友（1989）等。

动词(如“值得”“可能”)、非典型情态动词(如“一定”“许”)、非典型情态动词或非典型情态副词(如“大概”“的确”)、非典型情态副词(如“也许”“居然”)及典型情态副词(如“果然”“必然”)五大类。也就是说,她的情态系统只包括情态动词及情态副词两大类,传统所谓助动词或能愿动词这一类的词则依据它们的属性分别归入上述五大类中。

2.1.1.3　小结

综上所述,现代汉语在情态动词的范围及界定上,多数学者同意情态动词是具有若干共同句法特征,且在语义上表达可能、必然、必要、允许、禁止、意愿及能力等概念的词。虽然由于学者们所提出的句法标准不全完相同,且在判定时所根据的语料范围及方法也互有异同,因此所划定的情态动词成员有较大差异,不过整体来看,现代汉语情态动词的某些句法特征仍得到大多数学者的认同,且在运用时具有相当的鉴别力,根据这些标准所划定的情态动词中心或典型成员,目前学界的意见也已较为一致。我们认为,现代汉语情态动词在这方面的研究历程及成果很值得作为先秦情态动词研究时的参考。

2.1.2　先秦汉语情态动词研究回顾

在 1.5.2 小节中,我们曾回顾先秦汉语的整体情态研究成果,本小节将回顾先秦情态动词的相关研究成果,而以各家对情态动词的界定问题作为分析检讨的重点。

2.1.2.1　《马氏文通》的研究回顾

我们在前章先秦汉语的情态研究回顾中曾经指出,汉语情态动词的研究可以追溯到《马氏文通》中对“助动字”的分析。[①] 不过,《马氏文通》并没有对助动词的范围作详细的论述,只是列举式地说:“‘可’‘足’‘能’‘得’等字,助动字也。”[②]至于在助动词的定义上,马建

---

① 以下除引文外,“助动字”的名称将改为目前学界较通用的“助动词”。
② 可参考马建忠(1989/1998:183)。

忠则谓助动词：

> 不直言动字之行，而惟言将动之势，故其后必有动字以续之者，即所以言其所助之行也。①

《马氏文通》对助动词的定义大致可以解释为：助动词不直接表示动词的动作，只是表示一种可能的趋势，所以助动词后面必须接另一个动词。助动词的作用就是辅助这个动词，用来表示这个动词动作的可能趋势。②

《马氏文通》对助动词的分析有几点值得注意之处，一是在词类的归属上，助动词属于动词的范畴；二是在句法的分布上，助动词后面必须接另一个动词；三是在功能的解释上，助动词是辅助后接动词的；四是在语义的分析上，助动词表示的是一种可能的趋势。《马氏文通》对助动词的这些分析实际已涉及其后助动词研究的大部分问题。首先在词类归属上，多数学者与马建忠的看法相似，认为助动词与动词关系密切，只是究竟是作为一般动词、动词的次类或动词的附类有不同的看法；也有学者认为助动词应分析为副词或分属动词与副词。③ 其次在句法上，助动词后接动词可说是学界公认的句法标准。在功能解释上，《马氏文通》只提及助动词有辅助后接动词的作用，并未对它的句法功能作进一步的分析。其后学者对这个问题的看法也较为纷歧，根据彭利贞(2007：109－116)的归纳，助动词共有谓语、状语、谓语状语两分、合成谓语、双谓语、高一级谓语、情态语、提升动词及命题内成分与命题外成分等不同的说法。最后在语义的分

---

① 可参考马建忠(1989/1998：183)。

② 吕叔湘(1979/2001：354)指出，助动词这个名称是从英语语法引进来的，原文意思是“辅助性的动词”，很多人则误以为是“辅助动词的词”。不过如果从《马氏文通》对助动词的定义来看，马建忠并未将助动词与英语语法中的 auxiliary verb 等同起来，而且根据他的定义，助动词确实是“辅助动词的词”。此外，《马氏文通》将助动词放在动词一类中讨论，表示它认为助动词是属于动词的范畴，因此，《马氏文通》所定义的助动词实际上是糅和了吕叔湘所说的两种解释，亦即助动词是“辅助动词的辅助性的动词”。

③ 各家学者对助动词的归类看法可参考彭利贞(2007：105－108)。

析上,《马氏文通》所谓的“将动之势”也可以说是在后接动词上所添加的一种情态意义。

《马氏文通》中与情态动词相关的论述除了对“助动字”的分析外,还有一处是较少被学者们提及的,那就是它在“实字卷之五·动字相承五之三”中论“动字后承散动”一节的论述:

> 凡动字记内情所发之行者,如“恐”“惧”“敢”“怒”“愿”“欲”之类,则后有散动以承之者,常也。(马建忠 1989/1998:214)

《马氏文通》所谓的“散动”指的是句子中主要动词后面的另一个动词。上面这段话的意思大约是,“恐”“惧”“敢”“怒”“愿”“欲”这一类表达内心感受的心理动词,后面有其他动词来承接它们是一种常例。这一段论述值得注意的地方在于:一,马建忠指出“恐”“惧”“敢”“怒”“愿”“欲”这一类心理动词在句法上与助动词同样可以后接动词,只不过助动词后接动词是一个必要条件,而心理动词则只是经常可接。二,马建忠认为助动词的功能是辅助后接的动词,这种说法或许可以解释为后接的动词才是句子中的主要动词;而心理动词则是句中的主要动词,后接的动词只是承续心理动词的次要动词。三,《马氏文通》将“敢”“愿”“欲”与“恐”“惧”“怒”同列为心理动词,不过其中“敢”“愿”“欲”三个动词后来有些学者将它们归为助动词。《马氏文通》中与助动词有关的这两段论述事实上涉及了先秦助动词研究中相当重要的助动词与心理动词的划界问题,也是本节界定先秦情态动词范围时相当重要的一个课题。

2.1.2.2　《马氏文通》之后的研究回顾

《马氏文通》之后,许多涉及先秦情态动词研究的论著,其论述方式大致不出马氏的框架,也就是先对情态动词的句法功能或语义内涵作简单的描述,再将作者认定的情态动词之代表成员列出,最后举相关例证来说明。不过各家对情态动词的看法及所列举的成员与《马氏文通》有所不同,以下简单介绍几位学者对情态动词的论述。章士钊

(1907/1925:156－157)将情态动词称为“助动词”,他认为助动词是相对于主动词而言的,主动词有确实的动作,助动词则不能独立为一个动作,只能用来助别动词之势,他所举的助动词包括:“欲”“可”“足”“能”“得”“当”“宜”“必”。杨树达(1930/2007)将情态动词称为“助动词”,不过他在书中并未对助动词作任何说明,仅将助动词的词目及词例列出。刘景农(1959/2003:41－43)将情态动词称为“能愿词”,他认为能愿词是在动词前表示可能(如“可”“得”“足”)、必要(如“当”“宜”“须”)或愿望(如“愿”“欲”“肯”)等意思的,他同时指出这类词一般在动词前起辅助作用,若动词已见于前,则可单独使用。周法高(1961:51)将情态动词称为“助谓语”,所列的词目包括“可”“得”“能”“足”“敢”。他指出这类词通常加在谓词前面,修饰谓词,有时可以单说或省略后面的谓词。史存直(2008:216)根据助动词与本动词的位置关系将助动词分为前置助动词和后置助动词,其中前置助动词即本书所称之情态动词。史存直并未对所谓前置助动词作任何说明,仅指出他选择其中十五个词加以讨论,这十五个词可分为四类:表可能、表应当、表意志及表被动。易孟醇(1989:227)将情态动词称为“能愿动词”,其句法功能为不能单独用作谓语,只能和实义动词或存在动词构成偏正谓语,在特定情况下可以单用。他也将能愿动词分为三类,表可能(如“可”“足”“能”“得”)、表应当(如“当”“尚”“殆”“宜”)及表意志(如“敢”“欲”“忍”“肯”)。李佐丰(1994:26－27)也将情态动词称为“能愿动词”,他认为能愿动词主要表示可能性、可行性和愿望、态度等,由于它们都是针对某种行为、活动的,因此通常只能带谓词性宾语,不带体词性宾语。在谓词性宾语中以动词性宾语最常见,少数可带形容词宾语,宾语有时亦可省略。能愿动词大多可兼做基本动词,作基本动词时可带体词性宾语。李佐丰共列出“能”“获”“得”“克”“可”“可以”“愿”“欲”“敢”“肯”“足”“足以”等12个能愿动词,并将这些能动愿词分为四组,分组讨论它们的语义及语法特征。

上述学者在论述古汉语情态动词时大多是将这类词的存在视为

一种既定的事实，并依个人对这类词的认知直接进行描写及说明，而未对它的范围及与其他词类间的关系作深入的辨析。如前所述，《马氏文通》将“敢”“愿”“欲”“恐”“惧”“怒”均列为心理动词，其后章士钊(1907/1925)将“欲”列入助动词，杨树达(1930/2007)将“敢”列入助动词，刘景农(1959/2003)将“愿”列入能愿动词，不过这些学者并未说明将这些词列入情态动词的理由。

Dobson(1959:48-62)对这类词的处理与其他学者差异较大，他将“欲”及“得”归为体范畴(aspect)，分属欲望体(desiderative aspect)及结果体(resultative aspect)，与潜力体(potential aspect，如“将”“且”)、瞬时体(momentary aspect，如“方”“乍”“适”)、持续体(durative or continuative aspect，如“犹”“尚”)、完成体(perfective aspect，如“既”“已”)及习惯体(customary aspect，如“尝”)等范畴并列。此外，他将“能”“可”“足”“敢”“忍”“肯”称为动词的修饰语，是动词所表示的动作或状态之执行或实现的先决状态。

上一节探讨现代汉语情态动词时曾经指出，有些学者并不同意汉语有类似英语助动词这样一个在句法上独立的类，事实上，这样的看法在涉及古汉语情态动词的研究中也有若干学者提出，如高名凯(1948/1957:233-247)将情态动词称为“能词”，并认为“能”是说明历程或动作属于可能、应然或允许等范畴，表达这些范畴的语法成分与西洋的助动词不属于同一形式，因此不适合称为助动词。高名凯认为“能词”所表示的范畴包括可能(“可”“能”“而”“得”)、许可(“可”“容”“得”)、意欲(“欲”“将”“愿”“望”“敢”“肯”)、应然(“宜”“合”“应”“当”)及必然(“必”“须”)等。其次，前文多次提及的吕叔湘(1942/2004:246)虽将“可”“能”“得”……等同列为表示可能、必要等概念的词，不过他也指出这些词的性质并不一致，“可”“宜”“足”原为形容词，“能”“肯”“敢”等的动词性仍很明显，“必”是限制词，“得”在文言文里是动词。可以说，吕叔湘基本上也不认为这些词是具有共同句法特征的“助动词”。明确对“助动词”说法提出异议的还有王仲英(1990)，他通过对《左传》一书的调查指出,“能”“可”“欲”“敢”等词的句法功能与一般及物动词无异,其宾语可以是名词、动词或动宾词组,因此它们应该是动词中表“能愿”的一小类,而非助动之词。事实上,前文所介绍的李佐丰(2003)虽未明确对“助动词”的说法提出反对意见,不过他在文中也是将这类词视为动词的一小类,将后面所带的动词视为宾语的。

杨伯峻、何乐士(1992:209－222)《古汉语语法及其发展》一书是古汉语研究中较早从句法上提出助动词与副词划界问题的论著,书中对助动词的定义是:“专用于修饰动词。常位于动词前,表示可能、意愿、应该、遑暇等。”由于副词也可以修饰动词,因此书中另外提出助动词与副词的三点区别:(1)助动词只能修饰动词谓语,副词还可以修饰形容词或名词谓语;(2)助动词可以省略动词而独立使用,副词除一般可代系词外,很少脱离被修饰的词;(3)副词修饰动词大多在动词之前,有时也可在动词之后,助动词则只位于动词之前。最后,二人认为助动词是介于副词和动词间的一类词。关于助动词的分类,二人依助动词修饰动词时所表达的意义分为四类:(1)表示可能,如“克”“能”“可”等;(2)表示意志,如“肯”“欲”“敢”“愿”等;(3)表示应该,如“宜”“应”等;(4)表示遑暇,包括“遑”“暇”二字。

白晓红(1997)《先秦汉语助动词系统的形成》是一篇全面探讨先秦汉语助动词系统形成的著作,该文首先指出,助动词的归类应以分布(distribution)及意义(meaning)为根据,亦即经常与谓词性词语结合,主要在句中充当辅助性谓语,而在语义上则表示可能、应当或意愿的一类动词。其次,她认为助动词与某些动词、副词之间存在的许多纠葛及界限不易划清的问题,可以藉由对助动词动态的考察和研究来找出它们发展的线索、规律和原因,因此,他考察了先秦十四部典籍中助动词主要成员的形成过程[①],证明绝大多数助动词是在动词

① 这十四部典籍包括:《诗经》《尚书》《论语》《周易》《礼记》《孟子》《墨子》《庄子》《荀子》《韩非子》《春秋》《左传》《公羊传》及《穀梁传》。

或形容词意义的基础上进一步抽象化而形成的。白晓红所考察的助动词包括来自动词的“能”“克”“堪”“任”“得”“欲”“愿”“请”“将”“忍”“当”“职”，来自形容词的“可”“足”“宜”“敢”，以及由两个词凝固成的双音助动词“可以、足以”，共计 18 个。最后，他总结助动词的形成及发展，提出四点结论：(1)助动词的形成受词义制约，能向助动词发展的词都是原本词义的动作性不强或比较抽象，为了语言的表达明确而带上动词宾语；(2)“V1＋V2”结构推动了动作性弱的 V1 向助动词演化，这种演化反映出汉人的语言心理趋向于将动作性较强的动词视为表义重心。(3)先秦助动词系统内部成分之语法特点及发展趋势均受其来源及演化途径影响，如“可”“足”后动词带被动意，“请”“将”“欲”等词向副词发展等。(4)从整体看，汉语助动词有向副词方向靠拢、发展的趋势。如果运用连续统词类模式来分析汉语，或可揭示出一个“动/副连续统”，而助动词的位置应该在这个连续统的两端之间。

白晓红(1997)一文篇幅不长，却涉及了许多先秦助动词形成及发展的重要问题，包括对先秦 18 个助动词主要成员的形成及演变过程进行分析，并从中归纳出助动词形成的机制及发展的方向。本书的研究范围及方法与白晓红(1997)有许多相似的地方，如本书也是从先秦情态动词的界定入手，接着分析各个情态动词的形成、发展、句法表现及情态表达类型，最后总结先秦情态动词的相关问题。本书与之不同的地方在于运用西方语言学中的情态理论，从语义及句法上对情态动词形成的过程做出更细致深入的分析，同时着重探讨各类型情态表达间的关系及演变。因此，白晓红(1997)中的多数意见我们都会在以下的论述一一做出研讨，这里不再详细介绍。

2.1.2.3　刘利(2000)及其后的研究回顾

刘利(2000)《先秦汉语助动词研究》是第一部以先秦汉语助动词为研究对象的专著，也是迄今为止对先秦助动词的范围及界定进行最深入探讨的论著，因此本小节将较为详细地介绍并评析他的观点，最后再介绍其后学者的相关研究。

刘利对助动词的研究主要集中在对先秦助动词的界定与范围的确定，以及对可能类及意志类共 10 个助动词成员的语义及句法分析上。关于刘利对个别助动词的语义及句法分析，我们在下文探讨个别情态动词时将有引述及评论，这里主要检讨他对助动词界定及范围的意见。

在助动词的判定标准上，刘利(2000：4－11)指出助动词的句法位置是位于主语和谓语之间，即“NP. Aux. VP”。由于这个句法位置除了助动词外还允许副词及谓宾动词进入，因此助动词的判定标准实际上涉及了助动词与副词及谓宾动词的区别。针对这个问题，刘利认为应结合语法和语义两方面的表现来鉴别助动词，他所提出的鉴别标准是：

（一）　语法功能条件

a. 只出现在动词或动词性成分的前头；

b. 能够进入“不……不”的双重否定框架；

（二）　语义功能条件

c. 在语义上对句子表述的命题赋予判断、评估等情态意念；

d. 所表示的情态意念既不指向句子所述及的对象(NP)，也不指向对对象的陈述(VP)。

前文探讨现代汉语助动词的句法鉴定标准时曾经指出，许多学者认为文献中所提出的助动词语法特点多半不具有对内的普遍性及对外的排他性，以目前受到较多学者采纳的朱德熙(1982)所提出的五个助动词的句法特点为例，第一个特点是“只能带谓词性宾语，不能带体词宾语”，然而一般公认的助动词如“会”“要”“想”等也都能带体词宾语，虽然有些学者将这些词处理为兼类，但在词义没有明显区别的情况下(如“会俄文”和“会开车”中的“会”),[①]将一个词依其所接宾语的词性不同而分别归为一般动词与助动词两个不同的词类,这种做法是否合理似仍有待商榷。第二、三个特点分别为“不能重叠”及“不能带后缀‘了’‘着’‘过’”,这两个特点虽然没有例外情形,不过谢佳玲(2002:167)也指出,这两个特点实际上是以往学者们所提出的静态动词的特点,助动词依其词义及用法来看正是属于静态动词的一类,因此这两个特点也并非助动词所独有。第四个特点是“可以放在‘～不～’的格式里”,然而大多数学者认定的助动词中,如“得(děi)”也不能放在这格式里。最后第五个特点是“可以单说”,但“得”及表可能的“要”也都不能单说。[②]

尽管以往文献中提出的现代汉语助动词的语法特点都有若干例外现象,不过诚如前文所引述的彭利贞(2007:93-97)的说法指出,除了某些不适切的标准以外,其他标准大致仍具有相对的有效性,尤其不能重叠及不能加体貌标记更是对所有成员都适用。因此,在现代汉语的助动词研究中,大多学者仍认为助动词是一个具有共同句法特征的相对封闭的词类,只是目前的研究倾向于承认助动词边界的模糊性。然而,在先秦汉语中,助动词的形式特征比现代汉语更加缺乏,一般公认有效性最高的不能重叠及不能加体貌标记等特征都不适用于先秦汉语,因此,运用形式特征来鉴别先秦汉语的助动词可说更加困难。以刘利所列的第一个语法功能条件“只出现在动词或动词性成分的前头”来说,这个条件所遇到的问题与现代汉语相比是有过之而无不及的。在现代汉语中,助动词与一般及物动词“兼类”的

---

① “会俄文”和“会开车”中的“会”实际上指的都是个人本身具备的能力,实在很难说二者之间有什么区别,就像“学俄文”和“学开车”中的“学”虽然前者带体词宾语,后者带谓词宾语,但似乎没有人主张这两个“学”应归为不同的词类。

② “可以单说”这个特点的问题除了若干助动词不具备以外,事实上这个特点几乎是大部分动词所具备的,而一般被归为副词的成员也有许多可以单说,如“大概”“或许”“也许”等,因此,这个特点似乎只指出助动词语法表现中的一个面向,而在助动词与其他动词或副词的划界上似乎并不具备任何鉴别能力。

情形仅限于前文所提及的“会”“要”“想”等少数几个词，而先秦汉语的情形可说正好与之相反，除了“肯”“敢”等少数几个词外，几乎所有一般被归为助动词的词都可以带体词宾语。在一个封闭的词类中，大多数成员都同时兼为另一种词类，这种词类存在的价值及其定位或许是值得进一步思考的。其次，刘利所列的第二个语法功能条件为“能够进入‘不……不’的双重否定框架”，这个条件所遇到的问题也如先前提到的许多学者对现代汉语助动词特点所提出的批评一样，是“不具有对内的普遍性”的，以刘利(2000:80)所认定的21个助动词为例(见下文2.1.2.4节中之表2-3编号16)，在我们所考察的先秦语料中，合乎这个条件的只有“可”“可以”“肯”“能”“得”“敢”6个，[①]其他15个词都不合乎这个条件，因此，如果严格依照这个语法条件来鉴别助动词，那么这15个词都应该被排除在助动词的范围之外。

此外，刘利虽然在探讨助动词判定标准时一开始就指出，助动词的判定标准实际上涉及了助动词与副词及谓宾动词的区别，不过他在其后的论述中并未针对这个问题作出具体有效的论证。以助动词与谓宾动词的区别来说，这个问题涉及的应该是“恐”“惧”“怒”这类可以后接动词宾语的动词与某些学者认定为助动词的“敢”“愿”“欲”的区别，也就是说，何以同样后接动词宾语的“恐”“惧”“怒”一般不归为助动词，而“敢”“愿”“欲”却归为助动词?[②] 不过刘利(2000:7-10)在论述助动词与谓宾动词的区分时却只探讨了“得”作为及物动词与助动词的区别。也就是说，刘利探讨的是在一个词已经被归为助动

---

① “肯”在整个上古标记语料库中仅有《吕氏春秋·介立》“恶其义而不肯不死”一例，其后由西汉到宋代的语料都未见“不肯不”的用法，因此，“肯”是否能列入“能够进入‘不……不’的双重否定框架”的情态动词也是值得怀疑的。

② 如上节介绍的谢佳玲(2002)及徐晶凝(2008)等人在对现代汉语的助动词与谓宾动词进行划界时，主要即是在探讨一般被归为助动词的“可能、应该”等词与一般被归为心理动词的“打算、希望”等词之间的区别，其他涉及助动词与谓宾动词划界的研究也大抵与二人相同，如陈光磊(1981)及傅雨贤、周小兵(1991)等。

词后,如何区别这个兼类词在实际用法中哪些是及物动词而哪些则是助动词。我们认为这种分析方式与一般所谓的助动词与谓宾动词间的划界问题似乎不处于同一个平面上。此外,刘利以"得"为例,说明助动词与谓宾动词区别的论述似乎也有值得商榷之处。首先刘利指出,"得"后可接名词性或动词性成分,后接名词性成分时显然是及物动词,与助动词没有纠葛之处,因此不需讨论。"得"后接动词性成分时则有助动词与及物动词两种可能,在判定"得"后接动词性成分时为助动词(得 a)或及物动词(得 v)时,刘利以"得 v"为瞬时性动词,因此通常不能受副词"不"的否定为标准,将所有"不得 VP"中的"得"分析为助动词。这个分析方式的问题是,刘利将瞬时性动词通常不能受副词"不"否定作为判定标准,不过他对于这个标准并未做任何论证,也没有提出其他相关的文献证明,因此这个标准的有效性是未被证实的。事实上,如果以刘利本身的论述来说,"得"后接名词性成分时也应属于及物动词,而先秦"不得 NP"[如"不得志"(《孟子·尽心上》)、"不得其力"(《国语·晋语一》)]之例可以说是不胜枚举,所谓"'得'作为及物动词通常不能受副词'不'的否定"(刘利 2000:7),这个说法就有值得商榷的地方。①

至于在助动词与副词的区别上,刘利认为根据上引 a、b 两个语法功能条件即可提取与之相合的助动词,同时排除与这两项条件不合的副词。除了语法条件外,刘利认为助动词与副词的区别还可以从语义角度进一步发掘,副词在句子中的语义管辖范围主要是某种句子成分,而助动词的语义则是覆盖全句的。关于上述区分助动词与副词的语法与语义的两点论述,刘利均未作进一步的论证,也未举任

---

① 虽然刘利一开始就已指出"得 v"后接名词性成分时不存在与助动词之间的纠葛,不过刘利在此的论述也未特别指明所谓"'得'作为及物动词通常不能受副词'不'的否定"中的"得"指的是"得 v+VP"中的"得"而非后接名词性成分的"得"。不过,即使他这里指的不受"不"否定的"得 v"确实是指"得 v+VP"中的"得",问题依然存在,我们仍未见到有任何文献提出"得 v+VP"中的"得"不能受"不"否定的论证。事实上,"得"由及物动词发展到助动词涉及的应是"得"的语法化问题,与否定副词"不"并不相关。

何实例说明，因此这些论述的有效性仍是有疑问的。事实上，如果单就副词在句子中语义管辖的范围来看，刘利提出的观点似乎有待商榷。张谊生(2000a:21)将现代汉语副词分为描摹性副词、限制性副词及评注性副词三大类，并指出评注性副词在句法上可以充当高层谓语，主要表示说话者对事件、命题的主观评价和态度。所谓在句法上充当高层谓语亦即这类副词在句法功能上是对全句所作的主观评价。此外，徐晶凝(2008:284-287)也指出，情态副词中约有一半可以用于句首，这些位于句首的情态副词可以将整个语句作为自己的辖域。也就是说，在现代汉语的副词研究中，副词在句子中的语义管辖范围并非如刘利所说的只能是某种句子成分，至少情态/评注性副词的语义辖域与助动词一样可以是覆盖全句的。先秦情态副词的语义辖域与现代汉语情况相同，同样可以覆盖全句，如魏培泉(1999:259)即指出先秦的情态副词(该文称作“法相副词”)为修饰全句的副词，因此，这个标准在助动词和情态副词的区分上是不具有效性的。其次，在刘利所划定的先秦助动词范围中也并非所有成员的语义辖域都是覆盖全句的，一般来说，只有表可能、必要及评价等意义的助动词语义辖域可以覆盖全句，表能力及意志等意义的助动词则否，李明(2001:2-3)即根据这点将后一类词排除在助动词的范围之外。最后，从刘利所提出的助动词的语义标准来看，被他划分为助动词的“见”“为”“被”三个词显然是不合乎这两个条件的，因为如果根据他的分析，这三个词都是被动句的形式化标记，那么它们的语义就不会是“对句子表述的命题赋予判断、评估等情态意念”了。

刘利虽然提出了两个语法及语义功能条件作为判定助动词的标准，不过他在鉴别助动词时却似乎并未将这些条件作为实际的判定标准。刘利(2000:14-34)划定助动词范围的方式是先选取八部有代表性的古汉语语法著作，将这些著作中所列举的助动词作一个对照表(见表2-3，编号1、3、7、8、9、10、11、13)，接着将表中所列的词分成两组，第一组是各家公认或意见较一致者，包括：可、足、能、得、克、敢、肯、欲、愿、见;第二组是各家取舍不一者,包括:堪、任、宜、当、应、须、如、职、容、庸、忍、憖、屑、将、至、所、与、遑、暇、为、被。刘利将第一组直接归为助动词,虽然他也指出《马氏文通》将“欲”“敢”“愿”与“恐”“惧”“怒”同样作为普通动词看待,但他并未对此作进一步的申论,仅指出“用今天的眼光来看,把‘敢’‘愿’‘欲’当作普通动词对待不免粗疏了一些”。(刘利 2000:17)刘利认为需要进一步考察的是第二组的成员,不过他在实际判定时大多仅指出该词可以用在动词性成分的前面,表示“能够”,或者相当于现代汉语助动词“应当”“应该”等义,因此可以归为助动词。此外,在“忍”“憖”“屑”三个词的判定上,刘利也仅指出这三个词,“无论从句法功能看还是从语义内容看,它们都已具备了作为助动词的资格。‘忍’和‘屑’在现代汉语中仍然使用,古今用法基本相同,无需多作说明。”(刘利 2000:27)我们认为,以这种方式来判定助动词一方面显然是过于简略,另一方面,在现代汉语中,“忍”和“屑”是否可归作助动词事实上是有很大的问题的,至少在大多数学者的论述中,这两个词是不被归作助动词的。①

Peyraube(2000)认为传统称为能愿动词的“可”“能”“肯”“欲”等词应为助动词而非副词或实义动词,在与副词的区别上,他提出三点理由证明“能愿动词”为助动词而非副词:(1)可以单说,(2)可以用否定词否定,(3)与后接 VP 构成述宾结构而非偏正结构。至于助动词与实义动词的区别,Peyraube(2000)则未提出明确的说明,只指出助动词应是由实义动词语法化而来,因此,某些助动词仍遗留若干可带 NP 的实义动词的特征。我们认为,Peyraube(2000)所指出的能愿动词的助动词语法特点实际上只能区别动词与副词,至于能愿动词与实义动词的区别则可说并未涉及。

---

① 丁声树、吕叔湘、李荣等(1961),赵元任(1968),陈光磊(1981),Li & Thompson (1981),朱德熙(1982),孙德金(1996),刘月华等(2001),彭利贞(2007)及徐晶凝(2008)等都未将“忍”和“屑”归为助动词;将“忍心”归为助动词的只有李临定(1983)及马庆株(1988)等少数学者。

李明(2001)《汉语助动词的历史演变研究》一书主要从语义的角度探讨助动词由殷墟甲骨文至现代汉语的历史发展。该书首先讨论助动词的名称、结构、划分标准及范围,并根据助动词所表示的情态意义,将助动词分为认识、道义、条件及估价四类。其后根据所确立的助动词语义系统,依次探讨殷墟甲骨文及西周金文、春秋战国、两汉、魏晋南北朝、唐五代、宋代、元明、清等八个时期的助动词系统及发展,最后总结助动词系统的历史发展概貌、助动词来源、一般动词引申为助动词的因素、助动词的竞争、词义发展及条件类助动词的地位,并从典型助动词的基本特征谈助动词的范围、助动词结构的性质及助动词的词性等。

李明(2001)对助动词的研究无论在广度及深度上都可说是相当杰出的。关于名称及结构问题,李明(2001:1)采用朱德熙(1982:61)的意见,将这类词称为"助动词",并将助动词结构视为述宾结构。在助动词的划界问题上,李明(2001:1-3)首先采用"助动词只能带谓词宾语,不能带体词宾语"以及"副词不能与否定词'不'放在一起单说而助动词可以"的这两条标准区分出一般所说的助动词,接着将表能力及意志这类在语义及句法功能上不同于表可能及必要等意义的助动词排除在外。由于李明的助动词研究范围贯穿古今,并非以先秦汉语为主要研究对象,而他所提出的助动词句法判定标准及所举实例也都不是针对先秦汉语助动词的特点,因此我们不拟在此评论这些标准对先秦助动词研究上的适应性。至于他将表能力及意志类的助动词排除在外的意见,我们将在下一小节界定先秦汉语情态动词时再做分析。此外,李明对先秦助动词的词义分析及相关问题讨论,我们也将在第三、四、五章的个别情态动词研究中再作分析。最后,关于他在结论所提出的助动词来源、引申因素、词义发展及各类助动词的地位、范围、结构性质及词性等问题,我们在下文的相关章节中也会有进一步的论析。

段业辉(2002)《中古汉语助动词研究》一书以中古汉语的助动词

为研究对象,该书首先阐述助动词的基本问题,包括助动词的定义、认定标准及意义类别等,其次对所划定的助动词成员进行句法结构、语义及语用功能的分析,最后论述助动词由上古到中古的发展变化。关于助动词的定义,段业辉(2002:6-15)参照杨伯峻、何乐士(1992:209)的说法——亦即助动词是“常位于动词前,表示可能、意愿、应该、遑暇”等的词类,及吕叔湘(1979:41)对“助动词”名称的解释——亦即助动词是“辅助性的动词”,而将助动词定义为:“出现在动词的前面,从可能、意愿、应当等方面对后面的动词加以修饰或限制的辅助性动词。”在助动词的认定标准上,他主张以形式及意义两个标准来确定助动词。在形式上,他提出四个助动词语法特点:(1)均能进入“助动词+动词”的语法框架,(2)大都能进入“X不X”格式,(3)大都能进入“不+助动词+不”格式,(4)在有语言环境的情况下,可以单独充当谓语中心语,其中第一项为所有助动词都具备的必有项,后三项则为可有项,具备必有项特点,并同时具备任一项可有项特点者即可归为助动词。至于在语义上,所有助动词都可分别归入可能、意愿、应当三种意义类别。

前文曾经指出,助动词的判定标准实际上涉及了助动词与副词及谓宾动词间的区别问题,不过,上述段业辉所提出的语法特点实际上只能用来区别助动词与副词,而不能用来区别助动词与谓宾动词,因为所有谓宾动词都能同时符合他所提出的第一项和第四项特点,也就是说,如果根据段业辉所提出的形式标准,那么所有谓宾动词都符合助动词的语法特点,因此都能归入助动词的范围。除了形式标准之外,段业辉(2002:19-21)也提出了以意义标准来确定助动词的做法。如果从段业辉最后所确定的助动词结果来看,可以说,段业辉所确定的助动词成员实际上是在可以后接动词组成分的动词中,挑选出表达可能、意愿或应当这类意义的词,且挑选范围基本限定在前人所提出的助动词或能愿动词的成员中。

段业辉从形式和语义两种标准来判定助动词成员,这种方式与以下本书对情态动词的界定方式大致相同，不过，由于我们所采用的形式及语义标准与他不同，在筛选方法上也有较大区别，因此，所确定的情态动词成员也与他有较大差异。关于本书的情态动词界定方式，下文将有较详细的论述。

庄惠茹(2003)《两周金文助动词词组研究》以两周金文的助动词为研究对象。文中首先探讨先秦汉语助动词的定名、判定标准、形成及分类等问题，接着划定两周金文出现的助动词成员，并根据划定结果分析这些助动词的形义发展，以及助动词与其后动词所构成的词组结构之语法表现，最后以两周金文中的助动词词组与殷周甲骨文及先秦典籍所见进行比较，说明两周金文中助动词组的特色。

庄惠茹(2003)对助动词的研究主要集中在对两周金文助动词的词义分析及助动词组的分布描写上，其资料搜罗堪称完备，其中若干论述在本书探讨个别情态动词时将有分析检讨。至于在助动词基本问题的研究上则主要参照其他学者的说法，如在助动词的界定上主要参照上文引述之刘利(2000)所提出的四条标准，另外加上“具有动词的全部或部分语法特点”，共计五条标准。在助动词与副词、动词的区别上，庄惠茹(2003:18－20)主要参照杨伯峻、何乐士(1992:209)所提出的助动词与副词的语法功能区别标准以及上述刘利(2000)所提出的语法、语义功能条件，其论述方式及问题与刘利大致相同，在此不再重赘。

孙冬妮(2005)以上古汉语的助动词为研究对象，实际考察的语料包括《诗经》《尚书》《论语》《左传》《孟子》及《史记》六部典籍。她所提出的助动词划分标准为：在语法功能上后面必须带谓词性成分、可以单说、不能重叠、部分助动词能进入“不＋助动词＋不”的双重否定框架，以及在语义功能上对句子表述的命题赋予判断、推理、评估等情态意念。根据这些标准，她所划定的助动词包括四个基本类别：(1)表能力(如“可”“足”“能”等)，(2)表必要(如“宜”“当”)，(3)表意愿(如“敢”“肯”“欲”等)，(4)表被动(如“见”“为”“被”)。孙冬妮对助动词的看法基本没有超出前人的意见，因此本书也不拟对她的研究多作评论。

最后，我们简单评析朱冠明(2002，2008)《〈摩诃僧祇律〉情态动词研究》。[①] 这部书从书名看虽似与先秦情态动词的研究无关，不过由于该书乃运用西方语言学理论于古汉语研究的一部重要著作，且其中“历时篇”一章亦有关于情态动词由先秦至现代汉语的发展研究，因此，本书亦将之列入评介范围。

朱冠明(2008)是古汉语研究中较早以“情态动词”称呼一般名为“助动词”或“能愿动词”一类词的著作。该书首先介绍西方语言学的情态理论，并根据 Palmer(1990)所确定的原则划定汉语情态动词的范围，也就是首先要求这些词具有共同的形式特征，再要求这些词所表达的是情态意义。关于现代汉语情态动词成员的判定，在形式特征上，他同意并采用前引朱德熙(1982：61)所提出的五个助动词形式标准(见 2.1.1.1)；在情态意义上，他参照 Palmer(1990)对英语情态动词的分类，并结合汉语的实际情况，将汉语情态动词分为三类，其分类结果见上章表 1 - 10。关于《摩诃僧祇律》中情态动词成员的判定，他采用的做法是，先确定现代汉语情态动词的范围，再以现代汉语情态动词为参照，同时参考前人所确定的古汉语中的助动词，从形式和意义两方面来判定。在形式方面，朱冠明指出，朱德熙(1982：61)所提出的五个助动词形式标准中，对于判定中古汉语情态动词完全适用的只有第一条，亦即“只能带谓词宾语，不能带体词宾语”，其他则完全不适用，或不完全适用。尽管如此，他仍主张以现代汉语作为参照，也就是只要符合第一条形式标准，同时与现代汉语中的情态动词语义相同，即划定为情态动词。在意义方面，他参照前人所划定的助动词成员，只要该助动词表达情态意义，即将它列入情态动词的范围。朱冠明(2008)以符合后接动词的形式标准以及表达情态意义

① 该书是在其 2002 年的博士论文基础上修订而成的，以下之评析以朱冠明(2008)为主。

的语义标准来判定情态动词成员，这种做法基本与本书相同，不过在具体操作上则有较大差异，这些差异我们留待下节再做讨论。

在历时研究上，朱冠明(2008)借助当代认知语言学及语法化理论探讨情态动词语义发展演变的机制，并以“能”“须”两个情态动词为例进行具体分析，此外，他还探讨了“可以”和“必须”这两个双音组合的形成及其意义与用法的发展。我们认为，朱冠明(2008)的这种研究途径及方法有许多值得本书借鉴的地方，至于他对情态动词的具体分析，我们将在下文探讨个别情态动词时再作评析。

2.1.2.4　各家研究总评

在前三小节中，我们对学者们在先秦情态动词的研究上作了简单的回顾与评析，尤其着重各家对助动词界定及范围所提出的意见。为了较清楚呈现各家对情态动词界定的结果，我们参照刘利(2000：14－15)所作的表格，并补充若干学者的说法，将17位学者论著中所列出的单音节情态动词列表如下(见表2－3)，[①]并统计各个词目被学者们列举的总次数(见表2－4)。

表2－3　各家先秦情态动词列表

编号	代表著作	出版年	词类名称	列举词目	个数
1	马建忠《马氏文通》	1989	助动字	可、足、能、得	4
2	章士钊《中等国文典》	1907	助动词	欲、可、足、能、得、当、宜、必	8
3	杨树达《高等国文法》	1930	助动词	可、能(而)[②]、克、任、足、得、当、宜、如、职、[合]、容、庸、[须][③]、至、将、敢、忍、屑、肯、见、为、所、相、与、遑(皇)、暇	25

① 这里表格中所列各家情态动词成员与刘利(2000)不完全相同，部分是由于刘利(2000)所列有误植之处，如他所列的何乐士等《古代汉语虚词通释》即与原书实际所列不同；另一部分则是由于认定不同，如王力《汉语语法史》所称之“能愿式”，关于这点详见下文注释。

② (　)内之词目表示该助动词为前一词目之通假字，次数加总时不予计入，以下同。

③ [　]内之词目表示该助动词在先秦汉语中并未出现，次数加总时不予计入，以下同。

续　表

编号	代表著作	出版年	词类名称	列举词目	个数
4	吕叔湘《中国文法要略》①	1942	助动词	可、能、得、恐、足、宜、敢、肯、忍、欲、必、[应]、当	12
5	高名凯《汉语语法论》②	1957	能词	可、能、而、得、容、将、欲、愿、望、敢、肯、宜、[合]、[应]、当、必、[须]	14
6	刘景农《汉语文言语法》	1959	能愿词	可、能、得、足、当、宜、[须]、愿、欲、肯	9
7	周法高《中国古代语法:造句编》	1961	助谓词	可、得、能、足、敢	5
8	马忠《古代汉语语法》	1983	助动词	可、能、足、得、[应]、愿、欲、肯、敢、屑、忍、被、见	12
9	何乐士等《古代汉语虚词通释》	1985	助动词	得、敢、[会]、见、可、能、容、[须]、欲、足、[好]、[合]、堪、克、肯、耐、忍、任、憖、[应]、愿、职	18
10	史存直《汉语语法史纲要》	1986	助动词	可、能、足、得、当、[应]、[宜]、[合]、[须]、欲、愿、肯、敢、见、被	11
11	王力《汉语语法史》	1989	能愿式	能、可、得、[会]、欲、愿、敢③	6
12	易孟醇《先秦语法》	1989	能愿动词	可(何)、足、能(耐、而)、得、克、容、果、当(尚)、殆、宜、庸、如、若、将、敢、欲、忍、肯、屑	19
13	杨伯峻、何乐士《古汉语语法及其发展》	1992	助动词	克、能、可、堪、得、足、肯、宁、忍、欲、敢、愿、屑、憖、宜、当、[应]、[合]、[须]、[会]、任、职、遑、暇	20

① 上文介绍吕叔湘(1942/2004)的情态研究时曾完整列出他的语气系统表,包括句末语气词、情态动词及副词等各类表达形式,本表此处所列仅包含他在第十四章中论"正反·虚实"时指出一般称为助动词的部分。这个部分的论述对象兼及古今汉语,这里仅将先秦汉语出现的词目列出。

② 高名凯(1948/1957)的论述对象亦兼及古今汉语,这里仅将其列为古汉语的词目列出。

③ 刘利(2000:15)在他的表中将"见、为、被"也列入王力(1989)"能愿式"的成员中,不过事实上王力并未将这三个词列入"能愿式"中。王力(1944/1984:26)虽曾将"把、被"二字称为"助动词",并在王力(1989/1990:385)中将"为""见"称为"助动词",不过他也明言他所谓的助动词和英语里的助动词(auxiliary verb)是同名异义的,王力对汉语助动词的定义是:"词之帮助动词,以表示行为的性质者",如"把"表示处置,"见""被"表示被动。王力所谓"能愿式"指的是"能、可、欲、愿"等表可能和意志一类的词,与表处置或被动的"见、为、被"等"助动词"并不属于同一类。

续 表

编号	代表著作	出版年	词类名称	列举词目	个数
14	李佐丰《文言实词》	1994	能愿动词	能、获、得、克、可、愿、欲、敢、肯、足	10
15	白晓红《先秦汉语助动词系统的形成》	1997	助动词	能、克、堪、任、得、欲、愿、请、将、忍、职、当、肯[①]、可、足、宜、敢	17
16	刘利《先秦汉语助动词研究》	2000	助动词	可、足、能(而、耐)、得、克、敢、肯、欲、愿、堪(龛)、忍、屑、憖、宜(义)、当、见、为、被、获	19
17	李明《汉语助动词的历史演变研究》[②]	2001	助动词	克、能、得、足、可、宜、当、获、欲	9

表 2-4 先秦情态动词统计表

字词	合计	马建忠	章士钊	杨树达	吕叔湘	高名凯	刘景农	周法高	马忠	何乐士	史存直	王力	易孟醇	杨伯峻	李佐丰	白晓红	刘利	李明
可	17	x	x	x	x	x	x	x	x	x	x	x	x	x	x	x	x	x
能	17	x	x	x	x	x	x	x	x	x	x	x	x	x	x	x	x	x
得	17	x	x	x	x	x	x	x	x	x	x	x	x	x	x	x	x	x
足	15	x	x	x	x		x	x	x	x	x		x	x	x	x	x	x
欲	14		x		x	x	x		x	x	x	x	x	x	x	x	x	x
敢	13			x	x	x		x	x	x	x	x	x	x	x	x	x	
肯	12			x	x	x	x		x	x	x		x	x	x	x	x	
当	11		x	x	x	x	x				x		x	x		x	x	x
宜	10		x	x	x	x	x						x	x		x	x	x
愿	10					x	x		x	x	x	x		x	x	x	x	
克	8			x						x			x	x	x	x	x	x
忍	8			x	x				x	x			x	x		x	x	
见	5			x					x	x	x						x	
屑	5			x					x				x	x			x	

① 白晓红(1997:212)在正文中并未将“肯”列出,不过他在注释中明确指出助动词“肯”形成很早,因此我们在此将“肯”列入。

② 李明(2001)对助动词的研究贯穿殷墟甲骨文至现代汉语,此处所列之助动词为其春秋战国时期之助动词系统。

续表

字词	合计	马建忠	章士钊	杨树达	吕叔湘	高名凯	刘景农	周法高	马忠	何乐士	史存直	王力	易孟醇	杨伯峻	李佐丰	白晓红	刘利	李明
任	4			x						x				x		x		
容	4			x		x				x			x					
将	4			x		x							x			x		
堪	4									x				x		x	x	
职	4			x						x				x		x		
必	3		x		x	x												
被	3								x		x						x	
慭	3									x				x			x	
获	3														x		x	x
如	2			x									x					
为	2			x													x	
庸	2			x									x					
暇	2			x										x				
遑	2			x										x				
而	1					x												
至	1			x														
所	1			x														
果	1												x					
殆	1												x					
相	1			x														
耐	1									x								
若	1												x					
恐	1				x													
望	1					x												
宁	1													x				
与	1			x														
请	1															x		
总计		4	8	25	12	14	9	5	12	17	11	6	19	20	10	17	19	9

从表 2-3 及表 2-4 可以看出,学者们对情态动词的看法及界定可说有同有异,同的是若干情态动词成员的身份已为全部或绝大多数学者所认同,如“可”“能”“得”“足”等,异的是学者们认定的情态动词成员及数量仍有相当大的差异,数量多者如杨树达共列 25 个,少者如马建忠 4 个及周法高 5 个。前文曾经指出,多数学者在论述先秦情态动词时并未对这类词作出明确的界定,在列举情态动词的成员时也多少带着举例性质,因此,表中所列未必是所有学者心目中全部的情态动词成员。尽管如此,我们认为表中呈现的结果仍可大致反映出学者们对情态动词成员的看法,因为从原型理论的角度来看,在一个范畴中,越容易被提及的成员往往是人们心目中这个范畴里越典型的成员。

根据表 2-4 的统计,17 位学者所列出的单音节情态动词总数共计 41 个,这 41 个词从语义的角度来看可说是相当庞杂的,有与传统模态逻辑中的可能性与必要性等概念相关的“可”“能”“得”“当”“宜”“克”“必”等,表估价的“足”,表主语之意志、意愿的“欲”“敢”“肯”“愿”“望”等,表主语个人态度或情绪的“忍”“屑”“恐”等,此外,这些词目中还包括与一般情态概念无关而被某些学者归为表被动的“见”“为”“被”,[①]一般被分析为其他词类的“相”“与”“所”,以及某些在古籍训释中仍有争议的“如”“而”等。从语法功能的角度来看,这 41 个词的共通点大概只有可以出现在动词性成分前这一点。[②] 不过,诚如许多学者所指出的,可以出现在动词前的词类除了情态动词外还有谓宾动词及副词,然而在迄今为止的先秦情态动词研究中,似乎仍未

① 关于“见、为、被”的词性及其与被动之间的关系,学者间的意见相当纷歧,魏培泉(1994)、姚振武(1999)及刘承慧(2006a)等都不认为先秦时期的“为、被”二字可以分析为表被动的助动词。此外,姚振武(1999)、刘承慧(2006a)及孙良明(2007)等也不同意“见”表被动的说法。笔者同意这些学者的看法,不过此处行文中仍暂依这些将“见、为、被”分析为助动词的学者的说法。

② 关于此点亦有例外,如杨树达(1930/2007:167-168)将“不为酒困”及“与句践禽”中的“为”及“与”也分析为助动词,这两例“助动词”后所接的都是名词性成分而非动词性成分。

有学者对这个问题作较为深入而有效的论证。因此,我们认为关于先秦情态动词的界定仍是一个值得进一步探讨的问题。

2.1.3　本书情态动词的范围及界定

前两节我们分别回顾了现代汉语及先秦汉语在情态动词范围及界定方面的主要研究成果,本节将在各家论述的基础上,谈谈我们对先秦汉语情态动词的看法及界定。

2.1.3.1　情态动词语义与句法的纠葛

前文曾经指出,在西方语言学的情态研究中,大多数学者同意情态主要是一个语义范畴,这个语义范畴有两个最常被引述的概念,一是表达说话者对命题或事件的主观性态度或意见,二是表达传统模态逻辑中的可能性及必要性等概念。不过由于语言中表达这些语义范畴的语法形式可能不只一种,而相同的语法形式也可能表达不限于这两个定义中所提及的语义概念,因此,情态的语义范畴及其语法表现形式往往形成相当错综复杂的关系,在英语的情态研究中,根据共同形式特征所界定的情态动词将与说话者态度/意见以及可能性/必要性等概念无关的表主语能力及意愿等语义范畴纳入情态研究即为其中一例。

现代汉语的情态动词研究在很大的程度上是受了英语情态动词研究的影响,因此许多学者也试图由语法形式特征来界定现代汉语的情态动词,如前所述,虽然某些学者不同意现代汉语存在类似英语情态助动词这样一类具有共同形式或语法功能的独立的类,不过在最近的研究中,如彭利贞(2007)及徐晶凝(2008)等借鉴原型范畴理论对情态动词进行划界时,他们仍然指出前人所提出的某些情态动词句法特点是具有一定的鉴别效力的。在现代汉语的研究中,大多数学者是先根据句法形式标准划定情态动词的范围,之后再根据语义特征为划定的成员进行分类,我们认为这种研究方式对现代汉语而言基本是有效的。

先秦汉语的情况则与之不同。前文曾经指出，现代汉语情态动词的语法特点中最具鉴别力的“不能重叠”及“不能加体貌标记”这两条标准都不适用于先秦汉语，至于先秦情态动词本身的语法特点，截至目前文献中所提出的大致可归纳为以下几点：(1)具有动词的全部或部分语法特点，(2)只出现在动词性成分之前，(3)可以单说，(4)不能重叠，(5)能够进入“不……不”的双重否定框架。① 我们在前文的相关评析中曾经指出，这些条件对鉴别先秦情态动词并不具太大的效力，尤其是对情态动词与谓宾动词间的区别更不具效力。以上述五个条件来说，第一、三、四三个条件可说是所有先秦动词的特点，并非情态动词所独有，因此无法作为情态动词与其他动词区别的标准。其次，第二个条件如果严格规定只能后接动词性成分，那么包含“可”“能”“得”“足”等典型情态动词在内的所有成员几乎都不符合这个条件，②如果不严格规定只能后接动词性成分，那么不仅是情态动词，所有谓宾动词也都符合这个条件。因此，这个条件也不具备区别情态动词与谓宾动词的效力。最后是第五个条件，如果将这个条件视为必要条件，那么除了“可”“可以”“肯”“能”“得”“敢”这六个成员外③，其他一般视为情态动词的成员如“足”“欲”“当”“宜”等都应该排除在外；如果承认“足”“欲”“当”“宜”等这些不能进入“不……不”的双重否定框架中的词也可以归为情态动词，那么其他不能进入这个框架

---

① 这五个特点是归纳各家说法而来的，有些特点是作为区分情态动词与谓宾动词的标准而提出的，有些则是作为区分情态动词与副词的标准而提出的，由于这些特点并非系统性的鉴定标准，因此显得较为纷杂，有些特点甚至包含在另一个特点中，如(3)“可以单说”是用来区别情态动词和副词的，但它也同时是(1)“具有动词的全部或部分语法特点”的其中一个动词特点。

② 有些学者将这些可以后接名词成分的情态动词分为两类，一类为情态动词，一类为普通谓宾动词，我们认为这种分析方式似乎过于简略，下文对这个问题将有较详细的论述。

③ 前引注已指出，在整个上古标记语料库中，“不肯不”的用法仅出现过一例，且其后一直到宋代的语料都未见“不肯不”的用法，因此，“肯”是否能列入“能够进入‘不……不’的双重否定框架”的情态动词也是值得怀疑的。也就是说，剔除“肯”这一例，能进入这个“不……不”这个框架的实际上只有 5 个情态动词成员。

的谓宾动词也没有理由被排除在情态动词的范畴之外，因此，这个条件事实上也不具备区别情态动词与谓宾动词的能力。也就是说，上述学者们所提出的各项先秦情态动词语法特点都无法真正将情态动词和谓宾动词区别开来。

在情态动词与副词的区别上，上引杨伯峻、何乐士(1992)，Peyraube(2000)，李明(2001)及朱冠明(2008)等人中所提出的句法标准主要包括：情态动词具有动词的语法特点，可以单说，不能搭配形容词或名词谓语等；而副词则不具有动词的语法特点，大致不能单说，可以搭配形容词或名词谓语等。我们认为，上述这些标准实际上只能用来区别动词和副词，而不能用来区别情态动词和副词，也就是说，即使在与副词的区分上，情态动词也未显示出有别于其他谓宾动词的特殊句法特征。

综上所述，先秦汉语情态动词的语法特征实际上只有可以后接动词性成分这一点，而这一点也是谓宾动词和副词的共同特征，因此单凭这个条件是无法将情态动词与谓宾动词及副词区别开来的。以下说明本书在界定情态动词时对这两类词的处理方式：

首先，在情态动词与谓宾动词的问题上，由于先秦情态动词本身即是动词的一类，与其他谓宾动词之间并没有明显的形态或功能区别，不仅与英语的情态助动词无法相提并论，与现代汉语相比，其语法特点也远远不及，因此，我们认为先秦情态动词可视为谓宾动词中的一类，这类动词无法由形式特征来界定，而应从语义特征来界定。也就是说，先秦情态动词可界定为谓宾动词中可以表达情态语义的一类动词。

在情态动词与副词的问题上，前文指出，许多研究现代汉语情态动词的学者都提出“动词—情态动词—副词”连续统一体的说法，我们认为，这种由动词到副词的连续统同样适用于先秦汉语。在前文中，我们虽然引述学者们所提出的若干区别动词与副词的句法标准，如动词可作句中主要谓语，不能搭配形容词或名词谓语等；而副词则不作句中主要谓语，可以搭配形容词或名词谓语等，不过事实上，先秦汉语中的动词和副词也并非截然可分的，如在前人的研究中，与情态表达相关的“必”就有副词和助动词两种不同的归类。根据本书的考察，先秦汉语的“必”可说同时兼有动词及副词的语法功能，从典型范畴理论的角度来看，“必”可以说是处于动词过渡到副词的交界处，也就是既非典型情态动词，也非典型情态副词。由于本书的研究对象为先秦汉语的情态动词，因此，我们根据“必”具有情态动词的特点而优先将它划入本书的研究范围。关于“必”的语法功能，我们在 3.5 小节中会有较详细的分析。

2.1.3.2 情态动词的语义特征及界定方式

我们在前文先秦汉语情态动词研究回顾中曾经统计 17 位学者所列举的情态动词(助动词/能愿动词)成员共计 41 个，这些学者在相关论述中对这些情态动词的语义描述归纳起来大致包括：可能(可行性)、必要(必然)、应该(应当)、许可(允许)、意志(意愿、愿望)、能力、态度、判断、遑暇、被动、认识、道义、条件、估价(评估)。这些语义特征并不是同一个平面上同时并存的项目，而是学者们基于不同的研究立场及目的所作的区分，因此各个语义时有交错之处，比方参照西方语言学情态类型所分出的认识情态就与可能性或必然性的判断有关，道义情态则与应该或许可等语义有关，而态度、判断等语义特征更与其他大多数情态概念皆有相关之处。上述这些语义特征除了遑暇及被动之外大多也是西方及现代汉语语言学中经常列举的情态语义范畴，不过这些语义特征究竟有何共同点或者有何原型特征可以被归入情态的语义范畴内？

谢佳玲(2002:26－27)在评论汤廷池、汤志真(1997/2000)的情态界定时指出，二人将情态定义为“说话者对于句子命题内容的观点或心态”，并列举情态内容为“包括命题真伪、认知、愿望、义务、评价、可能性、盖然性、必然性等判断”，这样的界定不够周延，因为他们并未说明以上列举的这些判断是否形成语义上的自然类，或与说话者的观点或心态有什么直接的关系，她举出的例证如：表达主语愿望的“愿意”“肯”“敢”等如果可以归为情态词，表达类似意义的“希望”“期待”等为什么不行？因此，谢佳玲以具有〔+可能世界〕这个语义属性作为“广义情态”的定义，将所有具有这个属性的词全部列入情态词的范围内，包括传统归为普通动词、助动词及副词的各类词。谢佳玲虽然主张以形成自然的语义类作为划定情态语义范畴的标准，不过她在实际对现代汉语情态语义作分类时仍采用一般通行的分类，也就是将情态分为认知、义务、动力、评价四类，只是在实际列举词目时将一般学者根据句法标准排除在助动词/情态动词范围之外的实义动词列入。

谢佳玲的情态界定及分类方式对先秦的情态研究是一个很值得借鉴参考的模式。前文曾经指出，先秦情态动词的形态及句法特点不如现代汉语明显，根据现有的形式标准无法将情态动词从谓宾动词中区别出来，即使加上语义标准，仍然无法解释何以同样表意愿的“欲”“愿”一般被归为情态动词，而“思”“期”“望”“冀”等则否。当然，这个现象也可以解释为由于“欲”“愿”在先秦文献中出现的频率较高，因此较容易成为情态研究中学者们列举的对象，而“思”“期”“望”“冀”等则较为罕见，因此易被忽略。事实上，在以往情态动词的研究中，大多数学者都是以前人所列举的成员为基础，并根据个人的认知在这个基础上进行筛选或增补，因此，哪些词会被列入情态动词往往带有相当的主观性和随意性。我们认为，如果要从根本上厘清先秦情态动词的整体样貌，在划定情态动词的成员时就不应局限于前人的列举范围，而应根据明确的语义或语法标准从全部现存的先秦语料中找出所有可能的情态动词成员，再根据这些成员的语义及语法表现对它们作进一步的分类和研究，本节以下的情态动词界定将遵循这个原则进行。

2.1.3.3 情态动词的语义范畴及类型

关于情态的语义范畴，前引 Palmer(1986：1－7)指出，情态的语义范畴相当模糊，与情态相关的概念，如态度与意见、言语行为、主观性、非事实性、非断言，以及可能性与必要性等，这些概念的意义不仅在跨语言中有极大的差别，甚至可以说根本没有明确的基本特征。Perkins(1983：1－2)也指出，在情态概念的研究上，各个学派都是以其取径方式决定其研究目的的，其结果不仅“何谓情态”有许多不同的答案，甚至连问题本身也因个人期望得到的答案不同而有不同的内涵。尽管如此，西方跨语言的情态研究显示，认识情态与道义情态可说是人类语言中普遍具备的两大基本情态，此外，Bybee *et al*.(1994：176－177)指出，表达能力与愿望等概念的情态，也就是一般所称的动力情态或施事者情态在历时演变中往往与认识情态或道义情态互有纠葛，因此也是情态研究中必须探讨的范围。因此，在目前的情态研究中，大多数学者对于情态的语义类型已具有相当一致的共识，也就是基本包含认识情态、道义情态及动力情态，不同的是有些学者将道义情态及动力情态合称为根情态；有些学者则依不同的研究对象及目的在这三个基本情态之外加上其他不同的情态，如证据情态、时态情态及评价情态等；此外，还有些学者将动力情态称为施事者指向情态，而将义务来源为说话者的道义情态称为说话者指向情态等。[①]

在汉语的情态动词研究中，许多学者也借鉴西方的情态研究，以认识、道义、动力情态三分的框架作为情态动词语义分析的基础，如前述 Tiee(1985)、朱冠明(2005)、彭利贞(2007)及徐晶凝(2008)等，其他二分或四分的学者也都基本同意汉语中存在这三类基本情态，只是在实际论述中有不同的分类及处理方式。前文曾经指出，李明(2001：2－3)在助动词划界时将表能力及意志等意义的词排除在外，这类词在一般情态动词划界中是属于动力情态。李明之所以将这类词排除在外，主要是他认为这类词在语义及句法功能上与表可能及必要等意义的助动词不同。在语义上，表能力及意志的词不掺杂说话者的意见，表可能及必要的助动词则掺杂说话者的意见；在句法

---

① 详见本书 1.4 节“西方学者情态研究简介”的相关论述。

上，含可能及必要的词，其句子“NP助动词VP”的深层结构为“NPVP＋助动词”，含表能力及意志的词则不适用于这种分析，此外，两类词在表层结构上也有差别。我们虽然同意李明(2001)对这两类词的句法及语义分析，[①]不过正如同英语这两类用法实际上可以用同一套具有共同句法特征的情态助动词来表达，汉语这两类用法也可以用同一个词来表达，如李明(2001:10－12)分析先秦的“能＋VP”结构时也指出，某些用法中的“能”表能力，有些则表条件可能。李明虽然将这两种用法区别开来，不过在我们看来，这两类用法实际上是“能”在语法化过程中同时并存的连续体，不仅无法截然区分，在实际的语境中甚至容许Coates(1983)所谓的“两可”(ambiguity)或“融合”(merger)的解释，因此我们认为将这类意义的词划入情态动词研究范围在处理上是较为合理的。在情态动词的语义分类上，除了传统的认识情态及道义情态外，李明(2001:5)还另外分出“条件类”及“估价类”。李明的分类见表2－5：

表2－5　李明助动词的语义分类表

语气 类别	弱	中	强
认识类	可能	盖然	必然
道义类	许可	应当	必要
条件类	可能		必要
估价类			

朱冠明(2008:34)以中古《摩诃僧祇律》的情态动词为研究对象，他的情态语义分类如表2－6：[②]

---

① 李明(2001:2－3)此处的论述是以现代汉语为主，因此，我们同意的是他对现代汉语这两类词的分析，至于先秦汉语表能力与意志之情态动词的问题，我们将在6.4.2小节中有不同的论证。

② 我们在第一章中曾将朱冠明(2005)的汉语情态动词分类系统列为表1－10，这两个表的分类系统实际上是一致的，只不过表1－10以现代汉语为例，表2－6则以中古汉语为例。

表 2-6 朱冠明《摩诃僧祇律》情态动词分类系统

类型/程度	认识情态	道义情态		动力情态	
		该允	估价	主语指向	中性(条件)
可能性	能	可/得/足	I 堪 II 可/足	I 能/可/堪 II 欲/愿/乐/肯/敢	能/得/可/足/堪/容/中
盖然性	应/当	应/当/宜			
必然性	必	必/须/要			必/须

为便于比较各家说法,我们将上文提及的徐晶凝(2008:262)的情态动词语义分类表作成简表列举如表 2-7:

表 2-7 徐晶凝情态助动词情态表达简表

认识	道义	能动		
		中立	能力	意愿

从以上三个表可以看出,三人对汉语情态动词的语义分类互有异同。首先认识情态与道义情态这两大类是三人共有且较无疑义的,不过朱冠明在道义情态下另分出一个"估价"的次类,而这个次类李明则独立为估价类。其次朱冠明及徐晶凝二人都在动力情态下分出"中性/中立(条件)"这个次类,李明则将表能力、意志等意义的主语指向的动力情态排除在情态动词之外,只将表中立(条件)的这个次类归为情态动词,称为"条件"类。徐晶凝的情态动词语义分类中没有估价这一类,这是因为她将一般认为属于估价或评价情态的"难""容易""配""值得"等归为"评价情态主动词"而非"助动词"。关于汉语的估价类情态动词,彭利贞(2007:104)指出,他虽然对于许多文献将"配""值得"归为助动词不持异议,不过由于它们在情态表达上的身份及类别不明,因此不列入情态动词内;马庆株(1989/2004:45)则将估价列为能愿动词所表达的六种语义义之一,包括"值得""配""便于""难于""易于""宜于"等词,其他五种语义分别为"必然""必要""愿望""可能"及"许可";谢佳玲(2002:135)则是将这类表估价义的词分别归于不同的情态类下,她将"值得"归入道义情态,而将"配"归入动力情态。也就是说,现代汉语学

界对于“难”“容易”或“配”“值得”这类与评价或估价意义有关的词是否属于情态动词是有不同意见的。

尽管现代汉语学界对估价情态的定位有不同意见，不过，在古汉语的研究中，估价情态作为情态的语义类型之一已得到多数学者的认同，如李明（2001：21）及朱冠明（2008：34）均将估价类列为助动词语义之一，所列之表达这类语义的助动词均包括“可”与“足”。“足”作为先秦情态动词成员的身份自《马氏文通》以来已为学界共识，而“足”表达的主要语义即为“值得”一类的估价义。此外，吕叔湘（1942/2004：247）也指出原为形容词的“可”“宜”在先秦汉语中有估价类的用法。最后，“难”“易”二词虽然目前学者多未将之列为先秦的情态动词，不过，从它们的语义及语法功能来看，这两个词也有资格归为估价类情态动词。综上所述，我们认为在先秦汉语情态动词系统中列估价一类应该是可以接受的。

除了上述分类方式外，van der Auwera & Plungian（1998：80－82）参照 Bybee *et al*.（1994）及 Palmer（1986）等人的定义，将动力情态中与主语能力有关的情态类型称为“参与者内在情态”（participant-internal modality），将 Palmer 所分出的中立（条件）情态及道义情态合称为“参与者外在情态”（participant-external modality），并将“参与者内在情态”与“参与者外在情态”合称为非认识情态，与认识情态相对。van der Auwera & Plungian（1998：82）的情态类型分类如表 2－8：

表 2－8　van der Auwera & Plungian 情态类型表

<table>
<tr><td colspan="4">可能性(Possibiliyt)</td></tr>
<tr><td colspan="3">非认识可能性(Non-epistemic possibility)</td><td rowspan="3">认识可能性
(Epistemic possibility)
(不确定性)
(Uncertainty)</td></tr>
<tr><td rowspan="2">参与者内在可能性
(Participant-internal possibility)
(动力可能性、能力、潜力)
(Dynamic possibility
Ability, Capacity)</td><td colspan="2">参与者外在可能性
(Participant-external possibility)</td></tr>
<tr><td>非道义可能性
(Non-deontic possibility)</td><td>道义可能性(许可)
Deontic possibility
(Permission)</td></tr>
</table>

续　表

<table>
<tr><td colspan="4">**可能性(Possibiliyt)**</td></tr>
<tr><td rowspan="2">参与者内在必要性
(Participant-internal necessity)
(需要)
(Need)</td><td>非道义必要性
(Non-deontic necessity)</td><td>道义必要性(义务)
Deontic necessity
(Obligation)</td><td rowspan="3">认识必然性
(Epistemic necessity)
(应然性)
(Probability)</td></tr>
<tr><td colspan="2">参与者外在必要性
Participant-external necessity</td></tr>
<tr><td colspan="3">非认识必要性(Non-epistemic necessity)</td></tr>
<tr><td colspan="4">必要性(Necessity)</td></tr>
</table>

根据本书对先秦情态动词的考察结果，同时参酌上述各家的分类方式，我们认为先秦情态动词所表达的语义类型可分为认识、道义、动力及条件四类，其中认识情态及道义情态与一般定义大致相同，也就是分别表达说话者对命题的可能性或必然性态度及对事件或动作被实现或执行的许可或必要态度；动力情态与 Palme(1986)所分出的动力情态下的主语指向情态次类大致相当，也就是表达主语的能力及意愿等，其中表主语能力者又相当于 van der Auwera & Plungian(1998)所分出的参与者内在情态；条件情态主要包括 Palme(1986)所分出的动力情态下的次类中立(条件)情态(即条件可能及条件必要)，此外，还包括先秦“可”所表达的可行性及许可一类语义。① 最后，估价情态在现代汉语虽然是个有争议的类，但在先秦汉语中已得到多数学者认同，由于这类情态表达的也是说话者基于外在条件对命题或事件所作的评估，因此，我们将估价情态归入条件情态中。也就是说，在多数学者的情态分类系统中，条件情态大多只包含条件可能及条件必要两类，本书则将条件可行、条件许可与条件估

① Palme(1986)虽将包括条件可能及条件必要的中立(条件)情态归入动力情态下的一个次类，不过，根据本书的考察，这类情态在先秦汉语中并不适合作为动力情态的次类，而应独立为一个情态类型。此外，本书对条件情态的界定及范围也与 Palmer 有较大差异，严格来说，我们只是借用 Palmer 的术语来指称先秦情态动词中一类表与参与者外在条件有关，且非表说话者主观态度的一类情态。关于先秦条件情态的界定、范围及与动力和道义情态间的关系，下文探讨各类情态界定及范围时会有较详细的论述。

价也列入条件情态中。参照 van der Auwera & Plungian(1998)的情态分类表,我们将先秦情态动词所表达的四类情态语义整理为表 2-9。关于这四类情态类型的界定及其语义及句法特征详见 2.3 节讨论。

表 2-9　先秦情态动词所表达之情态类型表

<table>
<tr><th>动力情态</th><th>条件情态</th><th>道义情态</th><th>认识情态</th></tr>
<tr><td>主语能力、意愿</td><td>可能、必要、可行、许可、估价</td><td>许可、应当、必须</td><td rowspan="2">可能性、应然性、必然性</td></tr>
<tr><td>参与者内在情态</td><td colspan="2">参与者外在情态</td></tr>
<tr><td colspan="3">非认识情态</td><td>认识情态</td></tr>
</table>

2.2　情态相关概念说明

在前一小节中,我们对情态动词的名称、范围及界定作了简单的介绍,在进一步探讨先秦情态动词的语义及句法特征之前,我们先对前文已经提及的几个与情态相关的概念在本书中的界定作一些简单的说明。

2.2.1　情态与语言的主观性

前文多次谈到语言的主观性(subjectivity),沈家煊(2001)引述 Lyons(1977:739)的看法指出,主观性指的是语言的一种特性,即说话人在说话的同时表明自己对这段话的立场、态度和感情,从而在话语中留下自我的印记。这种主观性在语言中可以有许多不同的表达形式,徐晶凝(2007:2-4)在论及话语情态时指出,说话人在交际语境中发出的语句(utterance)必然包含三个相关的侧面:(1)语句内容,(2)说话人对语句内容的主观态度,(3)说话者对交际参与者的态度。她以一组例句说明这三方面的表现:

A. 我命令你把盐递给我。

B. 你必须把盐递给我。

C. 把盐递给我。

D. 把盐递给我啊。

E. 把盐递给我嘛。

F. 把盐递给我吧。

G. 请把盐递给我。

H. 你能把盐递给我吗?

I. 把盐递给我,好吗?

J. 劳驾您,把盐递给我,好吗?

这组例句的语句内容都是“你把盐递给我”,但说话者是以不同的态度将语句带到交际语境的。这些不同态度包括以“必须”“能”等情态动词所表达的说话者对语句内容的可能性/必要性所持的态度,以及说话者基于自己与听话者之间关系的尊卑亲疏或不同场合所选用的不同语言手段及礼貌等级,如指令、敦促、劝求或询问等。徐晶凝将前者称为情态,而将后者称为意态,她同时认为语句内容、情态与意态分别属于语言的客观性、主观性及交互主观性(intersubjectivity)。

陈颖(2009:7-8)也以一组例句说明语言所表达的主观性:

两个同学在走廊里相遇,甲对乙说:

a. 天哪!我听说张强得到了!这是不是挺意外的?

b. 张强得到了奖学金。

上面a、b两句传递了同样的信息,但a提供了很多线索,这些线索涉及了对话中说话人对信息的主观倾向及话语情况,如说话者吃惊的情绪(由感叹词“天哪”传达)、说话者的信息来源(由“听说”传达)、说话者知道听话者对话语内容如张强及奖学金等有一定的认知(由省略“奖学金”而只说“得到了”传达),以及对话双方的社会关系可能是平辈(由说话者表达惊讶情绪的方式传达)等,而b则没有提供这些线索。陈颖同时指出,在实际谈话中,交际双方之所以能理解话语内容,这是因为说话人在话语中总是能反映出自己和信息及话语情况之间的主观关系,而听话人则能运用这些线索,并结合自己的背景知识来辨明说话者的主观态度。也就是说,在特定语境中,主观性不仅和说话者对信息的认识立场有关,也和说话人与听话人之间的语境、社会及文化的知识有关,二者的相互作用是必须的。因此,主观性既是一种认识的也是一种语用的现象。

从上面三位学者的说法来看,语言中的主观性可说是涵盖各个层面的。事实上,当一个说话者想表达一个特定的语句内容或者传达一个特定的信息时,不管他采取什么样的语言形式表达,其中都包含了说话者主观的态度或意见。即使说话者为了避免主观而刻意采用客观的形式来表达,这种表达方式的选择实际上也是说话者的一种主观表现。前述徐晶凝将表达说话人对语句内容的主观态度或观点归为情态,而将表达说话人对听话人的态度归为意态,并认为前者属于主观性而后者属于交互主观性,这个看法我们并不完全赞同。诚如上文陈颖所指出的,在实际的交谈中,说话者对语句内容或信息的主观态度与说话人对听话人的态度,二者并非独立存在而是必须相互作用的,因此,我们认为,情态与意态、主观性与交互主观性之间并不是截然可分的。也就是说,即使是一般被归类为表达说话者对命题或语句内容的可能性/必要性等主观态度或意见的情态动词,事实上也反映了说话者对听话者的某种态度。前引 Perkins(1983:18-19)也指出,情态本质上是语言中的断言成分或绝对成分之外的限制性成分。一个人可能为了表达的得体或礼貌,或者由于自己没有适当权限、不愿承担直接责任等,因而使用较委婉的方式来表达自己的看法、意见或要求。所谓"得体、礼貌"或"没有适当权限"等都是基于说话人对自己与听话人之间关系的认知与评估而产生的主观性态度,因此应该也与交互主观性有关。此外,在功能主义的研究中,情态也与交互主观性密切相关,如 Halliday(1970)将情态视为由语言中的人际功能衍生出来的一种说话者在言说事件中的参与形式,Givón

(1989:127 - 172)则认为作用于命题上的情态主要用于交际语境中，其真值应由交谈双方的“交际合同”来界定，合同内容包括语言本身的定义、交际双方的事先协议、普遍文化传统以及在场的对话情境等。

综上所述，本书所界定的主观性指的是说话人在话语中所表现出的一切与自我印记有关的形式，也就是包括说话者对语句内容的态度以及在特定语境中说话者基于对话双方关系所采用或选择的语言表达形式。这类表达自我印记的语言表达形式包括时间、空间的指示词（如“来、去、往、是、此、彼”等），人称代词（如“吾、我、尔、汝、子、寡人”等），对命题实然状态表达判断的副词（如“洵、诚、信、良、实”等），表敬或表谦副词（如“辱、窃、敢”等），各类语气词（如“也、矣、乎、哉”），以及情态动词等，其中情态动词即为本节接下来主要探讨的对象。

2.2.2　情态与“可能世界”

Perkins(1983:6 - 12)指出，“可能世界”的概念一般认为源自于莱布尼兹，指的是包含当下真实世界在内的所有可能的世界。在这个概念的基础上，我们可以说命题在某个（真实或想象的）世界为真而在其他世界为假。Perkins 认为，虽然真实世界只是无限可能世界中的其中一个世界，因而显得似乎并不是特别重要，不过由于 Perkins 将情态定义为人类在思考或行动时经常设想“事情为其他情况”，也就是设想它们在某些非真实世界或在真实世界中除了当下以外的其他时刻是真的或实在的，因此，他认为在与情态有关的概念上，其他可能世界由于与当下真实世界形成对比，因此是情态研究中最值得重视的。也就是说，Perkins 将情态的研究范围限定为对实际世界之外的其他可能世界的表述，因此他将“good”“amazing”“wonderful”等主要是对实际世界而非其他可能世界作评论或评价的谓语排除在讨论范围之外。

前文指出，谢佳玲(2002)以具有〔＋可能世界〕这个语义属性作为“广义情态”的定义，在这个定义中，谢佳玲实际上是以“可能世界”来指称与真实世界相对的其他可能世界，而非一般包含真实世界在内的所有可能世界。也就是说，谢佳玲同样是将情态限定为对实际世界之外的其他可能世界的表述。与 Perkins 不同的是，谢佳玲将表达对已认定为真的命题的观点或态度也纳入情态研究的范围，称之为评价情态。关于评价情态与可能世界之间的关系，她引述了 Chung & Timberlake(1985)及 Asher & Simpson(1994)的说法指出，一旦说话者在一个已经成立的命题之上加入了他的主观评价，这个句子传达的就不再是单纯的事实陈述，而是存在他想象之中的非现实世界的观点或态度，因此符合可能世界的定义。除了评价情态以外，谢佳玲在认知情态中所分出的“真伪”(alethic)用法(如“他真的离开了”中的“真的”)也是用来表达说话者认定在现实世界已经成立的命题的观点或态度，她同样认为在这类用法中，透过“真的”的使用，说话者表达的并不是事实本身，而是说话者强调自己所知与事实相符的主观看法，这个主观看法存在于非真实世界中，因此也属于可能世界的范围。

本书同意谢佳玲对可能世界与情态之间关系的看法，也就是说，当说话人在命题或语句内容上加入自己的主观态度或评价后，这个句子所传达的就不再是单纯的事实本身，而是存在于说话人想象或认定的非现实世界中。前文多次指出，主观性是情态的中心语义内涵，因此，表现出高度主观性的语言形式没有理由因为它所评价的是一个在现实中已经成立的事件，因而否定它所表达的情态概念。不过，谢佳玲将评价情态界定为只能用来修饰说话者相信已经成立的命题，这一点我们并不完全赞同。前述 Perkins(1983:6－12)将评价情态排除在研究范围之外的理由主要在于，他认为出现在“IT'S ... THAT P”框架中的“good”“amazing”“wonderful”等评价谓语与“KNOW”一样，它们经常预设所表达命题的真实性。不过，尽管“good”出现在“IT'S ... THAT P”的框架中时，命题 P 经常是一个已经成立的现实事件，然而，当它出现在其他框架中，如“IT'S...TO...”时，“good”也经常用来评价非现实事件，因此，我们认为，评价情态是基于它表达说话者主观态度的特征，因而可以与非现实世界的可能世界联系起来，但它们所评价的命题或事件则不限于在现实世界已经成立或说话者认定已经成立的命题或事件。关于这一点我们将在下文探讨“估价情态”时作进一步的论证。

2.2.3 情态与“现实/非现实”

Palmer(2001:1-4)认为“现实”(realis)与“非现实”(irrealis)是情态的基本概念，而其划分也是情态研究的方法之一。“现实”将情境描绘成已实现的、已发生的或正在发生的，是透过实际感知所得知的；“非现实”将情境描绘成纯粹存在于思维领域中，仅仅是透过想象得知的。彭利贞(2007:66-81)参照 Chung & Timberlake(1985)，Comrie(1985)及 Palmer(1986,2001)等人的研究指出，时态以当前时刻为参照来限定事件在时间中的位置，语气则以现实世界为参照限定各种世界中事件的现实性。处于现实世界的事件为现实事件，包括已经发生或正在发生的事件；处于非现实世界的事件为非现实事件，包括存在于与现实世界相对的许多可能世界的事件，如将来、可能、假设、怀疑、推论、希望、义务及命令等。由于非现实事件的范围相当大且复杂，因此 Chung & Timberlake(1985)用三种模式来衡量各种非现实事件：认识模式(epistemic)、认识论模式(epistemological)及道义模式(deontic)。彭利贞综合多位学者的研究指出，认识模式主要包含可能性和必要性的判断，还包含将来可能、怀疑及假设情境等可能性的次类。认识论模式指的是说话人对已经存在事件的估价，亦即事件虽然已经存在，但说话人并不把它作为一个事实事件陈述出来，而是通过推论(inferential)、示证(evidential)、引证(quotative)、非视觉(non-visual)、感叹(exclamative)及习性(generic)等方式对事件进行估价，且不对事件的真值作出完全的保证。道义模式表达事件在将来时间实现的许可或强制性，主要包含指令、许可及义务，此外，还包括某些有细微差别的道义情态类型，如祈使、命令、劝告、意愿及能力等。在语气与现实、非现实的关系上，彭利贞指出，Chung & Timberlake(1985)认为现实基本上等于直陈语气，而 Hopper(1975)等人则认为直陈语气是“断言的”(assertive)和“叙实的”(factive)。最后，在情态与现实、非现实的关系上，彭利贞指出两点值得探讨之处，一是语言中存在情态句与非情态句的区别，情态句不管表达的可能性多么确定，仍与非情态句的事实断言不同，因此是非现实的。如果从广义情态的理解角度来看，也就是说语言中的每个句子都带有主观情态成分的话，那么情态句就是有标记的，而非情态句或零情态句则是无标记的。二是在上述三种非现实模式中，认识模式与认识情态完全对应，道义模式则涵盖道义情态及动力情态。至于第二种模式，即认识论模式与情态之间的关系，学者的意见则较为纷歧，如谢佳玲(2002)将现代汉语中的推论、示证及引证等方式归为认识情态的一个次类，并将对事实事件所表达的惊异或难以置信等情感反应的感叹归为评价情态，而徐晶凝(2008)则不同意现代汉语有“证据类情态”这一语法范畴，在她的情态系统中也没有“评价情态”这一类。

现实/非现实与前述“可能世界”的概念是相关的，亦即现实主要描写的是当下的真实世界，而非现实则是描写当下真实世界以外的其他可能世界。不过 Palmer(2001:1－4)也指出，不同语言处理现实和非现实的语法范畴有很大的差别，以传统欧洲语言中的直陈式和虚拟式来说，一般认为直陈式与虚拟式是现实与非现实的区别，不过，Palmer 认为，选择直陈式或虚拟式并不是依赖真实与否的区分，而是依赖断言与否的区分。也就是说，选择直陈式是因为断言，选择虚拟式则是因为非断言。从这个角度来看，可以说语言表达形式的选择主要仍是取决于说话者对命题或事件的主观认知及表达意图，而非现实世界的实际样貌。因此，就情态本身来说，说话者的主观性应是所有概念中最根本也最重要的一环。

2.3 各类情态类型的界定及范围

在前文中，我们将先秦情态动词界定为在句法上可以后接动词性成分，且在语义上表达情态的动词；我们同时参照前人的研究成果并兼顾先秦汉语的特点，将先秦情态动词所表达的语义分为认识、道义、动力及条件四类，本节将较为详细地探讨这四类情态类型的界定，并分析表达这些类型之情态动词之语义及句法的特征及差异。在划定表达各类情态中之情态动词成员时，我们将以谢佳玲所提出的具有〔+可能世界〕这个语义属性作为主要的鉴别标准①，实际分析时将以它们在先秦语料中的表现为依据。

2.3.1 认识情态

2.3.1.1 认识情态的界定

认识情态是传统逻辑模态研究的中心，主要表达说话者对命题或事件的可能性或必要性的推测或判断，在英语中，这种推测或判断主要由情态助动词来表达。依据说话者对命题真值承诺的强度不同，情态助动词可以表达三种不同的梯度，如：

（1） He may be in the office.（他可能在办公室。）

（2） He should be in the office.（他应该在办公室。）

（3） He must be in the office.（他一定在办公室。）

---

① 前文已经提及，谢佳玲（2002）的情态语义分类中有“评价情态”这一类，她对这类情态的定义是：“表达说话者对一个已知（或已认定）为真的命题的任何观点或态度，例如‘幸亏’、‘难怪’。”也就是说，她所定义的评价情态主要是一般归为评价副词或语气副词的这一类词。如前所述，关于这类情态是否具有“可能世界”这一语义属性，学界的意见并不一致。不过谢佳玲的“评价情态”与本书的“估价情态”内涵并不相同，本书的估价情态指的是现代汉语一般认为表达评价或估价的“难、容易”或“配、值得”这一类词，而这一类词所表达的情态具有“可能世界”这一语义属性是没有问题的。为了避免混淆，我们以下将谢佳玲的分类称为“评价情态”，本书的分类则称为“估价情态”。

在上面的例子中，“He BE in the office”(他在办公室)是命题的内容，“may”(可能)、“should”(应该)及“must”(一定)这三个情态词表达的即是说话者对“He BE in the office”(他在办公室)这个命题真值所作的不同强度的判断。

现代汉语也有与英语基本对应的三个不同强度的情态词，例(1)—例(3)中文翻译中的“可能”“应该”“一定”即是。关于现代汉语认识情态的梯度，上引李明(2001)、朱冠明(2005)及彭利贞(2007)均以“可能性、盖然性、必然性”来指称“弱”“中”“强”这三个不同的情态梯度，徐晶凝(2008:85)则以“应然性”取代“盖然性”，并增加一类“将然性”，包括情态动词“会”“要”“得”等。她认为“将然性”是认识情态表达的不同维向，这类情态所表达的说话人承诺度也是相当高的。[①] 在现代汉语中，表达认识情态的方式除了上述这些一般归类为情态动词或助动词的词以外，还包括若干被部分学者划入准副词或副词的一类词，如：大概、也许、或许、恐怕、必定、必然、势必、肯定、绝对。

在现代汉语中，“可能”及“应该”等情态动词为表达认识情态的典型成员，学者一般没有异议，因为这类词正好同时符合情态以表达可能性/必要性以及说话者主观态度为中心语义的特色。如前所述，谢佳玲(2002:55－141)对现代汉语情态词的界定方式与大多数学者不同，因此她所划定的认知情态范围也和其他学者有较大差异。首先她参照Palmer(1979:51－54)的研究，将认知情态分为判断系统及证据系统两大类，接着依据情态词所表达的情态类别将判断系统分为猜测、断定及真伪三类，并将证据系统分为引证及知觉两类，各类之中又依其语义属性是否隐含观点或态度的来源区分为〔＋来源〕及〔－来源〕两类。其认知情态系统见表2－10、表2－11：

① 本书2.1.1.2曾介绍徐晶凝(2008:265－266)对情态助动词梯度与维向的看法，可以参看。在前文的介绍中，徐晶凝将认识情态助动词分为可能性、应然性、将然性三类，并未包括必然性，原因是她将表“必然性”的“一定”划归副词而非情态助动词。

表 2－10　谢佳玲认知情态词:判断系统

属性 类别	〔十来源〕	〔一来源〕
猜测	大概、也许、或许、可能、会……	猜测、预料、推测、估计、怀疑……
断定	一定、必然、应该、当然、绝对……	认为、判断、推论、相信、肯定……
真伪	的确、实在、真、明明、究竟……	确定

表 2－11　谢佳玲认知情态词:证据系统

属性 类别	〔十来源〕	〔一来源〕
引证	听说$_1$、传说、据闻、据说、据报……	听说$_2$、听闻、耳闻、风闻
知觉	好像、看似、似乎、显得、显然……	感觉、觉得、看

在表 2－10 认知情态词的判断系统中,谢佳玲将“可能”“应该”这类词归入〔十来源〕,她认为它们除了传达与认知有关的观点或态度外,也在语义属性中隐含了观点或态度的来源,如例(1)—例(3)中“可能”“应该”“一定”的观点或态度的来源均为说话者。由于这些词的语义属性中已经隐含了观点或态度的来源,因此这些观点或态度的来源并不需要也不能够出现在句子中。除了“可能”“应该”这类被大多数学者归为认识情态的词以外,谢佳玲(2002:55)认为,汉语中有另一类词同样可以传达与认知有关的观点或态度,如:

(4) 我猜测他在办公室。

(5) 我推断他在办公室。

她认为例(4)及例(5)所表达的意义分别相当于例(1)及例(2),不过,由于“猜测”及“推断”这类词的语义属性中并不含观点或态度的来源,因此,代表观点或态度来源的主语必须在句子中出现。在例(4)—例(5)中,代表观点或态度来源的“我”同时是说话者,不过,这类句子中的主语也可以是说话者以外的人,如:

(6) 老板猜测他离开了。

谢佳玲认为，由于第二类词同样可以传达与认知有关的观点或态度，因此也应该列入认知情态动词的范围内。这类成员即表 2－10“判断系统”中被归入〔一来源〕的词。

“猜测”“认为”“相信”及“怀疑”这一类词所表达的意义与情态有关，历来学者没有异议，如 Givón(1989：147)所列的情态表达形式即包括“认知动词”(cognition verbs) 在内，如“believe”“guess”“suspect”“think”“suppose”等。Halliday(1994：354－363)也将“know”“think”“believe”“doubt”等列入情态研究范围内，他同时指出“I think ... ”这类表达形式为显性主观，说话者使用这类形式是为了突出自己的观点。此外，Perkins(1983：94－95)的情态研究范围也包括“情态词汇动词”，如表达断言的“affirm”“declare”“predict”，以及表达评断的“estimate”“guess”“regard”等。Palmer(1986：5－6)虽然由于坚持以语法化为标准来划定情态范畴，因而将以词汇形式表达情态意义的“hope”“be afraid of”等排除在情态研究的范围外，不过他也指出，由于这些词汇形式与情态语义有相当密切的关系，因而不能完全忽略。在现代汉语的研究中，徐晶凝(2008：20－23)也将“知道”“相信”“怀疑”“猜测”“推断”“肯定”等列为情态表达形式，称之为“情态实义动词”，不过由于这类表达形式的语法化程度较低，因而不在她的情态研究范围内。此外，陈颖(2009：79－80)也将“以为”“想(认为)”“知道”“猜测”“估计”“考虑”等归为“表示人类主观认识”的“认识动词”，这类动词具有传信功能，可以体现说话者对所说内容真实性的评估，这种对真实性的评估正是本书所界定的认识情态语义范畴。综上所述，将“猜测”“认为”及“相信”等词归为表达认识情态的动词应该是没有疑义的，至于是否将它们列入情态的研究范围内，或者如何为它们在情态系统中定位，这些问题实际上乃取决于研究者个人的研究范围及目的，与动词本身是否表达情态概念无关。

在此必须进一步强调的是，虽然谢佳玲(2002)将“认为”“相信”等词归为具〔一来源〕语义属性的认知情态动词，不过这里所谓的〔一来源〕指的只是词汇本身不含观点或态度的来源，并不代表这类词在句中不能表达说话者的观点或态度。以例(4)—例(5)为例，这两个例子的主语都是第一人称，其中的“猜测”“推断”表达的自然是说话者的观点或态度。

2.3.1.2 认识情态中的“来源”问题

关于观点或态度的来源问题，前引 Chung & Timberlake(1985)在提出三个识别非现实事件的模式(认识模式、认识论模式及道义模式)时也同时提出了“来源”(source)和“对象”(target)两项参数，他们认为每个模式都可能包含其中的一个或两个参数。由于“对象”参数主要与道义情态有关，因此留待下一节再作论述，本节只就“来源”问题进行讨论。Chung & Timberlake 指出，一个模式可能包含一个来源，亦即事件是由谁的观点来识别为现实或非现实的。首要事件(在句法上由母句来表达)的典型来源是说话者，也就是由说话者来识别事件的真实性或者拒绝承诺事件的真实性等。在 Chung & Timberlake 的定义中，认识模式是用来识别事件属于现实世界或其他可能世界的。如果事件属于真实世界，它就是真实的；如果事件属于其他可能世界，它就是可能的。Chung & Timberlake 指出，虽然认识模式本身能够识别事件的真实性，但严格说来它并不包含来源。尽管如此，当一个事件被识别为可能事件时，我们也很难确认其中完全没有说话者介入，比方某些与认识功能有关的句副词相对独立于说话者之外，如“possibly”“necessarily”，其他句副词则不然，如“conceivably”。与认识模式相关的另一个模式是认识论模式，Chung & Timberlake 认为二者的区别仅在后者包含较清楚的来源。认识论模式在评估事件的真实性时可能依靠下列几种来源：

A. 经验(experiential)：事件是由来源本身的经验识别出来的；

B. 推论(inferential)或证据(evidential)：事件是经由证据所作的推论识别出来的；

C. 引证(quotative)：事件是经由另一个来源报道出来的；

D. 亚模式(submode)：事件是由来源经由思考、信念或想象所建构出来的。

Chung & Timberlake 所说的“来源”与谢佳玲所指并不相同，前者的“来源”指的是事件由谁的观点或由什么方式来识别它的真实性，因此，当句子以“possibly”“necessarily”这类相对独立于说话者之外的句副词作为识别事件真实性的机制时，则该句子不包含来源，若以“conceivably”(想得到的)这类词义本身即与思考、信念有关的句副词作为识别事件真实性的机制时，则该句子隐含说话人涉入的痕迹。谢佳玲的“来源”指的是词汇的语义属性是否隐含来源，因此，当句子以“大概”“也许”这类情态词作为识别事件真实性的机制时，则这些情态词的语义属性本身即隐含来源，且这个来源为说话者。虽然二者的“来源”所指对象不同，不过如果仅就“观点或态度的来源”而论，二者仍有相通之处。也就是说，二者关注的都是命题或事件的真实性究竟是由谁来识别的。从这个角度来看，可以说谢佳玲判断系统中的〔＋来源〕者大致相当于 Chung & Timberlake 的认识模式，也就是句子本身未包含来源，来源乃隐含于情态词的语义属性中；[①]而〔－来源〕者则大致隶属于认识论模式，也就是句子包含明显来源，而情态词本身则不再隐含来源。我们说谢佳玲判断系统中的〔－来源〕这一类大致隶属于认识论模式，而非相当于认识论模式，这是因为 Chung & Timberlake 所定义的认识论模式范围不仅包含谢佳玲判断系统中的〔－来源〕这一类，同时也包括谢佳玲所分出的证据系统。如上所述，Chung & Timberlake 共列出四种认识论模式在评估事件的真实性时可能依靠的来源，即经验、推论或证据、引证及亚模式，在这四种来源中，谢佳玲的判断系统大致只包含推论及亚模式，至于经验及引

---

① Chung & Timberlake 虽然指出，当句子以“conceivably”这类词作为识别事件真实性的机制时，很难说其中没有说话人涉入的痕迹，不过他们仍然将这类表达方式归入认识模式而非认识论模式。因此我们认为，Chung & Timberlake 的认识模式与谢佳玲“判断系统”中的〔＋来源〕大致相当，差别只在二者对这类表达方式的分析角度不同而已。

证等则在她的证据系统中。

2.3.1.3 认识情态与证据范畴

前节论及的证据系统即表达“证据范畴”(evidentiality)的系统。[①]证据范畴是近年来相当受到语言学界重视的课题，根据胡壮麟(1994)、张伯江(1997)、牛保义(2005)及房红梅(2006)等人的研究介绍，证据范畴最初源于对美洲印第安语的研究，如 Kwakiut 语要求说话人在说话时必须说明信息的来源，比方信息内容是他亲身目睹的，或者是听说的，或者是推论而来的，这些信息来源是通过动词添加不同的后缀来表示的，表达信息来源的形式就称为“证素”或“证据成分”(evidential)。这类以信息来源及其表达形式为主要研究对象的研究方式一般称为狭义的证据范畴。广义的证据范畴不仅包括信息来源，同时包括说话者对信息的态度，亦即对信息可靠性的承诺梯度。广义的证据范畴研究以 Chafe(1986)为代表，他指出证据范畴不应局限于狭义的表达信息来源，而应广泛地包括所有对知识的态度，同时，证据范畴的表达形式也不应局限于以动词词缀表达的形式，而应扩及至其他词汇表达形式，包括动词、情态助动词、副词、形容词及短语等。他所举出的英语的证据范畴包括以下八类：

A. 可靠程度(degrees of reliability)，由副词“probably”或情态动词“may”等表达；

B. 信念(belief)，由动词“think”或“guess”等表达；

C. 归纳推断(induction)，由情态动词“must”、形容词“obvious”或动词“seem”等表达；

---

① 根据陈颖(2009:29)的归纳，汉语语言学界对“evidentiality”一词的翻译主要有五种：(1)传信范畴，(2)可证性，(3)示证性，(4)实据性，(5)言据性。不过，在与情态相关的研究中，“evidentiality”一词较常被译为“证据范畴”，如徐晶凝(2008:12)。此外，谢佳玲(2002)以“证据系统”指称 Palmer(2001)的“evidential system”，李战子(2007)也以“证据型情态”指称 Palmer(2001)的“evidential modality”。由于本书的研究主要与情态相关，因此我们也以“证据范畴”来指称“evidentiality”，不过在介绍学者的相关研究时，必要时我们仍以该学者所用的名称来指称之。

D. 感知证据(sensory evidence),由动词“see”“feel”或“look like”等表达;

E. 传闻证据(hearsay evidence),由短语“people say”或“I've been told”等表达;

F. 演绎推论(deduction),由副词“presumably”或情态动词“should”“could”等表达;

G. 闪烁其词(hedge),由副词“about”或短语“sort of”“kind of”等表达;

H. 意料(expectations),由短语“of course”“in fact”或副词“actually”等表达。

关于认识情态与证据范畴之间的关系,历来学者有许多不同的意见。Dendale & Tasmowski(2001)指出,尽管大多数学者同意指明信息的来源与指明说话者对信息可靠性的估计,二者在概念上是不同的,不过这个区别在目前“证据范畴”和“情态”这两个术语的使用中并不那么明确。一般来说,在“证据范畴/证据成分”与概念领域“信息来源”之间以及“情态/情态标记”与概念领域“信息可靠性”之间并没有一对一的关系。在现代的研究中,学者们对证据范畴与情态概念之间的关系有三种不同的观点:(A)分离(二者在概念上有别),(B)包含(其中一方被视为涵盖在另一方的语义范围内),(C)部分重叠(二者有一部分互相交叉)。以下是 Dendale & Tasmowski(2001)对这三个观点的分析:

A. 分离:当证据范畴与情态概念被定义为彼此构成对反时,则二者的概念场呈“分离”状态,比方 Hardman(1986:115)将“证据成分”定义为狭义的“指明说话者如何拥有关于他正在说的内容的知识”,因而否定证据范畴与情态之间有明确的关系存在。

B. 包含:关于证据范畴与情态之间的关系,文献中更多的是将它们视为“包含”的关系。有些学者将情态置于证据范畴的语义范围内,如 Matlock(1989:215)将证据成分的功能定义为:“证据成分包括部分的认识情态，表示说话者的信息来源以及对信息某种程度的确信度。”在这个定义中，认识情态与证据范畴成为证据范畴下并列的两个次类。Chafe(1986：23)与 Mithun(1986：89 - 90)对证据范畴的定义更为广泛，甚至包含其他的领域，如 Mithun 的证据范畴包括：(1)对信息来源的说明，(2)对一个范畴的准确性、真实性或合宜性程度的说明，(3)对真值的应然性的说明，(4)关于陈述的应然率之预期的说明。其中(1)为狭义的证据范畴定义，(3)为狭义的情态定义，(4)介于二者之间，(2)则可归类于情态的估价系统中。有些学者则将证据范畴置于情态的语义范围内，如 Willett(1988：52)指出，“证据范畴就其语义范围来看主要是情态的”。此外，Palmer(1986)也将证据成分置于认识情态之下。

C. 部分重叠：这个观点见于 van der Auwera & Plungian(1998)，他们认为证据范畴与情态这两个概念的交集在于与推论有关的证据范畴，因为它与认识情态的必然性在情态价值上是一致的。

最后，Dendale & Tasmowski(2001)指出，关于证据范畴与情态之间关系的意见之所以如此纷歧，主要是由于许多语言的证据系统中，用来标记讯息来源的形式同时也用来标记说话者对信息可靠性的态度。

由于 Palmer 对证据范畴与情态的看法与本书的研究较为相关，因此我们将他的观点作较为详细的介绍。Palmer(1986：20 - 21，51)之所以将证据成分纳入认识情态系统中，主要是由于他认为传统将情态研究限定在表达可能性/必要性的范围内，这种做法只是反映了逻辑学家以欧洲语言系统为主所产生的先入为主的观点，事实上，许多语言在表明说话者对话语内容的承诺强度时并非以可能性/必要性的概念来表达，而是根据他所拥有的证据来表达，因此，他将诸如传闻、报道(或引述)以及感官等各种证据成分纳入认识情态中，与表判断的情态共同构成认识情态下的两个次类。其后，Palmer(2001：8 - 9)将证据情态由认识情态的次类独立出来，且将二者并列为命题情态的次类。他指出,二者的区别在于认识情态表达说话者对命题真实状态的判断,证据情态则指明说话者对命题真实状态所拥有的证据。Palmer 是从类型学的角度定义认识情态及证据情态的,认识情态以英语为代表,包含三类判断:臆测(speculative)、推论(deductive)及预设(assumptive);证据情态以 Central Pomo 语为代表,包含五类证据:普遍知识、第一手个人经验(一般为视觉的)、听觉证据、传闻及推断(inference)。Palmer 指出,具有类型学意义的"演绎"(deductive)同时存在于这两类情态系统中,也就是认识情态中的"推论"(deductive)及证据情态中的"推断"(inference)。Palmer 认为,"推论"之所以同时出现在两个系统中,这是因为在英语中,表达推论的"must"通常暗示这个判断是根据某种说话人已知的证据推论而来的。同样的,Central Pomo 语的"推断"形式也通常指明命题的证据。Palmer 的这个看法与上述 van der Auwera & Plungian(1998)有相通之处,亦即证据范畴与情态范畴在有关"推论"这一点上是互相重叠的。

汉语学界对证据范畴与情态之间关系的看法与 Dendale & Tasmowski(2001)对西方学者所作的分析稍有不同,大多数学者认为二者关系密切,但实际上仍有所区别,明确主张"分离"或"包含"的学者则相对较少。

首先,明确主张"分离"的为张成福、余光武(2003),他们认为传信(证据)范畴的功能只限于表达信息来源的可靠性程度,而话语信息来源乃属于客观陈述,至于涉及说话人的主观态度及承诺梯度者则应归为情态范畴。因此,他们只将表示信息来源形式的插入语(如"老实说""依我看""总之""据说"等)视为传信表达,其他与说话人主观态度有关的都归入情态范畴。

其次,尽管西方大多数学者以"包含"观点看待二者的关系,不过汉语学界持这类观点的学者,就笔者目前所见仅有谢佳玲(2002)及樊青杰(2008)二位。谢佳玲(2002)参照 Palmer(1986)的观点,将证据系统归为认识情态的次类；樊青杰(2008)则同意 Kamio(1994，1997)的观点，将传信范畴(证据范畴)视为广义情态的一部分。

最后，认为二者虽然关系密切，但实际上仍有所区别的学者包括胡壮麟(1994)，张伯江(1997)，房红梅(2006)，徐晶凝(2008)及陈颖(2009)等。胡壮麟(1994)认为，可证性(证据范畴)的信度与 Halliday(1985:85)系统语法的情态相近，但在意义和用途上不尽相同。在 Halliday 的系统中，情态是介于肯定与否定之间的语义，而信度则是提供知识来源可靠性的程度。张伯江(1997)指出，一般认为情态是表达说话者的主观态度的，而传信(证据)问题则主要取决于客观信息来源的可靠程度，二者虽然关系密切，但由于关注角度不同，语法上也有一定差异。他引述 Anderson(1986)的研究指出，传信范畴关注的是信息来源的可靠性，反映在语法上的是狭义的传信表达系统，这个表达系统具有一定的客观性，而情态系统则是以此为根据的主观态度系统。不过，张伯江在探讨汉语传信范畴时仍是从广义理解，不仅包含表示信息来源的形式(如插入语"听说")，也包含表示说话人对真实性的态度(如副词"肯定")及传达确信的程度(如语气词"吧")，其中后两类都是传统情态范畴研究的范围。房红梅(2006)认为"言据性(证据范畴)研究的是说话人对知识的态度与判断，其研究内容与认知情态极其相近"。徐晶凝(2008)虽主张二者有别，不过她也指出，由于证据范畴与认识情态都与说话人的知识及对命题的态度有关，因此二者的关系错综复杂。尽管有学者认为证据范畴只表明信息的来源，而与真值判断有关的应归为情态研究范围，不过，由于说话人对命题真值的判断也往往与他们所拥有的证据有关，因此二者并不容易区分。最后，徐晶凝认为，一个语言的认识情态中是否包含证据类必须以其语法化的程度来判断，由于汉语的证据意义尚未语法化为少数成员，且在意义上与一般认识情态有各自的领域，如认识情态本质上是主观表达说话人所作的判断，而证据却不一定是主观的判断，因此她认为现代汉语的证据意义尚未形成"证据类情态"这一语法范畴，也不赞成上述谢佳玲(2002)参照 Palmer 的系统将证据范畴纳入认知情态的做法。陈颖(2009)认为，认识情态范畴与传信(证据)范畴既有交叉，又有不同。情态范畴是以可能性/必然性为基础的句中非现实性成分，而传信(证据)范畴则以客观真实为基础，二者有明显的区别。陈颖接着指出，虽然认识情态与传信范畴中"对话语的评估"重合，但二者在语法表现上仍有区别。情态在语法表现上多为情态动词和情态副词，而传信范畴在语法表现上除了涵盖情态的表现方式外，还包括其他动词、副词、语气词、句法结构、复句、插入语及语法标记等。如果根据这个定义，可以说陈颖实际上是把认识情态纳入广义的传信范畴中。

从以上介绍的各家说法来看，在认识情态与证据范畴间的关系问题上，大多数学者同意情态主要表达的是说话者主观的态度，而证据范畴则较关注客观的信息来源。不过，由于自然语言并非整齐划一的系统，主、客观之间也没有泾渭分明的界限，加上不同语言有不同的表现方式，因此情态与证据范畴之间的关系显得相当错综复杂。我们认为，学者们对情态与证据范畴定义的广狭及其之间关系的看法实际上仍是取决于个人不同的研究方法及目的，更重要的是取决于其研究范围及实际分析的语料。在现代汉语认识情态与证据范畴间的关系问题上，我们同意大多数学者的看法，亦即二者关系密切，但实际仍有区别。事实上，正如前文所介绍的，Palmer(1986)虽然曾将证据成分划入认识情态系统中，不过他在 2001 年的修订版中已经将证据情态由认识情态的次类独立出来，也就是不再将证据情态纳入认识情态系统中，而是将二者视为不同语言类型中表达命题情态的两个不同系统，认识情态表达说话者对命题真实状态的判断，证据情态则指明说话者对命题真实状态所拥有的证据，二者仅在"推断"这个部分有重叠之处。我们认为，Palmer(2001)对认识情态及证据情态的区别也可以移作同一个语言中认识情态与证据范畴的区别，也就是说，认识情态与证据范畴乃分属两个不同的语言表达范畴，认识情态主要关注说话者对命题的主观态度，尤其是对命题真值的判断，而证据范畴则主要关注与信息来源有关的证据，同时兼及对信息来源可靠程度的态度，二者在研究上应各自依其中心概念分别开展，没有必要牵就另一方的概念或表达形式。至于二者研究范围的重叠部分，这只是各类研究中常见的现象，不致影响二者分属不同研究课题的定位。事实上，Chafe(1986)虽然根据广义的观点将若干一般归为情态研究范围的表达形式纳入英语的证据范畴，不过他的研究目的也只是在指出英语具有丰富的证据范畴表达机制，并未涉及与情态有关的问题。

2.3.1.4　现代汉语认识情态的范围

综合以上的论述，我们认为现代汉语认识情态词的主要成员应为谢佳玲表2-10判断系统中所列的各类词。至于表2-11的证据系统，其中“引证”一类属于说明信息来源的狭义证据系统，与一般定义的主观情态表达较不相关，因此不在我们认定的情态系统内。另一类“知觉”类中〔＋来源〕的成员如“好像”“似乎”“显然”等，我们认为这类词实际上表达的是“推断”之意①，也就是上文所论及的证据范畴中与认识情态重叠的部分，因此，我们认为这类词可以归入表2-10的判断系统中。② 最后，“知觉”类中〔－来源〕的成员有“感觉”“觉得”“看”三个词，我们认为这些词在现代汉语中可以表达两类不同的语义内涵，一类是用来描述由真实感官得来的讯息，如例(7)Chafe

---

① 在Chafe(1986:266-267)的证据系统中，与现代汉语“似乎、显然”等语义类似的“seem”“obvious”等也是归在“归纳推断”类。此外，在以现代汉语证据情态为主要研究对象的文献中，学者们也多将这类词归为表达说话人对命题真实性的判断，如张伯江(1997:18-19)将“显然”与“肯定”“八成”等同样列入“表示说话人对事实性的态度”一类，陈颖(2009:114)则将“似乎、好像”等词与“大概、可能、或许”同样列入“表达或然性的传信副词”中。因此，将“好像、似乎、显然”这类词与“大概、可能、或许”等同样归入认知情态的判断系统应该是没有问题的。

② 事实上，“好像、似乎”中的“像”或“似”作动词用时虽然有由感官知觉判定事物相似与否的意味，但在“好像、似乎”这类凝固的副词用法中，这种意味已经几乎感受不到了。在现代汉语中，这些词主要是用来表达说话者对命题的不确定态度，甚而只是一种委婉的说法而已。

(1986:267)所举例子的中文翻译，这类表达可归类为说明信息来源的狭义证据系统，也就是不属于认识情态；另一类是用来表达说话者对命题真实性的态度，在这类用法中，它们的语义内涵实际上和判断系统中的"认为"相当，也就是可以归入认识情态的判断系统，如例(8)谢佳玲(2002:130)所举的例子。当然，这两种用法并不是截然可分的，这也是证据范畴与认知情态互有纠葛的地方。

(7) I feel something crawling up my leg.（我感觉有什么东西正爬到我脚上。）

(8) 我看你今年也是哪里都不能去了。

2.3.1.5 先秦汉语认识情态类型的范围

根据前文对认识情态的界定，同时参考多位学者的分类及研究成果，我们将先秦汉语中可表达认识情态的动词成员（以下简称"认识情态动词"）及其分类表列如表 2-12：

表 2-12　先秦汉语认识情态动词表

属性 / 类别	〔一来源〕	〔十来源〕	
强	知、识、以为、谓$_1$、思$_1$、信	必然性	必$_1$
中	意、料、度、量、计	应然性	当$_1$、宜$_1$
弱	疑、恐$_1$、惧$_1$	可能性	[恐$_2$]、[惧$_2$]①、如$_1$、若$_1$、似、类

以下说明表 2-12 中先秦认识情态动词成员的划定及分类标准。首先关于成员的划定，前文曾经指出，我们对情态动词的界定是：在

① 表中加[ ]符号者表示我们对该词是否可表该类情态有所保留，以下各表均同。所谓有所保留的情况包括：(1)部分学者将该情态类型列为该情态动词所表达的情态类型之一，本书虽不同意，但为完整呈现学界观点，故仍将该词列入；(2)该词在某些语境中似已衍生出可表达该类情态的用法，不过，由于该用法仍容许其他分析方式，或者仅限于少数特殊语境中，且在后来并没有进一步的发展，因此，我们认为这类用法很可能只是语境的临时引申，并未内化为该情态动词本身的语义。关于这二类情态动词的用法，我们在下面三章该情态动词的讨论中会有较详细的说明。

句法上可以后接动词性成分，且在语义上表达情态的动词。[①] 这个界定是就全体情态动词而言的，如果单就认识情态动词来说，这个界定应该进一步限定为：在句法上可以后接动词性成分，且在语义上表达说话者对命题真值的承诺或评估的动词。也就是说，认识情态动词指的是语言中的一类动词，透过这些动词，说话者可以表达自己对于命题内容的认知是基于主观信念、推断、猜测或预期而来，也可以表达对命题真值强弱性的评估，甚至可以表达说话者基于人际对待关系或语境需求所采取的强烈或委婉的态度。[②] 上述对认识情态的界定主要是就表中具〔＋来源〕属性的情态动词而言的，由于本书所界定的认识情态动词不限于表达说话者态度者，还包括表达主语对命题真值之认知或评估的动词，因此，本书对认识情态动词最后的界定为：在句法上可以后接动词性成分，且在语义上表达说话者或主语对命题真值的承诺或评估的动词。在这个界定下，我们划定先秦认识情态动词的方式是，首先将所有符合“可以后接动词性成分”这个句法条件的动词列出，包括上古标记语料库词类系统中的 VE、VF、VG、VH2、VK 及 VM 六类动词，接着考察它们在后接动词性成分时的语义表现，只要这些动词的所在例句中有任何一例与表达认识情态的语义内涵有关，我们就将这些动词归入认识情态动词的一员。划分结果即为表 2－12 中所列之词。[③]

其次是关于“属性”中的〔±来源〕问题。在这个问题上，我们采

---

① 这里的“动词性成分”包括由主谓结构构成的子句。

② 也就是说，在这些语境中，说话人使用这些认识情态动词并不是为了表达他对于命题内容的确信度，而是为了让自己所说的话显得较为礼貌婉转，也就是基于语用的因素。关于这点，下文讨论相关例证时会有进一步的论证。

③ 由于先秦动词经常有多个不同义项或句法表现，因此这些词虽然被划归可表认识情态的动词，但实际上它们在先秦语料中大多有其他非认识情态的用法，有些甚至是以其他用法为主，而认识情态只不过是在语境中衍生出来的一种主观性的认知。这个问题将在下文讨论相关例证时作进一步的论述。此外，本书虽以语料库为基础，希望尽可能将所有合乎本书语法及语义界定的情态动词全部搜集完备，但限于个人学力，疏漏不全之处恐在所难免。我们认为，尽管有少数合乎本书界定之词可能因笔者之疏漏而未被列入，但这个缺失应不致影响本书的主要论旨。

用的是谢佳玲(2002)的界定方式,也就是说,如果在情态动词所在的句子中必须有观点或态度的来源作为句中的主语,那么这类情态动词就归入〔一来源〕属性;相对地,如果情态动词语义属性中已经隐含观点或态度的来源,因而这些观点或态度的来源不需要也不能够出现在句子中,我们就将这类情态动词就归入〔十来源〕属性。

在表达认识情态的动词中,传统所谓的助动词一般只包含具有〔十来源〕属性这一类情态动词,如李明(2001:20 - 22)所列的认识助动词就只包含"宜"和"当"两个词。我们之所以将具〔一来源〕属性的"知""信""料""疑"这类一般归为认知或心理动词的词也划归情态动词的范围,主要理由即为序论所指出的,本书主旨乃在全面探讨先秦汉语中与情态语义表达有关的动词系统,而非针对"助动词"这个词类本身的研究,因此,"知""信""料""疑""恐"等词虽非传统助动词的研究对象,但却是本书研究认识情态表达时相当重要的一类词。前文介绍 Perkins(1983)及 Givón(1989)的情态研究时曾经指出,Perkins(1983)将英语中表达断言行为的实义动词如"affirm""regard""predict""guess"等均纳入情态实义动词的范围,而 Givón(1989)则指出"know""think""believe""guess"等词是认识情态中经常用来表达不同主观确信度的词。Lyons(1977:795)在探讨认识情态中命题的"事实"与"非事实"等概念时也明确指出,以"know"这类叙实谓语为主要动词的命题为事实命题,这类命题表达说话者对命题真值的承诺;以"believe"或"think"这类非叙实谓语为主要动词的命题则为非事实命题,在这类命题中,说话者不对命题的真假作承诺。根据上述学者的说法,英语中的"know""think""believe"等词在表达认识情态中主观确信度上的功能应无疑义。根据本书的考察,先秦的"知""信""料""疑"等词也有表达认识情态中不同主观确信度的功能,其中"知"是主观确信度最高的,"信""料""疑"等的确信度则依次递减。至于"恐"所表达的认识情态,我们于 1. 5. 2 小节介绍吕叔湘(1942/2004:246 - 250)的情态研究时曾经指出,吕叔湘将表"可能"的概念分为三类，其中第三类“或然性”为对未来事实的估计，是最客观的可能，而古汉语中的“恐”即为表达这种“或然性”概念的动词。综上所述，本书将“知”“信”“料”“疑”“恐”等词列入表达认识情态的动词范畴应是可以接受的。

例(9)—例(22)为表中所列具有〔一来源〕属性的情态动词的例句，双线底线之字即为句中情态动词的观点或态度的来源。这些观点或态度的来源可以是与说话者同指的第一人称，如例(9)的“吾”、例(10)的“婴”及例(11)、例(15)、例(16)、例(21)、例(22)中的“臣”；也可以是其他来源，如例(12)的“吴”、例(13)的“禹、稷”、例(17)的“淳于公”、例(18)的“衡山”、例(19)的“燕”以及例(20)的“秦”。

(9) 重耳……又令人告釐负羁曰：“军旅薄城，吾知子不违也。其表子之闾，寡人将以为令，令军勿敢犯。”(《韩非子·十过》)

(10) 夫上不谏上，下不顾民，退处山谷，婴不识其何以为成行义者也。(《晏子·内篇问下》)

(11) 臣以为自天地始分，以至于今，未之尝有也。(《马王堆帛书·战国纵横家书》)

(12) 养叔曰：“吴乘我丧，谓我不能师也，必易我而不戒。”(《左传·襄公十三年》)

(13) 禹思天下有溺者，由己溺之也；稷思天下有饥者，由己饥之也。(《孟子·离娄下》)

(14) 及魏围邯郸，唐尚说惠王而解之围，以与伯阳，其故人乃信其羞为吏也。(《吕氏春秋·士容论第六》)

(15) 臣意王之计欲少出师，而悉韩、魏之兵则不义矣。(《战国策·秦策三》)

(16) 臣料虞君，中知以下也。(《穀梁传·僖公二年》)

(17) 冬，淳于公如曹。度其国危，遂不复。(《左传·桓公五年》)

(18) 衡山械器尽，……内自量无械器以应二敌，即奉国而归齐

矣。(《管子·轻重戊》)

(19) 燕小弱,数困于兵,今计举国不足以当秦。(《战国策·燕策三》)

(20) 赵使入楚、魏,秦必疑天下合从也。(《战国策·赵策三》)

(21) 且臣之事足下,亢义益国,今乃得罪,臣恐天下后事足下者,莫敢自必也。(《战国策·燕策一》)

(22) 臣惧右领与左史有二俘之贱而无其令德也。(《左传·哀公十七年》)

在表2-12具有〔+来源〕属性的情态动词中,李明(2001:20-21)归为"助动词"的只有"宜""当"二词,下面的例(23)—例(24)即为李明所举"宜""当"表认识情态的例子,在这两个例子中,句中主语"夫子"及"诸能治天下者"都只是情态动词所描述或评论的对象,而观点或态度的来源则是引语外的说话者"申叔跪"及"季子"。上述李明(2001)归为先秦认识助动词的"宜""当"二词都表"应当",他同时指出,认识情态中表"可能性"者由副词"殆""或""或者"等表示,表"必然性"者则可由副词"必"表示。"殆""或""或者"为副词大致没有问题,至于"必"的词性问题,虽然传统多将之归为副词,不过我们认为"必"在先秦汉语中仍有相当强的动词性,因此我们也将它列入情态动词的范围内。① "必"之例见例(24)—例(25)。

(23) 申叔跪……曰:"夫子有三军之惧,而又有桑中之喜,宜将窃妻以逃者也。"(《左传·成公二年》)

(24) 季子曰:"诸能治天下者,固必通乎性命之情者,当无私矣。"(《吕氏春秋·有度》)

(25) 蹇叔曰:"……师之所为,郑必知之,勤而无所,必有悖心。"(《左传·僖公三十二年》)

① 关于"必"的词性问题,下文3.5小节将有较详细的论述。

先秦具有〔＋来源〕属性的认识情态动词除以上所列的“宜”“当”“必”之外，我们认为“恐$_2$”“惧$_2$”“如”“若”“似”“类”等词也能表达相同的概念。前文我们将“恐$_1$”及“惧$_1$”归为〔－来源〕的情态动词，这是因为在“恐$_1$”及“惧$_1$”出现的句子中，句法的主语即为观点或态度的来源。不过，“恐”及“惧”也可以出现在句法主语非观点或态度来源的句子中，如例(26)“吾民恐叛”中的“吾民”及例(27)“楚惧不可用”中的“楚”都只是情态动词所评论的对象，而非观点或态度的来源。在这两个例子中，真正的观点或态度的来源应为引语外的说话者“王孙雒”及“姚句耳”。也就是说，在这类句子中，“恐/惧”的用法与“宜”“当”等同样可分析为具有〔＋来源〕属性的情态动词，我们将这类用法称为“恐$_2$/惧$_2$”。不过，由于这类用法的“恐/惧”在句法上也容许分析为主语省略，因此，这类用法仍非真正具〔＋来源〕属性的情态动词。①

(26) 王孙雒曰：“……吾须之不能，去之不忍。若越闻愈章，吾民恐叛。必会而先之。”(《国语·吴语》)

(27) 姚句耳……对曰：“其行速，过险而不整。速则失志，不整，丧列。志失列丧，将何以战？楚惧不可用也。”(《左传·成公十六年》)

接下来是“如”“若”“似”“类”四个词。这类词在以往的先秦情态动词研究中较少被提及，杨树达(1930/2007:157－158)将“如”归为助动词，将“若”归为传疑副词；易孟醇(1989:227)则将“如”与“若”均归为表“应当”的能愿动词。杨树达所谓“传疑”表达的应是说话者对命题真值的不确定态度，这种不确定态度正是本书所界定的认识情态范畴。根据本书的考察，“如”“若”“似”“类”四个词在先秦都可以表达说话者的这种不确定态度，因此我们也将它们列入可表达认识情态的动词。例(28)—例(31)为这四个词表达认识情态的例句。在例

① 关于“恐$_2$/惧$_2$”的分析问题，详见下文5.10小节。

(28)的“天似启之”这句话中,“天启之”是句子原来的命题,而情态动词“似”则是引语外的说话者赵文子用来表达自己对“天启之”这个命题的一种推测或不确定的态度,这种用法与现代汉语中的“似乎”及“好像”等词大致相同。其他各例的情况也与“似”大致相同。

(28) 赵文子问焉,曰:“延州来季子其果立乎? 巢陨诸樊,阍戕戴吴,天似启之,何如?”(《左传·襄公三十一年》)

(29) ……出遇子贡曰:“赐,尔闻巷路之言,毋乃谓丘之答非与?”子贡曰:“否。抑吾子如重命其与?”(《上博二·鲁邦大旱》)

(30) 充虞路问曰:“夫子若有不豫色然。”(《孟子·公孙丑下》)

(31) 襄子曰:“进视梁下,类有人。”(《吕氏春秋·序意》)

最后是关于“强度”的问题。在表 2-12 中,我们将具有〔±来源〕的两类情态动词皆依据其承诺强度分为强、中、弱三级,而具有〔+来源〕属性者则同时参照其他学者的分类称为必然性、应然性及可能性三类。前文引述徐晶凝(2008:265-266)的说法指出,汉语的情态助动词主要并非用来突出情态强度的对立,而是侧重于表达情态维向的不同。也就是说,汉语的不同情态动词主要并不在于表达从“是”到“否”之间的不同承诺强度,而是侧重于表达说话者对命题进行推测时所采取的不同角度。我们同意徐晶凝的说法,不过由于当说话者采取不同角度对命题进行推测或判断时,其结果也同时显示出说话者对命题承诺的强度,为了便于与其他学者的分类对照,我们仍以说话者对命题承诺的强度来为先秦情态动词分类,在实际探讨个别情态动词时再分析它们的情态维向。

2.3.2 道义情态

2.3.2.1 道义情态的界定

道义情态是 von Wright(1951)所区分出的四种模态模式之一,

其基本模态是义务、许可及禁止。道义情态与认识情态有许多平行之处，前引 Lyons(1977)指出，认识情态与命题的可能性或必要性的真值有关，道义情态则与行为执行的可能性或必要性有关。由于道义情态主要以命令来表达，而命令也可以分析为使某人负起让命题成真的义务，因此认识情态中的真值与道义情态的命令是相关的。这种相关性表现在语言中，如英语表达说话者对于行为被执行的可能性或必要性所用的情态词与表达命题可能性或必要性同样都是"may""should"及"must"，这三个词也同样表达三种不同的梯度：

(32) You may go home.(你可以回家。)

(33) You should go home.(你应该回家。)

(34) You must go home.(你必须回家。)

在上面的例子中，"You GO home"(你回家)是命令的内容，"may"(可以)、"should"(应该)及"must"(必须)这三个情态词表达的是说话者对"You GO home"(你回家)这个命令被执行的可能性或必要性的不同主张强度。

现代汉语也有与英语基本对应的三个不同强度的道义情态词，例(32)—例(34)中文翻译中的"可以""应该""必须"即是。关于现代汉语道义情态的梯度，上引李明(2001:5)以"许可""应当""必要"来指称"弱""中""强"这三个不同的情态梯度，朱冠明(2005)以"可能性""盖然性""必然性"来指称，彭利贞(2007:160)以"许可""义务""必要"来指称，徐晶凝(2008:262－265)则以"许可与禁止""义务""命令"来指称，此外，徐晶凝另分出"祈愿"一类。各家所列出的道义情态动词除上述"可以""应该""必须"外，还包括"能""许""准""该""得"及"要"等。在现代汉语中，表达道义情态的方式除了上述这些一般归类为情态动词或助动词的词以外，还包括若干被部分学者划入准副词或副词的一类词，如：不必、务必、千万、还是、最好、姑且、不妨等。

与认识情态中“可能”及“应该”等为表达认识情态典型成员的情况相似，在现代汉语中，“可以”及“应该”等情态动词也是一般公认的表达道义情态的典型成员。除了这类一般又归为“助动词”的成员外，谢佳玲(2002：131－134)所划定的道义情态动词还包括若干表达允许、要求或承诺等意义的实义动词，如“准许”“命令”及“保证”等。与认识情态的情况相同，这两类情态动词的分类也是以动词语义中是否隐含“来源”为标准。此外，她还根据许可或义务的加诸对象，将现代汉语的道义情态词分为指令与保证两套系统，其道义情态系统见表2－13和表2－14：

表2－13　谢佳玲义务情态词：指令系统

属性 / 类别	〔+来源〕	〔-来源〕
允许	可、可以、能、能够、行、准$_1$、许$_1$、得、适合、宜、值得、不必、不用……	准$_2$、准许、许$_2$、容、容许、允许、同意、赞同、建、任凭、让……
要求	应、应该$_2$、应当、该、当$_2$、必须、须、需要、要$_2$、务必……	要$_3$、要求、命令、逼、逼迫、强迫、禁止、制止、叫、请

表2－14　谢佳玲义务情态词：保证系统

属性 / 类别	〔+来源〕	〔-来源〕
承诺	包$_1$、包准$_1$、包管	包$_2$、包准$_2$、保证、担保、承诺、允诺、答应、应允……
威胁	包$_1$、包准$_1$、包管	包$_2$、包准$_2$、保证

2.3.2.2　道义情态中的“来源”及“对象”问题

前文曾经指出，道义情态与认识情态有许多平行之处，这种平行之处除了表现在同一个情态词可以同时表达认识及道义两种不同的情态(如“应该”)外，也表现在二者都涉及“来源”问题。在认识情态中，来源指的是命题的观点或态度的来源；在道义情态中，来源指的则是给予许可或施加义务的来源。与认识情态不同的是，认识情态的观点或态度来源通常为说话者，而道义情态的许可或义务来源却未必为说话者本身，也可以是语境中的其他人，或者是法律及制度等规范，甚至只是一般的自然法则或某些内在的驱使（转引自Lyons1977）。例(35)中的说话者只是传达护卫长的话，真正的许可来源为护卫长；例(36)的许可来源则为“国家政策”。

(35) 护卫长说，你可以回到沙番的孙子亚希甘的儿子基大利那里去。[北京大学语言学研究中心现代汉语语料库（以下简称“北大语料库”）]

(36) 按照国家政策，他们都可以回到内地。（北大语料库）

尽管上述这些道义情态词的许可或义务来源并不限于说话者本身，不过在句法中，这些情态词的主语均非义务来源，这一点与认识情态中含〔十来源〕属性的情态词，主语均非观点或态度的来源是一致的。在认识情态中，含〔十来源〕属性的情态词，其句法主语为情态词所描述或评论的对象，而在道义情态中，含〔十来源〕属性的情态词，其句法主语则为情态词所许可或施加义务的对象。前文引述的Chung & Timberlake(1985)所提出的识别非现实事件模式的两项参数，除了前文所论述的“来源”之外，另一个参数“对象”指的即是在事件中被给予许可或负责执行命令的一方，也就是前引 Lyons 所谓有“负起让命题成真的义务”的行为者或当事者。

Chung & Timberlake(1985)将事件分为首要事件及次要事件，首要事件在句法上由母句来表达，次要事件则由附属子句来表达。一个事件如果由不含附属子句的简单句来表达，那么这个事件中就只包含一个身为对象的参与者，这个参与者即为前述“负起让命题成真的义务”的行为者或当事者。在这类句子中，许可或义务的来源不能出现在句法表层，因此，我们可以比照认识情态的分析方式，将这类句子中的情态动词归为具有〔十来源〕属性，亦即语义属性中隐含了许可或义务的来源，以上列举的"可以""应该""得"等道义情态动词均属于此类。其次，一个事件如果由包含附属子句的复句来表达，如由表示义务["命令(order)""禁止(prohibit)""允许(allow)""要求(ask)"]的情态动词所构成的句子中，由附属子句所表达的次要事件，其典型参与者对象通常同时是母句的直接或间接宾语，也是附属子句的主语，而母句主语则为动词的许可或义务来源。如在例(37)—例(38)中，母句主语"老师"及"孔明"分别为动词"允许"及"命令"的义务来源，而同时为母句直接宾语及附属子句主语的"你"及"船上的士兵"则为该事件中被给予许可或负责执行命令的一方，也就是负起让命题成真的义务的行为者。由于这类情态动词的语义属性中并不隐含许可或义务的来源，因此其来源必须以句法主语的形式出现，我们将这类情态动词归为具有〔一来源〕属性的情态词。

(37) 老师允许你不必出去升旗或上体育课。["中央研究院"现代汉语平衡语料库(以下简称"'中研院'语料库")]

(38) 孔明命令船上的士兵齐声高叫。("中研院"语料库)

2.3.2.3 先秦汉语道义情态类型的范围

根据前文对道义情态的界定，同时参考多位学者的研究及分类成果，我们将先秦汉语中可表达道义情态的动词成员(以下简称"道义情态动词")以及其分类表列如表 2-15：

表 2-15　先秦汉语道义情态动词表

属性 类别	〔一来源〕	〔十来源〕	
强	命、令、使、禁	必要	$必_2$
中	[$谓_2$]、劝、$请_1$	应当	$请_2$、$当_2$、$宜_2$、$如_2$、$若_2$、[$欲_1$]
弱	许	许可	[$敢_1$]、$得_1$

以下说明表 2-15 中先秦道义情态动词成员的划定及分类标准。

首先关于成员的划定，根据本书的界定，道义情态动词指的是，在句法上可以后接动词性成分，且在语义上表达许可、义务或禁止等意义的动词。也就是说，道义情态动词指的是语言中的一类动词，透过这些动词，说话者表达命题实现或动作被执行的可行性或必要性等不同的强弱梯度。在这个界定下，我们划定先秦道义情态动词的方式与认识情态相同，也就是首先将所有符合"可以后接动词性成分"这个句法条件的动词列出，接着考察它们在后接动词性成分时的语义表现，只要这些动词的所在例句中有任何一例与表达道义情态的语义内涵有关，我们就将这些动词归入道义情态动词的一员。划分结果即为表 2－15 中所列之词。①

其次是关于"属性"中的〔±来源〕问题。关于道义情态中的来源问题，我们在上文已经作了简单的界定，也就是说，如果在情态动词所在的句子中必须有许可或义务的来源作为句中的主语，那么这类情态动词就归入〔－来源〕属性；相对地，如果情态动词语义属性中已经隐含观点或态度的来源，因而这些观点或态度的来源不需要也不能够出现在句子中，我们就将这类情态动词归入〔＋来源〕属性。

在表达道义情态的动词中，传统所谓的助动词一般只包含具有〔＋来源〕属性这一类情态动词，如李明(2001:20－22)所列的道义类助动词就只包含"宜""当""欲""可""可以"及"得"六个词。② 我们之所以将具有〔－来源〕属性的情态动词也归入道义动词的范围，理由与前文对认识情态的处理方式相同，也就是说，由于本书主旨乃在全面探讨先秦汉语中与情态语义表达有关的动词系统，而非针对"助动

---

① 表 2－15 中所列道义情态动词与前文注释所指出的情况相同，也就是说，先秦动词经常有多个不同义项或句法表现，因此这些词虽然被划归道义情态动词，但实际上它们在先秦语料中大多有其他非道义情态的用法，有些甚至是以其他用法为主，而道义情态只不过是在语境中衍生出来的其中一种用法。这个问题在个别情态动词讨论中均有进一步的论证。

② 由于本书对道义情态的界定与李明(2001)不同，因此，李明(2001)所列的道义情态动词成员与本书有所出入，详见下文分析。

词”这个词类本身的研究，因此，“命”“令”“禁”“谓”“劝”“许”等词虽非传统助动词的研究对象，但这些词的语义都与许可、义务或禁止等道义情态相关，因此，我们也将这类词列入研究范围。前文介绍 Perkins(1983)的情态研究时曾经指出，Perkins(1983：94－95)将表达“acts of requesting”的“ask”“order”与“forbid”以及表达“acts of suggesting”的“advise”等词均列入情态实义动词；Givón(1989：149)则将“She wanted him to leave”及“She asked him to do it”等用法列入与义务概念有关的情态表达研究中；此外，前引 Chung & Timberlake (1985：247－250)也将道义情态中的事件分为首要事件及次要事件，其中次要事件即为由表示义务的“order”“prohibit”“allow”及“ask”等道义情态动词所构成的兼语句式来表达。英语中的“order”“forbid”“advise”等词无论在语义或句法表现上都与先秦汉语中的“命”“禁”“劝”等相似，因此，本书将它们列入道义情态动词的范畴应是可以接受的。

例(39)—例(46)为表 2－15 中所列具有〔一来源〕属性的情态动词的例句，双线底线之名词为母句的主语，亦即句中情态动词的许可或义务的来源，单线底线之名词为母句直接宾语及附属子句主语，也就是负起让命题或事件成真的义务的行为者或当事者。

(39) 秋，王命虢公伐曲沃。(《左传·隐公五年》)

(40) 公令阉楚刺重耳。(《国语·晋语二》)

(41) 楚王使景鲤如秦。(《战国策·秦策四》)

(42) 荆王弟在秦，秦不出也，是秦恶荆也，必不敢禁我城壶丘。(《韩非子·说林下》)

(43) 宣王问曰：“或谓寡人勿取；或谓寡人取之，……取之何如?”(《孟子·梁惠王下》)①

(44) 君弗与赵，公因劝君立之以为正妻。(《战国策·中山策》)

---

① “谓”及例 42 之“禁”在先秦有祈使动词的用法，可参考李佐丰(2003：62－63)。

(45) 臣请大王约从。(《战国策·秦策五》)
(46) 帝许我罚有罪矣。(《左传·僖公十年》)

例(47)—例(55)为表2-15中所列具有〔+来源〕属性的情态动词的例句,这类例子只包含一个身为对象的参与者,亦即以单线底线画出的事件行为者或当事者。在表2-15所列这些情态动词中,"必""宜""当""得"为多数学者指出可表道义情态者,"请""欲""敢"的道义情态用法则是在语境中衍生出来的,而"如""若"的道义情态用法则与其认识情态用法同为交际中的一种语用策略。关于这些问题,在下文的个别情态动词析论中会有较详细的论述。

(47) 我死,女必速行,无适小国,将不女容焉。(《左传·僖公七年》)
(48) 魏王惭曰:"固非寡人之志也,客请勿复言。"(《吕氏春秋·审应》)
(49) 孟胜死,弟子死之者百八十。三人以致令于田襄子,欲反死孟胜于荆,田襄子止之曰:"孟子已传巨子于我矣,当听。"(《吕氏春秋·上德》)
(50) 上宜禁其欲,灭其迹而不止也。(《韩非子·诡使》)
(51) 巫尪何为?天欲杀之,则如勿生。若能为旱,焚之滋甚。(《左传·僖公二十一年》)
(52) 子犹……言于齐侯曰:"……君若待于曲棘,使群臣从鲁君以卜焉。"(《左传·昭公二十六年》)
(53) 故攻国之兵欲短,守国之兵欲长。(《周礼·冬官·考工记》)
(54) 晋侯使郤至勿敢争。(《左传·成公十一年》)
(55) 故明主之畜臣,臣不得越官而有功,不得陈言而不当。(《韩非子·二柄》)

最后是关于“强度”的问题。在表 2-15 中，我们将具有〔±来源〕的两类情态动词皆依据其义务强度分为强、中、弱三级，而具有〔+来源〕属性者则同时参照其他学者的分类称为必要、应当及许可三类。表 2-15 中所列道义情态动词成员在先秦汉语中的情态表现，我们将在后文作进一步的探讨。

2.3.3 动力情态

2.3.3.1 动力情态的界定

动力情态是 von Wright(1951)在四个逻辑模态之外所提出的另一类模态，他之所以提出这个模态主要是由于在一般语言中，某些表达可能性或必然性概念的模态词也可以同时用来表达与能力或倾向有关的概念，如“can”除了可以用来表达可能及许可外，也可以用来表达能力，他把表达能力的模态称为动力模态。

Palmer(1979:35-36)在划分英语情态类型时也指出，由“may”及“must”所表达的认识情态及道义情态固然是英语情态表达中最重要的两种情态类型，不过，由“can”及“will”所表达的情态同样是一个值得探讨的情态类型，他借用 von Wright 的“动力情态”一词来称呼这类情态，其中“can”表达的是主语的能力，“will”表达的则是主语的意愿。

除了上述三类情态类型外，Palmer(1979:37)认为还有一种情态类型为中立(条件)情态。中立(条件)情态表达的是客观条件下的可能性或必要性，分别由“can”和“must”表达。他将中立(条件)情态归为动力情态下的一个次类，表主语能力及意志者为另一个次类，称为主语指向情态(subject-oriented)。表主语指向情态者如例(56)，表中立(条件)情态者如例(57)。在例(56)中，“can”表达的是主语 John 本身的能力，而在例(57)中，“can”表达的则只是一种客观的可能性，与主语本身的能力无关。例(58)是 Palmer(1979:113)所举表条件必要的例句，Palmer 认为在这类用法中，“must”表达的是一种条件的必要性，意为“把它拿出来用一两次是有必要的”。由于这类用法与说话者或其他人施加的义务无关，因此不能归为道义情态，而应归为中立（条件）情态。

（56） John can and will help a friend.（约翰能够而且愿意帮助朋友。）

（57） I know the place. You can get all sorts of things here.（我知道这个地方，在这里你能够获得各种东西。）

（58） We must have it out and use it once or twice.（我们必须把它拿出来用一两次。）

从以上的论述来看，Palmer 的中立（条件）情态应是为了安置“can”所表达的情态中既不属主语能力也不属说话者允许的一类，以及“must”所表达的非认识情态中与说话者施加义务无关的一类而分出的。Coates（1983：14－15，85－86）不同意这种区分，她以语料库的实际考察为基础指出，情态动词的多义表现是一个由中心到圆周的语义连续统，如“can”的语义连续统是由位于中心的“能力”到位于圆周的“可能性”，“must”的根情态义（即非认识情态义）则是由位于中心的“主观强烈的义务”到位于圆周的“客观需要或条件”，“can”和“must”的这些用法都可统摄于根情态下。

我们认为二人的说法各有优劣。Coates 基于情态动词为语义连续统，无法在某一点截然切割，因而将所有非认识情态全部归为根情态，这种做法虽然保证了情态动词成员内部的完整性，但也同时造成根情态下涵盖了各类不同质的情态类型，且情态动词所表达的各类语义也无法透过分类结果显示出来。以 Coates（1983：85－86）对“can”的语义论述为例，她指出“can”可表三种语义，即“允许”（permission）、“可能性”（possibility）及“能力”（ability），其中“允许”与“能力”为两个核心，而“可能性”则位于允许与能力这两个意义的边缘重叠地带，其语义关系如图 2－1 所示：

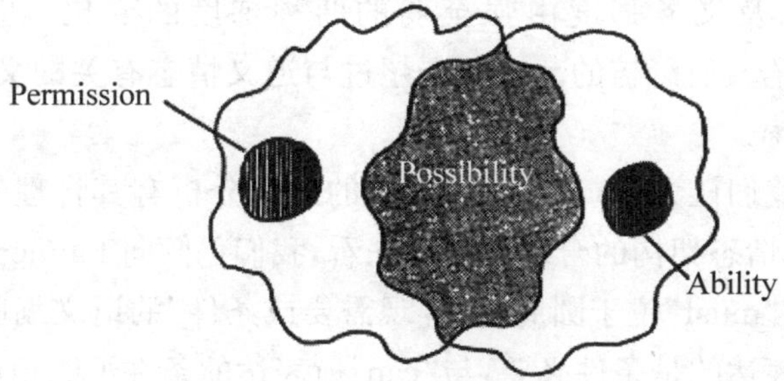

图 2-1 Coates"Can"的模糊集合图

"can"所表达的这三种语义,如果根据 Palmer 的分类,则表允许者应归为道义情态,表能力者应归为动力情态下之次类主语指向情态,表可能者则应归为动力情态下之次类中立(条件)情态。虽然"can"表达的这三种语义是一个无法在任何一点截然切分的连续统,不过,从语义发展的角度来看,除了情态动词外,许多词的词义演变也都是一个连续渐变的过程,我们认为,当一个词的词义演变到与原始义有较大差别,无法用原始的语义来统摄它时,这个词义就有资格列为该词的一个独立义项,并归到不同的语义范畴内,而不是不加区分地全部归为同一个范畴。由于"can"的"能力""可能"与"允许"这三种语义间有较大区别,因此,我们认为 Palmer 的三分法应是较为合理的。

在"must"的语义分析上,我们较倾向于 Coates(1983:31-37)的分析方式。Coates 将"must"分为根意义(root meaning:义务/必要)及认识义(epistemic meaning:逻辑必要/确信推论),与 Palmer 中立(条件)情态相关的主要是它的根意义,因此以下仅论述 Coates 对"must"的根意义的看法。前引 Coates(1983:15)指出,"must"的根情态义是由位于中心的"主观强烈的义务"扩展到位于圆周的"客观需要或条件",Coates(1983:32)接着指出,这些语义虽然涵盖较大范围,不过它们都有一个共同的基本语义特征,即"it is necessary for"。"must"的语义由中心到圆周的演变实际上只涉及说话者态度由主观到客观，以及义务强度由强至弱的两种梯度的变化。也就是说，“must”的语义所涵盖的范围并未超过与道义情态有关的义务、必要、需要等范畴。

虽然我们认为Coates对“must”的语义分析有其合理的一面，不过，从整体情态架构的合理性角度来看，我们仍倾向Palmer的分类方式，亦即将“must”位于圆周的“客观需要或条件”的语义划归中立(条件)情态，表达的是条件必要，与“can”所表达的条件可能相对。

现代汉语在动力情态的表达上与英语有类似之处，因此，朱冠明(2005)也将现代汉语的动力情态分为“主语指向”和“中性(条件)”两类，徐晶凝(2008)则分为“中立”“能力”“意愿”三类，其中“能力”及“意愿”即为“主语指向”下的两个分项。现代汉语中表达能力的情态动词主要包括“能”“会”及“可以”等，表达意愿的情态动词则包括“想”“要”“肯”“愿意”等；至于中立(条件)情态，徐晶凝(2008：262-265)所列举者包括“可能”“能”“可以”“应该”“该”“得”及“要”，朱冠明(2005)所列则为“能”及“必须”。例(59)—例(60)为朱冠明所举中性(条件)情态的例句。

(59) 从苏州一小时就能到上海。

(60) 总统必须对选民负责。①

① 本书虽然主张将客观条件必要与道义情态的义务区分开来，不过，诚如前引Coates所指出的，必要与义务的区别只在说话者主观态度与义务强度的不同，在实际语境中，我们很难对这类区别定出客观的判断标准，如上引朱冠明认为例(60)中的“必须”表中性情态，也就是该例中的“必须”不涉及说话者主观态度，不过，我们认为，在这个例子中，“必须”的义务来源虽然不完全是说话者本身，但说话者作为众多“选民”的其中一人，对于主语“总统”有对选民负责的义务仍有一定的权威和影响力，很难说其中的义务来源必然不是说话者。事实上，当说话者说出“总统必须对选民负责”这句话时，我们直觉的反应便是说话者表达了他对总统有义务对选民负责的意见或态度，至于义务来源是否为说话者，或者说话者是否有施加义务的资格或权力等问题，反而并非听话者的重点所在。尽管如此，我们认为在整体情态架构中仍有必要分出客观条件必要一类，因为这类主客观情态的分析也是情态研究中值得探讨的课题，因此，我们仍将“必要”与“义务”的概念分开，前者归入条件情态，后者归入道义情态。

从以上的分析可以看出，朱冠明及徐晶凝二人对现代汉语动力情态的分类原则和方式与 Palmer 基本是一致的，也就是其动力情态均涵盖表主语能力、意志，以及表客观条件可能与必要等语义。上述学者之所以将中立（条件）情态归为动力情态下与主语指向情态并列的一个次类，或许是因为表达中立（条件）情态的主要成员之一“can”的核心义即为表主语指向的能力义，不过，根据下文的分析，先秦汉语中表达中立（条件）情态的情态动词除了包括由表能力的“能$_1$”“克$_1$”引申而来的“能$_2$”及“克$_2$”外，还包括与主语指向情态无关，而直接由动词发展而来的“得$_2$”“获”“可$_{1234}$”“足$_{123}$”“必$_4$”等词，这些词都是先秦汉语中相当重要的情态动词，在中立（条件）情态中的地位也远较“能”重要，因此，我们认为中立（条件）情态应与表主语能力或意愿之动力情态分开，而独立为一个单独的情态类型。

前文指出，van der Auwera & Plungian（1998：80－82）参照 Bybee *et al*.（1994）及 Palmer（1986）等人的定义，将动力情态中与主语能力有关的情态类型称为“参与者内在情态”，而将 Palmer 所分出的中立（条件）情态称为“参与者外在情态”。“参与者内在情态”指的是动作或事件的可能性或必要性取决于参与者的内在能力，上引例（56）即属这类情态的用法；“参与者外在情态”指的是动作或事件的可能性或必要性取决于参与者以外的外在条件，上引例（57）—例（58）即属这类情态的用法。“参与者外在情态”除了包括 Palmer（1986）所分出的中立（条件）情态外，van der Auwera & Plungian（1998）认为道义情态也应是这类情态下的一个次类或这类情态下的一个特殊案例，也就是说，道义情态只是将原先左右动作或事件的可能性或必要性的外在条件限定为由参与者以外的其他人，如说话者或社会伦理规范允许或强制参与者从事该行为。根据 van der Auwera & Plungian（1998）的情态分类，前述“can”的“能力”“可能”与“允许”三类语义应分别归入参与者内在可能、参与者外在可能中之非道义可能及道义可能三类，而“must”的“客观条件必要”及“义务”两类语义则应分别归入参与者外在必要中之非道义必要及道义必要二类。可以说，van der Auwera & Plungian(1998)对“can”与“must”所表达情态语义的区分与 Palmer(1986)基本是一致的，只是在术语使用及情态类型间的关系上看法有别，Palmer(1986)将中立(条件)情态归为动力情态下的次类，而 van der Auwera & Plungian(1998)则将中立(条件)情态与道义情态同归入参与者外在情态。我们认为 van der Auwera & Plungian(1998)的分类方式较符合先秦情态动词的表现，因此，本书以下所称的动力情态将仅包含表主语能力、意志的主语指向情态一类，而不包含表条件可能或必要的中立(条件)情态一类。

2.3.3.2　动力情态(主语指向情态)与中立(条件)情态的区别

关于动力情态(主语指向情态)与中立(条件)情态的区分，我们可以用 Coates(1983:14)对“can”的研究来说明。Coates(1983:14)认为“can”的核心语义为“能力”(ability)，“可能性”(possibility)则为其衍生的边缘义。她同时指出，表达能力义之“can”的例句需符合三个特征：

(i) 主语是有生的，且具施事功能；

(ii) 主要动词为身体动作行为或活动；

(iii) 行为的可能性取决于主语所具备的内在属性(包括由学习得来的能力)。

同时具备上述三个特征的“can”表达的是典型的能力义，如例(61)；缺少任何一个特征，“can”所表达的就不再是典型的能力义，如例(62)的主语为无生物，例(63)的动词为非行为动词等。在这三个特征中，第三个特征可说是最重要的一项，因为只有这个特征才是决定句中的“can”是否表能力的关键。以例(64)为例，主语“you”与主要动词“see”虽然符合前两个特征，但因“see him”的可能与否完全取决于外在条件，与主语的内在属性无关，因此表达的是最典型的可能义。除了表达典型的能力义与典型的可能义之外，不能确定的例子是相当常见的，因为我们很难判定某些属性是否为主语的内在属性，而更难判定的则是动作的可能性究竟取决主语内在属性或需要外在条件的配合。

(61) It is now getting quite difficult to find choirboys old enough to behave in church who can still sing treble.

(62) The plane has a built-in stereo tape recorder which can play for the whole four hours it will take to fly to Majorca.

(63) Every believer can be a faithful distributor of the gospel.

(64) You can't see him because he's having lunch with a publisher.

在先秦汉语中,"能"所表达的情态类型与"can"极为相似,二者都是由表主语内在属性的能力义引申到表客观条件的可能义。先秦其他表条件可能的词如"得""获""可""足"等因与动力情态无关,故无区辨的必要。

2.3.3.3　动力情态与道义情态的关系

前文多次提到,在许多语言的情态系统中,同一个情态词往往可以表达多种不同的情态类型,如英语的"may""should"及"must"可以兼表认识情态及道义情态,"can"可以兼表认识情态、道义情态及动力情态,"will"可兼表认识情态及动力情态等。现代汉语的情况也相当复杂,根据徐晶凝(2008:262－265)对现代汉语情态助动词语义所作的分析,我们将它们所表达的情态类型统计如表 2－16:

表 2－16　徐晶凝情态助动词情态表达总表

情态域 / 词目	认识情态	道义情态	能动情态(动力情态)			合计
			中立	能力	意愿	
能	x	x	x	x		4
要	x	x	x		x	4
可以		x	x	x		3
应该	x	x	x			3

续 表

情态域 词目	认识情态	道义情态	能动情态(动力情态)			合计
			中立	能力	意愿	
该	x	x	x			3
得	x	x	x			3
可能	x			x		2
会	x			x		2
肯					x	1
乐意					x	1
愿意					x	1

根据表 2－16，现代汉语的情态助动词中，除“肯”“乐意”“愿意”等单表动力情态中的意愿一类外，其他情态动词都可以同时表达两种以上的情态类型，其中“能”“要”二词甚至可以同时表达三种情态域，且在动力情态下还可兼表其中的两小类。

由于同一个情态词经常可以兼表不同的情态类型，而某些语境中的情态词究竟表达何种情态有时也并不能清楚辨识，因此，不同情态域的区别也成了情态研究中的一个重要课题。在西方的情态研究中，大多数学者同意认识情态与其他两类情态有较明显的区别，而道义情态与动力情态的区别则较不明显，因此有些学者主张将情态区分为认识情态与非认识情态，其中非认识情态或称根情态(root modality)，包含一般所称的道义情态及动力情态，持这类观点的包括 Coates(1983)及 Sweetser(1990)等。此外，Bybee *et al*.(1994:177－181)也将表达义务(“must”)、需求(“need”)、能力(“can”)及欲望(“would”)等语义的情态词同时归入施事指向情态。

在传统的英语情态动词研究文献中，“must”及“can”分别为道义情态中表达义务语义及动力情态中表达能力语义的典型成员，这点一般没有异议。不过许多学者也指出，在实际的语境中，“must”

与“can”所表达的情态不必然与施加义务或个人能力有关，如 Palmer 即将上引例(57)及例(58)这类用法归入动力情态的中立(条件)情态次类。前引 Coates(1983)不同意这种区分，她认为这些情态动词的多义表现是一个由中心到圆周的语义连续统，根情态动词的语义由中心到圆周是一个模糊的“等级”概念，不同语义之间甚至存在“两可”及“融合”的情况，因此根情态的道义情态与动力情态也没有可以清楚划分的界限。我们认为，Coates(1983)分析英语情态动词语义时所提出的等级、两可及融合等概念对情态动词在语境中的多义表现有相当强的解释性，徐晶凝(2008：262－265)对现代汉语情态助动词的情态表达类型分析也可以作为 Coates(1983)分析的左证。在表 2－16 中，“能”“要”“可以”“应该”“该”“得”都能同时表达道义情态与动力情态。如果参照 Coates(1983)的分析模式，可以说这些不同的情态表达类型都是由各个情态动词的中心语义向圆周扩散的结果。

我们虽然同意 Coates(1983)对情态动词多义表现的分析模式，不过我们仍然认为有必要将道义情态与动力情态区别开来，理由是，首先从动词语义上来说，道义情态动词的中心语义为许可及义务，动力情态动词的中心语义则为能力及愿望，二者实际上有相当明显的区别。其次就语义指向来说，典型的动力情态为主语指向，句法上的主语即为情态动词所描述的能力或意愿的主体，句中不含说话者的观点、态度或许可、义务等来源；典型的道义情态则与说话者态度密切相关，主要表达说话者对句中主语执行动作的许可或义务。也就是说，尽管动力情态和道义情态间有模糊交错的地带，不过各自的中心仍是相当清楚的，如果参照 1.4.3 节中 Coates(1983)的模糊集合理论图(图 1－2)来表示，则二者的关系应如图 2－2 所示。我们认为，根据中心语义及句法特征将各个情态动词归入不同的情态类型，并以此为基础描述其向圆周扩展的轨迹，这种方式对情态动词的研究可能是较为合理的。

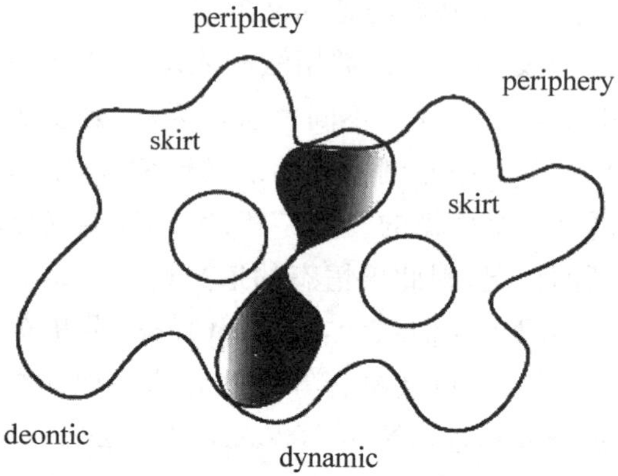

图 2-2　道义情态与动力情态关系图

2.3.3.4　先秦汉语动力情态类型的范围

如前所述，我们将动力情态界定为表主语意志及能力的主语指向情态。在先秦汉语中，表达动力情态者主要为一般归为助动词或能愿动词的词，如“能”“克”“肯”“敢”“欲”“愿”等，此外，根据本书的界定，动力情态动词指的是在句法上可以后接动词性成分，且在语义上表达能力或意愿的动词，在先秦汉语中，符合这个句法条件且在语义上能表达与主语能力有关的动词除了上述的“能”“克”外，还包括“善”。“善”有“擅长”之义，李明（2001：81）将之与“能”并列，指出这两个词在先秦都能表示“擅长做某事”。“擅长”与能力有关，徐晶凝（2008：254）也将现代汉语中的“善于”归为“评价情态主动词”，因此我们将“善”列入动力情态动词。① 先秦汉语中，可后接动词性成分且

① 李明（2001：81）举“善”与“能”为例原是为了说明“助动词的竞争”问题，亦即先秦的“善”与“能”虽然意义相近，但“能”后来发展为表可能的助动词，而“善”则否。虽然李明在这里实际上是否定了“善”可归为助动词的意见，不过前文已多次指出，本书的“情态动词”并不只包含助动词，也包含其他实义谓宾动词，因此，“善”虽然不能被归为助动词，但仍可归为本书所界定的情态动词。不过，由于李明（2001）对助动词的界定原就不包含表主语能力的这一类词，也就是说，当“能”用作表主语能力时，李明也不认为这类用法为助动词。从这个角度看，可以说，在李明的助动词界定方式下，“善”与“能”在表“擅长做某事”这个语义时，其用法基本是一致的。

在语义上能表达与意愿有关的动词除了上述的“肯”“敢”等词外，我们认为“思”“望”“冀”“求”“索”“谋”“图”“虑”等在先秦也都有表达类似语义的用法，因此也可以归入主语指向的动力情态词。最后，在先秦汉语中，“必”在某些语境中也衍生出与意志有关的暗示，因此我们也将它归入此类。表 2－17 为先秦汉语中能表达动力情态的动词成员（以下简称“动力情态动词”）。

表 2－17　先秦汉语动力情态动词表

主语能力	主 语 义 愿
能$_1$、克$_1$、善	欲$_2$、愿、肯、敢$_2$、请$_3$、思$_2$、望、冀、求、索、谋、图、虑、必$_3$

例(65)—例(81)为表 2－17 所列情态动词的例句，这些例句中的情态动词都可用来描述主语本身的能力、意向及愿望，其中“必”所表达的所谓动力情态是在语境中衍生出来，而非“必”本身的语义。关于“必”所表达的动力情态，我们在 3.5 节中会有较详细的论述。

(65) (厉)王喜，告邵公曰：“吾能弭谤矣。”(《国语·周语上》)

(66) 大决所犯，伤人必多，吾不克救也。(《左传·襄公十一年》)

(67) 匠人曰：“我善治木，曲者中钩，直者应绳。”(《庄子·马蹄》)

(68) 秦召燕王，燕王欲往。(《战国策·燕策》)

(69) 吾愿游于其藩。(《庄子·大宗师》)

(70) 秦伯不肯涉河。(《左传·成公十一年》)

(71) 臣始至于境，问国之大禁，然后敢入。(《孟子·梁惠王下》)

(72) 寡君其罪之恐，敢与知鲁国之难！臣请复于寡君。(《左传·昭公三十一年》)

(73) 子而思报父母之仇，臣而思报君之仇，其有敢不尽力者乎？(《国语·越语》)

(74) 寡人望有非则君掩盖之，不虞君之明罪之也。(《战国策·燕策》)

(75) 宋人有耕田者，田中有株，兔走，触株折颈而死，因释其耒

而守株，冀复得兔。(《韩非子·五蠹》)

(76) 李园求事春申君为舍人。(《战国策·楚策》)

(77) 以子之材而索事襄子，襄子必近子。(《吕氏春秋·恃君》)

(78) 季孙谋去中军。(《左传·昭公四年》)

(79) 知伯无度，从韩康、魏宣而图以水灌灭其国。(《韩非子·难三》)

(80) 越王虑伐吴，欲人之轻死也。(《韩非子·内储说上》)

(81) 初，灵王卜曰："余尚得天下！"不吉。投龟，诟天而呼曰："是区区者而不余畀，余必自取之。"(《左传·昭公十三年》)

2.3.4 条件情态

2.3.4.1 条件情态的界定

关于条件情态的界定，我们在前节探讨动力情态的界定时已作了相当详细的论证，总结来说，条件情态原是 Palmer(1979:37)所分出的动力情态下的一个次类，主要表达客观条件下的可能性或必要性。在先秦汉语的研究中，明确将表示客观条件下的可能性或必要性列为一个独立的助动词语义类型的有李明(2001:3－4)，他将这类助动词称为条件类助动词。李明对条件类助动词的界定主要来自王力(1989/1990:341)对助动词"得"的说解："'得'字也是可能式助动词，它表示客观条件的可能。"[①]王力于"得"下所举之例为：

(82) 君子之至于斯也，吾未尝不得见也。(《论语·八佾》)

李明对这类"得"的语义说解是："表示主语在某种客观条件下能够实施某种行为或达成某种状态"，这个说解与前文对"能"所表达的客观条件可能基本是一致的，也就是说，主语之所以能实施某种行为或达成某种状态并不是基于主语本身具备的能力或特质，而是基于某种

① 王力(1989/1990:336－340)归入可能式的词还包括"能"及"可"。

客观条件。

除客观条件可能外，李明(2001:4－5)认为条件类助动词还可表达客观条件许可或必要。李明(2001:5)所举条件许可之例为例(83)，他同时指出这类用法在汉语中多用“可”来表示，不过这个意思的“可”与表客观条件可能的“能”只是由于前者由受事角度叙述、后者由施事角度叙述而有区别，如果只就表可能而言，二者均可归入条件可能中。

(83) 暮际，大风浩雨，雷声电光不可视闻。(《入唐求法巡礼行记》卷二)

先秦情态动词“可”也可表达李明所谓的“客观条件许可”，如例(84)，不过，根据下文对情态动词“可”的分析，我们认为这类用法的“可”表达的原就是说话者对事件或动作在客观条件下能否实现的可能性态度，因此应归入条件可能。

(84) 无始曰：“道不可闻，闻而非也；道不可见，见而非也。”(《庄子·知北游》)

至于客观条件必要，李明(2001:5)所举之例为例(85)，他认为这类用法的“不用”表示客观上不必要。先秦汉语的“不必”也可表达客观上不必要的语义，如例(86)。关于客观条件必要的界定，前文探讨动力情态时已做了较为详细的论述，总结来说，客观条件必要指的是动作或事件的必要性取决于参与者(主语)以外的客观条件，说话者对事件或状态的实现无法或无意施加主观的义务态度。

(85) 生儿不用多，了事一个足。(《王梵志诗》卷六)

(86) 因天材，就地利，故城郭不必中规矩，道路不必中准绳。(《管子·乘马》)

除了客观条件可能及客观条件必要外，我们认为先秦还有一类情态语义也应归入条件情态，这类情态语义即条件可行。条件可行指的是例(87)—例(89)这类"可"与"足"的用法。例(87)的"可"表达的既非说话者对事件或行为在客观条件下实现的可能性态度(条件可能),也非说话人加诸于主语的主观许可态度(道义许可),而是表达"食桂"与"用漆"这两件事在客观条件下的可行性态度,也就是说话者认为,在"桂"吃了对人体有益无害,以及"漆"用了对物品有益无害的客观条件下,做这两件事是可行的。例(88)"陈可伐也"表达的同样是说话者对"伐陈"这件事在客观条件下的可行性态度,也就是说话者认为,在陈国是一个民怨深且民力罢的客观条件下,攻打陈国是一件可以做的事。例(89)的"足"表达的同样是说话基于客观条件的可行性评估,也就是说话者认为,在古代自然资源充足的客观条件下,丈夫不必耕作,只吃草木之实就足够维生,也就是只吃草木之实是可以的。我们将这类表达说话者在客观条件下的可行性态度归为条件可行情态。

(87) 桂可食,故伐之;漆可用,故割之。(《庄子·人间世》)

(88) 宁国曰:"陈可伐也。夫陈,小国也,而蓄积多,赋敛重也,则民怨上矣;城郭高,沟洫深,则民力罢矣。兴兵伐之,陈可取也。"(《吕氏春秋·似顺》)

(89) 古者丈夫不耕,草木之实足食也。(《韩非子·五蠹》)

"可"由条件可行情态还可发展出两个情态次类,即条件许可及条件估价,前者一般归为道义许可,如例(90)—例(91);后者一般归为估价情态,表"值得"义,如例(92)—例(93)。

(90) 父母之年,不可不知也。(《论语·里仁》)

(91) 故能立法从令尊敬社稷者,社稷之臣也,焉可诛也?(《韩非子·外储说右上》)

(92) 虽小道,必有可观者焉;致远恐泥,是以君子不为也。(《论语·子张》)

(93) 其为父子兄弟足法,而后民法之也。(《礼记·大学》)

例(90)—例(91)这类“可”一般认为表“许可”义,因此大多被归为道义情态动词,如李明(2001:18)。我们将这类“可”所表达的情态归为条件情态,主要的理由是,根据2.3.2对道义情态的界定,典型的道义情态指的是说话者对主语施加许可或义务等主观态度的情态类型,不过,根据下文3.1的分析,先秦情态动词“可”是一个由动词宾语提升至主语位置发展而来的情态动词,由于先秦的动词宾语几乎没有施事角色而多为受事角色,因此,这类情态动词“可”的主语可说都不具备自主执行动作的能力。在这样的情况下,“可”所表达的情态可说无一可归为典型道义情态。也就是说,先秦情态动词“可”即使可以表达与“许可”有关的语义,也只能表达说话者对于命题或事件许可与否的态度,而不能表达说话者加诸主语从事后接动词所表示事件的许可态度。我们将这类“可”所表达的语义称为条件许可。

与前述“must”所表达的条件必要与道义义务为一个语义连续统的情况相似,“可”所表达的条件可行与条件许可也是一个无法在任何一点截然切割的语义连续统。前引 Coates(1983:31-37)指出,“must”的根情态义是由“主观强烈的义务”到“客观需要或条件”的连续统,两者间的语义改变实际上只涉及说话者态度由主观到客观,以及义务强度由强至弱的两种梯度的变化,我们认为,“可”所表达的条件许可与条件可行间的语义变化也与之相似,只是强度梯度由义务改为许可。在先秦汉语中,典型的条件可行表达的是说话者对事件或动作可行性的客观评断态度,如前引“桂可食”及“漆可用”,在这类用法中,说话者据以判断可行与否的标准是一般的自然法则,其间几无说话者的主观态度涉入,因此,在这类用法中,说话者对命题所施加的许可强度是相当微弱的。在先秦汉语中,可归为典型条件许可的例句如上引例(90),在这个例句中,说话者对事件或动作的可行与否表达了相当强烈的主观态度,也就是说话者基于个人强烈的主观信念,认为“不知父母之年”是一件无法容许的事。除了以上的典型用例外,先秦表达这类语义的“可”大多处于典型条件可行到典型条件许可的过渡阶段，如前引“陈可伐也”。在前文中，我们虽然将这个例句归于条件可行，不过，由于说话者据以判断事件是否可行的标准并非一般自然法则，而是包含说话者对陈国在民怨深且民力罢的情况下，必然无力对抗我方攻打的主观判断成分，因此，这类“可”的主观性可说已较“桂可食”为强烈。

“可”由条件可行情态所发展出的另一类情态为条件估价情态。如果说由条件可行到条件许可是说话者对事件或动作的可行与否由客观条件判断到主观许可态度的渐变过程，那么，由条件可行到条件估价就可说是说话者对事件或动作的可行与否由客观条件判断到主观价值认可的渐变过程。前文指出，前引“漆可用”之“可”表达的是典型的条件可行，也就是说话者根据漆用之于物品对物品无害的标准，判断“用漆”这件事是可行的。例(94)“老马之智可用”的“可”是由条件可行向条件估价过渡的用法。在这个例句中，说话者对“用老马之智”这件事表达的已不只是因为无害所以可以去做的态度，而是认为“用老马之智”对于找到正确道路有积极正面的价值，也就是值得去做的意思。前引例(92)“虽小道，必有可观者”的“可”表达的是典型的条件估价情态。在这个例句中，说话者先以让步句“虽小道”来表明“小道”或有不足之处，再以“必有”来表明虽不足而仍一定有“可观”之处，这里的“可观”已是相当明确的条件估价情态。

(94) 管仲、隰朋从于桓公而伐孤竹，春往冬反，迷惑失道，管仲曰：“老马之智可用也。”(《韩非子·说林上》)

以上我们将先秦的条件情态语义分为五类，即条件可能、条件必要、条件可行、条件许可及条件估价，其中条件许可与条件估价可视为由条件可行发展而来。以下分析这些情态语义间的区别。由于关于条件可行与条件许可及条件估价间的区别，前文已做了较为详细的分析，而条件必要与其他情态语义间则没有纠葛，因此，下节只分析条件可能与条件可行的区别。

2.3.4.2　条件可能与条件可行的区别

前文我们将条件可能界定为说话者对行为或事件在客观条件下能否实现的可能性判断，所举之例为例(84)“道不可闻，闻而非也；道不可见，见而非也”。在这句话中，“道不可闻”及“道不可见”的意思是，在“道”作为一个无形存在的外在条件下，“闻道”“见道”是一件不可能达成的事，也就是办不到的意思。“可”表条件可能的例句又如例(95)，在这个例子中，“治乱可知”的意思是，在“观其礼乐”的客观条件下，“知治乱”是可能实现的，也就是办得到的意思。

(95) 故观其礼乐，而治乱可知也。(《礼记·礼器》)

与条件可能不同，条件可行表达的并非说话者对于行为或事件在客观条件下能否实现的可能性判断，而是说话者对于从事该行为或动作是否可行的评断态度，也就是对这个动作或行为本身是否可以做的评断态度。以上引表条件可行的例(87)为例，“桂可食”的“可”表达的是说话者对于“食桂”这件事的可行性评断态度，也就是“食桂”这件事本身是可以的、是没有问题的。上引例(88)首句“陈可伐也”表达的也是说话者对于“伐陈”这件事是否可行的评断态度，也就是说话者认为“伐陈”是可以去从事的行为。同例最后一句“陈可取也”的“可”表达的则是条件可能。“兴兵伐之，陈可取也”的意思是，如果发动军队攻打它，就可能占领陈国，也就是“占领陈国”这件事是可能实现，也就是可以办得到的。

从以上分析来看，“可”的条件可行表达的是说话者对事件或行为本身可行与否的评断，而条件可能表达的则是说话者对事件或行为能否实现的可能性推断。由于条件可能与行为或事件实现的可能性有关，因此，只有当后接动词是一个含终点或结果的动词，“可”才能表达条件可能。上引例(87)的“可食”“可用”及例(88)的“可伐”都是不含终点或结果的行为，因此其中的“可”只能表达条件可行而不能表达条件可能。“可”后接不含终点或结果的动词虽然只能表达条件可行而不能表达条件可能，不过这并不表示“可”后接含终点或结果的动词时也只能表达条件可能而不能表达条件可行。前文我们将例(88)的“陈可取也”理解为条件可能，那是因为在“兴兵伐之，陈可取也”这个语境中，说话者是将“取陈(取得陈、占领陈)”作为“兴兵伐之”后可能实现的结果来陈述的。在不同的语境中，“可取”也能表达条件可行，如例(96)。在这个例子中，“恶不可取”表达的是说话者对“取恶”这件事的不可行态度，也就是“取恶”这件事是不对的，也就是不可以做的。

(96) 羊舌大夫曰：“不可。违命不孝，弃事不忠。虽知其寒，恶不可取。子其死之！”

综上所述，“可”所表达的条件可行与条件可能的区别也可以说是由于说话者对行为或事件的着眼点不同而产生的，条件可行着眼的是行为或事件本身的可行与否，条件可能着眼的则是行为或事件能否实现的可能性。

2.3.4.3 条件可能与认识可能的区别

前引李明(2001：3)在解说“得”所表达的客观条件可能义后进一步指出，“得”所表达的这种客观条件可能与认识助动词“可能”“会”所表达主观推测的可能性间，意义有一定的差别。我们同意李明所指出的表示客观条件可能性的“得”与表示主观推测可能性的“可能”“会”意义有别，故应归为不同情态类型的说法。本书将前者归为条件情态，将后者归为认识情态。以下分析这两类情态语义的差别。

认识情态是传统逻辑模态研究的中心，所关注的主要是命题的真值问题，也就是说话者对命题是否为真的判断或承诺度。前引2.3.1.1例(1)—例(3)“他可能在办公室”“他应该在办公室”及“他一定在办公室”表达的即是说话者对“他在办公室”这个命题的真值由弱至强的三种不同梯度的判断或保证度。条件情态的条件可能所表达的则与说话者对命题真值的判断或承诺度无关，而是指出在某种客观条件下，该动作或状态被执行或实现的可能性，如上引例(57)“I know the place. You can get all sorts of things here.”指的是，由于这个地方什么都有(客观条件)，所以你在这里获得各种东西是能够达到的。若将这句话中的“can”改成表认识可能的“may”时，“You may get all sorts of things here”表达的就不是说话者对“You get all sorts of things here”这个事件能够达成的判断，而是说话者对这个命题较弱的承诺度，也就是说，说话者认为在这里你可能获得各种东西，但机率不高。前引例(59)“从苏州一小时就能到上海”指的则是，在某种客观条件下，比方搭飞机，那么从苏州到上海只要一个小时就能够到达。同样地，如果将这个例句改为认识情态可能，如“从苏州一小时可能到上海”，那么说话者表达的就只是他对“从苏州到上海花一个小时到达”这个命题的较低的承诺度，也就是他认为这件事只是有可能，但机率同样不高。关于认识可能与条件可能的区别，我们还可以用另一个方法来说明。以例(59)为例，如果这个例子表达的是条件可能，那么我们就可以将它改写为“从苏州一小时到上海是办得到的”，如果这个例子表达的是认识可能，就不容许这样改写，而只能改写为“从苏州一小时到上海是可能的”。此外，条件可能只有办得到与办不到的两极区分，没有程度的区别，因此，我们一般不说“从苏州一小时就很能到上海”；认识可能由于表达的是承诺度，因此有程度的区分，比方我们可以说“从苏州一小时很可能到上海”。在现代汉语中，表条件可能的情态动词前面还可以加上表认识可能的情态动词，比方我们可以在例(59)的“能”前面加上“可能”，“从苏州一小时就可能能到上海”，这时“可能”表达的即是对“从苏州一小时就能到上海”这个命题的真值保证程度。在先秦汉语中，认识情态动词也可与表条件可能的条件情态动词连用，如例(97)之“必”与“可”。

(97) 陈、卫方睦，若朝陈使请，必可得也。(《左传·隐公四年》)

总结来说，认识可能在语义上表达的主要是命题本身是否“为真”的可能性判断，而条件可能表达的则是命题在某种客观条件下能否“成真”的可能性判断。传统模态研究关注的只有命题是否为真的问题，而不关注命题是否成真的问题，因此，只有认识可能才是传统模态研究的中心课题。

虽然条件情态中的条件可能并非传统模态研究的中心课题，在西方的情态研究中也一般不被视为典型的情态类型，不过，根据本书的考察，在先秦汉语的情态动词系统中，条件情态可说是相当重要的一个情态类型，也是有资格被归为典型情态动词的一类。关于条件情态在先秦情态系统中的地位及重要性，本书在第六章中将会有较详细的论述。

2.3.4.4　条件情态与道义情态的区别

前文指出，van der Auwera & Plungian(1998)将 Palmer 所分出的中立(条件)情态称为参与者外在情态，并认为这类情态指的是动作或事件的可能性或必要性取决于参与者以外的外在条件，他同时将道义情态归入参与者外在情态下的一个次类或这类情态下的一个特殊案例，并认为道义情态只是将原先左右动作或事件的可能性或必要性的外在条件限定为由参与者以外的其他人，如说话者或社会伦理规范允许或强制参与者从事该行为。根据以上分析，van der Auwera & Plungian(1998)将参与者外在情态分为“非道义可能/必要”及“道义可能/必要”两类，其中“非道义可能/必要”大致相当于本书条件情态中的条件可能及条件必要，而“道义可能/必要”则大致相当于本书的道义许可及道义义务。

我们虽然认为参与者外在情态可分为条件情态与道义情态两类，不过二者的分际并不明显。前文探讨“can”及“must”的语义表现时即曾指出，“can”由表道义许可到表条件可能，以及“must”由表道义义务到表条件必要都是一个语义连续统，以下根据 Coates(1983)对“can”与“must”的研究，探讨这两类情态间的关系。

在“can”的研究上，Coates(1983:86－88)指出，“can”由“许可

(permission)”到“可能(possibility)”间是一个“限制性(restriction)”的梯度,他以实际语料库考察结果指出,表达典型许可义的“can”有以下三个特点:(1)主语为有生的,(2)动词为动作动词,(3)句子可用“准许(permitted)”或“容许(allowed)”来改写。他同时引述 Lyons(1977:745)的说法指出,上述前两个特点提示了一个现象,那就是给予许可与施加义务大致是一致的,当说话者给予指示或命令时,他必须先相信听话者有执行该指示或命令的能力。至于第三个特点则与给予或撤销许可的权威来源有关,表达典型许可义者,其权威来源可以是:(1)社会规范(也就是法律),(2)团队或组织,(3)说话者本身。最后,Coates(1983:89)认为“can”可视为由许多可能世界构成的领域范围,这个领域范围的一端是允许,一端是可能。允许的一端受到大量人类法律或规则的限制,可能的一端则除了违反所谓自然法则的事物之外都是被允许的。例(98)与(99)分别为“can”表典型许可义与可能义的例句。

(98) You can start the revels now.

(99) Salts can easily be separated from the solid residue by dissolving them.

在“must”的研究上,前引 Coates(1983:32 - 34)指出,“must”的根情态义(即非认识情态义)是由位于中心的“主观强烈义务”到位于圆周的“客观需要或条件”的模糊集合,其间的语义变化则涉及说话者态度由主观到客观,以及义务强度由强至弱的两种梯度的变化。他同时以实际语料库考察结果指出,“must”表核心义务之例句有四个特征:(1)主语是有生的(其中又以第二人称最具典型性),(2)主要动词为活动动词,(3)说话者对于使主语去执行这个动作有兴趣,(4)说话者对主语有权威或影响力。也就是说,“must”语义的一头,即核心义务义可改写为“I order you to x”,此时说话者的主观态度涉入最为强烈,如例(100);“must”语义的另一头,即客观条件义可改写为“It is important”，此时说话者的主观态度涉入最少，句中的义务意味也相当微弱，如例(101)。

(100) You must play this ten times over.

(101) Clay pots must have some protection from severe weather.

前文探讨道义情态的界定时曾引述 Chung & Timberlake(1985)的说法指出，一个事件中有两个不同的参数，即“来源”与“对象”，来源指的是许可或义务的来源，对象则是事件中被给予许可或负责执行命令的一方，也就是前引 Lyons 所谓有“负起让命题成真的义务”的行为者或当事者。参照前述 Coates(1983)的研究，可以说，由道义情态到条件情态的语义连续统主要即取决于事件中的这两个参数。在来源方面，由道义情态到条件情态的梯度大致为：说话者个人主观态度＞法律或社会道德规范＞自然法则；在对象方面的梯度则大致为：第二人称主语＞其他人称主语＞其他有生主语＞无生主语。此外，动词是否为行为参与者主动的施事行为亦是重要决定因素，当动词为行为参与者无法主动从事的动作时，说话者便无由施加其义务态度于行为参与者身上，这也是前引 Lyons(1977：745)所指出的，当说话者给予指示或命令时，他必须先相信听话者有执行该指示或命令的能力。

2.3.4.5 先秦汉语条件情态动词的范围

如前所述，我们将条件情态分为条件可能、条件必要、条件可行、条件许可及条件估价五类，以下探讨先秦汉语中可表达这五个条件情态次类的情态动词。

1. 条件可能与条件必要

条件可能与条件必要是 Palmer(1986)所界定之中立(条件)情态下的两类语义，表达的是客观条件下的可能性与必要性，也就是事件或状态在某种客观条件下能够或有必要达成或实现。李明(2001：22)所指出的先秦表条件可能的助动词包括“能”“克”“得”“获”“可”

“可以”“足”“足以”，我们的考察结果也与之相同。除了条件可能外，我们认为先秦也有表条件必要的情态动词，如“必”“宜”及“当”。

前文探讨英语的中立(条件)情态时指出，英语中表条件可能的情态动词主要是“can”，Coates(1983：14)认为“can”所表达的可能性是由其中心语义“能力”逐渐向外引申而来的，因此，在“can”的例子中，中立(条件)情态可说是由主语指向的动力情态发展而来的，先秦“能”与“克”的发展也与之相同。不过，先秦表条件可能的情态动词只有“能”与“克”是由动力情态发展而来的，其他“得”“获”“可”“足”都是由动词直接发展而来的，与动力情态无关。“得”“获”所表达的条件可能是从它们的动词义“达成”引申而来，“可”“足”则是由状态动词(形容词)本义发展而来。这些词所表达的条件情态用法都与主语内在能力无关，而与客观条件有关，因此应归于条件情态而非主语指向的动力情态。

综上所述，先秦可表达条件可能及条件必要的情态动词包括“能”“克”“得”“获”“可”“可以”“足以”“必”“宜”“当”。① 关于这些情态动词的发展与情态表达，我们在下文的相关章节中会有较详细的论述。

例(102)—例(111)为条件可能及条件必要情态动词的例句。

(102) 以君之灵，鬼神降衷，罪人克伏其辜。(《国语·晋语二》)

(103) 成子怒曰：“多陵人者皆不在，知伯其能久乎!”(《左传·哀公二十七年》)

(104) 以君之灵，累臣得归骨于晋，寡君之以为戮，死且不朽。(《左传·成公三年》)

(105) 祭公谋父作《祈招》之诗，以止王心，王是以获没于祗宫。

① 根据下文的分析，“可以”与“足以”在先秦只是一个固定的连用形式，并未真正凝固成词，不过，由于这类固定连用形式也可以用来表达某种情态语义，且历来学者多将之视为情态动词，因此，我们亦将这类用法列出。以下“难以”及“易以”的情况亦然。

(《左传·昭公十二年》)

(106) 殷因于夏礼,所损益,可知也。(《论语·为政》)

(107) 百亩之田,勿夺其时,数口之家可以无饥矣。(《孟子·梁惠王上》)

(108) 不肖者炀主,不足以害明。(《韩非子·难四》)

(109) 为高必因丘陵,为下必因川泽。(《孟子·离娄上》)

(110) 子赣见师乙而问焉,曰:"赐闻声歌各有宜也。如赐者宜何歌也?"师乙曰:"……宽而静,柔而正者,宜歌颂。"(《礼记·乐记》)

(111) 有逢于何者,母死,兆在路寝,当如之何?(《晏子春秋·内篇谏下》)

前文指出,条件情态中之条件可能与主语指向情态最大的不同在于,条件可能所描述的并不是主语本身的能力、意向或愿望,而是在某种客观条件或情境下,事件或状态实现的可能性。如例(102)的"克"表达的是在"以君之灵,鬼神降衷"这个客观条件下,"罪人伏其辜"这个事件实现的可能性。例(103)的"能"则是成子基于"多陵人者皆不在"这个历史教训,认为知伯也逃不过同样的命运,因此判断他不可能长久存在。这个例子里的"能"与上引例(65)动力情态之"能"最大的差别是,例(65)的"能"描述的是主语厉王对自己能力的自恃,而例(103)的"能"描述的则是主语知伯在某种客观条件下可能的处境。例(104)的"得"表达的是在"以君之灵"的客观条件下,"累臣归骨于晋"这个事件实现的可能性;例(105)的"获"表达的则是在"祭公谋父作《祈招》之诗,以止王心"这个客观条件下,王死于祗宫的可能性。先秦的"可"和"可以"也能表达事件成真的可能性,如例(106)的"可"表达的是在"殷因于夏礼"这个客观条件下,"知所损益"这件事成真的可能性,例(107)的"可以"表达的则是在"百亩之田,勿夺其时"的条件下,"数口之家无饥"这个目标实现的可能性。例(108)的"足以"表达的同样是条件可能。

前文指出，条件情态中之条件必要与道义情态最大的差别在于说话者对事件或状态的必要性判定取决于客观条件或个人主观认定，例(109)的“为高必因丘陵”与例(111)“兆在路寝，当如之何”描述的都是在某种客观状态下的必要性，因此，这两例表达的都是条件必要而非道义情态。例(110)的“宜”表达的同样是说话者基于外在条件对事件或状态的评估，虽然评估的是合宜性而非必要性，我们仍将它归为条件必要。

2. 条件可行、条件许可及条件估价

A. 条件可行

前文探讨条件情态的界定时已经指出，本书所谓的“条件可行”指的是上引例(87)—例(89)“桂可食”“漆可用”及“草木之实足食”这类“可”与“足”的用法。由于这类“可”表达的既非事件或行为在客观条件下实现的可能性，也与说话者对主语施加许可的主观态度无关，因此无法归为条件可能情态或道义情态。也就是说，在 Palmer(1986)及 van der Auwera & Plungian(1998)的情态分类系统中，这类“可”与“足”的用法并没可以归类的位置。我们之所以将这类用法归入条件情态，主要的理由是，在这类用法中，“可”与“足”所表示事件的成立取决于说话者以外的客观条件，比如“桂”之可食与否乃取决于客观标准——即吃了而无害于身体，而“草木之实”之足食与否乃取决于客观数量与食用者的需求，与说话者的主观态度无关，因此，我们认为这类用法的“可”与“足”可归入条件情态，表达的是条件可行。

先秦情态动词中可表条件可行之“可”与“足”的例句已见上引例(87)—例(89)。除了“可”与“足”外，先秦可表条件可行之情态动词还包括“可以”及“足以”，如例(112)—例(113)。

(112) 始吾不知水可以灭人之国，吾乃今知之。(《韩非子·难三》)

(113) 国虽小，其食足以食天下之贤者，其车足以乘天下之贤者，其财足以礼天下之贤者。(《吕氏春秋·报更》)

B. 条件许可

关于条件许可的界定以及条件许可与条件可行的区别，我们在2.3.4.1小节中已作了较为详细的论述，总结来说，典型的条件许可表达的是说话者基于个人主观认定，对事件或行为是否容许发生或实现的主观态度；典型的条件可行表达的则是说话者基于客观自然法则，对事件或行为是否可以实现的可行性态度。由条件可行到条件许可是一个说话者对事件或行为之可行性主观态度涉入递增的语义连续统，中间没有截然可分的界限。先秦可表达条件许可的情态动词只有"可"及"可以"，"可"表条件许可的例句已见上引例(90)—例(91)，"可以"之例见例(114)。

(114) 曾子曰："士不可以不弘毅，任重而道远。"(《论语·泰伯》)

C. 条件估价

前文2.3.4.1探讨条件情态的界定时已对"可"所表达的条件估价情态以及条件估价与条件可行情态间的关系作了较为详细的论述，总结来说，"可"的典型条件可行表达的是说话者基于客观自然法则，对事件或行为是否可以实现的可行性态度，"可"的典型条件估价表达的则是说话者基于个人主观认知，对事件或行为在价值上的主观判断。"可"所表达的典型条件估价情态例句已见上引例(92)。

除了"可"之外，先秦还有其他可以表达条件估价情态的情态动词。前文2.1.3.3探讨情态动词的语义范畴及类型时曾经指出，估价情态是个有问题的类，在现代汉语的情态研究中，学者们对于"难""容易"或"配""值得"这类与评价或估价意义有关的词是否属于情态动词有不同意见。我们认为，学者们之所以对估价情态表示存疑，一方面或许是因为包括英语在内的许多语言都没有估价情态这一类；另一方面则可能是由于估价情态所表达的语义和范围不易确定所致。不过，前文也已指出，在先秦汉语的研究中，估价情态作为情态的语义类型之一已为多数学者所接受，以下说明本书认为汉语估价情态可以成立的理由。

首先,关于许多语言中没有估价情态的问题。前文指出,语言中的“情态”是一个相当模糊的语义范畴,如 Palmer(1986:4)即指出情态是一个没有明确基本特征及确定范围的语法-语义范畴,不同的语言在情态的概念内涵及表达形式上都有极大的差别,因此,情态研究应以个别语言本身的实际表现为主。前文同时指出,在传统的语言情态研究中,只有认识情态及道义情态被视为典型的情态表达类型,英语由于表主语能力的“can”及表主语意志的“will”与表认识情态及道义情态的“may”及“must”具有共同的语法特征,因此 von Wright 及 Palmer 等人也将“can”与“will”归为情态动词,称为动力情态。在汉语情态动词的研究中,估价情态之所以被提出,理由与英语的动力情态相似,亦即学者们认为这些表估价的词与其他被归为情态动词者有可以模拟的形式特征。我们认为,既然英语可以根据本身的语言表现将动力情态列入情态表达类型中,汉语也没有理由不能根据本身的语言表现将估价情态列入情态表达类型。也就是说,虽然包括英语在内的许多语言都没有估价情态这一类,但这并不构成汉语估价情态不能成立的理由。

其次,关于汉语估价情态的界定及估价情态成员的归类方式。前文指出,汉语估价情态的提出可追溯到马建忠(1989/1998:183),他将表估价义的“足”与“可”并列为后接被动动词的助动词,这个说法得到了多数学者的认同,其后,“可”“足”作为先秦典型情态动词的地位一直相当稳固。

“可(可以)”“足(足以)”在先秦可表达与现代汉语“值得”相似的估价义,例(115)的“不足观”意思是不值得看,也就是没有看的价值的意思。“足”所表达的这种说话者对人事物价值的评估即为一般学者所指出的估价情态语义。“可”所表达的“值得”义已见上引例(92),例(116)—例(117)分别为“足以”与“可以”表达估价情态的用例。

(115) 如有周公之才之美,使骄且吝,其余不足观也已。(《论语·泰伯》)

(116) 子曰:"士而怀居,不足以为士矣。"(《论语·宪问》)

(117) 世有兴主仁士,深意念此,亦可以痛心矣,亦可以悲哀矣。(《吕氏春秋·禁塞》)

本书归入条件估价情态动词者除了"可(可以)""足(足以)"之外,还包括"难(难以)"及"易(易以)"。"难""易"二词在传统先秦助动词或能愿动词的研究中较少被提及,太田辰夫(1958/2003:191)认为先秦的"难"为可作助动词用的形容词,Pulleyblank(1995:123)则明确将"难""易"二词列入先秦情态助动词的范围。Pulleyblank 将"难""易"与"可""足"同样归入情态助动词的一小类,并指出这四个词的共同点是本身为形容词,且后面可以带被动动词作补语。魏培泉(1997)也认为"难""易"二词在上古应为助动词,因此将它们归入上古标记语料库词类系统中的 VM 一类。王力(1944/1984:221)虽未将"难""易"列入情态动词的范围内讨论,不过他也将"可""足""难""易"四字并列,并从"表明语气"的角度切入,指出包含这四个字的描写句与判断句相近。

在现代汉语的研究中,将"难(难以、难于)"及"易(容易、易于)"等列入助动词或情态动词的学者较多,如吕叔湘(1979/2001:354)、朱德熙(1982:66)、李临定(1983:16,23)、马庆株(1988)、Cheng(1989)及奥田宽(2000)等。吕叔湘(1979/2001:354)认为"容易""难"等在一定的格式里解释为助动词是最恰当的,朱德熙(1982:66)、李临定(1983)及马庆株(1988)等则将它们归入估价情态动词,Cheng(1989)则是从句法上分析"容易"及"难",并指出它们的功能应为情态助动词。此外,有些学者虽未明确将"容易"及"难"列入情态动词,不过他们也从句法或语义上论证了这两个词与情态动词的关联,如曹逢甫(1990/2005:282-289)即从句法分布上论证这两个词与情态助动词"可能""应该"等同属提升动词,徐晶凝(2008:254)则从语义上将"难""容易"等归入评价情态主动词。

从以上各学者对"难""易"等词的论述来看,这两个词不仅在句法上与其他情态动词有一致之处，在语义上表达的也是估价一类的情态，也就是说话者对命题或事件的评估，因此，我们认为这两个词也可以归为条件估价情态动词。此外，先秦有些例子中的“难以”及“易以”已经基本凝固成一个固定结构，因此，我们也将它归入条件估价情态动词。例(118)—例(121)分别为“难”“易”及“难以”“易以”表达条件估价情态的例子。

(118) 赵氏，中央之国也，杂民所居也。其民轻而难用也。(《韩非子·初见秦》)

(119) 子曰：“上好礼，则民易使也。”(《论语·宪问》)

(120) 己则反天，而又以讨人，难以免矣。(《左传·文公十五年》)

(121) 绝迹易，无行地难。为人使易以伪，为天使难以伪。(《庄子·人间世》)

最后，我们归入表条件估价情态的成员还包括“宜”。“宜”表条件估价情态的例句如例(122)，这类“宜”表达的是说话者对已然事件的评估态度，在本书的情态分类中应属条件估价情态。

(122) 谓谒者曰：“沐则心覆，心覆则图反，宜吾不得见也。”(《国语·晋语四》)

从以上的论述来看，本书归入条件估价情态的语义似乎没有特定范围，凡是可以表达说话者对人事物估价且不属于上述情态类型的动词都可归入条件估价情态的范畴。表面上看，这种界定方式似乎不易将条件估价情态的研究范围明确划出，不过，前文指出，本书划定先秦各类情态动词的方式是，首先以穷尽式的搜寻方式将本书考察范围语料中所有符合“可以后接动词性成分”这个句法条件的动词列出，接着考察它们在后接动词性成分时的语义表现，只要这些动词能表达本书所界定的某类情态语义范畴，我们就将这些动词归入表达该情态类型的一员。也就是说，即使我们将条件估价情态的语义范畴定义为表达说话者对上述各类情态外的所有人事物属性的估价态度，其研究范围仍是相当确定的，在本书考察范围的语料中，符合上述界定的就只有以上讨论的8个词。①

透过条件估价情态类型的设置，可以说本书已经将先秦所有能表达情态语义的动词网罗在内。当然，诚如前文所指出的，本书虽以语料库为基础，希望尽可能将所有合乎本书语法及语义界定的情态动词搜集完备，但限于个人学力，疏漏不全之处在所难免。不过我们认为这个缺失应不致影响本书的主要论旨。

综上所述，先秦汉语中能表达条件估价情态的动词共包含"可$_3$""可以$_3$""足$_2$""足以$_3$""难""难以""易""易以"及"宜$_4$"等词。

最后，我们将先秦可表达条件情态的动词列表如下：

表2-18　先秦汉语条件情态动词表

条件可能	条件必要	条件可行	条件许可	条件估价
能$_2$、克$_2$、得$_2$、获、可$_1$（可以$_1$）足以$_1$	必$_4$、宜$_3$、当$_3$	可$_2$（可以$_2$）、足$_1$（足以$_2$）	可$_3$、可以$_3$	可$_4$（可以$_4$）、足$_2$（足以$_3$）、难（难以）、易（易以）、宜$_4$

2.4　先秦情态动词分类及说明

本章前三小节回顾了情态动词的相关研究文献，并在各家研究的基础上，从动词语义及语法表现两方面对先秦汉语的情态动词做

---

①　本书归入估价情态动词者只包括表达说话者态度的动词，而不包括表达主语态度的动词。根据下文的分析，本书归入估价动词的"可""足""难""易""宜"都是由提升动词发展而来，这类提升动词原本皆为状态动词，表达说话者对命题或事件的各种评估态度，因此可归为估价情态动词。如果可后接动词性宾语的动词表达的不是说话者态度，而是主语态度时，则只有表达与真值承诺度有关的认识情态、与许可或义务有关的道义情态以及与能力或意志有关的动力情态动词可分别归入上述三类情态动词，表达主语其他态度者则不列入。如"难"一方面可表达说话者态度，如"君子易事而难说"（《论语·子路》）表达的是说话者对"事君子易而说君子难"的评估态度，因此可列入估价情态动词；先秦意动用法的"难"同时可以表达主语态度，如"吾不难为戮"（《国语·鲁语下》）表达的即是主语不以"为戮"为难的情绪或感知态度。由于这类表主语情绪或感知的态度并不属于上述认识、道义及动力情态中的任一种语义，因此不归入情态动词用法中。

出新的界定，我们同时将先秦情态动词所表达的情态类型分为认识、道义、动力及条件四类，并列出可表达这四类情态类型的动词成员。本小节将在前三小节论述的基础上，对本书所界定出的先秦情态动词作进一步的分类，并说明以下三章的论述及编排方式。

2.4.1　先秦情态动词表说明

本小节先对2.3小节中所列四个先秦情态动词表作简单说明，为方便讨论，我们将这四个情态动词表及情态动词成员并列于此，以清眉目。

表2－12　先秦汉语认识情态动词表

属性 类别	〔一来源〕	〔十来源〕	
强	知、识、以为、谓$_1$、思$_1$、信	必然性	必$_1$
中	意、料、度、量、计	应然性	当$_1$、宜$_1$
弱	疑、恐$_1$、惧$_1$	可能性	[恐$_2$]、[惧$_2$]、如$_1$、若$_1$、似、类

表2－15　先秦汉语道义情态动词表

属性 类别	〔一来源〕	〔十来源〕	
强	命、令、使、禁	必要	必$_2$
中	[谓$_2$]、劝、请$_1$	应当	请$_2$、当$_2$、宜$_2$、如$_2$、若$_2$、[欲$_1$]
弱	许	许可	[敢$_1$]、得$_1$

表2－17　先秦汉语动力情态动词表

主语能力	主语义愿
能$_1$、克$_1$、善	欲$_2$、愿、肯、敢$_2$、请$_3$、思$_2$、望、冀、求、索、谋、图、虑、[必$_3$]

表2－18　先秦汉语条件情态动词表

条件可能	条件必要	条件可行	条件许可	条件估价
能$_2$、克$_2$、得$_2$、获、可$_1$(可以$_1$)足以$_1$	必$_4$、宜$_3$、当$_3$	可$_2$(可以$_2$)、足$_1$(足以$_2$)	可$_3$、可以$_3$	可$_4$(可以$_4$)、足$_2$(足以$_3$)、难(难以)、易(易以)、宜$_4$

此外，我们在前文中参照 van der Auwera & Plungian(1998)的情态类型表，将先秦汉语的情态类型层级制成表 2-19：

表 2-19 先秦情态动词所表达之情态类型表

<table>
<tr><th>动力情态</th><th>条件情态</th><th>道义情态</th><th>认识情态</th></tr>
<tr><td>主语能力、意愿</td><td>可能、必要、可行、许可、估价</td><td>许可、应当、必须</td><td rowspan="2">可能性、应然性、必然性</td></tr>
<tr><td>参与者内在情态</td><td colspan="2">参与者外在情态</td></tr>
<tr><td colspan="3">非认识情态</td><td>认识情态</td></tr>
</table>

表 2-19 中的四类情态动词为根据本书界定原则所筛选出的所有先秦情态动词成员。首先要说明的是，以上所列各类情态动词成员并非针对情态动词本身所做的分类研究，而是指出先秦各类情态语义类型可以分别由哪些情态动词来表达，因此，虽然我们将某个情态动词归入某类或两类以上的情态表达类型中，但这只是表示在本书考察范围的语料中，这个情态动词出现在某些可以解释为表达该情态类型的语境中，并不表示这个动词即为严格分类意义上的该类情态动词，因为这些用法有时可能只是语境中衍生出来的。比方我们将“敢”同时归入表达动力及道义两个情态类型中，但这并不表示我们认为“敢”同时为动力及道义情态动词。根据下文对“敢”的分析结果，“敢”表“许可”的道义情态用法只是语境的临时引申，而非动词“敢”本身的语义，因此，我们不能说“敢”是一个道义情态动词，只能说“敢”在特定的语境内可以引申出与“许可”有关的语义。不过，在行文中，为了叙述方便，本书有时仍会以道义情态动词来称呼这类用法。诚如前文所指出的，本书在行文中所称的“认识情态动词”或“道义情态动词”等各类情态动词实际上只是“可表达认识情态的动词”或“可表达道义情态的动词”等说法的简称。

上述情态动词成员与过去研究中所称的助动词、能愿动词或情态动词有较大差异，这些差异主要表现在以下两方面：(1)本书所列的情态动词成员并非以过去相关研究文献中所提及的助动词或能愿动词成员为基础来加以增删，而是实际从本书研究范围的语料中筛选出所有符合本书所界定的情态动词。(2)本书所界定的情态动词与传统定义中的助动词或能愿动词范围有别。首先，我们将某些学者归为助动词但语义不表情态的"为""见"等排除在情态动词之外。其次，传统定义中的助动词或能愿动词范围较本书的情态动词范围为小，不仅不包含认识情态及道义情态中具有〔一来源〕语义属性的词，也不包含具有〔＋来源〕语义属性中的"恐""惧""如""若""似""类"及主语指向中的"善""思""望""求"等词，前文指出，我们之所以将这些词列入情态动词范围，主要是因为它们符合本书对先秦情态动词的界定，亦即在句法上可以后接动词性成分，且在语义上表达情态的动词。

在界定本书所区分的先秦四类情态语义类型，并根据界定列举出能表达这四类情态语义类型的成员后，下章开始我们将对各个情态动词的语义及发展作较为详细的分析与讨论。我们的论述方式将以个别情态动词为纲，详细探讨各个先秦情态动词的形成、语义演变及在先秦汉语中的情态表达类型与方式。由于情态动词析论部分是本书的主体，且篇幅较大，因此分为三章，第三章探讨典型情态动词，第四、五两章分别探讨非典型情态动词。关于先秦典型情态动词与非典型情态动词的界定及分类，我们将在下文做进一步的说明。

2.4.2 先秦典型/非典型情态动词的界定

前文指出，本书对情态动词采取的是一种较为广义的界定，亦即涵盖所有可以表达情态语义的动词。不过，前文也指出，在西方情态研究史上，学者们基于不同研究动机或目的，所界定出的情态动词范围实际上有相当大的差异。尽管如此，多数学者对可归为典型情态动词成员的认定仍有较为一致的看法。以下回顾西方学者对典型情态动词的界定，同时根据先秦汉语情态动词的特点，对先秦典型及非典型情态动词做出界定。

在西方的传统情态研究中，多数学者同意认识情态与道义情态是语言中最重要的两种情态表达类型，也是最典型的情态表达类型，其他情态类型或被视为非典型情态类型，或根本被排除在情态的研究范围之外，如英语的动力情态即是。在目前一般学界的界定中，认识情态表达的是说话者对命题可能性或必要性的推测或判断，道义情态表达的则是说话者对命题（动作）被执行的可能性或必要性的态度。如果根据上述标准来检验先秦情态动词表达系统，可以说，先秦汉语的认识及道义情态动词发展是相当不成熟的。

首先，表 2－12 所列具有〔＋来源〕语义属性的动词虽然可以说是符合上述认识情态界定的成员，不过，其中“必”在一般研究中多被归为副词，“恐”“惧”“如”“若”“似”“类”所表达的认识情态则只是一种语用策略，说话者使用这些词并不是为了表达对命题可能性的推测或判断，而是为了让自己的措辞更加委婉礼貌，因此，上述这些词都不能算是典型的认识情态动词。表 2－12 中符合一般认识情态动词界定的只有“当”与“宜”，不过，这两个词所表达的认识情态用法都是相当罕见的。上引例（24）“诸能治天下者，固必通乎性命之情者，当无私矣”是“当”表认识情态的典型用例。在本书考察范围的语料中，“当”的这类典型认识情态用例除上引例（24）外，只有另一例为例（123）。“宜”表达的认识情态用法在先秦同样相当罕见，根据本书的考察，这类用法的例句大致不超过 10 例。从以上的论述来看，先秦认识情态动词的表达系统可说是相当不成熟的。

（123） 太子悝患之，募左右曰：“孰能说王之意止剑士者，赐之千金。”左右曰：“庄子当能。”（《庄子·说剑》）

其次，表 2－15 所列具有〔＋来源〕语义属性的动词为符合上述道义情态界定的成员，不过，其中“必”一般多列为副词，“宜”的道义情态发展并不完全，“请”“如”“若”表达的道义情态是语用策略，“欲”“敢”则是语境引申，因此，上述这些词都不能算是典型的道义情态动词。表 2-15 中符合一般道义情态动词界定者包括“当”及“得”，其中“当”的道义情态表达仍在发展的初始阶段，典型道义情态的用例不多，处于主要动词与情态动词两可分析的用例则相当常见，至于“得”所表达的道义情态则仅限于否定句。从以上的论述来看，先秦的道义情态动词的表达系统也是相当不成熟的。

根据上文的分析，先秦情态动词中可表达典型认识或道义情态的只有“当”“宜”及“得”三词，且表达的范围相当有限。如果循着前述西方学者的观点来检验先秦情态动词的情态表达能力，那么先秦的情态动词系统可说是相当不发达的。不过，前文也引述 Palmer 等学者的说法指出，语言中的情态应是一个具有个别语言特色，且应以个别语言本身实际表现为主的语法-语义范畴，因此，以单一或多种语言为研究对象所归纳出的情态表达模式或框架不一定适合用来作为其他语言情态研究的规范，同样地，以印欧语言为主要研究对象所界定的典型情态语义类型也不一定适合用来规范先秦情态动词的研究。根据本书的考察，先秦汉语的情态动词系统实际上是相当发达的，只是表达的模式及语义内涵与前述西方学者的论述不尽相同。因此，我们认为，先秦典型情态动词的成员应根据先秦汉语本身的语言表现来界定，无需拘泥于传统西方学者认定的所谓认识及道义情态范畴。从先秦汉语本身的语言表现出发，我们认为可归入先秦典型情态动词者除上述“当”“宜”及“得”三词外，还应包括表 2-18 中所有可表条件情态的成员。这些情态动词的共同特征是均由状态动词发展而来，且可以表达说话者对命题或事件的态度。①

综上所述，我们认为先秦典型情态动词可界定为表达说话者对命题或事件之可能性、必要性及可行性等评估态度的情态动词，包括“可(可以)”“足(足以)”“难(难以)”“易(易以)”“必”“当”“宜”“能”

---

① 关于先秦汉语动词分类与典型情态动词的关系，以及先秦典型情态动词在跨语言情态系统中的特色，我们将在分析完所有先秦情态动词的语义及发展后，于第六章作较为详细的论述。

“克”“得”及“获”；[①]不属此类者则均归为非典型情态动词，包括上列典型情态动词之外的所有情态动词成员。

关于先秦情态动词的界定及分类，有一点必须说明的是，由于本书对情态动词的研究以语义分析为主，因此，无论是在划定先秦情态动词的成员范围上，或者在先秦典型情态动词与非典型情态动词的区分上，主要都是以语义为依归。连金发教授针对本书的论述指出，情态动词和主要动词的区别除了语义，还需回归到形式的区别。我们同意连教授所提出的意见。不过，诚如前文所指出的，本书所拟探讨的“先秦情态动词”实际上指的是先秦汉语与情态概念表达有关的语言形式中所有可归类为“动词”的成员，亦即涵盖一般学界所认定的具有形式特征的情态助动词以及可表达情态语义的情态实义动词，因此，在本书的研究主旨及架构下，“情态动词”无法从形式上与其他实义谓宾动词区别开来。当然，由于本书所界定的情态动词为广义的情态动词，因此，其内部成员可能具备不同的形式特征，如果要从形式的角度切入情态动词的研究，我们也可以将已经划入本书广义情态动词的成员再由形式作进一步的区分。关于这个问题，我们在下文6.2.1小节探讨情态动词形成的句法条件中会有初步的分析。[②] 此外，由于本书将一般不被视为助动词或能愿动词而可表达情态语义的实义动词也划入本书情态动词的研究范围，因此，洪波教授指出，这类动词事实上只是“一般动词的情态用法”。我们同意洪教授的说法，不过，这类一般动词的情态用法也是本书情态研究中所拟探讨的一个重要部分。

2.4.3 先秦情态动词分类结果及说明

前文指出，我们以三章的篇幅探讨先秦情态动词的发展演变，其

---

① 在前文中，我们虽根据“必”的词性争议问题而未将它列入典型情态动词范围，不过，由于在后文的论述中，我们将“必”分析为由状态动词发展而来的情态动词，因此，我们将“必”也归入先秦典型情态动词。

② 不过，由于本书对情态动词的研究仍以语义为主，限于时间及篇幅等限制，关于先秦情态动词的形式及句法等问题，只能留待日后的研究再行开展。

中第三章探讨典型情态动词，第四、五章探讨非典型情态动词。以下说明这三章情态动词的归类及编排原则。

第三章探讨典型情态动词。根据前节的论述，本书归为典型情态动词的成员共包括“可（可以）”“足（足以）”“难（难以）”“易（易以）”“必”“当”“宜”“能”“克”“得”及“获”。在前节的界定中，先秦典型情态动词指的是可以表达说话者对命题或事件态度的动词。在上列情态动词中，“必”“当”“宜”可表认识情态，“得”可表道义情态，因此，这四个词可表达说话者态度应无疑义。其次，根据下文分析，“可”“足”“难”“易”四词均为由提升动词发展而来的情态动词。在先秦汉语中，这类由提升动词发展而来的情态动词表达的原就是说话者对命题的态度，因此，这四个词可表达说话者态度也是没有问题的。最后，“能”“克”及“获”三词均能表达条件可能情态。在先秦汉语中，条件可能表达的虽然不是说话者的主观性态度，而是说话者根据客观条件所作的客观性评估或推断，不过，这种客观性评断仍与说话人的态度有关，因此，我们认为“能”“克”及“获”三词也可归入表达说话者态度的情态动词。

第四、五章探讨非典型情态动词。非典型情态动词包括典型情态动词以外的所有成员，由于这些成员的数量较多，因此我们分为非典型情态动词（一）、（二）加以讨论。

非典型情态动词（一）的主体为动力情态动词，主要包括表 2－17 所列之成员，其中“能”“克”由于已依表 2－18 归入典型情态动词，因此不列入本章讨论范围。列入本章的情态动词包括“肯”“敢”“欲”“愿”“望”“冀”“期”“请”“求”“索”“图”“谋”“思”“虑”及“善”，其中“肯”“敢”“欲”“愿”为多数学者归为助动词或能愿动词之成员，其他各词则根据其语义可表达主语能力或意愿而归入此类。

非典型情态动词（二）的主体为认识情态及道义情态动词中不被归入典型情态动词的成员，也就是表 2－10 及表 2－15 中所有具有〔－来源〕语义属性的动词及具有〔＋来源〕语义属性动词中不属典型情态动词的成员,包括“恐”“惧”“如”“若”“似”“类”等。这类动词均非传统归为助动词或能愿动词的成员,本书根据它们可表达与认知或义务有关的情态而归入此类。

由于本书所界定的情态动词成员中,许多成员均可表达两种或两种以上的情态类型,因此,对于这些语义复杂的情态动词的归类,有时不得不采取一些权宜措施。我们的处理方式是:

首先界定典型情态动词成员的范围,凡符合典型情态动词之界定者,即优先归入典型情态动词,如“能”“克”虽同时可表主语能力,但因为它们符合典型情态动词的界定,因此将之归为典型情态动词。

其次,典型情态动词之外,凡能表达动力情态者,即优先归入非典型情态动词(一),如“思”可兼表动力情态及认识情态,基于动力情态优先原则,因此将“思”归入非典型情态动词(一)。虽然“思”所表达的另一种情态认识情态语义与归入非典型情态动词(二)的“谓”“以为”相近,将“思”与“谓”“以为”分置两章难免令人困惑,不过,这也是编排上不得已的权宜之计。此外,“请”也可兼表动力情态及道义情态,基于动力情态优先原则,我们同样将“请”归入非典型情态动词(一)。与“思”的情况相似,虽然“请”也可与“命”“令”“使”“劝”等同样表达道义情态,但我们仍以其所表达的动力情态为优先编排顺序。

第三章
典型情态动词析论

本章探讨先秦典型情态动词的发展、演变及情态表达等相关问题。根据前文界定,典型情态动词指的是可表达说话者观点或态度的动词,包括"可(可以)""足(足以)""当""宜""能""克""得""必""获""难(难以)"及"易(易以)"。本章对这些情态动词的编排顺序是:"可(可以)""足(足以)""难(难以)""易""必""当""宜""能""克""得""获",其中"可(可以)""足(足以)""难(难以)""易(易)"发展为情态动词的方式基本一致,"当"与"宜""能"与"克""得"与"获"的语义及情态表达均有相关之处,因此放在一起讨论。

3.1　可(可以)

3.1.1　"可"的构句方式及情态发展

情态动词"可"乃由状态动词(形容词)发展而来,白晓红(1997:221)指出形容词"可"表示"适宜、可以",如例(1);李明(2001:18)则认为其义为"合宜",如例(2)。

(1) 因可势,求易道。(《韩非子·观行》)

(2) 帝曰:"畴咨若时登庸?"放齐曰:"胤子朱启明。"帝曰:"吁!嚚讼,可乎!"(《尚书·尧典》)

根据学者的相关研究及本书的考察，先秦“可”主要出现在下面几个句式中：

A. Subj[当事]＋(Neg)＋可[状动-合标准][1]

B. Subj[施事]＋(Neg)＋可[意动-认可][2]＋NP

C. Subj[施事]＋Neg＋可[动词-同意]

D. Subj[当事]＋(Neg)＋可[情动]＋VP[3]

A 式的“可”为状态动词，表示“可以”之义[4]，其中 Subj 为当事主语，为“可”所描述的对象。这类句式在先秦相当常见，其主语没有任何限制，可以是无生名词，如例(3)，也可以是属人名词，如例(4)，也可以是以子句表示的事件，如例(5)及上引例(2)，其中例(2)之主语“胤子朱”乃承前省略。B 式为状态动词“可”的意动用法，表示“以……为可”，亦即“认可”之意。其中 Subj 为有思维能力的施事主语，“可”后须带 NP，如例(6)—例(7)。C 式之“可”为动词，表“同意”，主语亦为施事者，“可”后面不带任何成分，如例(8)—例(9)。D 式即“可”的情态动词(助动词)用法，Subj 一般为当事者，“可”后须带 VP，如例(10)—例(12)。

(3) 秋，晋侯会吴子于良，水道不可。(《左传·昭公十三年》)

(4) 若我可，不必亡一大夫；若我不可，不必亡一公子。(《左传·哀公六年》)

(5) 子夏曰：“大德不逾闲，小德出入可也。”(《论语·子张》)

---

① Neg 表否定词，( )表示可出现也可不出现。

② 现代汉语的“认可”一词，从构词方式及表达的词义来看，可以说就是由“可”的意动用法“认……为可”而来的，因此我们将“可”的意动用法用“认可”来表达。

③ 根据下文分析，D 式中的 Subj[当事]应是由“可”后接动词之宾语提前而来的，由于动词宾语已提前至主语位置，因此句中的动词后理论上不应再接宾语，因此，出现在这个位置的动词大多为单个动词 V 而非动词组 VP。不过，由于这个句式中的动词仍有可以后接宾语之例，如双宾动词，而 VP 事实上也可以包含 V，因此，我们仍以 VP 来表示这个句式中的动词，只有在说明动词与后接宾语的关系时，才用 V 表示动词。

④ 关于状态动词“可”所表示的“可以”之具体语义内涵，下文会有较详细的论述。

(6) 夫贤不肖、善邪辟、可悖逆，国不乱、身不危奚待也？（《吕氏春秋·正名》）

(7) 心不知道，则不可道，而可非道。（《荀子·解蔽》）

(8) 襄仲欲立之，叔仲不可。（《左传·文公十八年》）

(9) 楚人伐郑，郑伯欲成。孔叔不可，曰："齐方勤我，弃德不祥。"（《左传·僖公三年》）

(10) 子孔曰："晋师可击也。"（《左传·襄公九年》）

(11) 士尹池谏于荆王曰："宋不可攻也。"（《吕氏春秋·召类》）

(12) 夫吴，君王之吴也，王若蚤图之，其事又将未可知也。（《国语·越语下》）

上述这四个由"可"构成的句式，A式为其基式，B、D二式是由A式发展而来，C式则是由B式发展而来。其中A式到B式的发展是一般先秦状态动词常见的意动用法，意为"以X为可"。在先秦状态动词的意动用法中，X一般均为NP成分，主语"以NP为可"意即主语认可NP存在的价值或必要等。"可"由"认可"义进一步发展即为"同意"义，也就是说，当主语认可某事物的存在价值或必要时，也就意味着主语同意这个事物的存在或发生。不过，由于"同意"本身语义内涵的限制，"可"所同意的对象只能是某种行为或事件，而非NP所表示的单独个体。C式是我们归为"可"表同意的用法，在这类用法中，"可"所同意的对象均为语境中的某个行为或事件，如例(8)"叔仲不可"指的是叔仲不同意"襄仲欲立之"这件事，而例(9)"孔叔不可"指的则是孔叔不同意"郑伯欲成"这件事。这类用法我们认为是先秦情态动词"肯"的来源，详细论述见于下章"肯"的分析。最后，A式到D式的发展即"可"由状态动词到情态动词的发展，这是本节以下所要论述的主要问题。

关于"可"由状态动词发展为情态动词（助动词）的过程，白晓红(1997:222)认为是由"可"临时活用的意动用法在频繁使用后引申发展而来的，也就是说，当“可”后接 NP 时，“可”由“合适”“可以”引申出“赞许”“许可”“批准”等动词义，如上引例(8)；而当“可”后接 VP，形成“可＋VP”的结构时，“可”便由“合适”“可以”引申出“应当”“可以”“能够”等助动词义，如例(13)。李明(2001:81)提出两点理由反对上述论点，一是“可”活用的例子很少见，不足以证明“可”发展为助动词前有作一般动词使用的阶段；二是“可”活用后，意思与原来的形容词及后来的助动词差别很大，因此，他认为“可”转化为助动词并未经历带体词宾语的阶段，其助动词用法的产生是由于形容词“可”带上 VP，或是由于形容词移位到 VP 前而产生的，如例(14)。我们同意李明认为“可”的情态动词发展过程与其形容词意动用法无关的观点，理由除了李明所指出的两点外，更重要的一点是，表意动的“可”只能搭配施事主语，而先秦情态动词“可”则基本不允许搭配施事主语，因此，“可”的情态动词用法不可能由意动用法发展而来。根据下文的论述，“可”意动用法的进一步发展应是情态动词“肯”的来源，而“肯”正是一个必须搭配施事主语的情态动词。至于李明所指出的形容词“可”带上 VP 或移位到 VP 前，“可”即发展为情态动词，这种说法也似乎有待商榷。我们认为，“可”发展为情态动词可能与其构句方式有关。以下分析先秦情态动词“可”的构句方式，并提出对情态动词“可”形成的看法。

(13) 乌鱼可谓愚矣。(《墨子·公孟》)

(14) 子张问：“十世可知也？”(《论语·为政》)

关于情态动词“可”所构成的句式，自马建忠指出其后接动词大多有受动的意味后，(吕叔湘、王海棻 2005:224－225)[①]许多学者都同意这个说法，如王力(1989/1990:337)认为“可”字表示“被动的‘能’”，其后的动词一般都有被动的意义；周法高(1968:310)则指出，

① “‘可’‘足’两字后动字，概有受动之意。”

由于这类句式中“可”的起词（主语）往往是后面动词的止词（宾语），所以“可”后面的动词往往有受动的意味；Pulleyblank（1992：42）参照周法高的说法，将“可”称为“后接被动动词的形容词”（adjectives that make a verb passive），由于其主语（subject）为其后接补语动词（complement verb）的受事（patient），因此其后接及物动词需理解为被动义。

赵丕杰（1991）不同意“可”表被动的说法，他指出，古汉语被动句中的动词须为及物动词，且后面不再带宾语，如例（15）之“斩”“剖”“胣”及“靡”。但是，可以出现在“可”后的动词并不完全符合这个规定——如“可”后的动词可以是不及物动词，如例（16）；也可以是与主、被动无关的表存现意义的动词，如例（17）；也可以是动词的使动、意动或为动用法，如例（18）；此外，“可”后的及物动词也可以带宾语，如例（19）。最后，他指出，“可”并非表被动的助动词，其后之动词之所以经常具有被动意是由于“可”表可能，即客观条件许可或应当做到，故主语经常为受事者的缘故。

（15）昔者龙逢斩，比干剖，苌弘胣，子胥靡。（《庄子·胠箧》）

（16）天之高也，星辰之远也，苟求其故，千岁之日至，可坐而致也。（《孟子·离娄下》）

（17）道不可有，有不可无。（《庄子·则阳》）

（18）众可惧也，而不可怒也。（《左传·昭公二十六年》）

（19）三军可夺帅也，匹夫不可夺志也。（《论语·子罕》）

刘承慧（1999：574－575）也认为“可”与“被动”指涉无关。她同意前引 Pulleyblank（1992：42）将“可 VP”之“可”视为谓语中心，而将 VP 分析为补语的主张，不过，她不同意用“被动”（passive）来阐释“可”之作用的说法。她认为“可”之所以会有“被动”的暗示，只是由于“可”的表述对象与补语动词原应搭配的宾语经常重合，如例（20）中的“鲁”为“被占取”的对象；然而，补语动词与主语的语义联系并不能完全用“被动”来解释，如例(21)的“广大”“富”“强”与其主语“地”“国”“兵”应为致使的联系，而“尊”与其主语“主”则为意使的联系，至于例(22)的主语“楚”与例(23)的主语“天”则分别为其补语动词“入”及“逃”的位移目的与逃避对象，这些句式都不含被动意味。

(20) 公曰：“鲁可取乎？”对曰：“不可。犹秉周礼。”(《左传·闵公元年》)

(21) 事于南方，其兵弱，天下必能救，地可广大，国可富，兵可强，主可尊。(《战国策·魏策四》)

(22) 今日我死，楚可入矣。(《左传·定公四年》)

(23) 弃君之命，独谁受之？君，天也，天可逃乎？(《左传·宣公四年》)

我们同意赵丕杰及刘承慧所提出的“可”与“被动”指涉无关的说法，事实上，马建忠虽然在“受动字”一节中提出“‘可’‘足’两字后动字，概有受动之意”的说法，(吕叔湘，王海棻 2005:224 - 225)不过他在“助动字”一节中也指出：

“可”“足”两助动字后，所续其他动字，概有受动之解，前有证矣。然既曰助动字矣，则所助动字或为受动，或为内、外动诸字，亦无不助也。(吕叔湘，王海棻 2005:249)

从上引这段文字来看，马建忠对“可”后接动词的意见并非如后来某些学者所认为的只能接被动动词，而是同时可以接不及物动词与一般及物动词，如上引例(16)为赵丕杰所举以反驳“可”后只能接被动动词之例，不过，事实上该例正是马氏所举之“可”助内动字“坐”之例。我们认为，马建忠所谓“可”后接动词“概有受动之解”的“概”也许不应理解为“一概”“全部”，而应理解为“大概”“大多”，也就是说，马建忠在此只是指出大多数学者均同意的这类句式的特色，也就是“可”后接的动词经常可理解为被动义，而其他非被动之用法亦同时存在。[①]

“NP 可 VP”这类句式之所以经常有受(被)动意味的原因，前引周法高(1968:310)认为是由于这类句式中“可”的起词(主语)NP 大多为后面动词的止词(宾语)，刘承慧(1999:574)则认为是因为“可”的表述对象[即“起词(主语)”]NP 与补语动词原应搭配的宾语经常重合的缘故。上述二位学者对这类句式中主语与“可”后接之动词语义关系的理解大致相同，也就是说，在这类句式中，“可”前的主语成分与其后接动词在语义上经常可以用“V+NP”的结构来理解。我们认为，学者们之所以经常用“受动”或“被动”来理解“NP 可 VP”的句式，主要是由于在“V+NP”的结构中，NP 的语义角色以受事成分居多，不过，诚如前引刘承慧所指出的，在上古汉语中，NP 与 V 间的语义联系并不限于受事一类，也可以是致使或意使的联系，甚至可以是位移目的或逃避对象等。也就是说，当“NP 可 VP”句式中的 NP 是 V 语义上的受事时，该句式即有受(被)动的意味，当 NP 与 V 的语义联系并非受事，而是其他关系时，该句式即不具受(被)动的意味。

厘清“NP 可 VP”句式中 NP 与 VP 的语义关系后，我们接下来分析这类句式的构句方式及“可”在句中的功能。前文指出，刘承慧(1999:574－575)同意 Pulleyblank 将“NP 可 VP”之“可”视为谓语中心，而将 VP 分析为补语的主张，其后刘承慧(2006b:842)进一步指出，这类句式的构成方式是，从陈述中抽取出一个指称成分放在主语位置，作为评断对象，其余部分则置于“可”之后，“可”在句中的功能即为评断该陈述的“可能性”或“可行性”。在例(24)中，“可”是评断“及晋楚之富”的可能性，而在例(25)中，“可”则是评断“缓民事”的可行性。也就是说，例(24)的“晋楚之富，不可及也”实际上是拆解了

① 不过，马建忠对“可”后接动词的类别分析也有值得商榷之处。在《马氏文通》的体系中，内动与外动是根据动词语义所作的区别，而受动则是外动词的用法之一，是依施受所在句法位置与主动用法所作的区别，二者并不在同一个平面上。因此，《马氏文通》对“可”字后接动词类别的分析实际上是混淆不清的。

“及晋楚之富”这个动宾结构，且将宾语成分放在句首主语位置而形成的，例(25)情况亦同，这个例子所拆解的动宾结构为“缓民事”。[①]

(24) 晋楚之富，不可及也。(《孟子·公孙丑下》)

(25) 民事不可缓也。(《孟子·滕文公上》)

我们同意刘承慧对“可”字句构成方式的分析，根据这个说法，情态动词“可”字句在拆解前的基本句式应为“V＋NP，可”，如例(24)拆解前为“及晋楚之富，不可也”，例(25)为“缓民事，不可也”，上引其他各例亦同，如例(22)为“入楚，可矣”，例(23)为“逃天，可乎？”

根据情态动词“可”的这个构句方式，我们可以重新分析几类“可”后接VP的例子。首先，如果“可”字句的基本句式为“V＋NP，可”，那么情态动词“可”后接的V就不应有不带NP的例子，如上引例(16)之“坐”。我们认为，在这个例子中，“可”后接之VP不应分析为“坐”，而应分析为“坐而致”，因此，这句话在拆解前应为“坐而致千岁之日至，可也”。其次，前引赵丕杰(1991)以例(19)“三军可夺帅也”这类“可”之后接动词另带宾语的例子作为反对“可”表被动的证据之一，不过，关于这类用法，周法高(1968:311)已经指出其应分析为双宾语，因此并不违背“可”在上古汉语中的用法。我们认为，这类例子也可以用“可”句的构句方式来分析，也就是说，这个例子实际上是分别抽取了“夺三军帅，可也；夺匹夫志，不可也”这两个陈述中的指称成分，也就是近宾语“三军”及“匹夫”放在主语位置，作为评断对象而形成的。上古其他类似的例子包括例(26)—例(27)。例(26)与例(19)同为动词后接名词双宾语，例(26)拆解前之句式应为“责无糟之民理，不可”。例(27)“可”后接之动词“使”一般称为“使令动词”，所构成的句式多为兼语式，兼语式实际上可视为广义的双宾句式，只

① 魏培泉(1999a:287)指出，“可”在先秦汉语中为提升动词，“可”字句的宾语提前，这是句法的要求，这种分析方式与刘承慧所谓从陈述中抽取出一个指称成分放在主语位置的说法基本是一致的。

不过其远宾语为动词性成分，例(27)拆解前之句式应为“使形如槁木，固可；而使心如死灰，固可乎？”最后，刘承慧(2006：842)指出，先秦汉语“可”字句所拆解的陈述除了动宾式外，也有拆解主谓式的用例，如例(28)。对于这个例子，本书的看法与她稍有不同。前文我们虽然将例(19)“三军可夺帅也”中的“三军”与“帅”分析为双宾语，不过事实上，在这类例句中，“三军”与“帅”也可以分析为具有领属关系的名词，如朱有明(1986)即将这个例句中的主语分析为“三军之帅”，例(29)“君子……亦不可夺丧也”的前半句正是“夺人之丧”。如果从这个角度来看，例(28)所拆解的陈述也可能是一个动宾式，即由“变豪杰业，皆可”拆解而来。

(26) 轻重不调，无𪏘之民不可责理。(《管子·揆度》)

(27) 形固可使如槁木，而心固可使如死灰乎？(《庄子·齐物论》)

(28) 是故豪杰皆可变业。(《商君书·农战》)

(29) 君子不夺人之丧，亦不可夺丧也。(《礼记·杂记下》)

前文指出，先秦情态动词“可”是由“可”字句的A式发展而来，参酌上文对情态动词“可＋VP”句式构成方式的分析，我们可以对这个问题做进一步的探讨。

首先，A式句主要由当事主语及状态动词“可”构成，亦即“Subj＋可”，其中“可”为句中主要谓语，当事主语则为“可”所描述的对象。在先秦汉语中，A式中的主语可以由各类结构充当，前文举过的例子包括主语为NP者，如上引例(3)—例(4)；及主语为子句者，如上引例(5)及例(30)—例(31)。

(30) 臣弑其君，可乎？(《孟子·梁惠王下》)

(31) 越王问于大夫文种曰：“吾欲伐吴，可乎？”(《韩非子·内储说上》)

除了上述两类结构外，A式中的主语也可以由VP充当，这类VP

又可分为两类，第一类之V后无NP成分，如例(32)；第二类之V后面带NP成分，如例(33)—例(35)。

(32) 子曰："朝闻道，夕死可矣。"(《论语·里仁》)

(33) 宋公伐郑。……晋赵鞅卜救郑，遇水适火，占诸史赵、史墨、史龟。史龟曰："……伐齐则可，敌宋不吉。"(《左传·哀公九年》)

(34) 寺人御而出，且曰："崔氏有福，止余犹可。"(《左传·襄公二十七年》)

(35) 大宰曰："荡闻之，无亲则不爱，不爱则不孝。谓至仁不孝，可乎？"(《庄子·天运》)

综上所述，我们可以将"可"字句A式之主语分为四类，第一类为NP，第二类为主谓结构，即Subj＋V(＋NP)，第三类为后面不带NP之V，第四类为"V＋NP"。

前文指出，"NP＋可＋VP"句式的构成方式是从陈述中抽取出一个指称成分放在主语位置，具体的做法则是拆解"V＋NP，可"这个基本句式。也就是说，在上述各类主语结构不同的A式句中，能发展出情态动词"可"的句式只有以"V＋NP"结构为主语之句式，也就是第四类的例(33)—例(35)，其他三类则否。第一类主语之所以无法发展出"可"的情态动词用法，主要是因为这类主语只有指称成分NP而无V成分，第三类则是由于只有V成分而没有指称成分NP。第二类主语虽然同时包含V及NP成分，不过由于这类主语本身已是主谓结构，句首的主语位置已被这个主谓结构中的主语所占据，V后面的NP已无法再被抽取出来放在主语位置，因此同样无法发展出"可"的情态动词用法。

关于情态动词"可"的用法是由"V＋NP，可"这个基本句式拆解而来的论点，我们可以再做一些补充说明。在例(36)中，襄仲以鲁君的名义召见叔仲惠伯，叔仲之家臣公冉务人认为此去必死于襄仲之手,因此阻止叔仲入宫,叔仲答以“死君命,可也”,意思是“死于国君的命令,这是可以的”。“死君命,可也”这句话即我们所指出的可拆解为“可”之情态动词用法的基本句式,亦即“V+NP,可”,其中“死”为V,“君命”为NP。其后公冉务人的答句“若君命,可死”,即是将原陈述中的指称成分“君命”抽出来放在主语位置,而将动词“死”置于“可”之后。例(37)的“人可弃乎”也可以视为由前句的动宾结构“弃人”拆解而来。此外,上引例(33)—例(35)各例中之“V+NP,可”,在先秦也都有基本相应的“可+VP”的句式,如例(38)—例(40)。

(36) 仲以君命召惠伯,其宰公冉务人止之,曰:“入必死。”叔仲曰:“死君命,可也。”公冉务人曰:“若君命,可死;非君命,何听?”(《左传·文公十八年》)

(37) 君子曰:“莒展之不立,弃人也夫!人可弃乎?”(《左传·昭公元年》)

(38) 赵主父使李疵视中山可攻不也?还报曰:“中山可伐也,君不亟伐,将后齐、燕。”(《韩非子·外储说左上》)

(39) 年不可举,时不可止。(《庄子·秋水》)

(40) 常宽容于物,不削于人,可谓至极。(《庄子·天下》)

3.1.2　“可”的情态表达类型

3.1.2.1　前人研究评述

在前文的讨论中,虽然学者们对于“可”发展为情态动词(助动词)的途径有不同的意见,不过,“可”的情态动词(助动词)用法乃由其状态动词(形容词)的用法演变而来,学者们则没有异议。关于状态动词(形容词)“可”的语义,前引白晓红(1997:221)认为表示“适宜、可以”,如上引例(1),她同时指出,“可”的助动词义为“应当”“可以”“能够”等,这些词义是由其形容词义“合适”“可以”引申出来的,引申的途径是,当说话者主观上认为某种行为合适,也就意味着他认为应该(可以)进行这种行为。李明(2001:18)认为形容词"可"义为"合宜",如上引例(2)。他同时根据助动词"可"的语义,将"可"所表达的情态类型分为三类:一表条件可能,如上引例(14);二表许可,如例(41)—例(43);三表估价,如例(44)—例(45)。不过他并未对"可"如何由形容词义的"合宜"发展为上述三类助动词语义的过程提出具体的意见。Peyraube(2000:39－40)指出先秦情态动词"可"有四种语义:(i)表允许(permission)-道义情态,如例(46);(ii)表可能(possibility or probability)-认识情态,如例(47);(iii)表义务(obligation)或必要(requirement)-道义情态,如例(48);(iv)表值得(worthy of)-非道义情态亦非认识情态,如例(45)。他同时指出,"可"所表达的认识情态是由道义情态引申而来的,理由是,先秦前期汉语中的"可"主要表达的是道义情态,如例(49),而例(47)这类表达可能性的用法则是后来才出现的。

(41) 三年无改于父之道,可谓孝矣。(《论语·里仁》)

(42) 父母之年,不可不知也。一则以喜,一则以惧。(《论语·里仁》)

(43) 子大叔戒之,曰:"大国之人,不可与也。"(《左传·襄公二十四年》)

(44) 虽小道,必有可观者焉;致远恐泥,是以君子不为也。(《论语·子张》)

(45) 九功之德皆可歌也,谓之九歌。(《左传·文公七年》)

(46) 燕可伐与?(《孟子·公孙丑下》)

(47) 殷因于夏礼,所损益,可知也;周因于殷礼,所损益,可知也;其或继周者,虽百世可知也。(《论语·为政》)

(48) 贤者之为人臣也,其君不贤,则固可放与?(《孟子·尽心上》)

(49) 父母之言,亦可畏也。(《诗经·郑风·将仲子》)

我们认为,上述三位学者的说法都有可以进一步探讨的地方。首先,白晓红认为“可”的形容词义为“合适”,由此引申出助动词义中的“应当”一类,不过,由“合适”引申出“应当”虽然合乎词义引申的原则,但事实上,先秦的情态动词“可”表达的主要应该是强度较低的“许可”的用法,而不是强度较高的“应当”的用法[①],因此,白晓红所指出的先秦情态动词“可”的词义引申途径是有待商榷的。其次,李明虽指出“可”在先秦可表达三类情态,不过他并未指出这些情态类型间的发展演变关系。最后,Peyraube 将例(47)这类“可”归为认识情态,这种归类方式与本书对情态类型的界定不同。在本书的界定中,认识情态表达的主要是说话者对命题真值的承诺强度,也就是命题是否为真的推测或判断,而非所有与“可能性”有关的概念。从文义上来看,先秦这类“可”表达的并非说话者对命题真值的承诺度,而是说话者对于在某种条件下,谓语所表示的动作或状态可能达成或实现的判断,而这类情态在本书的界定中应属于表条件可能的条件情态。[②] 此外,我们对“可”所表达的条件可能情态是由道义情态引申而来的看法也有不同的意见,详见下文论述。

3.1.2.2　状态动词“可”的语义

以下先分析先秦状态动词“可”的语义,接着探讨其发展为情态

---

① 关于道义情态梯度的区别,本书在 2.1.1.2 及 2.3.2 中有较详细的论述,可以参看。在前文的论述中,汉语道义情态中表许可与表应当两种语义分属不同的情态强度或维向,这个观点已为大多数学者所认同,如朱冠明(2005)、彭利贞(2007:160)、徐晶凝(2008:265-266)及李明(2001:5)等。上述强度分类主要是就情态动词本身的语义内涵来说的,这种语义内涵也就是一般所谓的词项义。尽管在具体的语境中,表许可的“可”或“可以”也可能基于语用因素而表达应当的语义,如当一个上司对下属说:“你可以把这些文件整理一下。”这时的上司所要表达的应是对下属的命令而非允许。不过,我们认为这种用法是“可以”在语境中衍生出的语境义,在探讨“可”或“可以”的词项义时,不应将这类语用因素考虑进来。

② 在西方的情态分类中,表可能性概念者一般分为两类,即认识可能与非认识可能。英语中表达认识可能者主要为“may”,表达非认识可能者主要为“can”。Coates(1983) 将“can”所表达的非认识可能称为根可能(root possibility),Palme(1986)则称为中立(条件)可能(neutral/ circumstantial possibility)。我们认为,先秦“可”所表达的与可能性有关的概念与“can”较为接近,而与“may”不同,因此应归为非认识可能。

动词所表达的情态类型。

如前所述，许多学者均认为状态动词(形容词)“可”义为“合适”“合宜”等，这类语义与以下将探讨的“宜”基本一致。根据下文的分析，本义为“适合”“合宜”的“宜”在语境中衍生出的道义情态用法应为“应当”义，也就是说，当说话者认为某件事是适合的，就很容易衍生出这件事是应该的想法。参看“宜”的情态发展途径，如果“可”的本义也是“合适”“合宜”，那么“可”的情态发展也应有与“宜”类似的途径，不过，如同前文所指出的，“可”在先秦主要表达的并不是“应当”的用法，其情态表达也与“宜”有较大差异，因此，我们认为，状态动词“可”的语义实有重新检讨的必要。

例(50)是仲弓向孔子请问子桑伯子的为人，孔子回答他：“可也，简。”朱注：“可者，仅可而有所未尽之辞。简者，不烦之谓。”[①]从孔子对子桑伯子的评语及朱熹对“可”的说解可以看出，“可”在先秦并不像“宜”那样是一个全然表达“适合”“合宜”等正面语义的词，而是带有“未尽”之义，也就是说，由“可”所描述的人事物仅是表示其达到某种可接受程度的要求，而并未到达“适合”或“合宜”的程度。以上引“可”做状态动词之例为例，例(3)“秋，晋侯会吴子于良，水道不可”，这句话的意思是，“晋侯原定在秋天与吴子在良这个地方会见，由于水道不允许，所以作罢”。这里的“水道不可”指的并不只是水道不适合通行，而是无法通行，也就是未达到可通行的程度，因而导致晋、吴无法会见。例(5)的“小德出入可也”指的也是一个人在小德小节上稍有逾越是可以接受的，而这种仅可接受的程度却并非合宜的。其他如例(30)“臣弑其君，可乎”及例(31)“吾欲伐吴，可乎”中的“可”表达的也都只是合乎某种可接受的标准，而非“适合”或“合宜”。

(50) 仲弓问子桑伯子，子曰：“可也，简。”仲弓曰：“居敬而行简，以临其民，不亦可乎？居简而行简，无乃大简乎？”子曰：

① 朱熹：《四书章句集注》，台北：长安出版社1981年版，第83页。

“雍之言然。”(《论语·雍也》)

根据前段的论述,先秦状态动词“可”表达的应是说话者对包括人事物在内的某种情况是否合乎其设定标准所做的一种主观性评论或判断。在这个语义中,“标准”与“主观性”是“可”的两个重要语义特征。不过,由于“可”的这两个语义特征都没有特定的实指内涵,如“标准”并未限定为哪一方面的标准,而“主观性”评论或判断也无任何可依循的准则,因此,先秦状态动词“可”的语义内涵可说是相当抽象的。由于“可”的语义内涵抽象,因此,在具体语境中,“可”的意义必须依赖其他共现成分来限定,同时也依赖听话者或读者对语境的理解与判断。前引例(4)“若我可,不必亡一大夫;若我不可,不必亡一公子”,句中的“可”与“不可”究竟指什么?我们只能从更大范围的语境中去理解和推测。这个句子出现的语境是,陈僖子欲立公子阳生为齐君,鲍子反对,“若我可”云云即为公子阳生对鲍子所说的话。在这段话中,“可”大致可以理解为“符合为君标准”或者“有资格为君”一类的语义,而“若我可”则应该理解为“如果我符合为君的标准”,而“若我不可”则应该理解为“如果我不符合为君的标准”。将这个例句中的“可”理解为“符合为君标准”或者“有资格为君”,这是我们对“可”所出现的语境进行详细分析后所得的结果。如果是在一般文意理解的场合中,这里的“可”可能更倾向用“可以”或“可行”来说解,也就是“如果我(当国君)可以的话”,或者“如果我(当国君)可行的话”。在这个例句中,“可”所表达的原是说话者对“我”是否合乎为君标准的评估,不过,由于在语境中,当说话者评估某事符合自己所订的标准时,通常也就意味着允许这件事发生,因此,“可行”便在语境中衍生出“许可”的涵义。例(3)的情况与例(4)相似,其中“水道不可”一方面可理解为水道的状况不佳,也就是不符合可通航的标准,在这种理解下,“不可”表达的就是一种评估的态度;不过,在实际的理解中,我们也可能将这句话进一步引申为水道的状况不允许通航,这时的“可”便有了许可、允许的涵义。

前两例“可”所评论的对象都是NP，由于NP所提供的信息量较低，因此“可”所表达的语义往往不易确指。例(31)及例(33)的“可”所评论的对象已从NP扩展到由子句或VP所构成的命题，在这两个用例中，“可”的语义都可用“可行”来理解，不过这类用法中的“可”仍带有说话者评估的意味，也就是表达说话者对“吾欲伐吴”及“伐齐”这两件事可行性的评估态度。

例(5)是另一类型的例子。“大德不逾闲，小德出入可也”的“可”在一般人的直觉语感中可能更接近许可义，也就是“小德出入”这个行为是可以被容许的。我们认为，这种理解倾向应是由于“可”所评论的对象“小德出入”在一般人的价值判断中是一个不具正面意义的行为，因此，当用“可”来评断它时，我们便会倾向于从负面的角度来理解，也就是这种行为虽然不值得赞许，但因不伤大雅，所以容许它发生。例(30)“臣弑其君，可乎？”及例(35)“谓至仁不孝，可乎？”所表现出的明显许可义同样是基于我们对“臣弑其君”及“谓至仁不孝”这两个命题所持的反对态度而来。① 最后，例(51)“唯伐君为不可”的“不可”表达的已是毫无疑义的禁止义，这类“可”所表达的明确禁止义除了与“伐君”这个行为的负面评断有关外，也与它出现在表禁诫语气的否定情境有关。

(51) 二子将伐公。齐高强曰：“三折肱知为良医。唯伐君为不可，民弗与也。”(《左传·定公十三年》)

综上所述，先秦状态动词“可”可表达说话者对事件的可行性评估，也可表达说话者对事件的许可态度，不过，这两种语义之间并不是截然可分的。在实际的语境中，“可”表达的语义接近可行或接近许可主要取决于语境中的制约因素，以及说话者/听话者对事件的理

① 根据本书的考察，先秦“可”所评论的行为或事件大多为这类具负面价值者，我们认为这可能与它语义中有“未尽善”的意味有关。也就是说，“可”所表达的语义原就有未尽善之意，因此经常用来评论一般人认为未尽善的行为或事件。

解与接受度。说话者/听话者对事件的接受度愈低,“可”所表达的愈接近许可义,反之则接近可行义。

除了可行及许可外,先秦状态动词“可”也可表达说话者对事件或行为在价值方面的评估,如上引例(32)。在这个例子中,“朝闻道,夕死可矣”的“可”表达的是说话者认为在“朝闻道”的客观条件下,“夕死”是件“值得”的事。我们认为,“可”的这类表值得的语义应是在表可行的基础上进一步衍生出来的。也就是说,当说话者对事件或行为表达可行性评估时,“可”表达的是可行的语义;当说话者在事件或行为是否可行的评估基础上加上对价值的判断时,“可”便衍生出表值得的估价义。前文指出,“可”所表的可行义与许可义主要取决于语境中的制约因素,以及说话者/听话者对事件的理解与接受度;同样地,“可”所表的可行义与值得义也可以说是取决于语境中的制约因素,以及说话者/听话者对事件的价值评估。说话者/听话者对事件的价值评估愈高,“可”表达的愈接近值得义,反之则接近可行义。

上引各例是先秦状态动词“可”所表达的与可行、许可及值得有关的例子,以下探讨“可”所表达的与条件可能有关的例句。例(52)之“可”朱注云:“可者,仅辞”,①这个解释与例(50)“可也,简”朱注“仅可而有所未尽之辞”是一致的,也就是只达到某种未尽理想的程度。例(50)是对已然存在人物的评论,因此“可”表达的只是一般的评估义;例(52)的“可”由于出现在假设情境中,因此“可”所表达的语义便带有对未来可能达到某种标准的推断,这种语义即是本书分类中的条件可能情态。不过,由于例(52)“可”所评论的对象在语句中并未出现,因此,“可”所表达的语义实际上是相当模糊的。例(53)同样是假设句,“可”所表达的条件可能义已经相当明确,也就是说,这句话表达的是说话者对于“虞、吴二国在听用宫之奇、伍子胥建议的客观

① 朱熹:《四书章句集注》,台北:长安出版社 1981 年版,第 144 页。

条件下，至今仍然存在”的可能性推断；例(54)表达的则是说话者对于“我能毋攻人”的可能性推断，在这句话中，虽然语境中并未提示明确的客观条件，不过，当说话者做出这样的判断时，他的心里必然有某种隐含的前提条件，比如“我”是因为不好战、不贪土地……等因素，所以才能做到不去攻打别人。

(52) 子曰：“苟有用我者。期月而已可也，三年有成。”(《论语·子路》)

(53) 虞用宫之奇、吴用伍子胥之言，此二国者，虽至于今存，可也。(《吕氏春秋·求人》)

(54) 我能毋攻人，可也，不能令人毋攻我。(《管子·立政九败解》)

例(34)是语义较难确指的例子。例(34)的语境是，崔氏发生内乱，宗主崔杼担心会有灭家之祸，因此向庆封求助，“崔氏有福，止余犹可”为崔杼在向庆封求助前所说的话。这句话一方面可以理解为“如果崔氏有福的话，那么让祸患仅止于已身就还是可能实现的”，在这种理解下，“可”表达的即是条件可能义；不过，这句话也可以理解为崔杼认为若能让祸患仅止于已身，这个结果还是可以接受的，在这种理解下，“可”表达的则就较接近前述的可行性评估。

综上所述，我们认为先秦状态动词“可”的语义本质上表达的是说话者对人事物是否符合其设定标准的一种主观评论或判断，不过，由于评断的范围与标准在“可”的语义内涵中没有实指，因此“可”所表达的评断内容必须借助语境中的其他共现成分来制约。根据前文的考察，在先秦汉语中，“可”所评断的对象包括 NP、VP 及子句。当“可”所评断的对象为 NP 时，“可”所表达的主要是一种评估义，也就是评断 NP 是否符合说话者可接受的某种标准或条件。当“可”所评断的对象为 VP 或子句所构成的命题或事件时，“可”至少可表达四方面的评断，即命题或事件的可行性、许可、价值评断(值得)及可能性

(条件可能)。在这四类语义中,可行到许可间以及可行到值得间都是一个语义连续统。在可行到许可方面,当说话者/听话者对命题或事件采取中立态度时,“可”所表达的语义较接近可行与否的评断;当说话者/听话者对命题或事件采取负面态度时,“可”所表达的语义较接近容许与否的评断。当语义接近容许的“可”出现在否定语境中时,“可”表达最明确的许可义。在可行到值得方面,当说话者/听话者对命题或事件采取中立态度时,“可”所表达的语义较接近可行与否的评断,当说话者/听话者对命题或事件采取认可态度时,“可”所表达的语义较接近值得与否的评估。在可能性方面,“可”所表达的是说话者对命题或事件在某种客观条下可能达成或实现的评估或判断。

以上我们将先秦状态动词“可”评断命题或事件时所表达的语义分为可行性、许可、值得及可能性四类,这四类语义之间是否有前后衍生的关系?我们目前还没有确定的结论。在目前可作为探讨先秦情态动词发展的语料中,《左传》《论语》可算是时代相对较早的文献,然而,在这两部文献中,前述“可”的四类语义都已经出现,也就是说,我们无法从这四类语义在文献中出现的时代先后来探讨它们可能的前后衍生关系。不过,如果从语义本身的主客观角度来看,相较于许可义及值得义,可行义可说是其中较客观的语义,也可说是较基本的语义,而许可义及值得义则可能是在可行义的基础上加上说话者的主观态度而来的。可能义与可行义之间的前后关系则不明确。关于这四类语义的衍生关系,我们在下节探讨情态动词“可”的情态表达类型时会有进一步的论述。

3.1.2.3　情态动词“可”的情态表达类型

前文指出,“可”的情态动词用法是由“V+NP,可”这个句式发展为“NP+可+VP”而来的,在上文的分析中,“V+NP,可”这个句式中的“可”主要可表达四种语义,即可行性、许可、值得及可能性(条件可能)。根据我们的考察,在“可”由“V+NP,可”这个句式发展为“NP

＋可＋VP”的过程中，“可”的句法功能虽有所改变，不过语义基本是一致的，也就是同样可表达上述四类语义。以下分析情态动词“可”表达这四类语义的例句。

上引例(41)及例(46)分别为李明(2001：18)及 Peyraube(2000：39－40)所举“可”表许可或允许义的例句，不过，我们认为这两例中“可”的语义可能较接近我们所划分的第一种语义，也就是对命题或事件可行性的评估。前文指出，可行性虽有“许可”的暗示，不过这种语义表达的主要仍是说话者的评估态度，与许可义仍有区别。例(43)“三年无改于父之道，可谓孝矣”的语义结构是：“谓〔三年无改于父之道〕孝，可矣”，也就是把“三年无改于父之道”这个行为称作“孝”是“可”的。在这个例子中，“可”表达的主要应是说话者对“谓〔三年无改于父之道〕孝”这个命题所做的可行性评估，也就是虽未达到尽善的程度，但也已经达到说话可接受的标准。前文指出，当说话者评估某事符合自己所订的标准时，通常也就意味着允许这件事发生，不过，这种许可义如果没有语境中的其他共现成分来凸显，就无法在语义表层浮现出来。例(46)“燕可伐与”的“可”表达的主要也是说话者对“伐燕”这件事的可行性评估，许可义仍只是语境中的衍生。上引例(10)、例(20)、例(36)及例(38)的“可”表达的都是相似的语义。

前文指出，当“可”所评估的对象在一般人的价值判断中是一个不具正面意义的命题或行为时，“可”便表现出较明显的许可义，如上引例(23)“弃君之命，独谁受之？君，天也，天可逃乎？”在这个例子中，说话者首先表达自己对“弃君之命”的否定态度，接下来以“天”来比喻君，同时以反诘语气质问“逃天”这件事的可行性。在这个例子中，由于说话者在上下文中明确表达自己对“逃天”一事的否定态度，因此，“可”中原本只是由语境衍生出的“许可”暗示便在这些共现成分的制约下凸显出来。例(55)同样是“可”表达明确许可义的例子。在这个例子中，一方面由于“诬君子之道”为说话者所不认同的行为，一方面由于反诘副词“焉”的制约，“可”因此表现出强烈的许可义。

（55）君子之道，焉可诬也？（《论语·子张》）

最后，例(42)“父母之年，不可不知也”是上述表达明确许可义的“可”出现在否定句的例子。在这个例子中，一方面由于“不知父母之年”是一个具有负面意义的行为，一方面由于否定句式本身的禁诫语气，因此这类“不可”的用法可说已是相当明确的许可义了。

在前文2.3.4.1中，我们将“可”所表达的对命题或事件的可行性评估归为条件可行情态，而将表达强烈许可义的“可”归为条件许可情态，我们同时引述Coates(1983:31－37)对“must”根情态义的研究指出，“must”的根情态义是由“主观强烈的义务”到“客观需要或条件”的连续统，两者间的语义改变实际上只涉及说话者态度由主观到客观，以及义务强度由强至弱的两种梯度的变化，先秦情态动词“可”所表达的条件许可与条件可行间的语义变化也与之相似，只是强度梯度由义务改为许可。在先秦汉语中，典型的条件可行表达的是说话者对事件或动作可行性的客观评断态度，如例(56)“桂可食”及“漆可用”，在这类用法中，说话者据以判断可行与否的标准是一般的自然法则，其间几无说话者的主观态度涉入，因此，在这类用法中，说话者对命题所施加的许可强度是相当微弱的。在先秦汉语中，可归为典型条件许可的例句如上引例(23)、例(42)及例(55)，在这些例句中，说话者对事件或动作的可行与否表达了相当强烈的主观态度，也就是说话者基于个人强烈的主观信念，认为“逃天”“不知父母之年”及“诬君子之道”都是无法容许的事。除了以上的典型用例外，先秦表达这类语义的“可”大多处于典型条件可行到典型条件许可的过渡阶段，前文我们虽然认为例(10)、例(20)、例(36)及例(38)的“可”表达的语义较接近可行性，但这些“可”也未尝不能理解为许可义。诚如前文所指出的，由于不同的人对命题或事件的价值评断不同，因此对同一个例子的归类方式也可能不同，这种现象可说是大多数多义情态词的共同特征。

(56) 桂可食，故伐之；漆可用，故割之。(《庄子·人间世》)

从以上的论述来看，先秦“可”的语义可说是相当复杂的。表可行性的“可”一端连着状态动词“可”所表的评估义，一端则连接着情态动词“可”所表的许可义，这种语义表现与前引 Coates(1983:85-86)对英语情态动词“can”的分析结果有相似之处 2.3.3.1。在 Coates 的分析中，“can”的语义是由能力过渡到可能性再过渡到许可，在我们的分析中，“可”的语义则是由合乎标准过渡到可行性再过渡到许可；Coates 认为“can”的语义由可能性过渡到许可是一个“限制性”的递增过程，我们认为“可”由可行性过渡到许可也可用这个观点来解释。在可行的一端，说话者对命题或事件可行与否的态度是只要不违背自然法则都允许发生；在许可的一端，说话者对命题或事件的可行与否则是以个人的强烈主观态度来加以限制。“can”与“可”在这些方面的类似性是情态研究中饶富兴味的问题。

以上分析的是先秦“可”所表达的可行性及许可义，以下分析“可”表达值得义的用法。在前文 2.3.4.1 的论述中，我们将“可”所表达的值得义归为条件估价情态，如上引例(44)—例(45)。前文同时指出，这类表值得义的“可”应是由表可行义的“可”发展而来的，由条件可行到条件估价可说是说话者对事件或动作的可行与否由客观条件判断到主观价值认可的渐变过程。前引例(56)“漆可用”之“可”为表达典型条件可行的用例，在这个例子中，说话者是以“漆用之于物品，对物品无害”的自然法则为标准，判断“用漆”这件事是可行的。例(57)“老马之智可用”的“可”是由条件可行向条件估价过渡的用法。在这个例句中，说话者除了可以表达“用老马之智”这件事因为无害所以可以去做的态度，也同时可以表达说话者对于“用老马之智”在找到正确道路这件事上具有积极正面价值的态度，也就是“用老马之智”是值得做的事。与“可”之“可行→许可”间为一个模糊的语义集合不同，“可”所表达的值得义虽然是在可行义的基础上引申而来的，不过，“可”所表达的值得义已发展出较典型的用例，如上引例(44)—例(45)。

(57) 管仲、隰朋从于桓公而伐孤竹,春往冬反,迷惑失道,管仲曰:“老马之智可用也。”(《韩非子·说林上》)

先秦情态动词“可”除了可表达上述情态类型外,还可表达条件可能情态。前文指出,先秦状态动词“可”所表达的可能义是在假设语境中衍生出来的,这种可能义发展为情态动词后,表达的即为本书所界定的条件可能情态,亦即在某种客观条件下,命题或事件达成或实现的可能性,如例(22)“今日我死,楚可入矣”指的是,在“今日我死”的条件下,入楚是可能的,也就是办得到的;例(47)“殷因于夏礼,所损益,可知也”指的则是,在“殷因于夏礼”这个条件下,知所损益是可能的,这里的可能同样是办得到的意思。上引例(12)、例(14)、例(16)、例(19)、例(21)、例(24)及例(28)表达的也都是这种条件可能义。前文指出,状态动词“可”所表达的条件可能义有时在语境中虽未提示明确的客观条件,不过事实上,这类例句中仍有某种隐含的前提条件,如例(24)“晋楚之富,不可及也”是曾子所说的话,这句话的前提条件可能是曾子对自己所处地位的认知。其他例句皆同。

前文指出,“可”所表达的可行义与许可义间,以及可行义与值得义间都是一个语义连续统,其间并无明确可分的界限,许多例句都处于中心到圆周的渐变位置。“可”所表达的条件可行情态除与条件许可及条件估价情态有纠葛外,与条件可能间也有容许两可分析的情况。不过,与可行与许可间以及可行与值得间为语义连续统的情况不同,可行与可能这两个语义间并不是一个渐变的梯度,而是或A或B。以前引例(20)“鲁可取乎”为例,这个例子如果从说话者对“取鲁”这件事的可行性态度来看,“可”应归为表达可行到许可之间的语义——可行是就客观条件来看“取鲁”是否可行,许可是就说话者主观来看“取鲁”是否容许,根据语境的制约成分以及说话

者/听话者对语境的解读,"取鲁"在后面这个坐标中可以被置放在不同的位置,即:

可行…………▸许可
取鲁

这个例子的"可"除了可以分析为表达"可行→许可"之间的语义外,也可以分析为表达条件可能,也就是就客观条件来看,"取鲁"这个目标是否可能达成。前文2.3.4.2分析"可"所表达之条件可行与条件可能之区别时曾经指出,"可"的条件可行表达的是说话者对事件或行为本身可行与否的评断,而条件可能表达的则是说话者对事件或行为能否实现的可能性推断。当说话者着眼于事件本身的可行与否时,"可"表达的是"可行→许可"义;当说话者着眼于事件未来的结果时,"可"表达的即为可能义。例(27)"形固可使如槁木,而心固可使如死灰乎?"的"可"同样可以理解为可行或可能,理解为可行时,这段话的意思是颜成子游质问南郭子綦"使形如槁木、心如死灰"这个行为是否可行;理解为可能时,这段话的意思则是颜成子游询问南郭子綦这样的境界是否可能达成。与"可行→许可"间只取决于说话者主观态度之强度递增的情况不同,"可"理解为可行或可能牵涉的是读者对文句意义的不同理解。理解为可行时,读者只关注事件本身可不可以做;理解为可能时,读者关注的则是事件能不能实现或达成。也就是说,"可"所表达的可行与可能是无法并存的。

关于"可"表"可行→许可"与"可能"的纠葛,我们还可以用例(58)—例(59)来作进一步的分析。例(58)的"可受"可以理解为可行到许可间的语义,也就是一方面就客观条件来看,接受周济是可行的;另一方面就说话者的主观信念来看,接受周济是容许的。例(59)由于语境中共现的"得""见"均为带结果义的动词,意为"得到""见到","可得""可见"因而只能理解为条件可能,也就是"可能得到"与"可能见到",在这个语境的制约下,同一段话中"可受"的"可"也只能理解为条件可能,"可传而不可受"意为"'传'是可能办到的，而'受'则是不可能办到的"。可不可能办到同样是就结果而言的。

(58) 君闻之曰："吾大者不能行其道，又不能从其言也，使饥饿于我土地，吾耻之。"周之，亦可受也，免死而已矣。(《孟子·告子下》)

(59) 夫道，有情有信，无为无形；可传而不可受，可得而不可见。(《庄子·大宗师》)

"可"所表达的值得义与前述"可"所表达的"可行→许可"及可能在语义上也有纠葛之处，前文分析"可取"的语义时指出，根据说话者对事件着眼的角度不同，"可取"之"可"可以理解为"可行→许可"以及"可能"两种不同语义。"可取"除了可以表达上述两种语义外，也有表达"值得"义的例子，如例(60)。在这个例子中，"可取"意为有值得取法之处。我们认为，这个例子中"可取"的"可"之所以有值得义，同样是由于说话者对事件的着眼角度。也就是说，当说话者着眼于事件的价值评断时，"可"即表达估价情态。例(61)"可传"的"可"可同时允许理解为可行、可能及值得三种语义，当说话者纯粹就客观条件来看舜之法传于后世的可行性时，"可"表达条件可行；当说话者就客观条件来推断舜之法传于后世的可能性时，"可"表达条件可能；当说话者就价值来评断舜之法传于后世的值得与否时，"可"表达估价情态。

(60) 虽桀、纣犹有可畏可取者，而况于贤者乎？(《吕氏春秋·用众》)

(61) 舜人也，我亦人也。舜为法于天下，可传于后世，我由未免为乡人也，是则可忧也。(《孟子·离娄下》)

根据以上的分析，情态动词"可"共可表达可行、许可、值得及可能四种语义，这四种语义与前文分析的状态动词"可"所表达的语义基本是一致的。前文探讨状态动词"可"所表达的语义时指出，由于这四种语义在《左传》《论语》等时代相对较早的文献中都已经发展成熟，因此，我们无法从这四类语义在文献中出现的时代先后来探讨它们可能的前后衍生关系。不过，如果从一般语义演变大多是由具体到抽象、由客观到主观的角度来看，在上述“可”所表达的这四类语义中，可行义可视为较客观的语义，而许可义及值得义则可能是在可行义的基础上分别加上说话者的主观许可及价值评断而来的。至于“可”所表达的条件可能义则可能与其他语义间没有衍生关系。如前所述，条件可行是在说话者对事件是否合乎其所设定标准的评估上衍生而来的，条件可能则是在假设情境中，说话者对事件未来可能达到某种标准的推断，这两种情态可以说都是由“可”的状态动词基本语义“合乎某种标准”在语境中衍生而来的。

前文指出，Peyraube(2000：39)认为先秦“可”所表达的认识情态是由道义情态引申而来，理由是，先秦前期汉语中的“可”主要表达的是道义情态，而表达可能性的用法则是后来才出现的。不过，前文也指出，Peyraube(2000)所指出“可”表认识可能的例子实际上表达的是条件可能(根可能)而非认识可能。事实上，先秦的“可”并没有发展出一般界定的认识情态的用法，因此，自然不可能存在由道义情态向认识情态的发展。此外，根据前引 Bybee *et al*.(1994)对跨语言情态发展的研究，表许可的道义情态应是由根可能(条件可能)引申而来的，也就是说，如果先秦“可”所表达的条件可能情态和道义情态确实存在先后演变关系，也应是可能情态在先，道义情态在后，这种演变途径可说与 Peyraube(2000)所提出的文献证据相互矛盾。关于“可”的道义情态与所谓“认识情态”发展的问题，Meisterernst(2008a：116)也以两汉时期“可”的用法证明“可”并没有由道义情态向认识情态发展的倾向。根据她的研究，“可”在两汉时期的用法与先秦并无重大差别，Peyraube(2000：39)所指出表认识可能的例子实际上表达的是根可能性，而这类根可能性应是“可”的核心义之一，而非由其他情态引申而来。我们同意 Meisterernst(2008a)对“可”所表达的这两类情态语义发展的看法，亦即“可”所表达的“可行/许可”与“可能”并无前后衍生的关系。

3.1.3　“可以”的结构及相关问题讨论

“可以”在先秦究竟是一个情态动词“可”＋介词“以”的单音词连用[以下简称“可＋以(介)”]，或有部分已凝固成单一情态动词[以下简称“可以(词)”]，历来学者有许多不同的意见。由于“可以”的成词与否与成词时代牵涉到学者们对“可以”结构的分析及所出现语境的解读，因此，以下先介绍学者们对这个问题的研究及看法，再说明我们的意见。

关于“可以”的分析较早见于《马氏文通》，马氏认为“可以”为“可”后接介词“以”，其中“以”字后面省略宾语(司词)，所省略之宾语即见于上文的主语或其他先行词(起词)，如例(62)“小固不可以敌大”，即“小固不可以之敌大”，其中“之”代“小”字，为“以”的宾语，因已见于前文，所以不再写出；例(63)“我不可以后之”则是“不可以我后之”之意，“以”后省略的宾语为主语“我”。(吕叔湘，王海棻 2005：252－253)①

(62) 然则小固不可以敌大，寡固不可以敌众，弱固不可以敌强。(《孟子·梁惠王下》)

(63) 我，周之卜正也，薛，庶姓也，我不可以后之。(《左传·隐公十一年》)

王力(1957/1988:601)对“可以”的意见与马建忠大致相同。他指出，上古的“可以”应该理解为两个词的结合，其中“以”为介词，后面省略了一个宾语，即代词“之”或“此”，因此，上古汉语的“可以”并

---

① 不过，《马氏文通》在该分类下所举的例子并不完全符合这个定义，如马氏认为在“焉有君子而可以货取乎？(《孟子·公孙丑下》)”这个例句中，“以”的宾语是“货”，不过“货”在这个例子中并非句子的主语或前文的先行词，且充当介词宾语的“货”也并未省略。此外，马氏所举之“故君子可欺以其方，难罔以非其道。(《孟子·万章上》)”一例，吕叔湘、王海棻(2005:252)已经指出，此句中“可”和“以”不相连，而且“以”的宾语是“其方”，并不是句子的主语。本书对马氏分析“可以”结构的意见仅采用其定义，至于所举之例的分析问题则非重点，因此在此不拟作进一步的讨论。

不等于现代汉语的“可以”。他同时指出，“可以”到汉代以后才逐渐凝固成为复合词。如例(64)。[1]

(64) 司马引袁盎起，曰：“君可以去矣！”(《史记·袁盎列传》)

周法高(1968:313)也同意马建忠的说法，亦即“可以”中的“以”为介词，句中主语同时为“以”的宾语。他并区分两类“可以”的用例，第一类为“以”的本用，主语明显可以看出是“以”的宾语，如例(65)；第二类为“以”的活用，主语较不易看出为“以”的宾语，如例(66)。

(65) 片言可以折狱者，其由也与？(《论语·颜渊》)

(66) 曾子曰：“士不可以不弘毅，任重而道远。”(《论语·泰伯》)

Pulleyblank(1995:23－24,43)也将先秦的“可以”视为两个单音词的连用，他认为“以”作动词时义为“使用(use)”，用作次动词(coverb)或介词时则可引介工具格。在“可以”的结构中，“以”为实义动词，充当“可”后接被动及物动词的角色。也就是说，工具格的意义被延伸至包含施事格：“王可以被用来……”，即“王可以是……的施事”[2]。Meisterernst(2008a:104－105)也同意Pulleyblank对于这类“以”的用法分析。

上述说法除Pulleyblank及Meisterernst将“以”分析为动词外[3]，其他学者大抵是将先秦的“可以”全部分析为“可”＋介词“以”的单词连用，也就是均为“可＋以(介)”。不过，也有许多学者不同意这个说法，而认为“可以”在先秦已经是一个单词了，如刘淇(2004:157)《助字辨略》于“可”字条云：

《中庸》……又云：“夫妇之愚，可以与知焉。夫妇之不肖，可

---

① 不过王力在他后来的著作中又认为先秦的“可以”已经凝固成词，见下文相关讨论。

② Pulleyblank(1995:23－24)的原文是：“In this construction 以, which as a verb means ‘use’ and as a coverb(or preposition) is used for the instrument, fills the role of passive transitive verb complement to 可. That is, the meaning of instrument is extended to include agnecy: ‘the king may be used to’ → ‘the king may be the agnet to’.”

③ 由于介词“以”本是由动词“以”发展而来的，而先秦所谓介词也多半仍具动词性，因此，我们认为Pulleyblank的说法事实上与多数学者并无实质上的不同。

以能行焉。""可"即"可以","以"为语助也。

在这段话中,刘淇虽未明言该例句中之"可以"为单词,不过他已经认为"可以"相当于"可",亦即不认为"以"有介词的功能了。杨伯峻(1981/2000:93)也将"可以"列为单词,所举之例为例(67)。不过他并未对"可以"的结构提出任何看法。

(67) 五亩之宅,树之以桑,五十者可以衣帛矣。(《孟子·梁惠王上》)

其后,许多学者明确指出先秦的"可以"应分为两类,一为两个单词连用的"可+以(介)",二为复音词"可以(词)",如朱有明(1986)、何乐士(1989/2004)、王力(1990)、李佐丰(1994)、刘利(1994,2000)、张月明(1997)、白晓红(1997)、郭锡良(1998)、王鸿滨(2001)、李明(2001)、张家文(2001)、郑萦(2004)及朱冠明(2008)等。

关于复音词"可以"的形成过程,朱冠明(2008:140-141)指出,目前学界大致同意复音词"可以"是源于"助动词'可'+介词'以'"这个连用形式,由于"可""以"经常连用,且连用时介词"以"的宾语一般省略,导致"以"的介词功能逐渐丧失,最后成为一个后补的构词语素,"可以"因而凝固成词。①

---

① 主张这个说法的学者包括王力(1957/1988、1990)、刘利(1994,2000)、白晓红(1997)、郭锡良(1998)、李明(2001)及张家文(2001)等,意见不同的学者包括朱有明(1986)、何乐士(1989/2004)、张月明(1997)及朱冠明(2008)等。朱有明(1986)将所有"以"后不带宾语者均归为"可以(词)",并认为这类"可以"中的"以"已虚化为"可"的后缀;何乐士(1989/2004)根据《左传》中"可以"后面均不带宾语的现象,否定"以"为介词且后面省略宾语的说法,而认为"以"应为连词,用以连接施事主语及"可"后之谓语成分;张月明(1997)虽同意先秦"可以"有"可+以(介)"及"可以(词)"两类,但他不同意"可以(词)"源自"可+以(介)",而认为"可以(词)"从一开始就是一个双音节助动词,其中的"以"是一个无理据的书写符号;朱冠明(2008)则认为单词"可以(词)"同时有"可+以(介)"及"可+以(连)"这两种来源。我们同意多数学者的看法,认为单词"可以(词)"源于"可+以(介)",详见下文。另,Meisterernst(2008a:104-105)同意上引 Pulleyblank(1995:23)将"以"分析为动词的说法,并认为双音词"可以"是在两个动词的基础上形成的。前文指出,这种说法实际上与将"以"分析为介词并无本质上的不同。

根据上述说法,“可+以(介)”与“可以(词)”的区别主要应在于“以”的介词性强弱。由于学者们对“以”后不出现宾语的现象有两种解释,一种是省略代词“之”,一种是宾语已提前至句子主语位置,因此,学者们在判定“以”的介词性强弱时也有两种相应的判断标准:(1)“以”后能否补进代词“之”或省略成分,能补进的为“可+以(介)”,不能补进的则为复音词“可以(词)”(王力 1989/1990:338-389;刘利 1994:385,2000:45;张月明 1997:50-51;郭锡良 1998:4 等)。(2)句子主语是否为“以”的支配成分,若是,则为词组“可+以(介)”;若否,则为“可以(词)”(李佐丰 1994:124;张家文 2001:47;李明 2001:18-19;朱冠明 2008:150-152 等)。我们虽将“以”的介词性强弱判断标准分为两类,不过在实际运用上,这两种标准是互为表里的。事实上,最早提出宾语省略说的马建忠即已指出,“以”后面省略的宾语即见于上文的主语,也就是说,凡是“以”后面无法补出省略宾语者,主语即大致非“以”的支配成分。因此,上述区分只是为了彰显学者们在论述时的不同侧重而已。

关于“可以(词)”由“可+以(介)”逐渐凝固成词的过程,李明(2001:18-19)及朱冠明(2008:150-152)均有较详细的论证。李明(2001:18-19)考察先秦六部文献①中“可”“以”连用时,“以”后带宾语的情况后指出,“以”后大多并不存在介词宾语的省略,因此,他认为,“以”虽是介词,但它的作用并非引介宾语,而是标记“可以”前的主语乃其后 V 所表示动作的工具、方式、凭借及原因等。他同时根据“可以”前出现成分的不同,将“可以”出现的句式分为以下四类,并认为这四类句式由 A 到 D 是“以”的介词性由强至弱,最后完全虚化为后附成分的过程。也就是说,当“可以”前的成分为非施事 NP 时,“可以”后可补“之”字,此时“以”的介词性最明显,如 A 式;当“可以”前的成分复杂化为 VP 后,介词“以”已开始与“可”凝固,如 B 式;当“可以”前的 VP 出现施事后,“可以”后添补“之”已非常勉强,此时“可以”宜

---

① 这六部文献包括《尚书》《论语》《左传》《孟子》《国语》及《韩非子》。

分析为单词；最后，当“可以”前的成分为纯粹施事主语时，“可以”已基本凝固。最后，李明指出，由于上述“可以”的凝固过程是渐进的，因此，句中的“可以”究为“可＋以(介)”或“可以(词)”有时很难判定。朱冠明(2008：150－152)的说法与之相类，此处不再详细介绍。

A. NP(非施事)＋可以＋VP。如例(68)：

(68) 诗，可以兴，可以观，可以群，可以怨。(《论语·阳货》)

B. VP_1＋可以＋VP_2。如例(69)：

(69) 见利思义，见危授命，久要不忘平生之言，亦可以为成人矣。(《论语·宪问》)

C. NP(施事)＋VP_1＋可以＋VP_2，如例(70)：

(70) 子曰：“君子博学于文，约之以礼，亦可以弗畔矣夫！”(《论语·雍也》)

D. NP(施事)＋可以＋VP，如例(71)：

(71) 范文子曰：“若逞吾愿，诸侯皆叛，晋可以逞。”(《左传·成公十六年》)

上述李明的说法大致可以代表多数学者对“可以”凝固过程的意见，也就是说，当“可以”前的成分可作为“以”的支配成分，亦即非施事成分时，“可以”为“可＋以(介)”；当“可以”前的成分不能作为“以”的支配成分，亦即为施事主语时，“可以”为“可以(词)”，介于两者之间的则处于由“可＋以(介)”演变到“可以(词)”的过渡阶段。

我们同意“可以(词)”源于“可＋以(介)”的说法，但不完全同意用“以”后面能否添补省略宾语“之”或“可以”前的成分是否为“以”的支配成分来作为区分两类“可以”的标准，因为这种区分标准并不完全符合先秦的语言实际，因此在操作上具有相当的主观任意性。以下以四位学者对《论语》及《孟子》两部书中出现的“可以”所做的分析统

计结果说明我们的观点

表3-1是张月明(1997),郭锡良(1998),刘利(2000)及张家文(2001)这四篇写作年代相差不远的论文对《论语》及《孟子》两部书中出现的“可以”所作的统计。这四篇论文基本都是以上述两条标准来区分“可+以(介)”与“可以(词)”,但所得的结果却有极大的差异。郭锡良认为《论语》中可分析为复音词的“可以(词)”仅有3—5例,其余27例均为省略宾语的“可+以(介)”;刘利的统计正好相反,他认为《论语》中可分析为省略宾语“可+以(介)”的仅有7例,其余26例均为复音词“可以(词)”。其他二位学者的统计结果则介于二人之间,张月明的结果与刘利略为接近,张家文则与其他三人皆相去甚远。《孟子》的统计结果虽不如《论语》悬殊,但仍有相当差距。

表3-1 《论语》《孟子》“可以”统计表

统计者	论语		孟子	
	可+以(介)	可以(词)	可+以(介)	可以(词)
张月明(1997)	10	23	14	61
郭锡良(1998)	27	3—5	24	50
刘利(2000)	7	26	11	63
张家文(2001)	16	17	18	60

我们认为,上述四位学者之所以会对两类“可以”的区分结果有如此大的差异,主要的原因是,无论是判定“以”后面能否添补省略宾语“之”,或者判定“可以”前的成分是否为“以”的支配成分,判定者所依据的都只是个人的语感及主观认定,并无客观一致的标准,以下略举二例说明。

首先,例(72)及例(73)为张月明(1997:52)所举分别属于“可+以(介)”及“可以(词)”的例子。张月明认为例(72)为“可以”的“以”后面省略“之”类代词之例,所省略的“之”指代“齐戒沐浴”。如果这个说法成立,那么例(73)事实上也可以归为“以”后面省略“之”类代词之例,所省略的“之”指代“温故而知新”。反之,如果例(73)的“可以为师矣”是由于它的主语是一个泛指的施事，所以将它归为“可以(词)”，那么例(72)同样也可以说是以“恶人”为“可以祀上帝”的施事主语，因而将它归为“可以(词)”。

(72) 虽有恶人，齐戒沐浴，则可以祀上帝。(《孟子·离娄上》)

(73) 温故而知新，可以为师矣。(《论语·为政》)

其次，刘利(2000:47)认为例(74)中的“可以”为“可+以(介)”，理由是，从语义上说，“以”是指向“子玉”的；从句法上说，“子玉”是“以”的逻辑宾语，相当于“不可以〔子玉〕治民”。而例(75)中的“可以”则为“可以(词)”，理由是，“以”没有语义指向性，句中的“可以”是说明主语“吾”在施行“战”这个行为上具有可能性。刘利这组例句与前文所举张月明的例句，问题基本是相同的，如果例(75)的“可以”可以分析为主语“吾”在施行“战”这个行为上的可能性，那么例(74)同样可以分析为“子玉”在施行“治民”这件事上的可能性。反之，如果例(74)中“以”的语义指向“子玉”，那么例(75)中的“吾”也没有理由不能分析为“以”的语义所指，并作为“以”的逻辑宾语，相当于“及犹可以〔吾〕战也”。①

(74) 子玉刚而无礼，不可以治民。(《左传·僖公二十七年》)

(75) 及吾犹可以战也，为虺弗摧，为蛇将若何？(《国语·吴语》)

我们认为，上述学者之所以会将先秦的“可以”分为两类，并以“以”后能否补进省略宾语及“可以”前之成分是否为“以”的支配成分来作为区分两类“可以”的标准，主要应是基于他们对“以”的性质的认定。前文指出，李明(2001:18)认为“可+以(介)”中的“以”虽是介

---

① 刘利(1994:385)认为将“及吾犹可以战”分析为“及犹可以吾战”不仅有悖于古代汉语的结构规律，也与句子原意不合，我们认为此说恐不尽然。这句话出现的语境是，吴王夫差打败越国，越国派人来求和，夫差打算答应越国的求和。吴国的申苟劝谏吴王不可答应，他认为越国求和只是为了使吴国松懈放纵，等到吴国“甲兵钝弊、民人离落，而日以憔悴”后，再一举灭掉吴国。因此，申苟劝夫差“及吾犹可以战”一举灭掉越国，以绝后患。我们认为，将这句话分析为“及犹可以吾战”，意为“趁着我国的甲兵、民人等还可用来作战”，不仅不悖于古代汉语的结构规律，也与句子原意相合。

词，但它的作用并非引介宾语，而是标记“可以”前的主语是其后 VP 所表示动作的工具、方式、凭借及原因等。如果参照前文李明所区分的先秦四类“可以”出现的句式以及这四类句式与“以”的介词性虚化的关系来看，可以说，李明之所以认为必须对这两类“可以”做出区别，最主要的理由是，介词“以”没有引介施事的功能，因此，当“可以”句中未出现能够分析为“以”的工具、方式、凭借及原因等成分，而只有施事成分时，其中的“以”便被认定为已经虚化为后附成分，不再具有介词的功能了。李明的这个说法大致可代表目前多数学者的意见。

如前所述，许多学者在探讨“可以”中“以”的虚化过程时均不自觉地将介词“以”没有引介施事功能的观点作为讨论的前提，不过，先秦的介词“以”是否真的没有引介施事的功能？而学者们对于“可以”句中的所谓“施事”又是如何界定的？这些问题似乎并没有学者进行过相关的讨论。

根据何乐士（1989/2004：130－172）对《左传》中介词“以”用法的分析，介词“以”所带的宾语可分为九类，其中第六类可“表示与动作行为有关的身份”，所举之例包括例（76）—例（78）。何乐士虽然将这类例子中“以”后接的名词成分归为“表示与动作行为有关的身份”，不过我们认为，在这三个例子中，“以”后接的名词成分“臣”“君”及“先王”实际上可以算是一种广义的施事成分，因为在这三个例子中，“臣”“君”及“先王”除了表示与动作行有关的身份外，也是句中 VP 所表示动作行为的实际执行者，如例（76）的“以君辟臣”，“君”即为执行“辟臣”这个动作行为的施事者。①

① 我们虽然认为这类“以”所引介的宾语可以视为广义的施事成分，不过这种施事成分在经由“以”的引介后，已经失去它原来作为施事主语的独立表述能力，而成为何乐士所指出的“表示与动作行为有关的身份”。用现代汉语来说，这类用法或许可以理解为“就一个……来说”，如例（76）“以君辟臣，辱也”可以理解为：“就一个君来说，躲避臣下是一件可耻的事”；例（77）“以臣召君，不可以训”则可以理解为：“就一个臣来说，召请君主是不能以此为榜样的。”

(76) 子玉怒,从晋师。晋师退。军吏曰:"以君辟臣,辱也。"(《左传·僖公二十八年》)

(77) 是会也,晋侯召王,以诸侯见,且使王狩。仲尼曰:"以臣召君,不可以训。"(《左传·僖公二十八年》)

(78) 子鱼曰:"以先王观之,则尚德也。"(《左传·定公四年》)

从以上的论证来看,先秦介词"以"实际上是允许引介某种广义的施事成分的,因此,上述学者根据"可以"前的成分为施事主语,因而否定"以"的介词性的做法就有待商榷。我们认为,从构句的角度来看,先秦的"可以"句无论主语为何,都可分析为"以"所引介的宾语,以下说明本书的论点。

前文指出,先秦情态动词"可"的用法是由"V+NP,可"这个基本句式拆解而来的,也就是将这个句式中的NP抽取出来放在主语位置,作为评论对象,其余部分则置于"可"之后,如前引例(22)"楚(NP)/可/入(V)"乃由"入(V)/楚(NP),可"拆解而来。① 我们认为,先秦的所谓"可以"句也应该是经由同样的构句方式发展出来的。根据我们的考察,先秦的"可以"句在拆解前的基本句式应为"以+NP+VP,可",当这个句式中的"可"用作情态动词时,NP即被抽取出来放在主语位置,作为评断对象,其余部分仍置于"可"后,所形成之句式为"NP+可+以+VP",这个句式即一般先秦"可以"句的标准句式。例(65)"片言可以折狱"及例(68)"诗,可以兴"都是一般学者同意归为"可+以(介)"的用法,这两个例子在拆解前的句子为"以片言折狱,可"及"以诗兴,可",其中"以"为介词,"片言"及"诗"均为"以"所引介的宾语,这点应无太大问题。例(62)"小固不可以敌大"、例(63)"我不可以后之"及例(67)"五十者可以衣帛矣"则是一般学者认为应归为"可以(词)"的用法,我们认为,这类用法事实上与上述用法是由同一个句式拆解而来的,拆解前的句子分别为"以小敌大,固不可""以我后之,不

① 本句及以下之句式拆解例均仅列出句中之主要构句成分,语气词及副词等省略。

可”及“以五十者衣帛,可矣”。在这些例子中,“以”同样为介词,所引介的“小”“我”及“五十者”则为前引何乐士归为“表示与动作行为有关的身份”的宾语类型,亦即本书所谓广义的施事成分。

先秦之“可以”句可视为由“以+NP+VP,可”这个句式拆解而来的论点,我们可以用下面例(79)中“可”与“可以”的使用情况来作进一步的论证。

(79) 沈同以其私问曰:“燕可伐与?”孟子曰:“可。……”齐人伐燕。或问曰:“劝齐伐燕,有诸?”曰:“未也。沈同问‘燕可伐与?’吾应之曰‘可’,彼然而伐之也。彼如曰‘孰可以伐之?’则将应之曰:‘为天吏,则可以伐之。’今有杀人者,或问之曰‘人可杀与?’则将应之曰‘可’。彼如曰‘孰可以杀之?’则将应之曰:‘为士师,则可以杀之。’今以燕伐燕,何为劝之哉?”(《孟子·公孙丑下》)

例(79)这段话是经常被学者引用来证明“可”和“可以”在主语搭配以及动词语义指向上呈现对立的例证,多数学者认为用“可”时,主语为受事,动词为被动义;用“可以”时,主语为施事,动词为主动义。不过根据上文的论证,这段话中的“燕可伐与?”应是由“伐燕,可与?”拆解而来,而“孰可以伐之”则应是由“以孰伐之,可?”拆解而来的,也就是说,学者们所指出的“可”句与“可以”句在主语搭配及动词语义指向上的差别实际上只是由于这两类句式所提取置于主语位置的指称成分不同所致。“可”句由于提取的是句中主要动词后面的宾语,而这类宾语与动词间的语义关系又多为受事,因此提取至主语位置时便成为看似有被动义的受事主语;“可以”句由于提取的是句中介词“以”后面的宾语,而这类宾语与介词“以”之间的关系则相当多样,除了学者经常指出的工具、方式、凭借及原因之外,也包含广义的施事成分,因此,当它们被提取至主语位置时,有些便看似为工具、原因等主语,如前引例(65)及例(68);有些则看似为施事主语,如前引例

(62)—例(63)及例(66)—例(67)等。

关于“孰可以伐之”是由“以孰伐之,可?”拆解而来的论点,上引例(79)最后的“以燕伐燕”可以证明我们这个分析是可以成立的。“以燕伐燕”中的“以”在句法分析上无疑是个介词,而其所引介的宾语“燕”也正是前文一再提及的广义施事成分。由于孟子并不赞同“以燕伐燕”,因此,孟子对于“以燕伐燕”的态度也可用“以燕伐燕,不可”来表达。这个句式即前文所提出的“可以”句拆解前的句式,将“以”所引介的宾语“燕”提前至主语位置即可构成“燕不可以伐燕”这个先秦典型的以施事为主语的“可以”句。

将先秦的“可以”全部分析为“可+以(介)”的结构,并将“NP可以VP”中的NP分析成全部为介词“以”的宾语提前,这样分析的好处是先秦所有“可以”结构都能有一致的解释,不必根据个人语感判定“NP可以VP”中的“以”后面是否能补进省略宾语,或者主语NP究竟为工具成分或施事成分。事实上,这些判定标准除了主要诉诸个人语感外,对于“可以”句主语语义角色的判定,学者间的认知也并不一致。前引Pulleyblank(1995:23)认为“王可以杀人”中的“王”是由“以”引介的工具格,意即“王”也可以被用来充当杀人的“工具”,而多数学者则认为这类例子中的“王”应为施事,意即这类本身有动作行为执行能力的主语不能被当作“工具”来看待。我们认为,如果不过于限定“工具”的语义内涵,“王”确如Pulleyblank(1995:23)所说,也可以是一个工具格。事实上,在先秦汉语中的“可”与“可以”句中,多数施事都是隐含的。“可”字句如上引例(75)“燕可伐与”,其中“伐燕”这个动作的施事即是隐含的。“可以”句如一般被归为“可+以(介)”的例(65)“片言可以折狱”,其中“折狱”这个动作的施事也是隐含的。我们认为,许多被归为“可以(词)”句中的施事同样可以看作是隐含的,如前引例(79)“孰可以杀之?”事实上也可以理解为隐含的施事者(如国家统治者)要处死一个杀人犯时,应“以孰杀之”而“可”? 意即:(统治者)派谁来执行死刑是可行的? 若以这种方式来理解,“孰可以杀之”中的“孰”也可以说是一个相当典型的工具宾语。至于同例中“孰可以伐之”所隐含的施事，如果从孟子所回答的“为天吏，则可以伐之”这句话来看，或许可以理解为主宰一切人事的“天”。①

当然，先秦并非所有的“可以”句都可以分析为以主语为工具格而施事隐含的句子，如例(66)“士不可以不弘毅”。前引周法高(1968:313)认为这类用法是“以”的活用，主语较不易看出是“以”的宾语。我们同意周法高的看法。这类用法的“以”之所以较不易看出是“以”的宾语，可能的理由是，先秦“以”作介词时所引介的成分仍以工具、方式、凭借或原因为主，且在引介这些成分时，“以”的引介功能相当清楚，也不能省略，省略后句子即无法成立；然而，当“以”所引介的成分是某种广义的施事成分时，“以”的引介功能便显得较为模糊，如例(77)“以臣召君”。前引何乐士虽认为这类例子中的“以”引介的是“表示与动作行为有关的身份”，但前文也指出，这里的“以”所引介的“臣”实际上仍是执行“召”这个动作的施事，而施事在先秦汉语中一般并不需要介词引介，因此，在这类用法中，“以”的引介功能便显得相当模糊。此外，在这类用法中，“以”省略后句子仍可成立，如“以臣召君”省略“以”后之“臣召君”仍可成立。事实上，在这段话中，“以臣召君”前面的句子即为“晋侯召王”，其中“臣”指的就是“晋侯”，而“君”指的则是“王”。也就是说，“士不可以不弘毅”这类用法的“以”仍可视为引介“士”的介词，拆解前的句式为“以士不弘毅，不可”，意思是：“就一个士来说(以士)，不弘毅是不被允许的(不可)。”

综上所述，我们认为，先秦所有“可以”句都是由“以＋NP＋VP，可”这个基本句式拆解而来的，而句中的主语则是由“以”后接的 NP

---

① 我们认为“孰可以伐之”这句话有隐含的施事，理由是下文的“以燕伐燕”也是一个含有隐含施事的句子，而这两句话所表达的语义是相关的。本书此处所谓隐含施事的句子与一般所谓无主句的涵义基本是一致的，也就是省略或无需补出甚至无法补出施事的句子。本书之所以将这类句子称之为隐含施事的句子，主要是为了与“可以”句中主语为典型工具格的例子对照，因而采取这个权宜措施。

提取出来置于主语位置作为评论成分的主题。当 NP 为无自主能力的无生名词时，NP 为最典型的工具格；当 NP 为有自主行为能力的属人名词时，NP 表现出较强的施事语义特征。虽然这两类 NP 的语义有别，不过在句法上，二者均可分析为介词"以"所引介的宾语。

前文指出，多数现代学者认为先秦部分"可以"已经凝固成词，理由是，这类"以"已失去介词的引介功能，而成为"可"的后附成分。不过，根据前文分析，先秦"可以"句中的"以"无论主语为何，"以"都仍可以分析为具引介功能的介词，因此，先秦的"可以"是否已经真正凝固成词仍是一个值得讨论的问题。

根据刘利(2000:45-52)的考察，先秦"可以"已可作为双音节的单词看待，且在多数先秦文献中，"可以(词)"所占的比例均高于"可＋以(介)"。[①] 他提出几个检验标准来判断"可以"应为"可以(词)"而非"可＋以(介)"。第一个检验标准是多数学者所指出的，若"可以"为"可＋以(介)"，则介词"以"之后应能根据语境补进代词"之"或相应成分，作为"以"的语义指向及逻辑宾语，如前引例(74)"子玉刚而无礼，不可以治民"，其中"子玉"即"以"的语义指向及逻辑宾语，意为"不可以〔子玉〕治民"。根据刘利的考察，先秦多数例句都很难满足这样的要求。关于这一点，前文已指出，"以"所引介的宾语不必然是工具成分，也可以是广义的施事成分。当"以"所引介的成分为广义的施事时，尽管这类施事成分在现代多数学者的语感中可能如周法高(1968:313)所指出的"较不易看出为'以'的宾语"，但语感毕竟不能代替句法分析。前文也已指出，根据语感所作的分析，其结果就如表3-1中所示。在郭锡良(1998)的语感中，《论语》中可分析为"可以(词)"的只有3—5个，其他27个都是"可＋以(介)"；而在刘利(2000)的语感中，应分析为"可以(词)"的却有26个，可分析为"可＋以(介)"则

---

① 刘利(2000:51)所统计的"可以(词)"句在八部先秦著作中所占比例如下：《国语》58%、《左传》76%、《论语》78.7%、《庄子》59.4%、《墨子》70.2%、《孟子》85.1%、《韩非子》44.9%、《战国策》85.6%。

只有 7 个。可见这类分析方式并没有客观标准可言。根据笔者的观察，越是传统的学者，其语感越倾向将“可以”分析为“可＋以（介）”，如马建忠、王力、周法高、郭锡良等；以现代语感来解读“可以”句者则较倾向将“可以”分析为“可＋以（词）”。

刘利（2000）所提出的第二个检验标准是“停顿”。他认为“停顿”与语感密切相关，可以通过对一定数量的文献语料概括而获得。根据他的“停顿”标准，例（80）“可以取伯”应切分为“可-以〔　〕-取-伯”（可以凭着这个称霸），而上引例（75）“及吾犹可以战”则应切分为“及-吾-犹-可以-战”。我们认为这个标准同样是没有客观标准可言的，不同的人对同一句话可以有不同的停顿方式。事实上，对于一个现代人来说，我们阅读上古文献时只能在确定文义后才能判定停顿点，若对文义的理解不同，就可能有不同的停顿点，有些文句甚至必须依靠传注才能判定它的文义。因此，根据语感来判定停顿点可说是一项不具实际操作性的标准。

（80）今君偪于晋，而邻于齐，齐、晋有祸，可以取伯。（《国语·周语下》）

刘利（2000）所提出的第三个检验标准是，“可以”能进入“不……不”这个双重否定式，构成“不可以不 VP”，因此，“可以”只能是一个单词。在前文的分析中，我们认为例（66）“士不可以不弘毅”这类“NP 不可以不 VP”的句式也可以分析为由“以＋NP＋VP，不可”拆解而来的，因此，其中的“以”也未必不能分析为引介“士”的介词。不过，由于“不可以不”与先秦其他情态动词所构成的“不可不”“不得不”“不能不”“不敢不”等在句法上基本一致，因此，“可以”在这个句式中也可能因此被视为一个单词，甚至在“可以”的凝固过程中扮演着相当重要的角色。

刘利（2000）所提出的第四个检验标准是，“可以”与 VP 之间可以嵌入副词或形容词充当状语，如例（81）。刘利同时指出，由于副词或形容词介入，使得“可以”二字离开 VP 而向左移位，这意味着“可以”具有整体上的可移动性，因而可以证明这类“可以”在句子中是作为一个双音节的语法单位来行使职能的。根据刘利的说法，“可以”和 VP 之间可嵌入副词或形容词充当状语即可证明这类“可以”是一个双音节语法单位，我们不知道这个标准是根据什么样的语法规律，不过，仅以例(81)来看，“可以大启”与前引刘利归为“可＋以(介)”的“可以取伯”无论在语义或句法上都相当接近。前引刘利认为“可以取伯”应切分为“可-以〔　〕-取-伯”，意为“可以凭着这个称霸”；根据这个分析方式，“可以大启”也应该可以切分为“可-以〔　〕-大-启”，意为“可以凭着这个大开疆土”。也就是说，尽管在“可以大启”中，“可以”与“启”之间可以嵌入“大”充当状语，“可以”仍可分析为“可＋以(介)”。例(82)同样是“可以”与 VP 之间插入“小”充当状语的例子，其中“可以小戕”的主语为“小鲠(小骨头)”，“小鲠，可以小戕”与“诗，可以兴”或“片言可以折狱”同样都是以无生名词作为“以”所引介之宾语的典型的“可＋以(介)”句。因此，这个标准显然也无法作为“可以(词)”的判定标准。

(81)　(郑桓)公曰：“若周衰，诸姬其孰兴？”(史伯)对曰：“……武王之子，应、韩不在，其在晋乎！距险而邻于小，若加之以德，可以大启。”(《国语·郑语》)

(82)　且夫挟，小鲠也，可以小戕，而不能丧国。(《国语·晋语一》)

刘利(2000)所提出的第五个检验标准是，“可以”用作复音助动词时，通常可以用“能”“可”等来代换，上引例(82)及下引例(83)为“可以/能”及“足/可以”在平列句中相互为文的例子，例(84)及例(85)为“可以”与“能”出现在结构相似之句中的例子。前文指出，例(82)“小鲠也，可以小戕”这类以无生名词作为“可以”句主语者，其中的“可以”无疑是多数学者所认定的“可＋以(介)”。“小鲠也，可以小戕，而不能丧国”的意思是：小鲠可用来对国家造成小小的伤害，但不能使国家灭亡。先秦“可”的主语为动词之前提宾语，而“能”的主语则为施事，二者的语法表现原就不相同。以单句存在的“小鲠也，可以小戕”，其中的“可以”只能分析为“可＋以(介)”，即使其后出现“不能丧国”这个平列句，也不可能因此改变它的结构。例(83)之“足”与“可”同为先秦典型的宾语提前的用例，其中“仁义爱惠”即为“用”的前提宾语；后句“严刑重罚之可以治国”之“可以”则为典型的“可＋以(介)”，意为严刑重罚可用来治理国家，这里的“可以”同样不能分析为“可以(词)”。例(84)之“不可以事二君”若依前引刘利对例(74)“子玉刚而无礼，不可以治民”中“可以”的分析，那么这句话也同样应该分析为“可＋以(介)”。比照前引刘利的理由，我们可以说，“不可以事二君”从语义上说，“以”是指向“东门”的；从句法上说，“东门”是“以”的逻辑宾语，相当于“不可以〔东门〕事二君”。综上所述，我们认为文献中所出现的平列句虽在语法分析时有一定的参考作用，但这些出现在平列句中的各个成分却未必都有相同的结构，因此，这个检验标准也是无法成立的。

(83) 吾以是明仁义爱惠之不足用，而严刑重罚之可以治国也。(《韩非子·奸劫弑臣》)

(84) 东门之位不若叔孙，而泰侈焉，不可以事二君。(《国语·周语中》)

(85) 其以歇为不能事主乎！(《国语·鲁语下》)

刘利(2000)所提出的其他检验标准还包括“可以”能和“必……乃可以”“非……不可以”和“若……乃则/果可以”等语义关系标记搭配，我们认为，这类搭配与上述第四个检验标准，即“可以”与VP之间可以嵌入副词或形容词充当状语的情况相同，也就是说，即使“可以”与这些词搭配，也无法证明“可以”为单词而非“可＋以(介)”。

最后，我们分析一下前引李明(2001)归为典型“可以(词)”的例

(71)。根据杨伯峻(1993:880)的注解,“若逞吾愿,诸侯皆叛,晋可以逞”这段话的意思是:“如我君愿望得以满足,诸侯皆将背叛晋国,晋国患难可以缓和。”若依杨注之意,“晋可以逞”事实上也可比照前引刘利(2000)对例(80)“可以取伯”的分析方式,亦即切分为“晋-可-以〔　〕-逞”,意为“晋国可以凭着这个(诸侯皆叛)缓和”。我们认为,将“晋可以逞”中的“可以”分析为“可＋以(介)”可能更符合先秦“可以”的用法。

综上所述,我们认为先秦“可以”中的“以”仍大多具有介词引介的功能,除在“不可不以 VP”中,由于受到双重否定句式的制约,“可以”的语法表现较接近一个单词外,在其他的语境中,“可以”均可分析为“可”加介词“以”的结构,因此,“可以”在先秦并未如多数学者所指出的已真正凝固为单词。

“可以”在先秦并未真正凝固为单词,理由除了上文所述“以”在句中仍有明确的介词性外,还有一个理由是,“可以”在先秦并未具备独立的表述功能。例(86)—例(89)是问句用“可以”,答句用“可”的例子,从这些例子来看,“可以”在先秦并未取得和“可”同样的句法功能。刘利(2000:48-49)从“可以”和“可”出现在并列的句子中推论这些“可以”为复音词,我们却认为这些例子反而显示出“可以”尚未完全凝固成词的特点。例(86)—例(87)为一般归为“可以(词)”的例句。以例(86)“孰可以代之”为例,根据刘利的分析,这个例子中的“可以”是说明主语“孰”在施行“代之”这个行为上具有可能性。这个分析方式实际上是将问句中的“可以”视为和答句中的“可”一样具有独立的表述功能。如果“可以”在先秦已经具有独立的表述功能,那么当晋侯问“孰可以代之”时,答句应该可以是“赤也可以”,可是这样的例子在先秦却从未出现。在这些用“可以”问的句子中,答句都只能用“可”,这种现象正显示问句中的“可以”不是一个整体,而是由“可”和“以”组成的结构。根据前文的论述,“孰可以代之”在语义上应该分析为“以孰代之,可?”意即“用谁来取代他是可行的?”“赤也可”即是对这个问题所作的回答。例(88)—例(89)为一般归为“可＋以(介)”的例句,根据本书的论述,这类用法与前两例是一致的,如例(88)的答句“可”应是对“以正圉盗,可乎”这个问句所作的回答。①

(86) 晋侯曰:“孰可以代之?”对曰:“赤也可。”(《左传·襄公三年》)

(87) 曰:“若寡人者,可以保民乎哉?”曰:“可。”(《孟子·梁惠王上》)

(88) 王曰:“楚国多盗,正可以圉盗乎?”曰:“可。”(《战国策·韩策二》)

(89) 明日,召史起而问焉,曰:“漳水犹可以灌邺田乎?”史起对曰:“可。”(《吕氏春秋·乐成》)

虽然我们认为先秦“NP 可以 VP”句式中的“可以”基本都应分析为“可＋以(介)”,“可以”并未真正凝固为具有独立表述功能的复音词。不过,由于在这个句式中,一方面“以”的宾语已提前至主语位置,与“以”之间的宾语引介关系逐渐模糊,尤其当所引介的宾语为广义的施事成分时,“以”的引介功能更易被人忽视;另一方面由于“可以”经常共现,结合紧密,因此,先秦的“可以”可说已成为一个固定的连用形式,这种固定连用形式在句中的用法及功能有时已与一般单词相近,亦即在使用时可视为一个单位,这也是“可以”能出现在“不可以不 VP”这类句式中的主要原因。不过,由于汉语学界对于“词”与“词组”的定义与界限历来没有一致的标准,因此,类似先秦“可以”这样的固定连用形式是否已经凝固成词的问题,有时只是不同学者在对“词”的定义及归类上的差别而已。也就是说,虽然“可以”在后代无疑已是一个复音单词,不过,由于“可以”乃由情态动词“可”与介

---

① 前引李明(2001:19)虽认为先秦“可以”的“以”在以施事为主语的句子中已虚化为后附成分,不过,他也引例(87)及例(89)指出,这两个例子中,答句用“可”而非“可以”,说明战国末期“可以”可能尚未成词,而只是凝固结构。

词“以”的连用结构凝固而来，而这个连用结构究竟应具备什么样的语法功能或取得什么样的表述功能才能确立为单词，不同的学者可能有不同的判断标准。事实上，本书对先秦“可以”结构的分析主要并不在于探讨它成词与否与成词标准的问题，而是指出，在先秦“NP可以 VP”这个句式中，当 NP 的语义角色为工具、方式、凭借或原因等时，“可以”固然应分析为“可＋以(介)”，当 NP 的语义角色为施事时，“可以”同样应分析为“可＋以(介)”，因为先秦的施事同样可以作为介词“以”的引介成分，与工具、方式、凭借或原因等其他语义角色相较并无特殊之处，因此不能因为 NP 为施事，便将句中的“可以”分析为另一种不同的结构，或作为“可以”成词与否的判断标准。

3.1.4　“可”与“可以”的比较

关于“可”与“可以”的用法，主张“可以”在先秦已凝固成词的学者大多同意王力(1989/1990：339)对这两个词用法的区别，亦即：(1)“可”字后面的动词有被动义，“可以”后面的动词为主动义；(2)“可”字后面的动词不能带宾语，“可以”后面的动词经常带宾语。关于第一点动词的主、被动义区别也可以从主语的角度来看，亦即“可”的主语为受事，“可以”的主语则非受事而为施事或当事。我们认为，上述“可”与“可以”的区别，如果从本书前节所论述的二者构句方式的角度来看，也可以得到很好的解释。

首先，关于“可”后所带动词的被动义及主语的受事角色，前文已经指出，这是由于情态动词“可”字句中的主语原本就是由后接动词的宾语移来，而后接动词与其宾语间的语义关系又以受事角色较常见的缘故。不过事实上，这类“可”字句的主语并不限于受事，动词也不一定都有被动义，“可”字句中的主语与动词间的语义关系端视其拆解前的动宾语义关系而定。至于“可以”后面动词的主动义及主语的施事或当事角色，根据前文论述，这是由于“可以”句中的主语原本就是由介词“以”的宾语移来，而学者们一般认定已经凝固成词的“可以”又正是那些介词“以”所引介者为施事或当事的例子，在这种论证方式下，“可以”句才会表现出学者们所指出的那些特点。

其次，关于“可”与“可以”后面的动词带宾语与否的问题，如果同样从构句的角度来看，“可”字句的后接动词大多不带宾语，那是由于它的宾语早已移至主语位置，因此后面自然不会再带宾语。不过前文也已指出，若“可”的后接动词为双宾动词，则该动词后可再带宾语，因为双宾语中只有近宾语能移至主语位置，远宾语自然仍留在动词后面。“可以”句因为所提取置于主语位置的是介词“以”的宾语，与后面动词的宾语无关，因此，该动词带宾语与不带宾语便与一般情况相同。

最后，关于周法高（1968：308－314）及王力（1989/1990：341－342）等学者所指出的“可”和“可以”用法在先秦基本有别，而在后代逐渐混乱的问题，根据朱冠明（2008：140－155）的考察，先秦“NP＋可＋VP”句中的NP几乎都是V的受事，如上引例（11）—例（14），而“NP＋可以＋VP”句中的NP几乎都是V的施事，如上引例（62）、例（63）、例（66）及例（67）等。其后，“可”字句中出现施事主语的例子渐增，如例（90）—例（91），而“可以”句则直到魏晋六朝都没有出现受事主语的用法。因此，他认为，从先秦晚期到魏晋六朝，“可”和“可以”用法的混乱主要是“可”的句法功能逐渐扩展而侵占了“可以”的领地，而非“可以”凝固成词后，与“可”的用法无别所造成的。

（90）战而胜，兵罢弊，赵可取唐、曲逆。（《战国策·齐策二》）

（91）左右曰：“使者三往不得通者，必所使者非其人也。曰谅毅者，辩士也，大王可试使之。”（《战国策·赵策四》）

朱冠明对“可”和“可以”用法演变的考察虽然是在先秦“可以”已经成词的前提下进行的，不过，我们认为这个结果反而从另一个侧面证明先秦的“可以”并未真正凝固成词，而是一个情态动词“可”加介词“以”的结构，也就是说，我们认为朱冠明所谓“可”的句法功能侵占

“可以”的领地，实际上只是“NP＋可＋以(介)＋VP”这个句式中的介词“以”省略的结果。这个句式中的“以”之所以能够省略，理由应是前文所指出的，原本由“以”引介的宾语在置于主语位置后，主语与“以”之间的引介关系已逐渐模糊，“以”因而被认为是不必要的成分而遭到删略。① 如果“可以”在先秦已经凝固成词，根据汉语词汇双音节化的规律，其后的发展理应是双音词“可以”的使用范围逐渐扩大，进而侵占单音词“可”的领地，而不应是“可以”的领地反被“可”侵占。从这个角度看，先秦的“可以”也很难说已经真正凝固成词。

根据以上“可”和“可以”发展的论述，我们可以解释周法高(1968:308－314)及王力(1989/1990:341－342)等学者所指出的“可”和“可以”用法在先秦基本有别，但在《尚书》却无别的问题。前文指出，先秦“可”字句中的NP应为“可”后接动词的前提宾语，在语义上多为受事，而“可以”句中的NP则可以是后接动词的施事。“可”字句的NP出现施事是在“可以”句中的“以”被视为不必要成分而遭删略后才产生的，这种现象应为“可以”句较晚期的发展。不过，在《尚书》中，“可”字句的NP已经可以出现施事主语，如例(92)。这种现象应是前文所指出的《尚书》与《左传》《论语》以下的语言不属一系的证明。

(92) 我不可不监于有夏，亦不可不监于有殷。(《尚书·召诰》)

最后附带一提的是，许多学者指出先秦“可以”也有后接宾语的例子，如例(93)—例(94)。我们认为，这类例句只是表面上看似“可”“以”连用，实际上“可”与“以”之间并未形成任何结构或语义上的关联，其连用只是语境中的偶发现象。这类句子实际上是先秦的情态动词“可”字句，如例(93)的基式在拆解前应为“以货取君子，可乎？”其中“以货取”是一个结构较复杂的VP，“以”只是这个VP结构中的

① 朱冠明(2008:157)对“可”之所以能侵占“可以”领地的原因已提出类似的主张，不过，朱冠明认为先秦“可以”施事句中的“以”是连词，与我们看法不同，囿于本书题旨及篇幅，我们不再对朱冠明的说法做出具体的论辩。

一个成分，所引介也是这个VP结构中的宾语“货”，与主语“君子”之间没有任何关系。例(94)的情况与之相同。

(93) 焉有君子而可以货取乎？(《孟子·公孙丑下》)

(94) 若此臣者，不畏重诛，不利重赏，不可以罚禁也，不可以赏使也。(《韩非子·奸劫弑臣》)

3.1.5 “可以”的情态表达类型

如前所述，我们认为先秦的“可以”只是由情态动词“可”与介词“以”所构成的固定连用形式，并未真正凝固成具有独立表述功能的词，因此，要探讨“可以”所表达的情态类型似乎有些牵强。不过，诚如前文所指出的，尽管“可以”在先秦并未真正凝固成词，不过，由于“可以”经常共现，在句中的用法及功能也与一般单词相近，且历来学者多将之视为复音词，因此，我们也将“可以”在先秦所能表达的情态类型作一些简单的分析。

在本书第二章中，我们参酌学者们的研究成果，将“可以”所能表达的情态类型分为条件可能、条件可行、条件许可及条件估价情态四类，所举之例分别为例(95)—例(98)。[①]

(95) 百亩之田，勿夺其时，数口之家可以无饥矣。(《孟子·梁惠王上》)

(96) 公谓公冶曰：“吾可以入乎？”(《左传·襄公二十九年》)

(97) 曾子曰：“士不可以不弘毅，任重而道远。”(《论语·泰伯》)

(98) 世有兴主仁士，深意念此，亦可以痛心矣，亦可以悲哀矣。(《吕氏春秋·禁塞》)

上述四类“可以”所表达的情态类型都是“可”所表达的主要情态类型。根据前文的论证，“可”发展为情态动词是由“可”作状态动词

---

① 例(97)已见本节例(66)，为便于阅读，我们将它重复列于此。

的基本句式拆解而来的，因此情态动词“可”所表达的情态类型也是直接由“可”的状态动词语义衍生而来。“可以”发展为情态动词的过程与“可”大致相同，也是由“可”作状态动词的基本句式拆解而来的，因此“可以”所表达的情态类型自然也与“可”基本相同。

3.1.6 “可”及“可以”句形成的句法机制

在前文中，我们参照刘承慧(1999)的说法指出，先秦的“NP 可 VP”这个句式是由“V＋NP，可”这个基本句式拆解而来的，并引用魏培泉(1999a)的说法指出，先秦汉语中“可”字句的“可”是一个在句法上要求宾语提前的提升动词。关于汉语的提升动词，曹逢甫(1996)认为现代汉语的提升动词依语义句法的特性可分为四类，实时态动词、认知情态动词、难易动词(tough verbs)及频率动词。根据我们的考察，先秦汉语的提升动词“可”应属于难易动词的一类。

根据曹逢甫(1996)及曹逢甫、林丽卿(2001)的考察，英语与现代汉语都有“难易动词”(tough verbs)或“难字结构”，英语之“难字结构”如例(99)的 tough，现代汉语的“难字结构”如例(100)的“容易”。①

(99) a. [For John to play this sonata on this violin] is tough.
b. It is tough [for John to play this sonata on this violin.]
c. * John is tough [_____ to play this sonata on this violin.]
d. This sonata is tough [for John to play ________ on this violin.]
e. This violin is tough [for John to play this sonata on ________.]

(100) a. [我用那把钥匙开那扇门] 很容易。

① 以下例句中括号表示子句，斜体表示可以主题化的名词组，底线表示已经提升的主题。

b. 我 很容易[用那把钥匙 开 那扇门]。
c. 用那把钥匙 我 很容易 [开 那扇门]。
d. 我 用那把钥匙 很容易 [开 那扇门]。
e. 我 那扇门 很容易 [用那把钥匙 开]。
f. 那扇门 我 很容易 [用那把钥匙 开]。
g. 我 那扇门 用那把钥匙 很容易 [开]。
h. 我 用那把钥匙 那扇门 很容易 [开]。
i. 那扇门 我 用那把钥匙 很容易 [开]。
j. 那扇门 用那把钥匙 我很容易 [开]。
k. 用那把钥匙 我 那扇门 很容易 [开]。
l. 用那把钥匙 那扇门 我 很容易 [开]。
m. 很容易 [我 用那把钥匙 开 那扇门]。
n. 用那把钥匙 很容易 [我 开 那扇门]。

曹逢甫、林丽卿(2001)指出，英语的“难字结构”是提升子句中的一个名词组到句子主语的位置，在语法上，这个过程称为“tough 移位”(tough movement)。例(99)的 tough 以一个不定子句为论元。在(a)中，这个论元充当句子的主语；在(b)中，论元经由外移(extraposition)充当 tough 的补语，而由一个“填补语”(expletive)充当句子的主语；在(d)和(e)中，补语子句中的一个名词组提升至句首，充当主语。与英语不同，现代汉语“难字结构”是一种主题提升律，子句中所有的主题名词组都可以提升，因此例(100)中的变换句式较多。曹逢甫(1996)认为汉语的难易动词和英语有三点不同：(1)汉语没有 it 或 there 之类的填补语，除了时态或情态动词外，动词不能出现在句首，所以例(100)m 是不合法的句子；(2)英语只允许其中一个名词组提升，而汉语却允许所有主题名词组提升。此外，英语不定式主语不可提升，所以例(99)c 句是不合语法的。汉语则相反，在包孕句中其他主题提升之前，主语一定要提升，所以例(100)n 不合法。(3)英语里被提升的名词组若原来是介词宾语，则此介词在变形过程中并未随着移动而停留在基底位置，这种现象称为“介词遗留”（prepositional stranding），如例（99）e；汉语则在提升过程中必须移动整个介词组。由于只有名词组才能成为主语，而主题可以是名词组或介词组，因此，这个现象可以证明英语里被提升的是主语，汉语里被提升的则是主题。

根据曹逢甫（1996）及曹逢甫、林丽卿（2001）对英语及现代汉语“难字结构”的分析比较结果，我们认为，先秦“可”字句的提升过程与英语的“难字结构”大致相同，而与现代汉语有较大差异。首先，与例（99）的 tough 以一个不定子句为论元的情况相同，先秦“可”字句的基式也是一个以“可”为动词，而以一个子句为“可”之论元的句式。为便于比较，我们将前引“可”字句之基式例（33）重复列于下。在例（33）中，“伐齐则可”可以分析为一个以“可”为主要谓语而以“伐齐”这个论元为其主语的句子，如例（33）b 所示。在“tough 移位”的过程中，论元经由外移充当“可”的补语，如例（33）c 所示。其后补语子句中的名词“齐”提升至句首，充当主语，如例（33）d 所示。例（33）d 即“可”充当情态动词的句式。与英语 tough 动词不同的是，先秦的“可”在这个移位过程中没有 it 或 there 之类的填补语。

（33） a. 宋公伐郑。……晋赵鞅卜救郑，遇水适火，占诸史赵、史墨、史龟。史龟曰：“……伐齐则可，敌宋不吉。”（《左传·哀公九年》）

b. ［伐齐］可。

c 可［伐齐］。

d. 齐 可［伐］。

前文指出，先秦汉语中可发展出情态动词“可”句式的只有上引例（33）这类由“V＋NP”充当主语的句式，若主语为主谓结构，如上引例（30）“臣弑其君，可”，则无法发展出情态动词“可”字句。这个现象也与前引曹逢甫（1996）所指出的英语 tough 句中子句补语的主语不可提升的限制相同。也就是说，由于“tough 移位”不能提升子句补语的主语，因此，在例(30)“臣弑其君，可”中，子句补语的主语“臣”也无法提升至句首充当主语。

“可以”句式的提升过程与“可”字句大致相同，如上引例(65)“片言可以折狱”的基式为例(65)b，其中“可”为主要谓语，而“以片言折狱”这个论元则为其主语。在“tough 移位”过程中，论元经由外移充当“可”的补语，如例(65)c 所示。其后补语子句中的名词“片言”提升至句首，充当主语，如例(65)d 所示。例(65)d 即一般所谓的“可以”句式。在这个移位过程中，被提升的名词组为介词宾语，这个介词也与英语的 tough 移位同样在变形过程中并未随着移动而停留在基底位置，亦即同样有“介词遗留”的现象。

(65) a. 片言可以折狱。
b. [以片言折狱] 可。
c. 可 [以片言折狱]。
d. <u>片言</u> 可 以 [折狱]。

前文指出，先秦以主谓结构充当主语的“可”字句，其子句主语无法提升至句首充当主语，这类句子的子句主语如果要提升至句首，就必须在子句主语前加上介词“以”，亦即将主语降为介词宾语。以前引例(30)为例，若“臣弑其君，可”中的“臣”要提升至句首充当主语，则必须在“臣”之前加上介词“以”，如例(30)b 所示，其中“可”为主要谓语，而“以臣弑其君”这个论元则为其主语。其后的移位过程均与前述例(65)相同，例(30)d“臣可以弑其君”即一般所谓的以“可以”充当情态动词的句式。

(30) a. 臣弑其君，可乎？(《孟子·梁惠王下》)
b. [以臣弑其君] 可。
c. 可 [以臣弑其君]。
d. <u>臣</u> 可 以 [弑其君]。

先秦“可”字句除了可以提升介词“以”的宾语外，也可以提升介词“与”的宾语，如例(101)“人主可与为善”的基本句式为例(101)b，经过上述移位过程即可发展为例(101)d这个“可＋与(介)”的句式。与“可＋以(介)”不同的是，由于“与”作为引介与事的介词功能始终相当清楚，因此，“可与”并未与“可以”同样在后来凝固成一个单词。由“可与”与“可以”的构句对照来看，将先秦包括以施事为主语在内的“可以”句中的“以”均分析为介词也应该是较为合理的。

(101) a. 人主可与为善。(《吕氏春秋·骄恣》)
b. [与人主为善] 可。
c. 可 [与人主为善]。
d. 人主 可 与 [为善]。

先秦另有一类较复杂的“可以”句，即上引例(71)“诸侯皆叛，晋可以逞”。我们认为这句话的基式应为例(71)b，其中“可”为主要谓语，而“以诸侯皆叛，晋逞”这个论元则为其主语。由例(71)b到例(71)c是一个外置的过程，由例(71)c到例(71)d是提升介词“以”的宾语“诸侯皆叛”至句首而来。例(71)d由于原本介词“以”的宾语“诸侯皆叛”提升至句首，而“以”则留在原位，因此导致“晋”直接与介词“以”相邻而成为结构上的介词宾语。例(71)e是例(71)d中结构上的介词宾语“晋”进一步提前至“可”前所形成的。

(71) a. 诸侯皆叛，晋可以逞。(《左传·成公十六年》)
b. [以诸侯皆叛 晋逞] 可。
c. 可 [以诸侯皆叛 晋逞]。
d. 诸侯皆叛 可 [以 晋逞]。
e. 诸侯皆叛 晋 可 以 [逞]。

从以上的分析来看，先秦汉语的“可”与英语的“tough移位”除了在论元经由外移充当“可”之补语时不需由一个“填补语”充当句子的主语外，其他的移位过程及限制均大致相同，亦即只能提升子句补语中的一个名词组，这个名词组可以是动词宾语或介词宾语，但不能是主语。当提升的名词组为介词宾语时，介词并未随着移动而仍旧停留在基底位置。这些都是与现代汉语“难字结构”不同的地方。前引曹逢甫(1996)根据现代汉语“难字结构”之介词组可以提升而英语只有名词组可以提升的现象，认为英语里被提升的是主语，而现代汉语被提升的则是主题。他同时指出这个现象符合近来语言分类中英语类型语言为主语显著(subject-prominent)而汉语类型语言为主题显著(topic-prominent)的主张。不过，如果参照曹逢甫的定义，先秦汉语“可”字句里被提升的显然是主语而非主题。这个现象是否可以从一个侧面反映出先秦汉语与现代汉语并不属于同一类型的语言？这或许是一个值得进一步探讨的问题。

关于情态动词“可”及“可以”句形成的句法机制，丁海燕、张定(2012)也有相关的论述。他们也认为先秦“可”发展为助动词(情态动词)的过程包括“外置”(即上文之“外移”)及“难易移位”(即上文之“tough 移位”)。不过，他们对“可”及“可以”句之具体发展过程的分析则与本书不同。首先，他们认为“可”字句在外置之前的基本句式为例(102)a，在这个句式中，“可”为母句的 VP 成分，“它山之石 攻玉”为子句，“攻玉”则为子句的 VP 成分。“外置”后的句子为例(102)b，其中，“他山之石”保留在句首，子句的“攻玉”外置，“以”则充当连接成分，连接“可”和“攻玉”。“可以”句由此产生。“可”字句则是“可以”句中动词后宾语因话题化而引发“难易移位”的结果，如例(103)。

(102) a. s[s [他山之石 攻玉] 可]。

b. s[他山之石 可 以] s[攻玉]]。(《诗经·小雅·鹤鸣》)

(103) 白圭之玷，尚可磨也。(《诗经·大雅·抑》)

我们认为上述分析有许多值得商榷的地方。首先，二人所指出的“可”外置前的句式“他山之石 攻玉 可”在先秦汉语中是无法成立的，因为其中的动词“攻”是一个只能搭配属人主语的动作动词，如例

(104)；若“攻”之前出现无生名词，则该无生名词之前必须加介词“以”，表示该名词为属人主语用以“攻”的工具，如例(105)之“蜃炭”即为赤发氏用以攻墙屋的工具，不可能出现如“他山之石攻玉”这类的句式。也就是说，在“他山之石可以攻玉”这个句子中，“以”只能分析为引介“他山之石”的介词，不能分析为连词。其次，二人认为“以”是“攻玉”由例(102)a外置到例(102)b后用来连接“可”和“攻玉”的成分，但一般外置并不需要添加这类连接成分，何以在“可”的外置过程中却出现在这样的连接成分？二人对此并未做出任何解释。最后，二人认为例(103)的情态动词“可”字句是在例(102)b“可以”句的基础上，动词后宾语因话题化而引发“难易移位”的结果。不过，根据前引曹逢甫(1996)对现代汉语“难字结构”的分析，当子句之动词宾语被提升到主题位置时，子句主语仍应留在原处，如上引例(100)f。也就是说，若例(102)b“他山之石可以攻玉”的动词宾语“玉”因话题化而引发难易移位，所构成的句子也应是“玉 他山之石可以攻”，而不会是“玉可攻”这类情态动词“可”字句。要使“他山之石可以攻玉”因为难易移位而构成“玉可攻”这类句式，除了动词宾语“玉”提前之外，还需删除原主语“他山之石”以及二人分析为连接成分的“以”，这样的“难易移位”也与一般情况不同。二人同样并未解释这样的难易移位如何可能发生。

(104)　经始灵台，经之营之。庶民攻之，不日成之。(《诗经·大雅·灵台》)

(105)　赤发氏掌除墙屋，以蜃炭攻之，以灰洒毒之。(《周礼·秋官·司寇》)

综上所述，我们认为先秦的“NP可VP”以及“NP可以VP”这两个句式是分别由“V＋NP，可”及“以(介词)＋NP＋VP，可”这两个句式经由外置及主语提升这两个过程发展而来的，而非如丁海燕、张定(2012)所提出的是由“NP＋V＋NP，可”这个句式经由外置时添加连词“以”，以及动词后宾语因话题化而引发“难易移位”发展而来的。

根据我们的考察，先秦的“足”“难”“易”三词与“可”同样属于提升动词，这三个词发展为情态动词的过程也与“可”大致相同，亦即均由“toug 移位”发展而来。也就是说，只要将上述“toug 移位”分析中的“可”替换为“足”“难”“易”，即为这三个情态动词的发展过程。因此，以下讨论这三个词时将不再对这三个词的提升过程进行具体的分析。

3.1.7　“可”的情态演变途径

最后，我们将先秦情态动词“可”的可能演变途径图示如下(图 3-1)。

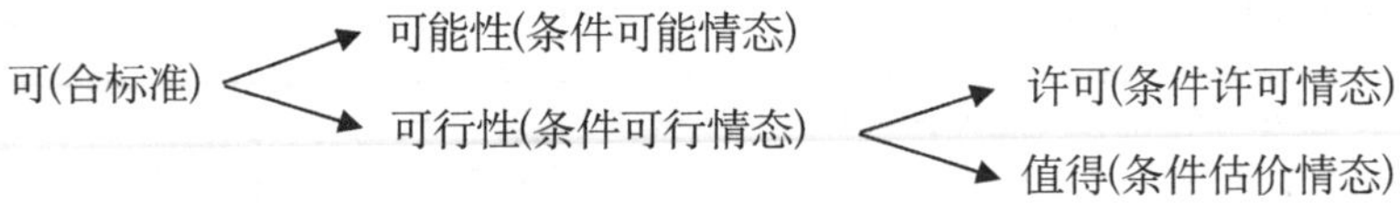

图 3-1　“可”的情态演变路径

3.2　足(足以)

3.2.1　“足”的语义及情态发展

先秦“足”的本义为状态动词，在句中主要充当谓语。“足”本指具体事物在数量上的充足，如例(106)；也可指抽象事物的充足与否，如例(107)。其后，“足”由数量上的充足引申至说话者对人事物价值的评估，如例(108)。在上述例句中，“足”的表面意思虽然都只是从质量多寡的角度上对主语做出评估，不过，在充足与否的评估之外，“足”也暗示了某种可能性的涵义，如例(108)从上下文来看，“五子者足矣”的意思应该是，只要有“五子”，就足够(能够)达成君治国强兵的愿望了。与前文探讨的状态动词“可”的情况相同，这种可能性的涵义必须依赖语境中其他共现成分的制约才能清楚地显示出来。例(107)的“力不足”从上下文来看,也暗示了冉有认为以自己的力量不足以(能够)行孔子之道的意味。例(106)的“足”评估的是具体事物数量上的充足,由于这类语义即为“足”的本义,因此,其中暗示的可能性的涵义是最低的。

(106) 无礼义,则上下乱。无政事,则财用不足。(《孟子·尽心下》)

(107) 冉求曰:“非不说子之道,力不足也。”(《论语·雍也》)

(108) 君若欲治国强兵,则五子者足矣;君欲霸王,则夷吾在此。(《吕氏春秋·勿躬》)

状态动词“足”作谓语时,主语也可以是VP或子句,在这类例句中,“足”表达的是说话者对VP或子句所表示的事件或动作从价值上所作的判断,同样引申有可能性之义,如例(109)—例(111)。例(109)“信女,足矣”的字面意思是“相信你,这就够了”,言下之意则是,“相信你,事情就能办成了。”例(110)“好善,足乎”的字面意思同样是“好善,这就够了吗?”不过,根据下文孟子对“好善”的阐述,这里的“好善”之所以“足”应是表现在使国得治之可能性上。例(111)的“足”表达的同样是由足够义引申出的条件可能义。

(109) 成大夫公孙朝谓平子曰:“有都,以卫国也,请我受师。”许之。请纳质,弗许,曰:“信女,足矣。”(《左传·昭公二十六年》)

(110) 曰:“其为人也好善。”“好善,足乎?”曰:“好善优于天下,而况鲁国乎?夫苟好善,则四海之内,皆将轻千里而来告之以善。夫苟不好善,则人将曰:‘訑訑,予既已知之矣。’訑訑之声音颜色,距人于千里之外。士止于千里之外,则谗谄面谀之人至矣。与谗谄面谀之人居,国欲治,可得乎?”(《孟子·告子下》)

(111) 哀公问于孔子曰："吾闻夔一足，信乎?"曰："夔，人也，何故一足？彼其无他异，而独通于声，尧曰：'夔一而足矣。'使为乐正。故君子曰：'夔有一足，非一足也。'"(《韩非子·外储说左下》)

"足"在先秦也有状态动词常见的使动及意动用法，例(112)"足民"之"足"为其使动用法，"足民"意为"使民足"。其下"桀贵在天子而不足于尊，富有四海之内而不足于宝"的两个"足"则为其意动用法，意思是桀虽贵为天子却不以其所拥有的尊位为满足，富有四海之内却不以其所拥有的宝物为满足，"足"之意为"以……为足"。最后"足使为君"的"足"亦为意动用法，即不以"使为君"为满足之意。"足"作使动用法时，除了可以后接"使足"的对象，如例(112)的"民"；也可以后接"使足"的内容，如例(113)的"食"及"兵"。

(112) 老聃有言曰："知足不辱，知止不殆。"夫以殆辱之故而不求于足之外者老聃也，今以为足民而可以治，是以民为皆如老聃也。故桀贵在天子而不足于尊，富有四海之内而不足于宝。君人者虽足民，不能足使为君，天子而桀未必为天子为足也，则虽足民，何可以为治也？(《韩非子·六反》)

(113) 子贡问政。子曰："足食，足兵，民信之矣。"(《论语·颜渊》)

关于"足"的情态动词用法，由于"足"与"可"同为《马氏文通》所指出的后接动词"概有受动之意"的情态动词，因此，其后学者在探讨先秦情态动词的发展及语法表现时，也多将二者放在一起讨论，并指出二者间的异同，如李佐丰(1994:121－123)探讨先秦能愿动词时指出，"可""足"均主要表示对可能性或可行性的认可，不同的是，"足"主要是从数量或价值方面来判定，如例(114)是由数量来判定可能性，"足"意为"完全够"；例(116)则是由价值上来判定可行性，意为

“值得,必”。李明(2001:15)则将“足”所表达的语义分为两类,一为“足够”,表可能,属条件类,如例(114)—例(115);二为“值得”,属估价类,如例(117)—例(118)。

(114) 古者丈夫不耕,草木之实足食也。(《韩非子·五蠹》)

(115) 孟子曰:“子之道,貉道也。万室之国,一人陶,则可乎?”曰:“不可,器不足用也。”(《孟子·告子下》)

(116) 今言王若易然,则文王不足法与?(《孟子·公孙丑上》)

(117) 子曰:“如有周公之才之美,使骄且吝,其余不足观也已。”(《论语·泰伯》)

(118) 齐桓公……九合诸侯,一匡天下,为五伯长,是亦无他故焉,知一政于管仲也,是君人者之要守也。知者易为之兴力,而功名綦大。舍是而孰足为也?(《荀子·王霸》)

其次,关于“足”由状态动词演变为情态动词的过程,白晓红(1997:223)也认为与“可”相似,亦即由状态动词“足”的使动用法这类临时活用在频繁使用后引申发展出来的,他同时认为这是“足”后接动词经常带有被动意的原因。前文探讨“可”的情态发展时我们提出三点意见反对白晓红的看法,这三点意见同样适用于“足”,因此,白晓红关于“足”的情态动词演变过程的说法是有待商榷的。李明(2001:15-18)对“足”发展为情态动词之过程的看法也与“可”相似,即认为状态动词“足”带上 VP 就发展出情态动词的用法,中间没有带体词宾语的阶段。我们认为这个说法也有值得商榷的地方。

最后,关于情态动词“足”的构句方式,刘承慧(2006:842)也认为与“可”句相同,也就是从陈述中抽取出一个指称成分放在主语位置,当作评断对象,其余部分置于“足”之后。我们同意她的意见,亦即“足”由状态动词发展为情态动词的途径与“可”相同,也是由构句方式形成的。

3.2.2 “足”的情态表达类型

根据前文所述，“足”的情态动词用法是由其状态动词发展而来的，因此，“足”所表达的情态类型也与其状态动词的语义密切相关，也就是由数量上的充足可以引申至表达说话者对人事物价值的评估，也可以引申至对事件或动作的可能性判断。在本书的情态分类系统中，与数量有关者属于条件可行情态，与价值评估有关者属于条件估价情态，与事件或动作的可能性有关的判断则属于条件可能情态。

“足”所表达的条件可行情态如例(114)—例(115)，这类用法为由客观条件对事件或状态的可行性作评估，例(114)是从“草木之实”的数量上对“足食”与否所作的评估，例(115)则是从“器”的数量上对“足用”与否所作的评估。

“足”所表达的条件估价情态如例(116)—例(118)，这类用法可说是由对具体客观数量的评估引申至对抽象事物的价值评估而来，如例(116)即是从价值上对文王是否“足法(值得效法)”所作的评估，例(117)则是从价值上对周公之才是否“足观(值得观摩)”所作的评估。

最后是“足”所表达的条件可能情态。前文我们虽然指出状态动词“足”在语境上可衍生出表可能的暗示，不过这种可能性暗示在“足”发展为情态动词后接 VP 后，在语境中似乎并未明确显示出来。例(114)的“足”是对具体事物在数量上的评估，根据前文论述，这种用法在“足”作状态动词时原本并不含可能性涵义，前引李佐丰及李明均认为这类“足”的用法表可能性，或许是因为这类用法由事物数量上的充足可以引申为表达这些数量充足的事物足够(能够)用来达成或实现某种动作或行为。我们虽不反对这种引申方式的理解，不过，从本义来看，“足”在这类用法中表达的主要仍只是数量上充足与否的评估，因此，我们仍将这类用法归为条件可行情态。

例(116)的“足”是对人事物在价值上的评估,根据前文论述,这种用法在“足”作状态动词时在语境中多半表现出相当明确的可能性涵义,如例(108)之“五子者足矣”。不过,这类表价值评估的“足”在发展为情态动词后,表达的主要也并非主语达成或实现后接 VP 所表示动作或事件的可能性,而是与上引例(114)一样表现为对主语在价值上充足性的评估,也就是“值得”。李佐丰将这类表值得的“足”归为对事情的可行性判定,并以“必”来说解这类用法,也就是接近道义情态的语义。李佐丰之所以将这类用法与“必”这类道义情态用法联系起来,或许是由于他认为,当说话者认为某件事是值得的时候,通常也就暗示着应该(必须)去做这件事。不过,我们认为这种暗示主要只是一种语境中的理解引申,以及说话者与听话者之间的言外之意,从本义上来看,这类“足”所表达的“值得”义主要仍是一种价值上的评估,因此,我们仍将它归入条件估价情态。

“足”所表达的条件估价情态与前文探讨的“可”都可用“值得”来理解,不过,这两个词所表达的“值得”义并不完全相同。根据前文论述,“可”的本义为符合某种可接受但未尽善的标准,因此,“可”发展为估价情态动词时,其“值得”指的也是符合这种未尽善的标准。“足”的本义为数量上的充足,引申至描述人事物的价值时,其价值自然也是较高的,至少相对于“可”的标准来看应该是高得多的。因此,由“可”来描述的“值得”只是从低标准来看可以接受,如上引例(44)“小道”与“观”间的关系;而由“足”来描述的“值得”则是从高标准来看非常有价值,如上引例(116)“文王”与“法”(效法)之间的关系。

综上所述,先秦情态动词“足”可表达条件可行及条件估价(值得)两类情态。与“可”的情况相同,这两类情态在《左传》《论语》等时代相对较早的文献中都已经发展成熟,因此,我们无法从这两类语义在文献中出现的时代先后来探讨它们可能的前后衍生关系。不过,如果从一般语义演变大多是由具体到抽象、由客观到主观的角度来看,“足”所表达的客观条件可行应是较基本的语义,而条件估价情态则应是在条件可行的基础上加上说话者对事件主观价值的判断。

3.2.3 “足以”的结构及相关问题讨论

与“可以”的情况相似，先秦的“足以”也经常被区分为情态动词“足”+介词“以”的连用组合[以下简称“足+以(介)”]以及凝固为单一情态动词[以下简称“足以(词)”]两类，学者们对“足以(词)”的形成以及“足以(词)”句与“足+以(介)”句的区别的看法也大致与前节所论的“可以”相似，亦即认为“足以(词)”是由情态动词“足”和介词“以”经常连用，且介词“以”后宾语经常省略而逐渐凝固形成的；而“足以(词)”句与“足+以(介)”句的区别则在于，“足以(词)”句的主语为施事，介词“以”后无宾语省略，“足+以(介)”句的主语为受事，介词“以”后之宾语省略。

关于“足以(词)”由“足+以(介)”逐渐凝固成词的过程，李明(2001:17-18)提出了较为详细的论证。他考察先秦六部文献[①]中“足”“以”连用时，“以”后带宾语的情况后指出，“足以+NP+VP”只出现一例，他认为所谓省略介词宾语的“足以[ ]”并不存在，因此“足以”中的介词“以”并非引介介词宾语，而是一个标记，标示“足以”前的主语乃其后VP所表示动作的工具、方式、凭借或原因等。他同时根据“足以”前出现成分的不同，将“足以”出现的句式分为以下四类，并认为这四类句式由A到D是“以”的介词性由强至弱，最后完全虚化为后附成分的过程。也就是说，当“足以”前的成分为非施事NP时，“足以”后可补“之”字，此时“以”的介词性最明显，如A式；当“足以”前的成分复杂化为VP后，介词“以”已开始与“足”凝固，如B式；当“足以”前的VP出现施事后，“足以”后添补“之”已非常勉强，此时“足以”宜分析为单词；当“足以”前的成分为纯粹施事主语时，“足以”已基本凝固。最后，李明指出，由于上述“足以”的凝固过程是渐进

① 这六部文献包括《论语》《左传》《庄子》《孟子》《荀子》及《韩非子》。

的，因此，句中的“足以”究为“足＋以(介)”或“足以(词)”有时很难判定。

A. NP(非施事)＋足以＋VP。如例(119)：

(119) 臧僖伯谏曰：“凡物不足以讲大事，其材不足以备器用，则君不举焉。”(《左传·隐公五年》)

B. VP_1＋足以＋VP_2。如例(120)：

(120) 故推恩足以保四海，不推恩无以保妻子。(《孟子·梁惠王上》)

C. NP(施事)＋VP_1＋足以＋VP_2，如例(121)：

(121) 若吾以韩起为阍，以羊舌肸为司宫，足以辱晋，吾亦得志矣。(《左传·昭公五年》)

D. NP(施事)＋足以＋VP，如例(122)：

(122) 子产曰：“虽可，吾不足以定迁矣。”(《左传·昭公十八年》)

由以上说法可以看出，李明对“足以”凝固过程的意见可说与“可以”完全相同，亦即当“足以”前的成分可作为“以”的支配成分，亦即非施事成分时，“足以”为“足＋以(介)”；当“足以”前的成分不能作为“以”的支配成分，亦即为施事主语时，“足以”为“足以(词)”，介于两者之间的则处于由“足＋以(介)”演变到“足以(词)”的过渡阶段。

本书对学者所区分的两类“足以”看法也与“可以”大致相同，亦即先秦的“足以”并不如许多学者所指出的应分为“足＋以(介)”及“足以(词)”两类，而是全部属于“足＋以(介)”。此外，先秦的“足以”句也与“可以”句同样是由构句方式发展出来的，拆解前的基本句式应为“以＋NP＋VP，足”。当这个句式中的“足”用作情态动词时，NP即被抽取出来放在主语位置，作为评断对象，其余部分仍置于“足”后，所形成之句式为“NP＋足＋以＋VP”，这个句式即一般先秦“足以”句的标准句式。例(119)"凡物不足以讲大事"及"其材不足以备器用"是李明所举可归为"足＋以(介)"用法的例子,这两个例子在拆解前的句子为"以物讲大事,不足"及"以其材备器用,不足",其中"以"为介词,"物"及"其材"均为"以"所引介的宾语,这点应无太大问题。例(122)"吾不足以定迁"则是李明所举应归为"足以(词)"的用法,我们认为,这类用法事实上与上述用法是由同一个句式拆解而来的,拆解前的句子应为"以吾定迁,不足",其中"以"同样为介词,所引介的"吾"则为前引何乐士归为"表示与动作行为有关的身份"的宾语类型,亦即本书所谓广义的施事成分。因此,我们认为,先秦的"足以"实际上与"可以"同样只是一个常见的固定连用形式,并未真正凝固为一个复合词。

与"可以"的情况相似,我们认为"足以"在先秦并未真正凝固为复合词,理由除了上文所述"以"在句中仍有明确的介词性外,还有一个理由是,"足以"在先秦并未具备独立的表述功能。例(123)是问句用"足以",答句用"足"的例子,从这个例子来看,"足以"在先秦并未取得和"足"同样的句法功能。也就是说,在先秦用"足以"提问的句子中,答句只能用"足",这种现象正显示问句中的"足以"不是一个整体,而是由"足"和"以"组成的连用形式。例(124)前句用"足以",后句用"足",二者在句中的用法与前例相似,亦即"足以"无法像"足"一样在句中充当独立的表述单位。根据前文的论述,"其足以战民乎"应该分析为"以其战民,足乎?""足"在先秦是一个典型的状态动词,充当主要谓语,表达的是说话者对主语的评价,如例(108)"五子者足矣"即是表达说话者对"五子者"是符合"欲治国强兵"条件的人的评价。"以其战民,足乎?"与"五子者足矣"的句法结构是相同的,其中"以其战民"是由 VP 充当主语,"足"则是对"以其战民"这个主语所作的评价。

(123) 文公曰:"吾弛关市之征而缓刑罚,其足以战民乎?"狐子曰:"不足。"(《韩非子·外储说右上》)

（124）故割地宝器，戈剑卑辞屈服，不足以止攻，唯治为足。（《吕氏春秋·召类》）

3.2.4 “足”与“足以”的比较

关于先秦“足”与“足以”的区别，学者们所指出的也大致与“可”与“可以”的区别相同，亦即“足”的主语为受事，而“足以”的主语则多为工具、方式、材料、施事等。前文指出，先秦的“足以”是一个由构句方式形成的情态动词“足”与介词“以”的固定连用形式，由于“足以”句中抽取出来置于主语位置的成分为介词“以”所引介的工具、方式、材料、施事等，因此“足以”句才会以这些成分为主语；而“足”字句中的主语在语义结构上都是后接动词的宾语，而后接动词与其宾语间的语义关系又以受事角色较常见，因此“足”字句才会看似多以受事为主语。不过事实上，这类“足”字句的主语并不限于受事，动词也不一定都有被动意，与“可”的情况相同，“足”字句中的主语与动词间的语义关系端视其拆解前的动宾语义关系而定。

其次，先秦“足”与“足以”亦时有用法相混的问题，也就是一般认为应该使用“足以”的地方却用了“足”，例（125）—例（132）为刘利（2000：72，154）所举的这类用例，例（131）—例（132）则为李明（2001：18－19）所举的这类用例，刘利（2000：72，153－155）认为这类“足”的用例是由于“以”字的删除或省略。

（125）故曰：龟筴鬼神不足举胜，左右背乡不足以专战。（《韩非子·饰邪》）

（126）如华不足知之矣。（《战国策·楚策一》）

（127）子曰：“夏礼吾能言之，杞不足征也；殷礼吾能言之，宋不足征也。”（《论语·八佾》）

（128）其知惠足使规物，其端诚足使定物，（《荀子·君道》）

(129) 舍是而孰足为也?(《荀子·王霸》)

(130) 故曰:治则衍及百姓,乱则不足及王公。(《荀子·君道》)

(131) 烈士为天下见善矣,未足以活身。吾未知善之诚善邪,诚不善邪?若以为善矣,不足活身;以为不善矣,足以活人。(《庄子·至乐》)

(132) a. 今主君德薄,不足听之。(《韩非子·十过》)
b. 今主君德薄,不足以听。(《韩非子·十过》)

我们同意先秦在应该用"足以"的句子里用"足"是由于"以"字省略的缘故,这种省略与"可以"省为"可"的情况大致相同。虽然我们认为先秦确有应该用"足以"而实际上用"足"的例子,如例(125)及例(131)均为对句,而或用"足",或用"足以","足"为"足以"省略"以"的用法,当无疑问;又如例(126)及例(132)a之主语均为施事,且动词后另带宾语,这类例句在先秦一般也应该用"足以",用"足"也当属省略"以"字的用法,例(132)b即为相同句式中使用"足以"的例子。不过,上列诸例也有值得商榷的地方,如例(128)—例(130)。例(128)"其知惠足使规物"中的"使"为兼语动词,这类例子应为前文多次提到的使令动词后之近宾语提前至句首充当主语的用法,也就是由"使其知惠规物,不足"这个句式拆解而来的,因此并不属于"足以"省略"以"字的用法。其次,例(129)"舍是而孰足为"的意思是,除了这个以外还有什么是值得做的,这个例子应为相当典型的"孰"充当受事主语的例子,因此应与"足以"无关。最后,例(130)"治则衍及百姓,乱则不足及王公"的"不足"实际上与前句"衍"同样只是一个指称性的成分,充当"及"的主语,与情态动词无关。

3.2.5 "足以"的情态表达类型

如前所述,我们认为先秦的"足以"与"可以"相同,都是由情态动词"足/可"与介词"以"所构成的固定连用形式,并未真正凝固成具有独立表述功能的词,因此,在探讨先秦"足以"所表达的情态类型时,我们所采取的立场也与“可以”相同，亦即尽管“足以”在先秦并未真正凝固成词，不过，由于“足以”经常共现，在句中的用法及功能也与一般单词相近，且历来学者多将之视为复音词，因此，我们也将“足以”在先秦所能表达的情态类型作一些简单的分析。

在本书第二章中，我们参酌学者们的研究成果，将“足以”所能表达的情态类型分为三类：条件可行、条件可能以及条件估价情态，所举之例为例(133)—例(135)，其中例(133)为着眼于数量的条件可行情态，例(134)为着眼于价值的条件估价情态，例(135)则为着眼于可能的条件可能情态。

(133) 国虽小，其食足以食天下之贤者，其车足以乘天下之贤者，其财足以礼天下之贤者。(《吕氏春秋·报更》)

(134) 子曰：“士而怀居，不足以为士矣。”(《论语·宪问》)

(135) 不肖者炀主，不足以害明。(《韩非子·难四》)

上述三类“足以”所表达的情态类型中，“足”仅能表达其中的条件可行及条件可能。前文指出，状态动词“足”在语境中经常有可能性的涵义，这种可能性的涵义是在价值判断的基础上进一步引申出来的。也就是说，当说话者认为主语有一定价值的时候，就可能引申出该主语有完成某种行为或目标的可能性，如前引“五子者足”及“信女，足矣”。前文也指出，这种可能性的涵义在“足”由状态动词发展为情态动词时在语境中似乎并未明确显示出来，不过，“足以”所表达的情态却大多可以分析为条件可能。

3.2.6　“足”的情态演变途径

最后，我们将先秦情态动词“足”的可能演变途径图示如下(图3-2)。

足(充足) ⟶ 可行性(条件可行情态) ⟶ 值得(条件估价情态)

图3-2　“足”的情态演变路径

3.3 难(难以)

3.3.1 "难"的语义、情态发展及情态表达类型

先秦的"难""易"与"可""足"在语法功能上有许多相似之处,如王力(1944/1984:221)从"表明语气"的角度切入,指出包含这四个词的描写句近于判断句;Pulleyblank(1995:123)指出这四个词的共同点是本身为形容词,且后面可以带被动动词作补语;大西克也(2004:383)也指出"可""足""难""易"等词后接动词时,其主语往往是受事。前文我们从构句的角度探讨了"可""足"二词与所谓"被动"或"受事"的关系,"难"的语法功能既与"可""足"相似,其发展为情态动词的过程及其构句方式是否也与"可""足"相似,以下由"难"在先秦语料中的表现来探讨这个问题。

先秦"难"的本义为状态动词,充当句中主要谓语,其主语可以是NP,如例(136)—例(137);也可以是VP,如例(138)—例(139);也可以是子句,如例(140)—例(141);也可以无主语,如例(142)。上述各类主语均为"难"所描述的对象。

(136) 岁不寒,无以知松柏;事不难,无以知君子无日不在是。(《荀子·大略》)

(137) 人生实难,其有不获死乎!(《左传·成公二年》)

(138) 事君难,事君焉可息哉!(《荀子·大略》)

(139) 人之言曰:"为君难,为臣不易。"(《论语·子路》)

(140) 今人主不掩其情,不匿其端,而使人臣有缘以侵其主,则群臣为子之、田常不难矣。(《韩非子·二柄》)

(141) 桓公曰:"吾闻君人者劳于索人,佚于使人。吾得仲父已难矣,得仲父之后,何为不易乎哉!"(《韩非子·难二》)

(142) 子皙曰:"可则往,难则已,何世之有?"(《左传·襄公二十九年》)

"难"也有先秦状态动词常见的使动和意动用法，使动用法意为"使……难"，如例(143)—例(144)；意动用法意为"以……为难"，如例(145)—例(146)。

(143) 子产治郑，邓析务难之。(《吕氏春秋·离谓》)

(144) 今孟尝君之地方百里，而因欲以难寡人，犹可乎？(《吕氏春秋·不侵》)

(145) 吾欲作大事，而难三公子之徒，如何？(《国语·晋语一》)

(146) 主书举两箧以进，令将军视之。书尽难攻中山之事也。(《吕氏春秋·乐成》)

前引学者指出，"难"与"可""足"同样可后接有被动意味的动词，如例(147)—例(150)，不过，我们认为这类用法实际上与"可""足"等同样是由构句方式形成的，也就是从陈述中抽取出一个指称成分放在主语位置，作为评断对象，其余部分则置于"难"之后，"难"在句中的功能为评断该陈述的困难度，如例(149)的"难"评断的是"为其行"的困难度，这个例句在拆解前可还原为"为其行，难也"。①

(147) 子曰："君子易事而难说也，……小人难事而易说也。"(《论语·子路》)

(148) 夫道，若大路然，岂难知哉？(《孟子·告子下》)

(149) 其生也勤，其死也薄，其道大觳；使人忧，使人悲，其行难为也。(《庄子·天下》)

(150) 人之心隐匿难见，渊深难测，故圣人于事志焉。(《吕氏春秋·观表》)

---

① 曹逢甫(1990:283)及曹逢甫(1996)将现代汉语的"难"及"容易"分析为提升动词，他指出这类动词次类划分一个子句补语，并允许此子句内之主题向上提升为句子主题。曹逢甫、林丽卿(2001:60)指出"难"字句的基底结构是"很难[用筷子吃西米露]"，而"西米露很难[用筷子吃]"则是经由子句中的宾语"西米露"提升为主题而形成的。我们认为，先秦情态动词"难"及下节将讨论的"易"之构句方式及句法分析也与之相类。

上述“难”的各类用法均与“可”“足”大致相同，即本义为状态动词充当句中主要谓语，亦可活用为使动及意动用法，并可经由抽取“V＋NP，难”这个句式中的NP放在主语位置，因而形成“NP＋难＋VP”这个“难”充当情态动词的句式。与“可”“足”的情况相似，由于这个句式中的主语是由原V后接的NP抽取而来的，而V后的NP在语义上多为V的受事，因此这个句式中的主语才会有学者们所指出的往往为受事的印象。

不过，“难”后接VP时另有一类用法是“可”“足”所不具备的。前文探讨“可”的情态动词演变过程时，我们不同意白晓红（1997：222）所主张的，情态动词“可”是由状态动词“可”临时活用的意动用法在频繁使用后引申发展而来的观点，并引述李明（2001：81）所提出的两点反对理由：一是“可”活用的例子很少见；二是“可”活用后，意思与原来的形容词及后来的助动词差别很大。不过，“难”的情况与“可”有所不同。首先，“难”的意动用法在先秦并不罕见，除了上引带NP为宾语之例外，也可带VP为宾语，如例（151）—例（152）；所带之VP还可前置，如例（153）。其次，这类“难”后接VP时，语义与后接NP时的意动用法基本一致，都是“以……为难”的意思，差别只在于“以为难”的内容为人事物或行为动作。也就是说，先秦“难”后接VP时，除了上述由构句方式形成者之外，还有一类用法是直接由“难”的意动用法带上VP形成的。

（151）穆子曰：“吾不难为戮，养吾栋也。”（《国语·鲁语下》）

（152）以管仲之圣，而隰朋之智，至其所不知，不难师于老马与蚁。（《韩非子·说林上》）

（153）侨闻为国非不能事大字小之难，无礼以定其位之患。（《左传·昭公十六年》）

综上所述，先秦“难”后接VP时可分为两类：一类与“可”“足”之用法相同，主语为由“V＋NP，难”这个句式中所提取的NP，因此经常为受事；另一类由“难”的意动用法直接带上 VP 所形成，主语为“难”的感知主体，即对 VP 所表示的行为动作感到为难或困难的经验者。由于第一类“难＋VP”与一般认定为情态动词的“可”“足”用法相同，因此学者们所指出的“难”的情态动词用法也大致只包括这一类。至于第二类“难＋VP”中的“难”是否可归为情态动词，我们认为仍有进一步探讨的必要。

在前文中，我们将先秦情态动词界定为在句法上可以后接动词性成分，且在语义上表达情态的动词，而本书所界定的“情态”则只包含与认识、道义、能力、意愿及估价有关的语义。根据上述界定，我们认为第二类用法的“难＋VP”并不能归为情态动词，因为这类用法的“难”仅能描述主语对事物或动作事件的情绪或感知，并未发展出表达与情态相关的语义，因此不能算是情态动词。

先秦“难”的情态表达类型相当单纯，只能表达估价一类，如上引例(147)—例(150)。前文我们虽然认为情态动词“难”在“NP＋难＋VP”这类例句中的功能主要为评断“V＋NP”这个动作或事件的困难度，不过，诚如前文探讨“足”的情态表达时所指出的，当说话者评估事物在数量或价值上的充足与否时，他也可能同时在对事物的可能性或可行性做判断；同样地，当说话者评估动作或事件在执行或实现上的困难度时，他也可能同时在对动作或事件的可能性或可行性做判断，从这个角度看，“难”与下节将讨论的“易”所表达的情态也与可能性或可行性的概念有关，“难”表达的是较低的可能性或可行性，“易”表达的则是较高的可能性或可行性。不过，由于“难”“易”的语义本质上仍是一种评估态度，因此，我们对它们的处理方式与“足”相同，也就是将它们置于估价情态类，同时指出它们在语境中有可能性或可行性的暗示。

3.3.2　“难以”的结构及情态表达类型

先秦“难以”共现的次数不多，在本书所考察的语料范围内共出现 39 次，剔除其中与情态动词“难”无关之组合后仅余 25 次①，如例(154)—例(156)。我们认为这些“难以”的结构与前文探讨的“可以”“足以”相同，亦即由介词“以”后接的宾语提前至句首所形成的，因此，先秦的“难以”实际上与“可以”“足以”同样只是一个常见的固定连用形式，并未真正凝固为一个复合词。

(154) 腓大于股，难以趣走。(《韩非子・扬权》)

(155) 今海鸟至，己不知而祀之，以为国典，难以为仁且智矣。(《国语・鲁语上》)

(156) 君有攻伐之器，小国诸侯有守御之备，则难以速得志矣。(《国语・齐语》)

虽然先秦的“难以”只是由情态动词“难”与介词“以”所构成的固定连用形式，并未真正凝固成具有独立表述功能的词，不过，参照本书对“可以”及“足以”的处理方式，我们仍将“难以”表达的情态列出。先秦的“难以”只能表达一种情态，即估价情态。

3.3.3　“难”的情态演变途径

最后，我们将先秦情态动词“难”的演变途径图示如下(图 3-3)。

难(困难) ————→ 困难(估价情态)

图 3-3　“难”的情态演变路径

3.4　易(易以)

3.4.1　“易”的语义、情态发展及情态表达类型

先秦动词“易”有多个不同的义项，如变易、交易、慢易、简易、平

---

① 这些组合包括“难”充当名词及意动用法之动词而与“以”恰巧共现的例子，如“众怒难犯，专欲难成，合二难以安国，危之道也”。(《左传・襄公十年》)及“人不难以死免其君，我戮之，不祥”。(《左传・成公二年》)

易等，与情态动词相关的义项主要为与“难”词义相对的简易、容易、平易之“易”。其中“平易”意为道路平坦，如例(157)，例(158)为其使动用法，意为“使道路平易”。道路平易引申有道路平坦好走之意，先秦情态动词“难易”之“易”很可能是由道路平易之“易”发展而来的。

(157) 山，物之高者也；地险秽不平易，则山不得见。(《管子·形势解》)

(158) 司空以时平易道路，圬人以时塓馆宫室。(《左传·襄公三十一年》)

先秦的“易”与“难”不仅词义相对，语法功能也相当类似。“易”的本义为状态动词，充当句中主要谓语，其主语可以是 NP，如例(159)；也可以是 VP，如例(160)；也可以是子句，如例(161)。上述各类主语均为“易”所描述的对象。

(159) 是何邪？则其道易，其塞固，其政令一，其防表明。(《荀子·富国》)

(160) 楚怒，必绝于宋而事齐，齐、楚合，则攻宋易矣。(《战国策·宋卫策》)

(161) 若战而胜，兵罢敝，大王之攻薔易矣。(《战国策·魏策二》)

“易”也有先秦状态动词常见的使动和意动用法，使动用法意为“使……平易”，如例(162)；意动用法意为“以……为易”，如例(163)—例(164)。

(162) 轻关易道，通商宽农。(《国语·晋语四》)

(163) 山者大，故人顺之；垤微小，故人易之也。(《韩非子·六反》)

(164) 离朱易百步而难眉睫，非百步近而眉睫远也，道不可也。(《韩非子·观行》)

“易”同样可后接有被动意味的动词，如例(165)—例(167)，根据前文论述，我们认为这类用法实际上与“可”“足”“难”等同样是由构句方式形成的，也就是从陈述中抽取出一个指称成分放在主语位置，作为评断对象，其余部分则置于“易”之后，“易”在句中的功能则为评断该陈述的容易度，如例(165)的“易”评断的是“见明主之表”“知其教”及“为其法”的容易度，这个例句在拆解前可还原为“见明主之表，易”“知其教，易”及“为其法，易”。

(165) 明主之表易见，故约立；其教易知，故言用；其法易为，故令行。(《韩非子·用人》)

(166) 倾筐易满也，卷耳易易也，然而不可以贰周行。(《荀子·解蔽》)

(167) 凡物之有形者易裁也，易割也。(《韩非子·解老》)

上述“易”的各类用法均与“可”“足”“难”等大致相同，即本义为状态动词充当句中主要谓语，亦可活用为使动及意动用法，并可经由抽取“V＋NP，易”这个句式中的 NP 放在主语位置，因而形成“NP＋易＋VP”这个“易”充当情态动词的句式。与“可”“足”“难”的情况相似，由于这个句式中的主语是由原 V 后接的 NP 抽取而来，而 V 后之 NP 在语义上多为 V 的受事，因此这个句式中的主语才会有学者们所指出的往往为受事的印象。

“易”后接 VP 时也有一类与“难”用法相同，而为“可”“足”所不具备者，亦即其意动用法后接 VP 为宾语，如例(168)—例(169)。如前所述，我们认为“易”的这类用法应归入心理动词，而不属于情态动词的范围。

(168) 众人之轻弃道理而易忘举动者，不知其祸福之深大而道阔远若是也。(《韩非子·解老》)

(169) 夫赏无功则民偷幸而望于上，不诛过则民不惩而易为非。(《韩非子·难二》)

3.4.2 “易以”的结构及情态表达类型

先秦“易以”共现的次数不多，在我们所考察的语料范围内共出现16次，剔除其中与情态动词“易”无关之组合后仅剩6次[①]，即例(170)—例(172)。我们认为这些“易以”的结构与前文探讨的“可以”“足以”相同，亦即由介词“以”后接的宾语提前至句首所形成的，因此，先秦的“易以”实际上与“可以”“足以”同样只是一个常见的固定连用形式，并未真正凝固为一个复合词。

(170) 夫水近于人而溺人，德易狎而难亲也，易以溺人。口费而烦，易出难悔，易以溺人。夫民闭于人而有鄙心，可敬不可慢，易以溺人。(《礼记·缁衣》)

(171) 言者，风波也；行者，实丧也。风波易以动，实丧易以危。(《庄子·人间世》)

(172) 绝迹易，无行地难。为人使易以伪，为天使难以伪。(《庄子·人间世》)

虽然先秦的“易以”只是由情态动词“易”与介词“以”所构成的固定连用形式，并未真正凝固成具有独立表述功能的词，不过，参照本书对“可以”及“足以”的处理方式，我们仍将“易以”表达的情态列出。先秦的“易以”只能表达一种情态，即估价情态。此外，与前文对“难”的分析相同，“易”在表达估价情态的同时，语境中也可能同时有可能性或可行性的暗示。由“易”所评估的动作或事件较由“难”所评估者有较高的可能性或可行性。

3.4.3 “易”的情态演变途径

最后，我们将先秦情态动词“易”的演变途径图示如下(图3-4)。

---

① 这些组合包括“易”表“平易”而与“以”恰巧共现的例子，如“居易以俟命”(《大戴礼记·曾子本孝》)。

易(容易) ——→ 容易(估价情态)

图 3-4　“易”的情态演变路径

3.5　必

3.5.1　“必”的词性问题

关于“必”的词性及其与情态动词的关系，历来学者有许多不同的意见。传统多将“必”归为副词，如《马氏文通》将它列入“状字”，并与“洵、实、断、果、雅、审、良、固、信”等同列于“决事之然与不然者”条下。《马氏文通》所谓的“状字”即目前一般所称的副词。马氏所引“必”字之例见例(173)。(吕叔湘，王海棻 2005:315)其后的古汉语相关著作大抵都将“必”归为副词，如周法高(1961:52)，易孟醇(1989:341)，杨伯峻、何乐士(2001:348-352)，李佐丰(2005:187-188)及姚振武(2005:180-181)等。易孟醇将“必”归为“表笃定语气的副词”，杨伯峻、何乐士归为“推度副词”及“判断副词”两类，李佐丰归为“祈使语气副词”及“决断副词”二类，姚振武则归为“肯定副词”，可表推断、肯定及命令三个意思。各家所引之例，“必”均位于句中谓语之前，如例(173)—例(176)。

(173) 故君子有不战，战必胜矣。(《孟子·公孙丑下》)——“必”字所以决胜之当然者也。

(174) 三人行，必有我师焉。(《论语·述而》)

(175) 夫有齐国，必此二公子也。(《吕氏春秋·不广》)

(176) 我死，女必速行！(《左传·僖公二十八年》)

在先秦汉语中，“必”除位于谓语之前外，亦有可以单用之例。前引马建忠虽然将“必”等列入状字，不过他接着指出，如果“必、固、信”这类词与语气助词合用，就成为表词，如例(177)。吕叔湘、王海棻(2005:316)在注中针对这个说法指出，这类用法中的“必、固、信”等已经不是状字(副词)而应该是静字(形容词)了。也就是说,吕叔湘等认为先秦的“必”是兼有副词及形容词两种用法的。杨树达(1928/2008:7)的《词诠》也在“必”字条下列了两个不同的词类:一为动词,一为表态副词,其中动词可内外动两用,亦即可用作不及物动词与及物动词两类。例(178)为“必”的不及物用法,例(179)则为其及物用法。①

(177) 子路曰:“卫君待子而为政,子将奚先?”子曰:“必也正名乎!”(《论语·子路》)——犹云“为政所先必为正名也”。

(178) 赏厚而信,人轻敌矣;刑重而必,失人不北矣。(《韩非子·难二》)

(179) 不必害则不释寻常,必害手则不掇百溢,故明主必其诛也。(《韩非子·五蠹》)

“必”除了在词性上有副词及副词/动词兼类两种说法外,还与情态动词或助动词的问题有关。前文曾经提到,吕叔湘(1942/2004:246)在论“正反·虚实”时指出,表示可能、必要以及其他相近概念的词包括“可”“能”“得”“须”“要”“宜”“必”“足”“肯”“敢”等,这些词虽然一般称为助动词,但它们的性质并不相同,“可”“宜”“足”原为形容词,“能”“须”“肯”“敢”“要”的动词性仍相当明显,“必”是限制词,文言中的“得”则是动词,它们的共同点是大多和别的动词或形容词谓语合用,表示未实现的事情。也就是说,吕叔湘实际上并未将一般所谓的助动词视为一个具有语法上独立地位的“词类”,而是视为一组表达可能及必要等相近概念的词,而“必”则是这组词中的一个成员,其词性为限制词,也就是一般所称的副词。王力(1944/1984:27)也

---

① 《词诠》所举“必”作动词之例原皆出于《史记》,由于本书之论述以先秦汉语为主,因此将它们改为出自先秦典籍之例。又,前文指出吕叔湘等认为“必”可作形容词,不过由于先秦汉语之形容词一般皆可作谓语,与动词在句法上没有明显区别,因此,形容词也可以说是动词的一类,本书以下将以“状态动词”来称呼这类词。此外,我们使用“动词”一词时指的是包括状态动词在内的所有动词。

将“必”与“能、可、配、会、当、该、须、应”等一般称为助动词者归为一类，不过他是将上述这些词与“果、或、也许”等副词同列于“表示可能性、必然性、或然性、必要性”的副词次类下。可以说，王力也是将“必”与“能、可、当”等视为同一类词，只不过他将这类词全部归为副词而已。

明确将“必”列入情态动词（助动词）的有章士钊（1907/1925：157），魏培泉（1982：36，1997），胡裕树、范晓（1995：260）及朱冠明（2008：90－91）[①]，在本书采用的上古标记语料库词类系统中，“必”亦归为助动词。章士钊所论述的范围为文言文，魏培泉为上古汉语，胡裕树、范晓为现代汉语，朱冠明则为中古汉语，朱冠明从意义和形式两方面论述“必”为情态动词而非副词的理由。首先，他指出，在意义上，“必”表达的是必然性概念，因此符合情态动词的标准。其次，在形式或句法功能上，朱冠明提出两点证明“必”不是副词：(1)他引述孙德金（1996）的说法指出，能用否定词“不”或“没有”否定的不是副词，“必”可用“不”或“未”否定，因此不是副词。(2)助动词可以单说而副词不能单说，虽然中古没有“必”单独作谓语而省略 VP 的用例，但近现代汉语中“必”的否定式“未必”，“不必”后 VP 省略的用例相当常见，因此“必”不是副词。最后，他指出，在朱德熙（1982：61）所列举的助动词五条特点中，“必”仅不具备其中第(4)条（可以放在“～不～”的格式里），因此，虽然“必”不能算是助动词中最典型的核心成员，但也不能将它排在助动词之外。也就是说，在意义和形式上，“必”与助动词共有绝大多数特征且能与副词明确区别开，因此，“必”应视为情态动词。

从上述学者的论述来看，先秦的“必”至少有两种主要用法：一是充当句中主要谓语，如上引例(178)　例(179)；二是用于“必 VP”中，

---

① 另，高名凯（1948/1957）将“必”与“可、能、得、欲、愿、肯”等同归为“能词”，不过他认为这类词与西洋语法中所谓的“助动词”是两回事，也不同意自马建忠以来将这类词称为“助动词”的做法。

如上引例(173)—例(176)。第一类用法的“必”可归为状态动词应无疑义,第二类用法的“必”由于句法位置既可以由情态副词也可以由情态动词充当,因此,学者间的意见较不一致。我们同意将“必”列入情态动词的说法,以下说明将“必”归入情态动词的理由。

根据魏培泉(1999a:261)的分析,先秦所有情态副词的共通点是在表层结构中的层次相当高,动词与其他状语一般都在其后,否定副词也在其后。谷峰(2010:5-6)综合多位学者对现代汉语情态副词的研究后指出,现代汉语的情态副词与其他副词(尤其是方式副词)及情态动词的区别有以下4点:(1)可以出现在句首或句中,口语中偶尔可出现在句尾;(2)在与其他类副词连用时,倾向于出现在前;(3)通常只位于系词“是”和“不”前;(4)与情态动词连用时,次序在先。此外,情态副词一般认为是句子最外层的成分,因此不能进入定语小句。综合上述两位学者的说法,情态动词与情态副词的差别主要应在于:(1)情态副词只能出现在否定副词“不”前;(2)情态副词不能进入定语小句;(3)与情态动词连用时,次序在先。根据谷峰(2010:66-71)对先秦“必”的句法表现的考察,“必”可用“不、非、未、无”否定,如例(180)—例(183);“必”也可进入定语小句,如例(184)—例(185);此外,“必”也可和情态动词连用,如例(186)—例(187)。上述“必”的三点句法表现中,前两点都是与情态动词相同而与情态副词不同的,情态动词可出现在否定副词“不”后之例甚多,此处不再举例;情态动词可见于定语小句的如例(188)—例(189)。第(3)点虽是情态副词的句法表现,不过,汉语的认识情态动词一般也可以出现在他类情态动词前,如例(190)即为认识情态动词“当”与表能力之“能”的情态动词连用。因此,第(3)点事实上也可说是认识情态动词的句法表现。

(180) 晏子抚其手曰:“徐之!疾不必生,徐不必死,鹿生于野,命县于厨,婴命有系矣。”(《晏子春秋·内篇杂上》)

(181) 人臣之情非必能爱其君也,为重利之故也。(《韩非子·二柄》)

(182) 故涂之人可以为禹，则然；涂之人能为禹，则未必然也。(《荀子·性恶》)

(183) 夫赏高罚下，而上无必知其道也，与无道同也。(《商君书·禁使》)

(184) 夫乐者、乐也，人情之所必不免也。(《荀子·乐论》)

(185) 明必死之路，开必得之门。(《管子·牧民》)

(186) 赵鞅呼司马寅曰："日旰矣，大事未成，二臣之罪也。建鼓整列，二臣死之，长幼必可知也。"(《左传·哀公十三年》)

(187) 王曰："其君能下人，必能信用其民矣，庸可几乎！"退三十里。(《左传·宣公十二年》)

(188) 舜相尧二十有八载，非人之所能为也。(《孟子·万章上》)

(189) 然则仁义法正有可知可能之理。(《荀子·性恶》)

(190) 三子之才能谁最贤哉？辨治者当能别之。(《史记·滑稽列传》)

除以上各点外，"必"与一般情态副词相较还有以下几点不同的特色。首先，根据前述学者的分析，情态副词的表层结构较高，其他状语均在其后，然而，先秦的"必"却可用于时间副词"将、且、恒、终"之后，如例(191)—例(194)，这点也与其他情态动词相同，如例(195)—例(196)，而与其他情态副词不同。其次，上引例(184)是谷峰(2010)所举"必"作定语小句的例子，这个例子除作定语小句与一般情态副词用法有别外，能出现在"所"字结构中也是一般情态副词所没有的句法表现。例(197)为"必"出现在"所"字结构的另一个例句，"必"的这个语法表现也与其他情态动词相同，例(198)—例(199)分别为情态动词"可"与"能"出现在"所"字结构的例句。第三，某些一般归为情态副词者也有出现在否定副词后的例子，如例(200)—例(201)，不过，这类词一旦出现在否定副词后即不表情态，而成为方式副词，如例(200)"不固请"意为"不坚决的请求"，"固"不表"固然""本来"一类的确认或推测语气；例(201)"不果行"意为"结果未成行"，

"果"也不表"果然"一类的确认语气。若情态副词出现在否定词后仍要表达情态语义,就只能出现在反诘句中,如例(202)—例(204)。与上述情态副词不同,"必"出现在一般叙述句中的否定副词后即可表推断的情态语义,如上引例(180)—例(183)。此外,"必"在否定句中也可表"必要"的情态语义,如例(205)。

(191) 子貉早死,无后,而天钟美于是,将必以是大有败也。(《左传·昭公二十八年》)

(192) 今大冶铸金,金踊跃曰"我且必为镆铘"。(《庄子·大宗师》)

(193) 国家之敝,恒必由之。(《左传·襄公十三年》)

(194) 姑盟而退,修德息师而来,终必获郑,何必今日?(《左传·襄公九年》)

(195) 昭王问于观射父,曰:"周书所谓重、黎寔使天地不通者,何也?若无然,民将能登天乎?"(《国语·楚语下》)

(196) 今尔出于崖涘,观于大海,乃知尔丑,尔将可与语大理矣。(《庄子·秋水》)

(197) 此皆尽力毕议,人主之所必听也。(《韩非子·八奸》)

(198) 是不材之木也,无所可用,故能若是之寿。(《庄子·人间世》)

(199) 今君在难,无恤不敢惮劳,非晋国之所能及也。(《左传·哀公二十年》)

(200) 楚君若能使秦君辱于敝邑,寡君敢不固请于齐?(《左传·襄公二十七年》)

(201) 公将往,梦襄公祖。梓慎曰:"君不果行。"(《左传·昭公七年》)

(202) 景春曰:"公孙衍、张仪岂不诚大丈夫哉?"(《孟子·滕文公下》)

(203) 匡章曰:"陈仲子岂不诚廉士哉?"(《孟子·滕文公下》)

(204) 哀哉！死者而用生者之器也，不殆于用殉乎哉！（《礼记·檀弓下》）

(205) 若我可，不必亡一大夫。（《左传·哀公六年》）

以上是“必”出现在“必 VP”中句法表现与情态动词相同而与其他情态副词不同的特点。不过，先秦的“必”也具有某些与情态动词不同而与副词相同的句法功能。根据杨伯峻、何乐士（2001：213）的观点，助动词与副词的区别在于：(1)副词可修饰形容词及名词谓语，助动词不行；(2)助动词可省略动词单用，副词则很少脱离被修饰词；(3)助动词修饰动词时只能位于动词前，副词则有时可以位于动词后。在上述三个副词的语法特点中，可修饰形容词及名词谓语，以及不能省略动词单用都是先秦“必”所具备的特点。不过，由于先秦情态动词“当”也不能省略动词单用，因此，“必”所具备的语法特点可说只有能修饰形容词及名词谓语这一点与其他情态动词不同。综上所述，由于先秦“必”所具备的语法功能与其他情态动词相同者远多于不同者，因此，我们认为“必”应可归入情态动词。

3.5.2 “必”的语义及情态表达类型

前文指出，先秦的“必”有状态动词的用法，根据本书考察，先秦情态动词“必”可表达多种情态类型，而这些情态类型都是由它的状态动词用法引申而来的，因此，以下先探讨“必”作状态动词时的语义及用法。

先秦状态动词“必”在句中可充当谓语，用来评述主语的性质属性等。“必”所评述的主语可以是 NP，如上引例(178)及下引例(206)—例(207)。例(178)“刑重而必”的“必”与“重”同为对主语“刑”的评述，“必”表达的应是杨树达(1928/2008：7)所说的“决也”，也就是决然、断然的意思，例(206)的“必”也与之相类。例(207)的“必”虽然也有决然、断然的意味，不过，在这个例子中，“必”已衍生出表达说话者对必然性推断的语义，“类固不必”意为物类不必然有共同的特性。

（206）其刑罚重而信，其诛杀猛而必。（《荀子·强国》）

（207）或湿而干，或燔而淖，类固不必，可推知也？（《吕氏春秋·别类》）

状态动词“必”所评述的对象也可以是由 VP 或子句所构成的命题，如上引例（177）及下引例（208）。例（208）“秦伐齐，必矣”，“必”表达的是说话者对“秦伐齐”这个事件的必然性推断。例（177）“必也正名”相当于“正名，必也”，“必”表达的则是说话者对为政必先正名的必要性态度。

（208）秦伐齐必矣。（《战国策·燕策一》）

“必”在先秦也有状态动词常见的使动及意动用法，上引例（179）“明主必其诛也”的“必”为使动用法，“必其诛”意为使“其诛”成为“必然”，也就是让“其诛”必然实现的意思。例（209）及例（210）同样是“必”的使动用法，意思分别是让“必”后接的宾语“行”及“来年秦之不复攻我”实现或成真。例（211）为“必”的意动用法，“必之”即“以之为必”，也就是认为“必”后接的宾语“之”是必然的。

（209）以为士者正其言，必其行，故服其殃，离其患也。（《庄子·盗跖篇》）

（210）王曰：“诚听子割矣，子能必来年秦之不复攻我乎？”（《战国策·赵策三》）

（211）无参验而必之者，愚也。（《韩非子·显学》）

从上面的讨论来看，先秦状态动词“必”的基本语义应为一种决然、断然的意味，而“必”所表达的必要性及必然性则是从决然、断然的意味引申出来的。也就是说，先秦的“必”主要可表达三种语义，一是决然、断然，二是必然性，三是必要性，其中决然、断然主要是对主语性质所作的评述，而必然性与必要性则为说话者对命题或事件所作的评断。先秦情态动词“必”所表达的各类情态可说都是由这三类语义衍生而来的。

谷峰(2010:65－76)将先秦“必”所表达的情态分为四类:(1)认识必然,如例(212);(2)意志(volition),如例(213);(3)必要(necessity),如例(214);(4)义务(obligation),如例(215)。谷峰所分的四类情态大致相当于我们所说的认识情态(必然)、动力情态(意志)、条件情态(必要)及道义情态(义务)。

(212) 君不道于我,我欲以吾宗与吾党夹而攻之,虽死必败,君必危,其可乎?(《国语·晋语六》)

(213) 苫夷曰:“虎陷二子于难,不待有司,余必杀女。”(《左传·定公七年》)

(214) 为高必因丘陵,为下必因川泽。(《孟子·离娄上》)

(215) 叔山冉谓养由基曰:“虽君有命,为国故,子必射。”(《左传·成公十六年》)

虽然谷峰(2010)对“必”所表达情态类型的分类只是就句子语义所作的随文分析,不过,他的归纳仍大致反映了“必”在先秦文献中的各类用法,因此,我们以他的分类为基础,分析上述四类“必”的用法的衍生途径。

前文探讨情态动词“可”的形成时,我们认为“NP＋可＋VP”这类句式的构成方式是由“V＋NP,可”这个句式中抽取一个指称成分放在主语位置,其余部分则置于“可”之后。参照这个分析,我们也可以将例(208)“秦伐齐,必矣”(NP＋VP,必)视为基底结构,而将例(216)“楚必伐齐”(NP＋必＋VP)分析为由基底结构中抽取NP放在句首位置,其余部分则置于“必”之后所形成的。也就是说,在“可”字句中,提升的成分为动词后的NP,而在“必”字句中,提升的成分则为动词前的NP。例(212)—例(215)的各类“必”的用法也可以用同一种方式来分析,如例(212)“君必危”可分析为从“君危,必”而来,例(213)“余必杀女”可分析为从“余杀女,必也”而来,例(214)“为高必因丘陵”可分析为从“(吾等)若欲为高,(吾等)因丘陵,必也”而来,而例(215)“子必射”则可以分析为从“子射,必也”而来。也就是说,上述谷峰(2010)所区分的四类情态都可以用一条规则来解释,就是子句的主语提升而作为“必”的主语。①

(216) 王游人而合其斗,则楚必伐齐。(《战国策·魏策二》)

(217) 诸侯乖乱,楚必大奔。(《左传·昭公二十三年》)

虽然上述“必”的四类用法都可分析为由“主语＋VP,必”这个句式中的子句主语提升而来,不过,这四类用法在提升前,基底结构中“必”的语义并不相同。我们认为,正是由于状态动词“必”在“主语＋VP,必”这个句式中的语义不同,才导致情态动词“必”发展出上述不同的语义。前文探讨“可”的情态发展时指出,由提升动词发展而来的情态动词“可”所表达的情态语义与其作状态动词时基本一致,“必”的情况也与之相同,也就是说,在“主语＋必＋VP”这个句式中,“必”所表达的语义也应该与上述状态动词“必”的三种语义基本一致,也就是可表达:(1)决然、断然,(2)必然性,(3)必要性。以下分析上述谷峰所区分的四类“必”的语义发展及情态表达。

1. 认识情态

在上引例句中,可归为“必”表认识情态者包括例(173)—例(175)、例(180)—例(187)、例(191)—例(194)、例(197)、例(212)及例(216)—例(217),我们认为这类情态是由状态动词“必”中的“必然性”这个语义发展而来的。“必”表认识情态的用法还包括例(218)—例(221)。

---

① 参照本书3.1.6小节对“可”字句形成之句法机制的分析,先秦“必”提升过程可分析如下:以例(208)“秦伐齐必矣”为例,此句之基底结构可分析为b,由b到c是一个外置的过程,由c到d则是一个主语提升的过程。

(208) a. 秦伐齐必矣。

b. [秦伐齐] 必

c. 必[秦伐齐]

d. 秦必[伐齐]

(218) 襄子曰："此必豫让也。"(《战国策·赵策一》)

(219) 三甥曰："亡邓国者，必此人也。"(《左传·庄公六年》)

(220) 曾子曰："同游而不见爱者，吾必不仁也。"(《荀子·法行篇》)

(221) 南文子曰："太子颜为君子也，甚爱而有宠，非有大罪而亡，必有故。"(《战国策·宋卫策》)

在先秦汉语中，"必"的认识情态用法表达的是说话者对命题的必然性推断。若依命题的句式来分，"必"可出现在判断句中，如例(173)—例(175)及例(218)—例(220)；也出现在非判断句中，如例(180)—例(187)、例(191)—例(194)、例(197)、例(212)、例(216)—例(217)及例(221)。若依命题的虚实来分，"必"可表达对已然事态的推断，如例(174)、例(218)及例(220)—例(221)等；也可表达对未然事态的推断，如例(173)、例(175)、例(180)、例(191)—例(194)、例(197)、例(212)、例(216)—例(217)及例(219)。一般认为现代汉语的"一定"与先秦的"必"语义大致相当，用"一定"来对译"必"，对先秦"必"所表达的认识情态可以有进一步的认识。

首先，在判断句中，由于先秦汉语不需要使用系词，而现代汉语必须用系词"是"，因此，判断句中的"必"若要对译成现代汉语，则必须在"一定"之后加上系词"是"，如例(175)"夫有齐国，必此二公子也"必须翻译为"有齐国的，一定是这两位公子"，而例(218)"此必豫让也"则必须翻译为"这一定是豫让"。其次，在非判断句中，若"必"表达的是对已然事态的推断，则"必"可直接用"一定"来对译，如例(221)"必有故"可以直接翻译为"一定有原因"；若"必"表达的是对未然事态的推测，则必须在"一定"后面加表预期的情态动词"会"，如例(216)"楚必伐齐"必须翻译为"楚一定会伐齐"。从例(216)这类用法来看，表未来推测的"必"看似兼容了现代汉语表必然性的"一定"与表推测预期的"会"两种情态，不过我们认为，在这类例句中，"必"的中心语义仍为必然性的概念，至于所表达的预期情态则是由句子中原有的时间链或因果链衍生出来的，并不是"必"本身的功能，正如判断句中的“必”表面看似兼容了现代汉语中表必然性的“一定”与系词“是”的功能，但并不能因此认为“必”有作系词的语法功能。

2. 非认识情态

A. 必要与义务

根据前文论述，表必要之条件情态与表义务之道义情态在语义上是一个连续统，因此我们将这两类情态放在一起讨论。

在上引例句中，可归为“必”表条件情态者包括例(205)、例(214)及例(222)—例(223)，表道义情态者包括上引例(176)、例(215)及例(224)。我们认为这两类情态都是由状态动词“必”中表“必要性”的这个语义发展而来的。

(222) 君冠，必以祼享之礼行之。(《左传·襄公九年》)

(223) 欲人之爱己也，必先爱人。(《国语·晋语四》)

(224) 公谓乐祁曰：“唯寡人说子之言，子必往！”(《左传·定公六年》)

在前文的分析中，我们认为表条件情态的例(214)“为高必因丘陵”可分析为从“(吾等)若欲为高，(吾等)因丘陵，必也”而来，在这句话中，“因丘陵”乃“为高”达成或实现所需的必要客观条件，“必”表达的即为这种客观条件下的必要性。例(205)为“必”表条件必要的否定用法，“若我可，不必亡一大夫”的意思是，在“我可”的客观条件下，亡一大夫是没有必要的，也就是没有必要亡一大夫。

表道义情态的典型例句如上引例(176)“女必速行”，将这类表义务例句与表必要的例(214)相较可以看出，这两类用法最大的差别在于主语的属性不同，例(176)的主语“女”为属人名词，例(214)的主语则为一个动作。也就是说，“必”在例(176)这类例句中之所以有表义务的涵义，主要是由于主语“女”是一个可以施加义务的对象，而例(214)的“为高”则否。除了主语属性之外，句中其他成分对于我们倾向将“必”理解为表义务或表必要也有影响。Coates(1983:23－27)指出,“must”的典型成员例句有四个特征:(1)主语是有生的(其中又以第二人称最具典型性);(2)主要动词为活动动词;(3)说话者对于使主语去执行这个动作有兴趣;(4)说话者对主语有权威或影响力。上引例(176)“女必速行”、例(215)“子必射”及例(224)“子必往”都符合上面所指出的各项特征,因此表达的是最典型的道义情态,不过,正如Coates(1983)所指出的,这类表现出强烈主观性及义务的道义情态在实际的语料库中是相当少见的,大多数的例子都处于主观性及义务强度逐渐递减最后过渡到表必要的范围内。例(225)虽符合上述四个特征中的前三个,但由于句中执行动作的“寡人”地位为一国之君,而说话者“公叔”只是一介臣子,“公叔”对魏王并没有绝对的权威或影响力,因此并不完全符合第四个特征。当然,说话者对主语是否有权威或影响力与彼此的关系或地位不必然有绝对的关系,而说话者对于使主语去执行这个动作是否有兴趣在认定上也带有相当的主观性,因此“必”由表必要到表义务的用法间并没有截然可分的标准或界限。

(225) 王弗应,出而谓左右曰:“岂不悲哉!以公叔之贤,而谓寡人必以国事听鞅,不亦悖乎!”(《战国策·魏策一》)

B. 意志

前述谷峰(2010)所举“必”表意志的例句为上引例(213)“余必杀女”,可归为这类情态的例句还包括例(226)—例(228)。我们认为这类用法应是由状态动词“必”中表“决然、断然”的语义发展而来的。

(226) 初,伍员与申包胥友。其亡也,谓申包胥曰:“我必复楚国。”(《左传·定公四年》)

(227) 晋礼主盟,惧有不治;奉承齐牺,而布诸君,求终事也。君曰“余必废之”,何齐之有?(《左传·昭公十六年》)

(228) 夏德若兹,今朕必往。(《尚书·汤誓》)

从语义上看,上引各例“必”的用法虽有表达第一人称主语意志的意味，不过，这类用法与一般表主语意志的情态动词并不相同。先秦情态动词中表主语意志者主要是“欲”，“欲”后接 VP 时构成动宾结构，表达的是主语想要得到 VP 所表示的内容或者意欲从事 VP 所表示的行为。不过，上引各例“必”的所谓表意志的用法并不是以“必”后接动词作为其欲从事行为的内容，而是在主语所欲从事的行为或事件上加上一种决然、断然的语气。在前文的分析中，我们将例(213)“余必杀女”这类句式分析为从“余杀女，必也”而来，其中“必”表达的即是对“余杀女”这个事件的断然语气或态度。在以第一人称为主语的句子中，这类“必”虽然由于语境的制约而衍生出主语意志的暗示，不过，我们认为这种暗示并未内化为“必”本身的语义。例(229)是“必欲”连用的例子，在这个例句中，“欲”的主语为当面对话中的第二人称主语，“欲”为表达该主语之意志的情态动词，而“必”只是在主语的意志上加上表断然的语气。例(230)为“必”用在表禁诫语气的例句。在这个例子中，“子勿泄也”是一个表禁诫语气的句子，加上“必”后只是在这个禁诫语气上作进一步的强调，“必勿”相当于“绝对不要”。

(229) 有一不义，犹败国家，今壹五六，而必欲用之，不亦难乎？(《国语・楚语下》)

(230) 王曰：“吾欲以国累子，子必勿泄也。”(《韩非子・外储说右上》)

综上所述，我们认为前述谷峰(2010)所指出的“必”表意志的用法实际上只是表达一种断然的语气，而这种断然的语气应该是由前述状态动词“必”中的“决然、断然”这类语义发展而来的。也就是说，在这类“必”的基式“主语＋VP，必”中，“必”表达的是决然、断然这类语义，而非必然性或必要性这类语义。表必然性之语义发展为认识情态，表必要性之语义则发展为条件必要情态及道义情态，至于表断然语气的这类语义则不在本书所界定的情态语义中。不过，由于这类原表断然语气的“必”在第一人称主语中也有表主语意志的暗示，因此，我们也暂且将这类情态列入“必”所表达的情态类型之一。

3. 小结

从上文的讨论来看，先秦“必”的语义及情态表达可说是相当复杂的。“必”的本义为状态动词，其中心语义为决然、断然的概念，这种决然、断然的概念可以引申为必然性的概念，也可以引申为必要性的概念。必然性的概念可发展为认识情态，必要性的概念可发展为条件必要情态及道义情态，决然、断然的概念与表第一人称主语意志的语境结合则可发展出看似动力情态的语义。由于必然性与必要性原就是情态语义中经常可以互相转换的语义概念，对命题或事件的必要性态度经常体现为对必然性的判断或预期，而说话者的意志又往往与对必然性的预期有关，加上不表情态语义的决然、断然等概念也可以构成“必＋VP”这个与“必”的情态动词用法相同的结构，因此，先秦的“必”在上述各种现象的交互作用下，其语义经常是错综复杂而无法确切指出其所表达的情态语义的，如例(231)既可以解释为“使者归，则一定要拜送于门外”，也可以解释为“使者归，则一定会拜送于门外”；例(232)既可以解释为对“王者世而后仁”的必要性态度，也可以解释为对“王者世而后仁”的必然性判断；而例(233)的“必”则可以解释为老妇对“唾其面”之必然性的预测，也可以解释为表达老妇“唾其面”的断然语气。

(231) 使者归，则必拜送于门外。若使人于君所，则必朝服而命之。使者反，则必下堂而受命。(《礼记·曲礼上》)

(232) 子曰：“如有王者，必世而后仁。”(《论语·子路》)

(233) 太后明谓左右：“有复言令长安君为质者，老妇必唾其面。”(《战国策·赵策四》)

“必”的各类语义间是否有先后演变的关系？前文探讨“可”的各类情态语义时曾指出，由于这些语义在《左传》《论语》等时代相对较早的文献中都已经发展成熟，因此无法从它们在文献中出现的时代先后来探讨它们可能的前后衍生关系，“必”的情况也与之相同。根据前文的分析，情态动词“必”所表达的认识情态是由表必然性的状态动词发展而来的，条件情态及道义情态是由表必要性的状态动词发展而来的，与意志有关的语义是由表断然的状态动词发展而来的。由于情态动词“必”所表达的各类情态语义都可以在状态动词“必”的基本语义决然、断然的基础上在语境中直接引申而来，因此，在无其他证据可判断这些语义是否有先后演变关系的情况下，我们暂且从共时的角度，将“必”所表达的这些情态语义视为由状态动词“必”的基本语义决然、断然的概念引申出来。

3.5.3　“必”的情态演变途径

最后，我们将先秦情态动词“必”可能的演变途径图示如下（图 3－5）

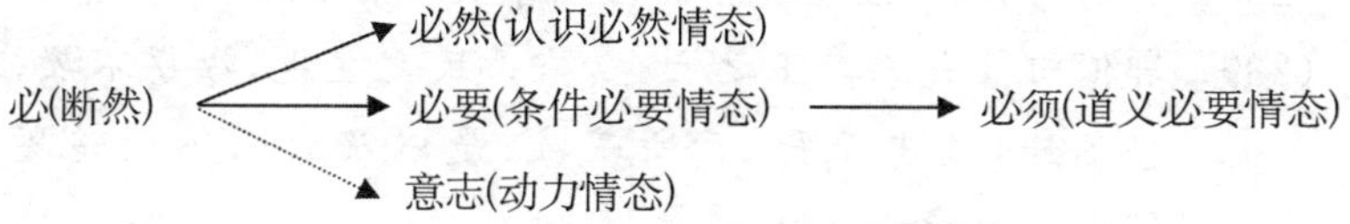

图 3－5　“必”的情态演变路径

3.6　宜

3.6.1　“宜”的语义及用法

“宜”，文献中又通作“仪”“义”，如例（234）—例（235），《说文》：“义，己之威义也。”段注以为古者威仪字作“义”，“义”之本训为“礼容各得其宜”，据此，“宜”之本义或与古代之仪节规范有关，引申而为行为合乎社会规范，故有“合宜”“适宜”之义。

（234）诗云：“殷之未丧师，克配上帝；仪监于殷，峻命不易。”

(《礼记·大学》)

(235) 王义嗣德,答拜。(《尚书·顾命》)

先秦"宜"可作名词,指仪节规范,如例(236);也可作状态动词,充当句子的主要谓语。"宜"作状态动词时其后可不接名词,如例(237)—例(238)。在这类用法中,"宜"的功能为对主语合宜性的评估,所评估的主语可以是NP,如例(237);也可以是VP,如例(238);也可以是由主谓结构或主之谓结构所构成的命题,如例(239)—例(241)。"宜"也可后接名词,如例(243)—例(244),白晓红(1997:223-224)认为这些例子中的"宜+NP"表达的是深层语义的补充关系,也就是相当于"宜于NP",如例(245)。

(236) 君臣失位,父子失处,夫妇失宜。(《吕氏春秋·大乐》)

(237) 天时不祥,则有水旱。地道不宜,则有饥馑。(《管子·五辅》)

(238) 世易时移,变法宜矣。(《吕氏春秋·察今》)

(239) 郭偃曰:"夫三季王之亡也,宜。民之主也,纵惑不疚,肆侈不违,流志而行,无所不疚,是以及亡而不获追鉴。"(《国语·晋语一》)

(240) 昔者,则我出此言也,不亦宜乎?(《孟子·离娄上》)

(241) 明法者强,慢法者弱。强弱如是其明矣,而世主弗为,国亡宜矣。(《韩非子·饰邪》)

(242) 楚薳罢如晋莅盟,晋侯享之。将出,赋《既醉》。叔向曰:"薳氏之有后于楚国也,宜哉!承君命,不忘敏。子荡将知政矣。敏以事君,必能养民,政其焉往?"(《左传·襄公二十七年》)

(243) 故能守其官职,保族宜家。(《左传·襄公三十一年》)

(244) 之子于归,宜其室家。(《诗经·周南·桃夭》)

(245) 宜于时通,利以处穷,礼信是也。(《荀子·修身》)

“宜”也可后接动词，如例(246)—例(248)，这类用法即传统归为表应当的助动词或能愿动词，白晓红(1997)认为在这类“宜＋VP”的格式中，“宜”的词义已由“合适”引申为“应该”，李明(2001:20)则将这类用法的“宜”归为表应当的道义类助动词。①

(246) 是以惟仁者宜在高位。(《孟子·离娄上》)

(247) 是宜为君，有恤民之心。(《左传·庄公十一年》)

(248) 阿主之为，有过则主无以责之，则人主日侵而人臣日得。是宜动者静，宜静者动也。(《吕氏春秋·君守》)

“宜”后接动词还有另一类用法，如例(249)—例(251)，李明(2001:20)认为这类用法中的“宜”表盖然，属认识类助动词；杨树达(1928/2008:308-309)则将这类用法的“宜”归为推度副词，义为“殆”也；白晓红(1997)指出，这类“宜”一般语法书归入副词，表示对某种趋势或情况的推测，可译为“大概”“也许”等，不过她认为这类用法的“宜”仍有助动词的影子，并举现代汉语助动词“该”也能用来表示估计、推测之例为证，如例(252)，她认为这种现象表明汉语助动词向副词发展是一种顺趋势。

(249) 及共王即位，将为阳桥之役，使屈巫聘于齐，且告师期。巫臣尽室以行。申叔跪从其父，将适郢，遇之，曰：“异哉！夫子有三军之惧，而又有桑中之喜，宜将窃妻以逃者也。”(《左传·成公二年》)

(250) 士贞伯曰：“郑伯其死乎！自弃也已。视流而行速，不安其位，宜不能久。”(《左传·成公六年》)

(251) 鲁执政唯强，故不欢焉而后遣之；且其状方上而锐下，宜

① 根据本书的情态分类系统，“宜”的这类用法可再区分为条件情态及道义情态两类，不过，诚如前文所指出的，这两类情态间是一个由客观条件移向说话者主观态度的连续统，可一并归入参与者外在情态中，为方便讨论，我们暂依一般学界的说法，将之称为道义情态。关于“宜”的条件情态与道义情态的区分，我们在下文会有较详细的论述。

触冒人。(《国语·周语中》)

(252) 他要是知道了,又该批评我了。(转引自白晓红 1997:224)

"宜"除了单独作谓语及后接 NP 及 VP 的用法之外,也可后接主谓(如例 253)或"主之谓"结构(如例 254),在"宜"与"主之谓"结构间也可插入语气助词"乎"或"矣",如例(255)—例(256)。彭再新、刘红花(2002)认为这类用法"表示事情的结果正该如此,可译为'怪不得'"。"怪不得""难怪"这类用法在现代汉语一般被归为评价副词(或称评注性副词、情态副词、语气副词等),与"果然""竟然""幸亏"等同为表达对已知事件的态度。曹逢甫(1996:178)不同意传统将"幸亏"分析为副词的说法,而主张应分析为提升动词的一类,即认知情态动词,其次类划分为子句,也就是以子句为其补语,如例(257)的"幸亏"是以"去年他没有娶阿花"这个子句为其补语。我们认为,曹逢甫对"幸亏"的句法分析也可以适用于先秦的"宜",也就是说,在这类用法中,"宜"也可分析为提升动词,后接子句则为"宜"的补语。① 谷峰(2010:28)也将这类"宜"分析为提升动词,他同时指出,"宜+主之谓"这个句式是"宜"在"主之谓,宜"这个句式中经由谓语位置提升至句首而来的。②

(253) 谓谒者曰:"沐则心覆,心覆则图反,宜吾不得见也。"(《国语·晋语四》)

(254) 康王曰:"神人无怨,宜夫子之光辅五君以为诸侯主也。"(《左传·昭公二十年》)

---

① 汤廷池、汤志真(1997/2000)不同意曹逢甫(1996)将"幸亏"分析为情态动词的说法,理由是"幸亏"不具有动词的句法特征,因此应属于情态副词。由于"幸亏"的词性分析与本书的论旨无关,因此我们在此不拟对这个问题作进一步的辨析,只是援引曹逢甫对这类句式的分析模式来说明先秦"宜"的用法。由于"宜"在先秦具有动词的句法特征,这点是毋庸置疑的,因此将它分析为情态动词应该是没有问题的。

② 谷峰在文中将"宜"分析为形容词,形容词在本书的词类系统中属于状态动词,因此,其分析结果与本书是一致的。

(255) 我非爱其财。而易之以羊也，宜乎百姓之谓我爱也。(《孟子·梁惠王》)

(256) 孟印太息曰："宜矣王之制于秦也。王何疑秦之善臣也？"(《吕氏春秋·应言》)

(257) 幸亏〔去年他没有娶阿花〕。(转引自曹逢甫 1996:178)

根据前文的讨论，我们将先秦"宜"出现的各类句式整理如下[①]：

A. NP[当事]＋宜[状动-合宜]——例(237)

B. VP[当事]＋宜[状动-合宜]——例(238)

C. S[NP＋(之)＋VP][当事]＋宜[状动-合宜]——例(239)—例(242)

D. NP[当事]＋宜[状动-合宜]＋(于)＋NP——例(243)—例(245)

E. NP[当事]＋宜[情动-应该(道义)]＋VP——例(246)—例(248)

F. NP[当事]＋宜[情动-盖然(认识)]＋VP——例(249)—例(251)

G. 宜[情动-难怪(估价)]＋(矣/乎/哉)＋[NP＋(之)＋VP]——例(253)—例(256)

以下根据上述"宜"的各类句式探讨先秦动词"宜"的情态发展及各类情态表达类型。

3.6.2 "宜"的情态发展及情态表达类型

在上述"宜"字句的各类句式中，与情态动词用法相关的包括 C、E、F、G 四类。以下探讨这四类句式的发展演变关系。

前文探讨"宜"字句 G 式时，我们引述谷峰(2010:28)的说法指出，这类句式是"宜"在"主之谓，宜"这个句式中经由谓语位置提升至句首而来的，我们同意他对这个句式的分析。也就是说，G 式应是由

① 由于"宜"的名词用法与本书研究无关，因此不予列入。另，文献中虽有"宜"写作"仪"或"义"者，不过，这只是文字书写上的通假现象，与语法研究无关，因此，本书不另列出这类用法。

C 式发展而来的。我们虽然同意谷峰对 G 式形成方式的分析，不过，关于这个句式发展前后的语义关系，我们认为仍有必要作进一步的分析。

前文所举属于 C 式的例句包括例(239)—例(242)，这类句式是由一个主(之)谓结构构成的命题或事件充当主语，而由状态动词“宜”充当谓语，“宜”表达的是说话者对命题或事件“宜”否的评估态度。根据前文论述，“宜”的本义为“合宜”“适宜”，当“宜”评估的对象为 NP(即 A 式)时，“宜”表达的便是这类基本语义，亦即说话者对 NP 是否合宜的评估态度。不过，当“宜”评估的对象为命题或事件(即 B、C 式)时，“宜”的语义便由“合宜”“适宜”衍生出“应当”“应该”义了。也就是说，当说话者评估一个 NP 时，他只能评估这个 NP 本身属性的好坏，也就是合宜与否的评估，而当说话者所评估的对象为一个命题或事件时，他就很容易从评估这个命题或事件的合宜与否引申为评估这命题或事件的应当与否，如例(239)是说话者基于三季王“纵惑不疚，肆侈不违……”等不当的行为态度，因而认为“三季王之亡也，宜”，其中“宜”表达的即是说话者对“三季王之亡”这件事的理所当然的态度。例(240)的语境是，乐正子来见孟子，孟子有责怪之意，乐正子不解而问孟子，孟子反问他是什么时候到的。乐正子回答“昔者”，孟子因此责问他：“昔者，则我出此言也，不亦宜乎?”也就是说，孟子认为乐正子应该一到达就立刻来见孟子，可是乐正子却没有做到，因此孟子的“则我出此言也，不亦宜乎”的“宜”表达也正是对自己责怪乐正子这件事的理所当然的态度。在前文中，学者们将 G 式中的“宜”解释为“怪不得”“难怪”，这类语义正是由“宜”在这类句式中所表达的理所当然的态度发展出来的。“宜”的这类句式传统上并不视为情态动词的用法，不过，由于本书将情态动词后接子句或“主之谓”的用法也归入情态表达范畴，因此，我们也将这类用法的“宜”归入情态动词，并将这类用法归为表达说话者对后接命题主观评价的估价情态动词。

以下分析“宜”字句的E式及F式的形成途径，也就是“宜”表达道义情态及认识情态的句式。

前文探讨“必”的认识情态形成时，我们认为“秦必伐齐”(NP＋必＋VP)这类句式是由“秦伐齐，必矣”(NP＋VP，必)这个基底结构中抽取NP放在句首位置，其余部分置于“必”之后形成的，参照这个分析，我们也可以将E式及F式分析为由C式抽取NP放在句首位置，其余部分置于“宜”之后形成的。如C式例(241)“国亡宜矣”，若将其中的NP抽取出来置于句首位置，其余部分置于“宜”之后，即可形成“国宜亡矣”这类“宜”作情态动词用法的句子；例(242)“薳氏之有后于楚国也，宜哉”亦同，所形成之句子则为“薳氏宜有后于楚国”。

以上我们将“宜”字句的E、F、G三式均分析为由C式提升而来，关于G式中“宜”的语义发展途径已见上文，以下分析E、F二式中“宜”的语义来源及发展。

前文分析G式句中“宜”的语义来源时，我们认为“宜”所表达的“难怪”“怪不得”等语义是由C式句例(239)—例(240)这类对已然命题或事件的评估态度引申而来的。C式句中“宜”所评估的除了已然命题或事件外，也可以是一个未然命题或事件，如例(241)—例(242)。在这类例句中，由于“宜”所评估的事件为未然事件，因此，“宜”所表达的语义便由原先对实然命题或事件的评估态度进一步衍生出对未然命题或事件的推测态度，也就是说，当说话者评估的是一个实然命题或事件时，他只能对这个命题或事件的合适与否做出评估，然而，当说话者评估的是一个未然命题，亦即未来事件时，他就只能对这个未来事件的合理发展方向做出建议或推断，也就是表达说话者对未来事件应该如何处置较为合宜的态度，或者表达说话者对未来事件应该如何发展较为合宜的推断，前者即道义情态的应当义(义务)，而后者则为认识情态中的应当义(应然)。情态动词“宜”的道义情态语义由前者发展而来，即E式中的例(246)—例(248)；而其认识情态语义则由后者发展而来，也就是F式中的例(249)—例

(251)。不过,在具体的语境中,这两类语义有时是可以并存的,如例(242)。在这个例子中,说话者叔向根据薳罢在与晋侯应对时的优异表现,因而认为“薳氏之有后于楚国也”是一件应当的事,这个“应当”表达的既可以是事理应当如此的必要性,也可以是事理应当如此的必然性。

以下进一步分析“宜”所表达的道义情态及认识情态的语义及用法。

前文指出,在本书的情态分类系统中,传统分析为表道义情态的“宜”又可区分为条件情态及道义情态两类,条件情态表达的是说话者基于外在条件对命题或事件所作的评估,道义情态表达的则是说话者对主语施加主观义务的态度,不过,这两类情态间只是一个由客观条件移向说话者主观态度的连续统,因此可归入参与者外在情态中。以下以参与者外在情态统称这两类情态。

根据前文的论述,表参与者外在情态的“宜”是由状态动词“宜”发展而来的,而状态动词“宜”的语义乃合宜、适宜之义,因此,“宜”发展为情态动词时,首先表达的也应是与合宜相关的语义,这类语义我们归入条件情态,也就是说话者基于外在条件对事件或状态所作的合宜性评估,而表应当的道义情态义则应是在合宜语义的基础进一步主观化而来的,也就是说话者基于主观认定将义务态度施加于主语身上而来的。

例(258)是“宜”表条件情态的例句。在这个例句中,子赣的问句是“赐闻声歌各有宜也。如赐者宜何歌也?”这里的两个“宜”都是“合宜”“适合”的意思,在这里,子赣主要是在向师乙询问自己演奏什么样的音乐才“合宜”,而非演奏什么样的音乐才“应该”;而在师乙的回答里,“宜”表达的同样是“合宜”而非“应该”之义。例(259)是说话者基于对鲁侯之“淑美”的高度赞赏,因而认定他是天下诸侯中最适合当国君的人,这里的“宜”表达的主要也应是合宜义而非应当义。例(260)—例(262)是“宜”出现的语境中较接近“应该”的用法,不过,在这类用法中,"宜"所表达的仍是说话者对行为执行者的一种委婉建议的态度[①],而非施加义务的态度。前引 Coates(1983:23-27)认为表达强烈义务义的情态动词必须符合说话者有权力对行为执行者施加义务,以及行为者能自主执行这些行为等条件,如果根据这个标准来分析"宜"的用法,那么"宜"所表达的道义情态义务强度可说是相当弱的,因为在先秦汉语中,"宜"所出现的语境大多是主语(行为者)地位较高者,如例(261)—例(263),或为不具行为能力的主语,如例(264)[②]。

(258) 子赣见师乙而问焉,曰:"赐闻声歌各有宜也。如赐者宜何歌也?"师乙曰:"……宽而静,柔而正者,宜歌颂。"(《礼记·乐记》)

(259) 万曰:"甚矣!鲁侯之淑,鲁侯之美也!天下诸侯宜为君者,唯鲁侯尔!"(《公羊传·庄公十二年》)

(260) 若无智能而虚骄矜桓公,是诬也,宜戮。(《韩非子·难一》)

(261) 且夫人主于听学也,若是其言,宜布之官而用其身;若非其言,宜去其身而息其端。(《韩非子·显学》)

(262) 世有贤主秀士,宜察此论也,则其兵为义矣。(《吕氏春秋·振乱》)

(263) 是以惟仁者宜在高位。不仁而在高位,是播其恶于众也。(《孟子·离娄上》)

(264) 鄙人曰:"此宝也,宜为君子器,不宜为细人用。"(《韩非子·喻老》)

---

① 例(260)的主语虽为"无智能而虚骄矜桓公"者,不过,这个主语实际上是受戮的对象,而非执行"戮"这个动作的施事者。句中执行"戮"这个动作的施事者应是桓公。

② 先秦"宜"符合表强烈义务情态条件者只有"臣舍不宜以众威受赏"(《荀子·强国》)这类例句,也就是说话者将义务施加在自己身上,不过这类用法一般也不能算是表达强烈义务的道义情态。

根据前文对“宜”的情态语义来源发展的论述，“宜”的参与者外在情态与认识情态的区别在于参与者外在情态表达的是说话者对事件应该如何处置较为合宜的评估或建议，而认识情态表达的则是说话者对未来事件应该如何发展较为合宜的推断态度。例(250)是士贞伯根据郑伯“视流而行速，不安其位”等征兆，因而推断郑伯“不能久”。由于这里的“宜不能久”不可能是士贞伯对郑伯所作的建议，也就是士贞伯不可能是在表达自己认为“不能久”是郑伯对自己较合宜的处置方式，因此，这里的“宜”只能理解为士贞伯对郑伯“不能久”所做的合理推断。① 例(249)“夫子有三军之惧，而又有桑中之喜，宜将窃妻以逃者也”的“宜”所表达的语义同样不适合理解为说话者对主语“夫子”应当“窃妻以逃”的建议，而应是说话者对“夫子”应该会“窃妻以逃”的推断。前文指出，例(242)的状态动词“宜”可容许表道义情态及认识情态两可的分析，不过，“宜”作情态动词时，我们并未发现可以容许两可分析的用例。

综上所述，先秦情态动词“宜”共可表达四种情态语义，分别为认识情态、条件情态、道义情态及估价情态，这四种情态都是由“宜”字句的C式经由提升方式形成的，其中认识情态与参与者外在情态提升的是句中的主语，而估价情态提升的是句中的谓语。

与“可”“必”等情态动词的情况相似，上述“宜”所表达的各类情态语义在《左传》《国语》等时代相对较早的文献中都已经出现，因此，我们无法从这些语义在文献中出现的时代先后来探讨它们可能的前后衍生关系。如果参照前文对“必”各类情态语义发展的分析方式，我们也可以将情态动词“宜”所表达的各类情态视为由状态动词“宜”的基本语义“合宜”在语境中衍生而来。

---

① 在这个例句中，“能”表达的是条件可能，亦即说话者在郑伯“视流而行速，不安其位”的客观条件下，判断郑伯不可能长久存活。我们将这里的“宜”分析为认识情态动词，根据徐晶凝(2008:271)的研究，这种认识情态动词与条件情态动词连用的顺序在现代汉语中也是常见的现象，如“对他来说，他可能能感到快乐”。

3.6.3　“宜”的情态演变途径

最后，我们将先秦情态动词“宜”的可能演变途径图示如下（图3-6）。

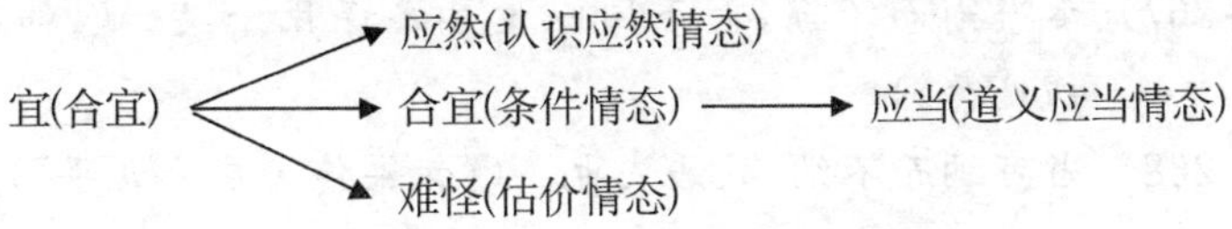

图3-6　“宜”的情态演变路径

3.7　当

3.7.1　“当”的语义发展

白晓红（1997：219-220）认为“当”的本义是“甲田与乙田相当、相等”，并引《说文》“当，田相值也”为证。不过，由于用作“当”义之词在西周金文及战国楚文字并不写作“当”而写作“尚”（西周中期曶鼎），或加“土”作“堂”（《郭店楚简·性自命出》19），或加“立”作“堂”（《上博二·容成氏》16），睡虎地秦简以下始有写作“当”者（《语书》13），因此，《说文》以从“田”之“当”为本形之说恐不足据。虽然《说文》对“当”的字形分析不一定正确，不过从文献的用例来看，许慎所释的“相值”仍大致符合“当”的本义，只是“相值”的不一定是“田”而已。

白晓红接着指出，“当”本泛指两两相当，由此引申出形容词的“合宜”义及动词的“对着、面临、处于某时某地、占着、把着、掌管、承当”等义，而“当”的助动词义则是由动词“对着”“面临”及“掌管”“承当”义而非由形容词“合宜”义引申虚化而来的，具体的引申途径有二：

一，由“当”的“面对着”“面临”义而来。白晓红指出，“当”所面对的对象由例（265）—例（266）的具体事物或抽象概念转而为例（267）—例（268）的动作行为时，“当”就有演变的可能，如例（267）“面对着称霸(的机会)”,也就意味着“应该称霸”,她同时认为这种“当 V 而不 V”的格式促进了“当”向助动词的转化。

(265) 不可以当吾世而失诸侯。(《左传·成公十六年》)

(266) 当仁不让于师。(《论语·卫灵公》)

(267) 秦当霸而不霸,天下固以量秦之谋臣一矣。(《韩非子·初见秦》)

(268) 当可纳而不纳,故恶内也。(《穀梁传·庄公九年》)

二,由“当”的“掌管”“担任”“承当”义而来。白晓红指出,例(269)—例(271)的“当”为“掌管”“担任”“承当”之义,而当“掌管或承当的是一种动作行为时,也就意味着应该去进行这一动作行为”。因此,例(272)的“当+N”为动词“承受”义,而例(273)的“当+V”则已由“承受”虚化为“应该”义了。

(269) 子夏之门人小子,当洒扫、应对、进退,则可矣。(《论语·子张》)

(270) 下臣不幸,属当戎行。(《左传·成公二年》)

(271) 谁将当日食?(《左传·昭公七年》)

(272) 大王反国,非臣之功,故不敢当其赏。(《庄子·让王》)

(273) 言人之不善,当如后患何?(《孟子·离娄下》)

白晓红对“当”由动词虚化为助动词的途径分析有许多值得参考之处,不过也有若干值得商榷及补充之处。首先,关于“当”的本义,白晓红引《说文》“当,田相值也”为证,指出“当”的本义是“甲田与乙田相当、相等”,也就是将《说文》的“相值”解释为“相当”“相等”。不过,段注对“值”的解释却与之不同,段注云:“‘值’者,持也。田与田相持也。引申之,凡相持相抵皆曰‘当’。”也就是说,段玉裁并未将“值”解释为“相当”“相等”义,而是将之解释为“相持”“相抵”义。由于词义引申大多是由具体到抽象,因此,我们认为段注对“当”之本义的解释应该是比较合理的。根据段注,“当”的本义应为“两两相持”,

也就是"两两相对",前引白晓红指出的"当"的各种语义中,"对着""面临""处于某时某地"等与本义"相对"基本一致,而白晓红指为本义的"相当""相等"则应是由"相对"义引申出来的。至于"当"的其他语义,"合宜"应是由"相当"引申出来的,而"占着""把着""掌管""承当"等义则是由"对着""面临"等义在不同的语境中衍生出来的。

其次,白晓红指出,"当"由动词向助动词的演变是在所面对的对象由具体事物或抽象概念转而为动作行为情况下开始的,我们认为这个说法是可以成立的,事实上,情态动词就是以后接动作行为或命题事件为其形成的基本前提的。不过,白晓红认为"当"由"掌管""担任""承当"或"面对"等义后接动词即可发展出表"应该"的情态语义,这种说法则有值得进一步探讨的必要。

王玥雯、叶桂郴(2006)对"当"由动词发展为情态动词的看法与白晓红不同,他们认为"当"表"应当"义的情态用法是由本义所引申出的"对等""相当"等意义发展而来的,如例(274)。二人引述认知语言学的研究成果指出,"当"由动词到情态动词的演变机制是"从一个较具体的知域向另一个更为抽象的认知域的转移,即由表示具体的'对等''相当'的意义转移为表示抽象的使行为与主观意愿对等、相当的意义"。不过二人并未在文中具体分析"当"由动词发展为情态动词的过程。吴春生(2009)引述二人的说法指出,上述"当"由动词到情态动词的演化过程是带有突变性质的隐喻(metaphor),理由是,"当"由动词虚化为情态动词没有渐变的例证。

(274) 行爵出禄,必当其位。(《吕氏春秋·孟夏》)

龙国富(2010)及 Meisterernst(2011)认为"当"的情态动词用法是在上引例(274)这类隐含行为适宜性的动词"当"的基础上发展而来的,Meisterernst(2011)还指出例(275)是由表适宜的动词"当"过渡到情态动词"当"的用例。

(275) 天子仪当独奉酌祠始皇庙。(《史记·秦始皇本纪》)

我们认为,“当”向情态动词的发展确如王玥雯、叶桂郴(2006),龙国富(2010)及 Meisterernst(2011)等人所指出的与其语义中的“对等”“相当”或“适宜”有关,不过,这个发展过程并非如吴春生(2009)所指出的是带有突变性质的隐喻,而是如 Meisterernst(2011)所指出的有其渐变过程,如例(275)的“当”一方面可理解为“承当”,意为天子之仪为承当“独奉酌祠始皇庙”这个职务;一方面由于“当”的语义中隐含着“相当”“对等”义,因此,这个句子“当”除了表达“承当”义外,也同时表示“天子仪”与“独奉酌祠始皇庙”之间隐含着一种对当的关系,也就是天子仪与独奉酌祠始皇庙这个行为是相当、相称的。相当、相称表达的是说话者对行为或事件的估价态度,进一步引申就成为表达“应该”义的情态动词了。

前文多次提到,在情态动词演变的过程中往往有许多用例可以同时容许两种不同的分析方式,如例(267)既可以分析为“面对着称霸(的机会)”,也可以分析为“应该称霸”,这两种分析方式除了由于“当”本身的词义纷歧外,对“霸”的词性及词义的不同理解也会影响这句话的分析方式。也就是说,如果我们将“霸”理解为名词,意为“称霸的机会”,那么“当”就只能分析为一般动词;如果我们将“霸”理解为动词,意为“称霸”,那么“当”就可以分析为情态动词。例(276)的“当死”从现代人的语感看很容易认定“当”是一个表“应该”的情态动词,不过,如果联系例(277)的“当死罪”来看,例(276)的“当”也未尝不能分析为面对或承当、承受“死”这件事或“死”这个罪状。这里的“当”除了有“面对”或“承当”“承受”这样的语义外,更重要的是,“当”在这里也蕴含了“相当”“相称”的语义,也就是说,对于一个为人臣而不忠的人,他面对或承受死亡或死罪这件事与他的行事为人是相当、相称的,进一步引申就是合宜、应该的意思。例(278)的“当”后接“召叔牙”,这个动词组表达的是一个相当具体明确的动作,无法像前面的“霸”或“死”那样理解为一个抽象名词,因此这个用例中的“当”可说已经是相当典型的表“应当”义的情态动词了。

(276) 为人臣不忠当死，言而不当亦当死。(《韩非子·初见秦》)

(277) 晏子数之曰："尔罪有三：公使汝养马而杀之，当死罪一也。……"(《晏子·内篇谏上》)

(278) 管仲对曰："公当召叔牙而问焉。"(《管子·小问》)

关于"当"用作情态动词(助动词)的时代，刘利(2000:21)认为最早可以追溯到西周初年的《尚书·酒诰》，见例(279)。他接着指出，《左传》以下的文献也时有"当"作助动词的用法，如例(267)、例(273)及例(280)—例(283)。李明(2001:21)也将"当"的助动词用法追溯到《尚书》之例，他还统计了春秋战国文献中"当"用作助动词的情况：《论语》及《荀子》无用例；《左传》3 例，其中 2 例见例(280)；《孟子》1 例，见例(273)；《韩非子》10 例，如例(267)、例(276)；《吕氏春秋》8 例，如例(284)。此外，王玥雯、叶桂郴(2006)及吴春生(2008)在论述"当"的语法化过程中也都认为"当"虚化为情态动词或助动词的"应当"之义在《尚书》时代就已形成。

(279) 人无于水监，当于民监。(《尚书·酒诰》)

(280) 王享有体荐，宴有折俎。公当享，卿当宴。王室之礼也。(《左传·宣公十六年》)

(281) 当止不止及从吏卒纵之，皆斩。(《墨子·号令》)

(282) 自状其过以不当亡者众，不状其过以不当存者寡。(《庄子·德充符》)

(283) 山阳君无功于楚国，不当封。(《战国策·楚策一》)

(284) 若此者，天之所诛也，人之所仇也，不当为君。今兵之来也，将以诛不当为君者也，以除民之仇而顺天之道也。(《吕氏春秋·怀宠》)

根据上述学者的说法及所引各例，"当"的情态动词用法在西周初年便已产生，且在《尚书》这个例子中，"当"已是一个发展得相当成熟的情态动词。如果西周初年"当"的情态动词用法已发展得如此成熟，那么在春秋战国的文献中,“当”作情态动词的用法就不该像现在所见的用例如此稀少,何况有些学者提出的《左传》用例在我们看来也还不能算是真正的情态动词用法,最多是处于有机会进一步发展的初始阶段,因此,我们认为,《尚书》中这一例“当”的用法不能作为《左传》《国语》及《论语》《孟子》等以后文献所见情态动词“当”的源头。如果《尚书》这一例“当”不是后世传抄之误,那么它就应该是我们前文提到的《尚书》语言与《左传》《国语》以下语言不属一系的例证。此外,庄惠茹(2003:131-132)也指出西周中期器曶鼎有一例“尚(当)”用作助动词,见例(285),关于这个例子,武振玉(2008:16)指出:“此例中的‘弋’旧多释为‘必’,近多释为‘式’,为表希望语气之词;‘尚’多数释为‘当’。然这种双音形式出现在金文中实难确指,……附此待考。”我们认为,如果曶鼎这一例“尚”确可释为情态动词“当”,那它就是在以《尚书》及西周金文为代表的语言中,“当”已有情态动词用法的另一个例证。

(285) 弋(必)尚(当)卑(俾)处氒邑,田氒田。(曶鼎)

如果我们不将《尚书》及西周金文视为春秋战国以后文献语言的直系源头,那么“当”的词义发展就仅能就《左传》以后的文献来加以探讨。前文提到,李明(2001)认为《左传》中有3例“当”作助动词的用法,其中2例见例(280),另一例李明虽未明确指出,不过在《左传》共出现的71个“当”字中,除了例(278)所接的“享”“宴”之外,另1例有可能分析为动词的应为例(286):

(286) 行人子朱曰:“朱也当御。”(《左传·襄公二十六年》)

我们认为,这3例“当”在《左传》中都还不能算是情态动词的用法。例(280)的史实背景是晋侯派遣士会平定周王室之纷争,周定王设享礼,用折俎款待士会。士会问其故,定王告之以王享公卿之礼,即例(280)所言之内容。孔颖达《正义》对这段话的注解是:

诸侯亲来,则为之设享又设燕也。享用体荐,燕用折俎。若使卿来,虽为设享,仍用公之燕法,亦用折俎,是王室待宾之礼也。[①]

从孔疏的内容来看,“公当享,卿当宴”的“享”“宴”指的应是享礼及宴礼,而“当”则为动词,意为“接受”。这类“当”虽可释为表“接受”义的动词,不过其语义中仍隐含“相当”“对等”义。“公当享,卿当宴”的意思则是:公接受享礼,卿接受宴礼,这是与他们的身份地位相当的款待。

《左传》另1例“当”的情态动词疑似用例为例(286),孔颖达《正义》对“朱也当御”的注解是:“朱当御次”[②],杨伯峻(1993:1111)《春秋左传注》则注为:“当御犹今之值班”,可见二人也都是将“御”分析为名词,而“当”则为动词。根据以上论述,《左传》中并未出现“当”用作情态动词的例子。

剔除《左传》的三个疑似例证后,可能分析为情态动词的“当”在现存文献中时代较早者包括《孟子》1例,见上引例(273)[③];《墨子》6例,如上引例(281);《庄子》4例,如上引例(282)。其中《墨子》6例中有5例见于《城守》各篇,属于时代较晚的作品[④],《庄子》4例中也有2例见于一般认为时代较晚的外杂篇中。由此可见,“当”至少在战国中期以后才开始发展出情态动词的用法。在传世文献中,“当”用作情态动词一直到战国晚期的《韩非子》《吕氏春秋》等书都还不多见,即使将容许两解的“当霸”“当死”等皆计入,《韩非子》与《吕氏春秋》亦均仅有9例。[⑤] 在出土战国时期简帛文献中,“当”亦有少数用作情

① 《十三经注疏》册六,《左传正义》,台北:艺文印书馆1997年版,第411页。

② 同上注,第629页。

③ 此例之“当”,王引之《经传释词》列入“犹‘将’也”的义项下。我们同意王引之的说法,也就是说,此例之“当”应为未来时标记的用法,而非现代一般学者认为的道义情态。由于本书之研究以情态为主,涉及未来时概念者则不在本书的研究范围内,因此我们不在此处对这个问题做进一步的论证。关于“当”的情态语义与未来时间的关系,笔者在以后的相关研究中会有较详细的分析。

④ 所谓城守各篇是指《墨子》最后《备城门》以下诸篇,是专论守城技术的著作,李学勤(2001)认为各篇文字与云梦睡虎地秦简近似,有许多共同之处,因此推定其为战国后期秦国墨家的作品。

⑤ 我们的统计数值与前文所引李明(2001:21)之统计不同,应是对个别例证是否为情态动词的认定标准不同。

态动词之例，如例(287)—例(289)。西汉以后，“当”用作情态动词的例子逐渐增加，仅《史记》一书即有超过200个用例，可见西汉以后，“当”的情态动词用法已经发展得相当成熟了。

(287) 王梦三圭未启，王以告相随与中舍：“今夕不榖梦若此何？”相随与中舍答：“君王当以问大宰晋侯，彼圣人之孙。”(《上博四·柬大王泊旱》)

(288) 战而失其将吏，及将吏战而死，卒独北而还，其法当尽斩之。(《银雀山汉墓竹简·守法守令等十三篇》)

(289) 交和而舍，我人兵则众，车骑则少，敌人十倍，击之奈何？击此者，当保险带隘，慎避广易。(《银雀山汉墓竹简·孙膑兵法》)

3.7.2　“当”的情态发展及情态表达类型

前文指出，“当”的情态动词用法是由动词“当”的“相对”“相当”义引申发展而来的。在先秦汉语中，情态动词“当”共可表达本书情态分类系统中的三类情态：条件情态、道义情态及认识情态。表条件情态者如上引例(276)、例(281)—例(284)及例(288)—例(289)，表道义情态者如上引例(278)—例(279)及例(287)，表认识情态者如例(290)—例(291)。

(290) 季子曰：“诸能治天下者，固必通乎性命之情者，当无私矣。”(《吕氏春秋·有度》)

(291) 太子悝患之，募左右曰：“孰能说王之意止剑士者，赐之千金。”左右曰：“庄子当能。”(《庄子·说剑》)

“当”所表达的条件情态与道义情态都可用“应当”来理解。前文探讨“宜”所表达的条件及道义情态时曾经指出，“宜”表道义情态的义务用法应是在表客观条件的用法上加入说话者的主观态度发展出来的，我们认为“当”也有同样的发展。以下分析“当”所表达的这两类情态语义的发展途径及情态表达。

前文指出,“当”表“应当”义的用法是在说话者认为主语与“当”后接动作或行为是从相当、相称的评价态度上引申出来的,在这个引申机制下,说话者一开始应是从客观条件或情势着眼,认为主语有必要达成或实现“当”后接VP所表示的行为或状态,而非从施加义务的角度着眼,命令或指示主语达成或实现“当”后接VP所表示的行为或状态。以前引“当”处于动词与情态动词两可分析的例(275)“天子仪当独奉酌祠始皇庙”为例,在这个例子中,“当”表达的应是说话者基于外在客观条件对于“天子仪独奉酌祠始皇庙”的必要性所作的评断,而这种用法即本书所定义的条件情态。其他如前引例(276)、例(281)—例(284)、例(288)—例(289)各例的“当”表达的也都是说话者基于客观外在条件对事件的必要性所作的评断,因此都可归为条件情态。例(283)“山阳君无功于楚国,不当封”的意思是,在“山阳君无功于楚国”的这个外在条件下,山阳君受封是不应当的。例(288)“战而失其将吏……,其法当尽斩之”的意思则是,根据军法这个外在条件,将“战而失其将吏”的人斩首是应该的。在上述这些例子中,“当”表达的都是说话者基于某种客观条件或情势,对主语(行为参与者)所表示人物或事件应当如何处置的态度,而非说话者对参与者施加义务,命令或指示他(它)去执行或实现VP所表示的动作或状态。事实上,在这类用法中,多数参与者并不具备自主执行或实现VP所表示的动作或状态的能力或条件,如例(283)的参与者为受封的对象,而例(288)的参与者则为被处斩的对象,此外,下引例(292)的主语为不具行为能力的无生名词,例(293)的主语则是一个事件等。前文2.3.4.4探讨条件情态与道义情态的区别时即曾引述Coates(1983)的说法指出,典型的道义情态为说话者命令或允许主语(参与者)从事某种行为或动作,当该行为或动作为主语能力所不及者,说话者便无从施加其主观命令或许可于其上,而只能表达基于外在条件对事件之应当性的评估。前引Coates(1983:23－27)对道义情态动词典型成员例句所提出的四个句法特征：(1)主语是有生的；(2)主要动词为活动动词；(3)说话者对于使主语去执行这个动作有兴趣；(4)说话者对主语有权威或影响力，这些评断标准着眼的即是说话者对主语是否有施加义务的主观态度及主语是否有执行说话者要求的能力。

(292) 令之行水道，城郭、堤川、沟池、官府、寺舍及洲中当缮治者，给卒财足。(《管子·度地》)

(293) 晏子曰："诺。"遂入见公，曰："有逢于何者，母死，兆在路寝，当如之何？愿请合骨。"(《晏子春秋·内篇谏下》)

"当"在发展出表条件必要的情态后，当说话者进一步将主观态度施加于具有行为能力的有生主语时，"当"就可发展出表道义情态之义务义的用法，如上引例(278)—例(279)、例(287)及例(294)—例(295)。其中例(294)符合前引Coates(1983：23－27)所提出的典型道义情态的全部句法特征，因此可以说是最典型的道义情态用法。不过，"当"的情况也与Coates(1983：23－27)所指出的相似，也就是这类表现出强烈主观及义务的典型道义情态在实际的语料中是相当少见的，大多数的例子都是处于主观性及义务强度逐渐递减，最后表达客观条件必要的中间地带。上引例(278)"公当召叔牙而问焉"是管仲对齐桓公的建言，此例虽符合上述四个特征中的前三个，但由于句中执行动作的"公"地位为一国之君，而说话者"管仲"只是一介臣子，"管仲"对桓公并没有绝对的权威或影响力，因此不完全符合第四个特征。不过正如前文所指出的，说话者对主语是否有权威或影响力与彼此的关系或地位不必然有绝对的关系，而说话者对于使主语去执行这个动作是否有兴趣在认定上也带有相当的主观性，因此，"当"由表主观义务到表客观必要间也没有截然可分的标准或界限。上引例(276)"为人臣不忠当死，言而不当亦当死"，其中主语"人臣"虽为有生名词，不过由于不具备执行行为动作的自主能力，而是一个被认为应该处死的对象，因此也不能归为道义情态。

(294) 孟胜死,弟子死之者百八十。三人以致令于田襄子,欲反死孟胜于荆,田襄子止之曰:"孟子已传巨子于我矣,当听。"(《吕氏春秋·上德》)

(295) 寡人幼弱惛愚,不通诸侯四邻之义,仲父不当尽语我昔者有道之君乎?(《管子·四称》)

除了条件必要及道义情态外,"当"也可表达认识情态,如上引例(290)—例(291)。关于"当"表认识情态的引申途径,李明(2001:85)指出,汉语助动词有由表道义类的应当义向表认识类的盖然义的发展,所举之例如"应"与"应当"表应当义始见于东汉,表盖然义则始见于六朝;又如"应该"表应当义始见于元代,表盖然义则始见于清代。他同时指出,"当"虽然在同一个时期可见表应当、盖然二义,不过,从"当"引申为助动词的过程来看,"当"的应当义仍应在前,而盖然义则在后。上引李明虽然(2001:85)从"应""应当"与"应该"的道义情态与认识情态之历时发展来类推"当"所表达的这两类情态的先后顺序,不过,根据李明(2001:26)的研究,情态动词"应"是由动词"应"所表达的"接受"义引申为"响应""报应""符合"后转化而来的,根据下文 6.4.2 的分析,动词"应"可归为主语指向动词,这类动词发展为情态动词时多呈链状引申,也就是下一个语义是在前一个语义的基础上发展而来的。"当"在本书的分析中则应属说话者指向动词,这类动词发展为情态动词时多呈辐射状引申,也就是各类语义都是在基本语义的基础上,经由语境中的制约成分引申出来的。①

前文指出,"当"表"应当"义的用法是在说话者认为主语与"当"

① Meisterernst(2011:159－160,182)研究两汉时期情态动词"当"的用法时也引 Traugott(2006:119)的说法指出,认识情态源于道义情态的假设在很大程度上只是基于那些已广为人知的语言碰巧如此发展,对于汉语这类情态词历时演变问题未被充分研究的语言来说,这个假设并不一定适用。如 Meisterernst(2011:159－160,182)即认为"当"的认识情态用法与道义情态同时发生,就目前资料所见,"当"并未表现出由道义情态向认识情态的演变。"当"的认识情态义应是由语境中衍生出来的。

后接动作或行为乃相当、相称的评价态度上引申出来的，我们认为，“当”所表达的认识情态同样可以在“当”所表达的相当、相称的语义上衍生出来。前引例(290)—例(291)是“当”表达认识情态中说话者对当前命题真值之推论的例子。在例(290)“诸能治天下者，固必通乎性命之情者，当无私矣”中，“当”之所以能表达推论的用法，可能的引申路径是，以说话者的观点来看，那些能治天下的人必然是通乎性命之情的人，而通乎性命之情的人，其德性与“无私”是相当、相称的，进一步引申就成为表达说话者主观推论的认识情态“应然”义。例(291)“庄子当能”的情况也与之相类，也就是从说话者对“庄子”与“能”之间的相值、相当的关系进一步主观化而来的。

与前述“必”表认识情态的情况相同，“当”所表达的认识情态除了能表达说话者对已然命题真值的推论之外，也能表达说话者对未然命题的推断，如上引例(267)“秦当霸而不霸”。此例李明(2001：21)归为道义情态，不过，从语义上看，“秦当霸”表达的并非说话者对于“秦称霸”的必要性或义务态度，而是对于在当时情势下秦应该会称霸的推断态度。“当”这类表对未然事态推断的用法与时态的问题相关。由于时态问题为语言学研究中与情态既相关又有区别的一个重要课题，且涉及的问题相当广泛而复杂，在本书的现有架构中无法对这个问题做深入而完整的论述，因此，本书在此不拟探讨“当”的这类与未来时态有关的用法，而拟将与时态有关的课题作为笔者在本书完成之后的下一个研究课题。

3.7.3　“当”的情态演变途径

最后，我们将先秦情态动词“当”的可能演变途径图示如下(图3-7)。

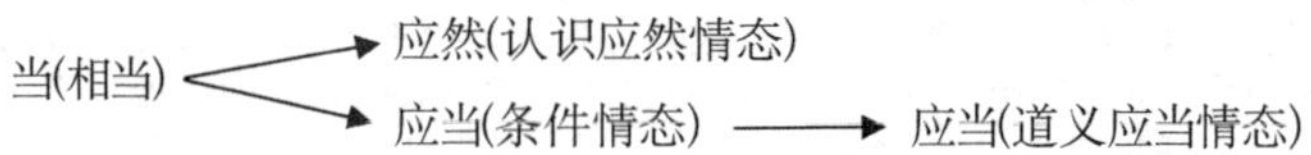

图3-7　“当”的情态演变路径

3.7.4　"宜"与"当"的比较

"宜"与"当"在先秦同样可以表达道义情态中的"应当"义，二者在语义上有类似之处。汪维辉(2000:315)认为这两个词的区别在语气的轻重上，"当"是表按理应该怎么样，语气较硬；"宜"则是一种委婉的建议，指以怎么做为好。李明(2001:26)指出，汪维辉对二者的分别只就道义情态来谈，若就认识情态来说，这个区别也同样适用，亦即"当"的语气较"宜"稍强。除了词义有别外，"宜"与"当"在历时发展上也有差别，李明(2001:26)统计先秦两汉 11 部典籍"宜"与"当"用作助动词的次数后指出，助动词"宜"的产生早于"当"，在先秦的使用次数也多于"当"，不过，西汉以后，"当"的使用已占上风，在东汉末年的口语中，"当"已占绝对优势。

我们认为，"宜"与"当"的词义除了在语气强弱上有差别外，更重要的差别在于它们的形成方式及表达的情态类型不同，这些正是影响二者后来发展的主要关键。前文指出，"宜"所表达的道义情态是由"主(之)谓+宜"这个结构经由主语提升而来的，在提升前后，"宜"所表达的"合宜""适宜"的基本语义并未改变，因此，当"宜"发展为道义情态动词时，所表达的语义也始终不离"合宜""适宜"的基本语义，也因此未能进一步发展为表达说话者对主语施加义务的典型道义情态动词。一直到两汉、魏晋，"宜"的用法仍然维持它在先秦时代的样貌，也就是游移在合适与应该之间，并未真正发展为一个典型的道义情态动词。前引汪维辉以"怎么做为好"来解释"宜"的语义，这个解释实际上也是接近合适而非应该的。

"当"的用法及发展则有所不同。前文指出，"当"的情态动词用法是由它的动词本义"相值""相对"引申为"相当"后发展而来的。"当"的情态动词用法虽然在一开始与动词义在后接容许指称化的动词谓语上仍有纠葛，但至迟在战国晚期，"当"作为表义务的情态动词用法已基本成熟，秦以后快速发展，完全摆脱与动词"当"的纠葛而成为语义明确的情态动词。在“宜”发展停滞而“当”快速发展的情势下，“当”便成为西汉以后表达“应当”的主要道义情态动词了。

3.8 能

3.8.1 “能”的语义、词性及句法分析

“能”，《说文》：“熊属。足似鹿。……能兽坚中，故称贤能；而强壮，称能杰也。”从《说文》对“能”的说解来看，“能”的本义应为熊一类的动物，由于这类动物具有强壮的体能，因而引申至表“能杰”“贤能”一类的语义。

关于“能”的词性，吕叔湘(1942/2004:247)在探讨表可能及必要等相关概念的词时对通常被称为助动词的“可”“能”“得”“宜”“足”“肯”“敢”等词做了初步的分类。他指出，这些词的性质并不一律，“可”“宜”“足”原来是形容词，“能”“须”“肯”“敢”的动词性仍然很明显，“得”则在文言里是动词。其后探讨助动词形成及发展之学者亦大多认为“能”来源于动词，“可、宜、足”则来源于形容词，如白晓红(1997)及李明(2001:80－81)，Peyraube(2000:44)则以为“能”为动词/形容词。白晓红(1997:212－213)认为“能”为及物动词，表示“能够做到”“胜任”，所举之例为例(296)—例(297)。她同时指出“能”由动词向助动词演变的过程如下：首先“能”由于动作性较弱，需带动词宾语，构成“能(V)＋V(O)”的形式，才能将意思表达清楚，如例(298)—例(299)。其次，在“能(V)＋V(O)”结构中，由于“能”的意义不如后面的V实在，语义重心后移，因而原来的结构演变为“能(AV)＋V(V)”，“能”的词义也虚化为表示可能，如例(300)。李明(2001:80－81)则仅指出助动词“能”是由表技能、体能、才能等的一般动词“能”发展而来的，并未指出其具体演变过程。Peyraube(2000:44)认为“能”原为名词，本义为“才能”，后指“有才能的人”，其后又成为动词/形容词，意为“能够”(be able，be capable)，如例(301)。“能”同时

为助动词,后接动词宾语,表达该动词宾语的情态语义。

(296) 吾少也贱,故多能鄙事。(《论语·子罕》)

(297) 夫知遇而不知所不遇,知能能而不能所不能。(《庄子·知北游》)

(298) 跛能履,征吉。(《周易·归妹·初九爻辞》)

(299) 吾与先君言矣,不可以贰。能欲复言而爱身乎?(《左传·僖公九年》)

(300) 离娄之明,公输子之巧,不以规矩,不能成方员。(《孟子·离娄上》)

(301) 圣则吾不能。(《孟子·公孙丑上》)

前文曾经指出,先秦之形容词与动词在句法上并没有明显区别,如李佐丰(2003:13-14,141)即指出形容词只是动词中的一类,是性质动词,与状态动词共属一类,而与行为动词相对立,只是他仍根据传统词类系统而称为将之形容词。李佐丰(2003:146-150)将形容词又分为三类,其中一类为性质形容词,主要表示人物的品德或性质特征,如"仁""义""忠""勇""智""愚""慈""孝""贤""才""贪"等。根据我们的考察,"能"在先秦也可用来表示人物的品德或性质特征,且在语法表现上与上列性质形容词相同,因此也可以归入性质形容词。[①]以下探讨"能"在先秦的形容词用法。

首先,先秦的"能"可以不带宾语而单独做谓语,表示人物的性质特征,如例(302)"君子能""君子不能"表示君子具有或不具有"能"这样的性质特征,例(304)及例(305)则分别表示"君"及"赵盾"具有"不能"及"能"的性质特征。其次,"能"在先秦经常与性质形容词"贤"并称或连用,如例(303)—例(304)及例(307),其中"贤"表示的是人物具有的品德,"能"则表示人物具有的能力。此外,"能"也可与"智"并

① 前文指出,我们将传统所谓形容词均归入状态动词,不过,由于此处主要为探讨李佐丰的相关论述,因此暂以他所用的名称来称呼这类词。

称，如例(306)。在这些例子中，“能”不仅在语义上与“贤”“智”等性质形容词属于同一范畴，都是表示人物的品德或性质特征；在语法表现上也与之相同，如：(1)可单独作谓语，如例(302)、例(304)—例(305)；(2)可以作定语，如例(306)—例(307)；(3)通常用人物名词作主语，如例(302)及例(304)—例(305)。[①] 因此，我们认为这些“能”应分析为性质形容词。

(302) 君子能则宽容易直以开道人，不能则恭敬縛绌以畏事人。(《荀子·不苟》)

(303) 不事力而衣食则谓之能，不战功而尊则谓之贤，贤能之行成而兵弱而地荒矣。(《韩非子·五蠹》)

(304) 君贤者其国治，君不能者其国乱。(《荀子·议兵》)

(305) 阳子，成季之属也，故党于赵氏，且谓赵盾能，曰：“使能，国之利也。”(《左传·文公六年》)

(306) 故人主之察，智士尽其辩焉；人主之所尊，能士尽其行焉。(《韩非子·八说》)

(307) 贤士愿相国之朝，能士愿相国之官，好利之民莫不愿以齐为归，是一天下也。(《荀子·强国》)

上引白晓红根据“能”后接 NP 之例将“能”归为及物动词，不过事实上，先秦的形容词亦多有可带 NP 者，例(308)—例(309)是李佐丰(2003:41)所举形容词带宾语之例。不过由于他主张先秦只有自主的行为动词才可以带直接宾语或间接宾语，而形容词是非自主的，因此他认为当“忠”“孝”这类形容词带间接宾语“君父”“主”后，它们的词义已经改变，表示行为，是兼类的行为动词。

(308) 重人不能忠主而进其仇。(《韩非子·孤愤》)

(309) 臣子之不孝君父，所谓乱也。(《墨子·兼爱》)

---

① 关于形容词的特点，可参考李佐丰(2003:13,14,146－150)

我们认为，李佐丰根据形容词后带间接宾语而将之归入行为动词的说法是有待商榷的。前文指出，李佐丰(2003：13－14，42－44)认为形容词可归入状态动词一类，而状态动词则是非自主的，因此不能接直接或间接宾语，不过他也指出，状态动词一般可用“于”字补语来表示有关的原因和处所，如例(310)。关于“于”的用法，魏培泉(1982：214－218)指出，先秦的“于”可用来引介许多关系，如时空点、抽象位置、具体/抽象对象或比较的一方等，他同时指出，基于节律、动词类别、语义内涵及后接补语类别等因素，表示相同的语义时，动词后的“于”有时可用，有时可不用，如例(311)“舍于故人之家”用“于”，而例(312)“舍故人之家”则不用“于”。

(310) 城濮之役，晋无楚备，以败于邲。(《左传·昭公五年》)
(311) 夫子出于山，舍于故人之家。(《庄子·山木》)
(312) 出于山，及邑，舍故人之家。(《吕氏春秋·必己》)

从“于”在先秦经常可以省用的规律来看，上引例(308)—例(309)的“忠主”及“孝君父”也可以分析为省用“于”的动补结构，即“忠于主”及“孝于君父”，不省之例如例(313)—例(314)。这两组用法中的“忠”“孝”表达的实际上是相同的语义。

(313) 子胥忠于君，天下愿以为臣。(《战国策·秦策五》)
(314) 是故君子之教也，外则教之以尊其君长，内则教之以孝于其亲。(《礼记·祭统》)

除了“忠”“孝”二词之外，上引李佐丰归入性质形容词之“仁”“慈”“贤”“贪”等词也都同时有后接“于”字补语及省用“于”字的用法，如例(315)—例(321)。例(315)前半句为“太仁于薛公”，后半句则省“于”而为“太仁薛公”，可见“于”之用与不用并不影响句子的语义。

(315) 王太仁于薛公，而太不忍于诸田。太仁薛公则大臣无重，

太不忍诸田则父兄犯法。(《韩非子·内储说上》)

(316) 养长老,慈幼孤,恤鳏寡,问疾病,吊祸丧,此谓匡其急。(《管子·五辅》)

(317) 吾闻申生甚好仁而强,甚宽惠而慈于民。(《国语·晋语一》)

(318) 小人莫不延颈举踵而愿曰:"知虑材性,固有以贤人矣。"(《荀子·荣辱》)

(319) 知有贤于人,则可谓知乎?(《墨子·公孟》)

(320) 阳虎有宠于季氏而欲伐于季孙,贪其富也。(《韩非子·难四》)

(321) 夫骄主必不好计,而亡国之臣贪于财。(《战国策·燕策一》)

上述这些形容词后接的补语大多是表示对象,如例(313)—例(317)是主语表现"忠""孝""仁""慈"的对象,例(318)—例(319)是比较的对象,例(320)—例(321)则为贪图的对象。这些不同类的对象都是由形容词本身的语义内涵所限定的。"忠""孝""仁""慈"等都是伦理规范下与人际关系有关的品德,这些品德即使后面不带补语,其语义本身也已隐含对象在内,后接补语时只是进一步限定这些对象的范围。"贪"虽是个人内在的特质,但"贪"的语义同样隐含了贪图的对象,不接补语时是泛指各类事物,后接补语同样是进一步限定这些对象的范围。"贤"也是个人内在的特质,《说文》云:"贤,多财也",段注:"贤本多财之称,引申之凡多皆曰贤。人称贤能,因习其引伸之义而废其本义矣。""贤"由"多财"引申至泛指"多",最后成为形容人品德才性之多的专用词,其语义引申至此已基本固化。由于"贤"的语义本身已经明确限定它所指涉的范围,因此后接补语只能表示与主语比较的一方,而不能再限定"贤"本身的范围。

"能"的语义与"贤"类似,同样是表示个人内在的特质,它在先秦可后接"于"字补语,如例(322),也可后接"乎"字补语,如例(323),省用介词之例如例(324)及上引例(296)—例(297)。也就是说,“能＋NP”中的NP也应与上述形容词之后接NP一样分析为补语。“能”除了后接NP作补语外,也可以后接VP作补语,如例(325)—例(328)。[①]

(322) 苏氏即狄,又不能于狄而奔卫。(《左传·成公十一年》)
(323) 此其言出何?不能乎母也。(《公羊传·僖公二十四年》)
(324) 公曰:“不能其大夫至于君祖母以及国人,诸侯谁纳我?”(《左传·文公十六年》)
(325) 公曰:“不如杀之,是不可鞭。荦有力焉,能投盖于稷门。”(《左传·庄公三十二年》)
(326) 肉食者鄙,未能远谋。(《左传·庄公十年》)
(327) 齐商人杀舍,而让元。元曰:“尔求之久矣。我能事尔,尔不可使多蓄憾,将免我乎?尔为之!”(《左传·文公十四年》)
(328) 惠伯曰:“丧,亲之终也。虽不能始,善终可也。”(《左传·文公十五年》)

“能”与“贤”虽然同样表示个人内在的特质,不过语义内涵的明确性却有相当大的差别。前文指出,在“贤”成为形容人品德才性之多的专用词后,其语义已基本固化,并未再引申至其他范畴。“能”的情况则与之不同。根据朱冠明(2003)的研究,“能”的本义是一种似

① 关于“能＋NP/VP”的结构,Pulleyblank(1995:42)于分析复合动词谓语时指出,“可”“足”“难”“易”四词均为谓语形容词(predicate adjective),可后接VP充当补语(complement)。刘承慧(1999:575)同意Pulleyblank将“可”后接的VP分析为补语的主张,她同时认为“能”后接之VP也是补语。这种分析方式与本书对“能”的分析是一致的。另外,关于“VP＋(于)NP”结构中的“于”字省用时,NP究竟应分析为补语或宾语,学者间有不同的意见。事实上,关于汉语宾语的范围历来即有许多争议,除了受事宾语是一般公认的宾语以外,包括对象、原因及处所在内的各类NP都有归于宾语或补语的不同意见。本书不拟对宾语的定义及范围作进一步的探析,这里提出的论点只是要说明“能”与“忠”“孝”“贤”等状态动词在后接NP时的用法是一致的,至于这些NP究竟应是宾语或补语其实只是名称上的问题,归入何类并不影响它们实际的语法表现。

熊的动物，这种动物“骨节坚实而强壮”，后引申而指具有超凡身体能力的人，再引申至指人具有超凡的身体能力。其后“能”又由指身体能力引申出表心理能力及身心的综合能力，再引申出外在条件允许的可能性，最后发展出表示说话者主观态度的道义类许可及知识类的可能性。上述“能”的发展过程，除了最后表示说话者主观态度的阶段外，其他词义在先秦均已发展成熟，也就是说，先秦的“能”是一个词义相当泛化的词，可以表达各类与能力或可能性相关的语义，由于词义本身未指涉明确的范围，因此经常需要后接补语来限定或说明“能”所指涉的范围。“能”后接 NP 时，NP 主要用来限定主语能力所及的事物或对象；后接 VP 时则用来限定行为或动作的可能性。“能”后接 VP 的用法即一般认为“能”作助动词或能愿动词的用法。

综上所述，我们认为一般所谓“能”的助动词用法应该是由形容词“能”带上动词性成分补语所形成的。在这类结构中，“能”仍是句中的主要谓语，后面的动词成分则只是限定“能”范围的补语。

3.8.2 “能”的情态发展及情态表达类型

在本书所界定的情态系统中，先秦“能”所能表达的情态包括动力情态（主语指向情态）及条件情态。主语指向的“能”表示主语内在能力，这点已有许多学者指出，如李明（2001：12）及朱冠明（2003：46）。李明（2001：12）将主语指向的“能”归入一般动词，并依文意分为五类：（1）表技能，如例（329）；（2）表体能，如上引例（325）；（3）表才能、学识等，如上引例（326）；（4）表品行、心理素质，如例（330）；（5）表性能，如例（331）—例（332）。朱冠明（2003：46）则将这类用法的“能”归为主语指向情态动词，根据语义引申过程分为表示身体能力、心理能力及综合能力三类，所举之例分别为上引例（325）—例（327）。

（329）其一雁能鸣，一雁不能鸣，请奚杀？（《吕氏春秋·必己》）

（330）若能孝敬，富倍季氏可也。（《左传·襄公二十三年》）

（331）臣患智之如目也，能见百步之外而不能自见其睫。（《韩

非子·喻老》)

(332) 人之所乘船者,为其能浮而不能沈也。(《吕氏春秋·壹行》)

上述二人分别从共时及历时的角度为"能"的语义进行分类,这种分类虽然有助于我们理解先秦"能"所能表达的能力类型,不过在文献的实际用例中,能明确归入某一个类别的例子是较少数的,大多数的例子都只是表达主语有能力或有可能做到谓语动词所表示的事件或动作,至于这种能力究竟属于哪一类则很难实指,如例(333)—例(335)。

(333) 夫越国,吾攻而胜之,吾能居其地,吾能乘其舟。(《国语·越语上》)

(334) 舜相尧二十有八载,非人之所能为也,天也。(《孟子·万章上》)

(335) 我实不能御楚,又不能庇郑。(《左传·襄公十年》)

关于"能"所表达的条件情态,李明(2001:3)将它称为"条件类",表示客观条件下的可能性。李明(2001:12)在文中并未对这类情态做出明确的界定,只是指出"能"在下列三种情况下多表条件可能:(1)"能"所在小句之前有原因、假设或条件等从句,如例(336);(2)句子主语为无生命物,如例(337)—例(339);(3)"能"的宾语为非自主动词或形容词,如例(340)—例(341)。关于第二点,李明在文中另作了较详细的说明。他指出,例(337)的主语非有生命物,但仍可视为表能力;例(338)的主语很抽象,因此"能"不能再表能力;例(339)的"能"无主语,只能表可能。最后他总结主语的抽象化是"能"由表能力向表可能转化的重要原因。

(336) 君有君之威仪,其臣畏而爱之,则而象之,故能有其国家,令闻长世。(《左传·襄公三十一年》)

(337) 孟縶之足不良能行。(《左传·昭公七年》)

(338) 故知知一,则复归于朴,嗜欲易足,取养节薄,不可得也。

离世自乐，中情洁白，不可量也。威不能惧，严不能恐，不可服也。(《吕氏春秋·论人》)

(339) 权钧则不能相使，势等则不能相并，治乱齐则不能相正，故小大、轻重、少多、治乱不可不察，此祸福之门也。(《吕氏春秋·慎势》)

(340) 国不忌君，君不顾亲，能无卑乎？(《左传·昭公十一年》)

(341) 无礼而好陵人，怙富而卑其上，弗能久矣。(《左传·昭公元年》)

朱冠明(2003:46)将"能"的中性情态定义为"表示外在条件的允许，即客观条件和环境决定的完成某一动作的可能性"，他并以上引例(327)—例(328)为例说明"能"由主语指向情态动词向中性情态动词的发展过程。他认为句子主语在完成某一种动作时虽然本身必须具备内在的能力，但也往往同时受外界客观条件的限制，如例(327)"我能事尔"虽然主要指的是句子主语具备"事尔"的能力，但同时也暗示了外在条件允许他"事尔"。当句子谓语所表示的动作与主语的内在能力无关，而只取决于外在条件时，"能"便成为中性情态动词，如例(328)主语之所以"不能始"便与内在能力无关，纯粹是由于外在条件的限制(父母生年较自己为早)因而不具备"始"的可能性。

上述二人对"能"的情态表达及发展已经做了相当深入的探讨，结论也大致可信，不过其中仍有若干值得商榷或进一步补充的地方。

首先，李明对上引"能"字句的判断有几点值得商榷之处：(1)李明将例(337)及例(339)的主语均归为无生命物，不过，我们认为，例(337)的"足"应可归为有生名词，因为这类身体器官是有自主行动能力的；而例(339)的"权钧则不能相使"等句的主语也应是有生的属人主语，只是省略未见。① (2)李明将(341)的"弗能久"归为非自主动词

① "权钧则不能相使"的意思是，在"权钧"的外在条件下，"(主语)不能相使"，其中"能"的主语应为省略的泛指主语。

或形容词，不过，这里的“弗能久”应相当于“不能久之”，“久”在此例中应为自主动词，义为“持久”，而不是非自主动词或形容词。

其次，李明（2001：81）认为主语的抽象化是“能”由表能力向表可能转化的重要原因，他同时指出，包括“能”在内的许多动词，当主语范围由指有生命物扩大到指无生命物时，一般就不再表能力或意愿而转化为表可能。由于李明所举这类转化之例证，除“能”以外均为魏晋南北朝以后产生的情态动词，而这些情态动词并不在本书的讨论范围内，因此我们不对这个转化原则的适用性提出批评意见。不过，如果只就先秦“能”的情况来看，我们认为这个说法是有待商榷的。上引李明（2001：11）已经指出，一般动词“能”也能用来表示无生命物的内在属性，如第五类“表性能”之“能”，所引之例为例（332）。如果例（332）中的“能浮”表示的是“船”的内在属性，那么例（338）的“能惧（使畏惧）”及“能恐（使恐惧）”也应该分析为表示“威”及“严”的内在属性，而非李明所谓的表可能。前文指出，“能”是一个词义相当泛化的词，可以表达主语的各类能力，而这些能力并未限定于有生命物的范围内。事实上，无生命物所具备的性能也可以说是一种广义的能力，如例（332）的个体名词“船”能浮，例（342）的物质名词“火”能热、“水”能溺，抽象名词“寒暑”能害等。上引例（338）的“威”“严”与“寒暑”同样都是抽象名词，如果“寒暑”的“能害”是它所具备的性能或能力，那么“威”“严”的能使人恐惧自然也应分析为它们所具备的性能或能力。我们认为，在由“能”所构成的句式中，主语的有生或抽象与否并不影响它的情态表达，只要句中的“能”指称的是主语本身的性能或能力，“能”就应分析为主语指向的情态动词。

（342）至德者，火弗能热，水弗能溺，寒暑弗能害，禽兽弗能贼。（《庄子·秋水》）

（343）平易恬惔，则忧患不能入，邪气不能袭，故其德全而神不亏。（《庄子·刻意》）

其次，李明(2001:12)虽然指出，当“能”所在小句之前有原因、假设或条件等从句时，“能”多表条件可能，但他并未对造成这个现象的原因提出进一步的说明。前文指出，“能”所表达的究竟是主语指向或中性/条件情态主要取决于主语的内在能力，如果句子谓语所表示的动作是主语的内在能力所能独立完成，则“能”表示主语指向情态；如果同时涉及主语的内在能力及外在客观条件时，“能”处于主语指向向中性/条件情态的过渡阶段；当动作与主语的内在能力无关，完全取决于外在条件时，“能”便成为中性/条件情态动词。我们认为，“能”所在小句之前之所以有原因、假设或条件从句时，“能”便多表条件可能，这是因为这些原因、假设或条件从句正是“能”表示中性/条件情态时所需具备的外在客观条件。也就是说，句中主语必须在这些原因、假设或条件从句的限定下才能完成句中谓语所表示的动作，此时的“能”自然多表示中性/条件情态了。

与以上两项因素皆有关的是上引李明对例(339)的分析。他认为该例的“能”是因为无主语，因此只能表可能，我们认为这个分析方式是有待商榷的。前文指出，“能”的主语类别并不影响“能”的情态表达类型，因此，“能”之前未出现主语并不能保证“能”所表达的情态是条件可能。事实上，这句话虽然表面看来是一个无主句，但先秦这类无主句实际上隐含了一个泛指的主语，而且应是一个有能力执行“相使”“相并”及“相正”的属人名词或国名。在这句话中，“能”之所以表达条件可能情态，并不是因为“能”无主语，而是因为在这句话中，“能”所在小句之前的“权钧”“势等”及“治乱齐”正是前文所谓的原因、假设或条件等从句，也就是说，句中的泛指主语是在“权钧”“势等”及“治乱齐”的外在条件限制下，才导致他不能完成“相使”“相并”及“相正”的行为的。

李明(2001:12)所指出的“能”多表可能的最后一个句法条件是“能”的宾语为非自主动词或形容词。自主动词与非自主动词的对立是马庆株(1988/2004:20)所提出的，他指出，从语义上说，自主动词指的是有意识的动作行为，也就是能由动作发出者发出、主观决定且自由支配的动作行为；非自主动词则表示无意识的动作行为，亦即动作行为者不能自由支配的动作行为，也表示变化和属性。由于形容词主要是表属性，如果将它归入动词类，那么形容词也应属非自主动词。“能”后接非自主动词之所以多表可能，应是因为非自主动词并非主语内在能力所能完成的行为，因此句中的“能”只能表条件可能。

综上所述，我们认为“能”由主语指向情态向条件情态的发展可是说是一个句中主语对谓语所表示的动作逐渐失去自主完成能力的过程。[①] 由于句中谓语动作是否为主语能力所能自主完成往往牵涉到听者或读者对语境甚至文献所描述时代的社会、政治情势的理解与判断，因此，同一句话中的“能”所表达的究竟是哪一类情态，不同的人可能有不同的看法，事实上也无法截然区别。这也是我们不同意将“能”这类主语指向情态排除在情态动词研究之外的原因之一。

前文指出，大多数学者同意主语指向的“能”表示的是主语内在的能力，不过，刘利(2000:115－119)指出，“能”在先秦也可表示主语的“肯愿”，也就是主语肯或者愿意从事 VP 表示的行为，是一种主观的态度，如例(344)—例(345)，他同时认为应该将“肯愿”列为“能”的一个义项。此外，Peyraube(2000:46)也引述刘利的说法，认为例(345)之“能”表示肯愿。刘利所指出的“能”这类表“肯愿”的用法，与前述李明(2001:11)归为主语指向中第四类“表品行、心理素质”的用法大致是相当的。我们认为李明的归类应是较为合理的。事实上，例(344)—例(345)这类例子中的“能”所表达的并非主语主观的态度，而是主语是否具有某种心理素质或能力来“受尽言”及“问”。虽然心理素质或能力可能多少暗示了个人主观的意愿或态度，不过这些暗示并未内化为“能”词义的一部分，因此不能说“能”有表达“肯

① 这个结论与前文 2.3.3.2 所引 Coates(1983:14)对“can”由表“能力”到表“可能性”的发展基本一致，前文已指出，我们认为先秦情态动词“能”与英语情态动词“can”在由表“能力”到表“可能性”的发展过程是极相似的。

愿”一类的情态。

(344) 立于淫乱之国,而好尽言,以招人过,怨之本也。唯善人能受尽言,齐其有乎?(《国语·周语下》)

(345) 无功而祀之,非仁也;不知而不能问,非智也。(《国语·鲁语上》)

先秦“能”所表达的情态除了动力及条件可能情态外,李明(2001:82)指出某些语境中的“能”也带有认识情态或道义情态的意味。例(346)是李明(2001:82)所举带认识可能的例子,他认为这类“能”原表“能够”,只是由于反问带有说话者强烈的语气,因而使它有了“可能”的意思。也就是说,“能”所表达的“可能”义是附着于反诘语气之上的,并未独立为“能”本身的语义。例(347)则为表李明(2001:82)所举表许可的例子,他认为这类“能”原表条件可能,只是由于反诘语气使它附上情理色彩,因而可以理解为表许可。由于这类“能”表许可只能附着于反诘语气之上,因此不能认为它有表许可的独立用法。

前述李明(2001)所指出的“能”的这两类用法,我们认为,例(346)的“能”表达的仍是条件可能义,而无认识情态的意味。例(346)的意思是,在“国无主”的外在条件下,“久(持久)”是可能的吗?这里的“可能”仍是办得到的意思,与认识情态对真值的推论或承诺度无关。例(347)的“能”则确有表道义情态的意味。例(347)的意思是,在“吾兄弟之不协”的条件下,不能“怨诸侯之不睦”。由于这里的“不能”指的并不是不能够实现或办不到,而是带有说话者对“怨诸侯之不睦”的不认同、不许可态度,因此,该例中的“能”可说已有了道义情态的意味。如果这类用法的“能”能脱离反诘语境而单独表达许可,则“能”就可说已发展出表道义情态的语义了。在下文3.10的论述中,表条件可能的“得”即是在这类反诘语境中发展出道义情态的意味,并进一步在否定句中发展出明确表道义情态的用法。

(346) 国无主,其能久乎!(《左传·襄公二十九年》)

(347) 富辰言于王曰:"请召大叔。诗曰:'协比其邻,昏姻孔云。'吾兄弟之不协,焉能怨诸侯之不睦?"(《左传·僖公二十二年》)

除了反诘句中出现的"能"外,Peyraube(2000:45)另举出两个"能"表认识情态可能义(possibility/probability)及道义情态许可义(permission)的例句,分别为例(348)及例(349),不过,根据本书对情态类型的界定,这两个例子的"能"表达的应该都是条件可能而非认识情态或道义情态。首先,前文指出,在一般的情态界定中,与可能性有关的概念可分为认识可能及条件可能(根可能),前者表达的是说话者对命题真值的承诺强度,后者表达的则是说话者对于在某种条件下,谓语所表示的行为或动作可能实现的判断。例(348)"周……能生是良材"的"能"表达的是说话者对于周在拥有高山、广川、大薮等自然环境的条件下,"生是良材"可能实现的判断,因此应归为条件可能。其次,在一般界定中,道义情态表达的主要是说话者对命题实现或动作被执行的许可或必要性的态度,若例(349)"天子不能以天下与人"中的"能"表达的是道义情态中允许或许可的概念,那么"天子不能以天下与人"这句话就应解释为说话者不允许天子"以天下与人",或者说话者认为"天子以天下与人"是不被允许的。不过,从文义上来看,《孟子》这段话表示的并不是说话者孟子对"天子以天下与人"这个命题许可与否的态度,而是天子没有能力或者不可能做到"以天下与人"的这个动作,也就是说,我们认为该例中的"能"应是处于由表主语能力的主语指向情态向表条件可能的条件情态发展的过渡阶段。因此,我们同意上引李明的看法,亦即"能"在先秦并未真正发展出表许可义的道义情态。

(348) 夫周,高山、广川、大薮也,故能生是良材。(《国语·周语下》)

(349) 万章曰："尧以天下与舜，有诸?"孟子曰："否。天子不能以天下与人。……天子能荐人于天，不能使天与之天下。"(《孟子·万章下》)

3.8.3 附论：耐、而

"耐"与"而"在先秦文献中也有用作情态动词的例子，"耐"之例如例(350)—例(353)，"而"之例如例(354)—例(356)。杨树达(1928/2008：65,407)于"耐"字条下云："可能助动词，与'能'同。按'能'与'耐'古音同。"又于"而"字条下云："助动词，假作'能'字用。"根据杨树达的说法，"耐"与"而"用作助动词时，实际上是"能"的通假用法。关于"耐"与"能"的通假关系，东汉郑玄于《礼记》注中已有相当明确的解释。郑玄于例(350)之"耐"字下注云："'耐'，古'能'字，传书世异，古字时有存者。……'耐'音'能'。"又于例(351)"耐"字下注云："'耐'，古书'能'字也，后世变之，此独存焉。"据郑玄注，古书中用作情态动词而写作"耐"之字形者，所记录的语言与现在写作"能"之字形者实际上为同一个"词"，也就是说，先秦表能力及条件可能的情态动词"能"，在先秦文献中有另一书写形式作"耐"，而这些原写作"耐"的字形，在后来的文献传抄中大致都被统一改写为"能"，仍写作"耐"者只是传抄者未及改写，因而偶然留下的先秦古字。"而"与"耐"所从的声符相同，二字可以通假，应无疑问。在先秦文献中，"而"用作情态动词的情况应与"耐"相同，也就是说，"而"也是先秦文献中用来记录现在写作"能"这个词的另一书写形式，在古籍传抄过程中，这些"而"都被统一改写为"能"，少数遗留下来的例子只是传抄者未及改写的先秦古字。

(350) 故圣人耐以天下为一家，以中国为一人者，非意之也，必知其情，辟于其义，明于其利，达于其患，然后能为之。(《礼记·礼运》)

(351) 故人不耐无乐，乐不耐无形。形而不为道，不耐无乱。(《礼记·乐记》)

(352) 所谓养疾者，凡国都皆有掌疾，聋盲、喑哑、跛躄、偏枯、握递，不耐自生者，上收而养之。(《管子·入国》)

(353) 迁于兄弟，戚也。言迁其□□于兄弟而能相戚也。兄弟不相耐者，非无所用说(悦)心也，弗迁于兄弟也。(马王堆帛书《五行》)

(354) 故古者圣王唯而审以尚同以为正长，是故上下情通。(《墨子·尚同中》)①

(355) 然计天下之所以治者何也？唯而以尚同一义为政故也。(《墨子·尚同下》)

(356) 管燕得罪齐王，谓其左右曰："子孰而与我赴诸侯乎?"(《战国策·齐策四》)

郑玄对先秦文献传抄与其中古字遗留的看法已得到近年出土之战国到西汉初年简帛文献用字情况的证明。从近年出土的战国楚简来看，当时文字的笔画偏旁并不固定，且行文中大量使用同音假借，因此文字和语言的对应并不是一对一的。在当时的语言中，表达同一个概念的"词"可以由多个不同的文字形体来承载，同时，相同的字形也可能代表多个不同的概念，如陈斯鹏(2006)指出，楚简中记录"昏"这个词的至少有"昏""惛""緍""䎽""𢡟""惃"六个字形；而"昏"这个字形除了记录日昏之"昏"及昏乱之"昏"外，亦可用来记录"闻""问""岷"等词；此外，"或"这个字形在楚简中至少可对应"或""又""国""惑"四个词，而"惑"这个词又同时可用"惑""或""賊""䆽""𧡋"等字形来记录。不过，先秦文献中这些"一词多形"及"一形多词"的情况到了西汉以后便有了相当大的变化，笔者(巫雪如 2010a)探讨上古

① 此例转引自杨树达(1928/2008:407)，孙诒让《墨子闲诂》本作："故古者圣王唯而审以尚同以为正长，是故上下情请为通。"

语气词“与”“邪”的异同时曾根据出土及传世文献的用字情形指出，从目前出土的先秦文献来看，当时的文字与语言的对应是较为松散的，不但字形笔画结构多变，通假的现象也相当普遍。西汉以后，文字规范化的观念逐渐形成，因此，汉人整理先秦文献时，便相当注重文本用字的规范，这些规范包括字形上的“书同文”以及语音通假上的限制，也就是用同一个字形表达语言中的同一个概念，让语言和文字形成较一致的对应。我们认为，在先秦文本中，用来记录“能”这个词的原本可能至少有“能”“耐”“而”三个字形，不过，原本写作“耐”与“而”的字形可能都在汉人整理时改写为“能”，而仅存的少数几例“耐”及“而”则应是整理时疏忽遗留下来的。

段业辉(2002:151-152)探讨由上古到中古时期消亡的助动词时指出，作为“能”之通假用法的“而”“耐”及助动词“克”虽不如“能”常用，但也“较广泛地见于先秦的各种典籍”，所举之例包括上引例(351)—例(352)、例(356)以及下引例(357)—例(358)。他同时指出，各例中的“而”“耐”“克”都表“能”义，可用“能”替换，且与“能”有相同表意功能和句法功能，是上古较常用的可能类助动词。

(357) 不而矫其耳目之欲。(《墨子·非命下》)

(358) 靡不有初，鲜克有终。(《诗经·大雅·荡》)

段业辉(2002:152-156)接着指出，“而”“耐”“克”三个词在中古都已基本消亡，在他所考察的中古三部文献《论衡》《三国志》《南齐书》中，“而”“耐”的助动词用法仅见于《论衡》，“克”则在三部文献中均有少量用例，在《论衡》中，“而，耐，克，能”四个助动词出现的次数分别为：“21，21，3，1562”。关于“而”“耐”“克”消失的原因，段业辉提出三个主要原因：(1)由于语音分化，中古以后“而”“耐”“能”三字的语音差距变大，从而使得“而”与“耐”无法因与“能”音近而表达相同意义；(2)为使语言向精密方向发展，因此在语法功能“窄化”的手段驱使下，卸除“而”“耐”的助动词用法，以减少“而”“耐”等表意不够细密的词法现象;(3)在词义的同场竞争中,“而”“耐”与“克”被表义基本相同的“能”挤出助动词行列。

段业辉以上论述包含“而”“耐”“克”三个词在中古消亡的过程及原因,关于“克”的用法,我们将在下文论述“克”时再作探讨,这里只分析他对“而”“耐”的相关论述。

前文指出,郑玄及杨树达等人都认为文献中所见“耐”与“而”的情态动词用法是从作为“能”的同音假借而来,段业辉也指出助动词“而”与“耐”为“能”的通假用法。在一般学界的共识中,所谓“通假”应如上文所述是一种用字现象或书写习惯,与语言中“词”的概念并不相关,因此,如果承认助动词“而”与“耐”为“能”的通假用法,那么由“而”与“耐”这两个字形所记录的词就应与“能”为语言中的同一个词,如果要探讨“而”与“耐”的消亡,就只能从不同时代或不同作者的用字或书写习惯来加以考察,与语法的演变似乎没有太大的关系。因此,我们认为,前述段业辉对“而”“耐”从上古到中古发展的论证是有待商榷的。正如前文所引述的,“而”“耐”在先秦文献中的情态动词用法只是当时“一词多形”的文字书写习惯,西汉以后,这些异体字已基本统摄于“能”的字形之下,先秦古籍中残存的例子是整理时疏漏所致,至于《论衡》的用例则可能是作者的有意仿古,与当时的情态系统应无太大关涉。

3.8.4　“能”的情态演变途径

最后,我们将先秦情态动词“能”的演变途径图示如下(图3-8)。

能(强壮) ⟶ 主语能力(动力情态) ⟶ 条件可能(条件情态) - - -→ 许可(道义情态)

图3-8　“能”的情态演变路径

3.9　克

3.9.1　前人研究评述

关于“克”的形义,庄惠茹(2003:33-34)已有相当详细的论述,她指出,《说文》以“肩”释“克”,段注引《尔雅·释诂》“肩,克也”,《尔雅·释言》“克,能也”等说明“肩”乃用以任事,故“克”训“肩”而引申有“能”义。此外,她又引李孝定及赵诚对甲骨文“克”的说解指出,“克”的甲骨文字形作,下部所从“象人微曲身体以手拊膝有所承负之形”,上部所从“象肩上所负之物”,此字本义为“肩任、担负、承受”之类的意义,引申而有“任、胜、能”等意义。[①] 此外,李明(2001:7)探讨殷墟甲骨文的助动词“克”的语义时另引姚孝遂的说法指出:“‘克’之本义为‘肩任’,引申为‘能’、为‘成’、为‘堪’、为‘胜’。”[②]

关于“克”发展为助动词的途径,白晓红(1997:213-214)指出,动词“克”有“胜”义,如例(359);带动词宾语时,“克”的语义由“胜任”引申虚化为“能够、可以”,如例(360)。

(359) 天之扤我,如不我克。(《诗经·小雅·正月》)

(360) 克勤于邦,克俭于家。(《尚书·大禹谟》)

李明(2001:7)则认为“克”是由动词“肩任”义引申为表能力,再发展为表客观条件下的可能性的。“克”表“肩任”是研究甲骨文的学者据字形分析得来的结论,不过这个用法在目前所见的甲骨文中并未出现。根据李明(2001:7-10)的研究,甲骨文中的“克”没有确定为带体词宾语之例,只有带 VP 而表能力或条件可能两种用例。金文的“克”可后接 NP,表战胜,如例(361),他将例(362)也归入这类用法,只是认为此例的意思稍有引申;带 VP 同样表能力及条件可能,如例(363)—例(368)。春秋战国时期的“克”用法基本与金文相同,后接 NP 时多表战胜;接 VP 时可表能力及条件可能,表能力者不是助动词,可表品行、心理素质,如例(365);也可表才能、学识等,如例(366);表条件可能者为助动词,其后多带非自主动词,如例(367)—例(368)。

① 李孝定之说见于省吾(1996:728),赵诚之说见赵诚(1999:363)。

② 可参考于省吾(1996:730)。

(361) 隹珷王既克大邑商，则廷告于天。（何尊）

(362) 伯懋父迺罚得显古三百寽，今弗克氒罚。（师旂鼎）

(363) 穆穆克盟氒心。（师望鼎）

(364) 王曰："令眔奋，乃克至，余其舍汝臣十家。"（令鼎）

(365) 尔克敬，天惟畀矜尔；尔不克敬，尔不啻不有尔土，予亦致天之罚于尔躬。（《尚书·多士》）

(366) 王曰："尔惟旧人，尔丕克远省，尔知宁王若勤哉！"（《尚书·大诰》）

(367) 自时厥后，立王生则逸；生则逸，不知稼穑之艰难，不闻小人之劳，惟耽乐之从。自时厥后，亦罔或克寿。（《尚书·无逸》）

(368) 靡不有初，鲜克有终。（《诗经·大雅·荡》）

3.9.2 "克"的语义及情态表达类型

根据上述学者的研究，动词"克"的本义应为"肩任、负荷、承担"等义，在先秦文献中，可释为这类语义者如例(369)[①]，"克天德"即"负荷天德"的意思。"克"由本义"负荷、承担"可引申为"胜任"，即"承担得起"之义，如例(370)，"执轻如不克"义为"拿轻的东西像承担不起的样子"。"克"表"肩任""承担"等义时虽可归为动作动词，不过，在引申为"胜任"之义后，"克"已由表人之身体的实际动作引申为对人具有"承担得起"的能力的描述。"克"的这个语义可说已经与"能"同样可归为表能力义的状态动词。动词"克"的另一个语义为"胜、战胜"，这类语义可能是由把对手举起来或把猎物背负起来的意象进一步引申出来的。表达这类语义的"克"也应归为状态动词。此外，先秦动词"克"还可表达"成、达成"之义，如例(371)—例(373)。"克"的这个语义可能是由状态动词"胜任"义进一步引申出来的，因为能胜

---

① 例(369)之"克"，孔《传》以"能"释之，屈万里(1986:255)则引《说文》释为"负荷"。

任某事也就意味着有能力达成这件事。综上所述，我们认为先秦动词“克”的本义应为动作动词“肩任、承担”等义，引申而有“胜”或“胜任”义，由“胜任”进一步引申为“能达成”义。

(369) 惟克天德，自作元命，配享在下。(《尚书·吕刑》)

(370) 凡执主器，执轻如不克。(《礼记·曲礼下》)

(371) 灵公将杀赵盾，不克。(《国语·晋语五》)

(372) 二十年春，郑伯和王室，不克。(《左传·庄公二十年》)

(373) 懿伯曰：“谗人以君徼幸，事若不克，君受其名，不可为也。舍民数世，以求克事，不可必也。”(《左传·昭公二十五年》)

关于“克”由动词到情态动词的发展，前引白晓红(1997:213-214)认为是由“胜任”引申虚化为“能够、可以”，李明(2001:7)则认为是由“肩任”义引申为表能力，再发展为表客观条件下的可能性，不过，从“克”在文献中的用法来看，“克”发展为情态动词应是在“克”由“胜任”引申为“能达成”后进一步发展而来的。与“能”由表能力至表条件可能的发展相似，“克”也有表能力到表条件可能的发展。例(374)—例(375)可归为表能力的用例，例(376)—例(378)则为表条件可能的例句。与“能”的情况相同，这两类情态间也不是截然可分的。

(374) 宋华元克合晋、楚之成，夏五月，晋士燮会楚公子罢、许偃。(《左传·成公十二年》)

(375) 子产曰：“……岂不遽止？然犹防川。大决所犯，伤人必多，吾不克救也。不如小决使道，不如吾闻而药之也。”(《左传·襄公三十一年》)

(376) 晋人纳捷菑于邾，弗克纳。(《春秋·文公十四年》)

(377) 王子虎盟诸侯于王庭，要言曰：“皆奖王室，无相害也！有渝此盟，明神殛之，俾队其师，无克祚国，及其玄孙，无有老幼。”(《左传·僖公二十八年》)

(378) 宣公使求好于楚，庄王卒，宣公薨，不克作好。(《左传·成公二年》)

3.9.3 附论：堪(戡)、任

“堪(戡)”与“任”在某些学者的相关研究中也被归为助动词，将“堪(戡)”归为助动词者如杨伯峻、何乐士(1992：217)，白晓红(1997：213－214)及刘利(2000：18)，所举之例包括例(379)—例(382)，杨伯峻、何乐士认为“堪”表示动作行为在客观上可能达到的程度，白晓红以为表“能够、可以”，刘利亦以为表“能够”；将“任”归为助动词者如杨树达(1928/2008：230)，杨伯峻、何乐士(1992：223)及白晓红(1997：213－214)，所举之例均为例(383)，杨树达认为该例之“任”犹“能”也，杨伯峻、何乐士认为表示“应当、能够”等义，白晓红则以为表“能够”“可以”。

(379) 惟尔多方，罔堪顾之。惟我周王，灵承于旅，克堪用德，惟典神天。(《尚书·多方》)

(380) 惟新陟王，毕协赏罚，戡定厥功，用敷遗后人休。(《尚书·顾命》)

(381) 若不恤其患，而以为口实，其无乃不堪任命，而翦为仇雠？(《左传·襄公二十二年》)

(382) 孟献子曰：“郑其有灾乎！师竞已甚。周犹不堪竞，况郑乎！”(《左传·襄公十年》)

(383) 臣不任受怨，君亦不任受德。(《左传·成公三年》)

前文探讨“克”的词义及演变时曾经指出，白晓红(1997：213－214)根据《尔雅》及《诗经》《毛传》等古籍训释，以为“克”与“堪(戡)”“任”等词在“胜、胜任”义上为同义词，并认为三者的演化途径一致，也就是当它们带动词宾语时，语义便由“胜任”而引申虚化为“能够、可以”。白晓红所举“堪(戡)”作动词之例为例(384)，处于动词虚化为助动词过渡阶段之例为例(385),具有明显助动词之例为上引例(380),例(386)之"任"为处于动词虚化为助动词过渡阶段之例,作助动词之例为上引例(383)。

(384) 西伯既戡黎,祖伊恐。(《尚书·西伯戡黎》)
(385) 除君之恶,惟恐不堪。(《韩非子·难三》)
(386) 不任汩鸿,师何以尚之?(《楚辞·天问》)

在上引学者所指出的"堪(戡)"与"任"作助动词的例子中,我们认为只有例(379)及例(380)中的"堪(戡)"可归为助动词,其他各例均有待商榷。前述白晓红(1997:213-214)虽引《尔雅·释诂》:"克、堪,胜也"及"胜、戡,克也"来证明"堪(戡)"与"克"均有"胜、胜任"义,不过,我们认为,作为故训汇纂的《尔雅》,这两条将"堪(戡)"释为"胜"及"克"的主要释义对象应为上引例(384)及下引例(387)这类用法,而先秦文献中大多数的"堪"都不适合解为"胜"或"克",而应解为前述白晓红所引《诗·周颂·小毖》"未堪家多难,予又集于蓼"的《毛传》"堪,任",也就是"胜任、承担"的意思,而"不堪"则是无法胜任、无法承担,甚至无法忍受的意思,如杨伯峻(1993:12)于例(388)下注云:"堪,胜也,任也。不堪,犹言受不了。"上引例(385)的"不堪"也应作此解释。

(387) 夏德大乱,往攻之,予必使汝大堪之。(《墨子·非攻下》)
(388) 今京不度,非制也,君将不堪。(《左传·隐公元年》)

根据我们的考察,先秦后期文献所见之"堪",除上引《墨子·非攻下》中叙述汤武受天命的文句中有三例"堪"作"战胜"之"胜"解外,其余各例均为"胜任、承担"之义,且多用于否定及反诘句中。例(389)为"堪"用于肯定句之例,"下能堪其任"意思是在下位者能胜任、承担他的任务;例(390)为用于反诘句之例,"其谁堪之"意思是谁受得了这种情况;例(391)为用于否定句之例,"不堪王命"是受不了王命的意思。我们认为,上引例(381)及例(382)这两个例子中的

“堪”也是胜任、承担的意思，“不堪任命”意思是无法忍受大国的“任命”，也就是郑国无法忍受晋国任使的命令；而“不堪竞”的意思则是无法承担“竞”的后果，也就是周无法承担长期用兵的后果。

(389) 上任事而彻，下能堪其任，所以为令闻长世也。(《国语·周语中》)

(390) 一国两君，其谁堪之？(《左传·昭公七年》)

(391) 不堪王命，乃祸乱也。(《左传·昭公四年》)

综上所述，在先秦后期文献中，“堪”并没有用作情态动词的用法。根据李明(2001:30－31)，上引例(379)—例(380)见于《尚书》之“堪”均表能力，此外，金文中另有 2 例表能力的“堪”，即例(392)—例(393)。李明(2001:31)同时指出，“堪”的本义为“担当得起、经受得起”，上引见于《左传》及《国语》之各例“堪”均为此义；由本义引申为“胜任”，表能力，《尚书》及金文中表能力的“堪”均为此义。[①] 从“堪”在先秦前后期文献中的语义来看，《尚书》及金文中出现的“堪(戡)”作情态动词的用法可说是其语言与先秦后期文献不属一系的又一个证明。

(392) 癀(祓)彔(禄)，黄耇弥生，龕(堪)事氒辟，其万年永宝用。(墙盘)

(393) 梁其万年无疆，龕(堪)臣皇王，眉寿永宝。(梁其钟)

最后，我们简单分析学者们所提出的“任”的助动词用法。前文指出，主张先秦动词“任”有情态动词用法的学者所举的例句只有例(383)一例，而这一例又见于时代相对较早的《左传》，其后的文献都不见有类似的用法，这种现象与一般情态动词发展的途径差异较大，因此，我们认为“任”在先秦的情态动词身份是相当可疑的。

---

① 根据李明(2001:31)，“堪”在魏晋南北朝又由表能力进一步发展出表条件可能的用法。

我们认为此例中的“任”不应分析为情态动词，除了“任”在先秦的情态动词身份仍有疑义外，前述学者对这句话的语义说解也有待商榷。“任”，《说文》释为“保”，段注以为“引申之，凡儋何曰任”。“儋何”今字作“担荷”。在先秦文献中，“任”主要作名词及动词用，作名词义为“责任、任务”等，作动词则义为“担负、承担”“任用、委任、信任”等，这些语义可以说都是由“担荷”的基本语义引申而来的。也就是说，先秦的“任”并没有“能够、应当”这类的语义。《左传》“臣不任受怨，君亦不任受德”，这句话自杜预《左传注》以来，历来学者都未加以批注，可见在这些注疏者眼中，这句话中的“任”并不是一个具有特殊语义而需要加以解释的词，因此，我们认为，这个例子中的“任”仍可分析为“担负、承担”之义，“受怨、受德”则为“任”的宾语。“臣不任受怨，君亦不任受德”可以解释为“臣下无法负荷承受怨忌，君王也无法负荷承受报德”。因此，此例中的“任”应与情态语义无关。①

3.9.4 “克”的情态演变途径

最后，我们将先秦情态动词“克”的可能演变途径图示如下（图 3-9）。

克(担负) ⟶ 能达成(动力情态) ⟶ 条件可能(条件情态)

图 3-9 “克”的情态演变路径

3.10 得

3.10.1 “得”的语义及情态发展

先秦“得”本为动词，义为“获得、得到”，可带各类体词宾语，如例

---

① 李明(2001:31)亦认为《左传》此例之“不任”应理解为“担当不起”，与情态语义无关。李明(2001:31)同时指出，“任”在魏晋南北朝已由本义“担负、承担”引申为“胜任”，表能力，并由表能力引申为表条件可能。

(394)—例(396)。许多学者均指出,“得”由动词虚化为情态动词是在它后接谓词宾语后发展出来的,如白晓红(1997),刘利(1998)及马慧(2006)等。

白晓红(1997:214-215)以例(397)中三个“得”的排比句指出,“得”带名词宾语“食”“衣”时,其“获得”义极明确,而带动词宾语“息”时,意义就显得抽象了。由于“得”带谓词宾语时,语义重心后移,因此“得”便有了表可能性的含义,如例(398);当“得”的“获得”义进一步弱化,仅剩“能够”义时,“得”便虚化为表动作行为可能性的助动词,如例(399)。

(394) 荃者所以在鱼,得鱼而忘荃;蹄者所以在兔,得兔而忘蹄。(《庄子·外物》)

(395) 今君始得诸侯,其慎礼矣。(《左传·昭公四年》)

(396) 求仁而得仁,又何怨?(《论语·述而》)

(397) 民有三患:饥者不得食,寒者不得衣,劳者不得息。(《墨子·非乐上》)

(398) 里仁为美。择不处仁,焉得知?(《论语·里仁》)

(399) 汝身非汝有也,汝何得有夫道?(《庄子·知北游》)

刘利(1998:291)以例(400)为例指出,“事变得应”的“得”虽然与其他后接NP的例子一样可以理解为“获得”,不过,由于“应”本身代表一种行为,而这种行为的存在需要某种条件作为前提,因此“得”便在这种条件下诱发出表客观条件许可的“能够”义。其后,在“得+VP”的高频使用下,“得VP”中的“得”便由动词重新分析为助动词,“得”的“能够”义也固定下来了。

(400) 若是,则万物得宜,事变得应。(《荀子·富国》)

马慧(2006)在刘利研究的基础上归纳出两个使“得”诱发出助动词用法的语境特征:(1)“得”的宾语为表示动作或状态的谓词成分;(2)上下文提示了“得”后面的谓词实现所需的客观条件。她并进一步由认知学派中由“行”域到“知”域的隐喻来解释“得”由动词到助动词的语法化过程。她指出，动词“得”的本义为“得到”，这种“得”与行动有关；其引申义“能够”则表示“得到条件、机会和能力(做某事)”，亦即对行为实现可能性的推测，这种推测与人的主观认识有关，因此二者构成由“行”域投射到“知”域的隐喻。

李明(2001：13)认为，动词“得”在发展为表条件可能的助动词“得”之前经历了一个由“获得”义转化为“达成”或“实现”的过程，如例(401)之“得”表达成，而例(402)—例(403)之“得”则表可能。

(401) 救人之患者，行危苦不避烦辱，犹不能免。今祈奚论先王之德，而叔向得免焉。(《吕氏春秋·开春》)

(402) 朔于敝邑，亚大夫也；其官，马师也，获戾而逃，唯执政所置之。得免其死，为惠大矣，又敢求位？(《左传·昭公七年》)

(403) 昔者大王居邠，狄人侵之。事之以皮币，不得免焉；事之以犬马，不得免焉；事之以珠玉，不得免焉。(《孟子·梁惠王下》)

上述学者对“得”由动词虚化为情态动词的发展已有相当深入的研究，所得结论也大致相同，亦即当“得”所带的宾语为体词成分时，“得”便为句中主要动词，表“获得”；当“得”所带的宾语为谓词成分时，“得”便开始虚化为表条件可能的助动词。至于李明所指出的“得”的“达成”义实际上与其他学者的说法也并无具体区别，只是表述方式不同而已。事实上，“得”由“获得”义转化为“达成”义也是在它后接谓词成分后产生的。也就是说，当“得”后接谓词成分时，由于这类谓词成分所表示的动作或状态无法用具体的“获得”义来理解，因此便用抽象的“达成”来表述。

不过，上述学者的说法也还有一些值得进一步补充或可检讨的地方。首先，“得”作动词时，本义为“获得、得到”，后接 NP 时，NP 即为主语得到的内容。从典型范畴理论的角度来看，“得”后接之NP最典型的成员应为具体实在的人或物，如上引例(394)的“鱼”“兔”以及例(395)的“诸侯”。后接这类NP时，“得”具有最实在的动词义，因为它的宾语是一个可以具体得到的东西，因此最符合动词“得”中的“得到”这个语义。当“得”后接之NP开始抽象化后，“得”的动词义也开始虚化。上引例(396)的“仁”虽然在句中仍作名词用，不过，由于“仁”并不是一个具体可以得到的东西，而是一种抽象的品德或行为准则，因此，“求仁而得仁”中的“得仁”就不只单纯表示得到“仁”这个东西，而是带有达到“仁”这个状态的涵义。

除了所带宾语的抽象性外，宾语的词性也是影响“得”虚化与否的重要因素。上引白晓红(1997:214－215)将例(397)“饥者不得食，寒者不得衣，劳者不得息”中的“食”与“衣”分析为名词宾语，“得”表明确的“获得”义；将“息”分析为动词宾语，“得”的意义显得抽象，不过，我们认为，由于这个例子中“得息”的“息”一般分析为动词，而先秦“食”“衣”用作动词的例子也并不少于名词①，在“得食”“得衣”“得息”三个词组并列的情况下，将“食”“衣”及“息”全部分析为动词，而将“得”分析为“表条件可能”的情态动词应该是比较合理的。不过，由于先秦这类光杆动词经常有指称化的倾向，因此，在这类用法中，“得”仍可以分析为动词，而将“食”“衣”“息”分析为指称化的体词性成分。这些容许两可解释的例子可说是“得”由动词向情态动词发展的过渡阶段。例(401)“汝何得有夫道”中，“得”后接之宾语为无法分析为体词性成分的动宾结构，这类例子中的“得”可说已发展为典型的表条件可能的情态动词了。

其次，前引刘利及马慧均指出，使“得”诱发出“能够”义的语境条件之一是上下文提示了“得”后面的谓词实现所需的客观条件，不过，

① 根据本书对先秦24部文献“食”“衣”用法的统计，“食”用作名词者有478例，用作动词者有1293例；“衣”用作名词者有230例，用作动词者有209例。也就是说，“衣”用作动词与名词数量相当，而“食”用作动词则高出名词两倍以上。

根据我们的考察，这类语境条件与“得”诱发出“能够”义并不一定有关，这是因为先秦动词“得”所表达的“得到”原就是一种客观的事实，与主语的意愿无关，也非主语所能控制。在由“得”所构成的句式中，无论“得”的后接成分为何，其主语基本都是一个被动接受的角色。主语若想具体得到或抽象达成某事物，都必须有某种外在人物或客观条件的给予或配合。也就是说，动词“得”的语义本身就隐含了其后接成分被得到或实现所需的客观条件，并非由于上下文中有这类客观条件的提示才诱发出来的。例(404)—例(405)的语境中虽然也都提示了“得”的某种客观条件，不过由于这两个例子中的“得”后接成分均为NP，因此“得”仍为动词“得到”之义；而例(406)—例(407)的语境中虽然没有提示任何“得”的客观条件，不过由于这两个例子中的“得”后接成分均为动宾短语，因此“得”均表条件可能。也就是说，“得”之表得到或表条件可能纯粹是由其后接成分之性质来决定的，若后接成分被理解为体词性宾语，则“得”为动词，表示得到后接宾语所表示的事物；若后接成分被理解为谓词性宾语，则“得”为情态动词，表示后接宾语所表示的动作或状态达成或实现。与其他情态动词发展过程相同的是，在由“得”构成的句子中，“得”为动词或情态动词并非截然可分的，一般来说，“得”后接成分愈接近典型体词成员，“得”就愈接近动词，后接成分愈接近典型谓词成员，“得”就愈接近表条件可能的情态动词。

(404) 必善晋周，将得晋国。其行也文，能文则得天地。(《国语·周语下》)

(405) 亲迎，则不得妻；不亲迎，则得妻，必亲迎乎？(《孟子·告子下》)

(406) 婴闻之，亲疏得处其伦，大臣得尽其忠，民无怨治，国无虐刑，则可处矣。(《晏子春秋·内篇问下》)

(407) 意闻好直之士，家不处乱国，身不见污君。身今得见王，而家宅乎齐，意恶能直？(《吕氏春秋·贵直》)

3.10.2 “得”的情态表达类型

关于“得”所表达的情态类型，刘利(2000:157-158)指出，“得”可以表示“能够”及“禁戒”两类，“能够”义下又分为表“客观条件许可”(如例408)和“事理上许可”(如例409)两小类，“禁戒”义则只见于由“不”否定，且表述某种制度的场合，如例(410)。

(408) 以君之灵，累臣得归骨于晋，寡君之以为戮，死且不朽。(《左传·成公三年》)

(409) 晋、楚无信，我焉得有信？(《左传·宣公十一年》)

(410) 刑余罪人之丧，不得合族党……，不得饰棺，不得昼行。(《荀子·礼论》)

李明(2000:13-14)将“得”分为“条件类”及“道义类”二类。条件类“得VP”之“得”有三种情况，当VP为已完成的动作时，“得”义为“得以”，表达成，如上引例(401)；当VP为未完成的动作时，“得”义为“能够”，表可能，如上引例(402)；此外，当“得”前有否定词“未、不、弗”等修饰时，“得”表可能而不表达成，如上引例(403)。道义类“得”只见于否定及反问句中，如例(411)—例(414)，其中例(414)表禁令，义为“不准”“不许”。

(411) 管氏有三归，官事不摄，焉得俭？(《论语·八佾》)

(412) 宋乐大心曰：“我不输粟。我于周为客，若之何使客？”晋士伯曰：“自践土以来，宋何役之不会，而何盟之不同？曰‘同恤王室’，子焉得辟之？子奉君命，以会大事，而宋背盟，无乃不可乎？”(《左传·昭公二十五年》)

(413) 沈同以其私问曰：“燕可伐与？”孟子曰：“可。子哙不得与人燕，子之不得受燕于子哙。”(《孟子·公孙丑下》)

(414) 省妇事，毋得淫，虽有贵戚近习，无有不禁。(《吕氏春秋·仲冬》)

刘利的“客观条件许可”类“得”与李明的“条件类”大致相当，“事理上许可”类“得”与“道义类”前两例相当，而“禁戒”类“得”则与“道义类”最后一例表禁令者相当。以下分别探讨这三类“得”所表达的情态类型及相关问题。

首先，关于“得”所表达的情态类型之名称问题，前文指出，刘利将例(408)“得归骨于晋”这类“得”的情态表达类型称为“客观条件许可”，李明则称为“条件类”。李明的“条件类”又称为“条件可能”，意即在某种客观条件下，“得”后接VP所表示的行为就可能实现。刘利归为“客观条件许可”的“得”与李明归为“条件可能”的“得”所指内涵一致，因此，刘利所谓“客观条件许可”指的应是，在某种客观条件许可下，“得”后接VP所表示的行为就可能实现。也就是说，李明的“条件可能”涵盖了“得VP”中的VP所能实现的“因”(条件)与“果”(可能)，而刘利的“客观条件许可”则只就“因”(客观条件许可)来着眼。由于这类“得”表达的主要是后接VP实现的可能性，因此，李明所提出的“条件可能”应该是较为适当的。此外，“得”后接VP的实现虽有赖于客观条件的配合，但这种客观条件大多与“许可”义无关，如例(415)“狡兔有三窟”为“免其死”所赖以实现的客观条件，但这种客观条件很难说和“许可”义有关，[①]事实上，刘利(1998:285)在分析该例中的“得”时也指出，这个例子中“得”的作用在于对“免其死”这个命题内容实现的可能性作出肯定的判断，也就是认为在满足“有三窟”这个客观条件的情况下，命题内容能够实现。在这个分析中，刘利实际上也是以“客观条件可能”的方式来理解“得”的语义的。因此，本书以下即以“条件可能”来称呼“得”所表达的这类情态类型。

(415) 狡兔有三窟，仅得免其死耳。(《战国策·齐策四》)

“条件可能”类的“得”大致相当于本书分类的条件情态动词，包

---

① 当然我们也可以说这里的“狡兔有三窟”指的是：如果客观条件许可狡兔拥有三窟的话，不过我们认为这种解释似乎过于迂回了。

括上引例(401)—例(403)及例(406)—例(408)。前引李明(2001:13)根据“得VP”中VP动作的完成与否将助动词“得”分为表“达成”及表“可能”二类,朱冠明(2008:45-47)则将李明归为表“达成”之“得”归入一般动词,表示“实现”或“达成”;而将李明归为表“可能”之“得”归为中性类情态动词,表示“句子主语在客观环境和条件下具备的完成某一动作或实施一行为的可能性”。他同时指出,中性类“得”是由表“实现”或“达成”的一般动词“得”进一步虚化而来的,二者的区别只在于前者为VP为未发生的动作,而后者则为已发生的动作。

上述二位学者对这两类“得”的语义分析基本是一致的,差别只在于李明将二者均归为助动词,而朱冠明则将表“达成”之“得”归为一般动词,只将表“可能”之“得”归为情态动词。我们认为,如果从“情态”一词一般被界定为表达非现实事件的角度来看,朱冠明的分类方式也许是较符合情态动词的定义的,因为表“达成”的“得”实际上已经将情境描绘成已发生或已实现的事件,亦即属于当下的真实世界而非其他的可能世界,而这类表达方式一般被认为是非情态的。

不过,朱冠明对这两类“得”的分析也有值得进一步检讨的地方。首先,他参照李明的说法,将“得VP”中“得”的语义依据VP动作的完成与否截然分为两类,这种处理方式是否合理似乎有待商榷。其次,他认为中性类“得”是由表“实现”或“达成”的一般动词“得”进一步虚化而来的,然而,如果从先秦这两类“得”的实际用例来看,我们似乎看不出二者的虚化程度有何明显的差别。事实上,“得VP”的“得”表达的原本就是在某种客观条件下,VP所表示的动作或行为便能达成或实现,因此,若语境中的VP为已完成的动作,则“得”自然可以如上引李明所指出的理解为“得以”,表示达成或实现;不过,即使语境中的VP为未完成的动作,“得”仍可理解为“得以”,表示达成或实现,只是由于语境中的VP尚未完成,必须在这个客观条件满足之后才能实现,因此这种“得以”的意义才在语境中引申出“能够”或“可能”的涵义。贝罗贝、李明(2008:7)也指出,例(416)为已然语境,“得”义为

“得以”，表实现；例(417)为未然语境，“得”仍然可以理解为“得以”，当然也可能理解为“可能”。这里的“可能”可以理解为“未然情况下的实现”。也就是说，“得”所表达的可能涵义是由“实现”义在“未然”的语境中引申出来的。

(416) 意闻好直之士，家不处乱国，身不见污君。身今得见王，而家宅乎齐，意恶能直？(《吕氏春秋·贵直》)

(417) 子产相郑伯以如晋，叔向问郑国之政焉。对曰：“吾得见与否，在此岁也。”(《左传·襄公三十年》)

综上所述，先秦“得”原是一个主语指向的动词，在实然语境中，无论是后接 NP 的“得到”义，或者后接 VP 的达成、实现义，“得”都只是一个客观描述主语状态的主语指向动词。当“得 VP”出现于未然语境中时，“得”便在语境中衍生出表达说话者对未然事件可能实现的推断。

除了表条件可能外，“得”在先秦也已引申出表道义情态的用法。上引例(409)及例(411)这类反问句中的“得”，刘利认为表“事理上许可”，李明则归为道义类助动词，若根据二人的说法，则这类“得”应属本书分类中的道义情态动词。不过，前文探讨“能”的情态表达时曾引李明(2001:82)的说法指出，前引例(347)“焉能怨诸侯之不睦?”的“能”虽然带有道义情态的意味，不过，这类“能”实际上原表“条件可能”，只是由于反诘语气使它附上情理色彩，因而可以理解为表许可。也就是说，这类反诘句中所表达的许可义并非由“能”带来的，而是由反诘语气带来的。我们认为，反问句中“得”的情况也与之相类，也就是说，这类反问句中的“得”本身也不表“许可”，如果这类句中有可以理解为“许可”的意味，那也是由于主观性强的反诘语气带来的。事实上，即使是上引二位学者归为这类用法的“得”，表达的也未必有许可的意味。以例(409)为例，这句话出现的史实背景是，楚于宣公十年伐郑，晋救郑，晋败楚师后与郑媾和。宣公十一年楚复伐郑，子良说:“晋、楚不务德而兵争,与其来者可也。晋、楚无信,我焉得有信?”于是服从楚国。在这段话中,“我焉得有信”应该理解为:由于晋、楚无信,因此,即使郑国想要守信,遵守与晋国媾和时订下的盟约也是不可能的。在这句话中,“得”表达的仍是其基本语义达成、实现,句意中“可能”的涵义则是由于“有信”这个 VP 为未实现的动作行为而引申出来的。至于上引学者所指出的“许可”义,或许是因为这类句子可以理解或译释成:“晋、楚无信,在这样的情况下,怎能容许我方守信呢?”不过,我们认为这种将这类语境中的“得”理解为“许可”仍是有些牵强的。上引例(398)“焉得知”的“得”在李明的归类中也属道义类助动词,不过,前引白晓红却认为这类“得”表达的是可能性,我们认为白晓红的分析应是较贴切的。

在前文的论述中,我们虽然引述李明(2001:82)的说法指出,“焉能怨诸侯之不睦?”的“能”所表达的许可义是由反诘语气带来的,而非“能”本身的语义,不过,这个说法只是指出我们不同意表许可的语义在先秦已内化为“能”本身的语义,并不表示我们认为“能”没有进一步往表许可义发展的可能。事实上,当说话者选择用反诘语气来描述一个事件时,说话者就已经在语句中表现出强烈的主观否定态度了。也就是说,虽然我们认为上引例(409)“我焉得有信”中的“得”未必含许可义,不过,在先秦这类反问句中,某些“得”确已有由条件可能发展为许可的倾向。上引例(412)宋乐大心以宋为周之客,故不愿输粟于周。晋士伯责之,以为宋此举有违践土之盟中“同恤王室”的约定。这段话里“子焉得辟之”的“得”可以有两种解释:一是解释为条件可能,意思是,在这种情况下,您怎么可能做得到规避输粟这件事?一是解释为“许可”,意思是,在这种情况下,你怎么可能被允许规避输粟这件事?在以上两种可能的解释中,我们认为第一种“条件可能”才是“得”在这类反问句中原本的语义;后一种解释则为语境中的引申,涉及说话者的主观态度。本书在 2.3.2.2 节探讨道义情态时即已指出,道义情态所表达的义务、许可及禁止等语义必然涉及

“来源”问题，所谓“来源”指的是对句中主语给予许可或施加义务的来源。也就是说，如果我们将例(412)中的“得”解释为“许可”，那是因为我们将践土之盟及其后宋参与诸侯会盟的情势视为是宋不得规避输粟一事的义务来源，或者将责问宋乐大心的说话者晋士伯视为义务来源。例(418)“焉得视诸侯”的“得”所表达的语义与例(412)大致相同。这句话一方面可以解释为成何对卫人说，在“卫，吾温、原也”这个客观条件下，卫怎么可能达成“视诸侯”的这个行为或要求？在这个解释中，“得”表达的是可能义的条件情态；另一方面，这句话也可以解释为成何对卫人说，在“卫，吾温、原也”这个情势下，我方怎么可能允许卫“视诸侯”呢？在这个解释中，“得”表达的则是许可义的道义情态。后一个解释同样是将语境中的“卫，吾温、原也”这个客观情势，或是将代表晋国发言的成何视为卫不得“视诸侯”的义务来源。

(418) 晋师将盟卫侯于鄟泽，赵简子曰：“群臣谁敢盟卫君者？”涉佗、成何曰：“我能盟之。”卫人请执牛耳。成何曰：“卫，吾温、原也，焉得视诸侯？”(《左传・定公八年》)

如果说例(412)及例(418)仍处于“得”由表条件可能过渡到表许可的阶段，那么例(419)可以说已经是反问句中“得”表许可的相当成熟的用法了。在这个例子中，由于桓公对于轮人具有绝对的权威，因此，桓公所说的“安得”便表现出相当明显的禁戒之义。前文多次指出，典型道义例句具有四个特征，(1)主语是有生的；(2)主要动词为活动动词；(3)说话者对于使主语去执行这个动作有兴趣；(4)说话者对主语有权威或影响力。在例(419)中，主语“轮人”为属人名词，主要动词为活动动词“议”，说话者桓公对于禁止轮人执行这个动作有兴趣，同时也对轮人有权威或影响力，因此，这个例子中的“得”可说是相当典型的道义情态用法。从以上的分析来看，“得”之所以能由表条件可能的条件情态发展为表许可的道义情态，一方面是由反问句中强烈的主观反诘语气引申而来的，一方面则是由于语境中的客观条件或说话者逐渐被理解为对主语有施加许可立场或能力的义务来源。当这类用法的例句完全符合上述四个典型道义情态的特征时，“得”表达的便是典型的道义情态，而符合的特征愈少，“得”便愈接近条件情态。

(419) 桓公曰：“寡人读书，轮人安得议乎！有说则可，无说则死。”(《庄子·天道》)

最后，关于先秦“得”在否定句中所表达的道义情态用法，我们认为可能是在反诘句中“得”的用法上进一步引申出来的。前文指出，先秦的“得”在反诘句中已能表达相当典型的道义情态，在这类用例中，原先由语境引申出的许可义很可能进一步内化为“得”本身的语义。由于反问实际上表达的也是否定义，因此表许可义的“得”便进一步扩展至否定用法中。先秦否定句中的“否定词＋得”可表达两类语义，一是“事理上不许可”，如上引例(413)；二是表达“禁戒”“禁令”之义，如上引例(410)及例(414)。

根据李明(2001:14)的统计，表许可义的“得”在先秦用例不多，较早见于《左传》及《孟子》，即例(420)及上引例(413)，共仅3例(例413出现两次)，《论语》中则未出现。① 一直到战国末年的《吕氏春秋》也只有13例。也就是说，先秦的“得”虽已由条件可能发展出表许可的道义情态用法，但这类用法仍只限于反问句及否定句中，且尚未广泛出现。

---

① 《论语》有一例“不得”与表“许可”义似有关联，见《先进》篇：“颜渊死，门人欲厚葬之，子曰：‘不可。’门人厚葬之。子曰：‘回也视予犹父也，予不得视犹子也。非我也，夫二三子也。’”朱注：“叹不得如葬鲤之得宜，以责门人也。”根据朱熹的解释，这里的“不得”指的应是孔子在门人不听自己的劝阻而擅自厚葬颜渊的客观条件下，导致他无法让颜渊的葬礼如同自己的儿子孔鲤那般合礼，因此孔子自叹辜负了颜渊视己为父的一番心意。也就是说，这里的“得”表达的仍是客观条件可能，而非许可之义，而“不得”的意思则是，因客观条件不许可，因而无法做到。

(420) 齐侯归，遇杞梁之妻于郊，使吊之。辞曰："殖之有罪，何辱命焉？若免于罪，犹有先人之敝庐在，下妾不得与郊吊。"齐侯吊诸其室。(《左传·襄公二十三年》)

前文 3.1.2.3 探讨"可"情态语义表现时，我们引述 Coates(1983：14－15,85－86)的说法指出，先秦"可"由表可行性到表许可之间的语义表现是一个由中心到圆周的语义连续统，位于中心的是可行性，位于圆周的是许可义。"可"由可行性到许可的渐变过程可以解释为"限制性"的递增过程，也就是当命题或事件只取决于客观条件，说话者不对它施加限制性时，"可"表达的语义最接近可行性；当命题或事件只取决于说话者，也就是说话者对它施加最多限制时，"可"表达的语义则接近许可。我们认为，先秦"得"由表条件可能到表许可义的发展也可以用这种说法来解释，也就是说，"得"由表条件可能到许可之间的语义表现同样是一个由中心到圆周的语义连续统，位于中心的是条件可能，位于圆周的是许可义。"得"由条件可能到许可的渐变过程同样可以解释为"限制性"的递增过程，也就是说话者对命题或事件施加的义务愈多，"得"的语义就愈接近许可义，反之则为条件可能。在前文的探讨中，"当""宜"等表道义情态的动词也都有类似的语义渐变过程。

3.10.3　关于"得而"的问题

先秦情态动词"得"还有一个较常见的用法，即在"得"与后接动词间出现"而"字，如例(421)—例(423)。Simon(1951)指出这类用法的"而"只出现在带有"强调字序(emphatic word order)"的句子中，如例(421)之"圣人"及"善人"分别被置于句首的绝对位置，且后面有复指之者。在一般字序的句子中，这类"而"则不出现，如例(421)的"得见君子者"及"得见有恒者"。

(421) 子曰："圣人，吾不得而见之矣；得见君子者，斯可矣。"子

曰："善人，吾不得而见之矣；得见有恒者，斯可矣。"（《论语·述而》）

（422）子贡曰："夫子之文章，可得而闻也；夫子之言性与天道，不可得而闻也。"（《论语·公冶长》）

（423）咸丘蒙问曰："语云：'盛德之士，君不得而臣，父不得而子。'"（《孟子·万章上》）

关于这类"而"在句中的功能，Simon(1951)以例(422)之肯定句"可得而闻"排除其与否定句的关系，并以例(423)为例指出，"而"应为代名词，复指置于句首绝对位置之"盛德之士"，并充当动词"臣"及"子"的直接宾语。至于例(421)这类动词(见)后原已有复指代词"之"者，其中"而"仍为主要复指宾语，而"之"则为指涉"而"之次要宾语。Simon(1951)同时指出，"而"出现在这类带有强调字序的句子中时，其功能除了复指置于句首被强调的词之外，同时也有进一步强调该词的功能。

魏培泉(1982:277,307－308)不同意 Simon(1951)将"而"分析复指提前宾语的说法，他指出，"而"经常出现在"可得"后，在先秦"可"字句中，受事提前本是常律，因此，"而"的使用未必和这类提前相关，且事实上先秦并没有提前词语一定要再复指的规律。此外，先秦汉语中也有与这类"而"字句词序相同而不用"而"的句式，如例(424)"得而闻之"，例(425)则为"得闻之"。

（424）桓公曰："轻重之数，国准之分，吾已得而闻之矣，请问用兵奈何？"（《管子·轻重甲》）

（425）桓公问于管子曰："权棅之数，吾已得闻之矣，守国之固奈何？"（《管子·山权数》）

我们同意魏培泉所提出的"得而"这类用法中的"而"非复指宾语的意见。关于这类"得而"的用法，吕叔湘(1942/2004:249)指出，"得"可以在后面加一个"而"(或"以")，这表示"得"还是普通的动词；

王力(1957/1988:485)也有类似的看法,他认为由于"得"是从"获得"的意义发展而来的,所以"得"字后面可以带联结词"而"字。我们同意吕叔湘及王力二人对这类"得而"用法的意见,也就是说,先秦的"得而 V(之)"原与一般"V_1 而 V_2(之)"的用法相同,"得"为表"获得"义的动词,"而"则是用来连接前后两个动词的,如例(426)"蝗螟,农夫得而杀之"的意思是,对于蝗螟这种昆虫,农夫抓到(它们)就会杀掉它们;例(427)"伊尹……汤得而举之"的意思则是,汤得到(伊尹)之后举用他。这类"得而 V(之)"可用"得[动词-获得]而 V(之)"来表示,其用法与例(428)"受而治(之)"及例(429)"执而杀(之)"基本是一致的。

(426) 匡章谓惠子于魏王之前曰:"蝗螟,农夫得而杀之,奚故?为其害稼也。"(《吕氏春秋·不屈》)

(427) 昔伊尹为莘氏女师仆,使为庖人,汤得而举之,立为三公,使接天下之政,治天下之民。(《墨子·尚贤下》)

(428) 古者桀之所乱,汤受而治之;纣之所乱,武王受而治之。(《墨子·非命上》)

(429) 公子胜愬之于楚。楚人执而杀之。(《左传·昭公八年》)

例(430)及例(431)的"粟"及"三帅"与"得而食"的关系在语义及句法上同样可以分析为获得他(它)们之后再吃掉他(它)们,不过,由于这两个例句均为假设语境,根据前文的论述,"得"在假设语境中极易衍生出表可能的情态动词用法,因此,这类语境中原表获得义的动词"得"也很可能因此被理解为表可能的情态动词。当"得"被理解为情态动词时,"而"在句中原本担负的连接两个动词的功能便被弱化,而成为一个可有可无的后附成分,这类"得而 V(之)"可用"得而[情态动词-可能]V(之)"来表示。

(430) 公曰:"善哉!信如君不君,臣不臣,父不父,子不子,虽有粟,吾得而食诸?"(《论语·颜渊》)

(431) 文嬴请三帅，曰："彼实构吾二君，寡君若得而食之，不厌，君何辱讨焉？"(《左传·僖公三十三年》)

上引(430)—例(431)的"得而V(之)"由"得[动词-获得]而V(之)"演变为"得而[情态动词-可能]V(之)"是在假设语境中衍生出来的，除了假设语境外，"得"前置名词的具体性及"得"与"而"后接动词间的语义搭配也是影响"得而V(之)"由"得[动词-获得]而V(之)"演变为"得而[情态动词-可能]V(之)"的重要因素。前文论述"得"的情态发展时指出，"得"后接宾语的抽象性是影响"得"由动词发展为情态动词的重要因素，当"得"后接宾语为具体可得的事物时，"得"具有最实际的动词"获得"义，当"得"后接宾语扩展至抽象的事物时，"得"的语义便开始虚化。例(432)的"得"由于前置名词"隐事遗利""蓄怨积害"等属于较为抽象且无法实际获得的事物，因此"得"在这类例句中的动词语义也较为虚化，"得而"也因此较易被理解为表可能的情态动词用法。不过，这个例句中的多个"得而"虽可理解为表可能的情态动词，不过，"得"仍容许理解为动词，而将"而"理解为连接词。上引例(423)及下引例(433)的用法均与(432)相近，都是容许两可分析的例句。

(432) 故古者圣王唯而审以尚同，以为正长，是故上下情请为通。上有隐事遗利，下得而利之；下有蓄怨积害，上得而除之。是以数千万里之外，有为善者，其室人未遍知，乡里未遍闻，天子得而赏之。数千万里之外，有为不善者，其室人未遍知，乡里未遍闻，天子得而罚之。(《墨子·尚同中》)

(433) 为不善乎显明之中者，人得而诛之；为不善乎幽闲之中者，鬼得而诛之。(《庄子·庚桑楚》)

例(434)为"得而V(之)"的进一步发展。在这类用法中，由于表获得义的动词"得"与"闻"之间没有语义上的搭配关系，也就是无法在获得之后再进行“闻”的动作，因此，这类用法的“得”已无法理解为表获得的动词，而只能将“得而”理解为表可能的情态动词。上引例(421)—例(422)、例(424)及下引例(435)—例(436)均为这类用法的“得而”。

(434) 子夏曰：“民之父母，既得而闻之矣，敢问何谓五至？”(《礼记·孔子闲居》)

(435) 夫舜恶得而禁之？夫有所受之也。(《孟子·尽心上》)

(436) 古之大夫，束修之问不出竟，虽欲哭之，安得而哭之？(《礼记·檀弓上》)

最后，当“得而”在上述句式中发展为单纯表可能的情态动词用法后，其语义与用法已与不加“而”的情态动词“得”基本一致，因此，这类用法的“得而”有时也可省略“而”而单用“得”，如上引例(425)及下引例(437)。

(437) 且人有君而弑之，吾焉得死之？(《左传·襄公二十五年》)

综上所述，我们认为，先秦的“得而V(之)”原为一般“V_1 而 V_2(之)”的结构，“而”为连接表获得义的动词“得”与V的连词。其后，由于“得”逐渐发展为表可能的情态动词，原为并列关系的动词“得”与V也逐渐被理解为“得(而)＋V”的动宾结构。在这个结构中，“而”失去原连接两动词的连词功能，因而被视为“得”的后附成分，“得而”也因此被理解为一个表可能的复合情态动词。最后，由于“得而”所表的情态动词用法与“得”基本一致，因此，由这个途径发展而来的“得而”也可以省略其中的“而”而单用“得”，原“得而”所在的句式也因此可以用“得”来取代。

3.10.4　“得”与“可(可以)”“能”的比较

1. “得”与“可(可以)”的比较

根据前文论述，先秦情态动词“得”与“可(可以)”都可以同时表达条件情态的条件可能以及与许可相关的语义，以下分析这两个情态动词所表达之情态语义的异同。

首先是二者在条件情态上的表现。根据前文论述，“可”所表达的条件情态是由“V＋NP，可”这个句式经由NP提升至主语位置发展而来的，而条件情态动词“可”表达的是说话者对于在某种客观条件下，“V＋NP”这个命题或事件达成或实现的可能性推断，如前引例(22)“今日我死，楚可入矣”表达的是，说话者认为在“今日我死”的条件下，入楚是可能的。其次，“可以”所表达的条件情态是由“以＋NP＋VP，可”这个句式经由NP提升至主语位置发展而来，而“可以”表达的则是说话者对于“以＋NP＋VP”这个命题或事件达成或实现的可能性推断，如上引例(68)“诗，可以兴”表达的是，说话者认为“以诗兴”是可能的。也就是说，“可”与“可以”在发展为条件情态动词后，表达的都是说话者对命题或事件可能实现或达成的推断。不过，由于“可以”句中的主语可以是施事成分，因此，“NP可以VP”的“可以”有时也可以理解为NP达成或实现VP的可能性判断，这种用法与以下将分析的“得”有相似之处。

根据前文论述，“得”的条件情态是由动词“得到”义在后接VP后引申为“达成、实现”义，再于未然情境中引申出“可能”的涵义。在这个引申过程中，“得”始终是一个主语指向的动词，因此，“得”所表达的可能涵义是指向主语而非命题的，也就是说，“NP得VP”表达的主要是说话者对NP是否能实现或达到VP所表示动作或事件的可能性判断，如例(415)“狡兔有三窟，仅得免其死”的“得”表达的即是对“狡兔”达成“免其死”的可能性判断。前文指出，“可以”句中以施事为主语的例子，其中“可以”也可以分析为NP达成或实现VP的可能性判断，如上引例(67)“五十者可以衣帛矣”表达的即是对“五十者”达成“衣帛”的可能性判断。在这个用法中，“得”与“可以”表达的语义可说是相当接近的。

其次，在表与许可相关的语义上，表达许可义的“可”同样是由“V

＋NP,可”这个句式发展而来的,表达的则是说话者对于“V＋NP”这个命题或事件的可行性评断,如上引例(41)“三年无改于父之道,可谓孝矣”表达的即是说话者对“谓‘三年无改于父之道’/孝”这个命题的可行性评断。在不同语境条件的制约下,“可”有时会表现出较强烈的“许可”义,如反诘句(君子之道,焉可诬也)或否定句(父母之年,不可不知也)。不过,即使是在这些语境中,“可”或“不可”表达的主要仍是说话者的评断态度,而非强烈的许可或义务义。“可以”所表达的道义情态语义与“可”大致相同,都是说话者的评断态度。不同的是,由于“可”字句的主语一般不能是施事角色,因此,即使“可”表现出较强烈的许可义,说话者也只能表达自己对命题或事件的许可态度,而不能表达对主语施加许可的态度;“可以”由于主语允许施事角色出现,因此,原本说话者所表达的对命题或事件的许可态度就可能转移到对主语的许可态度。不过,诚如前文所指出的,这种许可态度仍是站在一种客观评断的角度上进行的。

“得”所表达的许可义与“可(可以)”有较大不同。前文指出,“得”所表示的许可义是在表可能义的基础上在反诘语气中引申出来的,也就是说,“得”的许可义原就是在说话者强烈的主观否定态度中引申出来的,而这种强烈的否定态度则表现在说话者对主语施加禁诫的层面上,如前引例(419)“寡人读书,轮人安得议乎”的“安得”表达的即是说话者“寡人”对主语“轮人”施加“不得议”的禁诫语气,而非如“可(可以)”般只是表达说话者对某个事件的客观评断态度。前文指出,“可”字句无法表达说话者对主语施加许可或禁诫的态度,只有“可以”句有这种用法,因此,以下以“(不)可以”与“不得”同时出现的语境进一步分析这两种情态表达的区别。

在例(438)中,由于天子诸侯大夫的地位高于士,而以地位高者祔于地位低者是当时礼制规范所许可的,因此,说话者用“可以”来表达他对“天子诸侯大夫祔于士”这个行为的可行性评断;而地位较低的诸侯祔于地位较高的天子则是当时礼制规范所禁止的,因此,说话者用“不得”来表达强烈的禁诫态度。前文我们虽然认为“可以”句中的主语有被理解为许可对象的可能，不过，在这类例句中，说话者表达的主要仍应是对整个命题“天子诸侯大夫祔于士”的可行性评断，而非将“天子诸侯大夫”视为被许可的对象。不过，在“诸侯不得祔于天子”中，“不得”所施加禁诫的对象就是主语“诸侯”，而非整个命题。前文指出，“得”原是一个主语指向的动词，“得”由动词“得到”义发展出“达成”义及“可能”义后，“得”作为主语指向动词的功能并未改变。当“得”发展出“许可”义时，“得”自然也仍是一个主语指向的动词。前文指出，表条件可能的“得”表达的是说话者对于 NP 是否能达到或实现 VP 所表示动作或事件的可能性推测；同样地，表许可的“得”表达的也是说话者对于 NP 是否被允许执行 VP 所表示动作或事件的主观性态度。例(438)中的“不得”即是以主语“诸侯”作为被施加禁诫义务的对象。例(439)的情况也与前例类似，“大宗不可以绝”表达的是说话者对“大宗绝”这个事件的不可行性评断，而“适子不得后大宗”表达的则是说话者对“适子”施加“后大宗”的禁诫态度。

(438) 诸侯不得祔于天子，天子诸侯大夫可以祔于士。(《礼记·丧服小记》)

(439) 大宗者，尊之统也；大宗也，收族者也，不可以绝。故族人以支子后大宗也，适子不得后大宗。(《仪礼·丧服》)

2. “得”与“能”的比较

“得”与“能”都是由主语指向动词发展为表条件可能的条件情态动词，以下分析二者在情态发展及表达上的异同。

根据前文论述，“能”的语义发展是由表身体能力引申到表心理能力及身心综合能力，最后引申为表客观条件的可能性。在前文中，我们将“能”表身体能力之语义置于中心，而将表客观条件可能之语义置于圆周，并指出“能”由中心到圆周语义演变的过程是句中主语对谓语所表示动作逐渐失去自主完成能力的过程。也就是说，在“NP能VP”中，当VP所表示动作或状态的达成或实现主要取决于主语的身体能力时，“能”表达“能力”义；当VP的达成或实现主要取决于客观条件时，“能”表达“可能”义。不过，由于VP的达成或实现究竟取决于主语本身能力或客观条件实际上牵涉的是听者或读者对语境的理解或判断，与“能”本身的功能无关，因此，我们虽根据现行的情态语义类型分类将这两种语义分别归于动力情态和条件情态，不过，如果从“能”本身的功能来看，前引Coates(1983:14－15,85－86)不区分这两类语义的做法也有其合理的一面。

“得”发展至条件情态动词的过程已见前小节论述，也就是由动词“得到”义在后接VP后引申为“达成”“实现”义，再于未然情境中引申出“可能”的涵义。与“能”发展途径不同的是，“能”在发展为情态动词之前虽也有后接NP之例，如“吾少也贱，故多能鄙事”，不过，当“能”后接VP后，“能”即演变为情态动词，中间并无其他发展过程；而“得”后接的宾语在由NP扩展至VP时，“得”的语义虽由“得到”引申为“实现”或“达成”，不过，这个“实现”或“达成”仍非一般认知的情态动词用法。只有在未然语境中，“得”后接VP才引申出可能的涵义。因此，在本书现行的情态语义类型分类中，“得”只有表条件情态及之后引申出的道义情态二类，而无表主语指向的动力情态一类。

在语义表现上，由于“能”是由表主语能力引申而来的，因此即使是在可分析为表条件可能的例句中，“能”表能力的意味仍然存在，如上引例(336)“君有君之威仪，其臣畏而爱之，则而象之，故能有其国家，令闻长世”为李明(2001:12)归为条件可能的例句，在这个例句中，“君/能有其国家”仍带有君王有能力保有国家的意味；其他如例(440)虽是在“无弦”的客观条件下，才使“羿、逢蒙”无法射中目标，不过这里的“能”还是暗示了与“羿、逢蒙”之能力有关的涵义，也就是说，羿和逢蒙没有在“有弓无弦”的条件下射中目标的能力。

（440）今有羿、逢蒙，繁弱于此，而无弦，则必不能中也。（《吕氏春秋·具备》）

“得”的动词本义为“得到”，不过，前文也指出，这种“得到”是一种被动的接受，与主语的主观能力或意愿无关。由于“得”的这种语义特征，使得由它所构成的句式，主语基本都是一个被动接受的角色，无论主语想具体得到或抽象达成某事物，都必须有某种外在人物或客观条件的给予或配合，因此，当“得”发展为表可能的条件情态动词时，所表达的也是在某种客观条件下，主语就能达成或实现后接 VP 所表示的行为或状态，如上引例（415）表达的即是狡兔在“有三窟”的客观条件下，就可以达到（得到）“免其死”的目标。如果类似例子的“得”换成“能”，如例（441），主语之所以能“克之”，就与主语本身的能力脱不了关系了。例（442）的“不得入”表达的是主语无法实现“入”的目标，而例（443）的“不能入”表达的则是主语没有“入”的能力。

（441）游吉率车骑与战，一日一夜，仅能克之。（《韩非子·内储说上》）

（442）若是，则齐君可正，而成侯可走。不然，则将军不得入于齐矣。（《战国策·齐策一》）

（443）此四者，异位同本。故圣人之事，广之则极宇宙、穷日月，约之则无出乎身者也。慈亲不能传于子，忠臣不能入于君，唯有其材者为近之。（《吕氏春秋·执一》）

3.10.5　“得”的情态演变途径

最后，我们将先秦情态动词“得”的可能演变途径图示如下（图 3－10）。

得(得到) ⟶ 达成 ⟶ 条件可能(条件情态) ⟶ 许可(道义情态)

图 3－10　“得”的情态演变路径

3.11　获

3.11.1　“获”的语义及情态发展

“获”的本义与“得”同为动词“获得、得到”，其用法及发展为情态动词的途径也与“得”相似。先秦“获”可后接NP，表示主语获得的事物，如例(444)—例(447)；后接VP时，“获”也与“得”一样可表达成、实现义，如例(448)—例(452)。当“获VP”中的VP为完成的动作时，“获”义为“得以”，亦即VP所表示的动作行为得以实现，如例(448)—例(449)；当“获VP”中的VP为未完成的动作时，“获”在语境中也与“得”一样可以引申出条件可能的涵义，如例(450)—例(452)。

(444) 昔者赵简子使王良与嬖奚乘，终日而不获一禽。(《孟子·滕文公下》)

(445) 晋栾书侵蔡，遂侵楚，获申骊。(《左传·成公八年》)

(446) 十四年春，西狩于大野，叔孙氏之车子钼商获麟。(《左传·哀公十四年》)

(447) 令尹似君矣，将有他志。虽获其志，不能终也。(《左传·襄公三十一年》)

(448) 昔鲋也得罪于晋君，自归于鲁君，微武子之赐，不至于今。虽获归骨于晋，犹子则肉之，敢不尽情？(《左传·昭公十三年》)

(449) 祭公谋父作《祈招》之诗，以止王心，王是以获没于祗宫。(《左传·昭公十二年》)

(450) 詹曰：“臣愿获尽辞而死，固所愿也。”(《国语·晋语四》)

(451) 逢执事之不闲，而未得见；又不获闻命，未知见时。(《左传·襄公三十一年》)

(452) 寡人不佞，不能事父兄，以为二三子忧，寡人之罪也。若以群子之灵，获保首领以殁，唯是楄柎所以藉干者，请无

及先君。(《左传·昭公二十五年》)

3.11.2 “获”与“得”的比较

根据刘利(2000:176－178)的考察,“获”带VP的用法只见于《国语》及《左传》①,其中《国语》出现6次,《左传》出现26次。他同时指出,“得”“获”本为及物动词的同义词,二者虚化为助动词后往往可以替换使用,如上引例(448)有“获归骨”,前引例(408)有“得归骨”;例(451)有“不获闻命”,例(453)有“不得闻命”;例(452)有“获保首领以殁”,例(454)有“得保首领以没”。根据以上各组对照句,刘利(2000:178)得出“‘得’‘获’是句法功能和语义功能完全相同的两个可替换词”的结论。最后他并指出,“获”最终之所以在竞争中被“得”字兼并,是由于它不及“得”通俗,因而使用范围大受限制所致。

(453) 肥也不得闻命,无乃罪乎?(《国语·鲁语下》)

(454) 先君舍与夷而立寡人,寡人弗敢忘。若以大夫之灵,得保首领以没;先君若问与夷,其将何辞以对?(《左传·隐公三年》)

我们认为,“获”“得”二词虽然在动词的基本语义以及由动词发展至表条件可能的途径上大致相同,不过二者的语义及用法仍有若干差别,并不能算是“句法功能和语义功能完全相同的两个可替换词”。以动词的语义来说,虽然二者同样表达“获得”“得到”之义,不过根据《说文》及学者对甲骨文所见二字的释义,“获”与“得”的本义并不完全相同,而它们在本义上的差别正是造成它们后来在用法及发展上相异的主要原因。

“获”,甲骨文作“只”,徐中舒(1990:391)认为是“象捕鸟在手之

---

① 根据刘利(2000:156),其考察的文献范围包括金文和《诗经》《尚书》《国语》《左传》《荀子》《孟子》及《战国策》。我们将考察范围扩大至先秦24部文献,所得结果也是相同的,亦即“获＋VP”的用法只见于《国语》及《左传》。

形”,《说文》则释为“猎所获也”。从以上说法可以看出,“获”之本义应为捕获禽鸟,如上引例(444);后扩展至各种狩猎所获,如上引例(446);其后,“获”的宾语又由狩猎所获扩展至战争俘获之人,如上引例(445);最后,“获”的宾语更进一步扩展至各类与狩猎或战争无关之人事物,如上引例(447)。根据我们的考察,“获”在先秦虽然已经发展出例(447)“获其志”这类带抽象名词的用法,不过仍以带狩猎或战争所获之人事物为主。在本书所统计的先秦 24 部文献中,“获+NP”共 239 例,其中可归为狩猎或战争所获者就有 169 例,约占 71%,其他用法则仅占 29%。由此可见,“获”在先秦仍是一个动作义相当明显的动词,语义抽象化的程度较低。

“得”的情况与“获”有所不同。“得”,甲骨文作“得”,徐中舒(1990:165)认为是“从又持贝,以会有所得之意”。《说文》则释为“行有所得也”。从甲骨文字形来看,“得”之本义虽也可以说是得到“贝”,不过,由于“贝”为当时货币的代表,可用来交换各类事物,因此“从又持贝”的“得”所表示的语义就不如“象捕鸟在手之形”的“获”那么具体实在,《说文》以“有所得”释之,可说是反映了“得”在语义上的这种概括性与抽象性。由于“得”在语义上具有概括性及抽象性的特征,因此它一方面既可带各类宾语,另一方面也在所带宾语的类型分布上与“获”有较大的差别。根据本书的考察,先秦“获”以带狩猎或战争所获之人事物为主,而“得”则较少带这类宾语;“获”带抽象名词之用例较少,而“得”可带各类抽象名词,且用例相当多。

从以上的分析来看,“获”可说是一个动作性较强且词义内涵较具体明确的动词,而“得”则动作性较弱且词义较为抽象。解惠全(1987:213)探讨实词虚化的现象时指出,词义的抽象化是词义虚化的基础,也是实词虚化的条件,因此,意义愈抽象的词愈容易发生虚化。从词义抽象化与虚化关系的角度,我们可以解释“得”“获”二词在情态发展上的差异。也就是说,“得”“获”二词虽然由于基本语义都有“获得”“得到”之义,因此在情态的初期发展中有相当类似的过程，不过，由于“得”的本义较“获”抽象，因此较“获”更容易虚化，这两个表达相同情态的近义词在经过词汇竞争后，“得”逐渐兼并了“获”的情态动词用法，而成为先秦表条件可能的主要情态动词。

根据前文的论述，先秦“获”的情态动词用法只出现于《国语》及《左传》二书，所表达的情态也仅限于条件可能，可以说，情态动词“获”在发展初期即受到“得”的压制，因此最终只停留在表达条件可能的阶段，而“得”则又进一步发展出表主语主观态度的道义情态，并成为后代文献中相当常见的情态动词。

3.11.3　“获”的情态演变途径

最后，我们将先秦情态动词“获”的演变途径图示如下（图 3-11）。

获(得到) ⟶ 达成 ⟶ 条件可能(条件情态)

图 3-11　“获”的情态演变路径

第四章
非典型情态动词(一)析论

本章探讨先秦非典型情态动词(一)的发展、演变及情态表达等相关问题。根据前文界定,非典型情态动词(一)指的是动力情态下表主语义愿或能力的主语指向情态动词,包括“肯”“敢”“欲”“愿”“望”“冀”“请”“求”“索”“图”“谋”“思”“虑”及“善”。在上述成员中,“肯”“敢”“欲”“愿”为多数学者归为助动词或情态动词之成员,其他各词则因其语义同样可表达主语能力或意愿,因而归入此类。

4.1 肯

4.1.1 情态动词“肯”的来源

关于先秦“肯”的本义及其发展为情态动词的过程,历来学者较少论及,白晓红(1997)虽有专文对汉语助动词主要成员的形成过程进行考察,不过她也并未在正文中对助动词“肯”进行较详细的论述,只在注中指出:

> 助动词“肯”形成很早,表示主观上乐意。段玉裁认为它是从名词“肯”(指贴附在骨上的肉)引申而来的。我们经考察认为,助动词“肯”是造字时因“本无其字”而假借了名词“肯”,除了音同之外,二者在意义上并无联系。(白晓红 1997:212)

根据她的说法，似乎用作助动词的“肯”从一开始就是借用他字的，因此无法推究它的形成过程。

按，《说文》“肯”字作“肎”，云：“骨闲肉肎肎箸也。”段注云：

> 肎肎，附箸难解之皃。《庄子》说庖丁解牛曰：“技经肯綮之未尝”。“肯”，崔引此解释之。“綮”音“罄”，司马云：“犹结处也。”按，“肎”之言“可”也，故心所愿曰“肎”，得其窾郤曰“中肎”，引伸之义也。

从上引段注这段话中，我们其实看不出段玉裁是否明确指出情态动词“肯”是从名词“肯”引申而来，不过我们认为，段注中值得注意的地方并不是他对这两个词之间关系的看法，而是他在按语中对“肯”的训释与说解。段注云：“‘肎’之言‘可’也，故心所愿曰‘肎’。”关于“之言”的意义，段玉裁的解释是：“凡云‘之言’者皆通其音义以为诂训，非如‘读为’之易其字，‘读如’之定其音。”也就是说，段玉裁认为“肯”与“可”虽非同字或同音，但它们是一组音义相关的字，“肯”可以训为“可”，意思是“心所愿”。

以“可”训“肯”是传统训诂及传注的说法，如《尔雅・释言》云：“肯，可也”；又，《诗经・卫风・终风》：“惠然肯来”，《郑笺》：“肯，可也。”又，刘淇《助字辨略・卷三》：“肯，《尔雅》云：‘可也’。愚按：肯，愿辞也，心诚愿之，故为可也。”又，郝懿行《尔雅义疏・释言》：“《春秋・宣四年经》云：‘公及齐侯平莒及郯，莒人不肎。’‘不肎’即‘不可’也。……《齐策》云：‘客肎为寡人来靖郭君乎？’高诱注亦云：‘肎犹可也。’‘可’之言‘快’也，‘快意’即‘可意’，‘快’、‘可’、‘肎’俱一声之转。”

现代学者在论述“肯”的语义时多直接指出“肯”表示意志、意愿或愿望，如杨树达(1928/2008：95)将“肯”归为表意志的助动词，李佐丰(1994：118)以为“肯”主要表示主观上的愿望，刘利(2000：190)以为表“愿意”，朱冠明(2008)则以为表句子主语的意愿等，几乎无人提及古代传注中以“可”训“肯”的说法。我们认为，尽管传统训诂中“以词训词”的方式确有许多值得商榷之处①，不过其中大多问题是由于著作体例及方法未尽合理所致，至于保存于其中的实际训诂内容则仍有许多值得我们参考之处，“肯”的训释即为其中一例。

先秦“肯”与“可”的语义有相关之处，最明显的例子见于例(1)—例(2)。这两个例子记载的是同一个事件，文句也大致相同，文中描述子玉对“楚众欲止”的态度时，例(1)之《左传》用“可”，而例(2)之《国语》则用“肯”，可见这两个词在特定语境中可以表达相同语义，甚至是可以替换的。例(3)的“不可”与例(4)的“不肯”表达的也是类似语境中相同的语义。

(1) 退三舍。楚众欲止，子玉不可。(《左传·僖公二十八年》)

(2) 退三舍避楚。楚众欲止，子玉不肯。(《国语·晋语四》)

(3) 白公欲以子闾为王，子闾不可。(《左传·哀公十六年》)

(4) 秦缪公见戎由余，说而欲留之，由余不肯。(《吕氏春秋·不苟》)

关于例(1)及例(3)中这类用法的“可”，白晓红(1997:222)及李明(2001:18)均认为是由义为“适宜、合宜”的形容词“可”的意动用法发展而来的，表示“许可、批准”等义，不过二人对此一发展过程的分析有所不同。白晓红认为表“许可”义的动词“可”是由例(5)这类本为临时活用的意动用法在频繁使用后引申发展出来，而例(1)及例(3)的“不可”不带NP则为省略。李明仅指出“可”的动词义“许可”可能是由形容词“可”的意动用法发展而来，且这个意思在先秦一般不带体词宾语，并未提及例(5)的这类用法。

(5) 心不知道，则不可道，而可非道。(《荀子·解蔽》)

我们认为上引二人对例(1)及例(3)这类动词“可”发展的途径及语义说解均有值得商榷之处。首先就动词“可”发展途径来说，白晓

① 可参考巫雪如(2010b)。

红认为这类动词“可”是由形容词“可”的意动用法在频繁使用后引申出来的,不过,根据我们的考察,在先秦后期21部文献中,“可”后接NP的意动用法只有12例,分别见于《庄子》外篇2例,《荀子》8例,及《吕氏春秋》2例,即使加上《荀子》中的10例“所可”及“所不可”,先秦“可”的意动用法也称不上有频繁使用的阶段。此外,这些“可”的意动用法之例均见于先秦时代相对较晚的文献中,而动词“可”的用法却主要见于时代较早的《左传》中,因此,从两者的用例出现时代先后来看,很难说动词“可”的用法是由“可”的意动用法发展而来的。其次,一般所谓意动用法指的是主语认为某人或某事物如何,因此意动词后面必然要带主语所认为的对象为其宾语,且意动用法对肯定或否定句式也没有限制,不过,在本书考察的先秦24部文献中,例(1)及例(3)这类“可”的用法只能用于否定句,且后面从来不带任何其他成分,如果这类动词“可”的用法是由意动发展而来,就很难解释它在句法上的这两个限制。

前文指出,例(1)及例(3)这类“可”的用法主要见于《左传》一书,本书在考察这类用法时,发现《左传》中有一组结构不同而表义相同的句式或许可义为这类用法的来源提供一些可能的线索,这组句式之例句如例(6)与例(7)。

(6) 晋侯将伐虢。士蒍曰:“不可。虢公骄,若骤得胜于我,必弃其民。”(《左传·庄公二十七年》)

(7) 楚人伐郑,郑伯欲成。孔叔不可,曰:“齐方勤我,弃德不祥。”(《左传·僖公三年》)

在例(6)中,晋侯想攻打虢国,身为臣子的士蒍不同意这件事,文中以“士蒍曰:‘不可。……’”这个句式来表达士蒍反对的意见。在例(7)中,楚国攻打郑国,郑伯想与楚国讲和,身为臣子的孔叔不同意这件事,文中则以“孔叔不可,曰:……”这个句式来表达孔叔的反对意见。上面这两个句式虽然表面结构不同,但表达的语义基本是一致的。我们认为，例(7)这类句式有可能是从例(6)这类句式发展而来的。

在例(6)这个句式中，“不可”是主语实际说出来的话，表达的是主语对前文所描述事件的判断或估价，这种用法仍是先秦常见的“可”用作状态动词的用法。在这个句式中，叙述者描述主语义见或态度时必须在主语与“不可”中间加上“曰”字作为停顿，文气显得较为舒缓，若直接作“Subj 不可”，则主语的意见表达就显得相当紧凑直接。这个句式中的“不可”之所以可以直接接在主语之后，用来表达主语的意见或态度，一方面是由于“言为心声”，“不可”既原是说话者所说的话，表达的自然是说话者对前述事件的意见，这种引申也正是Sweetser(1990：49－68)所提出的由社会-物理世界到认知世界的隐喻投射；另一方面则是由于先秦状态动词原本就有直接转化为意动用法的机制，“可”为状态动词，因此可以直接转化为表达主语的认知。变换后的“Subj 不可，曰……”这个句式中的“可”即为上文所探讨的义为“同意”的动词。在这个句式中，由于主语与“不可”直接连用，而主语又非“可”所描述或估价的对象，而是原来动词“曰”的施事主语，因此，这类句式中的“可”在理解上就只能视为施事主语所发出的“同意”的动作了。例(8)—例(9)是另一组语境相似，且分别由两类不同句式表达相同语义的例子。先秦虽然也有“Subj 曰：‘可’……”的句式，如例(10)，但这类肯定句式并未如否定句式一样发展出“Subj 可，曰……”的用法。我们认为这或许是由于先秦意动用法一般须带宾语，因此“Subj 可”中的“可”不能以意动词而不带宾语的形式存在，而否定式中的宾语则经常允许以零宾语的形式出现①，因此“Subj 不可”的句式才得以成立。②

---

①　关于否定句及物动词后出现零宾语的问题可参考魏培泉(2001：174－178)及董秀芳(2005：223－225)。

②　我们认为“Subj 不可”这类句式可能是受到例(8)“白公曰：‘不可’”这类句式的影响而产生的，不过，在例(8)这类句式中，“不可”仍是状态动词用法，表达的是白公对石乞所提议的“焚库、弒王”之举的不可行评断。

(8) 石乞曰:“焚库、弑王。不然,不济。”白公曰:“不可。弑王,不祥;焚库,无聚,将何以守矣?”(《左传·哀公十六年》)

(9) 襄公将去穆氏,而舍子良。子良不可,曰:“穆氏宜存,则固愿也。若将亡之,则亦皆亡,去疾何为?”(《左传·宣公四年》)

(10) 将济河,诸大夫皆曰不可,郗意兹曰:“可。锐师伐河内,传必数日而后及绛。”(《左传·定公十三年》)

其次,就动词“可”的语义来说,我们认为这类句式中的“可”与其说是表示“许可”或“批准”,倒不如说是表示“赞成”“同意”或“答应”。例(1)的背景是晋军在城濮之战前退三舍以避楚,楚众想要因此退兵,但“子玉不可”。这里的“不可”指的并不是楚国的令尹子玉不允许楚众退兵,而是他不同意楚众想要退兵的这件事。例(7)的孔叔为臣而郑伯为君,“孔叔不可”表达的自然不可能是孔叔不允许郑伯与楚媾和,而只能是孔叔不同意这样做,因为孔叔并没有允许郑伯的资格。例(3)是更明显的例子。在这个例子中,白公想叫子闾当楚王,而“子闾不可”。这里的“不可”表达的也只是子闾不答应白公要求自己当楚王的这件事,与“许可”之意并不相干。

前引例(2)的“肯”与例(1)的“可”为分别见于《国语》及《左传》对同一事件的记载,从二者语句的一致情况来看,“肯”与“可”几乎可算是训诂学上所谓的“异文”,因此,例(2)的“肯”应与例(1)的“可”语义相同,也就是表示“赞成”“同意”或“答应”之意。例(4)的“肯”亦同。

前文曾经提到,关于“肯”发展为情态动词的过程迄今未见学者论及,或许这是因为大多数学者将先秦文献中所见的“肯”都视为情态动词(名词“肯”除外),因此无法追溯“肯”在发展为情态动词前的语义及用法。不过,诚如前文所指出的,“NP+不肯”中的“肯”与“NP+不可”中的“可”语义及用法几乎是一致的,我们认为,以这一点为基础,进一步考察先秦“可”与“肯”的用法及分布,或许可以对情态动词“肯”的来源及发展过程作出初步的推测或假设。

4.1.2 “肯”的句式分析

在本书3.1小节中，我们已对先秦“可”的相关句式做了较详细的探讨，为便于讨论，我们将“可”的用法中与“肯”相关的论述转引于下。

先秦“可”主要出现在下面几个句式中：

A. Subj[当事]+(Neg)+可[状动-合标准]①

B. Subj[施事]+(Neg)+可[意动-认可]+NP

C. Subj[施事]+Neg+可[动词-同意]

D. Subj[当事]+(Neg)+可[助动]+VP

A式的“可”为状态动词，表示“可以”之义，可用于肯定句及否定句，Subj为当事主语，为“可”所描述的对象。这类主语没有任何限制，可以是无生名词，如例(11)，也可以是属人名词，如例(12)，也可以是以子句表示的事件，如例(13)。B式为“可”的意动用法，表示“认可”，可用于肯定句及否定句。其中Subj为有思维能力的施事主语，“可”后须带NP，如上引例(5)及例(14)。C式之“可”为动词，表“同意”，只用于否定句，主语亦为施事者，“可”后面不带任何成分，如上引例(1)、例(3)、例(7)、例(9)。D式即一般所谓“可”的助动词用法，可用于肯定句及否定句。D式的主语一般为当事者，“可”后须带VP，如例(15)—例(16)。上述这四个由“可”构成的句式，A式为其基式，B、D二式是由A式发展而来，C式则是由B式发展而来的。

(11) 秋，晋侯会吴子于良，水道不可。(《左传·昭公十三年》)

(12) 若我可，不必亡一大夫；若我不可，不必亡一公子。(《左传·哀公六年》)

(13) 子夏曰：“大德不踰闲，小德出入可也。”(《论语·子张》)

(14) 夫子问于老聃曰：“有人治道若相放，可不可，然不然。”

① Neg表否定词，( )表示可出现也可不出现。

(《庄子·天地》)

(15) 子孔曰:“晋师可击也。”(《左传·襄公九年》)

(16) 士尹池谏于荆王曰:“宋不可攻也。”(《吕氏春秋·召类》)

先秦“肯”出现的句式则相当单纯,只有二类:

A. Subj[施事]+Neg+肯

B. Subj[施事]+(Neg)+肯+VP

A 式即上文所探讨之例(2)及例(4),其中“肯”为动词,表示“同意、赞成”等,只用于否定句,主语 Subj 为施事者,“肯”后面不带任何成分。B 式的“肯”也是动词,后接 VP,如例(17)。其语义及用法留待下文分析。

(17) 自吾执斧斤以随夫子,未尝见材如此其美也。先生不肯视,行不辍,何邪?(《庄子·人间世》)

从以上对“可”“肯”所构成的句式分析可以发现,这两个词的句式在分布上似乎呈现出一种互补现象:“可”的 A 式与 B 式均不见于“肯”,而“可”的 C 式“NP+不可”则与“肯”的 A 式“NP+不肯”语义及用法完全相同,“可”在 C 式之后没有进一步发展,而“肯”则在 A 式之后发展出 B 式带 VP 的用法。这种互补现象给了我们一个提示,“肯”似乎是在“可”发展为 C 式表“同意”的动词时才作为它的同义词出现,之后并取代它成为表示“同意”的专用词,最后发展出后接 VP 的用法。C 式中的“可”之所以会由“肯”来取代,或许是由于 C 式的表面结构与 A 式的否定式相同,而 A 式及其后发展出的 D 式在先秦“可”的用法中又占有绝对优势,用“肯”取代“可”的 C 式,不但比“可”的 C 式更能与“可”的 A 式区隔开来,而且在后接 VP 时,也可以与“可”的 D 式区隔开来。①

① 也就是说,这里的“可”应是由表“同意”的“可”衍生出的词,相当于“同意”义的“可”的及物动词用法。

由于“肯”是作为表“同意”的动词“可”的同义词出现在“NP＋不肯”的句式中，因此，“NP＋不肯”句式中的“肯”也应该是一个表“同意”的动词，而非大多数学者认为的“肯”在句中用作助动词，后面的VP则省略或不出现。前文指出，例(1)“楚众欲止，子玉不可”中的“不可”与例(2)“楚众欲止，子玉不肯”中的“不肯”语义及用法相同，如果例(1)的“可”应分析为动词，那么例(2)的“肯”也没有理由不分析为动词。也就是说，例(2)“楚众欲止，子玉不肯”的“不肯”指的是子玉不同意“楚众欲止”这件事，而不是子玉“不肯止”的省略。

“肯”原为表“同意”的动词，且只出现在“NP＋不肯”这个否定句式中，“肯”发展为情态动词即是在这个句式上后接VP而形成的。[①]前引学者们指出，“肯”用作情态动词时可以表示意志、乐意、意愿、愿意或愿望等义，我们认为这些意思都是由它原来的动词义“同意”在语境中引申出来的。也就是说，“肯”表达的原本是主语同意后接动词所表示的行为动作，之后才由同意引申到意志、意愿等义。由于意志、愿望等表达的都与主语本身的意愿有关，因此，“肯”可归为表意愿的主语指向情态动词。

在先秦表意愿的情态动词中，“肯”是其中用法较单纯者。根据刘利(2000:190－194)对先秦11部文献的考察[②]，助动词“肯”共出现82次，所构成的句式只有一种，即“[NP]＋[Neg]肯＋VP”。在上述句式中，不加否定词者共17例，其中2例用于陈述句，即例(18)—例(19)，15例用于疑问句，其中一例为是非问句，如例(20)，其余皆为反问句，

---

① 前文探讨“肯”的语义时曾引《说文》指出，“肯”的本义为“骨闲肉肎肎箸也”，骨闲肉即今所谓“筋骨”之“筋”的部分。由于筋骨为身体力量蓄发之处，因此，由“骨闲肉”引申，也可能发展出相关的动词义，并进而引申出表同意的情态动词义。不过，一方面由于这样的词义演变在文献中无可考究，另一方面由于表同意的情态动词“肯”在先秦只出现在否定句式中，如果“肯”是经由一般词义演变而发展为情态动词，就很难解释“肯”的这种句式分布现象，因此，我们认为先秦情态动词“肯”是由表“同意”的“可”衍生出的可能性较大。

② 刘利所统计的11部文献为：《诗经》《尚书》《论语》《国语》《左传》《墨子》《韩非子》《孟子》《荀子》《庄子》及《战国策》。

如例(21);加否定词者 65 例,全部用于陈述句,如例(17)及例(22)。

(18) 先生病矣!苦于山林之劳,故乃肯见于寡人。(《庄子·徐无鬼》)

(19) 是则将令人主耕以为上,服战雁行也民乃肯耕战。(《韩非子·外储说左上》)

(20) [宣王曰]:"客肯为寡人来靖郭君乎?"齐貌辨对曰:"敬诺。"(《战国策·齐策一》)

(21) 庆封唯逆命,是以在此,其肯从于戮乎?(《左传·昭公四年》)

(22) 晋文公反国,介子推不肯受赏。(《吕氏春秋·介立》)

由于刘利将"NP+不肯"后面不带 VP 的用法也归入助动词,因此他的统计数值也将这类用法包括在内。根据我们的考察,"NP+不肯"后面不带 VP 时,"肯"为动词而并非情态动词,因此我们将这类用法分开统计。在先秦 24 部文献中,由"肯"所构成的各类句式分布情况为:动词 18 例,全部用于否定句。情态动词"肯"106 例,不加否定词者 24 例,其中 5 例用于陈述句,16 例用于反问句,3 例用于其他疑问句;加否定词者共 82 例,全部用于陈述句。

从以上的统计数值来看,先秦情态动词"肯"大多用于否定句,在全部 106 例中有 82 例,占 77%。如果将带有否定意味的反问句也列入否定范畴,先秦情态动词"肯"用于否定句的比例即高达 90%以上。先秦情态动词"肯"何以会绝大多数见于否定句?我们认为应与它的来源有关。前文指出,情态动词"肯"是由"NP+不肯"这个句式发展而来的,而这个句式原本就只有否定用法,因此当它后接 VP 时自然也是一个否定句。"肯"用于是非问句及其他肯定句应是由它在否定句的用法中进一步延伸出来的,且在使用上仍相当受到限制,如肯定句只能用于因果复句或假设复句中的分句中,如例(18)—例(19)用于后项分句,而例(23)—例(24)则用于前项分句。

(23) 使失路者而肯听习问知，即不成迷也。(《韩非子·解老》)

(24) 子之师苟肯至越，请以故吴之地，阴江之浦，书社三百，以封夫子。(《吕氏春秋·高义》)

由于本书第四章以下所探讨的都是非典型情态动词成员，这些成员的情态发展及表达类型大多较为单纯，如“肯”由表“同意”义的“可”衍生之后，只能表达动力情态，之后并无其他发展。这类情态动词的演变途径似无图示的必要，因此，以下不再逐词画出所有情态动词的演变途径，只有能表达两种以上情态类型的情态动词才将其演变路径画出。

4.2 敢

4.2.1 前人研究评述

关于“敢”的语义及语法功能，目前学界一般的看法是，先秦“敢”主要有助动词及表谦(敬)副词两类用法。用作助动词时，语义与现代汉语大致相同，表示有胆量做某件事，如例(25)—例(26)；用作表谦副词时，表示冒昧之意，如例(27)—例(28)(王力 1990:353－356；刘利 2000:179－180；杨伯峻，何乐士 2001:220，359－360)。也有学者将这类两用法皆归入助动词，其下再依语义分为两小类，如杨树达(1928/2008:81－82)将前者称为表意志之助动词，指实有“敢”字之义者；将后者称为表敬助动词，指惟存形式而实已无“敢”字之意义者。

(25) 赐也何敢望回？(《论语·公冶长》)

(26) 小国不敢非，大国不敢诛。(《庄子·胠箧》)

(27) 今大国越录，而造于弊邑之军垒，敢请乱故。(《国语·吴语》)

(28) 君之惠也，孤之愿也，非所敢望也。敢布腹心，君实图之。(《左传·宣公十二年》)

关于助动词“敢”的形成，白晓红(1997:224－225)认为是由其形容词本义“勇敢”“有胆量”(如例29－30)发展而来的。形容词“敢”最初可用于“敢于N”及“敢于V”两种形式中，随着“敢于V”的使用频繁及介词“于”的脱落，“敢＋V”的格式形成，“敢”因而演变为助动词。

(29) 勇，志之所以敢也。(《墨子·经上》)

(30) 勇，以其敢于是也，命之；不以其不敢于彼也，害之。(《墨子·经说上》)

庄惠茹(2003:96)从金文的字形分析入手，指出“敢”的本义当与“相争”“争执”有关，不过在文献中已被引申作“敢于”“胆敢”等义，并普遍用作助动词。其后“敢”的字义进一步虚化，形成表“冒昧”义的谦敬副词的用法。解惠全等(2008:210)也认为“敢”的表谦敬用法是由助动词转化而来，有“冒昧”“大胆”的意思。

“敢”的第一类助动词用法除了表示意志或有胆量做某件事外，还有两个义项曾经在相关研究文献中被提及，一是认为“敢”等于“不敢”或“岂敢”，二是认为“敢”可以训为“能”。

第一个义项中的“敢”等于“不敢”主要见于传统注疏中，如例(31)“臣敢忘其死”之韦昭注及例(32)“敢辱高位”之杜预注，而“敢”等于“岂敢”则是王力(1990:354)所提出，如例(32)—例(33)。王力认为这类“敢”用于反诘，等于“岂敢”；苗文利(1992)则指出，传统注疏中解释为“不敢”的这些“敢”全部见于反问句，而反问句所表达的实际意思原本就和字面上的意思正好相反，因此这类例句中的“敢”才会有“不敢”之义。他进一步指出，上述这些例句虽然没有出现“乎、岂、何”等反问语气词，但表示的仍是反问语气，这是因为句子的反问语气不一定要靠反问语气词来表达，也可以单靠上升语调来表达。也就是说，先秦的“敢”并没有等于“不敢”或“岂敢”的义项，这类例句中的“敢”之所以会有否定意味，那是因为它们出现在由上升语调表达反问语气的反问句中。解惠全等(2008:210)也认为这类例句中的“敢”本身并不含“岂”义，只是由于句子带有反问语气，所以翻译时可加“岂”字。我们同意苗文利及解惠全等人对这类“敢”的用法分析。事实上，郭锡良(1988，1989/1997：63)在探讨先秦语气词的功能时也曾指出，先秦某些句子从前后文来看应是疑问句，但句中并没有表示疑问语气的语言成分，这些句子的疑问语气就可能是由没有记录下来的语调来表示的。

(31) [俞行]对曰：“臣顺之也，岂敢犯之？……今执政曰：‘不从君者为大戮’，臣敢忘其死而叛其君，以烦司寇?”(《国语·晋语八》)

(32) 齐侯使敬仲为卿。辞曰：“羁旅之臣幸若获宥，……敢辱高位，以速官谤?”(《左传·庄公二十二年》)

(33) 贡之不入，寡君之罪也，敢不共给？(《左传·僖公四年》)

将“敢”训为“能”是裴学海(1954/1982：331)首先提出的，他所举的先秦例句为例(34)。解惠全等(2008：209－210)针对裴学海的说法指出：“‘敢’表示有勇气、有胆量去做，‘能’表示有能力去做。从某种意义上说，能力可以包括勇气、胆量，故二字在具体的上下文中意义有相通之处。”也就是说，这个例句中的“敢”虽然在其他文本中可以写作“能”，不过这只是由于它在这个语境中意义与“能”相通，并不表示它有另一个解释作“能”的义项。我们同意解惠全等人对这类“敢”的语义分析，事实上，传统虚词著作中的所谓“X犹Y也”往往只是指出X在某些具体的语境中表达的语义与Y的某个义项相似，而实际上X与Y本身并不一定是同义或近义词。

(34)《战国策·魏策一》：“楚虽有富大之名，其实空虚；其卒虽众多，言而轻走易北，不敢坚战。”《史记·张仪传》“敢”作“能”。

继裴学海之后，纪国泰(1993)及王锳(1995)也分别指出先秦文献中某些“敢”的用例应训为“能”，纪国泰所举之例为例(35)—例

(36),王锳所举之例则包括例(37)—例(39)。纪国泰认为例(35)的"敢"不能理解为表意志的助动词,只能理解为表可能的助动词,主要的理由是,在这个例子中,知䓨是在向楚王申明自己之所以不怨不德,并不是因为自己没有胆量这样做,而是从客观情理的角度来看,自己没有理由这样做。例(36)的"女无敢为宾"是一个表示命令或希望语气的祈使句,意思是"你不能摆国宾的架子",其中的"敢"也应理解为表可能的助动词"能够",而非表意志的助动词。王锳认为例(37)—例(39)这些"敢"都用于"可能式",表示"可""能"的意思,与胆量无关。例(37)—例(38)"敢"前加否定副词"无",表示禁止,"无敢"犹言"不可""不能";例(39)则是客观礼仪条文之叙述,"敢"非敬辞,"不敢辞"应为"不可辞"之义。

(35) 王送知䓨,曰:"子其怨我乎?"对曰:"二国治戎,臣不才,不胜其任,以为俘馘。执事不以衅鼓,使归即戮,君之惠也。臣实不才,又谁敢怨?"王曰:"然则德我乎?"对曰:"二国图其社稷,而求纾其民,各惩其忿,以相宥也。两释累囚,以成其好。二国有好,臣不与及,其谁敢德?"(《左传·成公三年》)

(36) 叔弓聘于晋,报宣子也。晋侯使郊劳,辞曰:"寡君使弓来继旧好,固曰:'女无敢为宾。'"(《左传·昭公二年》)

(37) 慎无敢失火,失火者斩。(《墨子·号令》)

(38) 太宰因诫使者:"无敢告人吾所问于女。"(《韩非子·内储说上》)

(39) 长者赐,少者贱者不敢辞。(《礼记·曲礼上》)

除了传世文献之外,汤余惠(1999)指出金文中的"敢"也有应解释作"能够"或"可以"的用例,如例(40)—例(42)。他不同意某些学者将例(41)—例(42)中的"毋敢"译为"不得敢"的做法,而认为"毋敢"应相当于"不可""不得",他同时指出《尚书》中也有相同的用例,如例(43)—例(44)。至于“敢”何以会有“可”或“能”的义项？汤余惠提出的解释是，“可”与“敢”古音同属牙音，因此“可”可能是“敢”的音转。又，“可以”“得以”“能够”涵义本相近，“可”既为“敢”的音转，那么“能”与“敢”自然也有可以相通之处。

(40) 甲兵之符：右在王，左在新郪。凡兴士被甲用兵，五十人以上，必会王符，乃敢行之。燔燧事，虽毋会符，行殹(也)。(新郪虎符)

(41) 女毋敢妄宁，虔夙夕，告于先王若德。(毛公鼎)

(42) 其惟我诸侯百姓，厥贮毋不即市，毋敢或入蛮，究贮则亦刑。(兮甲盘)

(43) 善敹乃甲胄，敿乃干，无敢不吊。(《尚书·费誓》)

(44) 无敢伤牿。牿之伤，汝则有常刑。(《尚书·费誓》)

综上所述，我们可以将学者们所论述的先秦“敢”的语义及用法演变归纳如下：“敢”的本义为形容词“勇敢、有胆量”之义(此义也可能是由动词相争、争执之义引申而来)，这个语义的“敢”后接动词，形成“敢＋VP”的句式后，“敢”便向助动词演变。其后，表示勇敢、有胆量的助动词“敢”语义进一步虚化，成为无实义而仅表冒昧之义的谦敬副词用法。至于文献中所提出的助动词中两类无法用勇敢、有胆量等语义来解释的义项，第一类“敢”表现出的“不敢”或“岂敢”之义是由反问句式而来，而第二类“敢”之所以能表达许可义，那是因为“可”为这类“敢”的音转。

4.2.2　“敢”的语义及情态表达类型

上述学者们对先秦“敢”的语义及用法演变分析虽然符合一般情态动词的发展过程，不过，我们在实际考察先秦“敢”的相关用例后，却发现上述论点实有重新检讨的必要。

根据目前一般学者的看法，“敢”在具体语境中究竟用作助动词或表谦副词是相当容易区分的，事实上，我们在面对文本中个别出现的“敢”字也确实不难判断它们的语义及用法。以例(45)—例(49)为例，例(45)“敢辞”及“敢固辞”的“敢”都应该分析为表谦副词，而“寡君命某毋敢视宾客”的“敢”则应分析为表许可的助动词；例(46)“不敢固辞”的“敢”应分析为表勇气的助动词，而例(47)“使使臣某敢告于执事”的“敢”则应分析为表谦副词；例(48)“敢烦大夫”的“敢”应分析为表谦副词，而例(49)“敢烦里旅?”的“敢”则应分析为反问句中表勇气的助动词。

(45) 上客临，……宗人纳宾，升，受命于君。降曰：“孤敢辞吾子之辱。请吾子之复位。”客对曰：“寡君命某毋敢视宾客，敢辞。”宗人反命曰：“孤敢固辞吾子之辱。请吾子之复位。”客对曰：“寡君命某毋敢视宾客，敢固辞。”(《礼记·杂记上》)

(46) 若尝为臣者，则礼辞其挚，曰：“某也辞，不得命，不敢固辞。”(《仪礼·士相见礼》)

(47) 使者将命曰：“寡君不敏，不能从而事社稷、宗庙，使使臣某敢告于执事。”(《礼记·杂记上》)

(48) 晋侯使栾枝对曰：“寡君闻命矣。楚君之惠，未之敢忘，是以在此。为大夫退，其敢当君乎?既不获命矣，敢烦大夫，谓二三子：‘戒尔车乘，敬尔君事，诘朝将见。’”(《左传·僖公二十八年》)

(49) 君之先臣容焉，臣不足以嗣之，于臣侈矣。且小人近市，朝夕得所求，小人之利也，敢烦里旅?”(《左传·昭公三年》)

前段对例(45)—例(49)中“敢”的语义及用法的分析，如果单就个别用例来看似乎都没有问题，不过当我们将这些相关文句分组列出加以对照时，却发现这些语义及用法之间存在着一种相当整齐的对应关系。

A.	1. 寡君命某毋敢视宾客，敢固辞。(《礼记·杂记上》) 2. 某也辞，不得命，不敢固辞。(《仪礼·士相见礼》)
B.	1. 寡君……使使臣某敢告于执事。(《礼记·杂记上》) 2. 寡君命某毋敢视宾客。(《礼记·杂记上》)
C.	1. 既不获命矣，敢烦大夫。(《左传·僖公二十八年》) 2. 小人之利也，敢烦里旅？(《左传·昭公三年》)

在上面三个对照组中，每组各有两个例句，其中第 1 个例句中的"敢"都是一般分析为表谦副词用法者，第 2 个例句中的"敢"则根据它们所在的句式不同而可以分别分析为前文所归纳的"敢"的另外三种语义及用法：A 组的"敢"出现在以"不"为否定词的句式中，可分析为表勇气的助动词；B 组的"敢"出现在以"毋"为否定词的句式中，可分析为表许可的助动词；C 组的"敢"出现在反诘句中，可分析为反问句中表勇气的助动词。

从以上的分析来看，"敢"在具体文句中，它的用法及语义应如何分析似乎与它本身的功能或语义无关，而与它所在的句式有关。也就是说，文献中这些"敢"的不同功能或语义并不是在经过历时演变后才逐渐发展出来的，而是由它的基本语义在进入不同的句式后，直接由句式引申出来的。从以上三组例句的用法来看，"敢"的基本语义所构成的句式应是一般分析为表谦副词的"敢"①，而所谓"敢"的表勇气、表许可及表反诘等用法则是在这个句式上加上表否定、禁止的否定词以及反诘语气所引申出来的。因此，过去学者们所认定的"敢"的最后一个发展阶段，也就是表谦副词的用法，实际上可能是"敢"的基本语义，也就是一个表"胆敢"义的状态动词，而表勇气的用法反而是后来才形成的。至于学者们所指出的表许可的用法则并非"敢"本身的义项。在这类句式中，"敢"之所以看似有表许可的语气，实际上与它在反诘句中的情况一样，是由所在句式而非"敢"本身的

① 根据下文分析，这类用法的"敢＋VP"实际上是一个表"胆敢"义的状态动词后接补语 VP，而非表谦副词修饰 VP。

语义来表达的。以下对本书所提出的论点加以说明。

前文指出,现代学者大多认为上引 A1、B1 及 C1 这类例句中的“敢”是由表示勇敢、有胆量的助动词“敢”虚化而来的,为不具有实义而仅表谦敬或冒昧的谦敬副词,不过,从古代训诂及注疏等著作中对“敢”的字义说解来看,这种说法似乎是有待商榷的。

《仪礼·士虞礼》:“敢用絜牲刚鬣”,郑玄注云:“敢,昧冒之辞。”贾公彦疏对郑注的说解是:“凡言敢者,皆是以卑触尊,不自明之意。”又,《仪礼·燕礼》“臣敢辞”注:“敢者,怖惧用势决之辞。”疏:“云‘敢者,怖惧用势决之辞’也者,谓若怖惧之事,不避危难,用势往决之,故云用势决之辞也。”上引两条注疏所解释的“敢”都是一般被归为表谦副词用法者,其中第一条郑注“昧冒之辞”即许多学者引述来证明“敢”之表谦敬语义者,不过,从上引注疏全文来看,郑注是以冒犯、触犯等绝决的行为或态度来说解“敢”在这类用法中的语义,而非现代多数学者所认为的是一种没有实义的表谦副词。我们认为,从下引《说文》对“敢”的字义说解来看,郑玄所注解的“敢”的字义可说就是先秦“敢”的基本语义。

“敢”,《说文》作“叙”,云:“进取也,从𠬪古声。敢,籀文叙。”段玉裁据“敢”的籀文字形对它的字义作进一步的申论,云:“彐,盖亦爪也,冃音冒。用爪用殳冒而前也。”又,“冒”,《说文》云:“冡而前也。”段注:“冡者,覆也。引伸之,有所干犯而不顾亦曰冒。”从段注以“冒而前”“干犯”等用辞来注解许慎“敢,进取也”的做法来看,这里的“进取”指的应该是“冒进而取”一类的语义,因此,《说文》所释“敢”的语义与前引郑注所说的“昧冒”“势决”等可说是一致的。前引庄惠茹(2003:96)从金文的字形分析入手,指出“敢”的本义应与“相争”“争执”有关,这个语义也与郑注及《说文》的说解基本一致,因为相争、争执则必有冒犯、触犯的举动。“敢”表“相争”“争执”的语义见于例(50),此外,上引白晓红(1997:224－225)以为表“勇敢”“有胆量”之例(29)—例(30)也可以用“相争”“进取”的意思来解释,如例(29)“勇,志之所以敢也”的意思是，“勇”指的是有进取的心志；至于表冒犯、触犯的语义则见于上引例（27）—例（28）、例（45）及例（47）—例（48）诸例。

（50）勇于敢则杀，勇于不敢则活。（《老子·七十三章》）

根据上文的分析，我们认为，先秦“敢”的本义应与“冒犯”“进取”等行为或态度有关，而上引 A1、B1 及 C1 这类例句中“敢”的语义及用法则是这一类语义的进一步引申。前述学者虽大多将上引 A1、B1 及 C1 这类例句中的“敢”分析为表达谦敬的副词，不过，根据下文的考察，我们认为这类例句中的“敢”应分析为表“胆敢”义的状态动词，后接 VP 则为其补语，“敢 VP”意为胆敢从事 VP 所表示的动作或行为。以下由西周金文所见“敢”之用法说明我们的观点。

庄惠茹（2003：96－121）将两周金文所见“敢”之词类分为三类：（1）专有名词，（2）助动词，（3）表谦副词。第一类用作专有名词者在此可以不必讨论，我们将她对助动词及表谦副词的语义分类及例句整理如下图（图 4－1）：

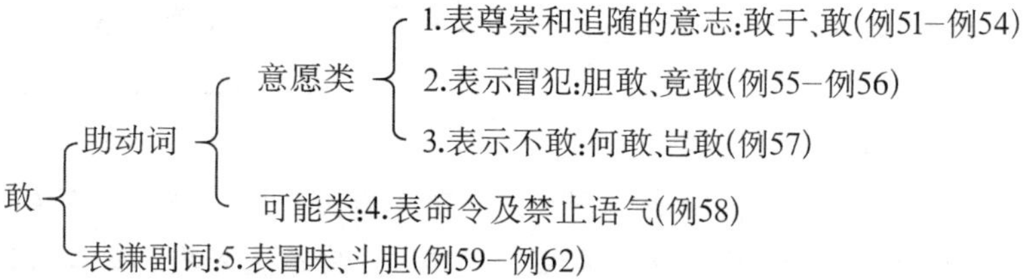

图 4－1　庄惠茹两周金文“敢”分类表

（51）瘐不敢弗帅且（祖）考。（西周中期瘐钟）

（52）文考遗宝积，弗敢丧。（西周早期旗鼎）

（53）虢叔旅曰：“丕显皇考叀叔，穆穆秉元明德，御于厥辟，得纯亡敃。旅敢肇帅型皇考威仪，御于天子。”（西周晚期虢叔旅钟）

（54）公曰：“余虽今小子，敢帅型先王。”（春秋中期晋公盆）

(55) 王肇遹省文武，觐疆土，南国𠬝子敢陷虐我土。(西周晚期宗周钟)

(56) 王令𢦏曰："虘，淮夷敢伐内国，汝其以成周师氏戍于𠂤次。"(彔卣)

(57) 伯扬父乃或使牧牛誓曰："自今余敢扰乃小大事?"(西周晚期𠑇匜)

(58) 叡！酒无敢酖。(西周早期大盂鼎)

(59) 静拜䭫首，敢对扬王休，用作宗彝。(西周中期静卣)

(60) 𤼈曰：……𤼈不敢弗帅祖考，秉明德、劭夙夕、左尹氏，皇王对𤼈身懋，赐佩，敢作文人大宝协龢钟。(西周中期𤼈钟)

(61) 师汤父有司仲枏父作宝毁，用敢飨孝于皇祖考。(西周中期仲枏父簋)

(62) 乃敢用拜䭫首，弗敢不对扬朕辟皇君之赐休命。(春秋晚期叔尸镈)

根据庄惠茹(2003)的分析，"敢"的本义与"相争、争执"有关，由此引申为表"敢于、胆敢"等义的助动词。这类助动词又分为小两类，第一小类表意愿，第二小类表可能。第一小类表意愿者又分为三小次类：(1)表尊崇与追随的意志，等同于今语"敢于"或"敢"，多用于否定句中，如例(51)—例(52)，亦可用于肯定句中，如例(53)—例(54)；[①](2)表冒犯，相当于"胆敢""竟敢"，多用于一般叙述句中，如例(55)—例(56)；(3)表不敢，相当于"何敢""岂敢"，如例(57)。第二小类表可能者即前文所指出表许可一类的用法，如例(58)。第二类表谦副词"敢"的来源是：由于表"敢于"义之助动词"敢"所在语境往往传达作器者对先人德性的尊崇以及期盼自己

① 庄惠茹(2003：101－103)将例(53)之"敢"分析为表"能"义的助动词，而将例(54)分析为表"敢于"的助动词，不过，从文义上看，这两例"敢"同样都是作器者表达自己"敢于"追随先人的意志，因此，例(53)之"敢"不应分析为表"能"义的助动词。

效法先人的意志，因此，“敢”在这类语境中发展出表委婉与谦敬的语义，并进一步延伸虚化为表“冒昧”或“斗胆”义的表谦副词。这类“敢”多以“某敢对扬王休”的固定句式出现，且已成为铭文中的惯用套语成分。表谦副词“敢”以见于直述句者为常，如例(59)—例(61)，少数文例则可置于“不……不”的双重否定结构中，如例(62)。

根据图 4－1 所示，金文中的“敢”共可表达五类语义：(1)敢于，(2)胆敢，(3)何敢/岂敢，(4)命令/禁止，(5)冒昧/斗胆。不过，前文已经指出，第三类“敢”所表现出的“不敢/岂敢”义及第五类“敢”所表现出的“许可/禁止”义是由所在句式而来，并非“敢”本身的语义内涵。至于第一、第二及第五类“敢”，庄惠茹(2003)虽根据语境区分为有尊崇义的“敢于”、有冒犯义的“胆敢”以及有谦敬义的“斗胆”三类语义，不过，我们认为，这三类“敢”的基本语义实际上是相同的，所谓尊崇、冒犯或谦敬等意味都是由语境或语用衍生而来的，而非“敢”本身的语义内涵。前文指出，“敢”的本义应与“冒犯”“进取”等行为或态度有关，由此引申为“胆敢”一类的语义。这类语义出现在例(54)“余虽今小子，敢帅型先王”这类传达作器者对先人德性的尊崇以及期盼自己效法先人意志的语境中时，“敢”的“胆敢”义表达的是作器者面对先人时，谦称自己所从事的是一种斗胆僭越行为的谦敬之意；用在例(56)“淮夷敢伐内国”这类表示敌方侵略我方的语境中时，“敢”的“胆敢”义表达的则是说话者认为对方的行为对自己是一种冒犯的谴责之义；最后，例(59)“敢对扬王休”这类“敢”虽已成为铭文中的惯用套语成分，不过，这类“敢”的“胆敢”义与所谓表尊崇义的“敢于”实际上并无区别，表达的同样是作器者面对在上者时，谦称自己所从事的是一种斗胆僭越行为的谦敬之意。庄惠茹(2003:99)虽以是否具有“胆量/胆识”或“敢于”这类属于行为意志的实义来区分这两类语义，并据此将这两类语义分别归为助动词及副词两类不同的词类，不过，我们认为这两类语义实际上并无这类区别，且同一个词即使由于出现在不同的语境中而衍生出语义上的细微差别，这类区别也无法作为划分词类的判准。事实上，庄惠茹(2003:99)也指出“敢”的所谓表谦副用法可以出现在“不……不”的双重否定句式中，如例(62)。仅以这个例子来看，可以出现在“不……不”句式中的“敢”也不可能分析表谦副词，而只能分析为动词。此外，根据语句内容为作器者效法先人或对扬王休的差异而将例(51)“不敢弗帅祖考”与例(62)“弗敢不对扬朕辟皇君之赐休命”这两个同样出现在双重否定句式中的“敢”分别归为助动词与表谦副词，这种分析方式恐怕也是有待商榷的。

从以上的分析来看，我们认为出现于金文肯定句式中的“敢”，其基本语义都是状态动词“胆敢”，这类语义用于下位者向上位者陈述自己的行为时有表谦敬的意味，用于上位者指称别人的不当行为时则有谴责的意味。根据我们的考察，传统学者归为表谦副词的“敢”与上述金文中表“胆敢”的“敢”用法基本是一致的，如上引例(27)“敢请乱故”及例(28)“敢布腹心”都是自居下位的第一人称说话者对自己行为的陈述，“敢”表达的同样是下位者对于自己斗胆从事这个行为的谦敬之意。

众所周知，先秦是一个尊卑、亲疏、上下等级极为严明的社会，人际的一切行为都受到当时礼制的规范，在交际场合中，交际双方的措辞自然也必须符合彼此的身份及当时所处的情境。以义为“冒昧、胆敢”的“敢”来表示谦敬，说话者所要传达的讯息是：就彼此的身份和立场来说，自己原本是没有资格向对方表达意见的，不过，由于情势使然，因此用“敢”来表示自己虽然明知所说的一切对对方来说都是一种冒犯，不过还是怀着戒慎恐惧的心情胆敢向对方提出，这也正是前引郑注所谓“敢者，怖惧用势决之辞”之义。

综上所述，“敢”的语义本为“冒犯、进取”，用于下对上的当面陈述语境中则有表谦敬之意，大约相当于“冒昧、胆敢”等义。上引例(45)描述的是诸侯之丧时，他国国君派遣使者来吊唁的相关仪节，在这种场合中，宾主都有必要表达对对方的谦敬之意，因此双方一再以“敢辞”“敢固辞”来表示自己的谦敬之意，意思大约是“胆敢推辞”及“胆敢坚决推辞”。例(46)描述的是士见大夫的相关礼节，其中“某也辞，不得命，不敢固辞”的意思是，我已经推辞过了，不过这个推辞并未被对方采纳，由于自己的身份较对方为低，因此当对方不采纳时，基于下位者对上位者“却之不恭”的缘故，自己也就不便再坚决推辞了。在这个例句中，“不敢固辞”这句话的结构并非一般理解的是“不敢/固辞”，也就是由否定词“不”先与表勇气的助动词“敢”结合为“不敢”，其后再加上由副词及动词组成的动词组“固辞”，以表达“没有勇气/坚决推辞”的意思，而应是“不/敢固辞”，也就是以否定词“不”来否定“敢固辞”这整个动词组，以表达“不/胆敢坚决推辞”的意思。

至于“敢”最为人所熟知的表勇气或有胆量的用法则可能是在“不敢固辞”这类用法中进一步发展出来的。“敢”本有冒犯、触犯的语义，这类语义用在下对上的当面肯定陈述句中表达的却是说话者的谦敬之意，有趣的是，在以“敢”肩负表谦功能的措辞中再加上否定词，表达的仍是说话者的谦敬之意，如前段讨论的“不敢固辞”即是。我们认为，先秦“敢”之所以会有这种语义表现完全是建立在当时的交际规范上的。在先秦社会中，由于下位者对上位者说话时，表达谦敬是必然的要求，因此他用“敢”来谦称自己的行为对上位者是一种冒犯。不过，在先秦的交际规范中，不仅下位者必须向上位者表达谦敬之意，上位者也必须相对地表现出自己谦让的气度。在这种互相推让的场合中，不能坚持自己意见的往往是地位较低的一方，因此，当地位较低的一方说出“不敢 VP”时，虽然他原来只是在表达他愿意接受对方意见，因而不去做“敢 VP”这个动作，不过，由于“不敢 VP”总是出现在这种下位者无法拒绝上位者的语境中，“不敢”也因此引申出“没有勇气”的涵义，之后就发展为一般所谓表勇气的情态动词，而原本“不/敢 VP”的结构，也随着“敢”演变为情态动词而被重新分析为“不敢/VP”了。[①]

根据刘利(2000:180－190)的考察,先秦的“敢”以用于否定陈述句的比例最高,其次为反问句,用于肯定陈述句的相当少见,且须受多种条件的限制,如用于顺承关系、因果关系或假设关系句中。我们认为,先秦“敢”的这种句式分布正反映了前文所论证的“敢”的发展过程。首先,根据前文的论述,“敢”的情态动词用法是在“不敢 VP”的结构上发展出来的,因此,“敢”主要用于否定句中也就是很自然的现象了。其次,由于反问句在语义上表达的也是一种否定涵义,因此“敢”在发展为情态动词后,其出现的句式便很容易由否定句扩展到反问句,这也是先秦“敢”之所以有相当比例用于反问句的原因。最后,由于“敢”在发展为情态动词前便经常以有表谦功能的动词用法出现于肯定陈述句中,而这个用法在整个先秦时期都并未消失,也就是说,“敢”出现于肯定陈述句的语法位置已先被有表谦功能的状态动词“敢”占据,因此,“敢”在发展为情态动词后便一直很难出现在这个句式中。先秦的情态动词“敢”即使要出现在肯定陈述句中,也必须像前引刘利所说的受到多种条件的限制,如只能出现在顺承、因果或假设关系句中。我们认为,情态动词“敢”之所以只能出现在这些关系句中,那是因为表谦动词“敢”从未出现在这些语法位置,也就是说,先秦“敢”的情态动词与表谦动词用法在肯定陈述句中的分布呈现了一种互补关系。如果情态动词“敢”像前引白晓红指出的是由其形容词本义“勇敢、有胆量”在“敢于 VP”的格式中发展来的,就很难解释何以它在先秦会有这种句式分布及条件限制。

接着我们要分析的是“敢”的所谓表许可的用法。前文指出,纪

---

① 前文分析“敢”的语义时指出,“敢”的本义为相争、进取,从相争、进取等语义也可以直接引申出有胆量、勇敢之义。我们之所以指出“敢”表勇敢的情态动词用法是在“不敢VP”这类语境中引申出来的,主要理由与前文对“肯”的论述相同,亦即这种分析方式可以较合理地解释“敢”在先秦句式用法中的限制。不过,这种分析方式并不表示我们认为“敢”表勇敢的情态语义不是由它的本义相争、进取引申而来,只是指出这类语义是由本义相争、进取等义在特殊的语境中得到进一步的衍生。

国泰(1993),王锳(1995)及汤余惠(1999)等人均指出先秦“敢”有一类用法与勇气或胆量无关,而应解释作“能够”或“可以”,所举之例包括上引例(35)—例(44)。这些例句根据句式可分为四类:第一类为以“不”为否定词的句式,即例(39);第二类为反问句,即例(35);第三类为表许可的肯定句,即例(40);第四类表禁诫的否定句,其他例句均属之。在这四类例句中,第一、二类例句中的“敢”都只是个别学者对于个别语境中“敢”字涵义的个人理解,事实上,这些“敢”均可依一般语义理解,无需作进一步的辨析,以下只探讨第三、四类的用法。

第四类“敢”用于否定使令句中,前引学者所举出的用例只包括“毋敢”及“无敢”,事实上,这类用法的“敢”前面也可以加否定词“勿”,如例(63)。以下以“毋”字代表“毋、无、勿”三词。① 根据我们的考察,这类用法的“敢”在先秦24部文献中共出现38次,在两周金文中出现20次,出土战国楚简5次,②可以说是一种并不罕见的用法。关于这类用法,前引三位学者均认为“毋敢”相当于“不可”“不能”或“不得”,也就是认为“毋”相当于“不”,而“敢”则相当于表许可的情态动词“可”“能”或“得”,我们认为这种说法仍有进一步商榷的必要。

(63) 晋侯使郄至勿敢争。(《左传·成公十一年》)

先秦的“不”与“毋”虽然同样是否定副词,不过这两组否定词的用法并不相同,“不”是一般的否定副词,而“毋”则大多用作表禁诫语

---

① 关于先秦“毋、无、勿”三字的用法及异同,历来学者虽有许多不同的意见,不过这三个词在先秦传世文献中均可表禁戒语气,这点大致没有疑问。吕叔湘(1921/2001)指出:“古语禁戒之辞,习用毋、勿二字,毋亦作无,字形虽异,音读不殊,传世经籍亦多彼此互为异文,故得视为一个语词之两种书写方式,无须辨析。”大西克也(1989)虽根据近年出土文献中“毋”“无(無)”的用法指出二者之区别,不过他仍然大致同意在传世文献中,“毋”“无”可看作同一个词的两种写法。由于本书主旨不在探讨先秦否定词的相关问题,因此不拟在此对这个问题做进一步的辨析,就本书的论旨来说,只要指出先秦“毋、无、勿”三字均可表禁戒语气即可。

② 这里的统计只包括“毋/无/勿敢”出现在表示禁诫语气的用例中,其他用例则不计入,如“明君在上位,民毋敢立私议自贵者”。(《管子·法法》)

气的情态副词，与现代汉语的“别”(“不要”之合音)相类。也就是说，先秦的“毋”并不需要后接其他表许可的情态动词，本身就能表达禁诫语气，如例(64)—例(67)，因此，在先秦的“毋敢”这类句式中，前引学者所指出的“不可”“不能”或“不得”这类表禁诫的语气实际上可以由“毋”这类否定情态副词单独表达，不一定与“敢”有关。如果我们用例(67)“毋轻议礼”来对比上引例(36)“无敢为宾”的句式结构，那么“无敢为宾”的“无”也可以和“毋轻议礼”中的“毋”一样分析为表禁诫的否定副词，而“敢”则与“轻”同样分析为状态动词，后接的动词“为宾”及“议礼”则分别为其补语。① “毋/轻议礼”的意思是“不可/轻议礼”，而“无/敢为宾”的意思则是“不可/敢为宾”。②

(64) 凡我同盟，毋蕴年，毋壅利，毋保奸，毋留慝。(《左传·襄公·十一年》)

(65) 不厚待之，不若杀之，无令有后患。(《韩非子·喻老》)

(66) 非礼勿视，非礼勿听，非礼勿言，非礼勿动。(《论语·颜渊》)

(67) 毋轻议礼！(《礼记·礼器》)

为了说明我们的论点，我们将前文所举的B组例句再列于此：

---

① 我们认为这里的“毋轻议礼”是一个以“轻”为状态动词而以“议礼”为其补语的句式，而非以“轻”为副词修饰动词组“议礼”的句式，理由是，上古的“轻”原为状态动词，且经常用作意动动词，意为“以……为轻”，后接NP或VP为其补语，也就是所轻的对象。如“士骛禄爵者，固轻其主”(《吕氏春秋·下贤》)的“轻其主”是“以主为轻”，也就是轻视其主的意思；“故越王好勇，而民多轻死”(《韩非子·二柄》)的“轻死”则是“以死为轻”，也就是不在乎死之义；“是故韩、魏之所以重与秦战而轻为之臣也”(《战国策·齐策一》)的“轻”与“重”对举，“轻为之臣”意为“以为之臣为轻”，也就是不介意当他的臣子的意思。因此，“毋轻议礼”的“议礼”也应分析“轻”的对象，意为把议礼这件事看得很轻。“敢”后接VP之用法同此，亦即VP同样为“敢”的对象。

② 魏培泉(2001:126-127)指出：“其实就上古文献的用法而言，‘毋敢V’‘勿敢V’都用来表示“禁诫语气”(prohibitive mood)，……上古的‘敢VP’常用来表示有所冒犯的谦辞或用于反问句，这其中多少意含着该行为是不当的。既然‘毋’‘勿’常用作禁诫，那么用來否定‘敢VP’以示阻止似乎也是自然的发展。”从上引说法来看，魏培泉也是将“毋”“勿”分析为表禁诫之词，而其禁诫的对象则是“敢VP”，这种分析方式与我们基本是一致的。

B.	1. 寡君……使使臣某敢告于执事。 2. 寡君命某毋敢视宾客。

在上面这组对照例句中，第 1 个例句是一个肯定的使令句，意思是：敝国国君派遣使臣某冒昧向执事告知这件事；第 2 个例句与第 1 个例句出现的语境大致相同，意思也相近，只不过在 B1 中，国君是命令某做“敢 VP”这件事，而在 B2 中，国君则是命令某不可以（即“毋”）做“敢 VP”这件事，“毋”在句中否定的是“敢 VP”这动词组，而不是情态动词“敢”。因此，B2 的“毋敢视宾客”意思并不是前引学者所指出的是“不可把自己当作宾客”，而应该是“不可冒昧把自己当作宾客”。在这句话中，“毋”表达的是禁诫语气“不可”，而“敢”则仍可解释为“冒昧”的意思。

上文我们虽将 B2 中的“敢”仍释为“冒昧”，不过这里的“冒昧”已经不像它在肯定句中那样单纯地表示谦敬，而是一个带有负面语义的词，更适合的解释可能是“胆敢”或“斗胆”。事实上，先秦“敢”的词义原本就没有谦敬的意思，它在句子中所表达的各种不同语气几乎都是由语境来决定的，在下对上当面陈述自己的行为时可以表达谦敬，如上引例(27)—例(28)；若用于指称他人时则多半具有负面的语义，如上引例(55)—例(56)及下引例(68)；而当它用于“毋敢”这类禁诫对方做出某种行为的语境中时，自然带有表达该行为是不当做的意味。

(68) 从者曰：“公子彭生也。”公怒，曰：“彭生敢见！”(《左传·庄公八年》)

在前文中，我们虽然认为在“毋敢 VP”这类结构中，禁诫语气可以由否定词“毋”单独表达，不一定与“敢”有关，不过，这种分析方式只是为了指出这类用法原来可能的构句方式，并不代表认为“敢”在先秦完全没有表许可的用法，事实上，先秦文献中也有少数“敢”的用例只能分析为表许可的情态动词，如例(69)—例(70)。

(69) 因令人之衡山求买械器，不敢辨其贵贾。(《管子·轻重戊》)

(70) 公或谓之，晏子许诺。命割瘩不敢监祭，梨丘据不敢监政。(《上博六·竞公疟》)①

先秦"敢"之所以能发展出表许可的情态动词用法，我们认为与下列几种语言现象是相关的。首先，先秦"毋、无、勿"等词虽用来可表禁诫语气，不过，这些词在先秦也可表达一般否定，如例(71)—例(73)。"毋、无、勿"等词在表达禁诫语气时实际上是兼摄否定词"无"与情态动词"可"的功能，而表单纯否定时则只有否定词"无"的功能。先秦"毋敢"这类用法中的禁诫语气原本应是由"毋"等词来表达，不过，由于这些词也可表达一般否定，因此，在语言发展的过程中，"毋敢"这类用法中的禁诫语气就可能由"毋"等词转移到"敢"上。

(71) 威下系于民，而求上之毋危，不可得也。(《管子·重令》)

(72) 不穀无复战矣。(《韩非子·十过》)

(73) 或曰："世守也，非身之所能为也。效死勿去。"(《孟子·梁惠王》)

其次，前文曾经指出，先秦表达勇气的情态动词用法"不敢 VP"是由"不/敢 VP"的结构经过重新分析后发展为"不敢/VP"所形成的，"毋敢 VP"构句方式与"不敢 VP"相同，都是由"敢 VP"前加否定词而

① 复旦大学出土文献与古文字研究中心读书会(2008)不同意本段简文的断读，他们认为，虽然这段话与下引《晏子·内篇谏上》非常相似："命会谴毋治齐国之政，梁丘据毋治宾客之事，兼属之乎晏子"，不过，《晏子春秋》中的"命……毋……"义为"命某人不要做某事"，在文义上没有问题，不过简文若为"命……不敢……"，意为"命某人不敢做某事"，读起来则非常别扭。因此，他们认为这段话应断作："晏子辞。公或谓之，晏子许诺。命。割瘩不敢监祭，梁丘据不敢监正。"我们认为这个改读是有待商榷的。诚如本书以下将论述的，先秦的"不敢"确有表禁诫的用法，因此，简文这段话依原释文断读是没有问题的。从简文与《晏子春秋》这两段话的对照可以看出，先秦的"不敢"确可与"毋"表达同样的禁诫语气。

形成的，在“不敢 VP”逐渐由“不/敢 VP”发展为“不敢/VP”的趋势下，当时的语言使用者也可能在类推的原则下，将“毋敢 VP”也同样分析为“毋敢/VP”。在这种分析方式下，“毋敢”就很可能被理解为“不可”，于是“敢”便有了表许可的语义了。

接下来我们要讨论的是第三类用于表许可的肯定句的“敢”。就笔者所知，这类用法目前仅见于以下 3 例，即例(74)—例(76)。例(74)的“敢”表达的是说话者对参与者第二人称主语“汝”“大言”的许可态度，因此可归为道义情态。其他二例的“敢”表达的也是说话者的许可态度，因此可归为道义情态。我们认为，这类用法应是“敢”在否定句式中引申出表许可的道义情态之后，进一步扩展到肯定句而形成的。从目前仅见的这 3 例来看，道义情态“敢”用于肯定句是受到相当大的限制的，仅能用于条件复句的后一分句，且前面都有关连副词“乃”。

(74) 汝克黜乃心，施实德于民，至于婚友，丕乃敢大言，汝有积德。(《尚书·盘庚》)

(75) 甲兵之符，右在王，左在新郪。凡兴士被甲用兵，五十人以上，必会王符，乃敢行之。燔燧事，虽毋会符，行殹(也)。(战国晚期新郪虎符)

(76) 兵甲之符，右在君，左在杜。凡兴士披甲，用兵五十人以上，必会君符，乃敢行之，燔燧之事，虽毋会符，行殹(也)。(战国晚期杜虎符)

上述 3 例用于表许可的肯定句的“敢”，1 例见于《尚书》，2 例见于战国晚期虎符中，“敢”表“许可”的用法为“敢”的情态发展过程中最晚期的阶段，而已见于《尚书》。这个现象也可作为前文所指出的《尚书》与《左传》《论语》以后的语言不属一系的证明。

最后，我们将先秦“敢”的发展总结如下：“敢”的本义为“冒犯”，用于下对上的当面肯定陈述语境时可表达谦敬之义，此时下位者用

“敢”是为了谦称自己所做的行为对上位者是一种冒犯；若用于指称其他人的行为时，“敢”所表达的则是负面的语义，这是因为说话人用“敢”来指责他人的行为对自己是一种冒犯。“敢”由“冒犯”之义引申至表勇气的动力情态是在否定句式“不敢 VP”的基础上发展而来的。“不敢 VP”中的“敢”原为表“冒犯、胆敢”“冒昧”之义的状态动词，后接 VP 为其补语，“不”则用来否定“敢 VP”。“敢 VP”用于下对上时原为了表谦敬，而“不敢 VP”则是下位者在上位者的坚持下，只好不去做“敢 VP”这个行为。由于下位者之所以不做“敢 VP”这个行为也隐含了他没有勇气违抗上位者的意味，因此“敢”便由“冒昧、胆敢”义引申至表勇气义了。最后，“敢”表许可的道义情态动词用法则是在表禁诫“毋敢 VP”的句式上引申出来的。“毋敢 VP”中的“敢”与“不敢 VP”中的“敢”同样本为表“冒犯、胆敢”之义的状态动词，而“毋”为表禁诫语气的否定词，用来禁诫对方做“敢 VP”这个行为。其后，由于“毋”也有不表禁诫语气的单纯否定用法，与“无”的用法相当，因此，“毋”原本语义中“不可”的“可”便移转至后面的“敢”上，因而使得“敢”带有表达许可的意味。不过，由于这种语义移转方式与一般语义引申途径相比带有较多的不确定性，因此这种用法并未有进一步的发展，在先秦也只有相当少数的用例。

4.2.3　“敢”的情态演变途径

最后，我们将先秦情态动词“敢”的演变途径图示如下(图 4－2)。

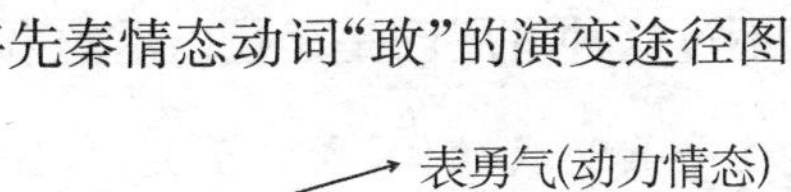

图 4－2　“敢”的情态演变路径

---

① 虚线表示我们认为这类情态只是由语境衍生而来，并未内化为情态动词本身的语义。

4.3 欲

4.3.1 前人研究评述

关于先秦情态动词“欲”，迄今已有多位学者作过较深入的探讨。庐卓群(1996:36－38)指出，“欲”本为名词，表示心里尚待实现的某种要求，与之相关的动作行为则有“想得到”“要”“希望”等。“欲”用作动词时，基本义为“想、想要”，可后接体词宾语，如例(77)；也可构成“所”字结构，如例(78)。“欲”所带宾语由体词性宾语变为谓词性宾语后，其基本义也由“想、想要”引申为“要”[如例(79)]、“需要”[如例(80)]及“希望”[如例(81)]等，不过，由于这类谓词性宾语仍带有部分体词性特征，因此这些例子中的“欲”只能说有向助动词发展的趋势，但仍为主要动词。“欲”也可后接动宾短语，如例(82)—例(84)。庐卓群认为，由于动宾短语已不再具有体词性特征，因此这类句子包含了两个发生在同一时间位置的动词。基于时间的一维性原则，句中只能选取一个与指示时间信息有关的动词作为主要动词，动宾短语中的动词即为这类句子中的主要动词，而“欲”则处于次要地位，只用来帮助主要动词，表示一种主观上的打算与要求。在这类句子中，“欲”已发展为半虚化的表意志的助动词。其后，“欲”又由表意志的助动词进一步发展为表将来时态，这是因为表意志的助动词“欲”原本就含有将然意义，不过这种发展已是汉代以后的事了。

(77) 子曰：“仁远乎哉？我欲仁，斯仁至矣。”(《论语・述而》)

(78) 鱼，我所欲也。(《孟子・告子上》)

(79) 心欲小，志欲大。(《文子・征明》)

(80) 饥而欲食，寒而欲暖，劳而欲息，好利而恶害，是人之所生而有也。(《荀子・非相》)

(81) 父母岂欲吾贫哉？(《庄子・大宗师》)

(82) 今王公大人欲王天下。(《墨子・尚贤中》)

(83) 颜渊死,门人欲厚葬之,子曰:“不可。”(《论语·先进》)

(84) 龟至,君再欲杀之。(《庄子·外物》)

李佐丰(1994:120-121)认为“欲”主要表示主观意愿,带谓词性宾语时表示自己意欲何为,如例(85);带主谓或主之谓宾语时,表示希望对方做些什么或期望出现某种情况,如例(86)。

(85) 阳虎欲去三桓。(《左传·定公八年》)

(86) 然而天何欲何恶者也?天必欲人之相爱相利,而不欲人之相恶相贼也。(《墨子·法仪》)

白晓红(1997:215-216)将动词“欲”的语义依后接宾语分为三类:带体词宾语时表示“想要得到”,如上引例(77);带主谓宾语时引申出“希望”义,表示希望别人有某种行为,如上引例(86);当“欲”带动词宾语时,表示说话人或主语自己愿意做某事,这类“欲”的意义便虚化为“想、想要”了,如例(87)。

(87) 孔子下,欲与之言。(《论语·微子》)

李明(2001:21-22)对先秦“欲”的论述相当简短,不过他提出了一个相当重要的问题,那就是“欲”在先秦有表应当的用法。关于这点,我们在下文“欲”的所谓“道义情态”一节中会有较详细的讨论。

姚振武(2003:67-70)对助动词“欲”的研究以《晏子春秋》一书为范围。他在文中将“欲”与“愿”放在一起讨论,并指出,“愿”表示施事者的主观意愿,这种意愿的实现往往需要所交谈对象(当事者、与事者或受事者)的配合,如例(88)—例(89);“欲”可分为两类,一类与“愿”同,即施事者的行为需要对方同意或配合,如例(90);另一类表示施事者即将独立做出他想做的行为,无需任何配合商量,如例(91)—例(92)。关于姚振武所提出的“欲”的分类问题及区别标准,我们将在分析完“欲”所表达的主语指向情态后再对姚文的观点作较深入的检讨。

(88) 愿相国察妄言以裁犯禁者。(《晏子春秋·内篇谏下》)

(89) 骞,周室之贱史也,不量其不肖,愿事君子。(《晏子春秋·内篇问下》)

(90) 三君皆欲其国之安。(《晏子春秋·外篇》)

(91) 晋平公欲伐齐,使范昭往观焉。(《晏子春秋·内篇杂上》)

(92) 吾欲召占梦者以占之。(《晏子春秋·外篇》)

殷国光(2008:154-155)在界定助动词的句法特点时指出,“欲”具有三个不同的义项,分别为例(93)—例(95),其中“$欲_1$”及“$欲_2$”后只出现谓词语,因此为助动词;“$欲_3$”接体词语,因此不是助动词,只是一般及物动词。

(93) 吾欲伐卫十年矣。(《吕氏春秋·期贤》)($欲_1$:想要)

(94) 处大官者,不欲小察。(《吕氏春秋·贵公》)($欲_2$:应该)

(95) 非不欲免也。(《吕氏春秋·慎势》)($欲_3$:想得到)

上引各家均从不同观点或角度探讨“欲”后接不同成分时的语义及功能,其中,“欲”接体词性成分时为一般动词,接动宾短语时为助动词,这是所有学者都同意的看法,至于“欲”接主谓结构时,庐卓群及白晓红均认为不属助动词,而姚振武则将二者均归入助动词。由于本书对情态动词的句法界定包含后接主谓结构者,因此,我们将“欲”后接 VP 及主谓结构者均归入情态动词。以下参酌上述各家论点,对先秦情态动词“欲”之语义及用法的发展提出我们的看法。

4.3.2　“欲”的语义及情态表达类型

“欲”,《说文》云:“欲,贪欲也。”可见许慎是以人心的欲望来解释“欲”的本义。从人心的欲望出发,“欲”作动词时,表达的应是人对于这种欲望的希冀与追求,也就是前引学者所提出的“想要得到”之义。以下分析“欲”由动词发展至情态动词的过程。由于“欲”与前文探讨的“得”动词语义中都有“得到”的意思,因此二者由动词至情态动词发展的过程有许多相似之处。以下从二者的比较中,探讨"欲"的情态发展及语义特色。

前文探讨"得"由动词到情态动词发展的过程时指出,"得"的本义是"得到",后接可具体得到的人事物,如"鱼""兔"等时,"得"具有最实在的动词义。"欲"的情况也与"得"相同。上引例(95)中"欲"后接的宾语为"兔",由于这类宾语是一个可以具体得到的东西,因此最符合动词"欲"中"想要得到"的这个涵义。当"得"后接之NP开始抽象化后,"得"的动词义也开始虚化,如"仁"这类抽象名词虽然在句中仍作名词用,不过,由于"仁"并不是一个具体可以得到的东西,而是一种抽象的品德或行为准则,因此,"求仁而得仁"中的"得仁"就不只单纯表示得到"仁"这个东西,而是带有达到"仁"这个状态的涵义了。"欲"同样有后接"仁"的例子,如例(77)"我欲仁"。这里的"欲仁"也和"求仁而得仁"中的"得仁"一样不只单纯表示得到或想要得到"仁"这个东西,而是带有希望达到"仁"这个目标的涵义。"得"后接宾语的进一步发展是带指称性的动词,如"饥者不得食,寒者不得衣,劳者不得息",这类例子中的"食""衣""息"一方面可以分析为动词,但一方面也可以分析为指称化的体词性成分。"欲"同样有后接这类带指称性的动词的例子,如例(80)"饥而欲食,寒而欲暖,劳而欲息"。最后,当"得"后接之VP无法分析为指称化的体词性成分时,"得"由动词发展为情态动词,表"得以、能够",如"汝何得有夫道"(《庄子·知北游》);同样地,"欲"也是在后接之VP无法分析为指称化的体词性成分而只能分析为谓词性成分后,"欲"由动词发展为情态动词,表"想要"义,如上引例(82)—例(85)、例(87)及例(91)—例(93)。

从以上的分析可以看出,"欲"与"得"由动词发展至情态动词的过程可说是极为相似的,二者所带的宾语都是由具体名词引申至抽象名词,再引申至具有指称性的动词V,最后引申至动宾短语。前文指出,这种相似的发展过程应是由于"欲"与"得"的动词语义中都有"得到"的涵义。不同的是,"欲"所表达的"得到"指的是主语心里尚待实现的要求，也就是主观的“想要得到”之义；而“得”所表达的“得到”则是一种客观的事实，与主语的意愿无关，其“得到”与否也非主语本身所能控制，而需客观外在条件的配合。由于二者动词的基本语义内涵有别，因此发展为情态动词后，表达的情态类型也不相同。“欲”由于动词语义与主语的主观要求有关，因此首先发展出表达主语主观意图的主语指向情态；“得”则由于动词语义与客观条件有关，因此首先发展出表客观条件可能的条件情态。

“欲”与“得”由于语义内涵同中有异，因此经常呼应使用，如例(96)—例(99)，李佐丰(1994:121)认为例(99)这类用法“表示主观上想要达到某种目的而客观上不可能实现”。

(96) 礼起于何也？曰：人生而有欲，欲而不得，则不能无求。(《荀子·礼论》)

(97) 欲仁而得仁，又焉贪？(《论语·尧曰》)

(98) 禹八年于外，三过其门而不入，虽欲耕，得乎？(《孟子·滕文公上》)

(99) 孔子下，欲与之言。趋而辟之，不得与之言。(《论语·微子》)

除了表达的情态类型有别外，“欲”还有一类用法是基本不见于“得”的，即后接主谓或主之谓结构之宾语者，如上引例(81)及例(86)。①

关于“欲”的语义，我们同意上引李佐丰的看法，亦即情态动词“欲”可分为表意志和表愿望两类，“欲”后接 VP 时表意志，也就是表示主语自己意欲何为；后接“主(之)谓”结构时表愿望，也就是表达主语希望对方做些什么或期望出现某种情况。表愿望之“欲”一般分析为句中主要谓语，学者大致没有异议；表意志之“欲”则有学者指出有

① 就笔者所见，先秦“得”后接主谓结构者仅 1 例，即《战国策·东周策》：“颜率至齐，谓齐王曰：‘周赖大国之义，得君臣父子相保也，愿献九鼎，不识大国何涂之从而致之齐？’”

虚化的倾向,如上引庐卓群及白晓红。庐卓群还从句法上指出,当“欲”后接动宾短语时,动宾短语中的动词为句中主要动词,而“欲”则发展为半虚化的表意志的助动词。我们不同意庐卓群对“欲”这类用法的意见,以下略述我们的看法。

庐卓群主张在“欲+VO”这类句式中,V为句中主要动词,“欲”则退居次要地位,只用来帮助主要动词。他所提出的理由是,基于时间一维性原则,“欲”与V只能选取一个作为主要动词,而V则是其中能被选取作为主要动词者。V被选取的理由是:(1)这类例句不用“欲”时,基本意义及句法结构均未变,区别只在去掉“欲”时表“已然”,保留“欲”则表将然;(2)“欲”作主要动词时,所在的例句陈述的是一种客观情况,是虚拟的、静态的,如上引例(79)—例(81);“欲”作助动词时,所在的例句表达的则是马上要出现的动作行为,通常是实在的、动态的,如例(82)—例(84)。我们同意在“欲+VO”这类句式中只能选取“欲”或V作为句中主要动词,不过我们不同意他选取V的结论及理由。

前引庐卓群的说法虽然指出,动宾短语中的动词带上宾语并对其宾语直接起作用后,该动宾短语已不具有体词性特征,而为句中具有指示时间信息的主要动词,不过,根据我们的考察,先秦许多动宾短语虽然具备上引庐卓群所提出的条件,但当它们出现在“欲”所在的句子时,这些动宾短语却不能分析为句中主要动词,而仍应分析为表希望的动词“欲”的宾语,如例(100)—例(105)。

(100) 今吾告子以人之情,目欲视色,耳欲听声,口欲察味,志气欲盈。(《庄子·盗跖》)

(101) 人主之患,欲闻枉而恶直言,是障其源而欲其水也,水奚自至?(《吕氏春秋·贵直》)

(102) 贯也,王之忠臣也。韩、魏欲得之,故友之,将使王逐之,而己因受之。(《战国策·赵策四》)

(103) 师尚父曰:“在丹书,王欲闻之,则齐矣!”(《大戴礼记·武

王践阼》)

(104) 日者大王欲破齐,诸天下之士,其欲破齐者,大王尽养之。(《吕氏春秋·应言》)

(105) 君若欲定宗庙,则亟请之;不然,无及也。(《管子·小匡》)

我们将以上各例的"欲"分析为主要动词,而后接动宾短语则分析为其宾语,主要的理由是,这些例句都不符合卢卓群所提出的"欲"虚化为助动词的定义,也就是说,它们表达的都不是马上要出现的实在的、动态的动作行为,而是主语所"欲"的内容,也就是主语想要得到或追求的愿望或目标。以例(100)—例(101)而言,"目欲视色""口欲听声"或"欲闻枉而恶直言"等描述的都是一种普遍的事理。一般来说,描述普遍事理的句子并不涉及具体实在的人物、动作或事件,也不存在于时间轴上任一个特定的点或区段,因此,这类例句通常不能表达实在、动态的动作行为。也就是说,"目欲视色"的"视色"只能理解为"目"所"欲"的内容,不能理解为"目"马上要出现的实在的、动态的动作行为。例(102)—例(105)描述的虽然不是普遍事理,而是实际存在于时间轴上某个特定时间发生的具体事件,不过在这些例句中,"欲"后接的动宾短语也都无法理解为马上要出现的实在的、动态的动作行为,如例(103)"韩、魏欲得之"的"得之"不可能是主语"韩、魏"马上要出现的实在的、动态的动作行为,因为"得之"这个行为并不是主语可以主观控制或决定的,因此,"得之"仍只能分析为主语所"欲"的内容,也就是主语希望达到的愿望或目标,例(103)—例(105)皆然。

卢卓群所举"欲"做助动词之例包括例(82)—例(84),其中例(82)"王公大人欲王天下"的"王天下"与上述例(101)—例(105)同样是主语无法主观控制或决定的行为,因此,"王天下"仍只能分析为主语所欲的内容。例(83)"门人欲厚葬之"及例(84)"君再欲杀之"中"欲"后接的行为虽可以理解为主语马上要出现的实在的、动态的动作行为,不过,我们认为这类行为与前文探讨的"得之""王天下"等并无本质上的差别,“厚葬之”同样可以分析为“门人”所“欲”的内容,也就是门人希望厚葬他。

前引卢卓群认为例(82)—例(84)这类例句不用“欲”时,基本意义及句法结构均未变,区别只在于去掉“欲”时表“已然”,保留“欲”则表将然,我们认为这个说法也是有待商榷的。例(83)“门人欲厚葬之”表达的是门人想要厚葬他的希望或打算,去掉“欲”后,“门人厚葬之”则成了一个客观的叙事句,这两个句子很难说基本意义及句法结构没有改变。此外,从句法上看,例(106)—例(108)“若”“皆”“不”等限制词在句中所修饰的都是“欲”而非“欲”后接的动宾短语,如果将“欲”去掉,句子的结构就与原来完全不同了。相对地,“欲”后接的动宾短语若改为其他内容并不会改变句子本身的结构,只是主语所“欲”的内容不同而已。从这个角度看,“欲”才应该是这类句子中的主要动词。

(106) 君若欲诛于祝、史,修德而后可。(《左传·昭公二十年》)

(107) 夫横人者,皆欲割诸侯之地以与秦成。(《战国策·赵策二》)

(108) 公曰:“君子不欲多上人,况敢陵天子乎?”(《左传·桓公五年》)

我们认为,例(83)—例(84)这类例子之所以让人有“欲”表达的是马上要出现的实在的、动态的动作行为的暗示,那是因为这些行为在语境中可以理解为马上要出现的实在的、动态的动作行为;如果该行为在语境中无法理解为这样的动作行为,“欲”便无法表达这样的语义,如上引例(100)—例(105)。由此可见,“欲”在上述各类例句中的功能都是相同的,不同的只是语境中的不同暗示。不过,由于这类语境因素的制约,“欲”在例(83)—例(84)这类例子中所表现出的语义可说是较倾向意志义,而在例(100)—例(105)这类例子中则较倾向愿望义。

最后，我们要检讨的是前文提到的姚振武（2003:67－70）对“欲”所作的分类问题。姚振武认为先秦的“欲”可分为两类，“$欲_1$”为其本义，表示施事者将独立做出想做的行为，无需任何配合商量，如上引例(91)—例(92)；“$欲_2$”的用法则与“愿”一样，施事者的意愿往往需要对方的同意或配合，如上引例(90)及例(109)—例(110)。关于“$欲_1$”与“$欲_2$”的区别，姚振武认为主要看它们所带宾语的性质，若宾语有当事者或与事者，则“欲”为“$欲_2$”，如上引例(90)及例(109)—例(110)；不过，若施事者之地位较当事者或与事者高，则“欲”也可理解为“$欲_1$”，如例(110)；若宾语中无当事者或与事者，则“欲”的理解需靠语境提示，如例(111)的范昭为人臣，其欲舞天子之乐是故意冒犯，因此句中的“欲”是“$欲_1$”，而例(109)的臣下对君主没有为所欲为的资格，因此“欲”只能理解为“$欲_2$”。最后，姚振武指出，《晏子春秋》中的“不欲”均相当于“不愿”，亦即其中的“欲”均为“$欲_2$”，这是因为“$欲_1$”表示即将做出某种动作行为，本身不可能有否定式，一旦否定后，其意义便必然转化为“不愿”，亦即不打算、不愿意做这个行为动作，如例(113)。

(109) 晏子蹴然改容曰：“君之言过矣！群臣固欲君之无礼也。”(《晏子春秋・内篇谏上》)

(110) 寡人甚乐此乐，欲与夫子共之。(《晏子春秋・外篇》)

(111) 今范昭人臣，欲舞天子之乐，臣故不为也。(《晏子春秋・内篇杂上》)

(112) 晏子对曰：“君之言过矣！群臣皆欲去礼以事君，婴恐君子之不欲也。”(《晏子春秋・外篇第七》)

(113) 察其身无能也，而托乎不欲谏上，谓之诞意也。(《晏子春秋・内篇问下》)

前文指出，先秦的“欲”表达的原是主语个人主观“想要得到”的意愿，当“欲”后接体词性宾语或主(之)谓宾语时，“欲”表达的是主语想要得到后接宾语所表示人事物的愿望；当“欲”后接动词性成分时，“欲”表达的则是主语本身想要执行或实现后接动词所表示动作或事件的意志，不过，这种意志仍是以主语的主观愿望为依归的，也就是说，尽管主语想要从事的行为是由自己主动发出的，不过，这种“想要从事”的行为仍可视为主语本身的愿望。从这个角度看，我们认为姚振武对“欲$_1$”及“欲$_2$”所做的区别实际上只是对个别语境中出现的“欲”的语义所作的理解，未必与“欲”本身的语义内涵有关，因为主语愿望的实现是否需要当事者或与事者的同意或配合有时只是个人主观的诠释，并不适合用来解说“欲”的某些用法。如上引例(90)“三君皆欲其国之安”，“其国”应为“欲”所带宾语的当事者，如果说三君希望实现他们的愿望时需要当事者“其国”的同意配合，这种说法实际上是相当牵强的。至于像例(114)—例(115)这类以“言”“政”及“剑”等无生名词充当“欲”所带宾语的当事者的例子，这些用例更无法用同意或商量、配合来解释。事实上，姚振武所谓“欲”所带宾语为当事者的例子即为一般所谓“欲”后接主谓宾语的用法，在这类用法中，“欲”本来就只能表达主语希望主谓宾语所表示的事件内容能达成的愿望，不可能表示主语个人的意志，用“需要对方的同意或配合”来解释这种用法似乎并不十分妥当。

(114) 故君子欲言之见信也者，莫若先虚其内也，欲政之速行也者，莫若以身先之也。(《大戴礼记·子张问入官》)

(115) 王子庆忌、陈年犹欲剑之利也。(《吕氏春秋·简选》)

此外，姚振武认为凡“欲”所带宾语中有与事者，除非施事者的身份高于与事者，否则句中的“欲”都是“欲$_2$”，这种说法也有值得商榷之处。以上引例(87)“孔子下，欲与之言”为例，我们认为在这个语境中，孔子只是单方面地打算上前与对方攀谈，而上前攀谈这个动作本身并不需要对方的同意或配合，只要孔子本人自主决定并实际执行这个动作，这个动作便可实现，至于对方要不要与自己攀谈则不是判定该动作是否实现时需考虑的因素，因此也没有姚振武所指出的有"施事者不能单方面成就所欲之事"的问题。例(116)是更明显的例子，这个例子的史实背景是鲁昭公死后，季孙打算为他制定谥号，因而向荣驾鹅请教这件事。其中的"君"也是"欲"所带宾语的与事者，在这个语境中，无论施事者与当事者的地位高低如何，施事者为当事者执行制定谥号的这个行为都是不需要的，实际上也不可能征得对方的同意或配合的。

(116) 季孙问于荣驾鹅曰："吾欲为君谥，使子孙知之。"(《左传·定公元年》)

最后，姚振武认为，若宾语中不含当事者及与事者，则"欲"的理解需靠语境提示，而他所谓的语境提示指的主要也是以句中人物的身份地位来判定该行为是否能由施事者自主完成，地位高者有为所欲为的资格，因此多为"欲$_1$"，地位低者无此资格，因此多为"欲$_2$"。根据这个标准，姚振武认为上引例(112)是因为臣下对君主没有为所欲为的资格，所以只能理解为"欲$_2$"；而例(117)则因为是君王对臣下，所以本应理解为"欲$_1$"，不过由于句末有表商量的语气"可乎"，因此应理解为表愿望的"欲$_2$"，我们认为这种说法也是有待商榷的。

(117) 公曰："寡人今欲从夫子而善齐国之政，可乎？"(《晏子春秋·内篇问上》)

前文指出，"欲"发展为情态动词后，其基本语义原本就是表希望，而其后接成分则为"欲"所希望达到的目标或愿望，因此，无论主语的身份地位如何，宾语中是否出现当事者或与事者，"欲"都可以理解为表愿望的"欲$_2$"。例(118)及例(119)都是宾语无当事者或与事者且主语为君王的例子，而这两个例子的"欲"都只能理解为表愿望的"欲$_2$"，这是因为句中"欲"的后接成分原本就是主语愿望的内容，与是否需要对方的同意配合无关。我们认为，姚振武所指出的"欲$_1$"的用法应是在"欲$_2$"后接主语有能力自主决定的动作行为后，才因为表希望的语义淡化而引申出来的。如果为了对“欲”的语义做出更细致的区分,那么要定义“欲$_1$”的用法时只需指出主语对这类动作行为有自主性即可。至于主语对该动作行为是否有自主性或者有多少的自主性,这就涉及相当广泛的问题,包括主语对动作行为本身有没有实现的内在能力,有没有外在的环境或条件配合等,也就是说,姚振武所提出的是否需要对方同意或配合实际上只是其中的条件之一而已。

(118) 公曰:“选射之礼,寡人厌之矣!吾欲得天下勇士,与之图国。”(《晏子·内篇谏下》)

(119) 文王曰:“嘻!先君必欲一见群臣百姓也夫!故使欒水见之。”(《吕氏春秋·开春》)

先秦情态动词“欲”除了表意愿外,李明(2001:21－22)及殷国光(2008:153－154)均指出“欲”在先秦有表应当之义,如上引例(94)及例(120)—例(121)。李明认为这类语义可能是由表意愿转化而来的,从例(122)可看出其转化线索,不过他并未对这个转化过程作具体的论述。

(120) 故亩欲广以平,甽欲小以深。(《吕氏春秋·辨土》)

(121) 君子欲讷于言而敏于行。(《论语·里仁》)

(122) 肌肤欲其比也,血脉欲其通也,筋骨欲其固也,心志欲其和也,精气欲其行也。(《吕氏春秋·达郁》)

我们同意例(122)是例(120)这类所谓“欲”表应当之例的中间转化过程,不过我们认为这类用法并非由表意愿的“欲”转化而来,理由是,根据上文对“欲”用法的论述,例(122)“欲其比”“欲其通”……等结构中的“欲”都只能分析为表希望的动词,而“其比”“其通”等则为“欲”的主谓宾语。“欲”这种后接主谓宾语的用法比表意愿的用法更早就已发展出来,当然不可能再由表意愿用法发展而来。

我们认为,例(120)这类“欲”的用法应是从表希望的“欲”接主谓宾语这类句式发展而来的,从例(123)—例(126)可以清楚看到这类句式的发展过程。

(123) 晏子曰："君之行义回邪，无德于国，穿池沼，则欲其深以广也；为台榭，则欲其高且大也；赋敛如挧夺，诛僇如仇雠。自是观之，茀又将出。天之变，彗星之出，庸可悲乎！"(《晏子春秋·外篇第七》)

(124) 故凡兵势险阻，欲其便也；兵甲器械，欲其利也；选练角材，欲其精也；统率士民，欲其教也。(《吕氏春秋·简选》)

(125) 凡兵欲急疾捷先。欲急疾捷先之道，在于知缓徐迟后而急疾捷先之分也。(《吕氏春秋·论威》)

(126) 故制号政令欲严以威，庆赏刑罚欲必以信，处舍收藏欲周以固，徙举进退欲安以重。(《荀子·议兵》)

例(123)的"穿池沼，则欲其深以广也；为台榭，则欲其高且大也"可分析为两个主题句，第一个主题句为"穿池沼，则欲其深以广也"，第二个主题句为"为台榭，则欲其高且大也"。第一个主题句的主题语为"穿池沼"，评论语为"欲其深以广也"；第二个主题句的主题语为"为台榭"，评论语为"欲其高且大也"。例(123)的语境是齐景公见到彗星出现，且指向齐国，因而担心身为国君的自己可能遭到不测。晏子的回答则直言"君之行义回邪，无德于国"，以下"穿池沼""为台榭"等种种行为均为景公所做的恶行，因此，这个例子中的"穿池沼""为台榭"及两个"欲"字句的主语应该都是首句出现的"君"，只是在上述句子中被省略了。也就是说，"欲"在这个例句中应是用作表希望的动词，而"欲"后接的"其深以广"及"其高且大"则都是"欲"的主谓宾语，两个"其"字分别指代前面出现的"池沼"及"台榭"。

例(124)的句式与(123)基本相同，尤其后面两个小句的"选练角材，欲其精也；统率士民，欲其教也"与例(123)的"穿池沼，则欲其深以广也；为台榭，则欲其高且大也"同样都是由动宾词组充当主题语，由“欲其……”充当评论语，而“其”所指代的也都是前面动宾词组中的宾语。不过，例(124)与例(123)相较仍有一个相当重要的差别，那就是例(124)中的四个“欲”不像例(123)那样可以在前后文中指出它们的主语。尽管如此，我们认为例(124)中的“欲”仍应理解为表希望的动词，这是因为例(124)描述的是一种普遍的现象或法则，这类叙述虽然一般不出现主语，但语义中仍隐含了一个泛指的主语，例(124)的“欲”实际上是表达了这类泛指主语的希望，因此，“选练角材，欲其精也”应该理解为：“在选练角材的时候，(我们)希望他们能够精锐”。在这个句式中，“选练角材”为句子的主题语，而“欲其精也”则为主题的评论语。例(124)的前面两小句“兵势险阻，欲其便也；兵甲器械，欲其利也”与上文讨论的后两小句相较可说又有了进一步的发展，这两个小句都是由名词性成分充当主题，而“欲其……”则充当评论，“其”指代的是前面出现的整个主题。

例(125)描述的同样是一种普遍的现象或法则，因此“欲”的主语也应是隐含在语义中的泛指主语，不过，由于例(125)中“欲”与 VP 之间并未出现像例(124)中指代主题的“其”，原本结构相当清楚的“Topic，(Subj)欲其(＝T)VP”的“主题-评论”句式也演变为“T，(Subj)欲 VP”，又由于其中的 T 即为 NP，因此这个句式从表面结构来看便与一般由“欲”构成的主谓施事句式“NP 欲 VP”完全相同了。在这个情况下，原本充当主题的 NP 就很容易被理解为“欲”的主语。不过，由于先秦的“欲”原表希望或意志，这类语义限定了它的主语只能是有感知能力的有生名词，而由“T，(Subj)欲 VP”发展而来的“主语”却大多为不具感知能力的无生名词或抽象名词，因此，有些学者在理解这类句子的语义时便改变“欲”原本的语义，认为它们表“应当”。例(125)的“凡兵欲急疾捷先”如果只就文义来看，将其中的“欲”理解为应当，并将全句解释为“用兵应该急疾捷先”，这种理解似乎没有问题。不过，如果联系“欲”在这类用法中的表现来看，我们认为例(125)这两个“欲”字仍应理解为表希望的动词。

例(126)的四个"欲"的用法,如果以现代人的语感来读,也很容易将它们都理解为应当,不过,如果从"欲"的语义及这类句式的发展过程来看,我们认为这类用法表达的仍是希望之义。

最后,我们认为上引例(121)"君子欲讷于言而敏于行"的"欲"表达的也是希望而非应当之义。根据上文的论述,这个例子也可能是由"君子欲其讷于言而敏于行"省略"其"而来的,"其"指代的则是"君子"自己。"君子欲其讷于言而敏于行"的意思是,君子希望自己能"讷于言而敏于行"。用法相类而不省"其"的例子如例(127),这个例子的意思是,射招者希望自己能"中小",而射兽者则希望自己能"中大"。

(127) 射招者欲其中小也,射兽者欲其中大也。(《吕氏春秋·别类》)

我们不同意将上引各例中的"欲"解释为"应当",理由除了前文所分析的"欲"的句式发展途径外,另一个理由是,先秦"欲"主要表达主语的主观意愿,因此是主语指向情态动词,若"欲"能表"应当"义,则应归为具〔+来源〕语义属性的道义情态动词,不过,我们在先秦的语料中并未发现"欲"由主语指向情态发展至道义情态的轨迹,其后"欲"也没有朝道义情态发展的趋势①,因此,我们认为,未联系先秦"欲"的语义发展,而孤立地将某些例句中的"欲"解释为"应当",这种做法只能说是为了理解文义或翻译古籍时的一种随文释义的权宜措施,而非严格意义上对"欲"的语义演变进行实际研究后所得出的结论。综上所述,我们认为先秦的"欲"并没有表达应当的道义情态用法,学者们所指出的"欲"表应当的用法,实际上都仍可用希望来解释。

---

① 根据李明(2001:26-27),两汉时期"欲"表"应当"义者全部仅见于《史记·齐悼惠王世家》一例:"深耕穊种,立苗欲疏。"可见"欲"的这类用法在先秦之后并没有得到进一步的发展。

4.4 愿

4.4.1 前人研究评述

关于先秦"愿"的语义及用法的演变,白晓红(1997:216)指出,"动词'愿'有'希望'义,表示希冀别人有某种行为,往往带主谓宾语",如例(128)。"在'愿(V)+V(O)'里,表示说话人或主语希冀自己做某事,由此引申出'愿意''乐意'义。'愿'便转化为助动词了",如例(129)—例(130)。也就是说,白晓红认为带主谓宾语之"愿"均为动词,表"希望";而带动词者则分为两类,表"希望"者仍为动词,引申为"愿意、乐意"者则为助动词。

(128) 抑臣愿君安其乐而思其终也。(《左传·襄公十一年》)

(129) 寡君愿与一二兄弟相见,以谋不协。(《左传·襄公三年》)

(130) 非曰能之,愿学焉。(《论语·先进》)

刘利(2000:201-202)也认为"愿"在先秦有动词及助动词两种功能,不过他只将带小句或代词"之"作宾语者归为动词,如例(131)—例(132);其他带 VP 者全部归为助动词,如例(133)。他同时指出,"愿"作助动词时与"肯"相似,也表示"愿意",不过语义中另含有"希望"的因素在内,如例(133)。

(131) 愿夫子辅吾志,明以教我。(《孟子·梁惠王上》)

(132) 吾亦愿之。(《国语·鲁语上》)

(133) 吾愿得范、中行之良臣。(《国语·晋语九》)

殷国光(2008:153-154)同样将"愿"分为动词及助动词两类,且分类标准与刘利相同,即"愿"后接动词短语时为助动词,如例(134);而后接主谓短语时则非助动词,如例(135)。殷国光对上述区别所提出的理由是:(1)例(134)的"愿"后接词语"献"在语义上与"愿"的施事相同,若"愿"脱落,"献"可直接与主语结合而不违背句子原来的意思;例(135)后接词语中的动词"易"则与"愿"施事不同,若"愿"脱落则根本改变句子主语与"愿"后续动词间的语义关系。因此,例(134)这类后接动词短语的"愿"是辅助性的,后接主谓短语的"愿"则非辅助性的。(2)例(135)中"愿"的后续词语可变换为体词短语的形式,即"愿太子易日→愿太子之易日",例(134)的后续词语则没有这种转换,因此后接主谓结构者非助动词。

(134) (我)愿献之丈人。(《吕氏春秋·异宝》)

(135) (臣)愿太子易日。(《吕氏春秋·长攻》)

以上三位学者均将"愿"带主谓短语与动词短语的用法区别开来,认为前者为动词而后者为助动词或部分为助动词;姚振武(2003:66-67)及李佐丰(2003:112-113)则不区分这两类用法,他们将"愿"所带的主谓短语与动词短语均视为宾语,不过二人对"愿"的具体说解仍稍有不同。

姚振武将"愿"归为助动词,他指出,"愿"表示施事者的主观意愿,这种意愿的实现往往需要所交谈对象(当事者、与事者或受事者)的配合,如上引例(88)—例(89),其他例句还包括例(136)—例(137)。他同时指出,例(88)是施事者希望当事者如何如何,例(89)及例(136)是施事者为自己向对方请愿,例(137)之施事者为君王,依事理并不需要对方配合,用"愿"是把自己放在和对方商量的位置,使语气显得客气委婉。

(136) 子胥忠其君,故天下皆愿得以为子。(《晏子春秋·外篇第七》)

(137) 诸侯之事,百官之政,寡人愿以请子。(《晏子春秋·内篇谏上》)

李佐丰(2003:112-113)将"愿"归为能愿动词,并指出"愿"主要表主观意愿,可带谓词性宾语(如例138)、主谓性宾语(如上引例131)及"之"字性宾语(如例139)。带谓词性宾语时,是说自己意欲为何;

带主谓宾语或“之”字性宾语时，表示希望对方做什么或期望出现某种情况。

(138) 季孙愿与子从政。(《左传·定公元年》)

(139) 陈乞曰：“常之母有鱼菽之祭，愿诸大夫之化我也。”(《公羊传·哀公六年》)

关于“愿”后接不同成分时的功能，我们同意李佐丰的看法，即“愿”为句中主要动词，而所带的各类成分则均为其宾语。上引殷国光虽然指出，“愿”后接主谓短语与动词短语时，在句子成分的语义关系及“愿”后续词语的可变换性上有不同表现，不过，这些不同表现是否能作为区别动词与助动词的标准实际上是有待商榷的。现代汉语的“希望”同样可以后接主谓短语及动词短语，不过，孙德金(1996：296)却认为，由于“希望”在“他希望你来这里”这句话中是句子的核心谓语，因此即使它可以直接后接动词短语，如“他希望来这里”，“希望”也应排除在助动词的范围之外。也就是说，如果将“助动词”定义为具辅助性的半虚化动词，那么根据句法标准判定“愿”的词性时，只能将后接主谓宾语者排除在助动词的范围之外，却无法将后接动词短语者纳入助动词的范围，因为能后接动词短语者并不限于助动词，也可能是一般的谓宾动词。例(140)—例(142)为“喜”分别带主谓短语、“之”字性主谓短语及动词短语的例子，“喜”后接这些不同成分时所表现出的语义关系及句法特点也都符合殷国光所提出的两条标准，但一般并不将例(142)这类带动词短语的“喜”归为助动词。从以上的论证可以看出，根据句法标准来区别“愿”的动词与助动词用法，这种方法是不可行的。事实上，先秦的谓宾动词原本就无法从句法功能上区分出所谓的“助动词”一类，关于这点，我们在第二章界定先秦情态动词时已有相当详细的论述。

(140) 晏子曰：“吾叹也，哀吾君不免于难，吾笑也，喜吾自得也，吾亦无死矣。”(《晏子·内篇杂上》)

(141) 荆王新得美女，郑袖因教之曰："王甚喜人之掩口也，为近王，必掩口。"(《韩非子·内储说下》)

(142) 梁北有黎丘部，有奇鬼焉，喜效人之子侄昆弟之状。(《吕氏春秋·疑似》)

除了句法标准外，语义标准也是经常被用来作为区别动词与助动词的方式之一。在涉及助动词界定的相关研究中，许多学者都主张根据一个词的不同义项来区分它的不同用法，因此，现代汉语中的"想""打算""会"等都有学者主张它们兼有可作动词及助动词的不同义项[①]，上引殷国光对"欲"的研究也是采用这个方式。事实上，前引白晓红及刘利等人虽未明确提出以义项作为区别标准，不过他们也都指出"愿"在后接这些不同成分时表达的是不同的语义。大多数学者认为"愿"后接主谓短语时表示希望对方做什么，而后接动词短语时则表示自己愿意做什么。以下将在各家论述的基础上，提出我们对先秦"愿"的语义及功能的看法。

4.4.2　"愿"的语义及情态表达类型

先秦的"愿"有名词及动词两种用法，作名词时义为"心愿、愿望"，如例(143)—例(144)；作动词时可后接名词，如例(145)，也可后接主谓宾语，如上引例(128)、例(131)、例(135)及例(139)；也可后接动词宾语，如上引例(129)—例(130)、例(133)—例(134)及例(136)—例(138)。

(143) 齐侯曰："大夫之许，寡人之愿也；若其不许，亦将见也。"(《左传·成公二年》)

(144) 伯父若肆大惠，复二文之业，弛周室之忧，徼文、武之福，以固盟主，宣昭令名，则余一人有大愿矣。(《左传·昭公

① 可参考孙德金(1996:294)，胡裕树、范晓(1996:174)及徐晶凝(2008:250)等。

三十二年》)

(145) 诗云:"既醉以酒,既饱以德。"言饱乎仁义也,所以不愿人之膏粱之味也;令闻广誉施于身,所以不愿人之文绣也。(《孟子·告子上》)

前文指出,多数学者认为"愿"后接主谓短语时表示"希望"对方做什么,而后接动词短语时则表示自己"愿意"做什么,不过,根据我们的考察,我们认为这种说法似有重新检讨的必要。

根据郭晓麟(2010)对现代汉语"希望"与"愿意"的研究,这两个词在愿望表达模式上有相当明显的区别。他指出,"希望"和"愿意"所表达的愿望常包含一个传递过程,这个传递过程可用图 4-3 的路径图式来表示:

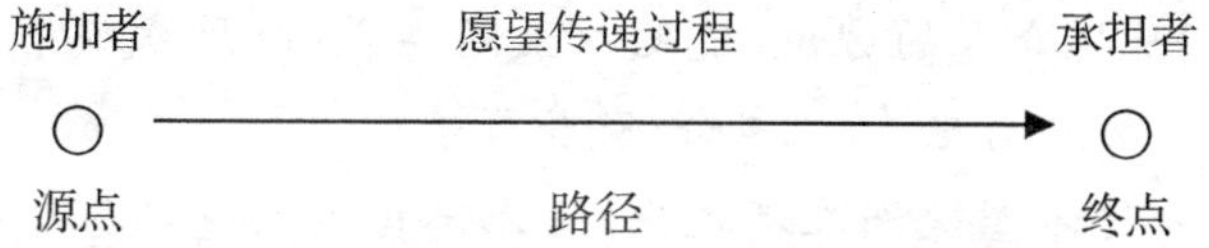

图 4-3　郭晓麟关于"愿望"传递路径图式

在图 4-3 中,路径的源点为"施加者",即把愿望传递施加给别人的人;路径的终点为"承担者",即接受并承担起实现愿望任务的人,如在例(146)中,愿望的施加者为"他",而"钱老人"则是承担实现"详详细细的告诉他"这个愿望的承担者;而在例(147)中,"抬举我"是施加者"我"的愿望,而"科长"则是承担实现这个愿望的人。郭晓麟同时指出,在施承关系的表达中,"希望"凸显的是施加者及愿望的施加过程,而"愿意"凸显的则是承担者及愿望承担的过程,这种区别表现在句法上即"希望"以施加者为主语,而"愿意"则以承担者为主语。二者主语角色的差异可解释何以在相同的上下文中,"希望"与"愿望"能表达不同的意义。例(148)是愿望施加的模式,凸显"我表弟"施加者的身份,表示他主动要求参加宴会;例(149)则是愿望承担的模式,凸显"我表弟"承担者的身份,表示他是应邀参加宴会。在路径图式中，若源点和终点重合，也就是施加者和承担者为同一个人时，此时的施承关系会被淡化，从而使两种愿望模式形成一个交叉地带，如例(150)—例(151)。在这两个例子中，“希望”与“愿意”可以换用，所表达的愿望有自我施加、自我承担的特点，不过二者仍有差别，用“希望”时凸显当事人为施加者，用“愿意”则凸显当事人为承担者。

(146) 他希望钱老人会详详细细的告诉他。(老舍《四世同堂》)

(147) 科长你要是愿意抬举我，我一定不会跟你三七成分账……。(老舍《四世同堂》)

(148) 我表弟希望参加我们的宴会。(冰心《李易安女士词的翻译和编辑》)

(149) 我表弟愿意参加我们的宴会。

(150) 院里众人的穷说，使他心里闹得慌，他愿意找个清静的地方独自坐着。(老舍《骆驼祥子》)

(151) 她希望沈溺在酒之中，可以忘记她想念的家。(冰心《李易安女士词的翻译和编辑》)

郭晓麟根据愿望传递的路径图式将“希望”与“愿意”分别归为愿望的施加模式与承担模式，如果从语义上来解释这种差异，可以说，“希望”表达的是主语主动的愿望，而“愿意”则是由于主语受到他人、外在因素或本身的某种驱使而被动地接受或承担某种动作或行为。我们认为，先秦的“愿”在语义上与“希望”较为相近，表达的是主语主动的愿望，至于学者们所指出的助动词“愿意”的用法，在先秦则尚未形成。以下说明我们的论点。

根据前引郭晓麟的论述，“希望”的主语为愿望的施加者，后接主谓短语时，短语中的小主语为愿望的承担者，如例(146)；后接动词短语时，“希望”的主语仍为愿望的施加者，而承担者则与施加者重合，也就是主语将愿望施加在自己身上，如例(148)。先秦“愿”的情况也与“希望”相同。“愿”表达的是主语主动的愿望，后接主谓短语时，

“愿”前的主语为愿望的施加者，主谓短语中的小主语则为愿望的承担者，这点学者一般没有异议。如果“愿”原本表达的是主语主观的愿望，且主语为愿望的施加者，那么当它后接动词短语时，“愿”的主语理应仍为愿望的施加者，而承担者则与施加者重合，也就是主语将愿望施加在自己身上，希望自己能够如何如何；而不是主语本身变成承担者，且在某种内在或外在的驱使下同意做某种动作行为。以白晓红明确指出为助动词的例(130)来说，“非曰能之，愿学焉”这句话是孔子问其弟子公西华志向为何时，公西华回答孔子时所说的话。在这句话中，“愿”表达的并不是主语公西华被动承担别人加诸自己身上的愿望，而是他自己主动积极的志向与愿望，因此并不适合解释为“愿意”。上引其他学者所举“愿”后接动词短语之例表达的也都是主语主动积极的愿望，没有可以解释为“愿意”者。例(133)“吾愿得范、中行之良臣”及例(136)“子胥忠其君，故天下皆愿得以为子”二例中的“愿”表达的都是主语主动的愿望，可无疑问。事实上，这两例“愿”后接的动词“得”所表示的动作也只能是主语的愿望，不可能是主语“愿意”承担的事，因为主语对于属于非自主动词的“得”并不具备承担的能力。例(138)“季孙愿与子从政”，原文的下一句是“此皆季孙之愿也”，可见这里的“愿”也是“愿望”而非“愿意”。例(134)“(我)愿献之丈人”，如果只就这句话来看，似乎有解为“愿意”的可能，不过，如果联系它出现的语境，这种解释就并不恰当。这句话出现的语境是，五员获罪欲逃往吴国，涉江时蒙一丈人相助，过江后，五员“解其剑以予丈人，曰：‘此千金之剑也，愿献之丈人。’”在这个语境中，五员想将千金剑赠与丈人是出于自己报恩的愿望，因此也应属于主语主动的愿望，而非承担者的“愿意”。

虽然前引郭晓麟指出，“希望”与“愿意”在某些例子中可以换用，不过，这只是指在愿望施加者和承担者为同一人的情况下，用“希望”或“愿意”句子都能成立，并不表示这两个词在句中的用法及语义完全相同。事实上，前文也已指出，在这类例句中，用“希望”或“愿意”

时所凸显的当事人角色并不相同，用“希望”时为施加者，用“愿意”时则为承担者。在现代汉语的助动词研究中，“愿意”是较多学者认同的助动词成员，而“希望”则一般不被视为助动词。我们认为，先秦的“愿”在语义及用法上更接近“希望”，在后接主谓短语与动词短语时语义并无不同，因此并不适合分别用“希望”及“愿意”来解释。

上文我们虽以郭晓麟所提出的愿望的施加模式来分析先秦“愿”在后接动词短语时的用法，不过这只是为了说明先秦“愿”后接动词短语时与后接主谓短语表达的愿望模式是一致的，并非认为先秦“愿”所表达的愿望模式与现代汉语的“希望”完全相同。根据郭晓麟(2010:58－59)对当代文学语料的统计，在关于当前情境的肯定式对话体句子中，“希望”的施加者多为权势较高者，而“愿意”的承担者则以权势较低者为主，不符合上述情况者多有语用上的因素，如自抬身价、推远双方关系，或自降身份以向对方示好等。郭晓麟认为上述现象是由于在愿望的施承关系上，施加者通常拥有主动控制权，而承担者则通常只能被动接受或服从的缘故。先秦动词“愿”表达的虽然也是主语主动的愿望，然而，它在当前情境的对话或陈述中所表现出的施承关系之权势高低却与现代汉语的“希望”完全不同。根据我们的统计，在先秦 24 部传世文献中，“愿”后接主谓短语，亦即用于“($Subj_1$)＋愿＋$Subj_2$＋(之)＋VP”句式之用例共 193 例，其中 $Subj_1$ 之权势地位低于 $Subj_2$ 的有 139 例，占 72%；权势相当者有 21 例，占 11%；$Subj_1$ 之权势地位高于 $Subj_2$ 的有 27 例，占 14%；其他 6 例则不属于当前对话情境。如果比照郭晓麟对现代汉语“希望”之施承关系所作的分析，那么，在先秦由“愿”表达的愿望模式中，愿望的施加者多为权势较低者，而承担者反而是权势较高者，这种现象与前引郭晓麟所设想的愿望施加者拥有较高主动控制权的说法显然是互相矛盾的。我们认为这种现象应是由于先秦“愿”与现代汉语“希望”的语义内涵不同之故。

前文指出，学者们大多认为先秦“愿”后接主谓短语时表示希望对方做什么,姚振武则认为表示需要交谈对象配合的主观意愿,不过根据我们的考察,我们认为先秦“愿”的各类用法表达的都是相同的语义,用作名词时表示愿望,用作动词时同样表示愿望,后接之各类成分则均为“愿”的宾语,表示愿望的内容。先秦动词“愿”与其名词之间的关系,我们可以用例(152)来说明。在这段叙述中,景公“请晏子一愿”,意思是景公请晏子说出他心中的一个愿望,“愿”在句中为名词,意为心愿或愿望。晏子的回答为“臣愿有君而明”云云,这句话虽然可以依照上引学者的说法将动词“愿”解释为“希望”,并将文义解释为“臣希望有一位贤明的君主”,不过,我们认为这句话更贴切的解释应该是:“臣的愿望是有一位贤明的君主”。也就是说,“愿”作动词时,表达的是“以 X 为愿”的意思,其中的 X 即为前述“愿”后接的各类成分,也就是愿望的内容。例(153)也是相当好的例证,其中“寡人愿事君如事卫君”表达的也是主语的愿望,因此景伯最后对子赣说这是“寡君之愿也”。

(152) 景公游于牛山,少乐,公曰:“请晏子一愿。”……晏子对曰:“臣愿有君而明,有妻而材,家不贫,有良邻。……婴之愿也。”公曰:“善乎!晏子之愿也。”(《晏子春秋·外篇》)

(153) 陈成子馆客,曰:“寡君使恒告曰:‘寡人愿事君如事卫君。’”景伯揖子赣而进之,对曰:“寡君之愿也。”(《左传·哀公十五年》)

将“愿”解释为“以 X 为愿”与解释为希望别人做什么的最大差别在于,前者表达的主要是主语个人的内心期盼,而后者则带有较多对他人的要求。前文指出,先秦“愿”的主语大多不具有施加愿望于承担者身上的权势,事实上,即使是实际权势地位较高者作主语,这个主语在语境中也已表现出不具有施加愿望于对方的权势地位。根据我们的考察,先秦以权势地位较高者作“愿”的主语时,句子表达的都是极为谦敬的语气，例(154)是越王句践在越一度几为吴灭，身为臣虏多年后，为求报吴时向群臣提出请求时所说的话，语气自是相当谦抑；例(155)是燕太子丹在燕濒临亡国之际，求田光拯救燕国时所说的话，文中并以“避席而请”来表达太子丹的谦敬之意；例(156)则为管仲病笃时，桓公向他询问后继之人时所说的话，桓公对管仲原就相当尊敬，文献中多见桓公以“仲父”称管仲，在管仲临死时，桓公之态度自是更加谦敬。

(154) 越王句践乃召五大夫，曰：“吴为不道，求残吾社稷宗庙，以为平原，不使血食。……敢访诸大夫，问战奚以而可？句践愿诸大夫言之，皆以情告，无阿孤，孤将以举大事。”(《国语·吴语》)

(155) 田先生坐定，左右无人，太子避席而请曰：“燕、秦不两立，愿先生留意也。”(《战国策·燕策》)

(156) 桓公曰：“此大事也，愿仲父之教寡人也。”(《吕氏春秋·贵公》)

我们认为，正是由于先秦“愿”表达的只是主语个人内心的愿望，而非对他人的要求，因此“愿”才能用于权势较低者向权势较高者表达祈愿或权势较高者向权势较低者表达谦敬请求的语境中，因为在这些语境中，说话者原本就只能向对方表达愿望而不能表达要求之义。

综上所述，先秦“愿”的语义可说相当单纯，只能表达愿望一义，后接主谓短语时虽然有表达希望对方做什么的意思，但这种希望是以说话者表达个人心愿的方式向对方提出，以表示自己对对方并无要求的立场；后接动词短语时虽然有表达自己意欲为何的意思，但这种意欲仍是以愿望的方式提出。前引姚振武认为“愿”所表示的施事者主观意愿，其实现需要交谈对象的配合，这种说法虽然已经指出先秦“愿”表达了主语对其后的动作行为的不具完全自主性，不过，我们认为这种不自主性主要并不是由于需要所交谈对象的配合，而是由于“愿”的语义本身即蕴涵了这种不自主性。前文指出，先秦“愿”表达的只是主语内心的愿望，这种愿望的实现与否本就不是主语能自主决定的，加诸他人身上的愿望自不待言，即使是加诸自己身上的愿望，主语也无法主观控制其实现，与交谈对象的配合与否并不一定有关。上引例(129)“寡君愿与一二兄弟相见”、例(134)“愿献之丈人”、例(137)“寡人愿以请子”及例(138)“季孙愿与子从政”确与交谈对象有关，但例(133)“吾愿得范、中行之良臣”、例(136)“子胥忠其君，故天下皆愿得以为子”中的受事者已非交谈对象，要求这些对象配合已有些牵强；至于例(130)“非曰能之，愿学焉”以及下引例(157)中的“愿”更只是表达了主语个人的志向，并不涉及任何需要配合的对象。

(157) 颜渊、季路侍。子曰：“盍各言尔志？”子路曰：“愿车马、衣轻裘，与朋友共。敝之而无憾。”颜渊曰：“愿无伐善，无施劳。”子路曰：“愿闻子之志。”子曰：“老者安之，朋友信之，少者怀之。”(《论语·公冶长》)

4.4.3　“愿”与“欲”的比较

一般认为先秦的“愿”与“欲”表达的都是主语的意愿，不过二者的语义及用法仍有相当大的差别。前文探讨“欲”的语义时曾引卢卓群(1996：36－38)的说法指出，“欲”本为名词，表示心里尚待实现的某种要求，与之相关的动作行为则有“想得到”“要”“希望”等。前文探讨“愿”的语义时也指出，“愿”作名词时也可表示心里期盼实现的某种愿望，与之相关的动作行为则为“期盼”“希望”等。我们认为，如果将“愿”与“欲”所表达的“意愿”进一步区分为“意志”与“愿望”，那么“愿”主要就只涉及其中“愿望”的成分，而“欲”则包含较多意志的成分。也就是说，“欲”表达的是主语在自己的主观意志下想要得到的某种事物或结果，而“愿”表达的则是主语主观意志所无法决定的内心的某种期盼。"愿"与"欲"在先秦的用法及出现的语境上有若干差异,这些差异正是由于它们在语义上的这种区别所造成的。

关于"愿"与"欲"用法上的差异,首先,前文探讨"欲"的用法时已指出,"欲"在后接自主动词时可以表达主语在语境当下打算去做或即将去做某种动作行为,也就是只表达主语本身的意志而不涉及动作行为的实现与否;"愿"则没有这种用法,"愿"即使后接自主动词,表达的仍是主语的愿望而不是意志。例(158)与例(159)分别为"欲"与"愿"后接自主动词"事"的例子,其中"欲"表达的是主语打算"事晋"的意志,而"愿"表达的则是主语希望能"事君"的愿望。

(158) 初,蔡文侯欲事晋,曰:"先君与于践土之盟,晋不可弃,且兄弟也。"(《左传·襄公二十年》)

(159) 齐侯使晏婴请继室于晋,曰:"寡君使婴曰:'寡人愿事君朝夕不倦,将奉质币以无失时。'"(《左传·昭公三年》)

"愿"与"欲"的这种区别在二者同现的例子中表现得最为明显。例(160)"得以为夫"及"得以为士"分别为妇人及处女的个人心愿,因此用"愿"字;而其后的"奔之"则是主语可以自主决定的动作行为,因此用"欲"来表达主语打算去做这个动作行为的主观意志。例(161)是姚振武(2003:68)所举"欲"相当于"愿"的例子,他认为这里的"欲"相当于"愿",理由是,前面的"愿得入身"与后面的"女欲犇仆"说的是同一件事,我们认为这种说法似有值得商榷之处。在这个例子中,前面的"愿得入身"是工女所表达的个人愿望,因此用"愿"字;后面的"女欲犇仆"则是晏子对工女行为的叙述,由于"犇"是一个不蕴含终点或结果且主语可以自主决定的动作行为,因此,这里的"欲"事实上只表达了工女"犇仆"的打算,与"得入身"并不是同一件事。

(160) 今世俗之乱君,乡曲之儇子,莫不美丽姚冶,奇衣妇饰,血气态度拟于女子;妇人莫不愿得以为夫,处女莫不愿得以为士,弃其亲家而欲奔之者,比肩并起。(《荀子·非相》)

(161) 有工女托于晏子之家焉者,曰:"婢妾,东廓之野之也。愿得入身,比数于下陈焉。"晏子曰:"乃今日而后自知吾不肖也!古之为政者,士农工商异居,男女有别而不通,故士无邪行,女无淫事。今仆托国主民,而女欲犇仆,仆必色见而行无廉也。"遂不见。(《晏子春秋·外篇第八》)

其次,"欲"虽然和"愿"同样可以用来表达主语的希望,不过,"欲"所表达的希望与"愿"仍有若干差异。前文指出,"愿"后接主谓短语时大致只用在权势较低者向权势较高者表达祈愿或权势较高者向权势较低者表达谦敬请求的语境中,而"欲"则没有这种限制,可用于权势较低者向权势较高者表达希望的语境,如上引例(109);也可用于权势较高者向权势较低者表达希望的语境,如上引例(81)及例(86);此外,"欲"还经常用于主语期待某种客观情况出现的语境中,如上引例(90)、例(114)、例(115)及例(123)。从"愿"与"欲"所出现的语境分布情况来看,我们认为,"愿"所表达的大致是一种主语认为有所僭越或较为深切的盼望,在当面对话的情境中,主语用"愿"是为了表示自己并没有资格或立场希望对方做什么,因此将希望对方做的行为动作当作一种愿望来表达。这样的愿望自然带有一点僭越的意味,而"愿"所出现的语境也因此带有谦敬或客气的语气。"愿"除了后接主谓结构有表达僭越谦敬的语气外,"愿"后接动词短语表达自己希望做什么时,也经常带有同样的语气。例(162)"子欲何之"是秦王问陈轸的话,用"欲"表达的是一般的"想要";陈轸的回答则用"愿",表达的正是下位者对上位者谦逊的态度。

(162) 王召陈轸告之曰:"吾能听子言,子欲何之?请为子车约。"对曰:"臣愿之楚。"(《战国策·秦策一》)

此外,上引例(130)及例(157)都是孔子与弟子间的对答,在这两个例子中,凡弟子对孔子说话时均用"愿"字,而孔子对弟子说话时则不用。例(157)表现得更为清楚。在这段叙述中,孔子问弟子志向时不用“愿”字,弟子问孔子志向时则用“愿”字;弟子回答孔子时用“愿”字,孔子回答弟子时不用“愿”字。我们认为,这类“愿”似乎已经不是表义时不可或缺的部分,在句中主要只有表达谦逊语气的作用了。

4.5 望

先秦的“望”原是一个与视觉有关的动词,表达的是向远处看的意思,如例(163)—例(164)。“望”从表“向远处看”到表“期望”包含了由空间到时间以及由社会-物理世界到认知世界的隐喻投射。“望”的本义为向远处看,也就是“眺望”的意思。眺望者眺望的目标在空间上必然位于眺望者的前方,而向前方远处延伸的空间投射到时间轴上就成为未来的时间。在这种由空间到时间的隐喻投射下,眺望者原本在远望时期望在空间里看到的事物也因此投射为在内心中期望未来时间里出现的事物。例(165)“望之不似人君”的“望”表达仍是一般视觉上实际看到的事物,而例(166)虽然由于句中有“举首”这个具体的肢体动作,因而使得“殷民举首而望文王”的“望”似乎仍带有视觉上的眺望之义,不过这里的“望”表达的主要已经不是殷民视觉上的眺望,而是内心的期望。例(167)“望西河”的“望”表达的也是一般视觉上的眺望,而例(168)“引领南望”虽然从字面上解释也仍是伸长脖子向南眺望的意思,不过这里的“望”实际上已经蕴含了“庶几赦余”的期望。在例(166)及例(168)中,由于“望”的对象仍是具体可见的事物,因此可以有两种不同的解释,可以说,这两个例子中的“望”仍处于由视觉眺望引申到心理期望的过渡阶段。例(169)“不望其报”,“望”后接的“报”为抽象名词,是视觉上无法实际看到的事物,“望”至此才发展为完全表达“期望”的用法。

(163) 顺风而呼,声不加疾也;际高而望,目不加明也;所因便也。(《吕氏春秋·顺说》)

(164) 登丘而望之。(《左传·成公十五年》)

(165) 孟子见梁襄王。出,语人曰:“望之不似人君,就之而不见所畏焉。”(《孟子·梁惠王上》)

(166) 主明而国治,竟内被其利泽,殷民举首而望文王,愿为文王臣。(《管子·形势解》)

(167) 吴起至于岸门,止车而休,望西河,泣数行而下。(《吕氏春秋·观表》)

(168) 椒举娶于申公子牟,子牟得戾而亡,君大夫谓椒举:“女实遣之。”惧而奔郑,引领南望,曰:“庶几赦余。”(《左传·襄公二十六年》)

(169) 儒有内称不辟亲,外举不辟怨,程功积事,推贤而进达之,不望其报,君得其志。(《礼记·儒行》)

表期望的“望”在先秦的用法相当单纯,可后接NP,表达主语期望得到某件事物,如上引例(169);也可后接主谓结构或“主之谓”结构,如例(170)及例(171),这些主谓结构或“主之谓”结构均为主语期望的内容。先秦的“望”基本未见后接VP表达主语本身希望去做某事之例,例(172)从表面看虽是后接VP,不过实际上“望”与“反诸幽”的主语并不相同,“望”的主语是做“复(招魂)”这个动作的人,而“反诸幽”的主语则是被招魂的对象,也就是说,这里的“望”表达的仍是主语期望的内容,也就是希望被招魂的对象能“反诸幽”,而非表达主语本身期望去做的事。

(170) 身不敢饮食,拥辕执辂,木干鸟栖,袒肉暴骸,以望君愍之。(《晏子春秋·外篇》)

(171) 卒有寇难之事,又望百姓之为己死,不可得也。(《荀子·王霸》)

(172) 复,尽爱之道也,有祷祠之心焉。望反诸幽,求诸鬼神之道也。(《礼记·檀弓下》)

4.6　冀

4.6.1　“冀”的语义及情态发展

“冀”,《说文》云:“北方州也。从北异声。”《说文》以州名释“冀”,并将之分析为形声字。从这个说解中,我们无法看出先秦动词“冀”的本义。不过,《说文》另有“觊”字,云:“欿㚘也。”段注:“欠部欿曰:欿,㚘也,觊、欿叠韵。古多作几,汉人或作覬,亦作冀。于从岂取意。岂下曰:欲也。”另“欿”,《说文》云:“㚘也。”段注:“㚘者,吉而免凶也。觊下曰:欿㚘也。欿与觊音义皆同。今字作冀,古音不同。”从上述《说文》及段注来看,“冀”与“觊”“欿”可能有同源或通假关系,其语义则与“欲”有关。“觊”之偏旁从“见”,其本义也可能和“望”一样来自视觉所见。由于“觊覦”一词在文献中的用法多含非分之想的涵义,因此“觊”的本义也可能指的是偷窥。

先秦动词“冀”可以单用,如例(173);也可以后接 NP,表主语希望得到的内容,如例(174);也可后接 VP,表示主语希望实现或达成的目的,如例(175);“冀”也可后接主谓结构或“主之谓”结构,表达的同样是主语希望实现或达成的目的,如例(176)—例(177)。先秦“冀”的语义及用法相当单纯,只能表达主语希望得到或实现的事物,而不能表达主语本身希望去做的事。先秦之后,“冀”的用法并没有进一步虚化的发展。

(173) 日我先君共王引领北望,日月以冀,传序相授,于今四王矣。(《左传·昭公七年》)

(174) 彼将伤其前事,而悔其过行;冀其利,必多割埊以深下王。(《战国策·魏策二》)

(175) 宋人有耕田者,田中有株,兔走,触株折颈而死,因释其耒而守株,冀复得兔,兔不可复得,而身为宋国笑。(《韩非子·五蠹》)

(176) 吾冀而朝夕修我曰:“必无废先人。”(《国语·鲁语下》)

(177) 志不免于曲私,而冀人之以己为公也。(《荀子·儒效》)

4.6.2 “欲”“愿”“望”“冀”的比较

前文比较“愿”与“欲”的语义时指出,如果将“愿”与“欲”所表达的“意愿”进一步区分为“意志”与“愿望”,那么“愿”主要就只涉及其中“愿望”的成分,而“欲”则包含较多意志的成分。也就是说,“欲”表达的是主语在自己的主观意志下想要得到的某种事物或结果,而“愿”表达的则是主语主观意志所无法决定的内心的某种期盼。从这个角度来看,“望”与“冀”的语义可说是较接近“愿”,而与“欲”的区别较大。

先秦的“望”“冀”与“愿”虽然都同样以表达主语内心的某种期盼为主,不过二者在用法上仍有区别。前文指出,先秦的“望”与“冀”后接 VP 或主(之)谓结构时只能表达主语期望的内容,而不能表达主语本身希望去做的事,“愿”则除了可以表达主语期望的内容外,也可以表达主语本身希望去做的事,也就是包含了主语本身的意志成分,只是这个意志成分一般不是主语本身可以独立自主完成的。从以上的分析来看,先秦动词“欲”可说是以表意志为主而兼表愿望,“愿”可说是以表愿望为主而兼表意志,“冀”与“望”则只有表愿望而没有表意志的成分。

我们认为,“欲”“愿”“冀”“望”这四个词在情态表达上的区别或许可从它们的本义来解释。前文指出,“欲”的本义为“想要得到”,“愿”表达的则是主语主动的愿望,“冀”与“望”则都由视觉所见引申而来。“想要得到”原就蕴含较强烈的主语意志成分,因此“欲”用作情态动词时也表现出较强烈的意志性。“愿”所表达的意志成分虽然不像“欲”那么高,但主语在表达自己主动的愿望时,也多少可以加入自己的意志成分;“冀”之本义可能是偷窥,由此引申有非分之想的涵义,这种非分之想的实现并非主语本身所能控制,因此无法表达主语的主观意愿；“望”之本义则为眺望，由于在眺望中往往有期待他人到来的涵义，由这个涵义所引申出的愿望，其实现与否可说是完全靠外在的力量，因此，“望”发展为情态动词时也只能表达主语对未来的期望，而不能表达主语本身的意欲何为的语义。

4.7　请

4.7.1　前人研究评述

关于先秦“请”的词类、词义及用法等相关问题，历来学者已有相当多的研究。张玉惠、徐梦葵(1981)将“请”分为动词及表敬副词两类，动词“请”的词义包括常用义“请求”[如例(178)]；本义“告”[如例(179)]，引申义“谒见”[如例(180)][①]，以及“问”[如例(181)]等；表敬副词“请”没有具体意义，用来表示对别人的谦敬态度[如例(182)—例(183)]。

(178) 爱共叔段，欲立之。亟请于武公，公弗许。及庄公即位，为之请制。(《左传·隐公元年》)

(179) 主人答再拜，乃请。(《仪礼·乡射礼》)

(180) 豪杰之外多交诸侯者，常请之。(《墨子·号令》)

(181) 今在骨髓，臣是以无请也。(《韩非子·喻老》)

(182) 臣请缚一人，过王而行。(《晏子春秋·内篇杂下》)

(183) 楚王曰：“善哉！吾请无攻宋矣。”(《墨子·公输》)

白晓红(1997:216－217)则将“请”分为动词、助动词及表敬副词三类，其中动词有“请示(给予)”“要求”义，如例(178)及例(184)。她同时指出，动词“请”的特点为“施动者总是在请求对方做什么或是请求别人允许自己做什么或者得到什么”，不过，当“请＋VP”格式中的

---

① 原文所举之例为《汉书》之例，由于本书讨论范围以先秦语料为主，因此以《墨子》之例代替。

“请”只是说话人向对方表示自己的意愿，并不需要对方允许或批准时，“请”就应分析为表达说话人主观意愿的助动词，意为“愿意”或“情愿”，而不应如某些语法书所分析的为表示“请让我……”的表敬副词，例(183)的“请”即属这类应归为助动词而非表敬副词的例子。真正的表敬副词指的是例(185)这类用法，在这类用法中，“请”已进一步虚化为只表示说话人对对方的敬意了。最后，她总结“请”的用法指出，“请”无论用作哪个词类，它本身都带有一种表敬色彩，这是它与“欲”“愿”最明显的区别。

(184) 君请六子画。(《左传·哀公二十六年》)

(185) 仁者无敌，王请勿疑。(《孟子·梁惠王上》)

车淑娅(2005)也将“请”分为动词及表敬副词两类，文中对这两类“请”的词义说解与上述学者大致相同，不过，她将白晓红所分的助动词及表敬副词均归为副词，认为前者表达自己的意愿，后者则表示对对方的尊敬和有礼貌。

吴峥嵘(2005)对“请”的研究以《左传》为对象，他认为“请”大致表示“索取”(索要、请求)之义，并根据《左传》中“请”的用法将“请”分为“$请_1$”和“$请_2$”，“$请_2$”用于听/说二人的对话中，表示说话人直接向听话人“请”；“$请_1$”则用于上述之外的其他语境中。吴峥嵘所说的“$请_1$”大致相当于其他学者所说的动词用法，“$请_2$”则相当于副词/助动词的用法，不过，他另根据“$请_2$”在句中的意义，将“$请_2$”又分为三类：(1)意义实在，表达说话人希望获得某种结果的愿望，如例(186)；(2)意义开始虚化，表达说话人的某种建议、决定或威胁，带有浓厚的礼貌色彩，如例(187)；(3)意义完全虚化，成为表敬副词，如例(188)。最后，吴峥嵘将“请”的词义总结为：涉及交际双方，且以言语交际为形式。“$请_1$”涉及的交际双方包含各类关系，因此不含色彩意义；“$请_2$”则从一开始便受言语交际礼貌原则制约，带有浓厚的礼貌色彩，因此词义得以不断虚化而成为纯粹的表敬副词。

(186) 公以晋难告,曰:"请反而听命。"(《左传·成公十六年》)

(187) 苗贲皇言于晋侯曰:"楚之良,在其中军王族而已。请分良以击其左右,而三军萃于王卒,必大败之。"(《左传·成公十六年》)

(188) 厨人濮曰:"吾小人,可藉死,而不能送亡,君请待之。"(《左传·昭公传二十一年》)

丁松(2010)将"请"分为动词及敬辞两类,其中动词"请$_q$"表"请求"义,用于"请+VP"格式中有两种解释:一是"x 请求 y,y 去做某事(VP)",如例(189);二是"x 请求 y 允许 x 去做某事",如例(190)。敬辞分为"请$_1$"及"请$_2$"两小类,"请$_1$"源自动词"请"的第一种语义"请你",如例(191),"请$_2$"源自第二种语义"请允许我",如例(192)。丁松同时指出,上古动词"请"虚化为敬辞是来自仪式化使用的会话情境,其引申机制则是认知语言学中"由行为(具体)域到言语(抽象)域的隐喻投射"。

(189) 某不足以辱命,请终赐见。(《仪礼·士相见礼》)

(190) 臣受赐矣,臣请赞执爵者。(《仪礼·燕礼》)

(191) 请$_1$子奉之,以主社稷,寡人虽死,亦无悔焉。(《左传·隐公三年》)

(192) 鲍叔帅师来言曰:"子纠,亲也。请$_1$君讨之;管、召,仇也,请$_2$受而甘心焉。"乃杀子纠于生窦。召忽死之。管仲请$_q$囚。(《左传·庄公九年》)

谷峰(2010:171-172)将"请"的用法分为三类,例(193)—例(194)中之"请"为动词,可搭配第三人称主语,可用于叙述语体;例(195)中之"请"为表谦副词,搭配第一人称,只用于现场对话;例(196)中之"请"为说话者取向的道义情态副词,搭配第二人称,只用于现场对话中的祈使句,主要作用是表指令。他同时指出,由于动词"请"和表谦副词"请"都可以进入"(第一人称+)请 VP"格式中,因此并不容易区分。

(193) 宋公使来乞师，公辞之。羽父请以师会之，公弗许。固请而行。(《左传·隐公四年》)

(194) 济阳少庶子欲以为功，入见于君曰："齐使老儒掘药于马梨之山，名掘药也，实闲君之国，君杀之，是将以济阳君抵罪于齐矣。臣请刺之。"君曰："可。"(《韩非子·内储说下》)

(195) 颜渊曰："回虽不敏，请事斯语矣。"(《论语·颜渊》)

(196) 王请无好小勇。(《孟子·梁惠王下》)

上述学者对"请"的研究主要由语义角度切入，李运富(1994)则从《左传》"请"字句的结构转换入手，他指出，"请"作谓语时常表示"请求"，从语义搭配关系来看，"请"涉及主请者(N_1)、请求对象(N_2)及请求内容(V_2)，这些搭配关系所构成的深层语义结构为：

A＝〔N_1＋请＋N_2〕＋〔N_2＋V_2〕

下列5种表层结构都是由这个深层结构通过省略、添加、替换及移位等转换规则转换而来的，而A_1则为其基本形式。

A_1＜N_1＞＋请＋N_2＋V_2，如例(184)：君请六子画。

A_2＜N_1＞＋请＋V_2＋于(于)＋N_2，如例(197)：郑驷弘请救于齐。

A_3＜N_1＞＋请＋于(于)＋N_2，如例(178)：亟请于武公。

A_4＜N_1＞＋请＋V_2，如例(198)：请班师。

A_5＜N_1＞＋请，如例(199)：召而使请。

(197) 郑驷弘请救于齐。(《左传·哀公二十七年》)

(198) 荀偃、士匄请于荀罃曰："水潦将降，惧不能归，请班师。"(《左传·襄公十年》)

(199) 公囚大子。大子曰："唯佐也能免我。"召而使请。(《左

传·襄公二十六年》)

此外,他认为"请"字句还有另外两个深层结构:

$$B=〔N_1+请+N_2〕+〔N_2+V_2+N_1〕+〔N_1+V_1〕$$

$$C=〔N_1+请+N_2〕+〔N_2+V_2+N_3〕+〔N_3+V_3〕$$

B 中 V_2 之意义固定为"允许"或"帮助"之类,V_1 则为 N_1 的动作行为。由 B 转换的表层结构有两种:

$$B_1 < N_1 > +请+V_1$$

$$B_2 < N_1 > +请$$

B_1 的例句如例(200),意思是"伍举请郑国允许他们垂櫜而入",N_1 为主请者"伍举",N_2 为请求对象"郑",V_2 为在表层结构总是省去的 N_2 的行为"允许",V_1 则为 N_1"伍举"的行为。B2 的例句如例(201),意思是"蔡人固请蔡侯许其献佩于子常"。

(200) 伍举知其有备也,请垂櫜而入。[郑]许之。(《左传·昭公元年》)

(201) 蔡人闻之,固请,而献佩于子常。(《左传·定公三年》)

C 中"请"后动词的施事者为第三者 N_3,V_2 经常是"命令"或"派遣"一类的动词,N_3 为 V_2 的宾语及 V_3 的主语。C 转换的表层结构则只有一种:

$$C_1 < N_1 > +请+V_3$$

C_1 的例句如(202),意思是"子罕请平公令皇国父俟农功之毕而后筑城"。

(202) 宋皇国父为大宰,为平公筑台,妨于农收。子罕请俟农功之毕,公弗许。(《左传·襄公十七年》)

上述学者已分别从不同角度对先秦"请"作了相当深入的研究,

不过仍有若干问题尚待厘清。首先,关于先秦动词“请”的语义,多数学者认为其常用义为“请求”,其他文献中提及的语义还包括“告”“谒见”“问”“请示(给予)”及“请允许/帮助”等,我们同意前引学者所指出的,“请”在语义搭配关系上涉及主请者(施动者)、请求对象(对方)及请求内容,不过,我们认为这些搭配关系所构成的深层语义结构并非上引李运富所指出的是“A=〔N_1+请+N_2〕+〔N_2+V_2〕”这类通常又称为兼语式或递系式的结构,也非白晓红所指出的“施动者总是在请求对方做什么或是请求别人允许自己做什么或者得到什么”,或是丁松所谓的“x 请求 y,y 去做某事”及“x 请求 y 允许 x 去做某事”,因为这类分析方式使得先秦的“请”不仅看起来语义相当多样,而且构成的句式及解读方式更是极为复杂。

以李运富的分析方式来说,由于他坚持“请”后必须有“请”的对象,且请求内容只能是 VP,因此将上引例(197)“郑驷弘请救于齐”解释为“驷弘请齐国救援”,并认为例(203)这类“请”后接名词宾语的用法是省略了相关动词,如“请猛获”实为“请归猛获”之省,我们认为这种分析方式是有待商榷的。事实上,先秦动词“请”本可后接名词,且用例不在少数,如上引例(178)及例(204)—例(205)。我们认为这些例子的“请”都可以直接解释为“请求”“索求”一类的动词,而后接名词则为主语索求的内容。

(203) 宋人请猛获于卫。……卫人归之。(《左传·庄公十二年》)[①]

(204) 知伯说。又令人请地于魏。(《韩非子·十过》)

(205) 夏六月甲戌朔,日有食之。祝史请所用币。(《左传·昭公十七年》)

此外,李运富为了分析例(200)这类“请”后接动作非由“请”的对

---

① 李运富(1994:50)所引“猛获”原作“孟获”,此据杨伯峻《春秋左传注》192 页校改。

象 N_2 发出的例子，便在“请”后补上 N_2 后，再另加上“允许”或“帮助”之类的动词 V_2，并将这类句子解释为“N_1 请 N_2 允许(帮助)$N_1 V_1$”。C 式深层语义的结构更加复杂，甚至出现了第二重兼语，而 V_2 则变成“命令”或“派遣”一类的动词。我们认为这种分析方式也有待商榷，理由是，李运富在分析这些句式的所谓深层语义结构时似乎只是根据个人理解所需而补出这些表面结构中所没有的成分，却并未说明他是根据什么标准来补出这些成分的。如果只是根据文义理解所需而没有一定的客观标准，不同的人理解相同的文句就可以各自补出各种不同的成分，因此，我们认为这种分析是有待商榷的。

其次，前引白晓红所指出的动词“请”的特点为：“施动者总是在请求对方做什么或是请求别人允许自己做什么或者得到什么”，这种语义理解方式实际上分别相当于李运富所指出的“请”字句的 A 式及 B 式深层结构，A 式即请求对方做什么，B 式则为请求别人允许自己做什么。我们认为这种说法的问题与前相同，亦即动词“请”原来只有“请求”义而无“允许”义，何以在相同的“请＋VP”格式中，B 式中却发展出字面上没有的“允许”义？此外，白晓红在分析“请”由动词向助动词发展的过程时仅指出，当“请＋VP”格式用于说话人向对方表示意愿而不需别人允许或批准时，“请”便取得助动词义，表示说话人的主观意愿，不过，他却并未说明“请”如何能由向对方请求之义发展出表达说话人主观意愿的用法，据笔者所知，这两种意义之间的引申关系是尚未经过证实的。其他如丁松的说法，所遭遇的问题也大致相同。

4.7.2　“请”的句法分析

前文指出，我们同意学者所指出的，“请”在语义搭配关系上涉及主请者(施动者)、请求对象(对方)及请求内容，不过，我们认为这些搭配关系所构成的并不是一个请求对方做某事的兼语结构，而是一个以“请”为主要动词，以请求内容为目标(goal)，而以请求对象为出发点(source)的句式。在这个句式中,主语为主请者,一般位于动词"请"前,不过在先秦实际的文句中经常可以省略;请求内容可以是NP、VP或子句,可直接后接于"请"后,也可先接请求对象,再接请求内容,请求内容在句中也可能省略;请求对象一般为属人名词,可直接接于"请"字后,也可以"于"字补语或省略"于"的形式出现在请求内容之后,请求对象在句中也经常可以省略。根据"请"的后接成分类型,先秦的"请"字句大致可归为以下六个句式,各句式下依成分省略与否又有不同次类句式,其中A为主请者,D为请求对象,S为子句,斜粗体字部分为请求内容,( )表示该成分在句中可以省略。

1. (A)+请+(于)+(D):

   1a:例(179)、例(181)、例(199)、例(201)

   1b:例(178)第一个"请"、例(198)第一个"请"

   1c:例(180)

2. (A)+请+***NP***+(于)+(D):

   2a:例(178)第二个"请"、例(205)

   2b:例(197)、例(203)、例(204)

   2c:例(206)

3. (A)+请+***VP***+(于+D):

   3a:例(207)、例(208)

   3b:例(182)、例(183)、例(186)、例(190)、例(200)、例(202)

   3c:例(187)、例(189)、例(192)第二及第三个"请"、例(198)第二个"请"

4. (A)+请+D+***VP***:例(184)、例(191)、例(192)第一个"请"

5. (A)+请+***S***:例(209)

6. ***D***+请+***VP***:例(185)、例(188)

(206)　汤闻伊尹,使人请之有侁氏。(《吕氏春秋·本味》)

(207)　今王能以百里之地,若万户之都,请杀范座于魏。范座死,则从事可移于赵。(《战国策·赵策四》)

(208) 莫敖曰:"盍请济师于王?"(《左传·桓公十一年》)

(209)遂使之行成于吴,曰:"……寡君之师徒不足以辱君矣,愿以金玉、子女赂君之辱,请句践女女于王,大夫女女于大夫,士女女于士。"(《国语·越语上》)

第1个句式"请"后省略请求内容,1a之请求对象亦省略,1b之请求对象以"于"字补语的形式出现,1c则省"于"字。第2个句式之请求内容为NP,2a之请求对象省略,2b之请求对象以"于"字补语的形式出现,2c则省"于"字。

第3个句式为"请+VP",这是"请"字句中最复杂的一类,也是导致前引学者认为"请"既可表示请求对方做什么,又可表示请求别人允许自己做什么,还可表示说话人主观意愿的原因。我们认为,这类句式中的"请"与前两个句式中的"请"一样是表示"请求"之义,只是请求内容为VP。3a中的例(207)"请杀范座于魏"与2b中的例(204)"请地于魏"表达的同样是主语向魏做某种请求,只不过前者的请求内容为VP"杀范座",而后者的请求内容则为NP"地"。VP与NP虽然同样可以作为"请"的请求内容,不过二者仍有差别,其差别主要表现在VP另涉及执行该动作行为之人,而NP则否。我们认为,"请+VP"之所以让人觉得复杂,主要便是由于该VP涉及动作行为者,也就是VP的主语,但这类主语在先秦汉语中却经常可以省略的缘故。前文多次指出,先秦汉语的主语只要语境许可,经常可以不必出现,而听话者或读者仍能从上下文或其他背景知识中推知。上引例(207)"请杀范座于魏",其中"杀范座"的动作行为者为"魏",这是文句中直接表现出来的。3b各例中的VP动作行为者均为说话者本身,也就是"请"字句中的主请者,3c各例中的VP动作行为者则为交际中的对方,也就是"请"字句中的请求对象,这些都不是直接表现在文句上的,而是必须由听话者或读者从上下文或其他背景知识中推知的。

第4个句式为"请+D+VP",这个句式与3a句式相比,只是后者的请求对象以“于”字补语的形式出现，而前者则直接后接于动词“请”，也就是说，这类句式中的“VP”仍为请求内容，只是该 VP 的动作行为者出现在动词“请”之后及 VP 之前。

第 5 个句式为“请＋S”，这个句式中的 S 是以子句形式作为“请”的宾语，也就是请求内容，如例(209)。这个句式的表面结构虽然与第 4 个句式同样为“请”后接 NP 再接 VP，不过二者的 NP 语义角色并不相同。第 4 个句式中的 NP 为请求对象，而第 5 个句式中的 NP 则与 VP 共同构成“请”的子句宾语。这个句式在先秦相当少见，仅见于当面对话的语境中，请求对象为听话者，在句中并不出现。

第 6 个句式为“D＋请＋VP”，这个句式只用于当面对话的语境中，主请者为第一人称的说话者，在句式中并不出现，句首的 D 为第二人称的听话者，也就是请求的对象。这个句式应是将第 4 个句式中请求对象为第二人称者移至句首而来，不过移位前的“请＋D＋VP”与移位后的“D＋请＋VP”在语用的表达上仍有差别。根据我们的考察，在 D 为第二人称的“请＋D＋VP”这个句式中，“请”所表达的“请求”义仍较实在，也就是主语对 D 去执行 VP 这个动作行为仍有较实质的要求，常用于外交辞令中，如上引例(192)第一个“请”字及例(210)—例(211)；也可用于上位者对下位者的要求，如例(212)；或下位者对上位者的建议，如例(213)。“D＋请＋VP”这个句式中的“请”则大致已无实质的“请求”义，大多用于下位者对上位者的建议中，如上引例(185)及例(188)，其他用法则相当罕见，在笔者所统计的先秦 24 部文献中仅见三例，如例(214)—例(215)。这类句式由于主语位置已被请求对象所占据，原为道义情态义务来源的主请者无法在句中出现，因此，这类用法已可归为具〔＋来源〕属性的道义情态动词了。

(210) 晋少姜卒，公如晋，及河，晋侯使士文伯来辞，曰：“非伉俪也，请君无辱。”(《左传·昭公二年》)

(211) 使士匄告于齐曰：“寡君使匄，以岁之不易，不虞之不戒，寡君愿与一二兄弟相见，以谋不协。请君临之，使匄乞

盟。”(《左传·襄公三年》)

(212) 孟尝君曰:“善。愿因请公往矣。”(《吕氏春秋·不迁》)

(213) 凡繇对曰:“请王缟素辟舍于郊,遣使于齐,客而谢焉。”(《吕氏春秋·行论》)

(214) 夏四月,郑六卿饯宣子于郊。宣子曰:“二三君子请皆赋,起亦以知郑志。”(《左传·昭公十六年》)

(215) 魏王惭曰:“固非寡人之志也,客请勿复言。”(《吕氏春秋·审应》)

4.7.3 “请”的语义及情态表达类型

前节我们考察先秦“请”字句的句法表现后,认为先秦的“请”字句应分析为以“请”为主要动词,并包含主请者、请求内容及请求对象三个论元的句式,而非一般学者所认为的兼语结构。我们之所以不同意学者们将“请”字句分析为兼语结构,除了前述句法因素外,也与我们对先秦动词“请”的语义及情态表达的理解有关。

前文指出,多数学者认为“请”的常用义为“请求”,其他还有“告、谒见、问、请示(给予)、请允许/帮助”等,我们认为,学者们提及的这些“请”的语义大致可以用前引吴峥嵘所提出的涉及交际双方的“索取”(索要、请求)之义来概括。也就是说,先秦动词“请”表达的是交际主体(主请者)向客体(请求对象)所作的某种“索取”动作,这种“索取”可以是具体的人事物,如例(178)的城邑“制”及例(205)的“币”;也可以是某种动作行为,如上举第3句式至第6句式各例。当“索取”的内容为某种动作行为时,这种索取便体现为该动作行为的实现。至于文献中所指出的“请”为“告、谒见、问”等义的例子事实上也包含了向对方有所求的意思。

综上所述,我们可以将先秦动词“请”的用法归纳为,主请者向请求对象表达希望获得某种具体事物或实现某种动作行为的意愿。我们认为这个说法比前引学者所提出的请求对方做什么或是请求别人允许/帮助自己做什么更容易解释前节所归纳的先秦各式“请”字句的语义,尤其是最复杂的“请+VP”这个句式。在这个句式中,当VP的动作行为者为主请者以外的人,则“请”表达主请者对其他人执行这个行为动作的愿望;当VP的动作行为者为主请者时,则“请”表达主请者本身执行这个行为动作的意志。不过,由于“请”作为一个包含三个论元的动词,其语义特征原本就涉及请求对象,因此,即使主请者表达的是自己执行这个行为动作的意志,也仍涉及请求对象的意见或态度等,前引学者将这些意见或态度归纳为允许、批准、帮助甚至命令等,如果只是就个别文句的理解来说,这些解释也未尝不可行,只是不适合将它们内化为“请”的语义内涵或“请”字句的深层语义结构成分。

此外,前引白晓红认为“请”由动词“请求别人允许自己做什么”向表示说话人主观意愿的助动词发展是由于“请+V”这个格式中的V无需别人允许或批准,不过,根据我们的分析,“请”原本就是一个表示主语或说话人主观意愿的动词,因此,先秦“请”由动词虚化为表敬副词并不是因为“请”由表请求他人允许发展为表主观意愿,而是由于主请者所表达的主观意愿,其实现与否逐渐不再依赖请求对象的意见或态度所致。不过,由于主请者意愿之实现对请求对象之意见或态度的依赖程度主要涉及主请者对交际双方之地位、关系及客观情势的主观认知,因此“请”的虚化程度并无客观判断标准,更无截然可分的界限,不同的人对相同的句子也可能有不同的认知。上引例(183)、例(185)及例(188)之“请”为表敬副词,学者一般没有异议,不过像例(216)的“请试之”,吴峥嵘(2005:38)认为仍具有动词实义,而例(191)及例(192)的“请子奉之”及“请君讨之”,丁松(2010)认为是敬辞,这些例子恐怕就见仁见智了。

(216) 观起之死也,其子从在蔡,事朝吴,曰:“今不封蔡,蔡不封矣。我请试之。”(《左传·昭公十三年》)

4.7.4　“请”的情态演变途径

最后，我们将先秦情态动词“请”的演变途径图示如下（图4-4）。

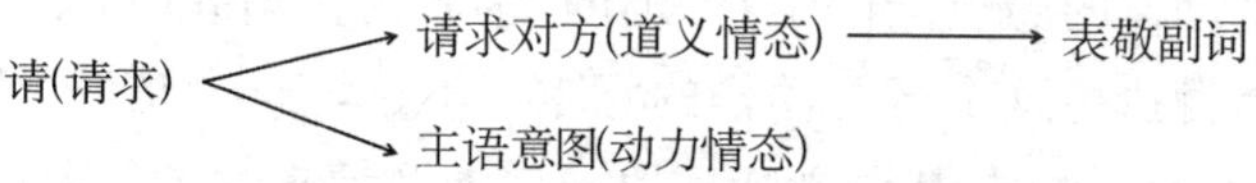

图4-4　“请”的情态演变路径

4.8　求

“求”与“请”同样都可以表达主语主观“索取”或“请求”的意愿，吴峥嵘（2005）认为二词的差别在于，“请”的词义特征涉及交际客体方，词义突现动作感，而“求”则不一定涉及交际客体方，词义凸显目的性。二者的词义差异与言语交际礼貌原则使得“请”最终发展为表敬副词，而“求”则始终为动词。

先秦动词“求”可以单用，如例（217），也可以后接NP，表主语希望得到的内容，如例（218）—例（219），其中例（219）之“求”涉及请求对象，例（218）则否。“求”后接之NP若为请求对象时须用介词“于/乎”等引介，如例（220）。“求”也可后接VP，表示主语希望实现或达成的目的，如例（221）—例（222），其中例（221）不涉及请求对象，而例（222）则包含请求对象。“求”也可后接“主之谓”结构，表达的同样是主语希望实现或达成的目的，如例（223）—例（224）。

上述“求”各例之句式大致分别相当于“请”的第（1）、（2）、（3）及第（5）个句式，不同的是，“求”的第1个句式没有后接请求对象的用法，此外，先秦的“求”也没有“请”第4个“请＋D＋VP”及第6个“D＋请＋VP”这两个句式，也就是说，先秦的“求”没有表达请求对方做什么的用法，只能表达主语希望得到某种具体或抽象的事物，以及希望实现或达成某种目的。

（217）故察士不比周而进，不为苟而求。（《晏子春秋·内篇问

上》)

(218) 君子之求利也略,其远害也早。(《荀子·修身》)

(219) 臣恐西周之与楚、韩宝,令之为己求地于东周也。(《战国策·东周策》)

(220) 在上位不陵下,在下位不援上,正己而不求于人则无怨。(《礼记·中庸》)

(221) 仁之事者,必务求兴天下之利,除天下之害。(《墨子·非乐上》)

(222) 墨者夷之,因徐辟而求见孟子。(《孟子·滕文公上》)

(223) 今学者之说人主也,不乘必胜之势,而务行仁义则可以王,是求人主之必及仲尼,而以世之凡民皆如列徒。(《韩非子·五蠹》)

(224) 故有社稷者而不能爱民,不能利民,而求民之亲爱己,不可得也。(《荀子·君道》)

4.9 索

先秦动词“索”与“求”的语义接近,用法也大致相同,可以单用,如例(225),也可以后接NP,表主语希望得到的内容,如例(226)—例(227),其中例(226)之“索”涉及索求的对象,例(227)则否。“索”也可后接VP,表示主语希望实现或达成的目的,如例(228);也可后接“主之谓”结构,表达的同样是主语希望实现或达成的目的,如例(229)。

(225) 上国有言曰:“不索,何获?”(《左传·昭公二十七年》)

(226) 智伯索地于魏宣子,魏宣子弗予。(《韩非子·说林上》)

(227) 则此言三圣人者,谨其言,慎其行,精其思虑,索天下之隐事遗利,以上事天。(《墨子·尚贤中》)

(228) 处胜人之埶,不以胜人之道,厚于有天下之埶,索为匹夫

不可得也，桀纣是也。(《荀子·强国》)

(229) 今上尊贵轻物重生之士，而索民之出死而重殉上事，不可得也。(《韩非子·显学》)

4.10 图、谋

先秦动词“图”与“谋”语义相近，均为“谋划、图谋”之义，不过“谋”另有与他人商讨的用法，“图”则无。二者均可后接NP，表示主语图谋的对象或事物，如例(230)—例(233)；“谋”表与他人商讨的用法如例(234)—例(235)，其中“谋及妇人”“谋于燕众”分别为与“妇人”“燕众”商讨之义。“图”“谋”也可后接VP，表示主语图谋或计划去从事的动作或行为，如例(236)—例(239)。这两个词在先秦时语义及用法也相当单纯，没有进一步虚化的发展。不过，“图”在先秦有一例否定用法“不图”，表达的是说话者没有意料到的主观态度，见例(240)。

(230) 四国为一，将以图秦。(《战国策·秦策五》)

(231) 楚、韩为一，魏氏不敢不听，是楚以三国谋秦也。(《战国策·韩策二》)

(232) 愿图国事于先生。(《战国策·燕策三》)

(233) 君谋国政，大大士谋家事。(《礼记·丧大记》)

(234) 公载以出，曰：“谋及妇人，宜其死也。”(《左传·桓公十五年》)

(235) 王速出令，反其旄倪，止其重器，谋于燕众，置君而后去之，则犹可及止也。(《孟子·梁惠王下》)

(236) 知伯无度，从韩康、魏宣而图以水灌灭其国。(《韩非子·难三》)

(237) 昔克潞之役，秦来图败晋功。(《国语·晋语七》)

(238) 公会郑伯于郲，谋伐许也。(《左传·隐公十一年》)

(239) 王使为工尹，又与子家谋弑穆王。(《左传·文公十年》)

(240) 子在齐闻韶，三月不知肉味。曰："不图为乐之至于斯也！"(《论语·述而》)

4.11 思

4.11.1 "思"的语义及情态发展

"思"在先秦是一个与思维有关的动词，其基本语义为"思考""思虑"[如例(241)]，在先秦传世文献中主要又可表达"思念"[如例(242)]、"意愿"[如例(243)]及与"认为"相当的语义[如例(244)]。前两个用法与情态无关，表意愿者属动力情态，与"认为"相当的语义则属于认识情态。

(241) 子曰："学而不思则罔，思而不学则殆。"(《论语·为政》)

(242) 武子之德在民，如周人之思召公焉。(《左传·襄公十四年》)

(243) 林父之事君也，进思尽忠，退思补过。(《左传·宣公十二年》)

(244) 逢蒙学射于羿，尽羿之道，思天下惟羿为愈己，于是杀羿。(《孟子·离娄下》)

"思"的动力情态及认识情态用法都是由它的基本语义"思考""思虑"衍生发展而来的。以动力情态的发展过程来说，例(241)中的"思"是一个不带宾语、表达抽象思考语义的动词；在例(245)中，"思"所带的宾语"礼""义"均为抽象名词，"思"所表达的主要仍是"思考""思虑"的意思，也就是说，君子在行动的时候必须考虑到"礼义"。在这个例子中，"思礼""思义"虽然仍是典型的动词加名宾结构，不过在语境中，"思礼"实际上已经隐含"希望合于礼"的动力情态表达了。在例(243)、例(246)中，"思"所带的宾语为动词谓语，例(243)的"思"

虽然仍然可以解释为“思考、思虑”，但“思”所表达的意愿或希望之义已较前例更加明显了。在例(246)中，“思”已经是一个典型的动力情态表达了。

(245) 是故君子动则思礼，行则思义。(《左传·昭公三十一年》)

(246) 彼其父为戮于楚，其心又狷而不洁。若其狷也，不忘旧怨，而不以洁悛德，思报怨而已。(《国语·楚语下》)

如果说“思”的动力情态主要是由它后接动词宾语发展而来，那么“思”的认识情态也可以说是由它后接主谓宾语发展而来。前文多次提及，认识情态表达的是说话者或主语对命题的观点或态度，而命题主要即是由主谓结构的子句构成，因此，当与思维有关的动词后接命题时就很容易发展为表达认识情态的动词。例(244)及例(247)为“思”表认识情态的例子，在这两个例子中，“思”后所接的命题都是主语的主观认知，因此“思”可以归为认识情态动词。

(247) 楚欲吞宋、郑，思人众兵强而能害己者必齐也。(《管子·霸形》)

在春秋战国时期的传世文献中，“思”所表达的情态基本仅限于动力情态及认识情态，不过，在近年出土的战国楚简中，字形写作“(囟)/(思)”[①]者除了能表达传世文献中义为“思虑”的“思”之外，还有以下例(248)—例(252)的用法：

(248) 夏层之月己酉之日，囟一职狱之主以致命。(《包山楚简》128)

① 即传世文献中写作“思”之字，此字上半为，一般隶定作“囟”。由于战国楚文字字形并不固定，偏旁有时可以增删，且与可以出现在相同的语境中，因此二字为同一字之异体应无疑问。字在目前的楷书中写成从“田”从“心”的“思”，不过根据陈斯鹏(2003)及其文中引述学者之相关研究，“思”上所从并非“田”字，而是“囟”字。如果为了显示与的关系，字实应隶定为“恖”，不过由于“思”已成为目前一般的通行字，因此我们仍将它写作“思”。

(249) 祸败因重于楚邦,惧鬼神以为怒,囟先王亡所归。(《上博六·平王问郑寿》1-2)

(250) 受(纣)……于是乎作为九成之台,置盂炭其下,加圜木于其上,思民蹈之。(《上博二·容成氏》44)

(251) 今薪蒸思虞守之,泽梁使渔守之,山林使衡守之。(《上博六·竞公疟》8)

(252) 文王……知天之道,知地之利,思民不疾。(《上博二·容成氏》49)

关于上引例句中“囟/思”的释读,学界目前有两种主要的意见:一是将“囟/思”释为“思”,表愿望;二是将“囟/思”读为“使”,表使令或致使。① 根据笔者(巫雪如 2011a)的考察,楚简中这类后接 VP 或“NP+VP”之“囟/思”应读为使令动词“使”而不能读为“思”,用“囟/思”这组字形来记录使令动词“使”是战国中晚期楚人的特殊用字习惯。也就是说,虽然上引例句中的“囟/思”表达的是使令义,不过它们实际上记录的是语言中的使令动词“使”字而非思维动词“思”。

综上所述,以“思虑”为基本语义的“思”在先秦已经衍生出认识情态及动力情态的用法,至于近年出土的楚国简帛中表达道义情态的“思”实际上应是“使”的借字,因此,先秦的“思”并没有表达道义情态的功能。

4.11.2 “思”的情态演变途径

最后,我们将先秦情态动词“思”的演变途径图示如下(图 4-5)。

---

① 明确主张将这类“囟/思”读作使令动词“使”的学者包括孟蓬生(2003,2006)、陈斯鹏(2003)、陈伟(2003)、裘锡圭(2004)、沈培(2005)、大西克也(2006)及刘乐贤(2005)等,目前此说已得到多数学者认同。仍以“思”字读之者包括上博简各册之原考释者,如李零(2002:253,2004:263)、李朝远(2005:240-241)、濮茅左(2007:180,2008:204-205)、陈佩芬(2007:258,2008:174)及曹锦炎(2008:236)。将这类“囟/思”部分读为“使”,部分仍读为“思”者有陈剑(2005a,b)及周凤五(2006,2009)。

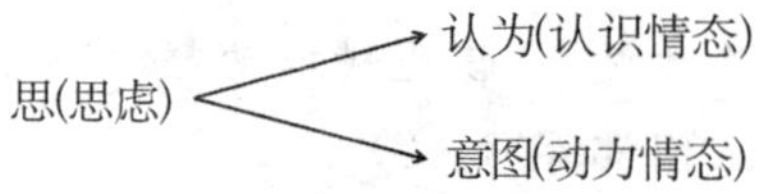

图 4-5 “思”的情态演变路径

4.12 虑

“虑”与前文探讨的“思”同样是一个与思维有关的动词，其基本语义为“思虑、考虑”，可以单用，如例(253)；可后接 NP，表示思虑、考虑的对象，如例(254)。“虑”后接 VP 时，表达的则是主语考虑去做的动作行为，如例(255)—例(256)。先秦的“虑”与“思”不同的是，“思”另发展出后接子句，表“认为”的认识情态，“虑”则只有表意愿、打算的动力情态用法。

(253) 以天下之心虑，则无不知也。(《管子·九守》)

(254) 故虞公之兵殆而地削者何也？爱小利而不虑其害。(《韩非子·十过》)

(255) 夫虑收亡齐、罢楚、敝魏与不可知之赵，欲以穷秦折韩，臣以为至愚也。(《战国策·赵策二》)

(256) 晋有臣不忠于其君，虑杀其主，谓之公过，诸公过之家，毋使得事君，此晋之过失也。(《管子·山权数》)

4.13 善

“善”在先秦多用作状态动词，表示人事物各方面之佳，在句法表现上与“能”用作状态动词时大致相同，后面可以不带任何成分，如例(257)—例(259)；也可后接“于”字补语，如例(260)—例(262)前半句；“于”字也可省用，如例(262)后半句—例(266)。

(257) 孟子曰：“今之学者，其性善。”(《荀子·性恶》)

(258) 秦欲伐齐，齐、楚之交善，惠王患之。(《战国策·秦策二》)

(259) 臣曰:“君之楚,将奚为北面?”曰:“吾马良。”臣曰:“马虽良,此非楚之路也。”……曰:“吾御者善。”“此数者愈善,而离楚愈远耳。”(《战国策·魏策四》)

(260) 宋向戌善于赵文子,又善于令尹子木,欲弭诸侯之兵以为名。(《左传·襄公二十七年》)

(261) 问道艺,曰:“子习于某乎? 子善于某乎?”(《礼记·少仪》)

(262) 昔者,周佼以西周善于秦,而封于梗阳;周启以东周善于秦,而封于平原。今公以韩善秦,韩之重于两周也无计。(《战国策·韩策三》)

(263) 江乙可谓善谋,安陵君可谓知时矣。(《战国策·楚策一》)

(264) 臣闻之,君子善谋,而小人善意。臣意之也。(《管子·小问》)

(265) 造父者,天下之善御者也,无舆马则无所见其能。羿者,天下之善射者也,无弓矢则无所见其巧。大儒者,善调一天下者也。(《荀子·儒效篇》)

(266) 吾闻西伯善养老者。(《孟子·离娄》)

在上面所引的例子中,例(257)的“善”指的是人性本质或品德方面的善,由于这类用法的“善”语义内涵已相当确定,因此后面通常不再带补语成分。例(258)的“善”指的是交情、交游之善,由于交情、交游必然涉及双方,因此在这类用法中,若将其中一方置于主语位置,则“善”后必须另接交游对象。交游对象可用“于”字引介,如例(260)及例(262)前半句;也可以省用,如例(262)后半句。在例(262)中,前半句“善”后用“于”引介,后半句则省用,可见我们将“善+NP”中的“NP”分析为补语是合理的。例(259)的“善”虽然也是用来形容人的,但这里的“善”指的却并非本质或品德一类的善,而是偏向指御者的驾车能力,亦即“擅长”之义,我们所指“善”的动力情态即由这类用法发展而来。前文探讨“能”的用法时曾经指出,“能”表示主语的能力或性能时往往可以后接补语来限定主语所“能”的范围,同样地,“善”

表示主语的能力或才能时也可以后接补语来限定主语所擅长的范围，例(261)是后接“于”字补语之例，句中“善于某乎?”的“某”指的即是主语具有的某种“道艺”方面的才能，例(263)—例(264)则为省用“于”字之例。在例(263)中，“善谋”与“知时”对举，“谋”可分析为名词，意为“谋略”。不过，先秦的“谋”也经常用作动词，因此，“善谋”也可以分析为动词。例(264)的“善谋”与“善意”对举，根据下文“臣意之”，其中的“意”应分析为动词，因此前句的“谋”也以分析为动词较为适当。例(265)的“善御”“善射”都还可以用名词及动词两种分析法，前者意为驾车及射箭的技巧，后者则意为驾车及射箭的行为，不过，最后一句的“调一天下”及例(266)的“养老者”则只能分析为动词，“善”则可分析为动力情态动词。

先秦的“善”虽然与“能”一样可后接VP表动力情态，不过“善”的主语只能是人名或国名，“善”也只能表示主语擅长VP所表示的动作或行为，并未像“能”一样继续往条件甚至认识或道义情态发展，因此始终停留在实义动词的阶段。

第五章
非典型情态动词(二)析论

本章探讨先秦非典型情态动词(二)的发展、演变及情态表达等相关问题。根据前文界定,非典型情态动词(二)指的是典型与非典型情态动词(一)之外的所有成员,包括可表达本书所界定的认识情态及道义情态且具有〔一来源〕语义属性的动词,以及具〔+来源〕语义属性动词中较少为学者所提及的成员,如"恐""惧""如""若""似""类"等。这类动词均非传统归为助动词或能愿动词的成员,本书根据它们可表达与情态相关的语义而归入此类。

在划定归入本章讨论范围的情态动词成员后,本章对这些情态动词的编排依序是:一、可表达认识情态中具有〔一来源〕语义属性的动词,包括"知""识""以为""谓""信""意""度""料""量""计""疑""恐"及"惧";二、可表达认识情态中具有〔+来源〕语义属性的动词,包括"如""若""似""类";三、可表达道义情态中具有〔一来源〕语义属性的动词,包括"命""令""使""劝""禁"及"许"。

5.1 知

与先秦汉语的"知"语义相当的是现代汉语的"知道",这个词在现代汉语的情态研究中有时不被视为情态动词,如谢佳玲(2002:86)指出,在"我知道他离开了"这句话中,"知道"的语义主要在呈现句中主语所知的讯息内容,与说话者对命题的保证程度无关;此外,当说话者使用“知道”时，他已经预设命题内容在现实世界已经成立，因此表达的与可能世界的概念无关。基于以上两点，谢佳玲认为“知道”应排除在认识情态动词范围之外。不过，关于“知道”与说话者对命题的保证程度问题，Lyons(1977:793 - 794)在探讨认识情态时指出，尽管知识与正确信仰之间的区别从柏拉图以来就是西方哲学史上悬而未决的问题，不过如果从一般角度来看，“X knows that *p*”(X 知道 *p*)即隐含了“X believes that *p*”(X 相信 *p*)。当 X 为说话者本身时，无论是“I know that *p*”(我知道 *p*) 或“I believe that *p*”(我相信 *p*)表达的都是说话者对 *p* 的真实性的承诺，且当他采用“知道”而非“相信”时，他所要表达的承诺度是更强的，也就是说，他是在宣称自己对于 *p* 真实性的信念是有坚实的基础的，因而他的判断是不容置疑的。其次，关于“知道”的命题内容与可能世界之间的关系，前引谢佳玲认为当说话者使用“知道”时，他已经预设命题内容在现实世界已经成立。不过，在现代汉语中，“知道”的命题内容除了上引“他离开了”这类在现实世界已经成立的事件外，也可以是对命题的推测或对未来的预期，如例(1)—例(2)。Lyons(1977:814 - 815)指出，许多哲学家认为我们无法对未来作任何陈述，因为我们对未来的世界状态不可能拥有真正的认识，有的只是信念而已。因此，任何对未来事件的描述都是主观情态的表达，也就是预期而非陈述。如果从这个角度来看，例(1)及例(2)所表达的也可以说是一种推测或预期，说话者使用“知道”一词，表达的是他对这种推测或预期的完全承诺态度。此外，沈家煊(1989:4)也引述 Haliday(1985)的说法，将“情态”定义为命题的肯定与否定两极之间的中间状态，包括“概率”(或然性)与“频率”。其中概率指的是判断命题真假之“可能—多半—肯定”的不同等级，在现代汉语中，能表达这类情态的词语形式包括动词、能愿动词及副词，其中“知道”即属于表达“肯定”等级的动词。最后，我们在前文 2.3.1.1小节中也曾指出，陈颖(2009:79 - 80)将现代汉语的“知道”归为“表示人类主观认识”的“认识动词”，并指出这类动词具有传信功能,可以体现说话者对所说内容真实性的评估。上述学者所指出的"知道"所表达的对命题真实性的承诺、概率或评估正是本书所界定的认识情态语义范畴,因此,我们认为将"知道"归为可表认识情态的动词应是可以接受的。

(1) 我知道我那封信一定还在别人手中。(北大语料库)

(2) 我知道你会回来的。(北大语料库)

先秦汉语的"知"与现代汉语的"知道"一样,后接的命题可以是主语预设在现实世界中已经成立的事实,也可以是对命题内容的推测或对未来的预期。例(3)—例(4)中"知"所接的命题都是主语预设在现实世界中已经成立的事实,这两个"知"的语义正如谢佳玲所说的主要在于呈现句中主语所知的讯息内容。例(5)中的命题"而(尔)无罪也"虽然也可以说是主语(在此例中即说话者)所预设的一个在现实世界已经成立的事实,不过在这句话中,"而(尔)无罪也"实际上是说话者推论或判断的结果,说话者使用"知"与其说是在呈现他所知的讯息内容,倒不如说他是在表达对听话者高度信任的态度。这种模糊性实际上就是前文所指出的,知识与信仰并不是可以清楚区别的。例(6)—例(7)中"知"的命题都是对未来事件的预期或推断,例(6)的"知"是晏子对于齐国将属于陈氏的推断,其后晏子并以大段论述说明他这个推断的根据。例(7)以下的引文则都已经明确指出句中主语对命题作出预期或推断的根据,如例(7)侍者因为自己老而无子,所以预测自己将来晚景凄凉;例(8)孟子认为圣人与众人同类,就如同人的脚形状都是相同的,因此他引龙子的话说:"不看清脚样去编草鞋,我准知道不会编成筐子。"[1]在这个例子中,"知"所表达的不仅是说话者对命题内容的推测,同时表达了一种强烈的保证态度,上引杨伯峻将这段话翻译为"准知道",我们认为这是符合这句话所

① 这句话的翻译引自杨伯峻(1987:261)。

表达的情态意义的。例(9)及例(10)均为史官之笔,作者借君子之口表达了自己对于历史事件的看法及评论,在例(9)中,君子根据“陈不救火,许不吊灾”来推断陈、许可能率先灭亡,例(10)则是君子根据鲁国没有派遣卿到齐国迎娶出姜,因而推断她在鲁国没有善终。以上这些例子里的“知”表达的都不仅是说话者所知的讯息内容,而是带有相当强烈的推论及确信意味,因此,我们认为将先秦动词“知”归入认识情态动词应该是可以成立的。

(3) 桓公知天下诸侯多与己也,故又大施忠焉。(《国语·齐语》)

(4) 辛垣衍起,再拜谢曰:“始以先生为庸人,吾乃今日而知先生为天下之士也。”(《战国策·赵策三》)

(5) 公遽见之,执其手,曰:“余知而无罪也,入,复而所。”(《左传·昭公二十年》)

(6) 叔向曰:“齐其何如?”晏子曰:“此季世也,吾弗知齐其为陈氏矣。”(《左传·昭公三年》)

(7) 侍者曰:“甚焉,小人老而无子,知挤于沟壑矣。”(《左传·昭公十三年》)

(8) 圣人与我同类者。故龙子曰:“不知足而为屦,我知其不为蒉也。”屦之相似,天下之足同也。(《孟子·告子上》)

(9) 陈不救火,许不吊灾,君子是以知陈、许之先亡也。(《左传·昭公十八年》)

(10) 逆妇姜于齐,卿不行,非礼也。君子是以知出姜之不允于鲁也。(《左传·文公四年》)

先秦汉语的“知”和现代汉语的“知道”虽然语义大致相当,不过二者在情态的表达上仍有相当大的差异。前文曾经指出,“知”与“知道”所接的命题内容都可以是主语或说话者预设在现实世界中已经成立的事实,也可以是主语或说话者对命题的推测或对未来事件的预期。关于前者,“知”与“知道”二者并无明显差异,后者则有明显不同。在现代汉语中,如果"知道"所接的命题不是主语或说话者预设在现实世界中已经成立的事实,而是主语或说话者对未来事件的推断或预期,那么这个命题中一般必须出现相应的情态表达形式,如例(1)中表达推论的"一定"及例(2)中表达预期的"会",如果没有这些情态表达形式,"知道"所接的命题就只能理解为已经成立的事实。也就是说,尽管"知道"所接的命题也可以是一种推断或预期,不过在整个句子中,这些推断或预期是由命题中的"一定"或"会"等情态词来表达,而不是由"知道"来表达。因此,现代汉语的"知道"即使如 Lyons 所说与情态表达有关,它也只能表达主语或说话者对命题真值的强烈保证,而不能表达主语或说话者对命题的推测或预期。与现代汉语"知道"不同的是,先秦的"知"即使后面所接的命题是主语或说话者的推断或预期,这些命题本身也可以用不包含情态词的断言形式来表达,如上引例(7)—例(10)。这些例子由于命题本身没有任何情态表示,而整个句子又非对已经存在的事实的断言,因此句子中的"知"就担负起情态表达的功能。也就是说,先秦汉语中"知"所表达的推测或预期等情态并非它词义本身内含的,而是在语境中衍生出来的。

5.2 识

先秦动词"识"也可后接 VP 或主谓结构(以下简称"'识',字句"),表达与"知"后接 VP 或主谓结构(以下简称"'知',字句")时相当的语义,如例(11)—例(15)。

(11) 夫上不谏上,下不顾民,退处山谷,婴不识其何以为成行义者也。(《晏子·内篇问下》)

(12) 孟子去齐。尹士语人曰:"不识王之不可以为汤武,则是不明也;识其不可,然且至,则是干泽也。"(《孟子·公孙丑下》)

(13) 齐将求九鼎,周君又患之。颜率至齐,谓齐王曰:"周赖大国之义,得君臣父子相保也,愿献九鼎,不识大国何涂之从

而致之齐?”(《战国策·东周策》)

(14) 孟子将朝王,王使人来曰:“寡人如就见者也,有寒疾,不可以风。朝将视朝,不识可使寡人得见乎?”(《孟子·公孙丑下》)

(15) 万章曰:“父母使舜完廪,捐阶,瞽瞍焚廪。……不识舜不知象之将杀己与?”(《孟子·万章上》)

先秦“识”与“知”的语义及用法有相似之处,除上引各例之“识”都和“知”一样可以用现代汉语的“知道”来对译外,在先秦汉语中,“识”和“知”也可以用于上下两个语义相当的对句中,表达大致相同的语义,如例(16)—例(17),此外,在传世文献与出土文献相当的段落中,也有“知”与“识”互作的例子,如例(18)—例(20)。

(16) 孔子曰:“彼假修浑沌氏之术者也;识其一,不知其二;治其内,而不治其外。”(《庄子·天地》)

(17) 故知礼乐之情者能作,识礼乐之文者能述。(《礼记·乐记》)

(18) 今韩受兵三年矣,秦桡之以讲,韩知亡,犹弗听,投质于赵,而请为天下雁行顿刃。以臣之观之,则楚、赵必与之攻矣。此何也?则皆知秦之无穷也,非尽亡天下之兵而臣海内之民,必不休矣。(《战国策·魏策三》)

(19) 今韩受兵三年,秦桡以讲,识亡不听,投质于赵,请为天[下雁]行顿[刃,楚、赵]必疾兵。皆识秦[之欲无]穷也。非尽亡天下之兵而臣海内,必不休。[马王堆汉墓帛书(叁)《战国纵横家书·朱己谓魏王章》]

(20) 今韩受兵三年,秦桡之以讲,识亡不听,投质于赵,请为天下雁行顿刃,楚、赵必集兵,皆识秦之欲无穷也,非尽亡天下之国而臣海内,必不休矣。(《史记·魏世家》)

虽然先秦动词“识”的语义及用法有时与“知”相当,均可表达主语对人事物的察觉或认知,不过,根据我们对先秦文献中这两个词的用例考察,我们认为二者的基本语义及用法仍有若干差异,所表达的情态也有所不同。例(21)—例(23)与上引例(16)—例(17)同为"识"与"知"在上下文中共现的例子,如果仔细分析这些句子的文义,可以发现这些"识"与"知"并非一组语义相当可以互用的词,而是表达了不同的语义。"识"所表达的语义大致属于耳目等感官方面的察觉或辨识,而"知"则更接近心智上的认知了解。

(21) 夫人子之相似者,其母常识之,知之审也。(《吕氏春秋·疑似》)

(22) 故闻之而不见,虽博必谬;见之而不知,虽识必妄;知之而不行,虽敦必困。(《荀子·儒效》)

(23) 魏将与秦攻韩,朱己谓魏王曰:"……今大王与秦伐韩而益近秦,臣甚或之。而王弗识也,则不明矣;群臣知之,而莫以此谏,则不忠矣。"(《战国策·魏策三》)

例(21)的意思是,自己的儿子虽然面貌相似,但身为母亲的通常都能分辨出来,这是因为他们对自己的儿子有深刻的了解。例(22)"见之而不知,虽识必妄"中的"识"与"见"对应,意即"见"后能"识",可见"识"表达的是一种视觉感官上的察觉。"见之而不知,虽识必妄"的意思是,如果只用眼睛看,而内心没有真正的认知了解,那么这种"识"必定是虚妄的。例(23)中"识"与"知"的语义差别虽然表现得不如前两例明显,不过说话者"朱己"在前后使用这两个词时,意义仍是有所区别的。"王弗识也"指的是王没有察觉伐韩之害;而"群臣知之,而莫以此谏"指的则是群臣心里明明很了解伐韩之害,却没有人向王提出谏言。在这个例子中,"识"表达的应是较为表层的"察觉",而"知"表达的则是较为深入的"了解"。

综上所述,我们认为先秦动词"识"的本义应是由感官察觉而来的"知",而"知"则是由内心思索而来的"知","知"所表达的"知"可说是在"识"的基础上经过更深一层的省思后所形成的内心真正的理解与认知。

由于先秦动词"知"与"识"的语义有别,因此,"知"字句与"识"字句所出现的句式及所表达的情态也有不同。根据我们对21部先秦后期文献粗略地统计,在先秦的"知"字句中,肯定句约占57%,否定句约占26%,疑问句约占14%,否定疑问句约占3%;而在"识"字句中,否定疑问句占73%,其余否定句、疑问句及肯定句各占9%。从以上的统计数值可以看出,先秦动词"知"与"识"后接VP或主谓结构时的句式分布有很大的差异,"知"字句以肯定句为主,其次为否定句,疑问及疑问否定句相对较少;而"识"字句则以否定疑问句为主,其余句式均相当少见。前文指出,先秦动词"知"表达的是个人内心真正的理解与认知,因此"知"后接由VP或主谓结构所构成的命题时,经常可以表达主语对这个命题的肯定、推断或保证;而先秦"识"表达的主要是感官上的察觉或辨识,由于这种察觉或辨识只是诉诸感官而非真正的理解,因此"识"在后接由VP或主谓结构所构成的命题时,很少用来表达主语的肯定、推断或保证,而多用来表达主语的不肯定态度。上引例(11)是笔者所考察的先秦传世文献中唯一用"识"来表达第一人称主语强烈主观否定态度的例句。例(19)是出土文献中的例句,其中"识"表达的是主语较强烈肯定的态度。例(12)第二个"识"虽用于肯定句,不过由于出现在假设语境中,因此表达的并非实质的肯定态度。例(13)—例(15)是先秦"识"字句的主要用法,也就是用于否定疑问句中。这类用法与其说是表达了主语对命题内容的不确定态度,不如说是表达了主语委婉谦敬的态度,也就是属于一种语用策略,如例(13)"不识大国何涂之从而致之齐?"表达的并非说话者颜率对"大国何涂之从而致之齐"这个问题的不确定态度,而是藉由这种不确定的语气委婉地表达对这个问题的询问之义。例(14)的"不识可使寡人得见乎"除了表达说话者的委婉询问语气外,更进一步表达了梁惠王对孟子"使寡人得见"的委婉请求。先秦的"知"虽然也可表达说话者委婉的询问态度,不过用例相当罕见,如例(24)。至于表达委婉请求的用法,在笔者的考察范围内则并未发现。

(24) 公输子善其巧，以语子墨子曰："我舟战有钩强，不知子之义亦有钩强乎?"(《墨子·鲁问》)

上引例(15)"不识舜不知象之将杀己与"是"不识"与"不知"同现的例子，在这个例子中，"不识"表达的是说话者万章对老师孟子的委婉询问之义，而"不知"表达的则是主语"舜"对"象之将杀己"这个事件的未能认知与了解之义。在这个"不识"与"不知"同现的例子中，我们更能清楚看到二者在语义及用法上的区别。

最后，蒋绍愚(2007)指出，"识"在先秦时就有"知道"义，如前引诸例，其后"识"在古代文献中并没有发展出助动词的用法。在现代粤语中，"识"除可用作动词，表"知晓"义外，也可用作助动词，如"我识游泳""狗识咬人"等。不过，"识"的这类用法只能后接具有类指性的动词，尚未如"会"或"解"一般发展出后接非类指性的动词及表可能等语义的用法。

5.3 以　为

5.3.1 关于"以……为"的问题

先秦动词"以为"可以表达与现代汉语的"以为"或"认为"大致相当的语义，也就是表达主语或说话者对命题真值的认知态度，如例(25)—例(30)。

(25) 寡君以为苟有盟焉，弗可改也已。若犹可改，日盟何益?(《左传·哀公十二年》)

(26) 椒举娶于申公子牟。子牟有罪而亡，康王以为椒举遣之。椒举奔郑，将遂奔晋。(《国语·楚语上》)

(27) 臣以为燕、赵可法，而宋、中山可毋为也。(马王堆帛书《战国纵横家书》)

(28) 孟子曰："夫夷子，信以为人之亲其兄之子为若亲其邻之赤

子乎?”(《孟子·滕文公上》)

(29) 吾以为夫子无所不知,夫子徒有所不知。(《荀子·子道》)

(30) 始吾以为天下一人耳,不知复有夫人也。(《庄子·天地》)

在上面的例句中,“以为”均可分析为可带 VP 或句宾的及物动词,这点大致没有疑问。不过,先秦由“以”与“为”所构成的组合相当复杂,除了上引基本已凝固成词的“以为”外,还有其他许多不同的用法,如例(31)—例(34)。在这些例句中,“以”与“为”或连用,或拆用。无论连用或拆用,“以”与“为”都只是一组固定的共现结构,其中“以”一般分析为介词,“为”分析为动词。“以为”连用者,则“以”所引介的成分或前置,或删略,如例(31)—例(32)及例(33)最后一句中的“以为”。

(31) 子曰:“色难。有事弟子服其劳,有酒食先生馔,曾是以为孝乎?”(《论语·为政》)

(32) 一乡皆称原人焉,无所往而不为原人,孔子以为德之贼,何哉?(《孟子·尽心下》)

(33) 晋国有难,而无以尹铎为少,无以晋阳为远,必以为归。(《国语·晋语九》)

(34) 不量轻弱,而欲以齐为事。(《战国策·燕策二》)

关于各类“以(……)为”的问题,历来学者有相当多的讨论。《马氏文通》将上述“以为”分为两类:一类做“谓辞”,即上引例(25)—例(30)这类表“认为”义的动词;另一类为“以此为彼”,即上引例(31)—例(34)这类“以为”可拆用,且“以”为介词、“为”为动词的用法。[①]

马建忠虽然指出“以(……)为”的这两种不同用法,不过他并未

---

① 《马氏文通》原文是:“‘以为’二字有两解:一作谓辞者(吕叔湘注:‘谓辞’即指有‘认为’义的动词),则‘以为’二字必联用;一作以此为彼者,则‘以为’二字可拆用,而‘为’字先后两语必同次。”(吕叔湘,王海棻 2005:149)。又:“‘以为’二字,有解作谓辞者,有解作‘以此为彼’者,前论同次已言之矣。解作‘以此为彼’者,则‘为’字为断词,其后即为表词,书籍中最为习用。至‘以’字司词,可先可后,或言或不言,又详于介字篇内,此非所论也。”(吕叔湘,王海棻 2005:184),关于《马氏文通》这两段话的详细说解,可参考巫宜静(2007:8-10)

进一步分析各类“以(……)为”的语义及其发展演变。其后，学者们对各类“以(……)为”的语义及演变做了相当多的研究，提出了许多不同的看法。

首先，根据巫宜静(2007:8－18)的分析归纳，学者们提出的“以(……)为”的语义包括“意动”(王力 1937)、“使成”(何一寰 1966)、“使令”(崔棠华 1966)、“致动”(刘景农 1959/2003)、“任命”(谭世勋 1985)及“当作/充当”(何一寰 1966;谭世勋 1985)等，并有若干用法的“以”非介词或“为”非动词，因此与“以(……)为”结构之用法无关。

其次，关于“以(……)为”的句式结构，巫宜静(2007:18－30)指出，学者多认为在表意动及使成的“以(……)为”式中，“为”为动词，“以”则有介词或动词两种不同的看法，至于整个“以(……)为……”式则有状谓式、兼语式或动宾式等不同意见。[①]

最后，关于双音动词“以为”的来源及演变，王力(1937/1990:369－371)所指出的发展路径为：型甲“以……为[动作]NP”＞型己“以……为[意动]NP”＞型庚“以……为[意动]AP(nom)[②]”＞型辛“以为[意动]S”。型甲中的“为”动作性甚重，是表现于外的动作；型己以下的“为”动作性甚轻，为意念中的动作，故称“意动”。型辛中的“以”字失去介词性而与“为”字合并为“以为”，表意动，后接子句为其目的格。

其后，多数学者认为紧邻式“以为”来自分离式“以甲为乙”，由于甲成分的前移、后置或省略，从而变化出“甲以为乙”“以甲为乙”“以为甲乙”等句式。此外，“以甲为乙”句式中的乙成分也可前移至句首。[③] 姚

---

① 对于“以(……)为”的句式结构提出意见的学者包括王力(1937)，史震己(1980)，唐启运(1988)，崔棠华(1981)，易孟醇(1989:238－242)，辛志凤(2000)，王鸿滨(2002)，谭世勋(1985)，张宇恕(1989)，傅继宗(1990)，薛儒章(1991)，杨伯峻，何乐士(1992:605－607)等，可参考巫宜静(2007:18－30)。

② 意思为带名词性的形容词或形容词短语。

③ 主张此说的学者包括斯尔螽(1980)、崔棠华(1981)、楚永安(1986:420－426)、唐启运(1988)、张宇恕(1989)、赵大明(1998)、高明(1999)、傅继宗(1990)、方有国(1993,2002:215－227)及刘川民(1994)等。

振武(1997)与王鸿滨的看法则与上述学者不同,二人均认为“以为”演变的路径是:甲以为乙>以甲为乙>以为甲乙。巫宜静(2005)同意姚振武(1997)的说法,并在他的基础上进一步指出,“以甲为乙”可能是基于类推平整(analogical levleing)而由“甲以为乙”产生的。此外,她提出语义和句式分工的假设来说明上古至今“以为”的演变。最后,巫宜静(2007)在上述各家研究的基础上,对“以为”的历史演变做了全面的探讨,包含“以为”词汇化的发展与成因等。关于“以为”的来源及演变问题,我们将在下文做较详细的论述。

由于本节的讨论重点为情态动词“以为”的形成、演变及情态表达类型,而与这个问题相关的“以(……)为”基本仅限于上述学者所指出的具有“意动”义的一类①,因此我们以下仅探讨这类“以(……)为”发展为情态动词“以为”的过程,及“以为”在先秦所表达的情态类型。

5.3.2 “以为”的形成与演变

关于情态动词“以为”的形成过程,我们基本同意姚振武(1997)的说法。姚振武(1997)将先秦的“以为”分为两类,第一类“以为 a”,“以”和“为”只是表面相连,实则分属不同语法层面,如例(35)“是以为刺”即“以是为刺”之义,其中“是”为指称$_1$,“刺”为指称$_2$(这类句式可称为前置式);第二类“以为 b”是单词“认为”的意思,“以为”不能拆开,其后只能是陈述性成分,如例(36)(这类句式可称为后置式)。姚振武指出,虽然“以为 a”与“以为 b”的性质完全不同,不过“以为 b”应是从“以为 a”逐步演变而来的,演变的途径是:首先,在春秋晚期,“以为 a”中介词“以”的前置宾语(即指称$_1$)移至“以”与“为”之间,如例(37)—例(38),其中例(37)的指称$_2$为名词性成分,例(38)的指称$_2$为

① 这类“以(……)为”也是姚振武(1997)主要探讨的对象。姚振武认为这类“以……为”中的“为”通常解释为“当作”“算作”“成为”“是”,它们的共同特点是“前后必须是指称性成分,而后面那个指称性成分又是对前面那个指称性成分的指称”。

指称化了的谓词性成分(这类句式可称为中置式)。其次,当例(38)这类指称$_2$为谓词性成分的中置式,其指称$_1$进一步移至"为"之后,其指称$_2$便恢复陈述性,而"以""为"便凝固为"以为 b"了,如例(38)"先君以寡人为贤",若将"寡人"后置则为"先君以为寡人贤",句中的"以为"即为"以为 b"。

(35) 维是褊心,是以为刺。(《诗经·魏风·葛屦》)

(36) 邹人与楚人战,则王以为孰胜?(《孟子·梁惠王上》)

(37) 天将以夫子为木铎。(《论语·八佾》)

(38) 先君以寡人为贤,使主社稷。(《左传·隐公三年》)

姚振武(1997)同时指出,由于先秦介词"以"后面所引介的宾语经常可以省略,如例(39)"君以为易"乃前句"君以治国为易"之省,因此,如果没有足以识别的语境,这类句式中的"以为"究竟为"以为 a"或"以为 b"有时不易区分,如例(40)—例(41)。姚振武根据他对先秦语料的考察指出,"以为 b"式在成书于战国中期的《墨子》才出现,因此凡早于《墨子》的语料,如《左传》《国语》中的这类句式均应分析为"以为 a",如例(40),而《墨子》后的语料则可以用两可的分析,如例(41)。

(39) 文公问于郭偃曰:"始也,吾以治国为易,今也难。"对曰:"君以为易,其难也将至矣。君以为难,其易也将至焉。"(《国语·晋语四》)

(40) 及齐,齐桓公妻之,有马二十乘。公子安之,从者以为不可。(《左传·僖公二十三年》)

(41) 臣闻魏氏悉其百县胜兵,以止戍大梁,臣以为不下三十万。(《战国策·魏策三》)

虽然我们基本同意姚振武对"以为"形成过程的说法,不过,关于"以为 a"的中置成分省略与"以为 b"之间的关系,我们认为这个问题仍有进一步探讨的空间。首先,姚振武认为"以为 b"式在《墨子》中才产生，不过何乐士(1988/2000：70－71)及巫宜静(2007：118)均已指出，《左传》与《国语》中已出现应分析为表“认为”义的“以为”，如上引例(25)—例(26)。其次，就目前学界的研究成果来看，先秦典籍的流传、成书及其语言所反映的时代仍只是一个相对的先后，而语言的演变理应经历一段较长的过渡阶段，因此，要明确地指出语言中的某个用法产生于哪一个具体的年代或哪一本具体的文献恐怕是有困难的。第三，先秦汉语在特定语境中，主宾语的省略或隐含都是常见的现象，就“以为”的情况来说，例(40)固然可以分析为“从者以(公子安之)为不可”的宾语省略式，但也容许分析为“从者以为(公子安之)不可”的主语省略式。我们认为，在语言的实际使用中，当省略或隐含的句式经常出现，语言的使用者就可能逐渐不再意识到它原有的省略或隐含成分，而在新的形式上进行结构的重新分析，尤其在上引例(26)—例(30)这类“以为”带主谓宾语的句式出现之后，原先的“以为＋VP”句式也更容易由宾语省略被重新分析为主语省略。因此，我们认为，“以为 b”的产生除了姚振武所指出的途径之外，宾语省略的“‘以为 a’＋VP”也可能经由“以为”的固化而重新分析为“‘以为 b’＋VP”。

上古汉语“以为”后接句宾的演变除了姚振武(1997)所提出的“甲以为乙＞以甲为乙＞以为甲乙”的途径外，巫宜静(2007：123－124)也提出了其他可能发展的途径：一是乙成分由名词组、状态性动词组、动作性动词组、多重无外显主语假设句而到有外显主语完整句的自主发展；二是受到“以”与“为”逐渐吸收表意动的“以(……)为”这个特殊构式语义的影响，也就是说，在表意动的“以(……)为”这个特殊构式中，“以”与“为”都在个别的词汇语义中添加了意动义，例(42)—例(43)为“以”表意动义，例(44)—例(45)为“为”表意动义。由于“以”与“为”皆有意动义，因此使得“以”与“为”不再遵守原先“以”带认知或评论对象，而“为”带认知评论内容的功能区分，“以为”便被视如近义词连用而能带句宾。

(42) 于是诸侯之大夫戍齐，齐人馈之饩，使鲁为其班。后郑。郑忽以其有功也，怒，故有郎之师。(《左传·桓公六年》)

(43) 臣诚知不如徐公美，臣之妻私臣，臣之妾畏臣，臣之客欲有求于臣，皆以美于徐公。(《战国策·齐策一》)

(44) 使皇武子辞焉，曰："吾子淹久于敝邑，唯是脯资、饩牵竭矣，为吾子之将行也，郑之有原圃，犹秦之有具囿也，吾子取其麋鹿，以闲敝邑，若何？"(《左传·僖公三十三年》)

(45) 管仲，曾西之所不为也，而子为我愿之乎？(《孟子·公孙丑上》)

巫宜静(2007)所指出的第一个发展途径与王力(1937)的观点有类似之处，也就是以"为"后接成分之不同性质来作为"以(……)为"发展的指标，我们认为这种发展途径可与姚振武(1997)所提出的途径并存。诚如前文检讨姚振武说法时所指出的，在例(40)"公子安之，从者以为不可"这类句式中，尽管从语言发展的角度看，早期可能较倾向于分析为"从者以(公子安之)为不可"的宾语省略式，不过，这种句式也同时可分析为"从者以为(公子安之)不可"的主语省略式。前文指出，当一个语言形式容许两可分析时，往往意味着它有向另一个方向发展的可能。也就是说，当说话者将这类句式理解为主语省略式时，下一步就可能发展出有外显主语的完整子句了。至于巫宜静(2007)所指出的"以"与"为"分别吸收了原属于"以(……)为"这个特殊构式语义中的意动义，因而影响了二者在构式中的功能的说法，我们则仍持保留态度。理由是，就巫宜静(2007)所提出的"以"与"为"单独表意动之"以为"义的例子来看，这类用例在先秦是相当罕见的，少数的几个用例在理解上也时有歧义①，而理解上较无歧义的例句，其同时语料中"以为"后接句宾的用法已发展得相当成熟，因此，要说"以为"后接句宾的用法受到"以"与"为"表意动义的影响似

① 如例(42)及例(44)都有学者持不同看法，可参考巫宜静(2007:84－86,126)。

乎较为牵强。

5.3.3 “以为”的情态表达类型

巫宜静(2007:1,143-144)探讨现代汉语“以为”的语义时指出，现代汉语的“以为”可表示两种意思：一是“错误地认为”，二是“认为”。前者表达说话者对认知者认知内容有误的评价，如例(46)，这种用法为现今口语绝大部分的用法；后者表达说话者对认知者认知内容如实地报道，如例(47)，这种用法可能仅占现今口语1%的用例。她同时指出，在民国以前，“以为”原与“认为”同样是表说话者报导的动词，在语境中无其他表评价的成分时，“以为”表说话者对认知者认知内容如实地报道；当语境中包含其他表评价的成分时，“以为”亦可解读为“误认为”，不过此时之评价义来自句中其他解释成分，而非本身的词汇意义。民国以后，“以为”逐渐发展为表“误认为”的评价义，且其评价义已内化为“以为”本身的词汇语义属性，而非由句中其他成分提供。

(46) (你来了!)我以为你不来了。

(47) 我个人以为这样行不通。

根据我们的考察，先秦“以为”所表达的情态类型与上引巫宜静(2007)所指出的民国以前的“以为”大致相同，亦即主要表达说话者对认知者认知内容如实地报导，如上引例(25)—例(27)及例(36)，其中例(27)之主语为第一人称，说话者与认知者重合，因此这类用法也可以说是表达说话者本身对后接命题的认知。此外，“以为”也可表达“错误地认为”，亦即表达说话者对认知者认知内容有误地评价，如上引例(28)—例(30)。如前所述，这类“以为”中的评价语气并非词汇本身的语义属性，而是来自句中的其他解释成分，例(28)的评价态度是来自句中的反诘语气，例(29)—例(30)则是来自说话者对自己的认知内容与事实不合的察觉。

5.4　谓

5.4.1　"谓"的语义及情态发展

先秦动词"谓"在上古标记语料库词类系统中归为"复杂双宾动词",这类动词需带两个宾语,且其中一个宾语是动词组或可以是动词组。"谓"在先秦的用法相当复杂,李佐丰(2003:62－123)将它的各项用法分别归入祈使动词、引语动词及分类动词三类。祈使动词"谓"的特点是可以带双宾语,其下又分为两小类,一类表祈使、告知,如例(48);另一类表命名,如例(49)。引语动词"谓"的特点是带宾语之后再带引语,宾语表示听话的一方,引语前可以加"曰",如例(50),也可以不加"曰",如例(51)。分类动词"谓"主要表示主观认识(如抽象概念、道理等)与客观现实(指具体事物、事实及意指对象)之间的一致关系,可用来命名、说明、判断及评论等,如例(52)—例(53)。此外,李佐丰(1991)对《左传》引语动词"谓"的用法有较深入的论述,他指出,"谓"作引语动词的基本意义是"对……说"和"告诉",其用法除例(50)—例(51)这类先带表示听话一方的宾语后再带引语外,"谓"所带的引语也可以是一些评论性的言语,这类引语的主语一般是"君子""孔子"等,带这类引语时,"谓"后通常不带宾语,如例(54)。除了带直接引语外,"谓"也可以带一般的主谓性宾语,这类宾语陈述的是人、物的行为、变化、状态、性质等,在陈述中往往反映了说话者的主观认识及看法,如例(55)—例(56)。

(48) 宣王问曰:"或谓寡人勿取;或谓寡人取之,……取之何如?"(《孟子·梁惠王下》)

(49) 二五卒与骊姬谮群公子而立奚齐,晋人谓之二五耦。(《左传·襄公二十八年》)

(50) 周公谓鲁公曰:"君子不施其亲,不使大臣怨乎不以。"(《论语·微子》)

(51) 陈僖子谓其弟书:“尔死,我必得志。”(《左传·襄公十一年》)

(52) 弃同即异,是谓离德。(《左传·襄公二十九年》)

(53) 夫摇镜则不得为明,摇衡则不得为正,法之谓也。(《韩非子·饰邪》)

(54) 君子谓:“子产于是乎知礼。礼,无毁人以自成也。”(《左传·昭公十二年》)

(55) (子西)曰:“臣免于死,又有谗言,谓臣将逃。”(《左传·文公十年》)

(56) 仲尼闻是语也,曰:“以是观之,人谓子产不仁,吾不信也。”(《左传·襄公三十一年》)

朱承平(1988)对先秦“谓”字句的分析与李佐丰不同,除了例(50)—例(51)这类先带表示听话一方的宾语后再带引语的用法在文中未见讨论外,朱承平认为上述“谓”的其他各类用法都是带双宾语的“谓 AB”式由于 A、B 在“谓”字前后的位置变化所造成的不同形式。当 B 为名词时,“谓 AB”式可表对人、物的称谓或命名,如例(57);也可表对人、物进行品评或议论,如例(58)。当 B 为形容词[如例(59)]、动词[如例(60)]或主谓词组[如例(61)]时,“谓 AB”式只能表评论。

(57) 楚人谓乳谷,谓虎于菟。(《左传·宣公四年》)

(58) 子谓薛居州善士也。(《孟子·滕文公下》)

(59) 维此哲人,谓我劬劳。(《诗经·小雅·鸿雁》)

(60) 子庚叹曰:“君王其谓午怀安乎!吾以利社稷也。”(《左传·襄公十八年》)

(61) 知我者,谓我心忧。(《诗经·王风·黍离》)

我们认为“谓”在先秦有表达认识情态的用法,指的主要是例(54)—例(56)及例(60)—例(61)这类“Subj 谓 AB”句式。在这类句式中,“谓”前有主语 Subj 表示其态度或观点的来源,A 为主语评论的对象,B 则为评论的内容。关于这类句式的结构,前述二位学者有不同的看法,朱承平认为是双宾式,A、B 均为“谓”的宾语,其结构与例(49)相同;李佐丰则认为 AB 为主谓结构,充当“谓”的宾语。我们认为这两种分析都有其合理之处,事实上,汉语中这类动词后接 NP 再接 VP 的“兼语句”句式究竟应如何分析,历来就是一个争论不休的问题,我们不拟对这个问题作全面的论述,这里只就“谓”与情态表达有关的用法作一些简单的探讨。

先秦动词“谓”是一个与言说有关的动词,在“Subj 谓 AB”的句式中,根据“谓”后所带宾语的性质,“谓”的语义可分为两类:第一类宾语为听话者,这类“谓”的基本语义为“告知”;第二类宾语是“谓”所描述的对象,这类“谓”的基本语义为“称说”,具体语义可以是命名、品评或议论等。

第一类“谓”包括例(50)—例(51)及例(62)—例(63)。这类“谓”又可分为两小类:第一小类只涉及主语对宾语的话语讯息传递,与情态表达无关,如例(50)—例(51);第二小类主语在传递讯息时同时蕴含对宾语执行话语内容的期望或要求,这类表达即我们所界定的道义情态,如例(48)及例(62)—例(63)。我们认为,“谓”的这类道义情态用法应是在传递讯息用法的基础上在语境中衍生出来的,也就是主语由原本对宾语的言语告知行为,衍生出对宾语实际行动的要求。不过这类用法只是语境中的临时衍生,“谓”并没有真正发展成一个道义情态动词。

(62) 宋之盟,君实亲辱。今吾子来,寡君谓吾子姑还。(《左传·襄公二十八年》)

(63) 逢大夫与其二子乘,谓其二子无顾。(《左传·宣公十二年》)

第二类“谓”包括例(49)及例(52)—例(61)。例(49)“晋人谓之二五耦”的“谓”为双宾动词，“之”为近宾语，表示命名的对象，“二五耦”为远宾语，表命名的内容，对于这类句式的分析，学者一般没有异议。不过，李佐丰(1991)将例(54)分析为“君子谓”后面不带宾语，而以“子产于是乎知礼”为引语内容，这个说法则未必为学者共识。以杨伯峻《春秋左传注》为例，相同的句式在书中即有许多不同的断句方式，例(64)之断句方式与李佐丰同，“子重”为引语内容的主语；在例(65)的断句方式中，“子产”应分析为“谓”的宾语，也就是“谓”所评论的对象，“于是行也”以下则为远宾语，乃以引语形式呈现君子评论的内容；例(66)的断句方式是将这类句式视为一般的叙述句，可以容许上述两种不同的分析方式。不过，在我们看来，这类句式与李佐丰归为主谓性宾语的例(56)“人谓子产不仁”在句法上并没有实质的差别。

(64) 君子谓“子重于是役也，所获不如所亡。”(《左传·襄公三年》)

(65) 仲尼谓子产：“于是行也，足以为国基矣。”(《左传·昭公十三年》)

(66) 君子谓子产于是乎知礼。礼，无毁人以自成也。(《左传·成公十八年》)

我们认为，上引这些“Subj 谓 AB”句式，当 A 为可当主语的名词性成分、B 为评论内容时，这种句式大多可以用双宾及主谓性宾语两种不同的分析方式，这种现象可说是“谓”由双宾动词向认识情态动词演变的表现。在“Subj 谓 AB”这个句式中，只有当 AB 可以分析为主谓命题时，“谓”才能算是一个真正的认识情态动词。

除了句式的发展外，“谓”由言说动词引申出表达认识情态的功能，这也是符合语言主观化发展过程的。李明(2003a)引述 Sweetser (1990)及 Haer(2000)的研究指出，表感知的词向表认知引申是世界许多语言的趋势，而汉语言说动词向认知动词的引申也可与这个趋势类同,都是属于“以身喻心”的隐喻。

“谓”由言说动词发展出表达认识情态的功能,这个过程在先秦已经完成。上引“君子谓”诸例为史官引述君子对人物史实的评论,其中“谓”的言说动词义仍相当明显,例(55)—例(56)都可以有两可的解释,“谓臣将逃”可以理解为“有人说我将会逃走”,也可以理解为“有人认为我将会逃走”;“人谓子产不仁”可以理解为“有人说子产不仁”,也可以理解为“有人认为子产不仁”。不过在例(60)及例(67)中,“谓”已经几乎没有言说动词的意义,只能理解为表达认识情态的“以为”或“认为”了。这两个例子中的“谓”出现在有测度意味的疑问句中,句中共现的情态副词“其”及“毋乃”更加强了“谓”与情态表达的关联。例(68)及例(69)的“谓”则是出现在与现在事实相反的过去虚拟句中,虚拟句与情态表达关系密切,这一点已在前文多次论及,此处不再赘言。

(67) 尔闻巷路之言,毋乃谓丘之答非与?(《上博二·鲁邦大旱》)

(68) 臣谓君之入也,其知之矣。若犹未也,又将及难。(《左传·僖公二十四年》)

(69) 吴王夫差还自黄池,息民不戒。越大夫种乃唱谋曰:“吾谓吴王将遂涉吾地,今罢师而不戒以忘我,我不可以怠。”(《国语·吴语》)

5.4.2　“谓”的情态演变途径

最后,我们将先秦情态动词“谓”的演变途径图示如下(图 5 - 1)。

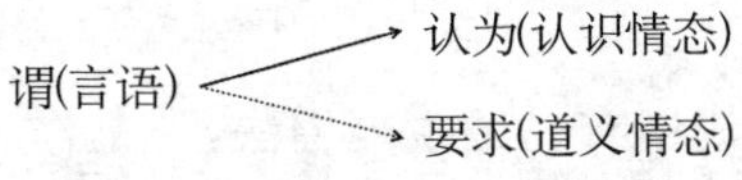

图 5 - 1　“谓”的情态演变路径

5.5 “以为”“谓”“思”的比较

先秦的“以为”“谓”及“思”三个动词都可以表达与现代汉语之“认为”相当的语义，其中“以为”是由表意动的分离式“以（……）为”发展而来的，“谓”是由表言说的动词发展而来的，而“思”则是由表思维的动词发展而来的。这三个动词虽然在先秦均已发展出表认识情态的语义，不过，由于“谓”所表达的认识情态只是由表达言说的“谓”在语境中的引申，也就是由主语的实际言说行为引申出表达主语对言说内容的认知，而表达言说的语义无论是在先秦或在其后的汉语中都仍是“谓”的主要用法，因此，“谓”表达认识情态的用法在先秦以后并没有进一步的发展。

“思”在先秦主要是表思虑的动词，其后接宾语即为“思”的思虑内容。我们将“思”后接句宾的用法归为情态动词，主要是因为它符合本书对情态动词在形式上的界定，且在语义上也与认识情态中的认知语义有关。不过，“思”的这类用法在先秦实际上是相当罕见的，在我们所考察的文献中，仅《孟子》及《管子》有这类用例，且数量不多。与“谓”的情况相似，“思”表达认识情态的用法在先秦以后也没有进一步的发展。

“以为”的情况与上述两个动词不同。根据前文的论述，“以为”是由表意动的分离式“以（……）为”发展而来的，由于这个构式从一开始表达的就是与主语认知有关的语义，当它发展为表认知的情态动词“以为”后，这个语义更成为它唯一的用法，因此，“以为”在形成后便有了长足的发展，成为其后表达主语认知最重要的动词。

5.6 信

“信”在先秦汉语中有三种主要用法，一是作名词用，如例(70)—例(71)；二是作动词用，如例(72)—例(78)；三是作副词用，如例(79)—例(80)。在上述三类“信”的用法中，第二类动词用法又可分为两小类,第一小类作状态动词,后面不带宾语,如例(72)—例(73)及例(74)的第一个"信";第二小类作及物动词,后面可带名词宾语,如例(74)的第二个"信"及例(75),也可带动词宾语,如例(76),或带"主之谓"宾语,如例(77)—例(78)。

(70) 公曰:"信,国之宝也,民之所庇也。得原失信,何以庇之?"(《左传·僖公二十五年》)

(71) 古者禹汤本义务信而天下治,桀纣弃义倍信而天下乱。(《荀子·强国》)

(72) 王谓陈轸曰:"吾闻子欲去秦而之楚,信乎?"(《战国策·秦策一》)

(73) 子曰:"弟子入则孝,出则弟,谨而信,泛爱众,而亲仁。行有余力,则以学文。"(《论语·学而》)

(74) 故君子者,信矣,而亦欲人之信己也。(《荀子·荣辱》)

(75) 子服惠伯曰:"晋信蛮、夷而弃兄弟,其执政贰也。"(《国语·鲁语下》)

(76) 今虽毋在乎王公大人,蕢若信有命而致行之,则必怠乎听狱治政矣。(《墨子·非命下》)

(77) 今若使天下之人偕若信鬼神之能赏贤而罚暴也,则夫天下岂乱哉!(《墨子·明鬼下》)

(78) 今鲤与于遇,齐无以信魏之合己于秦而攻于楚也,齐又畏楚之有阴于秦、魏也,必重楚。(《战国策·韩策一》)

(79) 公使视之,则信有焉。(《左传·襄公二十六年》)

(80) 夫夷子,信以为人之亲其兄之子为若亲其邻之赤子乎?(《孟子·滕文公上》)

我们认为,上述"信"的各类用法,其基本语义都应为《说文》所释的"诚也",也就是"真实无妄"的意思。例(70)—例(71)的"信"为抽象名词,指的是"真实无妄"这种道德或行为准则;例(72)的"信"为状态动词，是王用来询问陈轸“欲去秦而之楚”这件事是否真实无妄，“信乎”在这句话中相当于现代汉语中的“真的吗”；例(73)—例(74)中“信”的状态动词用法则是用来表达主语是否具有“真实无妄”这个品德操守的，例(79)—例(80)中“信”的副词用法则是由其状态动词用法充当状语而来的，这个用法也与现代汉语中出现在状语位置的“真的”基本一致。例(74)—例(78)这类“信”的及物动词用法一般多释为“相信”，我们认为，这类用法的“信”原本应为其状态动词的意动用法，即“以 X 为信”，也就是“认为 X 是真的”的意思。“认为 X 是真的”，进一步引申即为“相信 X”之意。例(74)是“信”的状态动词与其意动用法在上下文中同时出现的例句，第一个“信”用为状态动词，表示“君子”具备“信”这个德行，第二个“信”为其意动用法“以君子为信”，也就是相信君子的意思。根据我们的界定，例(76)—例(78)这类“信”后接动词或主之谓宾语的用法即为“信”用作情态动词的用法，不过这类用法在先秦并不多见，在本书所统计的语料范围内仅有5例。

5.7 意

“意”在先秦汉语中主要用作名词，指心之所思，如例(81)—例(82)；用作动词时则有“揣测其意”之义。“意”作动词时可后接 NP，如例(83)—例(84)；也可后接句宾，如例(85)—例(86)。后接句宾者即我们归为表认识情态之用法。

(81) 厉公将伐郑，范文子不欲，曰：“若以吾意，诸侯皆叛，则晋可为也。”(《国语·晋语六》)

(82) 公输子之意，不过欲杀臣。(《墨子·公输》)

(83) 圣人上知千岁，下知千岁，非意之也，盖有自云也。(《吕氏春秋·观表》)

(84) 为计而使诸侯有意我之心，至殆也。(《韩非子·存韩》)

(85) 兵固天下之狙喜也，臣故意大王不好也。(《战国策·赵策

三》)

(86) 贱臣虽愚,窃意明君哀而不忍也。(《晏子·外篇第七》)

由于先秦动词“意”的语义本身即蕴含“揣测、猜度”之义,因此其认识情态动词的用法可说是在其原有的语义内涵上后接句宾形式的命题而产生的,并非在语境中逐渐衍生出来的。先秦动词“意”除了表达主语对命题的揣测态度外,其否定用法也可表达说话者出乎意料的评价态度,如例(87)。

(87) 孟子谓乐正子曰:“子之从于子敖来,徒馆啜也。我不意子学古之道,而以馆啜也。”(《孟子·离娄上》)

5.8　度、料、量、计

“度”“料”“量”“计”四词都与丈量或计算有关,其中“度”“料”“量”三词又与古代之度量衡制度有关。

“度”,《说文》:“法制也,从又、度省声。”段注:“《论语》曰:‘谨权量,审法度。’《中庸》曰:‘非天子不制度。今天下车同轨。’古者五度:分、寸、尺、丈、引,谓之制也。”

“料”,《说文》:“量也,从米在斗中。”段注:“量者,称轻重也。称其实重曰量,称其多少曰料,其义一也。知其多少,斯知其轻重矣。如稻重一柘为粟二十斗是也。引申之,凡所量度豫备之物曰料。米在斗中,非盈斗也,视其浅深而可料其多少,此会意。”

“量”,《说文》:“称轻重也,从重省,向省声。”段注:“称者,铨也。《汉志》曰:‘量者,所以量多少也;衡权者,所以均物平轻重也。’此训量为称轻重者,有多少斯有轻重,视其多少可辜摧其重轻也。其字之所以从重也。引伸之,凡料理曰量,凡所容受曰量。”

“计”,《说文》:“会也,筭也,从言十。”段注:“会,合也,当作算,数也。旧书多假筭为算。”

从上引《说文》及段注对“度”“料”“量”“计”四词的解释来看,

“度”的原义应为长度单位，而动词“度”则为测量长度之义；“料”的原义应是测量斗中米之多少，亦即与容量或体积之测量有关；“量”的原义是称轻重，亦即与重量之测量有关，不过此处之重量似仍与容积有关；“计”则为一般的计算，没有特定的内涵。

先秦的“度”“料”“量”三词虽然原来分别对应于长度、体积及重量的测量，不过它们在先秦均已与“计”同样发展出可对各类事物进行衡量或计算的用法。在这些用法中，首先发展出的是对具体事物的实际计算或丈量，如例(88)的“度”是丈量天下的方圆，例(91)的“料”是实际计算人民的数目，例(94)的“量”是测量粟、米的多少，例(97)的“计”则是计算物品的数量。上述这四个动词的词义在先秦都有从具体计算或丈量义向抽象估量或推测义发展的趋势，如例(92)的“料”固然可以理解为实际计算赵国的守备数目，但由于所计算的是对方的守备，因此在语境中已经衍生出不确定的估量意味，例(93)的“料”则已经相当明显的表达估量、推测的认识情态了。例(89)—例(90)为“度”由抽象衡量到表达估量情态的例句，例(95)—例(96)的“量”及例(98)—例(99)的“计”，其词义演变情形也与“度”大致相同，也就是词义由具体到抽象，再发展为认识情态义。

(88) 轮匠执其规矩，以度天下之方圜。(《墨子·天志上》)

(89) 且以不爱其身，度其不爱其君，是将以管仲之不能死公子纠度其不死桓公也，是管仲亦在所去之域矣。(《韩非子·难一》)

(90) 冬，淳于公如曹。度其国危，遂不复。(《左传·桓公五年》)

(91) 宣王既丧南国之师，乃料民于太原。(《国语·周语上》)

(92) 今王发军，虽倍其前，臣料赵国守备，亦以十倍矣。(《战国策·中山策》)

(93) 寡人自料以楚当秦未见胜焉。(《战国策·楚策一》)

(94) 是故得时之稼兴，失时之稼约。……量粟相若而舂之，得时者多米。量米相若而食之，得时者忍饥。(《吕氏春秋·

审时》)

(95) 且夫赵当亡而不亡,秦当霸而不霸,天下固以量秦之谋臣一矣。(《韩非子·初见秦》)

(96) 衡山械器尽,鲁削衡山之南,齐削衡山之北,内自量无械器以应二敌,即奉国而归齐矣。(《管子·轻重戊》)

(97) 大公调曰:"不然。今计物之数,不止于万,而期曰万物者,以数之多者号而读之也。"(《庄子·则阳》)

(98) 势为天子而不以贵骄人,富有天下而不以财戏人。计其患,虑其反,以为害于性,故辞而不受也,非以要名誉也。(《庄子·盗跖》)

(99) 燕小弱,数困于兵,今计举国不足以当秦。(《战国策·燕策三》)

Traugott(1982)探讨若干英语词义的历时演变时指出,在语法化的早期阶段,语义-语用的演变是遵循着"命题>[(语境)>表达]"的方向发展的,也就是说,具有丰富的命题或概念内容的词义可以发展出语境义或表达义,或者两者兼备。此外,Traugott(1989)还提出语义演变的三个彼此密切相关的趋势:

i. 语义由对外在情况的描述演变为对内在(评价/感知/认知)情况的描述。

ii. 语义由对外在或内在情况的描述演变为基于语境及元语言的(metalinguistic)状况而来。

iii. 意义变得越来越依赖说话者对命题的主观信念或态度。

我们认为,先秦"度""料""量""计"四个词的词义演变与 Traugott 的论述有许多相符之处。首先,"度""料""量""计"的具体计算或丈量义即 Traugott 所谓具有丰富的命题或概念内容的词义,这些词义均为对外在情况的描述。其后,由于语境的影响,如所计算或丈量的不再是具体可知的事物而是抽象或未知的情况,动词的词义因而发展出对内在的评价、感知或认知等情况的描述。最后，认识情态义的产生即来自说话者对命题的主观信念或态度，也就是说，这些动词所表达的意义不再凭借内外在情况的描述，而是凭借说话者的主观认定。

虽然“度”“料”“量”“计”这四个词的语义都有从实际计算衡量到表达认识情态的演变趋势，不过在整个先秦汉语中，这四个词用作表达认识情态的例子仍是相当少见的，且大多尚未完全脱离它们原来的语义。西汉以后，“度”表达认识情态的用法大量增加，仅《史记》一书即有 47 笔，其用法如例(100)。“料”的认识情态用法次数远不如“度”，《史记》中仅出现 7 笔，其用法如例(101)。“量”与“计”则没有新的发展。

(100) 良曰：“沛公自度能却项羽乎？”(《史记·留侯世家》)

(101) (韩信)曰：“大王自料勇悍仁强孰与项王？”(《史记·淮阴侯列传》)

5.9　疑

“疑”在上古标记语料库的词类系统中归为“准状态不及物动词”，这类动词主要表达主语的情绪，在语义上可分析为只有单论元，故可视如不及物动词，如例(102)—例(103)；不过，在语法上也可以表现得很像及物动词，如后接名词组时通常不需要介词引介，如例(104)—例(105)；也可后接像宾语的子句，如例(106)—例(108)。由于先秦动词“疑”所表达的是主语不确定的情绪，而这种情绪原本就属于我们所定义的认识情态的范畴，因此，例(106)—例(108)这类“疑”后接句宾的用法即属认识情态动词。

(102) 夫闻也者，色取仁而行违，居之不疑。(《论语·颜渊》)

(103) 纂论公察则民不疑，赏克罚偷则民不怠。(《荀子·君道》)

(104) 孟子曰：“世子疑吾言乎？”(《孟子·滕文公上》)

(105) 子三为令尹而不荣华，三去之而无忧色。吾始也疑子，今

视子之鼻间栩栩然，子之用心独奈何？(《庄子·田子方》)

(106) 申子欲言之君，而恐君之疑己外市也。(《韩非子·内储说上》)

(107) 赵使入楚、魏，秦必疑天下合从也。(《战国策·赵策三》)

(108) 苏秦曰："臣固疑大王之不能用也。"(《战国策·秦策一》)

5.10　恐、惧

5.10.1　"恐/惧"的语义发展

"恐/惧"均为先秦认识情态动词中同时具有〔一来源〕与〔十来源〕语义属性且情态强度为"弱"的成员，两个词的共同特征是，它们所表达的认识情态都由说话人对行为或命题的感知或态度而来。

"恐/惧"在上古标记语料库的词类系统中原属准状态不及物动词，与"喜""怒""怨""耻"等同为描述主语情绪或感知的动词，李佐丰(2003:54)则将之与"遇""患""妬"等同归入抽象动词中的感知动词。"恐/惧"由描述主语感知的动词发展为表达认识情态的情态动词，这个过程可以说是语言中认识情态意义产生的一个相当典型的例证。

在先秦汉语中，"恐/惧"的本义为描述主语对人事物的感知及情绪反应，因此多搭配经验者主语，构成施事句。① 若主语所感知的对象为已经存在或发生的人事物，则"恐/惧"表达的是主语恐惧或害怕的心理反应，如例(109)为国人对实际发生的"星队木鸣"这件事感到恐惧，例(110)则为秦王对魏王将西谋秦的这个行为感到害怕，例(111)及例(112)的"惧"描述的同样是主语对已存在事物的恐惧或害怕。上述例句中的"恐/惧"后面或不带宾语，或带名词性宾语，在先

① 关于先秦句式与主语搭配的关系，可参考刘承慧(1998)及下文6.1中的相关讨论。

秦汉语中,“恐/惧”的这两类用法描述的大致都是主语对某人事物的实际恐惧,因此均属于具实义的感知动词。

(109) 星队木鸣,国人皆恐。(《荀子·天论》)

(110) 昔者魏王拥土千里,带甲三十六万……,以西谋秦。秦王恐之。(《战国策·齐策五》)

(111) 执事不礼于寡君,寡君惧。(《左传·襄公二十二年》)

(112) 使者目动而言肆,惧我也,将遁矣。(《左传·文公十二年》)

“恐/惧”在先秦也可后接谓词性宾语、主谓宾语或“主之谓”结构宾语,如例(113)—例(118)。在先秦汉语中,“恐/惧”后接这类宾语时,这些宾语所表达的通常不是现实中已经存在的事实,而是未来可能发生或者主语担心可能发生的事件或命题,在这类用法中,“恐/惧”的语义已由原先表达主语对感知对象的恐惧或害怕等心理反应引申而为表达主语对未来可能发生的事件的恐惧或担心,如例(113)的“恐”描述的是句子主语“梁惠王”对未来再战时“不能胜”的恐惧或担心,例(114)则是描述句子主语“齐人”对于王可能会知道他要为乱的这件事的恐惧或担心,其他各例亦同。

(113) 梁惠王以土地之故,糜烂其民而战之,大败,将复之,恐不能胜,故驱其所爱子弟以殉之。(《孟子·尽心下》)

(114) 齐人有欲为乱者,恐王知之,因诈逐所爱者,令走王知之。(《韩非子·内储说上》)

(115) 秦恐齐之败东国,而令行于天下也,必将救我。(《战国策·楚策四》)

(116) 襄王恶大叔带之难,惧不立,不发丧,而告难于齐。(《左传·僖公七年》)

(117) 燕王悔,惧赵用乐毅承燕之弊以伐燕。(《战国策·燕策二》)

(118) 晋人惧二子之怒楚师也,使軘车逆之。(《左传·宣公十二年》)

在上引例(113)—例(118)中,“恐/惧”的主语均为第三人称,在这类用法中,“恐/惧”只能用来描述主语对后接事件或命题可能发生的担心或恐惧,而无法表达说话者对后接事件或命题在认知上的观点或态度。我们认为,“恐/惧”之所以能发展出表认识情态的语义,应是在主语为第一人称的语境中衍生出来的。① 例(119)虽然仍可以解读为句中主语“臣”对“王之不能为”这件事可能发生的恐惧或担忧,不过由于句中的主语“臣”为第一人称,也就是说话者本身,当说话者在描述自己对未来事件可能发生的恐惧或担忧时,事实上就已经隐含了对这个事件可能发生的推测或预期。对未来事件可能发生的推测或预期即属于认识情态的范畴。

(119) 史起曰:“臣恐王之不能为也。”(《吕氏春秋·乐成》)

Traugott(2002:127-128)在探讨英语情态动词“must”的情态意义演变时指出,“must”认识情态中的未来涵义是由道义情态中的义务性推论出来的,若说话者指称事件在未来必须发生,那就很容易推论出命题本身的状态在未来会成为事实。我们认为,“恐/惧”由担忧未来事件可能发生,发展出推论命题本身的状态在未来会成为事实,这种演变方式与 Traugott 所论证的“must”的演变方式基本是一致的。在上引例(119)中,“恐”所表达的仍有较多说话者对“王之不能为”这件事可能发生的恐惧或担忧的成分,不过在例(120)中,“恐”所表达的虽然仍有少许说话者对“后世之有秦国者,非王之子孙”这件

① 关于第一人称与情态表达的关系,陈颖(2009:91-92)指出:“第一人称在传信聚合(即本书所谓的认识情态)中占据了特殊的位置,……当主语是第一人称时,‘第一人称+认识动词’体现的是说话人的主观看法。”先秦的“恐/惧”虽非陈颖所定义的认识动词,不过,我们认为,由于“恐/惧”在先秦也可表达与认识有关的语义,因此,第一人称主语所具有的主观性特征对这类动词的语义发展也有相当大的关系。

事的担忧的意味，但实际上表达的主要已经是说话者对这个事件可能发生的推测或预期。

(120) 臣今见王独立于庙朝矣，且臣将恐后世之有秦国者，非王之子孙也。(《战国策·秦策三》)

“惧”由感知动词发展至表认识情态的动词，其演变途径与“恐”大致相同。上引例(116)—例(118)中的“惧”描述的都是第三人称主语对后接事件或命题可能发生的担心或恐惧，例(121)—例(122)由于“惧”之主语为说话者，因此在语境中已经衍生出说话者对未来事件可能发生的预期或判断，例(121)中的“惧”可说是兼有说话者对“不免于戾”的担忧与预期，而例(123)中的“惧”则是兼有说话者对“政之未及子”的担忧与判断。

(121) 宾曰：“寡君之下臣，君之牧圉也。若不获扞外役，是不有寡君也。臣惧不免于戾，请以除死。”(《左传·昭公二十年》)

(122) 吾曰：“子则贤矣。抑晋国之举也，不失其次，吾惧政之未及子也。”(《国语·周语中》)

Coates(1983:16－17)将上例(119)—例(122)这类两种语义可以并存的情况称为“融合”(merger)，Bybee *et al*. (1994:197)进一步指出，这类例子的存在可以证明该词的词义变化是由前一个词义衍生推论而来的，Traugott(2002:127)则认为，这类无法确定为何种语义的结构正是语义化的认识情态意义产生的关键。我们认为先秦“恐/惧”情态意义产生的过程及因素与上述三人的说法是相符的。

先秦的“恐”除了发展出对未来事件可能发生的推测或预期的认识情态语义外，又进一步发展为说话者基于人际对待关系或语境需求所采取的语用策略。例(123)是燕王喜不听乐间之谏以致兵败于赵，乐间入赵后，燕王喜致书于乐间以表歉意时所说的话，其中“君之未尽厚也”是燕王喜对乐间弃燕入赵之举所作的批评，而非燕王喜担心或预期会发生的事,在这个例句中,“恐”可说只是用来表达说话者在交际语境中不直指对方之非的委婉之意了。例(124)是《庄子·天下》的作者对墨子学说所提出的看法,前后两个“恐”字虽然也可理解为表达作者(即说话者)对墨子学说“以此教人,不爱人”及“其不可以为圣人之道”这两个命题的担忧或推断,不过事实上,这两个命题都是作者所提出的对墨子学说的评断,因此,作者使用“恐”字并不是在表达自己对这两个评断可能发生的担忧或推测,而是为了让自己的措辞显得更委婉而已。我们认为,先秦的“恐”之所以能由表达说话者对命题的担忧或推测发展为表达说话者委婉的语气,主要是因为在某些语境中,说话者不能或不适合将自己的意见直接表达出来,因此便用“恐”这类表达担忧或推测语义的动词来表示自己对这个命题的意见只是一种担忧或推测,而非武断主观的认定。先秦的“惧”则并未发展出上述的用法。

(123) 燕王以书且谢焉,曰:“……且寡人之罪,国人莫不知,天下莫不闻,君微出明怨以弃寡人,寡人必有罪矣。虽然,恐君之未尽厚也。”(《战国策·燕策三》)

(124) 今墨子独生不歌,死不服,桐棺三寸而无椁,以为法式。以此教人,恐不爱人;以此自行,固不爱己。……其行难为也,恐其不可以为圣人之道。(《庄子·天下》)

根据以上的论述,我们可以将先秦“恐/惧”的语义发展简述如下:先秦“恐/惧”原为描述主语对所感知事物的恐惧、害怕等心理反应的动词,这类用法或不接宾语,或后接体词性宾语;“恐/惧”在后接谓词性宾语后,由于这类宾语所表示的事件大多为未来可能发生的事件,因此“恐/惧”便由描述主语恐惧、害怕等心理反应的动词引申为表达主语对未来可能发生事件的担忧;当“恐/惧”的主语为第一人称,也就是说话者本身时,“恐/惧”便由表达主语对未来可能发生事件的担忧衍生至表达对未来可能发生事件的推测或预期。最后,基于语用表达的需要，“恐”又进一步发展为表达说话者的委婉语气。

5.10.2　“恐/惧”的句法表现

除了语义的发展外，先秦“恐/惧”在句法表现上也有值得注意的地方。“恐/惧”为感知动词，在句法上一般搭配感知主语，上引各例皆然。不过，先秦的“恐/惧”也有在句法表面上不搭配感知主语的例句，如例(125)—例(128)。在这类用法中，“恐/惧”前搭配的都不是动词“恐/惧”的感知主体，而是“恐/惧”后接 VP 的主语。我们认为，这类句型与 4.3.2 所探讨的“欲”的所谓表“应当”的用法大致相同，也就是“恐/惧”前的成分为主题，而“恐/惧”的感知主语则予以省略。不过，由于这类用法在句法表层已与具有〔＋来源〕语义属性的情态动词相同，因此，若“恐/惧”前的成分经过重新分析而成为句法上真正的主语，则“恐/惧”便可能进一步演变为具有〔＋来源〕语义属性的情态动词。不过，这样的演变在先秦似乎并未产生。

(125) 王孙雒曰：“……吾须之不能，去之不忍。若越闻愈章，吾民恐叛。必会而先之。”(《国语·吴语》)

(126) 宫他谓周君曰：“……今君恃韩、魏而轻秦，国恐伤矣。”(《战国策·西周策》)

(127) 群臣多谏于太子者曰：“雪甚。如此而行葬，民必甚疾之，官费又恐不给。”(《吕氏春秋·开春》)

(128) 姚句耳先归，子驷问焉。对曰：“其行速，过险而不整。速则失志，不整，丧列。志失列丧，将何以战？楚惧不可用也。”(《左传·成公十六年》)

5.11　如、若、似、类

“如”“若”“似”“类”这四个词一般并不归为情态动词，我们根据它们在先秦可充当句中主要谓语的句法表现及可以表达与情态相关的语义这两个条件而将它们列入情态动词。这类词作主要动词时，上古标记语料库词类系统及李佐丰(2003:117)均将它们归为分类动词，李佐丰还从语义上指出，这些词表示人事物之间的相似关系，例(129)—例(130)是具体人物之间的相似，例(131)是抽象名词与概念间的相似，例(132)—例(134)则是动作或命题间的相似关系。

(129) 孟施舍似曾子，北宫黝似子夏。(《孟子·公孙丑上》)

(130) 形若槁骸，心若死灰。(《庄子·知北游》)

(131) 辞多类非而是，多类是而非。(《吕氏春秋·察传》)

(132) 事死如事生，礼也。(《左传·哀公十五年》)

(133) 秦之有韩，若人之有腹心之病也。(《韩非子·存韩》)

(134) 武子之德在民，如周人之思召公焉。(《左传·襄公十四年》)

在上面这些例句中，"如""若""似""类"均为句中主要谓语，连接主语与宾语，表示二者之间具有某种相似关系。除了上述用法外，这四个词在先秦也可用做情态动词，表达认识情态及道义情态，以下先介绍它们表达认识情态的用法。

例(135)—例(140)为传世文献中"若""似""类"三词充当认识情态动词的例子，在这些例子中，"若、似、类"等词表示的并非主、宾语之间的相似关系，而是说话者对命题真值的态度。如例(137)"天似启之"如果去掉"若"字，则"天启之"便成为一个直接陈述，表示说话者对命题真值的绝对承诺；加上情态词"若"之后，说话者对命题的承诺强度降低，而表现为一种不确定的语气，这种不确定语气即为本书所界定的认识情态类型之一。

(135) 卫侯使祝佗私于苌弘曰："闻诸道路，不知信否。若闻蔡将先卫，信乎？"(《左传·定公四年》)

(136) 充虞路问曰："夫子若有不豫色然。"(《孟子·公孙丑下》)

(137) 赵文子问焉，曰："延州来季子其果立乎？巢陨诸樊，阍戕

戴吴，天似启之，何如？”（《左传·襄公三十一年》）

（138） 郑袖曰：“其似恶闻君王之臭也。”（《战国策·楚策四》）

（139） 董褐既致命，乃告赵鞅曰：“臣观吴王之色，类有大忧，小则嬖妾、嫡子死，不则国有大难。”（《国语·吴语》）

（140） 公若欲为太子，因令人谓相国御展子、廧夫空曰：“王类欲令若为之，此健士也，居中不便于相国。”（《战国策·东周策》）

“若”由表示主、宾语之间的相似关系引申到表达说话者的不确定态度，我们认为这种引申机制也可以用 Sweetser（1990：49－68）所提出的由社会-物理世界到认知世界的隐喻投射来解释。在社会-物理世界中，“若”充当句中主要谓语，“若”所表示的主、宾语间的相似关系是一种现实的存在，这种相似关系投射到人的认知世界时，说话者也将命题的真值视为一种相似关系。在这样的认知下，说话者并未将这个命题的真值视为一个既定的事实，而是视为一个与自己认知中相似的情况。由于命题的真值是基于说话者认知中的相似性，而相似与否又是说话者主观的判断，因此，“若”在这类语境中也带有认识情态的判断性质。

例（135）见于《经传释词》“若”字条下，王引之释为“犹‘或’也。”“或”在先秦为表不定之词①，可以说，王引之认为例（135）中的“若”表达的是说话者对命题的不确定态度。杨树达《词诠》将这个例子中的“若”归为“传疑副词”，所谓“传疑”实际上就是表达不确定的态度。我们认为，表达对命题的不确定态度就是认识情态中对真值的一种可能性判断。以下诸例中的“似”及“类”表达的也是类似的语义。

根据 Sweetser（1990：49－68）的说法，这类用法的“若”“似”“类”应属表可能的认识情态，因为这些例句并不像 Sweetser 所指出的表

① 王引之《经传释词》“或”字条下引《易·乾·文言》曰：“或之者，疑之也。”《管子·白心篇》曰：“夫或者何？若然者也。”以为“此常语也”。

必然的认识情态那样有推理的前提施加于听话者身上,迫使说话者做出谓语所表示事件的结论,而是接近 Sweetser 所指出的表可能的认识情态词,也就是将推理前提从说话者身上移除,允许说话者做出谓语所表示事件的结论。我们虽然将这类用法的"若"归入表可能的认识情态,不过在先秦汉语中,这类用法主要表达的并不是说话者对真值承诺的强度等级,而是一种语用上的委婉说法。在前文 1.5 小节中,我们曾经提及徐晶凝(2008)对汉语话语情态的界定。她将话语情态分为情态与意态两部分,情态指的是说话人对命题真值所持的态度,属于语言的主观性;意态则是指说话人在语句中所表达的对听话人的态度,属于语言的交互主观性。在 2.2.1 中,我们虽然同意语言中有情态与意态、主观性与交互主观性的区别,不过我们认为二者并不是截然可分的。也就是说,即使是一般被归类为表达说话者对命题或语句内容的可能性/必要性等主观态度或意见的情态动词,事实上也反映了说话者对听话者的某种态度,也就是包含交互主观性。以"若"的情况来说,说话者使用这个情态词是为了让自己的陈述听起来不那么直截武断,以便让自己的表达方式在交际场合中显得得体而有礼貌。在先秦汉语中,这类用法的"若"以《孟子》中用得较多,且主要用于孟子弟子对孟子说话的语境中,除前引例(136)外,还包括例(141)—例(143)。这些例句大多是由于孟子弟子对孟子的行为举止有疑问,因而向孟子提出他们心中的疑惑,由于面对的是位居人师的孟子,弟子不敢直指孟子的过失,因此用了"若"这个表达礼貌而不确定的情态词。例(142)是两个认识情态词"宜"与"若"的直接连用,例(143)则是二者在句中同现的用法,这种用法表达的是更加委婉的态度。

(141) 充虞请曰:"前日不知虞之不肖,使虞敦匠事。严,虞不敢请。今愿窃有请也,木若以美然。"(《孟子·公孙丑下》)

(142) 陈代曰:"不见诸侯,宜若小然;今一见之,大则以王,小则以霸。且志曰:'枉尺而直寻',宜若可为也。"(《孟子·滕

文公下》)

(143) 景子曰:"否,非此之谓也。礼曰:'父召,无诺;君命召,不俟驾。'固将朝也,闻王命而遂不果,宜与夫礼若不相似然。"(《孟子·公孙丑下》)

除了传世文献外,出土文献中也有"若"与"如"用作认识情态的例句,如例(144)—例(145)。例(144)之"若",原释文以为或读为"诺"[①],意为"答应、同意",学者多从之。周凤五(2006)将此字释作"若",并将此句翻译为"君王好像要鸣鼓而攻夏水"。本书从之。"好像"即本书所谓表"可能"的认识情态。[②] 例(145)是季康子与孔子的对话,在这段对话中,季康子认为孔子不愿回答他的问题,所以请问孔子是不是因为自己的问题有差错,所以孔子有意疏远他。不过由于他不愿当面直指孔子疏远他,所以用了"如"这样一个表达委婉不确定语气的情态词。

(144) 令尹谓大宰:"唯。王若将鼓而涉之。"(《上博四·柬大王泊旱》)

(145) 康子曰:"毋乃肥之问也,是左乎?故如吾子之疏肥也。"孔子辞曰:"子之言也已重。"(《上博五·季康子问于孔子》11、18)

除了用作认识情态词外,"如""若"二词在先秦汉语也有用作道

① 可参考《上海博物馆藏战国楚竹书》四,上海:上海古籍出版社2005年版,203页。

② 本书同意此处之"若"释为表认识情态之"若"而非"诺"的原因除了释"若"之文意较通顺外,更重要的是将此处的"若"释为"诺"不仅与本篇文字书写习惯不合,也与先秦"诺"的用法不合。本篇共出现3个字形作"若"之字,其中1个"若"字即此处之"若",另外两个见于"何若"及"若干"中,二字皆读为本字而不破读。本篇另有两个字形作"诺"之字,均见于"许诺"中,"诺"亦均写为本字而不需破读。虽然楚简中破读的情形相当常见,但从以上"若""诺"的用法来看,本篇这两个字的用法似乎倾向不破读。其次,先秦汉语中之"诺"主要有两种用法:一,"孔子曰:'诺。吾将仕矣。'"(《论语·阳货》);二,"大夫许诺。"(《国语·晋语二》),并没有像本句"王诺"的这类用法。先秦的"诺"是一个应答时回答的话,因此主要是在答语中直接使用,或可用作名词"承诺",而不能用作动词"同意"之义。

义情态的用法。例(146)—例(150)是王引之《经传释词》在“如,犹‘当’也”条下所列的例句,他认为这些例句中的“如”都可以解释为“当如是”之“当”。例(151)则是《经传释词》在“如,犹‘不如’也”条下所列的例句,他并引何休《公羊传》注:“‘如’即‘不如’,齐人语也”以证之。杨树达《词诠》将例(146)—例(151)这类“如”归为助动词,亦训为“当”。

(146) 若爱重伤,则如勿伤;爱其二毛,则如服焉。(《左传·僖公二十二年》)

(147) 若知不能,则如无出。今既遇矣,不如战也。(《左传·成公二年》)

(148) 子西曰:“不能,如辞。”(《左传·定公五年》)

(149) 贾曰:“然则如叛之,病而后质焉,何迟之有?”(《左传·定公八年》)

(150) 今天下莫为义,则子如劝我者也,何故止我?(《墨子·贵义》)

(151) 母欲立之,已杀之,如勿与而已矣。(《公羊传·隐公元年》)

沈培(2008:154-156)不同意王引之将例(146)—例(150)中这类“如”训为“当”的说法,他以例(152)—例(153)这两例新出上博简中“如”字的用法为证,指出这些“如”应训为“不如”,表达委婉的建议语气。① 沈培不同意王引之将这些“如”训为“当”的理由有二:一,简文中的“如”都用于臣下回答君王的对话中,若训为“当”则语气较生硬,

① 出土楚简中,可归为表达委婉建议语气的“如”除上引二例外,沈培(2008:156)另举了一个例子,见于《上博二〈鲁邦大旱〉》1-2:哀公谓孔子:“子不为我图之?”孔子答曰:“邦大旱,毋乃失诸刑与德乎?”“唯☐之何哉?”孔子曰:“庶民知说之事鬼也,不知刑与德,如毋爱珪璧币帛于山川,正刑与[德……]。”除此之外,我们认为《上博四·柬大王泊旱》14→13中的“如”也属于这一类用法:进大宰:“我何为岁焉熟?”大宰答:“如君王攸郢郊方若干里,君王毋敢戴喝盖,相随、中舍与五连小子及宠臣皆属,毋敢执缁婴。”

训为“不如”则显得较为委婉。二，王引之训“如”为“当”采用的是训诂学的方法，无法说明“如”如何有“当”的意思。

(152) 公因无告告库门大夫。库门大夫曰：“如出内库之囚，宥而予之兵。”(《上博五·苦成家父》4－5)

(153) 竞平王就郑寿，繇之于庙，曰：“祸败因重于楚邦，惧鬼神以为怒，使先王无所归，吾何改而可?”郑寿辞，不敢答。王固繇之。答：“如毁新都戚陵、临阳，杀左尹宛、少师无忌。”(《上博六·平王问郑寿》1－3)

我们认为，虽然上引例句中的“如”不论是训为“当”或训为“不如”，在文意上都可以讲通，不过，这两种训释在方法上都有不易解决的问题。前引沈培指出，王引之训“如”为“当”采用的是训诂学的方法，无法说明“如”如何有“当”的意思，事实上，沈培训“如”为“不如”采用的同样也是训诂学的方法，同样无法说明“如”如何有“不如”的意思。解惠全等(2008:575)在“如”字条下的“犹不如也”义项下即指出，“不如”中的“不”义从何而来，不好解释。俞樾虽以“古人语急”来说明，但解惠全等人认为，即使语急也不应该省去“不”这个很重要的否定词。① 此外，《经传释词》在“如，犹‘当’也”条下也引例(147)中上句用“如”，下句用“不如”的用法来证明“如”与“不如”并不相同。

关于训“如”为“当”的问题，周凤五(2007:63)在释读上引例(152)—例(153)中的“如”字时同意王引之“如，犹‘当’也”的说法，并指出“如”之所以能训为“当”是由于“音近相通”的关系。我们认为，

① 沈培在文中另外指出，“如”训为“不如”与孔颖达、刘淇等人所说“敢”训为“不敢”“可”训为“不可”是同类现象。我们认为，“敢”训为“不敢”与“可”训为“不可”都是传统训诂学上为求文意理解而采用的权宜措施，从现代语言学的角度来看，这类训释方式很多都是有待商榷的。以“敢”的情况来说，某些语境中的“敢”之所以有“不敢”的意思，那是由于该句式本身为反问句，如《左传·庄公二十二年》：“齐侯使敬仲为卿。辞曰：‘羁旅之臣，幸若获宥，……敢辱高位，以速官谤?’”苗文利(1992)对此类训诂之误有详细论证。另可参考本书 4.2 节对“敢”的论述。

上引诸例中的"如"字确如王引之所指出的有与道义情态动词"当"类似的语义，不过这并不是由于"如"可以借为"当"来用，而是因为"如"本身就有表达道义情态的功能。前文多次指出，许多语言中的情态词都有兼表认识情态及道义情态的用法，上文探讨的先秦情态动词"必""宜"及"当"亦为其例。我们认为，"如"在先秦之所以有道义情态用法，也与情态引申的机制有关。

前文指出，"如"的认识情态可以表达说话者的不确定态度，不过这种不确定的态度并不是由于说话者对命题本身的真值没有足够的证据可以断言，而是基于礼貌委婉的语用交际原则，因此不对命题的真值做出直接断然的陈述。我们认为，"如"的道义情态用法就是这种礼貌策略在语境中的引申，也就是说，说话者在表达对命题真值的态度时可以使用"如"这类委婉不确定的语气来维护听话人的面子或建构和谐的交际语境。同样地，当他在表达对事件或动作的态度时，他也可以用"如"这类表达不确定语气的情态词来达到同样的交际效果。上文我们将"如"归为表"可能"的认识情态，根据一般情态引申原则，"如"用作道义情态时表达的应是"许可"义，不过这里所谓的"许可"指的并不是说话者有资格允许听话者执行谓语所表示的动作，而是表达说话者对听话者的一种尝试性的委婉建议，以现代汉语来说大致相当于"或者可以……"。

除了"如"以外，"若"在先秦也有用作道义情态动词的用法，如例(154)—例(156)。这三例为王引之《经传释词》"若"字条下所举之例，其中例(154)列于"犹'或'也"条下，例(155)—例(156)列于"犹'其'也"条下；杨树达(1928/2008:222)则将这三个例句都置于"传疑副词，或也"条下；解惠全等(2008:593)引述杨树达的说法后加按语指出，此项为"或许""或者"义，《经传释词》将例(155)—例(156)之"若"训为"其"，"其"为"命令兼期望之词"。我们认为这些例句中"若"的用法都可以统摄于表达委婉建议语气的道义情态下，意思与"如"的道义情态大致相同。

(154) 王曰："余杀人子多矣，能无及此乎?"右尹子革曰："请待于郊，以听国人。"王曰："众怒不可犯也。"曰："若入于大都，而乞师于诸侯。"王曰："皆叛矣。"曰："若亡于诸侯，以听大国之图君也。"王曰："大福不再，祇取辱焉。"(《左传·昭公十三年》)

(155) 鲁虽有罪，其执事不辟难，畏威而敬命矣。子若免之，以劝左右，可也。(《左传·昭公十三年》)

(156) 子犹……言于齐侯曰："……君若待于曲棘，使群臣从鲁君以卜焉。"(《左传·昭公二十六年》)

关于王引之《经传释词》对"若"字的释义，我们认为有两点值得注意之处。首先，前文探讨"若"的认识情态时曾指出，《经传释词》将例(135)"若闻蔡将先卫，信乎?"中的"若"列于"犹'或'也"的义项下，而同一个义项下的例(154)中的"若"我们却将它归类为道义情态词，我们认为这种现象显示，王引之对于"若"的这类用法已经看到它们同样能表达说话者不确定态度的一面，只是未能将它加诸于命题及动作时所衍生的差异区别开来。其次，王引之将例(155)—例(156)的"若"列于"犹'其'也"这个义项下，根据马悦然(1982)的研究，"其"在上古汉语有表达情态的作用，他将"其"所表达的情态分为甲、乙两类，大致相当于本书的道义情态及认识情态。我们认为，如果用情态的术语来解释，《经传释词》"犹'其'也"的"其"在例(155)—例(156)中所代表的意思可以说就是道义情态，解惠全等(2008:593)以"命令兼期望之词"来解释"其"，可以说也注意到了"其"表道义情态的一面。

5.12 命、令、使

5.12.1 关于"命""令"的字形问题

关于"命""令"二字的关系，傅斯年(1940/1952:7－28)指出，西周初年之金文中只有"令"字而无"命"字，昭王、穆王以后始有加"口"作

"命"字者，其后金文中有全篇统一作"命"字而无"令"字者，亦有"命""令"同时出现而用法无别者。根据上述现象，傅斯年(1940/1952:26-28)认为，"令/命"二字在金文中音义无别，仅为一词之异体，亦即西周初年表"命令"之词字体作"令"，至西周中叶始在"令"旁加"口"作"命"。傅斯年(1940/1952:32-39)同时指出，《尚书·周诰》与西周早期金文时代相应，"命"应作"令"，现存传世文献中此词均作"命"而不作"令"，应是传抄者以后代字体改写的结果。以上二类文献中的"命/令"均用作天令或王令，王令类中包括不专指君王之其他在上者之令。

《诗经》中的"命/令"除可表上述二类文献中的"命令"义外，傅斯年(1940/1952:39-49)指出，"令"亦可表其他用法，如"卢令令"(《诗经·齐风·卢令》)之"令令"指缨环声，"脊令"(《诗经·小雅·小宛》)指水鸟，"令人"(《诗经·邶风·凯风》)之"令"为"霝"之借，训"善"等。至于与"命令"义相关之用法，除两"令"字外，余被传抄者改写为"命"字。这些"命"字可作动词用或转作名词用，作动词用时，发出命令的对象可以是"王""君""在上者"或"天"；转为名词用时，"命"可指王命、在上者之命或天命。由在上者之命又可引申为政令，由天命之义又可引申为"命定"之义。

傅斯年(1940/1952:49-53)接着指出，《左传》及《国语》中"命/令"的用法与《诗经》大致相同，可作：(1)"霝"字之假借，如"令德""令名""令闻"等；(2)"令"字之原始动词义，表命令，此"令"字多作"命"字，偶作"令"者，为后人改写未尽者；(3)王令或君令之类名，如"政令""教令"之类；(4)由第3类引申而来之"令尹"一类的官职。傅斯年(1940/1952:53-56)同时指出，二书中之"令""命"二字混用，无甚界限，与西周晚期的金文及《诗经》的情况相同。此外，"命"在二书中另有一用法为"名"之动词用法，即"命名"义，如"命之曰同"(《左传·桓公六年》)。

最后，傅斯年(1940/1952:68-76)指出，从西周末年至春秋，"令""命"二字虽写作两种不同的字体，不过二者实为音义皆同的一对异体字，并无今日“令”从来母、“命”从明母的区别。二字的区别可能是由于语法变化，亦即“令/命”有平声及去声两读，平声为动词，去声为名词，其后由于介音或声纽不同而别为两读，并进而分化为两字。不过，二字究竟至何时始分化则不可详知。

总结上述傅斯年(1940/1952)的研究，先秦时期“令/命”应为一词之异体字，该词在周初只作“令”，周代中叶以后始加“口”作“命”。传世文献中时代与周初相应之《尚书·周诰》诸篇中之“命”原应作“令”，作“命”者是后世传抄改写的结果。其他《诗经》《左传》及《国语》诸书中与“命令”义相关者亦多作“命”，这些“命”也应是后世传抄者所改写而成的。其后“令”“命”二字分化为音义不同的二词，不过其分化时间不可详知。

我们同意傅斯年(1940/1952)所提出的“令”“命”在先秦为一组音义皆同的异体字的说法，且时代不仅止于春秋，至少在战国中晚期以前，“令”“命”这两个字形都还是表达语言中同一个“词”的概念的不同书写形式。根据何琳仪(1998:1145)，战国时期写作“令”之字形者可表“天命”，如“陈逆簠”“永令(命)”；亦可表“瑞命”，如“[illegible]羌钟”“令(命)于晋公”；亦可表誓命，如“侯马盟书”“定宫平阩之令(命)”；亦可表命令，如“令受正以出之”；亦可作神名，如《包山楚简·243》“后土司令(命)”。此外，在睡虎地秦简中，“令”又可用作官名，如“县令”。

上引何琳仪虽然举出多个写作“令”之字形的用例，不过，事实上，上述各类写作“令”的用法在出土的春秋战国文献中均以写作“命”者占绝大多数，如《侯马盟书》中之“定宫平阩之命”的“命”、包山楚简中表“命令”之动词用法以及用作神名之“司命”等，写作“令”者均为其中极少数的用例。

根据本书的考察，在近年出土的战国楚简中，除极少数的例外，上述傅斯年(1940/1952)所指出的表达与命令义有关的各类用法几乎都是以“命”这个书写形式来记录的，例(157)为“命”的动词用法，义为“下令”；例(158)为其名词用法，指“天命”。例(159)传世本《老子》中之“令”在例(160)郭店楚简《老子》中亦写作“命”。此外,例(161)这类义为“让”的致使用法在传世文献中均写作“令”,而郭店楚简中仍写作“命”。其他如例(162)“号令”及例(163)“令尹”这类用法在传世文献中更无一例外地均写作“令”,然而在出土的战国楚简中,这类用法全部都是以“命”这个字形来记录的。

(157) 简大王泊(祓)旱,命龟尹罗贞于大夏,王自临卜。(《上博四·柬大王泊旱》1)

(158) 后稷既已受命,乃食于野,宿于野。(《上博二·容成氏》28)

(159) 天地相合以降甘露,民莫之令而自均。(《老子》三十二章)

(160) 天地相合也,以逾(降)甘露。民莫之命(令)而自均焉。(《郭店楚简·老子甲》19)

(161) 喻之而不可,必文以讹,毋命(令)知我。(《郭店楚简·语丛四》6)

(162) 既战复豫,号命(令)于军中曰:“缮甲利兵,明日将战。”(《上博四·曹沫之陈》50-51)

(163) 孙叔三谢期思少司马,出而为命(令)尹。(《郭店楚简·穷达以时》8)

从以上的分析可以看出,在战国楚简中,“令”“命”这两个字形所记录的语言是完全相同且可以混用的,一方面,后代只能写作“司命”的“命”在楚简中可写作“令”;另一方面,后代只能写作“号令”“令尹”的“令”在楚简中则绝大多数写作“命”,或加“攵”做“敂”。尽管楚简中仍有少数写作“令”的字形,不过,总体来说,后代分化为“命”“令”两字的各类用法在战国楚简中绝大多数都是用“命”这个字形来记录,作“令”者仅为极少数的用例。

睡虎地秦简的情况与战国楚简不同,几乎所有表“命令”义者均以“令”这个字形来书写,如例(164)—例(165);“命”则主要用于表

“性命”或“命名”之义，如例(166)—例(167)。

(164) 凡法律令者，以教导民，去其淫僻。(《睡虎地秦简·语书》)

(165) 其有所疑，谒县啬夫，县啬夫令人复度及与杂出之。(《睡虎地秦简·效律》)

(166) 丙坐贼人□命。自昼甲见丙阴市庸中，而捕以来自出。(《睡虎地秦简·封诊式》)

(167) 大伍门，命曰吉祥门。(《睡虎地秦简·日书甲种》)

汉初的马王堆汉简情况与睡虎地秦简较为相近，亦即表君令(包括在上者之命令)、教令、法令及致使义者大致均写作“令”，而表“天命”“性命”或“命名”义者则写作“命”。银雀山汉简“命/令”的用法也与马王堆汉简相近，不过，银雀山汉简另有一例“王命”，见例(168)，而表“命令”之动词用法亦有写作“命”者，如例(169)。

(168) 尧有天下之时，黜王命而弗行者七。(《银雀山汉墓竹简壹·孙膑兵法》上编)

(169) 七月朔日，天子出令，命西辅入御。(《银雀山汉墓竹简贰·四时令》)

最后，在定州汉简中，表君王或上位者之命令或可写作“命”或“令”，而表天命、性命或命名者则均写作“命”。

从以上的分析来看，在战国中晚期以前的出土文献中，“令/命”应是一组音义皆同的异体字，其中“令”为其早期字形，加偏旁“口”之“命”则在西周中叶开始出现。西周中叶后之金文或通篇写作“命”，或“令”“命”混用。降至战国时期，“命”几乎已取代“令”而成为当时主要的书写形式。这种情况到睡虎地秦简开始改变。在睡虎地秦简中，“命”“令”这两个字形不再混用，“命”专用来表示“天命”“性命”及“命名”等义，而上位者的命令、法令及官名等则均用“令”字来记录。“命”“令”的这种区别在马王堆汉简中仍表现得相当明确。银雀山汉简中“命”“令”的用法虽与马王堆大致相同，不过，与上位者命令有关之动词或名词用法已出现“命”“令”混用的现象。最后，在定州汉简中，表天命、性命或命名者均写作“命”，与“令”不相混，而表君王或上位者之命令者，无论动词或名词用法均可写作“命”或“令”。

在传世文献中，前引傅斯年(1940/1952)指出，《尚书》中表命令用法之词全部被改写作“命”，《诗经》则仅存2例表命令之“令”字，其他亦均被改写作“命”。《左传》《国语》中表上位者命令者亦多写作“命”，不过，写作“令”者亦不在少数。根据我们的统计，《左传》中“命”共出现666笔，其中作动词命令及命名义者共179笔，作名词表天命或上位者命令义者共479笔，作名词修饰语者共8笔，如“命妇”“命书”等。“令”共出现241次，其中与命令义无关之“靈”之借字或人名地名共36笔，作动词用者共39笔，作名词“命令”“政令”“辞令”等义者共25笔，作官名“令尹”者有141笔。在《左传》“令”作动词的用法中，有一类用法是值得提出来讨论的，那就是不表施事者的主动命令义，而表义为“让”的致使用法，如例(170)。

(170) 寡君不忍，使群臣请于大国，无令舆师淹于君地。(《左传·成公二年》)

从以上的统计来看，《左传》中“命”“令”二字的用法与前述银雀山或定州汉简基本是一致的，也就是表天命及命名义之“命”只写作“命”而不写作“令”，表政令、“令尹”等官名之“令”只写作“令”而不写作“命”，而表上位者命令者，无论动词或名词均可写作“命”或“令”。不过，在动词用法中，“命”与“令”另有一个重要的区别，亦即“命”只能用来表达施事者主动发出命令之义，而“令”则可同时用来表达义为“让”的致使用法。

《论语》中“命”“令”二字的用法及分布与《左传》大致相同，亦即训“善”之“靈”的借字均写作“令”，官名“令尹”亦全写作“令”，表天命义者全写作“命”，至于表上位者命令者则可写作“命”或“令”。

从“命”“令”二字在出土文献中的用法及分布来看，我们认为，“命”“令”二字在战国中晚期以前应是一组音义皆同的异体字，至睡虎地秦简时开始分化，“命”专门用来记录“天命”“性命”“命名”这一类的语义，而“令”则专门用来记录在上位者之命令，以及由此衍生之政令、教令及县令等义。汉初的马王堆汉简基本承袭此一分化方式，不过，在银雀山汉简以后，表在上位者命令之用法亦同时可用“命”来记录，在这个语义上，“命”“令”又如在先秦时期般可以混用，不过，由动词“命令”义衍生而来之表致使义的用法则仍只用“令”而不用“命”。传世文献中“命”“令”二字的用法与银雀山及定州汉简所见基本一致，“命”“令”在大多数语义中是不混用的，只有在表上位者命令的这个语义中可以混用。虽然“命”“令”在表上位者命令的这个语义中可以混用，不过，在个别传世文献中，“命”“令”在这个语义上的出现次数也有相当大的差别，如《尚书》只写作“命”不写作“令”，《诗经》只有 2 例写作“令”，《左传》《论语》《孟子》《庄子》《荀子》《礼记》《仪礼》《公羊传》及《穀梁传》等均以写作“命”为主，《战国策》《韩非子》《管子》《商君书》及《周礼》等则以写作“令”为主，其他如《国语》《墨子》《吕氏春秋》及《晏子》等则“命”与“令”的分布差异较不悬殊。①

综上所述，先秦的“命”“令”原为一组音义皆同的异体字，可用来表示天命、上位者的命令，以及由此衍生而来的政令、法令及令尹、县令等官名。此外，“命”还可表“命名”义，“令”则可作“靈”的借字。由于本书的研究对象为情态动词，而在“命/令”的各类用法中，只有用作动词表上位者命令以及由此衍生而来的致使义与本书的研究主旨有关，因此，以下讨论将仅限于“命/令”的这类用法。最后要说明的是，虽然先秦文献中“命”“令”二字在表达上位者命令的语义时只是

---

① 我们认为这类用字差异可能与先秦不同时期或地域的书写或传抄习惯有关，也可能与汉代先秦文献整理者对这类用法的规范化有关，可参考巫雪如(2010c)及巫雪如(2011b)。至于“命”“令”二字何时真正分化为两个不同音的词，这已经在本书的研究范围外，因此我们不在此多作讨论。

一组异体字,不过,由于这两个字分化已久,因此,我们仍依目前传世文献所见的实际用字对这两个词进行讨论。

5.12.2　"命""令""使"的用法及情态表达类型

"命""令""使"三词在上古标记语料库词类系统中均归为"复杂双宾动词"中的第一小类,相当于传统所谓的兼语动词。由于李佐丰(2003)对先秦"命""令""使"三个词中与本书讨论相关的意义及用法已有相当深入的辨析,因此,本小节的讨论将以他的论证为基础,最后再说明我们的看法。

本书在1.6.3.1中介绍李佐丰(2003:23-67)的先秦动词分类系统时曾指出,他根据宾语和主语的有关特点,将先秦动词连续划分为图1-7各类,其中表"命令"义的"命""令"二词被归入"祈使动词",李佐丰指出这类动词主要表示祈使,其近宾语一般由有生名词充当,为祈使的对象,远宾语则表示祈使的内容,大多由动词性词语充当,如例(171)—例(172)。

(171) 王命相者趋射之,狙执死。(《庄子·徐无鬼》)

(172) 周主亡玉簪,令吏求之,三日不能得也。(《韩非子·内储说上》)

李佐丰(2003:127-132)另将"使""令"二词归入"使令动词",他指出这类动词不表述具体行为、活动,而是表示后面的行为、变化等是使动而非自动的。他并将使令动词又分为两类,即意使和致使。意使构成的句式是,句中主使者授意,而受使者能独立完成某种行为,如例(173);致使构成的句式是,由于主使者的活动或影响,使受使者具有某种状态或活动,如例(174)。致使句又可用"令"表达,如例(175)。

(173) 宋使臧孙子南求救于荆。(《韩非子·说林上》)

(174) 郑庄公城栎而置子元焉,使昭公不立。(《左传·昭公十

一年》)

(175) 材木不能尽入者,燔之,无令寇得用之。(《墨子·杂守》)

李佐丰同时指出,“使”“令”也可用作普通动词,“使”用作普通动词时,义为“役使、任用”和“派遣、出使”等,如例(176)—例(177);“令”则为“命令”义,如例(178)。

(176) 操鞭使人,则役万夫。(《韩非子·外储说右上》)

(177) 尊贤使能,俊杰在位。(《孟子·公孙丑上》)

(178) 齐桓公将立管仲,令群臣曰:“寡人将立管仲为仲父。”(《韩非子·外储说左下》)

关于“使”“令”用作使令动词与普通动词的关系,李佐丰指出,使令动词表示致使时,意义不可能是“役使、派遣”等,而它在用作意使时也不宜理解为“役使”等义。因此,使令动词的意义和普通动词“使”“令”的词义并不相同,二者应该区别开来。此外,李佐丰认为使令动词后的成分不应分析为兼语,而应分析为主谓性谓语,因为使令动词一般不带体性宾语,且许多使令动词后的体词性词语如果切分为宾语,将会使许多句子的语义不成立。最后,李佐丰指出,使令动词的意义应是从普通动词“使”“令”的意义引申而来,不过,在意义变化之后,词的功能也出现变化。

李佐丰所列出的“命”“令”“使”这三词的用法已大致涵盖本书所拟讨论的范围,其中“命”表达的是带有强制性义务的道义情态,用法单纯,因此没有进一步探讨的必要。至于“令”“使”二词的分类及说解,我们的看法则有所不同。

首先,李佐丰将例(172)的“令”归入普通动词类下之祈使动词,将例(175)的“令”归入使令动词的致使类,而将例(173)的“使”归入使令动词的意使类,将例(174)的“使”归入使令动词的致使类,我们认为这种归类是有待商榷的。从语法功能的角度来看,例(172)的“令”与例(173)的“使”同样是句中主语命令或派遣“令”“使”后接的

NP去执行VP所表示的动作,因此这两个动词的用法应是一致的。李佐丰之所以将例(172)的"令"归入普通动词类下的祈使动词,而将例(173)的"使"归为使令动词的意使类,主要是由于他对"使""令"二词用在"$使_1$/$令_1$+NP"与"$使_2$/$令_2$+NP+VP"这两类不同句式中的词义有不同的理解。

关于"使"的词义,李佐丰(2003:130-132)指出,意使类的"使"不宜理解为普通动词"使"的"役使、任用、派遣"等义,这是因为在意使句中,主使、受使者之间可以存在多种关系,而受使者完成的行为也涉及各个方面。由于主使、受使者之间可以存在多种关系,而受使者完成的行为又涉及各个方面,因此主使者向受使者授意时可能采取多种授意手段,如"派遣""命令""请求""劝导"等,而这些手段"使"本身并未说明,读者自己可以根据主使、受事之间的关系,受使者所施行的行为及上下文去意会、理解。尽管有些使令句中的"使"可以理解为"役使、任用、派遣",但由于还有相当数量的使令句中的"使"不能用这些意义理解,因此,"使"作使令动词的意义和普通动词"使"并不相同。从以上的论述来看,李佐丰将"使"的普通动词与使令动词的意使用法区别开来,理由只在于"使"作普通动词的"役使、任用、派遣"等词义不能完全涵盖它作使令动词时的语义。也就是说,李佐丰是由于"$使_2$+NP+VP"中的"$使_2$"词义超过"$使_1$+NP"中的"$使_1$"所能涵盖的范围,因此将"$使_2$"及"$使_1$"分别归入使令动词及普通动词。

至于同样可以后接"NP+VP"的"令"之所以归为普通动词下的祈使动词类而非使令动词下的意使类,虽然李佐丰在文中并未明说,不过从他对"使"的说解来看,我们可以推测或许是由于"令"作祈使动词时,语义可以全部用"命令"来涵盖的缘故。也就是说,由于在"$令_1$+NP"与"$令_2$+NP+VP"这两类句式中,"$令_1$"与"$令_2$"的词义同样是"命令",因此"$令_1$"与"$令_2$"可以同样归入普通动词。

我们认为,李佐丰对"使""令"这两个动词的归类有下列几个问题。首先，根据李佐丰的分析，有些使令句中的“使”可以理解为“役使、任用、派遣”等义，那么至少这些用法的“使”和它的普通动词义应该仍是有联系的，因此，单凭使令句中某些“使”不能理解为普通动词的“役使、任用、派遣”等义，因而将这两类词完全区别开来，这种做法本身的合理性便是有待商榷的。其次，李佐丰对于“使”的词义分析也有值得商榷之处。李佐丰将“使”的普通动词义归纳为“役使、任用、派遣、出使”等，不过，这些词义并不能涵盖所有“使”作普通动词的词义。我们认为，先秦的“使”作普通动词时并没有很明确的语义，根据主宾语关系及语境的不同可以有许多不同的随文释义，李佐丰所指出的那些词义实际上也只是其中几种可能的随文释义而已。例(179)—例(180)“使”后所接 NP 虽与例(176)同为“人”，不过，例(176)“操鞭使人”的“使”即使可以依照李佐丰的说法释为“役使”，但例(179)—例(180)的“何以使人”及“惠则足以使人”却似乎不适合释作“役使”，也不适合释作“任用”或“派遣”等义。例(181)—例(183)中的“使”也同样不适合用李佐丰所归纳的“役使、任用”等义来说解。事实上，如果只是为了解说文意，不同的读者对这些例子中的“使”很可能会有各自不同的说解。如果套用前文李佐丰对使令动词“使”的论述，我们也可以说，“使”用作普通动词时，施事者究竟是用什么方式对待施事者，“使”本身并未说明，读者自己可以根据施事者与受事者之间的关系及上下文去意会、理解。也就是说，“使”作普通动词后接 NP 时，其词义及用法跟它引申至后接 NP＋VP 时一样复杂，因此，即使某些意使句中的“使”不能理解为“役使、任用、派遣”等义，也无法说明“使”用作普通动词与意使动词时有不同的语义，因为“使”的普通动词义原本就不限于“役使、任用、派遣”等义。我们认为，普通动词“使”实际上是一个泛义动词，表达的是句中主语对宾语的某种处置关系。由于“使”所表达的处置内容相当抽象，并未指明具体的内涵，因此可以产生各种不同的引申，可能是“役使、任用、派遣”，也可能是“命令、指使、使用”等。正是由于“使”词义中的这种泛义性质,才使得“使”由后接 NP 引申到后接 NP＋VP 时,拥有李佐丰所指出的各种复杂关系及授意手段。

(179) 公曰:“得原而失信,何以使人?”(《国语·晋语四》)

(180) 桓公曰:“吾闻君人者劳于索人,佚于使人。”(《韩非子·难二》)

(181) 若此,则如胸之使臂,臂之使指也。(《管子·轻重乙》)

(182) 中国为有事于秦,则秦且轻使重币,而事君之国也。(《战国策·秦策二》)

(183) “毋育于凶”,言毋使暴,使暴则伤民。(《管子·宙合》)

综上所述,我们认为,无论从语义或语法功能的角度来看,“使”和“令”在分类上都应该是一致的。如果从句法表现来看,合理的分类方式应是“$使_1$/$令_1$ ＋NP”为一类,称为普通动词,如例(176)—例(183);“$使_2$/$令_2$ ＋NP＋VP”为另一类,称为使令动词。使令动词可再依李佐丰的判断标准分为意使及致使二类,意使类如例(172)—例(173),致使类如例(174)—例(175)。例(172)之“命”的用法也应属于意使类。① 由于“意使”一词不易与本书所界定的道义情态联想,因此,我们将李佐丰称为“意使”类的使令动词称为“命令”类。

前文提到,李佐丰将例(172)—例(173)“命/令＋NP＋VP”中的 NP 分析为近宾语,表祈使的对象,VP 分析为远宾语,表祈使的内容,而将例(174)的“使＋NP＋VP”中的“NP＋VP”分析为主谓性宾语。不过,根据本书的论证,在这类句式中,“使”的语法功能与“命/令”是一致的,因此,其后接的“NP＋VP”成分也同样应该分析为近宾语＋远宾语。李佐丰认为使令动词后的成分应划为主谓性谓语而不应分析为兼语,所提出的理由是,许多使令动词后的体词性词语如果切分

① “命”另有表“命名”的用法,如《左传·桓公二年》:“初,晋穆侯之夫人姜氏以条之役生大子,命之曰仇。”这种用法与情态的表达无关,因此不加详述。

为宾语，将会使许多句子的语义不成立。由于李佐丰并未对这个说法作进一步的论证，因此我们并不知道他所指的语义不成立的句子是哪些句子或哪类句子，也不清楚他所谓的"语义不成立"指的是什么情况，不过，在大多数的语法著作中，这类使令动词的后接成分都被分析为兼语结构，如刘景农（1959/2003：124－125），王力（1989/1990：406－413）及杨伯峻、何乐士（2001：589－592）等。我们同意大多数学者的看法，将这类句式中的NP分析为兼语，也就是句中主语施加义务的对象。

前文多次提及，Coates（1983：23－27）指出典型道义情态例句有四个特征：（1）主语是有生的；（2）主要动词为活动动词；（3）说话者对于使主语去执行这个动作有兴趣；（4）说话者对主语有权威或影响力。虽然上述四个特征原本是针对"必""当"等具有〔＋来源〕属性的情态动词来说的，不过，如果将这些特征的定义略作修改，我们也可以定出适用于具有〔－来源〕属性情态动词的特征。由于在包含具有〔＋来源〕属性情态词的句子中，主语是句中动作的执行者，说话者则是不需出现在语句中的义务来源；而在包含具有〔－来源〕属性情态词的句子中，主语为义务来源，兼语才是句中动作的执行者，因此，如果参照上引Coates对道义情态例句特征的界定，我们也许可以将这四个特征修改为：（1）兼语是有生的；（2）主要动词为活动动词；（3）主语对于使兼语去执行这个动作有兴趣；（4）主语对兼语有权威或影响力。根据修改后的特征，"命""使""令"这三个词只有在用作使令动词的命令类时才有表达与义务相关的道义情态的语义，例（171）—例（173）就是符合上述条件的道义情态例句。"命""令""使"三词用作普通动词时不能表达情态语义，这是因为它们用作普通动词时只能后接NP，而这类句式并不符合情态动词必须后接VP的最基本语法条件。"命""令""使"三词用作使令动词之致使类时，所表达的也不是典型的道义情态语义。根据李佐丰（2003：128－129）的分析，致使句通常符合下列条件之一：（1）主使者并非人或国家，而是某种行为、变化;(2)受使者是物,而不是人或国家;(3)受使者所涉及的变化、活动是受使者不能独立完成的,或是不同意去完成的。致使句的这三个条件与典型道义情态的特征可说是正好相反,因此,致使句不能表达典型道义情态也是很自然的事。

最后,关于“命”“令”“使”三词的词义演变,我们同意前引李佐丰的说法,也就是它们的使令动词义是由它们的普通动词义引申而来的。以下以“使”为例,说明这类词的演变过程。前文指出,先秦普通动词“使”是一个泛义动词,表示主语对宾语的某种处置关系。在由普通动词“使”构成的句式中,由于主语是处置宾语的主体,必须具有基本的行为能力,因此通常由有生名词或被赋予生命力的名词充当,其中又以属人名词或国名最多。例(180)的“君人者”为属人名词,例(182)的“秦”是国名充当主语的例子,例(175)及例(183)的主语在句中虽未出现,不过从语境中可以推出均为属人名词,例(181)的“胸”及“臂”为人身器官之一,属于被赋予生命力的名词。至于宾语则由于是被处置的对象,因此性质不受限制,可以由各类名词充当,例(179)—例(180)为属人名词,例(181)为人身器官,例(182)为无生名词,例(183)则为抽象名词。

“使”由普通名词引申为使令动词的命令类用法是在上述句式中,主宾语均为属人名词的情况下发生的。例(184)共出现 3 个“使”字,其中第二个“使”为普通动词,在这个语境中,“寡君使匄”的“使”可以理解为“派遣”。第三个“使”为命令动词,在这个语境中仍然可以理解为“派遣”。“使匄乞盟”可以说是在前文的“使匄”后面加上表示“使匄”的目的“乞盟”。从这个角度看,“乞盟”或许应分析为句中的补语而非宾语。

(184) 晋为郑服故,且欲修吴好,将合诸侯。使士匄告于齐曰:“寡君使匄,以岁之不易,不虞之不戒,寡君愿与一二兄弟相见,以谋不协。请君临之,使匄乞盟。”(《左传·襄公三年》)

前引李佐丰之说法指出，命令（意使）构成的句式是，句中主使者授意，而受使者能独立完成某种行为。这个句式须满足两个条件：第一，主使者及受使者均须由有生名词充当，尤其是属人名词及国家名词，而不能由无生名词或其他成分充当；第二，主使者对受使者所授意的行为必须是受使者有能力且同意独立去完成的。这两个条件也正是典型道义情态句所须具备的特征。前文多次指出，在道义情态的演变中，当句中的典型特征逐渐减少时，道义情态的典型性也会逐渐降低。我们认为，“使”的致使类用法正是在命令类用法的基础上，由于典型特征的减少而发展出来的，如李佐丰指出，上引例（174）是由于主使者并非有行为能力的有生名词，而是“郑庄公城栎而置子元焉”这个事件，例（185）是由于受事者是“水”而非有行为能力的有生名词，例（186）则是由于“闻”这个活动并非受使者所能独立完成的。

（185）何故使吾水滋？（《左传·哀公八年》）

（186）寡人淹恤在外，二三子皆使寡人朝夕闻卫国之言。（《左传·襄公二十六年》）

我们之所以认为“使”的致使用法是由命令用法而非普通动词发展而来，主要的理由是，“使”用作普通动词时，主语只能是有行为能力的有生名词，而“使”则表达了这个有生名词对宾语某种主动的处置动作。当宾语与主语同样是有行为能力的有生名词时，主语才可能在宾语后面加上他授意宾语去做的行为，如例（184）的“使匄”到“使匄乞盟”。如果宾语为无生名词则无此可能，如例（185）“秦……使重币”后面就不可能再加上秦授意“重币”去做的动作。不过，在命令句“Subj＋使＋NP＋VP”的句式成立后，Subj、NP或VP就很可能逸出原来命令句所要求的各种条件。只要Subj、NP或VP其中任何一项逸出原来命令句限定的条件，“Subj＋使＋NP＋VP”就发展为致使句了。

“使”的词义及用法发展与之前探讨的情态动词有所不同。前面探讨过的情态动词在发展过程中经常存在前后阶段的语义“两可”或“融合”等情形,“使”则没有这种过渡阶段。在“(Subj)使+NP”的句式中,“使”只能分析为普通动词;在“(Subj)+使+NP+VP”的句式中,若Subj、NP及VP同时符合前述命令句要求的两个条件,则“使”为命令用法;只要其中任何一个条件不符合,“使”即成为致使用法,并不存在语义的“两可”或“融合”等情形。

5.13　禁

先秦动词“禁”主要用在“禁+NP”的句式中,其中NP可以是被禁止的对象,如例(187)的“我”;也可以是被禁止的行为,如例(188)的“邪”;对象和行为也可以同时出现,如例(189)的“群臣士民之私邪”。由于这类用法的“禁”后面并未接动词,因此不符合本书所定义的情态动词。

(187) 上为圣人,下为士、君子,孰禁我哉!(《荀子·儒效》)

(188) 古者之贵善御也,以逐暴禁邪也。(《吕氏春秋·不屈》)

(189) 今人主之于法术也,未必和璧之急也,而禁群臣士民之私邪。(《韩非子·和氏》)

“禁”表情态语义者见于“禁+NP+VP”的句式中,所表达的是道义情态中禁止的概念,也就是主语认为“禁”后接的宾语有义务不去做句中谓语所表示的动作,如例(190)的主语为“臣”,“禁”后接宾语为“人”,“议臣于君”则为谓语所表示的动作。例(191)的主语未出现,从语境可以推知应为发布命令的主体,“民”为句中被施加禁止义务的对象,“斩木”则为被禁止的行为。

(190) 臣能无议君于王,不能禁人议臣于君也。(《战国策·魏策四》)

(191) 出国衡,顺山林,禁民斩木,所以爱草木也。(《管子·五行》)

上引两个例句中的“禁”虽与前述“命、令、使”作使令动词时同样是后接“NP＋VP”，不过它们在先秦的句法表现却有所不同。先秦动词“禁”在后接“NP＋VP”时可在NP和VP间插入助词“之”，如例(192)—例(193)。这类“NP＋之＋VP”结构即一般所称的“主之谓”结构，出现在动词后时一般被分析为句宾语。根据大西克也(1994)及魏培泉(2000)的研究，像例(190)—例(191)这类“禁”后接的“NP＋VP”实际是由主之谓结构删略主谓间的助词“之”而形成的，也就是说，例(190)—例(191)这类句式实际是“禁”后接主谓宾语而非兼语句。从这个角度看，“禁”虽然在语义上表达的是道义情态中“禁止”的概念，但由于在句法上，“禁”后的NP并非主语施加义务的对象，因此，“禁”所表达的道义情态可说是相当非典型的。

(192)　齐、魏得地葆利，而详事下吏，一年之后，为帝若未能，于以禁王之为帝有余。(《战国策·秦策四》)

(193)　君不如禁秦之攻周。(《战国策·西周策》)

5.14　劝

“劝”的本义为“勉”[①]，作状态动词，为努力之义，如例(194)—例(197)，其中例(194)—例(195)“劝”后不接任何成分，用法与一般状态动词相同，表示主语的自我努力；例(196)—例(197)后接NP，不过这类NP应分析为表目的或原因的补语而非宾语，相当于“劝于名”及“劝于赏”，句中的“劝”仍为自我努力之义，意思是主语为了“名”或“赏”而自我努力。

(194)　季康子问：“使民敬、忠以劝，如之何？”(《论语·为政》)

(195)　伯成子高曰：“当尧之时，未赏而民劝，未罚而民畏。”(《吕氏春秋·长利》)

① 《说文》十三篇下：“劝，勉也。”

(196) 名外于法而誉加焉,则士劝名而不畜之于君。(《韩非子·外储说左上》)

(197) 明主立可为之赏,设可避之罚。故贤者劝赏而不见子胥之祸,不肖者少罪而不见伛剖背。(《韩非子·用人》)

"劝"在先秦亦有使动用法,"使……劝"即"使……努力",亦即"鼓励、嗾使"之义,如例(198)—例(203)。例(198)的"劝"虽与例(196)及例(197)同样后接NP,不过这类NP应为"劝"的使动宾语而非补语,在句中表示被主语鼓励的对象。例(199)的"劝"除了后接被鼓励的对象外,同时还用介词"以"引介补语"赏"。例(200)后半句"劝子于学"在句法上与例(199)的"劝之以赏"相类,同样是后接宾语再接补语,不同的是例(200)以介词"于"引介补语,且所引介的补语并非原因或目的,而是主语希望宾语去执行的行为。例(200)的前半句语义应与后半句相同,不过前半句在"劝子"和"葬"之间并无任何引介成分,其句法形式已与前文探讨的使令动词"命""令"等相同,都是后接"NP+VP"。"劝"的这类用法可说已具备道义情态动词的语法条件了。例(201)—例(203)都是"劝"用作道义情态动词的例句。这些例句中的"劝"表达的虽然都可算是一种委婉的建议,不过语义稍有不同,例(201)的"劝"仍有较多鼓励或劝勉的意味,与本义较接近;例(202)—例(203)则基本已无勉励意味,是较典型的表达建议的道义情态。

(198) 纣曰:"夫仁义者,上所以劝下也。"(《韩非子·外储说左下》)

(199) 今民儇诇智慧,欲自用,不听上,上必且劝之以赏然后可进。(《韩非子·忠孝》)

(200) 子不葬,则人将笑子,故劝子葬也。……子不学,则人将笑子,故劝子于学。(《墨子·公孟》)

(201) 古之圣王,举孝子而劝之事亲,尊贤良而劝之为善。(《墨子·非命中》)

（202）陈辕宣仲怨郑申侯之反己于召陵，故劝之城其赐邑。（《左传·僖公五年》）

（203）楚恶魏之事王也，故劝秦攻魏。（《战国策·魏策三》）

5.15 许

先秦动词“许”义为“允诺”，后面以接宾语为常，不接宾语者如例(204)—例(205)。“许”后接宾语的语法表现与“劝”相似，可以后接NP，表示动词“许”所允诺的对象，如例(206)；也可以在后接对象之后再以介词引介“许”所允诺的内容，如例(207)；对象与内容之间的介词也可以省略，形成一个双宾句式，如例(208)。例(209)—例(211)的“许”所允诺的内容由NP引申到VP，“许”的这类用法也可说已经具备道义情态动词的语法条件了。不过，这两个例子的“许”在语境中虽然已经由“同意、允诺”衍生出道义情态中“许可”的涵义，不过仍以“同意、允诺”的语义为主。也就是说，先秦动词“许”虽初步具备发展为道义情态动词的语义条件，但仍属于相当非典型的边缘成员。

（204）命公子申为王，不可；则命公子结，亦不可；则命公子启，五辞而后许。（《左传·哀公六年》）

（205）郑伯请成于陈，陈侯不许。（《左传·隐公六年》）

（206）尔既许不穀，而反之，何故？（《左传·宣公十五年》）

（207）卫客患之，乃见梧下先生，许之以百金。（《战国策·宋卫策》）

（208）纳我而无二心者，吾皆许之上大夫之事。（《左传·庄公十四年》）

（209）君既许我杀太子而立奚齐矣。（《国语·晋语二》）

（210）秦恐，许楚城埊，欲兴之复攻魏。（《战国策·魏策二》）

（211）子展赋将仲子兮，晋侯乃许归卫侯。（《左传·襄公二十六年》）

第六章
情态动词相关问题讨论

前文我们探讨了先秦情态动词的界定方式，并根据界定结果划出了情态动词的范围及成员，接着探讨这些情态动词的形成及演变，并着重分析它们所表达的情态类型及相互间的引申关系。本章将根据前文所得结论，综合探讨先秦情态动词的分类、形成、演变，以及先秦情态动词整体系统的特色等相关问题。

6.1 情态动词分类

在正式进入本章的讨论之前，我们先参照李佐丰(1994)及刘承慧(1998)的先秦动词分类系统，将本书界定出的情态动词分类表列如下：①

表 6-1 先秦情态动词分类表

动词分类 / 情态类型	第一类		第二类	
	行为	感知	状态	分类
认识(一来源)	谓$_1$、料、度、量、计	知、识、思$_1$、信、意、疑、[恐$_1$]、[惧$_1$]		
认识(十来源)		[恐$_2$]②、[惧$_2$]	必$_1$、宜$_1$、当$_1$	如$_1$、若$_1$、似、类、

① 本节讨论仅限单音情态动词，故不将"以为""可以"等列入。表中各类动词成员之归类主要依据刘承慧(1998)，该文中未提及之动词则依表 6-3 之主谓搭配关系归类。

② 表中加[]符号者表示我们对该词是否可表该类情态有所保留，详细说明见 2.3.1.5 注释。

续　表

动词分类 / 情态类型	第一类		第二类	
	行　为	感　知	状　态	分　类
道义（一来源）	命、令、使、禁、劝、请$_1$、许、[谓$_2$]			
道义（＋来源）		[欲$_1$]、[敢$_1$]	必$_2$、宜$_2$、当$_2$、得$_1$	如$_2$、若$_2$
动力	请$_2$、求、索、图、谋、虑	肯、敢$_2$、欲$_2$、愿、思$_2$、望、冀	能$_1$、克$_1$、善、[必$_3$]	
条件（可能）			可$_1$、能$_2$、克$_2$、得$_2$、获	
条件（必要）			必$_4$、宜$_3$、当$_3$	
条件（可行）			可$_2$、足$_1$	
条件（许可）			可$_3$	
条件（估价）			可$_4$、足$_2$、难、易、宜$_4$	

以下简单说明表 6 - 1 先秦情态动词的分类原则及标准。首先，刘承慧（1998）在李佐丰（1994）的先秦动词分类基础上，将先秦动词分为“使令”“行为”“感知”及“状态”四类，四类动词与主语类型的搭配关系如表 6 - 2：

表 6 - 2　刘承慧施事句中的主谓搭配关系表

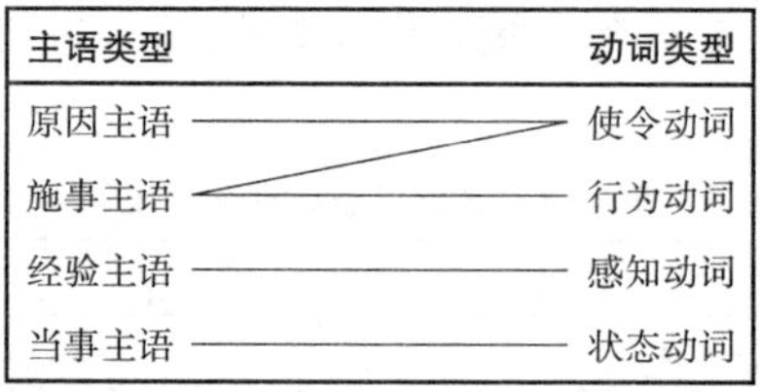

由于刘承慧分类中的使令动词在本书的情态分类系统中只有命令一类用法，因此，我们将使令动词归入动作动词，而由分类动词所构成的句式则是刘承慧文中并未探讨的句式，因此我们将它补充进来。我们对先秦情态动词的分类结果即为上表 6 - 1 所示的四类：“行为”“感知”“状态”及“分类”，这四类动词与主语的搭配关系如表 6 -3：

表 6-3　先秦情态动词主谓搭配关系表

主语类型	动词类型
施事主语	行为动词
经验主语	感知动词
当事主语	状态动词 分类动词

其次，我们依据动词所表示行为或事件是否包含主语的意志或感知成分，将上述四类动词分为两大类：第一类动词包含主语的意志或感知成分，这类动词包括动作动词及感知动词；第二类动词不包含主语的意志或感知成分，这类动词包括状态动词及分类动词。我们区分这两类动词主要是为了对情态研究中与说话者态度有关的问题做出更细致的辨析。也就是说，若动词语义本身包含主语的意志或感知成分，当它们发展为情态动词时，它们表达的语义就只与主语的意志或感知有关，而与说话者的态度无关，只有在句法成分改变或吸收由语境中衍生而来的语义时，这些情态动词才有可能发展出表达与说话者态度有关的用法；若动词语义本身不包含主语的意志或感知成分，当它们发展为情态动词时，它们表达的语义就与说话者的态度有关。关于这个论点，我们在下文分析先秦动词类型与情态表达的关系时会有进一步的论述。

最后，关于个别动词的归类，如“当”“克”“得”“获”等词归为状态动词的理由，我们在下文的论述中也会有进一步的说明。

6.2　情态动词形成方式分析

6.2.1　情态动词形成的句法条件

本小节主要从句法条件分析先秦情态动词的形成方式，并藉此呈现这些情态动词在句法上的表现。

根据前三章对个别情态动词的分析，先秦情态动词的形成主要有两条途径,第一是由带动词性宾语的二价或三价动词发展而来,第二是由提升动词发展而来。由第一条带动词性宾语的二价或三价动词发展而来者又可分为两小类,第一小类包括:(1)表 6－1 所列第一类动词的全部成员;(2)第二类动词中之状态动词的"能""善""当""克""得""获"。第二小类包括表 6－2 所列分类动词的全部成员。由第二条提升动词发展而来者包括表 6－1 所列状态动词中的"可""足""难""易""必""宜"。以下探讨由这两条途径发展而来的情态动词之形成方式及句法表现。

6.2.1.1　由带动词性宾语的二价或三价动词发展而来者

1. 由二价或三价动词带动词性宾语直接发展而来

本小类情态动词由二价或三价动词带动词性宾语直接发展而来,由这条途径发展而来者是先秦情态动词中数量最多的一类,包括表 6－1 所列第一类动词的全部成员及第二类动词中的部分成员,以下依序探讨这两类动词的情态发展过程及句法表现。

表 6－1 所列第一类动词包括行为动词及感知动词,以下先将这些动词后接宾语的情况整理如表 6－4:

表 6－4　第一类动词后接宾语类型表

后接成分 情态动词	NP	VP	$NP_{[兼语]}$＋VP	$NP_{[主语]}$＋VP	NP＋之＋VP
肯		x			
敢		x			
欲	x	x		x	x
愿	x	x		x	x
望	x			x	x
冀	x	x		x	x
请	x	x	x	x	
求	x	x		x	x
索	x	x			x
图	x	x			

续　表

情态动词＼后接成分	NP	VP	NP[兼语]+VP	NP[主语]+VP	NP+之+VP
谋	x	x			
思	x	x		x	
虑	x	x			
知	x			x	x
识	x			x	x
谓	x		x	x	
信	x				x
意	x			x	
度	x			x	
料	x			x	
量	x			x	
计	x			x	
疑	x			x	x
恐	x			x	x
惧	x			x	x
命	x		x		
令	x		x		
使	x		x		
禁	x				x
劝	x		x		
许	x		x		

从表 6－4 可以看出,第一类动词中只有“肯”与“敢”没有后接 NP 的用例,其中“肯”是以“可”为基础所衍生的新词,“敢”则是由传统分析为表谦副词,而我们认为这应分析为表胆敢义的“敢＋VP”在“不敢＋VP”的句式中衍生而来。由于这两个词都没有后接 NP 的用法,也没有后接兼语或主(之)谓结构的用法,因此,从句法上来看,这两个情态动词可说是最符合传统所定义的只能带 VP 而不能带 NP 的助动词或能愿动词成员。

除了“肯”“敢”之外，表 6－4 所列各词的情态动词用法都是在动词所带宾语由体词性成分扩大到动词性成分后发展出来的。情态动词所带的动词性宾语可分为两类：第一类直接带 VP，这类 VP 主要指向主语本身的行为，在句法上一般无法补出其他 NP 成分，可带这类 VP 者包括“欲”“愿”“冀”“请”“求”“索”“图”“谋”“思”“虑”；第二类带 VP 前须在情态动词与动词之间插入 NP，这类 NP 有时可以省略，不过在句法及语义上均可补出，这类成分可以是兼语结构的“NP＋VP”，也可以是主谓结构的“NP＋VP”或主之谓结构的“NP＋之＋VP”。表 6－4 中可带兼语结构者包括“请”“谓”“命”“令”“使”“劝”“许”，这些动词大多是传统归为兼语动词的一类；可带主谓结构或主之谓结构的动词相当多，表 6－4 中后二栏有“x”记号者均为这类情态动词。由于传统所定义的助动词或能愿动词大多只包含第一类直接带 VP 者，而“欲”“愿”又是这类动词中带 VP 数量较多者且表较为单纯之主语意愿的动词[①]，或许是基于这些理由，传统列入助动词或能愿动词成员的就只有“欲”与“愿”。

由带动词性宾语的二价或三价动词发展为情态动词者除了上述表 6－4 中的第一类动词外，还包括第二类动词中归类于状态动词的“能”“善”“当”“克”“得”“获”。

在前文的分析中，我们已对“能”“善”“可”“足”等词的词性做了较详细的探讨，将这些动词归为状态动词应无疑问，至于“当”“克”“得”“获”的词性我们则未多作讨论。以下说明我们将这几个词归为状态动词的理由。

A. 当

前文指出，“当”的本义为“相值、相对”，引申则有“相当、对等”之

① 根据本书粗略的统计，在先秦 24 部文献中，“欲”带 VP 之例超过 2000 例，“请”超过 1400 例，“求”与“愿”超过 300 例，“谋”超过 70 例，其他各词均不满 20 例。在用例较多的动词中，“请”“求”“谋”都是行为动词，这类动作性较强的动词，在传统的归类中也较少被列入助动词或能愿动词的成员中。

义，前引白晓红（1997：219－220）虽根据“当”在“NP_1＋当＋NP_2”这类句式中可后接宾语而将之归为动词而非形容词（状态动词），不过，在本书的动词分类系统中，状态动词并非以能否后接宾语为依据，而是以动词语义为依据，凡语义不属施事者之动作行为者均可以归入状态动词，因此，在状态动词类下同样有状态及物动词一类。[①] 在“NP_1＋当＋NP_2”这个句式中，“当”表达的应是当事主语 NP_1 与宾语 NP_2 处于某种相对或相当的状态，因此，我们将这类用法的“当”归入状态动词。

B. 克

“克”的本义虽为动作动词“肩任、担负”等义，不过，前文也指出，“克”由“负荷、承担”引申为“胜任”，即“承担得起”之义时，“克”已由表人实际的动作引申为对人具有“承担得起”的能力的描述，在这个意义下，“克”已发展出与“能”相同的状态动词语义。由于“克”的情态动词用法是在这类表能力之状态动词的基础上发展而来的，因此，我们将这类用法的“克”归入状态动词。

C. 得

表“得到”义的“得”虽然一般被视为动作及物动词，不过，前文探讨动词“得”的语义时指出，“得”所表的“得到”义实际上是一种客观的事实，与主语的意愿无关，也非主语所能控制。也就是说，在“Subj＋得＋NP”这个句式中，主语的“得”实际上只是一种被动的接受，而非主动的追求，因此，“Subj＋得”描述的并非主语有意志的从事“得”这个动作，而是主语被动地处于“得”这个状态，因此，我们认为这类“得”的用法不能归于搭配施事主语的行为动词或搭配经验主语的感知动词，而只能归于搭配当事主语的状态动词。例(1)中的“得”与“成”“高”“圣”并列，

---

① 本书动词分类原则见 1.6.3.1 小节对上古标记语料库动词分类系统的介绍。本书对动作动词与状态动词的归类虽基本参照上古标记语料库的动词分类系统，不过，根据本书研究所需，我们仍做了必要的调整，如分类动词 VG 原未归入状态动词，我们根据这类动词所搭配主语为当事主语而将它归入状态动词；归为状态动词的动词，我们另依所搭配主语之论元角色区分为感知动词、状态动词及分类动词三类，分类结果即表 6－1 所示。

这四个词都是描述主语“彼”(圣人)所处状态的状态动词。

(1) 积善而全尽,谓之圣人。彼求之而后得,为之而后成,积之而后高,尽之而后圣。(《荀子·儒效》)

D. 获

“获”的语义与“得”大致相同,表达的也是主语处于“获”这个状态的状态动词,如例(2)的“获”与“济”并列,二者均为描述主语“上(在上者)”所处状态的状态动词。

(2) 上得民心,以殖义方,是以作无不济,求无不获,然则能乐。(《国语·周语下》)

上述状态动词若依本用之及物与不及物的标准来分类,则“当”“克”“得”“获”可归为状态及物动词,而“能”“善”可归为状态不及物动词。状态及物动词发展为情态动词的途径是由动词后接的宾语 NP 扩大至 VP 而来,而状态不及物动词则是由动词后接的补语 NP 扩大至 VP 而来。

综上所述,本类情态动词都是由带动词性宾语的二价或三价动词发展而来,且在后接动词性成分前大多有带体词性成分的阶段。由于这类动词在带动词性成分前,与主语构成的都是主谓结构,在带动词性成分后,无论这些动词性成分是动词的补语或宾语,都不致影响动词在句中的语法地位,因此,我们认为这类情态动词仍应分析为与句中主语构成主谓关系的主要谓语。

2. 分类动词

本类情态动词包括“如”“若”“似”“类”,这四个动词原均属分类动词,表示主语与宾语间的某种相似关系。这类动词虽与 A 类动词同属二价动词,不过,与 A 类动词不同的是,A 类动词大多是在后接宾语由 NP 扩大至 VP 后即发展为情态动词,而本类动词则可以后接 VP 而不表情态用法。根据前文的论述,说话者使用这类表示主宾语间相似关系的动词来表达自己对命题的不确定态度,这种表达方式只是一种语用上的委婉说法，也就是说，说话者使用这类情态词是为了让自己的陈述听起来不那么直截武断，以便让自己的表达方式在交际场合中显得得体而有礼貌。由于这类动词之所以会有表达情态语义的用法可说完全是在语用表达的策略下发展出来的，因此，我们将这类情态动词形成的途径与A类动词区别开来，另归为B类。

与A类由原本充当句中主要谓语发展而来的情态动词不同，本类情态动词在句法表现上更接近副词，也就是在原命题上加上表委婉语气的表达方式。

6.2.1.2　由提升动词发展而来者

由提升动词发展而来的情态动词包括“可”“足”“难”“易”“必”“宜”，其中“可”“足”“难”“易”四词是经由提升“V＋NP，可（足/难/易）”这个句式中的宾语NP至主语位置而来；“必”及“宜”的认识情态及道义情态是经由提升“NP_1＋VP，必（宜）”这个句式的主语NP_1至主语位置而来，“宜”的估价情态则是经由提升前述句式中的谓语“宜”至句首而来。

由于这类由构句发展而来的情态动词在其基底结构中都应分析为与命题构成主谓关系的谓语，在它们经由提升句中某一成分而发展为情态动词后，其语义辖域并未改变，仍是涵盖全命题的，因此，这类情态动词尽管在表面的句法结构上可以分析为与主语构成主谓关系的谓语，不过在语义上，这类情态动词与主语间并没有直接的关联。

6.2.2　情态动词形成的语义条件及语义演变机制

根据本书的界定，情态动词指的是在句法上可以后接动词性成分，且在语义上表达情态语义的动词。前节我们由句法条件说明先秦情态动词的形成方式，也就是这些动词如何达到后接动词性成分的方式，以下探讨这些动词发展为情态动词的语义条件，也就是这些动词在语义上如何达到符合本书所界定情态语义的过程。

根据前文对个别情态动词语义演变的分析，先秦动词被归类为情态动词的过程大致可分为以下三类：

第一类动词在目前可见的语料中所表达的语义原就属于本书所界定的情态范畴，这些动词在表达情态语义之前是否有更原始的本义已无可考，因此，只要它们可以后接 VP，即可归入情态动词，这类情态动词包括表 6－1 行为动词中的“命”“令”“使”“禁”，以及感知动词中的“知”“识”“意”“疑”。另，“信”及“劝”是由状态动词的意动与使动用法发展而来的，“肯”是以“可”为基础所衍生的新词，我们也将它们归入此类。

第二类动词在表达情态语义之前大致可以追溯其较原始的语义，如“谓”是由言语动词引申为表说话者认知，并于语境中衍生为说话者对听话者所发出的命令；“度”“料”“量”“计”是由对具体事物的实际丈量引申至对抽象事物的估量，再引申至对事件的推测或判断；“许”是由允诺引申为许可；“思”“虑”均是由思虑引申至意图，“思”同时可引申至表认定；“恐”“惧”是由对事物害怕的情绪反应引申为对事件可能发生的恐惧，再引申至对未来事件可能发生的推断；“敢”是由胆敢义在“不敢＋VP”的句式中衍生出表勇气义；“欲”“愿”“请”“求”“索”“图”“谋”“冀”等表意愿的词都是由想得到或追求某种具体的人事物引申到想从事某种行为，或希望他人从事某种行为等；“望”是由视觉上的眺望引申至心里的盼望；“当”是由“相对、相当”义引申至“应当”义；“能”是由熊属动物所具有的强壮体能发展为表人的能力；“得”“获”是由具体的“获得、得到”义，虚化为抽象的“达成、实现”义，再引申为条件可能义；“克”是由状态动词的使动用法“达成”义引申为条件可能义；“善”是由人性本质或品德之善引申为表能力；“如”“若”“似”“类”则是由表示具体事物间的相似关系引申为命题与说话者认知间的相似关系。

第三类动词包括由提升动词发展为情态动词的“可”“足”“难”“易”“宜”“必”。就语义上来说，这类动词与第一类同样是无需经过语义引申即为表情态语义的词，不过，由于这类动词表达的主要是说话者对命题的态度，与第一类动词语义有较大差别，且并非后接 VP 即可归入情态动词，因此，我们将它们单独列为一类。

在上述三类动词中，第二类在发展为情态动词的过程中所涉及的语义演变机制大多可用一般语法化理论所提出的语义引申机制来解释，如“谓”由言说动词引申为认知动词及“望”由视觉感官动词引申为表期望的心理动词都可说是一种“以身喻心”的隐喻；“度”“料”“量”“计”由对具体事物的实际丈量引申至对事件的推测或判断一方面是语义泛化的结果，一方面也可以说是由社会-物理世界到认知世界的隐喻投射，在演变的过程中，同时涉及了语言的主观化。其他如“当”由表示具体的“对等、相当”义引申为表示抽象的使行为与主观意愿对等、相当，或者“如”“若”“似”“类”由表示具体事物间的相似关系引申为命题与说话者认知间的相似关系等，也都与由“行”域到“知”域或者由社会-物理世界到认知世界的隐喻投射有关。

6.3　情态动词语义地图

本节探讨先秦情态动词的演变路径。为了便于将先秦情态动词的语义演变途径与普遍语言学的情态语义研究成果相互比较，本节讨论将以 van der Auwera & Plungian(1998)所描绘的情态语义地图(modality's semantic map)为基础，分析先秦情态动词的语义表现及其发展引申的途径，并指出先秦情态动词的语义演变模式与普遍语言学所描绘之语义演变模式的异同。

在本节讨论之前，我们先简单介绍 van der Auwera & Plungian (1998)的《情态语义地图(*Modality's Semantic Map*)》一文中与本节研究相关的论点。[①]

van der Auwera & Plungian(1998)是在 Bybee *et al*. (1994)的情

---

① 本书在 2.1.3.3 小节中界定情态动词的语义范畴及类型时已对 van der Auwera & Plungian(1998)的观点有部分介绍，为方便讨论，此处的介绍可能与前文有重复之处。

态研究基础上，进一步将 Bybee *et al*. (1994)所观察到的情态语义发展路径制成情态语义地图。在文中，van der Auwera & Plungian (1998)首先将"情态"语义范畴界定为表达与可能性(possibility)及必要性(necessity)有关的概念，并依动作或事件与参与者的关系将情态分为四个范畴：

一、参与者内在情态(participant-internal modality)：事件状态的可能性或必要性取决于参与者的内在属性，其中可能性涉及的是参与者的能力，如例(3)a；必要性涉及的是参与者的内在需要，如例(3)b。

(3) a. Boris can get by with sleeping five hours a night.(鲍利斯一个晚上睡五个小时就可以了。)

b. Boris needs to sleep ten hours every night for him to function properly.(鲍利斯每天晚上需要睡十个小时才可以。)

二、参与者外在情态(participant-external modality)：事件状态的可能性或必要性取决于参与者以外的外在条件，例(4)a 为外在可能，例(4)b 为外在必要。

(4) a. To get to the station, you can take bus 66.(要去车站的话，你能搭 66 路公交车。)

b. To get to the station, you have to take bus 66.(要去车站的话，你必须搭 66 路公交车。)

三、"道义情态"(deontic modality)：参与者外在情态下的一个次类或特殊案例，亦即将原先左右事件状态的可能性或必要性的外在条件限定为由参与者以外的其他人，如说话者或社会伦理规范允许或强制参与者从事该行为。例(5)a 之允许即道义可能，例(5)b 之义务则为道义必要。

(5) a. John may leave now.(约翰现在可以离开。)

b. John must leave now.（约翰现在必须离开。）

四、“认识情态”(epistemic modality)：说话者对命题的判断。例(6)a 是说话者对命题的可能性判断，例(6)b 是说话者对命题的必要性判断。

(6) a. John may have arrived.（约翰可能已经到了。）

b. John must have arrived.（约翰一定已经到了。）

最后，van der Auwera & Plungian(1998)将“参与者内在情态”及“参与者外在情态”合称为非认识情态，与认识情态相对。van der Auwera & Plungian(1998:82)的情态类型分类如表 6－5：[①]

表 6－5　van der Auwera & Plungian 情态类型表

<table>
<tr><td colspan="4">可能性(Possibiliyt)</td></tr>
<tr><td colspan="3">非认识可能性(Non-epistemic possibility)</td><td rowspan="3">认识可能性
(Epistemic possibility)
(不确定性)
(Uncertainty)</td></tr>
<tr><td rowspan="2">参与者内在可能性
(Participant-internal possibility)
(动力可能性、能力、潜力)
(Dynamic possibility Ability, Capacity)</td><td colspan="2">参与者外在可能性
(Participant-external possibility)</td></tr>
<tr><td>非道义可能性(Non-deontic possibility)</td><td>道义可能性(许可)Deontic possibility (Permission)</td></tr>
<tr><td rowspan="2">参与者内在必要性
(Participant-internal necessity)
(需要)
(Need)</td><td>非道义必要性
(Non-deontic necessity)</td><td>道义必要性(义务)
Deontic necessity
(Obligation)</td><td rowspan="3">认识必然性
(Epistemic necessity)
(应然性)
(Probability)</td></tr>
<tr><td colspan="2">参与者外在必要性
Participant-external necessity</td></tr>
<tr><td colspan="3">非认识必要性(Non-epistemic necessity)</td></tr>
<tr><td colspan="4">必要性(Necessity)</td></tr>
</table>

关于 van der Auwera & Plungian(1998)的情态类型表与本书所区分的情态类型的关系，本书 2.1.3.3 已有较详细论述，为方便讨论，我们将相关论点再重述如下。

---

① 该表已见上文 2.1.3.3 小节表 2－8，为方便对照，我们在此将它重复列出。

表 6-6　先秦情态动词所表达之情态类型表

<table>
<tr><th>动力情态</th><th>条件情态</th><th>道义情态</th><th>认识情态</th></tr>
<tr><td>主语能力、意愿</td><td>可能、必要、可行、许可、估价</td><td>许可、应当、必须</td><td rowspan="2">可能性、应然性、必然性</td></tr>
<tr><td>参与者内在情态</td><td colspan="2">参与者外在情态</td></tr>
<tr><td colspan="3">非认识情态</td><td>认识情态</td></tr>
</table>

表 6-6 为我们所区分出的先秦情态类型与 van der Auwera & Plungian(1998)情态类型之对照表。表中第一行为我们所区分出的四种情态类型：第一类动力情态表达的是主语能力及意愿，其中表能力者约相当于 van der Auwera & Plungian(1998)的参与者内在情态；第二类条件情态表达的是条件可能、必要、可行、许可及估价，在 Palmer(1979:37)的分类中，中立(条件)情态原与表主语能力及意愿者并列为动力情态下的一个次类，同时只包括条件可能及条件必要，本书根据先秦情态动词的特点将它们独立为一个单独的情态类型，并增加可行、许可及估价三个情态次类；第三类道义情态表达的是说话者对动作或事件被执行的许可或必要性态度，这类情态与条件情态同属参与者外在情态，也就是说，条件情态所表达的事件状态之可能性或必要性主要取决于参与者外在条件，而道义情态则将这类外在条件限定为权威人士或社会规范允许或强制参与者从事该行为；第四类认识情态表达的是说话者对命题真值的判断。与认识情态相对，前三类情态又合称为非认识情态。

6.3.1　可能性语义地图

van der Auwera & Plungian(1998)在界定其研究范畴后，文中首先根据 Bybee *et al*. (1994)所描绘的源于能力的情态演变路径(见本书 1.4.6 图 1-3)，绘出第一张与可能性有关的语义迷你地图，见图 6-1。为便于比较，我们在原情态类型名称下用括号加注本书所用的情态类型名称。

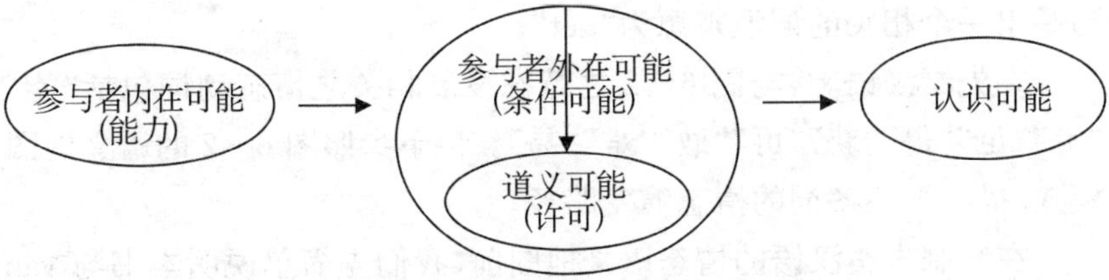

图 6－1　van der Auwera & Plungian 语义地图：可能性(Possibility)

van der Auwera & Plungian(1998)指出，图 6－1 显示参与者外在可能有两条发展途径，一为认识可能，一为道义可能。由于道义可能是外在可能的一个次类，因此，由外在可能到道义可能的发展可以用语义的窄化(shrinking)或限定化(specialization)来解释。也就是说，外在可能原未对事件得以实现之外在条件做任何限定，而道义可能则将外在条件限定于权威或规范。

在绘出图 6－1 的可能性语义地图后，van der Auwera & Plungian(1998)进一步根据 Bybee *et al*. (1994)，在地图中加入这些情态语义的词汇来源，见图 6－2。①

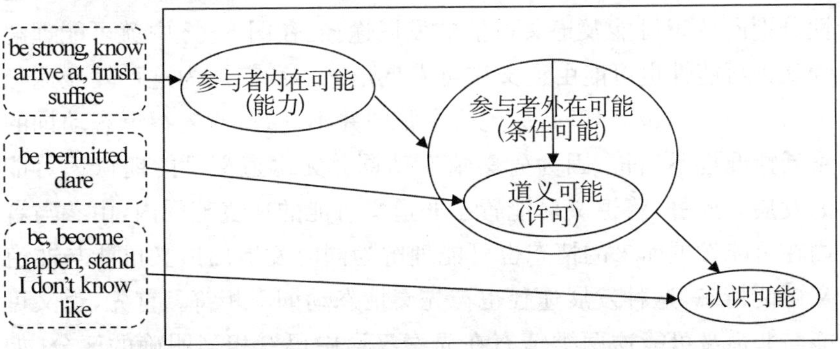

图 6－2　van der Auwera & Plungian 语义地图：可能性及其词汇来源

除了上述这些词汇来源外，van der Auwera & Plungian(1998)

① 原图在认识可能后尚有其他发展，因与本书论述无关，故不予绘出。

另举出一个相关的词汇来源为“get”。

在先秦汉语中，与图 6－2 之情态发展相关之情态动词包括“能”“克”“足”“得”“获”“可”“敢”“难”“易”。以下参照图 6－2 的语义地图模式，描绘上述各词的情态演变路径。

在绘制先秦汉语的情态语义地图前，我们先简单说明本书与 van der Auwera & Plungian(1998)所绘制之语义地图之间的差别。

首先，van der Auwera & Plungian(1998)在表 6－5 中将参与者外在可能分为非道义可能性及道义可能性两类。在 Palmer(1986)的情态分类系统中，非道义可能性大致相当于中立(条件)可能，而在 Bybee *et al*. (1994)的系统中，这类情态大致相当于根可能性。在图 6-2 中，van der Auwera & Plungian(1998)将道义可能性包含在参与者外在可能中，而表 6－5 中的非道义情态(即条件可能/根可能)则未作界定。如果根据图 6－2 所示，那么道义可能之外的范围或许可以视为 van der Auwera & Plungian(1998)所界定的非道义情态。不过，由于 van der Auwera & Plungian(1998)将道义情态置于非道义可能的环绕范围内，因此，原先 Bybee *et al*. (1994)所指出的由根可能性分别向认识可能及道义可能的发展途径，在图 6－2 中就可能理解为认识可能性也可能由道义许可发展出来。我们认为这种发展途径似与 Bybee *et al*. (1994)原先所主张的并不一致，与先秦情态动词的发展情况也不相符，因为先秦情态动词并无由道义可能向认识可能的发展。此外，将道义可能置于非道义可能的环绕范围内，由参与者内在可能发展而来的情态也可能理解为同时发展出道义可能与非道义可能情态，这种发展途径也与先秦情态动词不相符。首先，道义可能与非道义可能这两类情态在先秦汉语中仍有相当明确的区分，如“克”“获”都只能表达非道义可能情态，“能”只有在反诘句中可衍生出道义情态的暗示，而“得”也只有在否定句中才能表达真正的道义可能情态，因此，将这两类情态各自独立出来仍是有必要的。此外，在本书的情态分类系统中，可表达参与者外在可能情态者也不限于条件可能与道义可能，还包括条件可行及条件估价两个情态次类，因此，本书的情态语义地图将根据 Coates(1983)所提出的模糊集合理论，将参与者外在可能情态中的各次类情态依其典型用例为中心，区分为不同情态次类，接着指出各次类间及这些次类与其他情态类型间的发展关系。根据表 6－6 的先秦情态动词情态类型表，我们将先秦表达与可能性有关的各类情态关系绘制如图 6－3，至于各类情态间的演变途径，我们将在个别探讨上述先秦表达可能性情态动词的演变途径后，再作最后的整合。

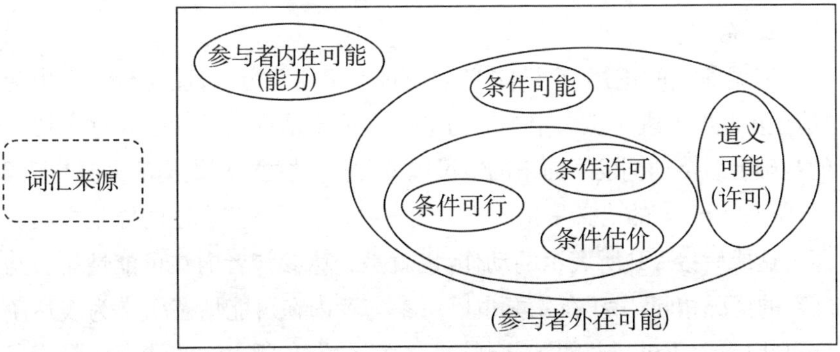

图 6－3　先秦表可能性之各类情态关系图

1. 能

"能"的本义为一种筋骨强壮的熊类动物，因此，"能"表能力义之词汇来源应与图 6－2 所列之"be strong"是一致的。"能"由"强壮"义引申为表主语的内在能力，再引申为表条件可能，这个引申路径在先秦时期已经完成。"能"在先秦也有表道义情态许可义的用法，不过这类用法都只能附着在反诘语气中。根据李明(2001：83－84)的研究，现代汉语中的"能"已经可以在否定中单独表许可，但仍不能在肯定句中表许可；至于认识可能则仍无法脱离反诘语气而单独表达。参照 van der Auwera & Plungian(1998)的地图表达方式，我们将先秦"能"的情态发展路径图标如下：

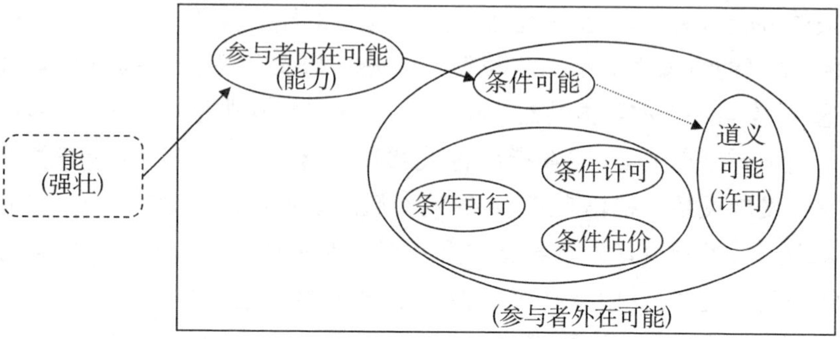

图 6－4　先秦“能”情态发展路径图

2. 克

根据前文的论述，克的本义为“肩任、担负”，由“肩任、担负”引申为“承担得起”，再进一步引申为“能达成”。情态动词“克”即是在这个语义的基础上后接动词发展而来的。可以说，情态动词“克”之词汇来源与图 6－2 所列“finish”的语义是相关的。先秦情态动词“克”表达的原是主语有能力达成后接 VP 所表示的动作，也就是表达参与者内在可能情态。与“能”的情况相同，“克”在先秦也已由参与者内在可能情态引申为表达条件可能情态，不过，与“能”不同的是，“克”在先秦所表达的情态仅限于条件可能，并未进一步向道义许可发展。参照 van der Auwera & Plungian (1998)的地图表达方式，我们将先秦“克”的情态发展路径图标如下：

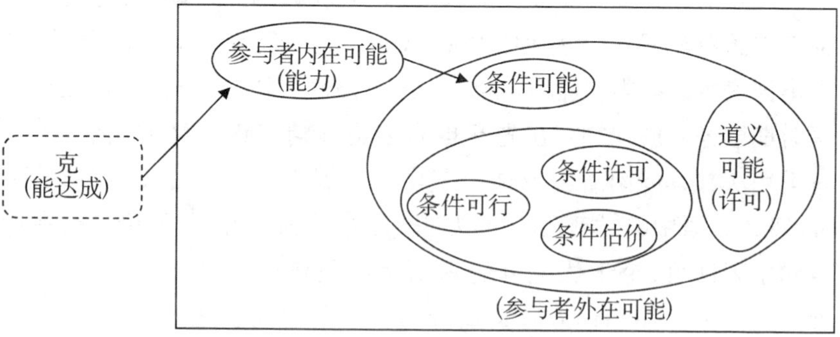

图 6－5　先秦“克”情态发展路径图

3. 得

“得”的本义为“得到”，图 6－2 中所列出的词汇来源虽然没有语义接近者，不过，van der Auwera & Plungian（1998：103－104）在正文中另举出一个义为“get”的瑞典语动词“få”，如例（7）。van der Auwera & Plungian（1998）同时指出，在瑞典语中，få ‘get’作为实义动词的用法仍然存在，如例（8），这类用法可称为“参与者外在真实性”（participant-external actuality），意为：某些事件状态的实现乃基于参与者以外的条件，特别是基于参与者在事件状态中处于某种被动接受的态势。

（7） *Lasse* får *köra bil*.
Lasse gets drive car.
‘Lasse gets to drive the car.’
‘Lasse may/must drive the car.’

（8） *Han* fick 50 *av rösterna*.
he got 50 of the votes
‘He got 50 of the votes.’

从 van der Auwera & Plungian（1998）对 få ‘get’的论述来看，få ‘get’与“得”无论是在动词语义、用法或情态语义发展上都相当类似。首先，“得”的本义与“få”同样有“得到”之义，且其所谓的“得到”都带有被动接受的意味。“得”与“få”也同样可以用作实义动词，后接体词性宾语。在 van der Auwera & Plungian（1998）的论述中，få ‘get’最后发展为可同时表达参与者外在可能及必要的情态动词，如上引例（7）可同时表达许可或必要义。根据李明（2001：22，64）的研究，“得（dé）”从汉代开始即可单独表许可义，“得（děi）”则在宋代开始出现表必要的语义，李明（2001：64）虽对“得（děi）”来源表示无法确指，不过，这两类用法的“得”恐怕也难说彼此没有来源关系。可以说，“得”由表“得到”的动词义发展至可同时表许可及必要义，这种发展途径与 van der Auwera & Plungian（1998）对 få ‘get’的描述基本是一致的。

"得"的情态发展途径除了与 få 'get'有相似之处外,"得"由动词"得到"义发展至表条件可能之前还经过一个在实然情境中表"达成"义的阶段,这个语义与前述"克"发展至条件可能前也是相似的。不过,"得"与"克"的情况不同,"克"的"达成"指的是主语本身有能力达成,"得"的"达成"则须取决于外在客观条件,因此,"克"由表达成义的动词发展为表条件可能的情态动词,中间曾经过表主语内在能力或属性的阶段,而"得"的情态发展过程则没有表主语内在能力或属性的阶段。

在先秦汉语中,"得"除由动词"得到"义发展为"达成"义,再发展出条件可能外,也在反诘句及否定句中发展出许可义,这个发展途径即图 6－2 中所绘出的由参与者外在可能到道义可能的发展。前引 van der Auwera & Plungian(1998)认为这个发展途径可解释为语义的窄化或限定化,也就是外在可能并未对事件得以实现之外在条件做任何限定,而道义可能则将外在条件限定于权威或规范。前文我们论证"得"由条件可能发展到许可的演变时也指出,这个过程可以解释为"限制性"的递增过程,也就是对命题或事件施加的义务愈多,"得"的语义就愈接近许可义,反之则愈接近条件可能。可以说,"得"由条件可能发展至道义许可的演变途径也是符合跨语言的研究结论的。参照 van der Auwera & Plungian(1998)的地图表达方式,我们将先秦"得"的情态发展路径图标如下:

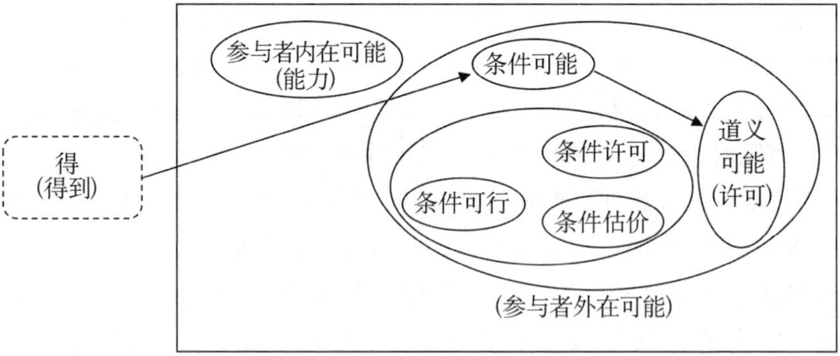

图 6－6　先秦"得"情态发展路径图

4. 获

“获”的动词本义与“得”同为“得到”，“获”由动词“得到”义发展为“达成”义，再发展出条件可能的途径与“得”基本是一致的。不过，“获”并未如“得”一般发展出表许可的道义情态。参照 van der Auwera & Plungian(1998)的地图表达方式，我们将先秦“获”的情态发展路径图标如下：

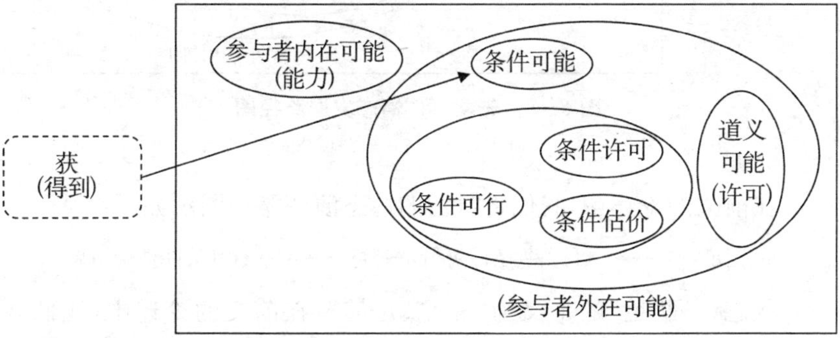

图 6－7　先秦“获”情态发展路径图

5. 可

在前文的论述中，我们将“可”的情态演变路径图示如下：

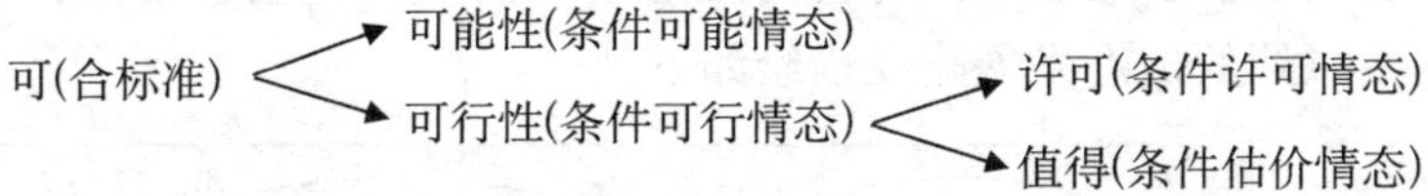

根据前文的论述，情态动词“可”所表达的四类情态都是在状态动词“可”的基本语义“合乎某种可接受标准”的基础上发展而来的。由“合乎某种可接受标准”的语义出发，首先发展出的是条件可行及条件可能，条件许可及条件估价则是在条件可行的基础上加上说话者的不同主观态度发展而来的。在客观条件可行上加上说话者对事件达成或实现的许可态度即发展出条件许可情态，在客观条件可行上加上说话者对事件的评价态度则发展出条件估价情态。我们将先秦“可”的情态发展路径描绘如下：

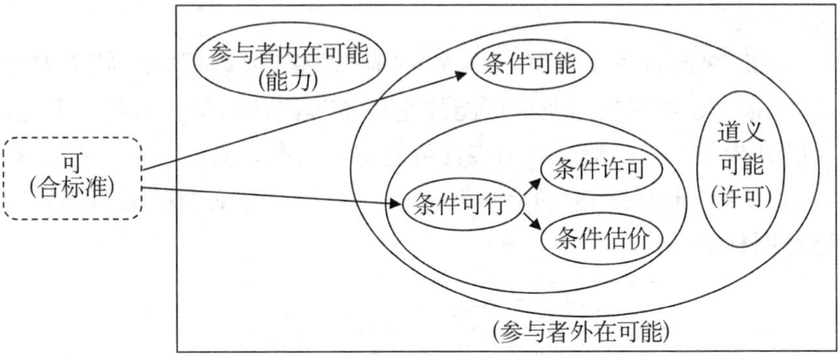

图 6-8　先秦“可”情态发展路径图

6. 足

在前文的论述中，我们将“足”的情态演变路径图示如下：

足(充足) ⟶ 可行性(条件可行情态) ⟶ 值得(条件估价情态)

状态动词“足”的本义为“充足、足够”，在前文的论述中，我们认为先秦的“足”可表达条件可行及条件估价（值得）两类情态，这两类情态都是在状态动词“足”的本义“充足、足够”的基础上发展而来的。由“充足、足够”出发，首先发展出的是客观条件可行，在客观条件可行上加上说话者对事件的评价态度即可发展出条件估价情态。我们将先秦“足”的情态发展路径描绘如下：

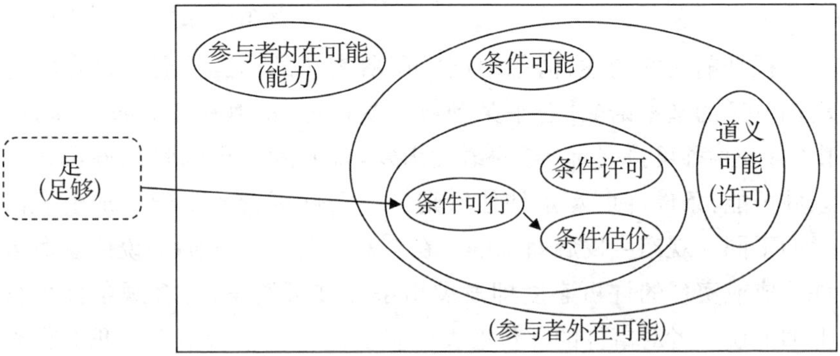

图 6-9　先秦“足”情态发展路径图

7. 敢

先秦的“敢”原为表“胆敢”义的状态动词，在“不敢 VP”的句式中衍生出表“勇气、勇敢”的语义。这种语义表面看似与表可能性无关，不过，先秦的“敢”却在表禁诫的语境中衍生出表“许可”义的道义情态，这种情态即 van der Auwera & Plungian(1998)所提出的“道义可能情态”。巧合的是，在 van der Auwera & Plungian(1998)所列出的可发展为道义情态之词汇来源中也有与“敢”语义相近的“dare”，我们不知道这种现象是不是显示，由表勇气的“敢”向表许可的道义情态发展是一个具有跨语言普遍意义的发展，不过，从“敢”的这种衍生途径来看，“敢”的语义中似乎也暗示了某种可能性。也就是说，当参与者具有“敢”这个内在属性时，事件或状态就可能达成或实现。从这个角度看，我们或许也可以将“敢”归为参与者内在可能情态。以下为先秦“敢”的情态发展路径图。

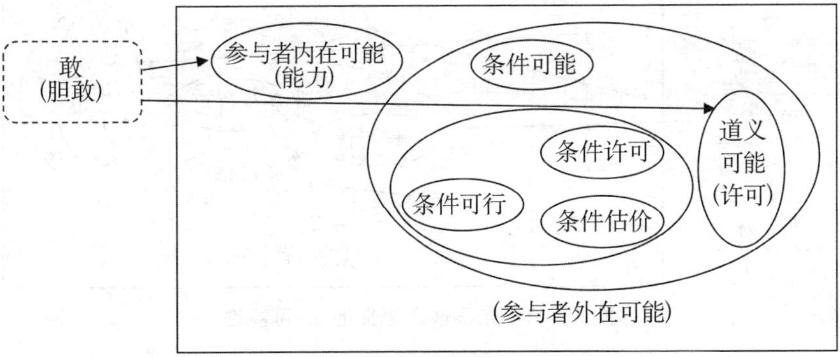

图 6－10　先秦“敢”情态发展路径图

8. 难/易

先秦“难/易”主要表达说话者对事件在客观条件下的难易度，我们将这类情态归为条件估价情态。以下为先秦“难/易”的情态发展路径图。

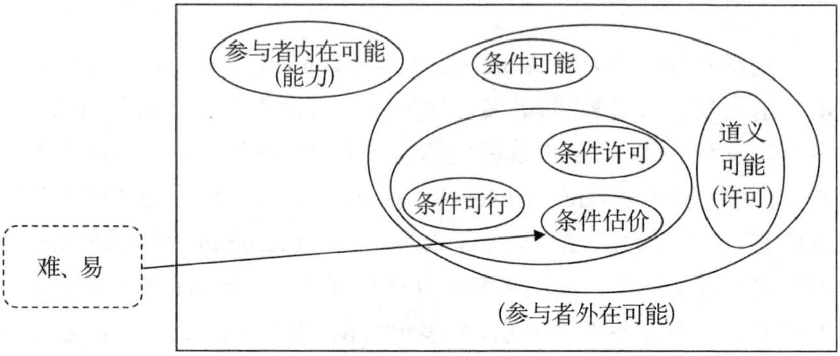

图 6－11　先秦“难/易”情态发展路径图

最后，我们将先秦与可能性有关的情态动词之语义发展整合图示如下：①

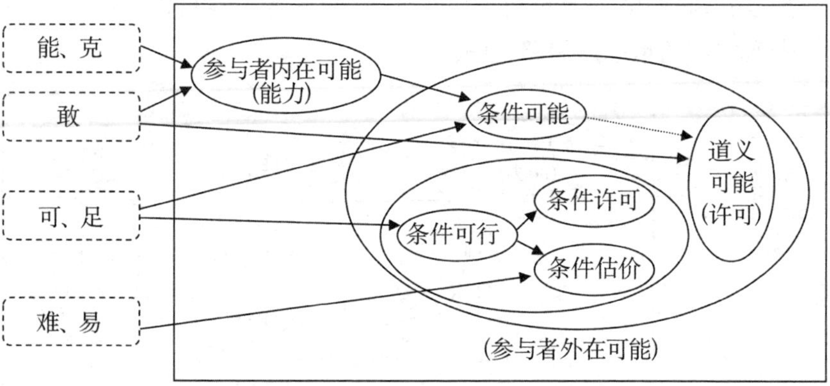

图 6－12　先秦情态语义地图：可能性

6.3.2　必要性语义地图

在描绘出可能性语义地图后，van der Auwera & Plungian

---

① 箭头所表示的发展方向是根据本书对先秦情态动词所表达之情态类型的演变途径所画出的，不过图中所示之发展方向只是一种可能的发展方向，并非所有情态动词都经历全部的演变过程，如“克”“获”发展出条件可能后，并未向道义可能进一步发展，而“足”在发展出条件可行后，也并未向道义许可发展等。

(1998)根据 Bybee *et al*. (1994)所描绘的源于义务的情态演变路径(见本书 1.4.6 图 1-4),绘出另一张与必要性有关的情态语义地图,之后同样加入了这些情态语义的词汇来源,见图 6-13。①

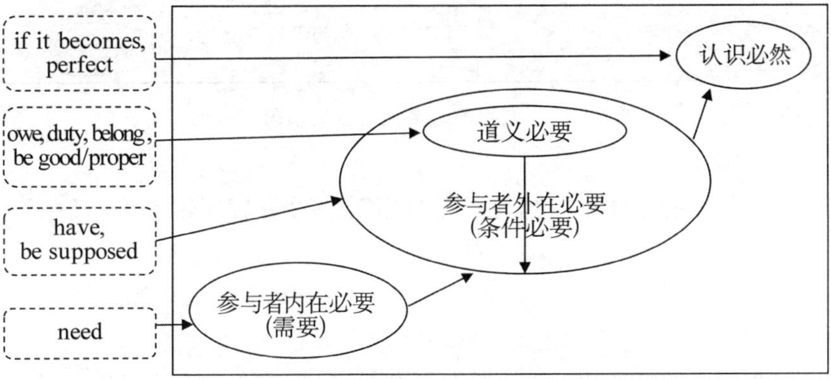

图 6-13　van der Auwera & Plungian 语义地图:必要性及其词汇来源

在先秦汉语中,与图 6-13 之情态发展相关之情态动词包括"必""宜""当"。以下先说明本书必要性语义地图的绘制方式。

前文说明本书可能性语义地图绘制方式时指出,我们不同意 van der Auwera & Plungian(1998)对参与者外在可能情态的处理方式,也就是将道义可能置于非道义可能环绕范围内的做法,而认为应该将参与者外在可能情态中的各类语义分别列出,并指出各次类间的语义是一个渐变的语义连续统,我们对必要性语义地图的处理方式也与可能性地图相同。以下根据表 6-6 先秦情态动词情态类型表,将先秦表达与必要性有关的各类情态关系绘制如图 6-14。至于各类情态间的演变途径,我们将在探讨上述三个表达必要性情态动词的演变途径后,再作最后的整理。

---

① 原图在认识必然及参与者外在必要后尚有其他发展,因与本书论述无关,故不予绘出。

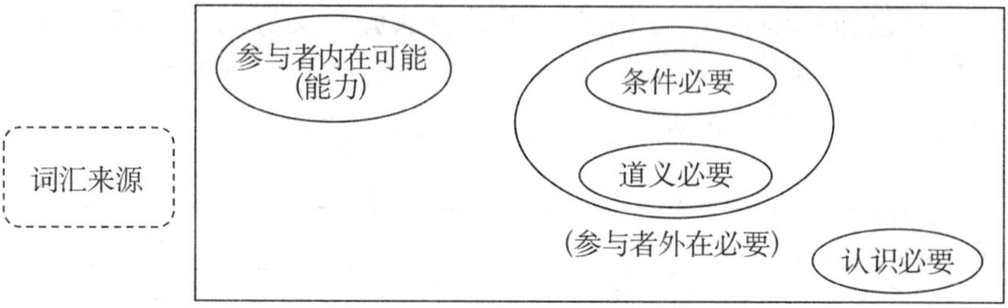

图 6－14　先秦表必要性之各类情态关系图

1. 必

在前文的论述中，我们将“必”的情态演变路径图示如下：

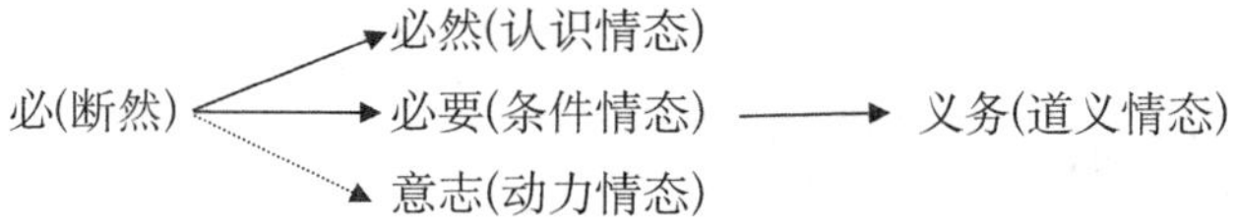

在前文的论述中，我们指出先秦情态动词“必”共可表达条件必要、道义义务、认识必然及动力（意志）四类情态，其中表意志的“必”不在表必要性情态语义范围内，因此，我们在这里只探讨“必”所表达的前三类情态。

前文指出，先秦状态动词“必”的基本语义为一种决然、断然的意味，情态动词“必”所表达的各类情态语义都是在这个语义基础上发展而来的，其中认识必然义与条件必要义是直接由决然、断然的概念引申出来的，而道义义务义则是在条件必要义的基础上加上说话者对主语施加主观义务的态度而来。我们将先秦“必”的情态发展路径描绘如下：

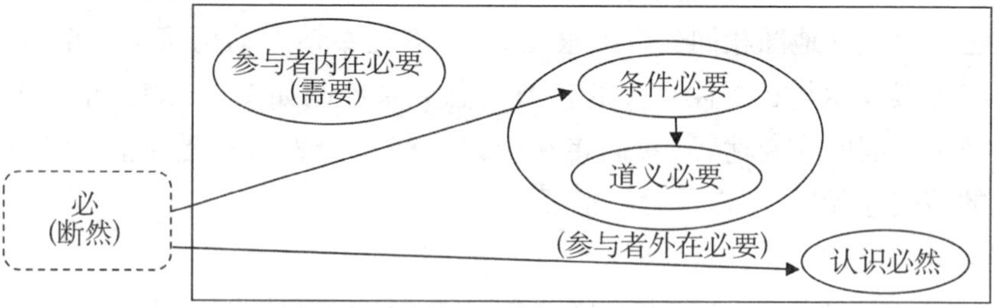

图 6－15　先秦“必”情态发展路径图

2. 宜

在前文的论述中，我们将“宜”的情态演变路径图示如下：

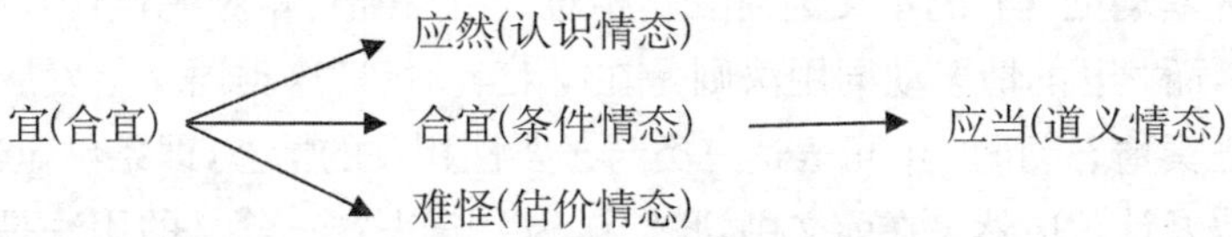

由于表“难怪”的估价情态不在表必要性的语义范围内，因此，我们这里只探讨“宜”所表达的其他类情态。

先秦状态动词“宜”的基本语义为“合宜、合适”，表达对人事物的合宜性评估，由此引申为对事件合理发展方向的建议或推断，也就是表达应当或应然的语义。在前文中，我们将“宜”所表达的对事件的合宜性评估归为条件必要情态，表应当义者归为道义情态，表应然义者则归为认识情态。与“必”的情况相类，我们认为情态动词“宜”所表达认识情态与条件必要都是从状态“宜”的基本语义“合宜”在语境中引申而来，而道义情态则是在条件必要的基础上加上说话者对主语施加主观义务的态度而来。我们将先秦“宜”的情态发展路径描绘如下：

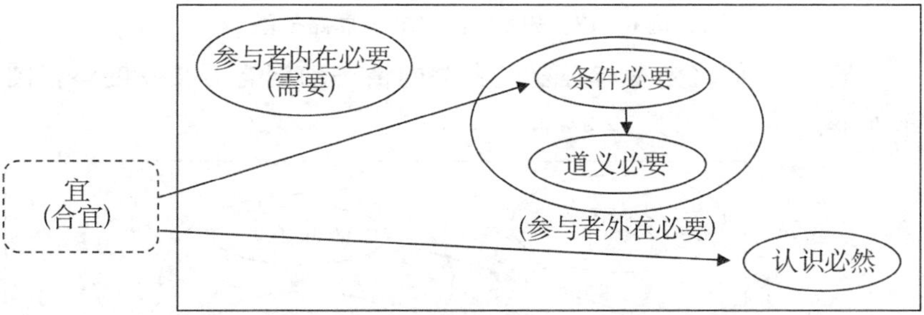

图 6-16　先秦“宜”情态发展路径图

3. 当

在前文的论述中，我们将“当”的情态演变路径图示如下：

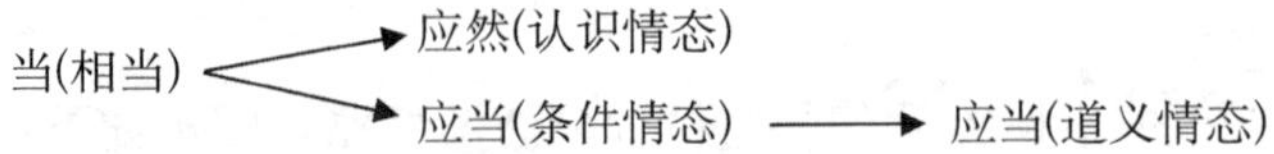

先秦动词"当"的本义为"相值、相对",由"相值、相对"引申为"相当、对等",而"当"的情态动词用法则是在"相当、对等"这类语义上发展出来的。先秦情态动词"当"可表达三类与必要性相关的情态,即条件应当、道义应当及认识应然。在前文中,我们认为"当"表"应当"义的用法是在说话人认为主语与"当"后接动作或行为乃相当、相称的评价态度上引申出来的,也就是从客观条件或情势着眼,认为主语有必要达成或实现"当"后接 VP 所表示的行为或状态,因此,"当"所表达的条件必要情态应为较客观基本的语义,而道义情态则是在条件必要情态的基础上加上说话者对主语施加主观义务的态度而来。"当"所表达的认识情态同样是由"相当、对等"的语义引申而来。我们将先秦"当"的情态发展路径描绘如下:

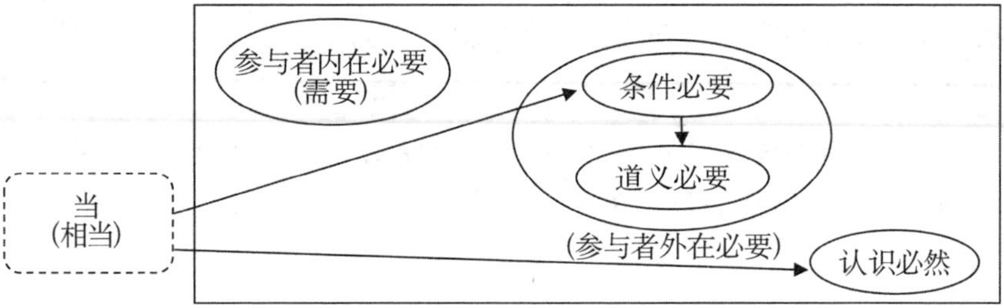

图 6－17　先秦"当"情态发展路径图

最后,我们将先秦与必要性有关的情态动词之语义发展整合图示如下:

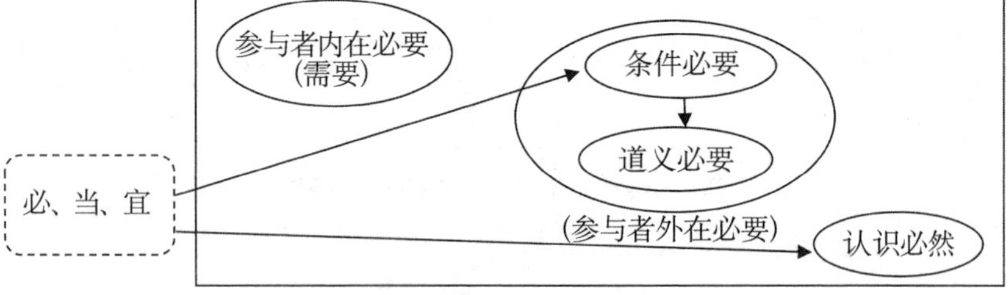

图 6－18　先秦情态语义地图:必要性

6.3.3　其他类情态语义分析

前文我们参照 van der Auwera & Plungian(1998)的语义地图分析了先秦汉语中与之相关的 12 个情态动词，以下分析未列入其中的情态动词。

前节探讨情态动词形成的句法条件时指出，先秦情态动词的形成主要有两条途径，第一条是由带动词性宾语的二价或三价动词发展而来，第二条是由提升动词发展而来。由提升动词发展而来者已经全部见于上文的讨论，由第一条途径发展而来之状态动词“能”“当”“克”“得”“获”也已见于上文讨论，以下探讨由第一条途径发展而来的其他情态动词成员。

在前文的探讨中，我们指出，在这类动词中，符合传统所定义的助动词或能愿动词句法条件(可以直接后接 VP)的只有“肯”“敢”“欲”“愿”“冀”“请”“求”“索”“图”“谋”“思”“虑”等词，其中又只有“肯”“敢”“欲”“愿”四个词的用例较多，且表达较为单纯的主语意愿，因此，本小节的讨论只以这四个词为主。

1. 肯

前文多次指出，“肯”是以“可”为基础所衍生的新词，而其情态动词用法则是由“NP＋不肯”这个句式后接 VP 衍生而来，其后，“肯”的语义及用法并没有进一步的发展，只能表达主语对后接 VP 所表示事件同意与否的态度。

2. 愿

根据前文论述，“愿”在先秦只能表达主语的主观愿望，后接动词短语时虽然有表达自己意欲为何的意思，但这种意欲仍是以愿望的方式提出。可以说，在 Bybee *et al*. (1994:240)所指出的源于欲望的演变路径中(见图 6－19，本图为 1.4.6 图 1－5 的删略结果)，先秦“愿”所表达的语义主要仍停留于表欲望的阶段，并未进入表意图的阶段。

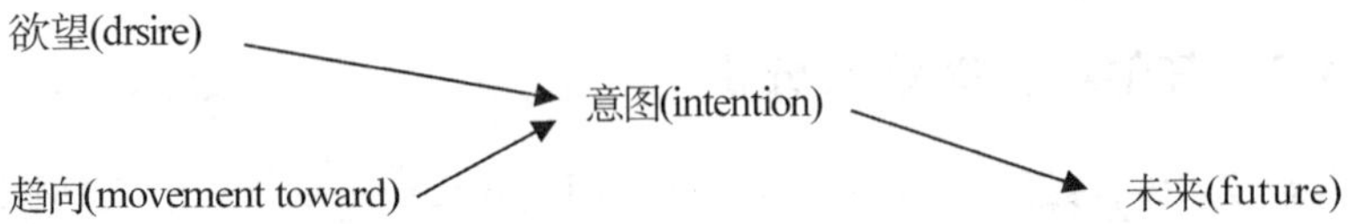

图 6-19　Bybee 源于欲望及趋向的演变路径(删略图)

3. 欲

根据前文论述,先秦名词“欲”的本义为“欲望”,动词义为“想要得到”,后接 VP 时表达的是主语的意志,也就是表示主语自己意欲何为,后接之 VP 则为其所欲为的内容。与“愿”相较,先秦的“欲”已可归为表主语意图的情态动词了。此外,根据庐卓群(1996)及朱冠明(2008:95)等人的研究,汉代以后的“欲”也可用来表将来时间。可以说,“欲”的情态演变途径与上图 6-19 的发展基本是一致的。

4. 敢

前文我们根据先秦“敢”在禁诫语境中可衍生出表“许可”义的用法而将它列入表可能性的情态动词中讨论,不过,前文探讨先秦情态动词的分类问题时曾经指出,动词语义是否包含主语的意志或感知成分与其情态表达类型及发展有密切关系。在表 6-1 的情态动词分类表中,“敢”与“欲”“愿”“肯”等都属于包含主语意志或感知成分的感知动词,而其他表可能性的动词则都属于状态动词,因此,“敢”在情态表达类型及发展演变上应与“欲”较为相近,而与其他表可能性的情态动词差别较大。关于这个问题,我们在下文论述先秦情态动词分类与情态表达及发展的关系时会有进一步的讨论。

6.3.4　先秦情态动词系统与跨语言研究之比较及特点

以上我们将本书根据语义分析所得出的先秦情态动词情态演变路径置于 van der Auwera & Plungian(1998)的语义地图模式中加以考察,并将其他 van der Auwera & Plungian(1998)所未论及的情态类型置于 Bybee *et al*. (1994)所提出的源于欲望及趋向的演变路径中考察。以下分析先秦情态动词与 van der Auwera & Plungian(1998)

及 Bybee *et al*.(1994)的异同,并提出先秦情态动词系统有别于西方情态研究的特点。

6.3.4.1 先秦情态动词系统与 van der Auwera & Plungian(1998)及 Bybee *et al*.(1994)的比较

本节比较先秦情态动词语义地图与 van der Auwera & Plungian(1998)所绘制的情态语义地图的异同,并与 Bybee *et al*.(1994)所提出的情态演变路径作比较。

首先,从图 6-2van der Auwera & Plungian(1998)所绘制的可能性语义地图与本书绘制的图 6-12 先秦可能性语义地图的比较来看,二者在情态类型与发展途径方面可说是有同有异。在情态类型方面,二者的情态类型都可分为参与者内在可能及参与者外在可能两类,在参与者外在可能下也都可分出条件可能及道义可能两个次类。不过,先秦的参与者外在可能除包含条件可能及道义可能外,还包含 van der Auwera & Plungian(1998)所无的条件可行、条件许可及条件估价三类。此外,先秦没有可以表达认识可能的情态动词。在情态演变方面,二者都有由参与者内在可能(能力)到参与者外在可能(条件可能)的发展,以及由条件可能向道义许可的发展,不过,由于先秦的参与者外在可能情态中多出条件可行、条件许可及条件估价三类,因此,与这三类情态类型相关的演变均与 van der Auwera & Plungian(1998)不同,如由条件可行可发展出条件许可及条件估价,而"难""易"则直接由状态动词发展为条件估价情态等。

其次,从图 6-13van der Auwera & Plungian(1998)所绘制的必要性语义地图与图 6-18 先秦必要性语义地图的比较来看,二者同样有同有异。在情态类型方面,二者都有参与者外在必要情态与认识情态两类,在参与者外在必要下也都可分出条件必要及道义必要两个次类。不过,先秦没有可以表达参与者内在必要的情态动词。在情态演变方面,van der Auwera & Plungian(1998)根据英语情态助动词"should"及其他日耳曼语言中的同源词指出,参与者外在必要下的两个情态次类是由道义必要向非道义必要（条件必要）发展，不过，根据本书对先秦情态动词的分析，我们认为先秦的参与者外在必要情态是由条件必要向道义必要的发展。[①] 此外，van der Auwera & Plungian（1998）的语义地图中有由参与者外在必要向认识必然的发展，不过，根据我们的分析，先秦表必然性的情态动词都可以在状态动词语义的基础上直接由语境衍生而来，不一定要由条件必要或道义必要发展而来。

以上分析的是先秦与 van der Auwera & Plungian（1998）所绘制之情态语义地图在情态类型及发展上的异同，以下分析二者词汇来源的异同。在前文探讨的与可能性及必要性有关的先秦情态动词中，词汇来源与 van der Auwera & Plungian（1998）在图 6－2 及图 6－13 中所列者在语义上可比较者包括“能”“克”“敢”“足”“可”“宜”“当”，以下分析这些情态动词之词汇来源与 van der Auwera & Plungian（1998）所列之异同及发展。

“能”的词汇来源为身体强壮，与图 6－2 所列之“be strong”大致相当。“克”的词汇来源为“能达到”，与图 6－2 所列之“finish”语义有关，不过，“克”的词汇来源可能更适合理解为“be able to finish”。“能”“克”二词所表达的均与主语内在能力有关，在情态发展上也都是首先发展出参与者内在可能，再发展出表条件可能，其后“能”还有进一步向道义许可发展的倾向，而“克”则否。

“敢”的词汇来源为“胆敢”，与图 6－2 所列之“dare”语义大致相当。在图 6－2 中，van der Auwera & Plungian（1998）所指出的“dare”的情态演变途径是直接发展为道义许可，不过，在先秦汉语中，“敢”发展出两种情态，一为与参与者内在可能有关的情态，即“敢于从事……”，二为表许可的道义情态。

---

① 李明（2003b：400－402）也指出，汉语情态词有由客观必要（相当于本书之条件必要）向主观必要（相当于本书之道义必要）的发展。他的观点与本书基本是一致的。

“足”的词汇来源为“充足”“足够”，与图 6－2 所列之“suffice”在语义上有相关之处，不过，先秦“足”的词汇来源可能更适合理解为“sufficient”，因为“suffice”指的是主语有足够能力满足或实现某事物，而“sufficient”则是对主语在质量上具有充足之性质的描述，先秦状态动词“足”表达的正是对主语在质量上充足的描述。由于“suffice”与“足”的性质不同，因此二者的情态发展途径也有较大差异。在图 6－2 中，van der Auwera & Plungian(1998)所指出的“suffice”的情态演变途径与“be strong”“finish”相同，都是先发展出参与者内在可能，再发展为表条件可能。不过，由于先秦情态动词“足”是由子句宾语提升至主语位置发展而来，而非由主语具有充足之内在能力发展而来，因此，情态动词“足”所表达的情态并非参与者内在情态，而是从客观条件对事件或状态所作的评估，亦即表达的是条件情态。根据前文论述，“足”发展为情态动词时首先表达的是条件可行，再由条件可行发展出条件估价。

“可”“宜”“当”三词的词汇来源都与对事物价值的评估有关，“可”是符合评估者所设定的某种可接受标准，“宜”是合乎规范的标准，“当”则是主语与宾语间处于某种对当关系的标准，这些标准评估与图 6－13 van der Auwera & Plungian(1998)所列的“be proper”在语义上也有相关之处。如果从量化的角度来看，“宜”与“be proper”的合宜程度可能是较接近的，而“可”的合宜程度则比“be proper”稍低。“当”的合宜程度与“宜”接近，不过，“宜”的合宜与否取决于客观外在规范，而“当”则是取决于主宾语本身的条件。

在情态动词的形成方式上，“可”与“宜”同样是由提升动词发展而来，因此，二词发展为情态动词后，首先表达的也是说话者就外在条件对事件所作的评估，而非说话者对主语施加许可或义务的主观态度。也就是说，先秦“可”与“宜”发展为情态动词后，首先发展出的应是非道义情态，而道义情态则是在非道义情态的基础上将原属评估命题一部分的主语分析为说话者施加许可或义务等主观态度的行为从事者。“当”的情态动词形成方式虽非由提升动词提升而来，不过，由于“当”的情态动词用法是在说话人认为主语与“当”后接动作或行为乃相当、相称的评价态度上引申出来的，因此，“当”发展为情态动词后，首先表达的也是条件情态，道义情态同样是在说话者施加许可或义务等主观化的语义演变机制下引申出来的。

在参照 van der Auwera & Plungian(1998)的语义地图绘出先秦表可能性的语义地图(图 6－12)及表必要性的情态语义地图(图 6－18)后，可以发现，先秦各类情态动词的语义发展可说是相当具有系统性的。首先，词汇来源与主语内在能力有关的“能”“克”“敢”均发展出参与者内在情态，“能”“克”还在其后发展出参与者外在情态。在参与者外在情态中，“能”“克”首先发展出的是条件可能情态，“能”还有由条件可能进一步向道义许可发展的倾向，“敢”则直接由词汇来源发展出道义许可。其次，由提升动词发展而来之“可”“足”“难”“易”“宜”“必”在发展为情态动词后，都可表达参与者外在情态中的条件情态，其后各词并根据不同语义发展出不同的情态次类，其中“难”“易”只能表估价义，在发展出条件估价后没有进一步的发展。“可”“足”均发展出条件可行，“可”还在条件可行上发展出条件许可及条件估价。“宜”“必”均先发展出条件必要情态，其后又向道义情态发展。“可”除发展出条件可行外，还同时发展出条件可能；“必”“宜”则除发展出条件必要外，也同时发展出认识必然与应然。最后，“当”虽非由提升动词发展而来，但由于其词汇来源表达的也是说话者的评估态度，因此，其情态发展途径与“必”“宜”相同。

由于 van der Auwera & Plungian(1998)所提出的情态演变路径基本是参照 Bybee *et al*.(1994)而来，因此，前文分析之先秦情态动词系统与 van der Auwera & Plungian(1998)的异同应与和 Bybee *et al*.(1994)比较时之异同大致相当。在 van der Auwera & Plungian(1998)情态语义地图中未提及之情态类型为表主语意志的一类，在先秦汉语中，这类情态主要由“欲”来表达。前文已经指出，“欲”的情态演变路径与 Bybee *et al*.(1994)所提出的路径基本是一致的。

6.3.4.2　先秦情态动词系统的特点

从以上的分析来看,先秦情态动词系统与 van der Auwera & Plungian(1998)从跨语言情态研究所得出的结论有两个较大的差异:

一,先秦情态动词系统中没有可以表达认识可能的情态动词。在英语的情态动词系统中,表可能性的情态动词包括“can”与“may”,其中“can”是由“to have the mental ability”发展而来的(Traugott 2002:119),在现代英语中,“can”可同时表参与者内在可能(能力)、参与者外在可能中之条件可能及道义可能(许可),有些学者同时指出“can”也有表认识可能的用法;“may”则是由“have the physical ability”发展而来的(Traugott 2002:119),在现代英语中,“may”可同时表认识可能及道义可能(许可)。先秦汉语中表可能性的情态动词主要为“能”与“可”,其中“能”的情态发展与“can”相当类似,二者都是由表主语能力发展至表条件可能再发展至表道义可能(许可)。“可”的情态表达及发展则与“may”差异甚大。“may”由表主语能力的语义发展而来,而“可”则由表说话者对事物的评估态度发展而来。由主语能力发展而来的“may”遵循着一般情态演变的路径发展,即由“参与者内在可能(能力)→参与者外在可能(条件可能/道义可许(许可)→认识可能”的发展。由表说话者对事物评估态度发展而来的“可”虽然也可发展出条件可能情态,不过,这种条件可能并非如“能”或“may”般是对主语能否达成后接动词所表示行为或动作的可能性判断,而是对整个命题是否能达成或实现的可能性判断。前文指出,先秦状态动词“可”本质上表达的是说话者对人事物是否符合其设定标准的一种主观评论或判断,这种评断表现在对命题是否能实现的判断上即发展出条件可能情态,表现在对命题本身可行与否的判断上即发展出条件可行情态,在命题可行与否的判断上加上说话者主观许可态度即发展出条件许可情态,在命题可行与否的判断上加上说话者主观价值认同态度即发展出条件估价情态。因此,尽管先秦

“可”与现代英语的“may”同样可以表达与可能或许可有关的情态语义，不过，二者所表达的可能与许可在内涵上都有相当大的差异。“可”所表达的可能是条件可能而非认识可能，也就是命题是否能成真的判断，而非命题真值的承诺度；至于“可”所表达的许可则是条件许可而非道义许可，也就是表达说话者基于对命题认同与否的评断而表现出的对命题许可与否的态度，而非对主语施加许可或不许可的主观态度。可以说，先秦的“可”与现代英语的“may”是两个无论在语义或情态表达上都差异极大的情态动词。

二，先秦情态动词系统中也没有可以表达参与者内在必要（需要）的情态动词，且表达与必要性语义有关的情态动词发展也与英语情态动词有较大差异。在英语的情态动词系统中，表必要性的情态动词包括“must”与“should”，其中“must”是由“be able，be permitted”发展而来（Traugott 2002：122），“should”则是由“owe and duty”发展而来（van der Auwera & Plungian 1998：95）。在现代英语中，“must”与“should”都同时可以表达认识必然及参与者外在必要（条件必要/道义必要）情态，van der Auwera & Plungian（1998：95）并指出这两个情态动词都是由参与者外在必要向认识必要演变，在参与者外在必要中则是由道义必要向非道义必要（条件必要）演变。由于“be able”及“owe and duty”的语义都是指向主语的，因此表这类语义的动词可归为主语指向动词。① 先秦汉语中表必要性的情态动词主要为“必”“宜”与“当”，与“must”与“should”的情况不同，这些情态动词都不是由主语指向动词发展而来，而是由表说话者对事物评估态度的状态动词发展而来。与前述“可”的情况相似，由表说话者对事物评

① Bybee（1985：168）指出，英语的情态动词“may”是由义为 “to be strong or able，to have power”的动词发展而来，“must”则是由“obligation”发展而来，她将这类语义称为“施事指向语义”（agent-oriented sense）。由于在本书中，施事（agent）指的主要是搭配动作动词具有行为能力的主语，而搭配“be able”这类语义者则应为当事主语，因此，本书以“主语指向”一词来概括。

估态度发展而来的“必”“宜”“当”所表达的必要性并非对主语施加义务，命令其执行后接动词所表示的行为或动作，而是对整个命题的必然性或必要性做评断。也就是说，当说话者将对命题的评断表现在对必然性的评断上即发展出认识必然情态，表现在对命题必要性的评断上则发展出条件必要情态，当说话者将原属评断命题一部分的主语分析为施加许可或义务等主观态度的行为从事者时，即可发展出道义情态。根据李明(2001:26－28,89)，汉语史上由主语指向动词发展而来的表必要性的情态动词最早为东汉的“应”及“须”[①]，这两个动词在东汉发展出表必要的语义后，又分别在六朝及唐代发展出表认识情态的用法。[②]

从以上的论述可以看出，先秦表达必要性的典型情态动词都是由表说话者对事物评估态度的状态动词发展而来，而先秦表达可能性最重要的典型情态动词“可”也是由这类状态动词发展而来。可以说，先秦典型情态动词系统本质上是一个表达说话者对命题或事件之可能性或必要性的表态评估系统，在这个系统中，认识情态与条件情态可视为说话者最重要的两类评估内容。透过这个情态动词系统，说话者表达的是他对命题或事件能否实现或者在多大的承诺度上可能实现的推断，以及他对命题或事件是否可以实现或者必须实现的评断。至于给予主语许可或施加义务等与说话者指示或命令有关的道义情态虽然是西方情态系统中重要的情态类型，但在先秦情态动词系统中却是较不重要的情态类型。

前文我们虽然参照一般情态分类系统，将“可”所表达的与可能性有关的情态类型分为“条件可能”及“条件可行→许可”两大类，并

---

① 根据李明(2001:26－28)的研究，情态动词“应”是由动词“应”所表达的“接受”义引申为“响应、报应、符合”后转化而来的，“须”则是由“等待”发展为“有待于”再发展为表“须要”的情态动词。

② 从“应”与“须”在汉语史上的情态发展来看，这类由主语指向动词发展而来的动词，其情态演变途径均大致与西方学者所提出的一致。

将各类情态均归于条件情态下；而将“宜”“当”“必”所表达的与必要性有关的情态类型分为“认识应然/必然”及“条件应当/必要”→“道义应当/必要”两大类，并将前者归为认识情态，后者分属条件情态及道义情态，不过，如果我们将这四个情态动词的演变路径简化后并列比较，可以发现，先秦这类情态动词系统或许可以用另一种分类模式来分析。

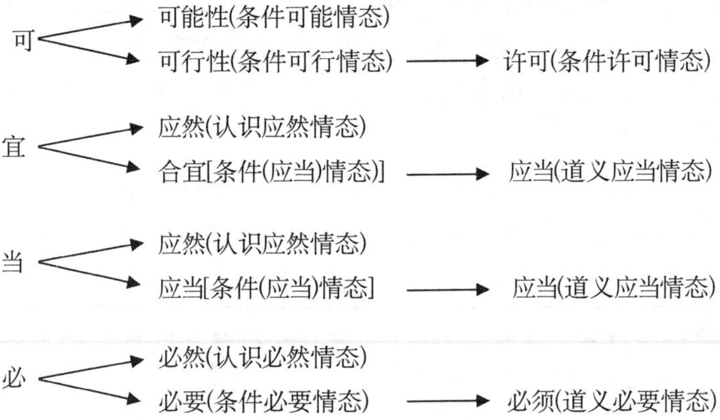

图 6－20　“可”“宜”“当”“必”情态演变路径删略图

在西方的情态分类系统中，可能性与必要(然)性呈现一种相当对称的分布(如图 6－2、图 6－13 及 2.1.3.3 小节之表 2－8 所示)，参与者内在可能与参与者内在必要相对，参与者外在可能与参与者外在必要相对，认识可能与认识必然相对，在参与者外在可能/必要中又同时有道义/非道义可能与道义/非道义必要相对。不过，从图 6－20“可”“宜”“当”“必”的情态演变路径图之对比来看，在先秦情态动词系统中，与条件必要相对的并不是条件可能，而应是条件可行，而“可”所表达的条件可能情态则与“宜”“当”“必”所表达的认识情态更为接近。此外，前文我们将“可”所表达的与许可有关的语义归为条件许可而非道义许可，主要的理由是，西方的典型道义情态指的是说话者对主语施加许可或义务之情态类型，而“可”由于主语都不具备自主执行动作的能力，因此无法归为典型道义情态。如果不以西方对情态类型的界定及分类为标准，而仅就先秦汉语本身的情态动词系统来看，“可”“宜”“当”“必”四词可说具有完全一致的情态表达模式，由“可”到“必”则可视为可能性到必要性的递增过程。

前文指出，“可”“宜”“当”三词的词汇来源都与对事物价值的评估有关，从量化的角度看，其价值标准大致可化约为“可<宜<当”。如果将“必”也加入这个量化序列，其结果应为“可<宜<当<必”。前文同时指出，先秦这类与可能性或必要性有关的情态动词表达的是说话者对命题或事件能否实现的推断以及应否实现的评断。如果根据“可<宜<当<必”这个序列来检视图 6－20 中“可”“宜”“当”“必”的情态表现，可以说，在命题或事件能否实现的推断上，“必”表达的真值承诺度最高，也就是说话者认为命题或事件有最大的实现可能，“当”“宜”所表达的真值承诺度依次递减，最后，“可”所表达之命题或事件能否实现的推断则与真值承诺度无关，而是两极的“可”或“不可”，“可”是有可能实现，“不可”则是不可能实现，中间并无梯度的区分。在事件应否实现的评断上，“必”表达的必要强度也是最高的，也就是说话者认为命题或事件有最大的实现必要性，“当”“宜”所表达的必要性强度依次递减，最后，“可”所表达之命题或事件应否实现的评断则并非从积极的必要性着眼，而是消极地认为只要无害，则其实现也无妨，也就是可行的意思。

除了表达说话者对命题或事件能否实现的推断以及应否实现的评断外，“可”“宜”“当”“必”四词也都可以表达一般被归为道义情态的语义，“可”表许可，“宜”与“当”表应当，“必”则表必须。前文我们将“可”表达的这类语义归入条件情态，而把“宜”“当”“必”表达的这类语义归入道义情态，理由如前所述，即“可”之主语乃由子句之动词宾语提升而来，因此无法作为道义情态中的行为执行者，而“宜”“当”“必”之主语乃由子句之动词主语提升而来，因此可以被分析为道义情态中的行为执行者。不过，这种区分事实上只是在完全比照西方学者对情态类型之界定的情况下产生的，如果不将西方学者的情态界定作为准则，我们也可以将道义情态界定为与动作执行者无关，只与说话者对命题或事件的主观态度有关。也就是说，当说话者基于自然法则等客观条件表达对命题或事件的必要性态度时，所表达的是客观条件情态；当说话者基于个人信念表达对命题或事件的主观必要性态度时，所表达的是主观道义情态。在这个界定下，“可”与“宜”“当”“必”所表达的参与者外在情态类型就完全一致了。

综上所述，如果只就先秦这类由表说话者对事物评估态度发展而来的“可”“必”“宜”“当”等情态动词的情态表现来看，我们可以将情态分类系统重定如下：

1. 认识情态：表达说话者对命题或事件能否实现或者在多大的承诺度上可能实现的推断，图 6－20 中“可”“宜”“当”“必”所表达的第一类语义均可归入。

2. 参与者外在情态：表达说话者对命题或事件应否实现的评断。图 6－20 中“可”“宜”“当”“必”所表达的第二类语义均可归入。参与者外在情态又可分两类：

1）条件情态：表达说话者基于自然法则等客观条件对命题或事件应否实现的评断。图 6－20 中“可”“宜”“当”“必”所表达的第二类语义中的左边语义均可归入。

2）道义情态：表达说话者基于个人信念等主观态度对命题或事件应否实现的评断。图 6－20 中“可”“宜”“当”“必”所表达的第二类语义中的右边语义均可归入。

不过，由于先秦情态动词除了上述由表说话者对事物评估态度发展而来的一类外，还有另一类由主语指向动词发展而来的情态动词，如同样能表可能性的“能”“得”等，这些情态动词的情态表现与演变途径都与西方学者所界定的情态类型大致相同，而与“可”有较大差异，如“能”由动力情态发展出的条件可能所表达的语义与“can”大致相同，也就是表达对事件能否实现的判断，或者说是办不办得到的判断，而这类对事件能否实现的判断与认识情态所表达的对命题的真值承诺度仍属不同的情态范畴，因此，尽管“可”在表达对事件能否实现的判断上与“宜”“当”“必”有相应的表现，但“可”表达的仍是对事件办不办得到的判断，而非对命题真值的承诺度，因此，“可”仍只能归为条件可能情态而不能归为认识可能情态。

综上所述，为了整合上述先秦汉语这两类不同的情态动词，也为了与跨语言的情态研究做比较，尽管先秦情态动词的若干表现与西方情态系统不完全相符，我们仍以一般西方学者对情态类型的界定为标准，将先秦情态表达类型定为表 6－1 所示结果。

6.4　情态语义的发展模式与条件

6.4.1　动词类型与情态发展的关系

前文我们依据动词与主语的搭配关系，将先秦情态动词分为“行为”“感知”“状态”及“分类”四类（见表 6－1），接着分析先秦情态动词形成的句法条件及语义条件，得到的结论是，在表 6－1 所列的第一类动词中，只有归为感知动词的“肯”“敢”“欲”“愿”这几个词有资格被列为传统助动词或能愿动词的成员；而在第二类动词中，只有状态动词有资格被列入。本节的讨论范围即限于上述两类动词。

在依主谓搭配关系将先秦情态动词分为四类后，我们还依动词所表示的行为或事件是否包含主语的意志或感知成分将先秦情态动词分为两大类：第一类动词包含主语的意志或感知成分，上述“肯”“敢”“欲”“愿”四词属之；第二类动词不包含主语的意志或感知成分，表 6－1 所列之状态动词属之。前文同时指出，我们区分这两类动词主要是为了对情态研究中与说话者态度有关的问题做出更细致的辨析。以下的讨论即循上述理路进行。

前文多次指出，情态是一个以表达说话者观点或态度为中心的语义范畴，其中又以可能性及必要性的概念为情态表达的中心。从这个角度来看，在表 6－1 中，表认识情态（＋来源）的“必$_1$”“宜$_1$”“当$_1$”及表道义情态（＋来源）的“必$_2$”“宜$_2$”“当$_2$”“得$_1$”无疑都是典型情态动词的成员。其次，根据前文论述，表条件情态的情态动词表达的虽非说话者对命题的主观真值承诺度或对主语施加的主观强烈许可或义务态度，而是表达说话者对事件在客观条件下的可能、必要、可行及价值等方面的评估或判断态度，不过，由于这种评断仍属说话者的态度，因此，将它们归入典型情态动词应该是没有问题的。①

最后，表动力情态的情态动词包括“肯”“敢$_2$”“欲$_2$”“愿”及“能$_1$”“克$_1$”②，这类表能力或意志的动词在情态系统中的地位向来有较多争议，如前引李明（2001：2－3）即将它们排除在助动词之外而归入一般动词。李明之所以将这类词排除在外，主要的理由是这类词在语义及句法功能上与表可能及必要等意义的助动词不同。他指出，在语义上，表能力及意志的词不掺杂说话者的意见，表可能及必要的助动词则掺杂说话者的意见；在句法上，含可能及必要的词，其句子“NP 助动词 VP”的深层结构为“NPVP＋助动词”，含表能力及意志的词则不适用于这种分析。

在过去汉语情态动词或助动词的研究中，表能力与表意志的词经常被归为同一类，不过，我们认为这两类词实际上是可以进一步区分的。首先，在本书的动词分类中，“欲”“肯”均属感知及物动词，而“能”则属状态不及物动词。由于先秦的感知动词在语义上要求搭配经验主语，而及物动词则在句法上要求带宾语，因此，由“欲”“肯”这类感知及物动词后接 VP 所构成的句式只能表达经验主语打算从事

① 李明（2001：86）认为条件类助动词不带主观性，因此应与表能力、意志的动词归为一类，不过，李明（2001：86）所论述的主要是“要”及“须要”这类表条件必要且可同时后接 NP 及 VP 的动词，而先秦表中立（条件）情态的动词并无这类用法，且其中如“可”“足”等情态动词表达的无疑是说话者的态度，因此，我们认为先秦的条件情态动词应归为典型情态动词。

② 表 6－1 所列表动力情态之词还包括“思”“望”“翼”“善”等，由于这些词在先秦汉语中的情态动词用法均相当少见，在情态系统中也不具重要性，因此我们在此不多做讨论。

或同意从事后接 VP 所表示的动作或事件，且其后接 VP 即为“欲”“肯”的宾语。由于“欲”“肯”后接之宾语是句法的必要成分，不允许任意省略，因此，前引“阳虎欲去三桓”这类句子在句法上确如前引李明所指出的不允许分析为“阳虎去三桓，欲”。也就是说，先秦的“欲”没有用作谓语说明或描述主语的功能。

“能”的情况则与之不同，根据前文论述，先秦的“能”与“可”“宜”等同样属于状态不及物动词，这类动词经常用作句中主要谓语，描述或评断主语的状态或性质，如例(9)描述的是“赵盾”具有“能”这个属性，而例(10)描述的则是“郤縠”具有“可”这个属性。与“可”“宜”等词相同，“能”所描述或评断的对象也可以是一个事件，如例(11)的“不能”描述的是“郑公子班自訾求入于大宫”这件事，“不能”即并未实现；例(12)的“不可”与例(11)的“不能”用法相近，“不可”同样是没有达成、没有实现的意思。例(13)—例(14)是“不能”与“不可”用法相近的另一组例句。从以上的分析来看，先秦的“能”和“可”一样可以用来描述或评断人物的属性或者事件的实现与否。在前文中，我们认为“可”的这类用法表达的是说话者对人物或事件的态度，同样地，在例(9)、例(11)及例(13)这类用法中，“能”表达的也应是说话者对人物或事件的态度。

(9) 阳子，成季之属也，故党于赵氏，且谓赵盾能，曰：“使能，国之利也。”(《左传·文公六年》)

(10) 文公问元帅于赵衰，对曰：“郤縠可，行年五十矣，守学弥惇。”(《国语·晋语四》)

(11) 郑公子班自訾求入于大宫，不能，杀子印、子羽，反军于市。(《左传·成公十三年》)

(12) 冬十月，华元自止之，不可，乃反。(《左传·成公十五年》)

(13) 管仲，公子纠之臣也，谋杀桓公而不能。(《韩非子·难篇》)

(14) 群臣或贤或不肖，贤者得志则可，不肖者得志则不可。(《吕氏春秋·乐成》)

从以上的论述来看，先秦的“能”事实上具备了在“NP＋VP，能”这个句式中充当谓语，表达说话者对“NP＋VP”这个事件之态度的用法，因此，情态动词“能”字句“NP＋能＋VP”的深层语义结构也未尝不能分析为“NP＋VP，能”，这个结构即上述李明指出的掺杂说话者意见之表可能及必要的助动词所应具备的深层语义结构。

前文(3.8)分析“能”的语义及情态表达类型时，我们虽然参照一般学者的意见，将“能”的语义分析为由表主语能力到表客观条件可能的语义连续统，同时将表主语能力者归入动力情态，将表条件可能者归入条件情态，不过，前节参照 van der Auwera & Plungian(1998)的情态语义地图分析模式后，我们认为，先秦“能”的这两类不同语义事实上可以全部归入表可能性的情态动词，只是表能力者主要是由参与者内在可能的角度来评估，亦即由主语本身所具有的能力或属性等方面来评估；表条件可能者则主要是由参与者外在可能的角度来评估，亦即由客观条件来评估。例(15)—例(16)为李明(2001:11)所举“能”表主语能力的例句，例(15)的“能”可以分析为说话者根据主语“荦”具有的内在属性(即“有力”)，而对“荦……投盖于稷门”这个行为所做的可能性评估；例(16)的“未能”则可以分析为说话者根据主语“肉食者”具有的内在属性(即“鄙”)，而对“肉食者……远谋”这个事件所做的不可能性评估。例(17)—例(18)为李明(2001:12)所举“能”表条件可能的例句，例(17)的“能”可以分析为说话者根据“君有君之威仪……”等外在客观条件，而对“君……有其国家……”这个命题所做的可能性评估，例(18)的分析方式亦同。

(15) 公曰：“不如杀之，是不可鞭。荦有力焉，能投盖于稷门。”(《左传·庄公三十二年》)

(16) 肉食者鄙，未能远谋。(《左传·庄公十年》)

(17) 君有君之威仪，其臣畏而爱之，则而象之，故能有其国家，令闻长世。(《左传·襄公三十一年》)

(18) 臣闻之，袭国邑，以车不过百里，以人不过三十里，皆以其

气之趫与力之盛至，是以犯敌能灭，去之能速。（《吕氏春秋·悔过》）

从以上的论述来看，先秦表意志的“欲”与表能力的“能”无论在情态语义或句法功能上都有明显的差异。“欲”只能表达主语的意志，是典型的主语指向动词；“能”表能力时，语义虽然也是指向主语，不过与“欲”所表达的主语意志不同，“能”所表达的是对主语性质的描述或评断，而这种描述或评断并不是来自主语本身的意志或感知，而是来自说话者或叙述者对主语的主观认知或评断。因此，“能”即使语义上指向主语的能力，实际上表达的仍是说话者对主语是否有能力实现后接 VP 所表示事件的主观评估态度。我们认为，“欲”与“能”的这种差异主要是由于二者的动词类型不同所造成的。

先秦“欲”为感知动词，搭配经验主语，在由经验主语搭配感知动词所构成的句式中，经验主语即为整个命题或事件的意志或感知主体，也就是观点或态度的来源。在这样的句式中，说话者无由表现其对命题或事件的观点或态度，因此，即使这类动词发展为情态动词，也无法表达说话者的态度。“能”为状态动词，搭配当事主语。由于状态动词不含主语意志或感知的成分，因此，当它搭配当事主语，构成一个命题或事件时，该命题或事件就只能透过叙述者或说话者的视角来识别，因此，由这类动词发展而来的情态动词所表达的情态必然与说话者的观点或态度有关。从这个角度来看，先秦典型情态动词几乎全部是由状态动词发展而来的现象也就很容易解释了。

最后，我们根据以上的考察结果，探讨几个与之相关的先秦情态动词发展过程。

一，前文分析学者们所指出的“欲”表“应当”的道义情态用法时，我们认为这个用法应是由“Topic＋(Subj) ＋欲其(＝T) VP”这个句式经由“Topic＋(Subj)＋欲 VP”“Topic＋欲 VP”再发展为“Subj＋欲 VP”的。在第一个句式中，“欲”搭配省略的经验主语，与 Topic 构成“主题-评论”句；在最后一个句式中，原来的 Topic 被理解为主语，由于这类主语多为不具感知能力的无生名词或抽象名词，与原表希望或意志的感知动词“欲”无法构成主谓搭配关系，“欲”因而被理解为表“应当”义。不过这个用法在两汉以后并没有进一步的发展。

二，“恐/惧”原为感知动词，搭配经验主语，因此，当它们由表达主语感知情绪发展出表未来推测或预期的认识情态语义时，表达的应是具有〔一来源〕语义属性的情态，也就是表主语而非说话者观点或态度的情态动词。不过，前文指出，先秦“恐/惧”也有从句法表层上看可分析为具有〔＋来源〕语义属性的认识情态动词用法，这种用法与“欲”同样是在原为“主题-评论”的主题句中省略感知主语，并将原主题分析为主语的情况下产生的。不过，由于汉语中这类主语省略的现象原本就相当常见，而“恐/惧”作为搭配经验主语的感知动词用法也始终未曾消失，因此，当人们在面对这类句法上看似隐含或省略主语的句子时，很容易在理解时将隐省的主语补出，在这种情况下，尽管这两个词在某些例句中看似与其他具有〔＋来源〕语义属性的认识情态动词用法相近，但始终未能演变成一个真正的典型情态动词。

三，“敢”在先秦有用作表许可义的道义情态用法，前文指出，这类用法应是“敢”在“毋敢”这类表禁诫的语境中吸收“毋”的禁诫语义发展出来的。与“欲”表“应当”的情况相似，这类用法在后来也没有进一步的发展。

从上面这些现象来看，先秦含主语意志或感知成分的动词如果要发展为表说话者态度的情态动词，透过一般语法化理论所提出语义的泛化、推论或隐喻等机制是无法实现的，只有在句法成分改变或吸收语境中其他成分语义的条件下才能实现。不过，这类用法即使在这样的条件下发展出来，也无法发展为传统认定的典型情态动词。可以说，先秦情态动词的发展是受到动词类型相当大的制约的，只有不含主语意志或感知成分的状态动词才能发展为表说话者态度的典型情态动词，其他类动词只能发展出主语指向情态动词，或进一步透过其他方式发展出近似的用法。

6.4.2 情态动词形成方式与情态发展的关系

在前文中，我们指出先秦情态动词的形成主要有两条途径，第一是由带动词性宾语的二价或三价动词发展而来，第二是由提升动词发展而来。在本书归为典型情态的动词中，由第一条途径发展而来者包括“能”“克”“得”“获”“当”，由第二条途径发展而来者包括“可”“足”“难”“易”“必”“宜”。从动词语义来看，第一条途径中的“能”“克”“得”“获”大致可以归为主语指向动词，其中“能”“克”表达的是主语的内在能力，“得”“获”表达的则是主语处于某种“得到”的状态。“当”及第二条途径中的所有动词可归为说话者指向动词，其中“当”表达的是说话者对主宾语处于某种对当关系的评断，其他动词表达的则均为说话者对命题或事件的评断态度。

在以英语为主的西方情态研究中，几乎所有情态动词都是由主语指向动词发展而来的，前引 Traugott(2002：119－121，139)指出，“can”是由“to have the mental ability”发展而来的、“may”是由“have the physical ability”发展而来的、“must”是由“be able，be permitted”发展而来的，而“ought”则是由“have，own，possess”发展而来的。此外，van der Auwera & Plungian(1998：95)也指出，“should”是由“owe and duty”发展而来。在前述 van der Auwera & Plungian(1998)所绘制的语义地图中，这些情态动词大致都是循着“参与者内在情态→参与者外在情态→认识情态”的路径发展，此外，在参与者外在情态中，表可能性语义者是由非道义可能向道义可能发展，表必要性语义者则是由道义必要向非道义必要发展。在先秦情态动词中，由主语指向动词发展而来者包括“能”“克”“得”“获”四词，这四个情态动词的发展均与前述英语情态动词相同，也就是由参与者内在情态向参与者外在情态发展，在参与者外在情态中，表可能性的“能”与“得”也是由非道义可能向道义可能发展。也就是说，先秦由主语指向动词发展而来的情态动词，其情态语义的演变途径与英语情态动词基本一致，都是呈现链状式的发展。

先秦另一类情态动词是由说话者指向动词发展而来的，这类说话者指向动词在发展为情态动词前，表达的都是说话者对命题或事件的评估或判断。说话者指向动词又可分为三类：第一类是对“V＋NP”的评估，包括“可”“足”“难”“易”；第二类为对“NP_1＋V＋NP_2”的评估，包括“宜”“必”；第三类可分析为对“NP_1 ≒ NP_2”的评估，包括“当”。由于这类说话者指向动词表达的原都是说话者对命题或事件的评估态度，而它们在经由子句宾语或主语提升至主语位置发展为情态动词后，原本的语义结构并未改变，因此，这类情态动词在发展之初表达的仍是说话者对命题或事件的评估态度。在前文中，我们将这类情态统归为条件情态，也就是表达说话者基于客观条件对命题或事件所作的评估。由于在传统的西方情态研究中，典型道义情态指的是说话者对主语施加主观的许可或义务态度，因此，由说话者对命题或事件的评估态度发展而来的情态动词如果要发展出道义情态，只能在条件情态的基础上将主语分析为被施加许可或义务的行为执行者。由于“可”“足”“难”“易”的主语都是由动词宾语提升而来，而先秦的动词宾语又多为受事角色，因此，这类情态动词的主语可说都不具备自主执行动作的能力。在这样的情况下，“可”“足”“难”“易”可说都没有发展为典型道义情态的可能。因此，虽然“可”在某些语境中可以表达说话者对命题或事件的主观许可或不许可态度，我们仍将这类情态归入条件情态，称为条件许可。“宜”“必”由于所提升的主语原就是子句中的主语，因此，只要句中主语是具有自主行为能力的有生主语，说话者就可能将原先对事件的评估态度转而为对主语施加许可或义务态度，并由此发展出道义情态的用法。

在认识情态的发展上，尽管许多学者都提出情态动词有由主语指向/道义情态向认识情态发展的倾向(Bybee & Pagliuca 1987；Traugott 1989；Sweetser 1990；Bybee *et al*. 1994 等)，不过，这些学者的研究大抵是以前述由主语指向动词发展而来的情态动词作为考察对象。[1] 在这类研究中，认识情态动词多被分析为语义辖域较道义情态为大，也就是涵盖了整个命题，而道义情态动词则否。如 Bybee (1985：168)指出，主语指向标记只限于出现在有生施事子句中，认识情态标记则可出现在任何类型的主语子句中。也就是说，由主语指向到认识情态的发展是朝着将整个命题纳入其辖域的方向进行，也就是一种语义泛化的发展模式。然而，在先秦情态动词中，可表达认识情态的动词都不是由主语指向动词发展而来，而是由说话者指向动词发展而来，如“必”“宜”“当”。前文指出，这类说话者指向动词在句中以状态动词充当句中主要谓语时，表达的原就是说话者对命题或事件的评估态度；当它们发展为情态动词后，表达的仍是说话者对命题或事件的评估态度。也就是说，这类情态动词的语义辖域在一开始就已经涵盖整个命题，而非经由语义泛化而来，因此，不会出现由语义辖域较小的主语指向/道义情态向语义辖域较大的认识情态的发展。

从以上的论述可以看出，先秦许多重要的情态动词都是由说话者指向动词发展而来的，这是先秦情态动词系统有别于西方情态动词系统的一大特色。前文指出，由主语指向发展而来的情态动词，其

---

① Traugott(1989)虽也主张认识情态乃由道义情态发展而来，不过，在关于英语认识义发展的研究中，Traugott(1989：36)也提出另一种不同的情态语义发展模式。她指出，英语 may 和 can 的认识义出现时代都早于允许义，Bybee 等认为允许义是由表能力的 can 和 may 直接引申而来，若此说法正确，则 may 和 can 的认识义与允许义乃平行发展而来，彼此并无衍生关系。也就是说，may 和 can 的认识情态义都不是由允许义发展而来，而是由表能力义直接发展出来。事实上，Bybee & Pagliuca. (1985：66－67)在提出情态语义发展只能由主语指向情态向认识情态发展的假设时，所提出的历时发展证据也仅包括 must，should，ought to，have to 及 have got to 等，至于 may 和 can，文中仅指出二者皆由表能力义或表力量义发展为可能性标记，却未提及可能义与允许义间的发展关系。Traugott(1989：52)同时指出，如何解释某些认识情态乃独立于道义情态，而非直接由之而来的情况，仍是一个尚待解决的问题。为了解决这个问题，需要有一整套同样采取平行发展之语言形式的跨语言调查及研究。也就是说，至少在 Traugott(1989)的研究中，并非所有同时能表达认识及道义情态的情态动词，其认识情态都必然是从道义情态发展而来的，也可能二者都是由动词平行发展而来。

情态类型的演变大致是呈链状式发展。以“能”的发展为例，“能”的本义为“筋骨强壮的熊类动物”，由此引申为表身体强壮，再引申为表主语内在综合能力，再引申为表外在条件可能，这种演变轨迹可说是相当清楚的语义泛化过程。“能”表能力时为动力情态，而其条件可能情态乃由表主语能力的动力情态引申而来，其后，“能”所表达的道义情态则是在条件可能的用法发展出来后，在反诘句中进一步的引申。也就是说，“能”的各类语义演变都是在前一个语义的基础上引申出来的，这种引申方式我们称之为链状引申。链状引申可说是由主语指向动词发展而来之情态动词基本的发展模式，英语的情态动词大致均属于这类。

先秦属于链状引申的情态动词除“能”之外，还包括“克”“得”“获”，这类动词的本义大都较为具体，如“能”的本义为“筋骨强壮的熊类动物”，“克”为“肩任”“负担”的具体动作，“得”为“得贝在手”的具体状态，“获”为“捕鸟在手”的具体状态。由于这些词的语义较为具体，如果要发展为情态动词，只能透过语义泛化、隐喻、暗喻或主观化等语义演变机制来实现。也就是说，这类情态动词的语义发展是一个由具体到抽象、由客观到主观的渐变过程，这种渐变过程即为链状引申。

由说话者指向发展而来的情态动词，其情态类型的演变与链状式发展不同。以“可”的发展为例，在前文的论述中，我们将状态动词“可”的语义分为四类：“可行”“可能”“许可”“值得”。“可行”是说话者对事件的可行性评断，“可能”是说话者对事件能否实现的可能性推断，“许可”是说话者对事件采取的主观许可态度，“值得”是说话者对事件在价值上是否合乎标准的评断。前文同时指出，先秦状态动词“可”的语义本质上表达的是说话者对人事物是否符合其设定标准的一种主观评论或判断，不过，在这个语义中，所谓的“标准”并没有特定的实指内涵，因此，先秦状态动词“可”的语义内涵可说是相当抽象的。由于“可”的语义内涵抽象，因此，当它出现在具体的语境中时,“可”的意义主要便是由语境中的其他共现成分来制约。也就是说,前文我们虽然根据语义演变一般为由客观到主观的发展机制,将“可”所表达的可行义视为基本语义,而将许可及值得义视为在可行义的基础上加上主语不同的主观态度发展而来,不过,“可”的这四类语义也可能是分别由语境制约出来,而没有前后引申的关系。也就是说,这类情态动词的语义发展很可能是由本义向外辐射引申而来的。先秦其他由说话者指向发展而来的情态动词也都有类似的语义发展方式。

前文回顾西方学者的情态研究成果时,我们引述 Coates(1983:9-10)的说法指出,关于情态助动词的分析有单义与多义两派主张,单义派主张每个情态助动词都有基本义,各语义范畴之间不是截然可分的,多义派主张将不同语义视为独立的范畴来处理。Coates 认为这两派的处理方式各有缺点,单义派无法确切找出每个情态助动词的基本义,多义派则不得不承认情态助动词各个语义间的关系是凌乱不堪的,因此,Coates 主张分析助动词语义较好的方式是将二者综合起来。Perkins(1983:25-35)不同意学者们对情态词的多义分析方式,他主张每个情态词都有一个核心义,这个核心义应与由语境衍生出的语境义区别开来。由于上述不同主张可能是不同学者针对不同语言进行考察研究后所提出的,因此,我们无法评断其优劣,不过,如果就本书的考察范围来说,我们认为,先秦情态动词的情况与 Perkins 对英语情态词的主张基本是一致的,也就是说,先秦许多情态动词虽然在具体语境中表现出多义的现象,不过这些多义情态动词大多有一个核心义,也就是前文所称的中心语义或基本语义,其他各项语义都是在这个中心语义的基础上由语境衍生出来的。我们认为,前文探讨的两类不同语义引申方式也可用这个观点来解释,也就是说,链状引申是一个由中心语义向下一个语义衍生的历时演变,而辐射状引申则是由中心语义向外辐射衍生的共时演变。

6.4.3 小结

以上我们分别从动词类型及情态动词形成方式两方面探讨先秦情态动词不同演变路径的制约条件,我们的结论是:

一,在动词类型方面,当动词为不含主语意志或感知成分的状态动词时,由于该类动词只能搭配当事主语,构成一个由叙述者(说话者)视角所识别的命题或事件,因此,当该类动词发展为情态动词时,所表达的即为包含叙述者(说话者)观点或态度的情态类型。当动词为含主语意志或感知成分的动作动词或感知动词时,由于该类动词所搭配的施事主语或经验主语即为整个命题或事件的意志或感知主体,也就是观点或态度的来源,因此,当该类动词发展为情态动词时,所表达的情态类型之观点或态度来源也只能是主语而非说话者。由于在传统情态研究中,只有包含说话者观点或态度的情态才是典型的情态类型,因此,先秦汉语中,只有不含主语意志或感知成分的状态动词才能发展为典型的情态动词。含主语意志或感知成分的动作动词或感知动词即使发展为情态动词,也只能发展为表主语观点或态度的情态动词,如果要进一步发展为表说话者观点或态度来源的情态动词,只能透过句法成分改变或吸收语境中其他成分语义才能实现,不过,先秦由这两种途径发展而来的情态动词用法或相当受限,仅在某一个时期的少数文献中出现少量用例,或始终隐含主语的感知成分,因此,二者均未能真正发展为一般认定的表达说话者态度或观点的典型情态动词。

二,在情态动词形成方式方面,由主语指向动词发展而来之情态动词,其语义演变方式大致是呈链状引申,而由说话者指向发展而来之情态动词,其语义演变方式则大致是呈辐射状引申。以链状方式引申之动词,其本义大多较具体且有实指内涵,动词在句中所表达的语义也较为明确。这类有明确内涵的动词原本只限定于表达某种具体的语义,在经过语义泛化、推论或隐喻、转喻等引申机制后,这类动词的使用范围才能由 A 发展至 B，再由 B 发展至 C、D、E……等，因此，这类动词发展为情态动词的过程便只能由 A 到 B 再到 C→D→E……。我们将这类演变途径称为“链状引申”，属这类“链状引申”的情态动词包括“能”“克”“得”及“获”。以辐射状方式引申之动词，其本义大多较抽象且没有实指内涵，动词在句中所表达的语义必须靠语境中的其他共现成分来制约。由于语境中的不同共现成分可以制约出不同的动词语义，因此，当这类动词发展为情态动词时，所表达的各类情态语义便可以由原先在语境中制约出的不同语义发展而来，而不需经过前后引申的过程。我们将这类演变途径称为“辐射状引申”，属这类“辐射状引申”的情态动词包括“可”“足”“必”“宜”及“当”。

第七章
结　　语

7.1　先秦情态动词系统

在前文中，我们首先广泛回顾了中外学者对语言中“情态”一词的界定，并在各家研究的基础上，将本书的“情态”研究范畴界定为：以表达说话者对命题或事件之观点或态度为中心的语义范畴，同时兼顾传统研究中因具有相同语言表达形式而被列入情态研究范畴的其他语义范畴，如表主语之能力或意愿的语义范畴。其次，从情态之中心语义为表达与可能性或必要性有关的概念出发，我们将语言中能表主语对可能性或必要性态度的各类语言形式也列入情态研究范畴。最后，我们将交际双方基于尊卑上下、亲疏远近及所处立场不同所导致的语句使用差异也纳入情态讨论的范围内。本书之所以采用这种界定方式，主要是为了对先秦所有与情态表达有关的语言形式有更全面的认识。

前文指出，在上述界定下，先秦情态的表达形式至少涉及了情态动词、情态副词、句末语气词、句类以及其他说话者或主语用以传达个人主观态度或观点的语言表达形式，在这些语言表达形式中，本书选取了其中的情态动词作为主要研究对象。如前所述，本书之所以选取情态动词作为研究研象，主要的理由是，情态动词在许多语言中都是情态系统中最重要的表达形式，先秦汉语的情况亦然。以情态动词作为先秦情态系统研究的起点，不仅能初步勾勒先秦情态系统的轮廓，作为日后整体先秦情态表达系统研究的基础，同时也能与跨语言的情态动词研究相互参照，以探析先秦情态动词与其他语言间的共性及特性。

基于跨语言研究所需，本书在界定先秦情态动词的范围时，也广泛回顾了中外学者的相关研究成果。在回顾的过程中，我们发现，传统所称的助动词或能愿动词虽与目前学界所称的情态动词范围有重叠之处，不过，这些助动词或能愿动词不仅无法像英语的情态助动词一样可以根据共同的语法特征来界定，与现代汉语的情态助动词相比，其语法特点也远远不及。我们认为，传统归为助动词或能愿动词的一类词只是谓宾动词中的部分成员，过去学者所提出的句法标准都不足以将这类动词与其他谓宾动词区别开来。基于先秦汉语的这个语言特色，我们认为，先秦情态动词与一般谓宾动词不能由形式特征来区别，而应从语义特征来区别，也就是说，先秦情态动词应界定为在句法上可以后接动词性成分，且在语义上可以表达情态的动词。

在界定本书情态动词的句法及语义特征后，本书接着参照中外学者所提出之情态语义表达类型，并参酌先秦汉语本身的语言特点，将情态动词所表达之情态语义类型分为认识、道义、动力及条件四类，其中认识及道义情态又分为具有〔＋来源〕语义属性及具有〔－来源〕语义属性两类，前者为表达说话者观点或态度之情态，后者则为表达主语观点或态度之情态；条件情态又依语义分为可能、必要、可行、许可及估价五个次类。前文指出，本书所界定的情态语义范畴是以表达说话者对命题或事件之可能性或必要性的态度为中心，在这个界定下，认识及道义情态中具有〔＋来源〕语义属性者以及条件情态均可列入典型情态语义范畴。条件情态表达的虽非主语对命题或事件之可能性或必要性的主观判断或施加义务等态度，而是就客观条件所做的各类评估，不过，这类评估也可列入表达说话者态度的情态语义类型。动力情态表达的主要是主语的能力或意愿，这类情态之所以列入情态语义范畴，一方面是因为它们在英语中和表可能性或必要性概念的情态助动词具有相同的形式特征，一方面则是因为表达这类语义的动词在汉语传统助动词或能愿动词研究中都被视为重要的成员，因此，我们也将它列入情态语义范畴。最后，具有〔一来源〕语义属性的认识及道义情态之所以被列入情态语义范畴，主要是因为它们所表达的语义与具有〔＋来源〕语义属性者同样是与对命题之可能性或行为之必要性的态度，不同的是，前者表达的是主语的态度，后者表达的则是说话者的态度。本书之所以对情态动词语义类型采用这种界定方式，理由与前文对情态的界定一致，都是为了对先秦汉语中所有与情态表达有关的动词有更全面的认识。

在界定本书情态动词的句法、语义及情态表达类型后，我们接着将本书设定的语料范围内所有符合条件的情态动词成员筛选出来。本书划定先秦各类情态动词的具体方式是，首先以穷尽式的搜寻方式将本书考察范围语料中所有符合“可以后接动词性成分”这个句法条件的动词列出，接着考察它们在后接动词性成分时的语义表现，只要这些动词能表达本书所界定的某类情态语义范畴，我们就将这些动词归入表达该情态类型的一员。这种做法主要是为了避免过去助动词或能愿动词相关研究中大多以列举相关文献中所提及之成员，并据己意加以增删，导致情态动词的界定与范围始终未有可依循之标准的问题。本书最后划定出的先秦各类情态动词即为 2.4.1 小节中之表 2－12、表 2－15、表 2－17 及表 2－18 中所列各个成员。这些成员可说已涵盖了先秦动词中所有与情态语义有关的动词。

在划定先各类情态动词成员后，我们依是否表达说话者态度将先秦情态动词分为典型情态动词及非典型情态动词二类，非典型情态动词再依是否表主语能力或意愿分为非典型情态动词(一)及非典型情态动词(二)，接着详细探讨了这三类情态动词的形成、发展及情态表达类型等相关问题。

本书对情态动词的研究与前此之相关研究相较，主要的特点包括：

一，本书对个别情态动词的语义及其作为表示情态的连续体，以及其引申路径都做了细致的辨析。如前文探讨“度”“料”“量”“计”四个词由动词发展为情态动词的演变过程时，我们的讨论即由这四个词与度量衡有关之丈量或计算的本义出发，详细描述这些动词如何由对长度、体积或重量的测量发展出对各类具体事物进行衡量或计算的用法，再发展出对抽象事物的估量或推测，最后发展为认识情态动词。我们同时以 Traugott(1982)对词义演变所提出的“命题>[(语境)>表达]”理论来说明这些动词的语义发展机制。其他如“恐/惧”由感知动词发展为认识情态动词再发展到语用表达的语义变化及引申机制，我们也做了相当详细的辨析与论证。

二，除了分析语义的变化与发展外，我们也从句式构成的角度对先秦情态动词的某些特殊语义表现提出合理的解释，如情态动词“可”“足”“难”“易”所构成的句式，主语之所以大多为受事，那是因为这些情态动词都是经由提升“V+NP，可(足/难/易)”这个句式中的宾语 NP 至主语位置而来的。

三，除了语义演变及句式发展外，本书还指出先秦许多情态动词所表达的情态语义实际上是一个由 A 至 B 的语义连续统，而这些情态动词在句中究竟表达何种情态语义往往并非取决于词义本身的变化，而是取决于语境中其他共现成分的制约，如“可”由表“可行”到表“许可”，“能”由表“能力”到表“可能”，“必”“宜”“当”由表条件必要到表道义必要，这些情态动词所表达的语义究竟属于语义连续统中的哪个阶段，听者或读者只能根据自己对语境的理解，做出自己的评断。

四，在情态动词的词汇来源方面，我们以 Bybee *et al*. (1994)及 van der Auwera & Plungian(1998)等人的跨语言历时研究成果为对照，指出先秦情态动词之词汇来源语义多有与之相关者①，如“能”与

① 本书所谓相关指的只是语义内涵有相同之处，而非包括语法功能在内完全一致的同义词，如英语中之“suffice”与“sufficient”均有“足”义，虽然这两个词一为动词，一为形容词，我们仍视之为语义相关的两个词。

“be strong”义相关,“克”与“finish”相关,“足”与“suffice”相关,“得”“获”与“get”相关,“可”“宜”“当”表达的情态也与“be proper”相关等。

五,在动词类型与情态发展的关系上,我们指出,先秦情态动词根据动词语义是否含主语意志或感知成分可分为两大类,不含主语意志或感知成分的动词包括状态动词及分类动词,含主语意志或感知成分的动词包括动作动词及感知动词。先秦所有表达说话者态度的典型情态动词都是由不含主语意志或感知成分的状态动词发展而来的,这是因为状态动词所搭配的当事主语无法成为命题或事件中的意志或感知主体,因此,该命题或事件只能由叙述者或说话者的视角来识别。动作动词与感知动词这两类含主语意志或感知成分的动词,由于搭配的施事或经验主语即为整个命题或事件的意志或感知主体,因此,这两类动词发展为情态动词时只能表达主语的观点或态度,而无法表达说话者的观点或态度。这两类动词如果要进一步发展为表说话者观点或态度的情态动词,只能透过句法成分改变或吸收语境中其他成分语义才能实现。不过,先秦由这两种途径发展而来的情态动词用法或相当受限,或始终隐含主语的感知成分,因此,二者均未能发展为表达说话者态度或观点的典型情态动词。

六,在情态动词形成方式与情态的演变方式的关系上,我们指出,先秦由主语指向动词发展而来的情态动词呈“链状引申”,而由说话者指向动词发展而来的情态动词则呈“辐射状引申”。

由主语指向动词发展而来的“链状引申”之情态动词包括“能”“克”“得”“获”及“欲”等。这类动词的本义大多较为具体,发展为情态动词的过程都须经过语义泛化或推论等引申机制,而其情态演变路径则大抵与 Bybee *et al*. (1994:240 - 241)所提出的演变路径或 van der Auwera & Plungian(1998)所绘出的情态语义地图相符,如“能”由能力演变为条件可能,再由条件可能演变为道义可能(许可),这种演变途径一方面与 Bybee *et al*. (1994)所提出的“源于能力的演变路径”相符,另一方面也与 van der Auwera & Plungian(1998)所绘出的由“参与者内在可能”向“参与者外在可能”再向“道义可能”的演变路径一致。“欲”的情态演变路径则与 Bybee *et al*.(1994)所提出的“源于欲望及趋向的演变路径”相符，即由“欲望”向“意图”再向“未来”的演变。先秦这类情态动词的演变路径之所以与西方学者所得出的结论基本一致，应是由于二者的情态动词用法都是由主语指向动词发展而来的缘故。

由说话者指向动词发展而来的“辐射状引申”之情态动词包括“可”“足”“必”“宜”及“当”。这类动词的本义大多较为抽象，由于本义抽象，因此，这类动词在句中所表达的语义必须靠语境中的其他共现成分来制约。由于语境中的不同共现成分可以制约出不同的动词语义，因此，当这类动词发展为情态动词时，所表达的各类情态语义便可以由原先在语境中制约出的不同语义直接发展出来，而不需经过前后引申的过程。先秦这类情态动词的演变路径与西方学者所提出的有较大差异，如多数学者指出的情态演变路径都是由道义情态向认识情态的发展，不过，根据本书的考察，先秦情态动词所表达的认识情态大都可以分析为在状态动词的本义上直接引申出来，与道义情态并无前后演变的关系。在先秦汉语中，多数重要的典型情态动词都是由这种演变路径发展出来的，可以说，先秦情态动词的这种演变路径是有别于其他语言之情态动词的一大特点。

七，除由句式构成及语义演变发展而来的情态动词外，本书指出，先秦另有一类主要由语用表达发展而来的情态动词，这类情态动词包括“如”“若”“似”“类”。根据前文的论述，说话者使用这类表示主宾语间相似关系的动词来表达自己对命题的不确定态度，这种表达方式只是一种语用上的委婉说法，也就是说，说话者使用这类情态词是为了让自己的陈述听起来不那么直截武断，以便让自己的表达方式在交际场合中显得得体而有礼貌。

除了“如”“若”“似”“类”这类直接由语用表达发展而来的情态动词外，先秦其他情态动词在情态发展过程中也有涉及语用表达因素者，如“敢”原为交际场合中说话者表达对于对方胆敢冒犯的态度，其表勇气的“敢＋VP”情态动词用法即是在这种与语用表达有关的情境中由“不敢＋VP”的句式衍生而来。其他如“恐”“愿”“请”“不识”等也都有在交际场合中用来表达说话者委婉或谦敬态度的用法。

从以上的分析可以看出，先秦情态动词系统可说是相当复杂的，在语义上，情态动词不仅可以表达说话者或主语对命题可能性或必要性的态度，也可以表达说话者对命题或事件其他方面的态度，还可以表达主语本身的能力或主观的意愿。在形成方式上，情态动词可以由动词直接带动词性成分发展而来，也可以在经过语义演变后再带动词性成分发展而来，也可以由提升动词发展而来，最后还可以由语用表达发展而来。

尽管先秦情态动词系统表面看似相当复杂，不过，如果从先秦动词类型的角度来看，先秦情态动词系统的内在理路可说是相当清晰的。诚如前文所指出的，动词语义是否含主语意志或感知成分是决定该动词发展为情态动词后是否能表达说话者态度的主要条件，因此，先秦所有具有〔一来源〕语义属性的认识及道义情态，以及表主语义愿的动力情态动词全部都是由第一类含主语意志或感知成分的动词发展而来的，而其他表说话者态度的认识、道义及条件情态除少数由上述三类情态经句法成分改变或吸收语境中其他成分语义发展而来者外，其他全部是由不含主语意志或感知成分的状态动词发展而来。至于表主语能力之情态动词，虽然传统都将它们与表意志的情态动词同时归入动力情态，不过，这两类动词实际上在动词类型及情态语义表达上都有相当明显的区别，表意志者为典型主语指向动词，表能力者则包含说话者的态度。

先秦情态动词除了上述各项特点外，还有一点是值得特别提出来的，那就是条件情态在先秦情态系统中所占的重要地位。在西方的情态研究中，典型的情态类型为表达说话者对命题或事件主观推论的认识情态，以及表达说话者对行为或事件给予许可或施加义务的道义情态。也就是说,在西方的情态研究中,情态是以一个以表达说话者主观态度为中心的语义范畴。不过,在先秦情态动词系统中,表达说话者主观态度的认识及道义情态动词与表达说话者客观态度的条件情态动词相较是相当不发达的。在表6-1中,能表达认识及道义情态的情态动词只有"必""宜""当""得"四个词。根据前文的分析,这些情态动词中只有"必"所表达的认识情态用法在先秦汉语中较为常见,其他各词所表达的认识情态或典型道义情态用法在先秦均相当罕见。表6-1中所列之条件情态动词则涵盖本书归为典型情态动词的所有成员,且多数成员所表达之条件情态用法在先秦汉语中均相当常见,可以说,表达说话者基于外在条件对命题或事件客观评估态度的条件情态才是先秦情态动词系统中成员最多、地位最重要的一个情态类型。这个特点可以说是先秦汉语与西方语言情态动词系统的重要差异之一。

条件情态在先秦汉语情态动词系统中所以有如此重要的地位,与先秦典型情态动词多由说话者指向动词发展而来的特点密切相关。说话者指向动词在发展为情态动词前,表达的主要是说话者对命题或事件的评估态度,在发展为情态动词后,首先表达的仍是说话者对命题或事件的评估态度。说话者对命题或事件的评估态度一方面可以表现为对可能性或必然性的推断,一方面则可以表现为对可行性或必要性的态度。表现为对可行性或必要性态度之情态类型即为本书所界定的条件情态。由于先秦重要的情态动词如"可""足""必""宜""当"等都是由这种方式发展而来,而西方的情态动词则基本没有这种发展方式,因此,条件情态在先秦情态系统中的地位便远较在西方语言中重要了。

最后,从先秦典型情态动词大多是由说话者指向动词发展而来,且在发展为情态动词后,表达的多是说话者对命题或事件的可能性或必要性的评估态度角度来看,我们认为,先秦典型情态动词系统本质上是一个表达说话者对命题或事件之可能性或必要性的表态评估系统，在这个系统中，认识情态与条件情态可视为说话者最重要的两类评估内容。透过这个情态动词系统，说话者表达的是他对命题或事件能否实现或者在多大的承诺度上可能实现的推断，以及他对命题或事件是否可以实现或者必须实现的评断。至于给予主语许可或施加义务等与说话者指示或命令有关的道义情态虽然是西方情态系统中重要的情态类型，但在先秦情态动词系统中却是较不重要的情态类型。

7.2 研究成果回顾与展望

本书的研究对象为先秦情态动词，因此，本书的主要研究成果即为上节所提出的先秦情态动词系统的各项特点。总结来说，本书的主要成果首先在于广泛回顾过去有关情态词的研究，为"先秦汉语情态动词"作出清楚的定位，同时以穷尽方式整理先秦语料，将所有符合本书界定的先秦情态动词放入研究范围，并详细辨析每个动词作为表示情态的连续体及其引申路径。其次，我们从动词语义的抽象程度及是否含意志或感知成分的差异出发，对先秦情态动词的不同演变途径提出合理的说明及解释。最后，我们也将本书对先秦情态动词的分析结果置于跨语言的比较中，指出先秦情态动词系统与跨语言相较时的共性及特性。

在过去汉语情态动词的相关研究中，现代汉语学界无论在整体情态系统或情态动词的广度研究上，或在个别情态动词的深度分析探讨上，都从理论化的角度取得了相当丰富的研究成果。相较于现代汉语的情态动词研究，古汉语的情态动词研究无论在广度、深度或理论化上都有所不及，本书的研究应是这方面研究的一个较有意义的尝试。

除了前述先秦整体情态动词系统的分析研究外，本书的研究中还有两项值得提出来的成果说明。

首先，本书对情态动词"肯""敢"的形成及句式分布提出了前人未有的看法。在前人的研究中,先秦情态动词“肯”“敢”大多都被视为先验的存在,也就是在现存文献中,这两个词一开始即是作为情态动词的身份存在,而其发展为情态动词的过程则无法追溯。本书对这两个词的形成方式分析,一方面由传统注疏及虚词著作中的释义入手,一方面从它们所构成的句式分析入手,分别为这两个词的形成方式及在文献中的句式分布提出了合理的解释。我们在前文的分析中指出,传统注疏或虚词著作的释义方式尽管在观念或体例上与现代语言学的系统性及科学性无法相比,不过,这些著作中对个别字词的解释仍有值得我们参考借鉴的地方,因为这些释义大多为古人代代相承的师说,往往足以反映与文献时代最相近的语言使用者对这些字词的理解。因此,只要识别得当,这些古籍训诂著作在现代语言学的研究中仍具有相当重要的价值。此外,由句式构成的分析方式入手,在情态动词形成途径的分析上也具有相当的效力,除“肯”“敢”外,前文指出的“可”“足”“难”“易”“必”“宜”等情态动词也都是透过句式构成的分析方式才得以使它们发展为情态动词的路径得到合理的解释。

其次,在本书对情态动词语义演变的分析过程中,我们也提出了许多涉及先秦汉语前后期语言所反映方言时代先后不同的问题。前文指出,根据大西克也(1998:240－241)及魏培泉(2001:179－180)的研究,甲、金文及《尚书》所反映的语言与春秋晚期到战国时代的文献所反映的语言可能是不同系统的方言,前者反映的大致是演变较剧烈的当时领导阶级的语言,而后者反映的则是在演变上较保守的列国方言。由于不同方言成为优势方言的时期不同,因此某些语言变化表面看来似乎呈现逆反之势。也就是说,甲、金文及《尚书》中的某些语言现象,在演变序列上可能反而较《左传》《国语》以后的先秦文献更加超前。在前文的论述中,我们指出的与这个语言现象相关的情态动词共有“可”“当”及“敢”三词。其中“可”与“可以”在《左传》《国语》以后的先秦后期语言中区别是相当严谨的,即“可”的主语为后接动词的宾语，也就是大多为受事，而“可以”的主语则多为工具或施事。在其后的发展中，由于“可以”的“以”逐渐被省略，因而“可”的主语也可以出现施事。《尚书》中“可”的用法反映的即是这类施事可充当主语的后期发展现象。其他如“当”在《左传》中仍未发展出情态动词的用法，而在《尚书》中也已出现相当成熟的情态动词用法；“敢”在先秦后期语言中，表勇气的动力情态动词用法初步在禁诫语境中衍生出表许可义的道义情态用法，不过这个用法仍不离否定语境，在《尚书》的用例中，“敢”已有在肯定语境中表许可义的道义情态用法了。上述各情态动词在前后期语言中的不同发展模式，可以进一步证实大西克也及魏培泉对先秦前后期语言特性所提出之假设的可靠性。

最后，我们提出本书研究中未尽完善或有待未来开展的议题。

首先，前文指出，许多先秦情态动词所表达的情态语义都是一个由 A 至 B 的语义连续统，在具体的语境中，这些情态动词所表达的语义往往需藉语境中其他共现成分的制约才能体现出来，不过，在前文中，我们并未对这些共现成分如何具体地制约情态语义进行详细讨论，只笼统地提出某些可能的因素，如主语的人称，说话者对命题或事件的可能性或价值评断，以及反诘语气或否定禁诫语气等。在前文中，我们虽然将各个情态动词依其在文献中表达的情态语义归入本书所区分出的四种情态类型，不过事实上，先秦情态动词所表达的语义远较上述四种分类复杂，如我们将“可”与可能性有关的语义与“能”“得”等同样归入表条件可能的条件情态，不过事实上，“可”与“能”“得”所表达的条件可能语义并不相同。不仅如此，“可”所表达的与可能性有关的语义在不同的语境中也表现出不同的倾向，有些与“能”“得”等之条件可能用法较为接近，有些则较接近认识情态中与未来预期有关的语义。这些细微的语义差别应与语境中的不同制约成分有关，本书由于时间篇幅等限制，对这些问题并未做较深入的探讨与分析。

其次，尽管本书主要研究范围的语料时代横跨约有三百年之久，不过，由于这些文献的年代及所属方言多半不能确指，且许多情态动词如“可”“必”“能”等在《左传》《论语》等属于先秦后期语言且时代相对较早的文献中都大致已发展成熟，因此，本书对情态动词的研究基本仍是一个共时的研究。在共时研究中，本书对各个情态动词情态语义演变路径之构拟只能以这些情态动词在共时的表现为基础，并依一般语义引申方式来描述这些情态语义可能的演变，不能像某些时代跨度较大的语法化研究那般以该词实际在不同时代语料中的不同语义及用法来描述其演变途径，因此，本书对各个情态动词的语义演变路径之构拟有些仍是有待其他语言现象或语言证据来验证的。

第三，先秦情态动词中也有许多可连用的例子，如“必可”“必足”“必当”“必能”“必得”“当能”等，此外，情态动词也可与其他表推测的情态副词连用，如“将必”“将可”“将能”“将得”“必将”“宜将”“殆必”“殆能”“殆不可”等，另同为情态副词的“殆将”也可连用。在这些连用的情态词中，“殆”的顺序均位于各词前方，“宜”在“将”前，“必”与“将”二词的顺序不定，在先秦 24 部文献中，“必将”出现 69 次，“将必”出现 21 次，不过二词在顺序上均位于“可”“足”“当”“得”等词之前。此外，表认识情态的“当”可位于“能”前，其他“可”“足”“能”“得”等彼此不能连用，与其他情态词连用时均位于后方。上述这些情态词的连用顺序，以及先秦其他情态词共现时的连用顺序及所代表的意义，这些都是本书的论述中所未及探讨的问题。

最后，我们认为，先秦汉语的情态系统应是一个有机的整体，包括前文所提出的情态副词、句末语气词及其他说话者或主语用以传达个人主观态度或观点的语言表达形式，甚至语用上的交际礼貌原则都可能制约情态动词在语境中所表现出的情态语义。这些不同的情态表达形式在先秦汉语中如何制约情态动词的语义，而这些由语境制约出的情态语义是否能内化为情态动词本身的语义，或如何内化为情态动词本身的语义，这些语义又如何影响情态动词的情态演变路径，这些都是我们后续可以进一步探讨的问题。

参考文献

奥田宽 2000《作为助动词的“容易”和“好”》，载《语法研究和探索》（十），北京：商务印书馆。

白晓红 1997《先秦汉语助动词系统的形成》，载《语言研究论丛》第七辑，北京：语文出版社。

蔡维天 2010《谈汉语模态词的分布与诠释之对应关系》，《中国语文》，第 3 期。

曹逢甫 1990 著、王静译 2005《汉语的句子与子句结构》，北京：北京语言大学。［原书为：Ts'ao，Feng-fu 1990. *Sentence and Clause Structure in Chinese：A Functional Perspective*.（《国语的句子与子句结构》），台北：学生书局。］

曹逢甫 1996《汉语的提升动词》，《中国语文》，第 3 期。

曹逢甫，林丽卿 2001《横看成岭侧成峰——以汉语难字结构为例谈句法与构词之间的关系》，《现代中国语研究》，第 2 期。

曹锦炎 2008《凡物流形》甲、乙，载《上海博物馆藏战国楚竹书》七，上海：上海古籍出版社。

车淑娅 2005《论词义演变对句式演变的影响——以“请”字为例》，《西华师范大学学报》，第 4 期。

陈承泽 1922/1959《国文法草创》，北京：商务印书馆。（初版由上海商务印书馆于 1922 年出版。）

陈光磊 1981《关于衡词的考察》,《复旦学报》(语言文字专辑),第1期。

陈鼓应主编 1993《道家文化研究》第三辑,上海:上海古籍出版社。

陈鼓应主编 1995《道家文化研究》第六辑,上海:上海古籍出版社。

陈　剑 2005a《上博竹书〈曹沫之陈〉新编释文(稿)》,"简帛研究"网站,2月12日。

陈　剑 2005b《上博竹书〈昭王与龚之脽〉和〈柬大王泊旱〉读后记》,"简帛研究"网站,2月15日。

陈佩芬 2007《平王问郑寿》,载《上海博物馆藏战国楚竹书》六,上海:上海古籍出版社。

陈佩芬 2008《郑子家丧》甲、乙,载《上海博物馆藏战国楚竹书》七,上海:上海古籍出版社。

陈斯鹏 2003《论周原甲骨和楚系简帛中的"囟"与"思"—兼论卜辞命辞的性质》,载《第四届国际中国古文字学研讨会论文集新世纪的古文字学与经典诠释》,香港:香港中文大学。

陈斯鹏 2006《略论楚简中字形与词的对应关系》,载《出土文献与古文字研究》,上海:复旦大学出版社。

陈望道 1978《文法简论》,上海:上海教育出版社。

陈　伟 2003《竹书〈容成氏〉零识》,载《第四届国际中国古文字学研讨会论文集新世纪的古文字学与经典诠释》,香港:香港中文大学。

陈伟武 2003《新出楚系竹简中的专用字综议》,载《华学》第六辑,北京:紫禁城出版社。

陈　颖 2009《现代汉语传信范畴研究》,北京:中国社会科学出版社。

楚永安 1986《文言复式虚词》,北京:中国人民大学出版社。

崔诚恩 2002《现代汉语情态副词研究》,中国社会科学院研究生院语言系博士论文。

崔棠华 1981《古汉语中的"以……为……"结构》,《辽宁师院学报》,第3期。

崔希亮 2003《事件情态和汉语的表态系统》，载《语法研究和探索》(十二)，北京：商务印书馆。

大西克也 1988《上古中國語の否定詞“弗”“不”の使い分けについて——批判說の再檢討——》，载《日本中國學會報》，第四十集。

大西克也 1989《论“毋”“无”》，《古汉语研究》，第4期。

大西克也 1994《秦汉以前古汉语语法中的“主之谓”结构及其历史演变》，载《第一届国际先秦语法研讨会论文集》，长沙：岳麓书社。

大西克也 2006《从语法的角度论楚简中的“囟”字》，载《康乐集：曾宪通教授七十寿庆论文集》，广州：中山大学出版社。

丁声树，吕叔湘，李荣等 1961/2009《现代汉语语法讲话》，北京：商务印书馆。(初版由商务印书馆于1961年出版。)

丁松 2010《敬辞“请”的语法化历程、特点及成因》，《宜宾学院学报》，第9期。

董秀芳 2005《古汉语中宾语的表层隐现条件及其解释》，载《语言学论丛》，第31辑，北京：商务印务馆。

段业辉 2002《中古汉语助动词研究》，南京：南京师范大学出版社。

段玉裁 1989《说文解字注》，台北：艺文印书馆。

樊青杰 2008《现代汉语传信范畴研究》，北京语言大学博士论文。

范开泰 1988《语义分析说略》，载《语法研究和探索》四，北京：北京大学出版社。

方有国 1993《上古汉语“以A为B”的变换结构》，《西南师范大学学报》，第1期。

方有国 2002《上古汉语语法研究》，成都：巴蜀书社。

房红梅 2006《言据性研究述评》，《现代外语》，第2期。

傅继宗 1990《“以……为(以为)”浅释》，《学术交流》，第2期。

傅斯年 1940/1952《性命古训辨证》，载《傅孟真先生集》第三册，台北：“国立”台湾大学出版。(原为1940年出版之“中央研究院”历史语言研究所单刊乙种之5。)

傅雨贤，周小兵 1991《口语中的助动词》，载《语法研究和探索》（五），北京：语文出版社。

高名凯 1948/1957《汉语语法论》（修订本），北京：科学出版社。（初版由上海开明书店于 1948 年出版。）

高　明 1999《论〈史记〉中的“以为”结构》，《西藏民族学院学报》，第 2 期。

古川裕 2005《现代汉语的“中动语态句式”——语态变换的句法实现和词法实现》，《汉语学报》，第 2 期。

谷　峰 2010《先秦汉语情态副词研究》，南开大学博士论文。

郭锡良 1988，1989/1997《先秦语气词新探》，载《汉语史论集》，北京：商务印书馆。（原载《古汉语研究》1988 创刊号及 1989 年第 1 期。）

郭锡良 1998《介词“以”的起源和发展》，《古汉语研究》，第 1 期。

郭晓麟 2010《“希望”和“愿意”的愿望表达模式解析》，《云南师范大学学报》，第 4 期。

韩自强 2004《阜阳汉简〈周易〉研究：附〈儒家者言〉章题〈春秋事语〉章题及相关竹简》，上海：上海古籍出版社。

何乐士 1988/2000《论〈左传〉前八公与后四公的语法差异》，载《古汉语语法研究论文集》，北京：商务印书馆。（本文修改自发表于《古汉语研究》1988 年第 1 期之同名文章。）

何乐士 1989/2004《〈左传〉虚词研究》，北京：商务印书馆。

何乐士 2006《古代汉语虚词词典》，北京：语文出版社。

何琳仪 1998《战国古文字典》，北京：中华书局。

何一寰 1966《论“以为”在古籍中的用法》，《中国语文》，第 1 期。

贺　阳 1992《试论汉语书面语的语气系统》，《中国人民大学学报》，第 5 期。

胡龙彪、黄华新 2006《逻辑学教程》，杭州：浙江大学出版社。

胡性初 1987《古代汉语副词独用的探索》，《广东教育学院学报》，第

4 期。
胡裕树、范晓 1995《动词研究》,开封:河南大学出版社。
胡裕树、范晓 1996《动词研究综述》,太原:山西高校联合出版社。
胡壮麟 1994《语言的可证性》,《外语教学与研究》,第 1 期。
胡壮麟 1995《汉语的可证性和语篇分析》,《湖北大学学报》,第 2 期。
黄盛璋 1956《助动词和动词等的界限问题》,《语文学习》,第 12 期。
黄郁纯 1999《汉语能愿动词之语义研究》,“国立”台湾师范大学华语文教学研究所硕士论文。
黄岳洲 1956《区别助动词、副动词、副词的一般方法》,《语文学习》,第 12 期。
纪国泰 1993《浅议“敢”字可以训“能”》,《西华大学学报》,第 1 期。
蒋绍愚 2007《从助动词“解”“会”“识”的形成看语义的演变》,《汉语学报》,第 1 期。
解惠全 1987《谈实词的虚化》,载《语言研究论丛》第四辑,天津:南开大学出版社。
解惠全,崔永琳,郑天一编著 2008《古书虚词通解》,北京:中华书局。
李朝远 2005《姑成家父》,载《上海博物馆藏战国楚竹书》五,上海:上海古籍出版社。
李临定 1983《“判断”双谓句》,载《语法研究和探索》(一),北京:北京大学出版社。
李　零 2002《容成氏》,载《上海博物馆藏战国楚竹书》二,上海:上海古籍出版社。
李　零 2004《曹沫之陈》,载《上海博物馆藏战国楚竹书》四,上海:上海古籍出版社。
李　明 2001《汉语助动词的历史演变研究》,北京大学中国语言文学系博士论文。
李　明 2003a《试谈言说动词向认知动词的引申》,载《语法化与语法研究》(一),北京:商务印书馆。

李　明 2003b《汉语表必要的情态词的两条主观化路线》，载《语法研究和探索》（十二），北京：商务印书馆。

李宇明 1997《非谓形容词的词类地位》，《中国语文》，第 1 期。

李运富 1994《〈左传〉谓语“请”字句的结构转换》，《湖北民族学院学报》，第 3 期。（同时收录于《第一届国际先秦语法研讨会论文集》，长沙：岳麓书社。）

李战子 2007《〈语气・情态〉导读》，载帕莫（Palmer F. R）著《语气・情态》（*Mood and Modality*），北京：世界图书出版公司北京公司。

李佐丰 1991《〈左传〉的“语”“言”和“谓”“曰”“云”》，载《语言学论丛》第十六辑，北京：商务印书馆。

李佐丰 1994《文言实词》，北京：语文出版社。

李佐丰 2003《先秦汉语实词》，北京：北京广播学院出版社。

李佐丰 2005《古代汉语语法学》，北京：商务印书馆。

梁式中 1960《关于助动词》，《中国语文》，第 5 期。

林丽卿 1997《汉语的“难字结构”与“难字复合词”》，“国立”清华大学语言学研究所硕士论文。

刘承慧 1998《试论先秦汉语的构句原则》，《“中央研究院”历史语言研究所集刊》，第 69 辑。

刘承慧 1999《先秦汉语的结构机制》，载《中国境内语言暨语言学》第五辑：语言中的互动，台北：“中央研究院”语言学研究所筹备处。

刘承慧 2006a《先秦动词类型及词性转化——从 Croft“因果链”假设谈起》，载《语言学论丛》，第 34 辑，北京：商务印书馆。

刘承慧 2006b《先秦汉语的受事主语句和被动句》，载《语言暨语言学》，第 7 辑。

刘承慧 2007《先秦“矣”的功能及其分化》，载《语言暨语言学》，第 8 辑。

刘承慧 2008《先秦“也”“矣”之辨——以〈左传〉文本为主要论据的研究》，载《中国语言学集刊》第 2 卷第 2 期。

刘川民 1994《上古汉语中“以 A 为 B”式变换结构及相关问题》,《呼兰师专学报》,第 3 期。

刘　坚 1960《论助动词》,《中国语文》,第 1 期。

刘景农 1959/2003《汉语文言语法》,北京:中华书局。(初版由北京中华书局于 1959 年出版。)

刘乐贤 2005《读上博(四)札记》,“简帛研究”网站,2 月 15 日。

刘　利 1994《从〈国语〉的用例看先秦汉语的“可以”》,《中国语文》,第 5 期。

刘　利 1998《先秦助动词“得”字用法的考察》,载《古汉语语法论集》,北京:语文出版社。

刘　利 2000《先秦汉语助动词研究》,北京:北京师范大学出版社。

刘　淇 2004《助字辨略》,北京:中华书局。

刘巧芝 2004《从副词谓语句看古汉语“必”字的词性》,《和田师范专科学校学报》,第 4 期。

刘月华,潘文娱,故韡 2001《实用现代汉语语法》,北京:商务印书馆。

庐卓群 1996《助动词“欲”的发展轨迹》,《武汉教育学院学报》,第 5 期。

鲁　川 2003《语言的主观信息和汉语的情态标记》,载《语法研究和探索》(十二),北京:商务印书馆。

鲁晓琨 2004《现代汉语基本助动词语义研究》,北京:中国社会科学出版社。

吕叔湘 1921/2001《论毋与勿》,载《吕叔湘集》,北京:中国社会科学出版社。(原载《华西协和大学中国文化研究所集刊》一卷四期,1921 年。)

吕叔湘 1942/2004《中国文法要略》,载《吕叔湘文集》第一卷,北京:商务印书馆。(初版由商务印书馆于 1942 年出版上卷,1944 年出版中下卷。)

吕叔湘 1979/2001《汉语语法分析问题》,载《吕叔湘集》,北京:中国社会科学出版社。(初版由北京商务印书馆于1979年出版。)
吕叔湘,王海棻编 2005《〈马氏文通〉读本》,上海:上海教育出版社。
马承源主编 2001—2008《上海博物馆藏战国楚竹书》一—七,上海:上海古籍出版社。
马 慧 2006《先秦时代"得"的语法化》,《宁波教育学院学报》,第5期。
马建忠 1989/1998《马氏文通》,北京:商务印书馆。
马景仑 1991《古汉语情态副词"信、诚、实、果"的词义差别》,《江苏大学学报》,第1期。
马庆株 1988/2004《自主动词和非自主动词》,载《汉语动词和动词性结构》,北京:北京大学出版社。[原载《中国语言学报》(三),北京:商务印书馆,1988年。]
马庆株 1988《能愿动词的连用》,《语言研究》,第1期。(同时收录马庆株 2004《汉语动词和动词性结构》,北京:北京大学出版社。)
马庆株 1989/2004《能愿动词的意义与能愿结构的性质》,载《汉语动词和动词性结构》,北京:北京大学出版社。(原载《语言学通讯》,第3-4期。)
马悦然 1982《关于古代汉语表达情态的几种方式》,《中国语文》,第2期。
孟蓬生 2003《上博竹书(二)字词札记》,"简帛研究"网站,1月14日。
孟蓬生 2004《上博竹书(二)字词札记》,载《上博馆藏战国楚竹书研究续编》,上海:上海书店出版社。
孟蓬生 2005《上博竹书(四)闲诂》,《简帛研究》网站,2月15日。(同时收录《简帛研究2004》,桂林:广西师范大学出版社,2006年。)
苗文利 1992《试谈"敢,不敢也"》,《聊城大学学报》,第1期。
牛保义 2005《国外实据性理论研究》,《当代语言学》,第1期。
庞 朴 2000《郢燕书说——郭店楚简及中山三器心旁文字试说》,载《郭店楚简国际学术研讨会论文集》,武汉:湖北人民出版社。

裴学海 1954/1982《古书虚字集释》,北京:中华书局。
彭利贞 2007《现代汉语情态研究》,北京:中国社会科学出版社。
彭再新,刘红花 2002《〈诗经〉中“宜”字的意义和用法》,《怀化师院学报》,第1期。
濮茅左 2007《竞公疟》,载《上海博物馆藏战国楚竹书》六,上海:上海古籍出版社。
濮茅左 2008《君人者何必安哉》甲、乙,载《上海博物馆藏战国楚竹书》七,上海:上海古籍出版社。
齐春红 2008《现代汉语语气副词研究》,昆明:云南人民出版社。
齐沪扬 2002《语气词与语气系统》,合肥:安徽教育出版社。
裘锡圭 2004《读上博简〈容成氏〉札记二则》,载《古文字研究》第二十五辑,北京:中华书局。
屈万里 1986《尚书释义》,台北:联经出版事业公司。
沈家煊 1989《“判断词语”的语义强度》,《中国语文》,第1期。
沈家煊 1995《“有界”与“无界”》,《中国语文》,第5期。
沈家煊 2001《语言的“主观性”与“主观化”》,《外语教学与研究》,第4期。
沈　培 2005《周原甲骨文里的“囟”和楚墓竹简里的“囟”或“思”》,《汉字研究》,第1期。
沈　培 2008《由上博简证“如”可训为“不如”》,载《出土文献与古文字研究》第二辑,上海:复旦大学出版社。
石定栩 1998《汉语主题句的特性》,《现代外语》,第2期。
史存直 2008《汉语史纲要》,北京:中华书局。
史金生 2003《语气副词的范围、类别和共现顺序》,《中国语文》,第1期。
史震己 1980《古代汉语中的“以……为……”句式》,《语言文学》,第4期。
斯尔螽 1980《“以为”“以……为……”在古汉语里的几种特殊用法》,

《中国语文教学》,第10期。
孙德金 1996《汉语助动词的范围》,载《词类问题考察》,北京:北京语言文化大学出版社。
孙冬妮 2005《上古汉语助动词研究》,武汉大学硕士论文。
孙良明 2007《关于"见Vt"结构中"见"的语法、语义特征问题》,《古汉语研究》,第2期。
太田辰夫著 1958,蒋绍愚、徐昌华译 1987/2003《中国语历史文法》,北京:北京大学出版社。
谭世勋 1985《试论"以A为B"结构的发展》,《华南师大学报》,第4期。
汤廷池,汤志真 1997/2000《华语情态词序论》,载《汉语语法论集》,台北:金字塔出版社。(原文发表于《第五届世界华语文教学研讨会论文集:语文分析组》,台北:世界华文出版社。)
汤廷池 1988《汉语词法句法论集》,台北:学生书局。
汤廷池 2000《汉语的情态副词:语义内涵与句法功能》,《"中央研究院"历史语言研究所集刊》,第71卷。
汤馀惠 1999《金文中的"敢"和"毋敢"》,载《中国古文字研究》第一辑,长春:吉林大学出版社。
唐启运 1988《论"以为"的语法特点》,载《古汉语论集》第二辑,长沙:湖南教育出版社。
汪维辉 2000《东汉-隋常用词演变研究》,南京:南京大学出版社。
王红卫 2008《汉语情态动词"能"语法化的类型学研究》,《淮北煤炭师范学院学报》,第4期。
王红卫 2009《汉语情态动词"能"语义演变的机制》,《阜阳师范学院学报》,第5期。
王鸿滨 2001《〈春秋左传〉中助动词"可以"探源》,《汉中师范学院学报》,第2期。
王鸿滨 2002《春秋左传"以为"结构分析》,《唐都学刊》,第2期。

王　力 1937/1990《中国文法中的系词》，载《王力文集》第十六卷，济南：山东教育出版社。（原载《清华学报》12 卷第 1 期，1937 年 1 月。）

王　力 1943/1985《中国现代语法》，载《王力文集》第二卷，济南：山东教育出版社。（初版由商务印书馆于 1943 年出版。）

王　力 1944/1984《中国语法理论》，载《王力文集》第一卷，济南：山东教育出版社。（初版由商务印书馆于 1944 年出版上册，1945 年出版下册。）

王　力 1957/1988《汉语史稿》，载《王力文集》第九卷，济南：山东教育出版社。（初版由科学出版社于 1957 年出版上册，1958 年出版中、下册。）

王　力 1989/1990《汉语语法史》，载《王力文集》第十一卷，济南：山东教育出版社。（初版由商务印书馆于 1989 年出版。）

王年一 1960《也谈助动词》，《中国语文》，第 5 期。

王引之等 1983《经传释词/补/再补》，台北：汉京文化事业有限公司。

王　锳 1995《古汉语中“敢”表“能”义例说》，《古汉语研究》，第 4 期。

王玥雯，叶桂郴 2006《从情态范畴到将来范畴——试论汉译佛经中将来时标志“当”的语法化》，《现代语文》，第 8 期。

王仲英 1990《〈左传〉“能、可、欲、敢”等词的使用情况调查兼论其词性》，《陕西师范大学学报》，第 1 期。

魏培泉 1982《庄子语法研究》，台北：“国立”台湾师范大学国文研究硕士论文。

魏培泉 1994《古汉语被动式的发展与演变机制》，载《中国境内语言暨语言学》，第二辑。

魏培泉，谭朴生，刘承慧等 1997《建构一个以共时与历时语言研究为导向的历史语料库》，《中文计算语言学期刊》，第 1 期。

魏培泉 1997《上古汉语词类标注手册》，蒋经国国际学术交流基金会计划技术报告。

魏培泉 1999a《古汉语语料断词标类的准则与问题》，词汇语义与词汇演变研讨会，台北：福华太平洋翡翠湾。

魏培泉 1999b《论先秦汉语运符的位置》，In Peyraube A. & Sun Chaofen.（eds.）*In Honor of Tsu-lin Mei*：*Studies on Chinese Historical Syntax and Morphology*. Paris：Ecole des Hautes Etudes en Sciences Sociales.

魏培泉 2000《先秦主谓间的助词"之"的分布与演变》，《"中央研究院"历史语言研究所集刊》，第 71 卷。

魏培泉 2001《"弗""勿"拼合说新证》，《"中央研究院"历史语言研究所集刊》，第 72 卷。

温锁林 2001《现代汉语语用平面研究》，北京：北京图书馆出版社。

巫雪如 2010a《上古语气词"与""邪"新探——以出土文献为主的论述》，《台大中文学报》，第 32 期。

巫雪如 2010b《楚简考释中的相关语法问题试探》，载《简帛》，第五辑。

巫雪如 2010c《〈民之父母〉、〈孔子闲居〉及〈论礼〉若干异文的语言分析——兼论〈孔子家语〉的成书问题》，《汉学研究》，第 4 期。

巫雪如 2011a《楚国简帛中的"囟/思""使"问题新探》，《台大文史哲学报》，第 75 期。

巫雪如 2011b《由先秦指代词用法探讨郭店、上博及今本〈礼记〉〈缁衣〉之相关问题——兼探三本〈缁衣〉之流传》，载台北："国立"台湾大学中文学系。

巫宜静 2005《"以为"的句式及语义演变》，《清华学报》，35 卷第 1 期。

巫宜静 2007《"以为"的历史演变》，"国立"清华大学语言学研究所博士论文。

吴春生 2008《"当"的语法化》，《和田师范专科学校学报》，第 2 期。

吴峥嵘 2005《〈左传〉中"请"与"求"的词义差异及其语用选择》，《北方论丛》，第 2 期。

武振玉 2008《两周金文助动词释论》,《殷都学刊》,第 4 期。
谢佳玲 2002《汉语的情态动词》,“国立”清华大学语言学研究所博士论文。
谢佳玲 2006a《华语广义与狭义情态词的分析》,《华语文教学研究》,第 3 卷第 1 期。
谢佳玲 2006b《汉语情态词的语义界定:语料库为本的研究》,《中国语文研究》,第 21 期。
辛志凤 2000《试析古汉语“以……为……”结构》,《黑龙江教育学院学报》,第 6 期。
忻爱莉 1998 *Modality in Taiwan Southern Min*.(《台湾闽南语情态研究》),“国立”清华大学语言学研究所博士论文。
徐晶凝 2008《现代汉语话语情态研究》,北京:昆仑出版社。
徐烈炯,刘丹青 2007《话题的结构与功能》(增订本),上海:上海教育出版社。
徐中舒 1990《甲骨文字典》,成都:四川辞书出版社。
许和平 1991《汉语情态助动词语义和句法初探》,载《第三届国际汉语教学讨论会论文选》,北京:语言学院出版社。
薛凤生 1997《古汉语中的主语省略与所谓的被动句型》,载《中国语言学论丛》第一辑,北京:北京语言文化大学出版社。
薛凤生 1998《试论汉语句式特色与语法分析》,《古汉语研究》,第 4 期。
薛儒章 1991《“以……为……”式辨析》,《天津教育学院学报》,第 3 期。
杨伯峻 1981/2000《古汉语虚词》,北京:中华书局。
杨伯峻 1987《孟子译注》,台北:汉京文化事业。
杨伯峻,何乐士 1992《古汉语语法及其发展》,北京:语文出版社。
杨伯峻 1993《春秋左传注》(修订本),北京:中华书局。
杨伯峻,何乐士 2001《古汉语语法及其发展》(修订本),北京:语文出版社。

杨树达 1928/2008《词诠》,上海:上海古籍出版社。(初版由上海商务印书馆于 1928 年出版。)

杨树达 1930/2007《高等国文法》,上海:上海古籍出版社。(初版由上海商务印书馆于 1930 年出版。)

杨秀芳 1999《方言本字研究的探义法》,In Peyraube A. & Sun Chaofen. *Studies on Chinese Historical Syntax and Morphology: Linguistic Essays in Honor of Mei Tsu-lin*. Paris: Ecole des Hautes Etudes en Sciences Sociales,Centre de Recherches Linguistiques sur l'Asie Orientale。

姚振武 1997《"以为"的形成及相关问题》,《古汉语研究》,第 3 期。

姚振武 1999《先秦汉语受事主语句系统》,《中国语文》,第 1 期。

姚振武 2003《〈晏子春秋〉的助动词系统》,《中国语文》,第 1 期。

姚振武 2005《〈晏子春秋〉词类研究》,开封:河南大学出版社。

易孟醇 1989《先秦语法》,长沙:湖南教育出版社。

殷国光 2008《〈吕氏春秋〉动词研究》,北京:商务印书馆。

殷国光 2008《〈吕氏春秋〉词类研究》,北京:商务印书馆。

于省吾 1996《甲骨文字诂林》,北京:中华书局。

于嗣宜 2007《汉语情态动词语义研究:由方言比较入手》,"国立"清华大学语言学研究所博士论文。

袁毓林 1995《词类范畴的家族相似性》,《中国社会科学》,第 1 期。

袁毓林 2005《基于隶属度的汉语词类的模糊划分》,《中国社会科学》,第 1 期。

张伯江 1997《认识观的语法表现》,《当代语言学》,第 2 期。

张成福、余光武 2003《论汉语的传信表达——以插入语研究为例》,《语言科学》,第 3 期。

张古荣 1996《浅谈古汉语副词的语法功能》,《西南民族学院学报》(汉语言文学研究专辑),第 6 期。

张国宪 1995《现代汉语的动态形容词》,《中国语文》,第 3 期。
张家文 2001《古汉语介词“以”支配成分的移位和省略》,《古汉语研究》,第 4 期。
张丽丽 1993《现代汉语中的法相词》,技术报告 93－02,“中央研究院”信息所出版。
张双棣,殷国光,陈涛 1993《吕氏春秋词典》,济南:山东教育出版社。
张谊生 1998《说“永远”——兼论汉语词类研究中若干理论问题》,《汉语教学与研究》,第 2 期。
张谊生 2000a《现代汉语副词研究》,上海:学林出版社。
张谊生 2000b《现代汉语副词的性质、范围与分类》,《语言研究》,第 1 期。
张谊生 2004《现代汉语副词探索》,上海:学林出版社。
张宇恕 1989《说“以为”》,《山东教育学院学报》,第 3 期。
张玉惠、徐梦葵 1981《古代汉语“请”字探究》,《吉林师范大学学报》,第 1 期。
张玉金 2004《西周汉语语法研究》,北京:商务印书馆。
张月明 1997《〈论语〉、〈孟子〉、〈左传〉中的“可以”》,《古汉语研究》,第 2 期。
章士钊 1907/1925《中等国文典》,上海:上海书店。(初版由上海商务印书馆于 1907 年出版。)
赵　诚 1999《甲骨文简明词典》,北京:中华书局。
赵大明 1998《〈左传〉中“以”的语法意义与功能》,载《走向新世纪的语言学》,台北:万卷楼图书有限公司。
赵丕杰 1991《论“可”并非但表被动更非表被动的助动词》,《天津师大学报》,第 3 期。
赵元任著 1968,吕叔湘译 2005《汉语口语语法》,北京:商务印书馆。(原书为:Chao Yuen-ren. 1968 *A Grammar of Spoken Chinese*. Berkeley & Los Angeles: University of California Press.)

郑贵友 1989《汉语“助动词”的研究刍议》,《汉语学习》,第6期。

郑天刚 2001《助动词的语义特征和句法特征》,载《汉语言文化研究》第八辑,天津:天津人民出版社。

郑　萦 2003《从方言比较看情态词的历史演变》,载《庆祝曹逢甫教授六十华诞论文集》,《台湾语文研究》第一卷第一期,台北:文鹤出版公司。

郑　萦 2004《“可”与“可以”的历史发展与互动》,第五届国际古汉语语法研讨会暨第四届海峡两岸语法史研讨会,2004年8月20－22日。

周法高 1961《中国古代语法:造句编(上)》,台北:“中央研究院”历史语言研究所专刊之三十九。

周法高 1968《上古语法札记》,《中国语言学论文集》,香港:崇基书局。

周凤五 2000《郭店竹简的形式特征及其分类意义》,载《郭店楚简国际学术研讨会论文集》,武汉:湖北人民出版社。

周凤五 2006《上博四〈柬大王泊旱〉重探》,载《简帛》第1辑,上海:上海古籍出版社。

周凤五 2007《上博六〈庄王既成〉、〈申公臣灵王〉、〈平王问郑寿〉、〈平王与王子木〉新探》,载《传统中国研究集刊》第三辑,上海:上海人民出版社。

周凤五 2009《上博七〈君人者何必安哉〉新探》,《台大中文学报》第三十期。

朱承平 1988《先秦时期的“谓”字句》,《中南民族大学学报》,第6期。

朱德熙 1982《语法讲义》,北京:商务印书馆。

朱冠明 2002《〈摩诃僧祇律〉情态动词研究》,上海复旦大学博士论文。

朱冠明 2003《汉语单音情态动词语义发展的机制》,《解放军外国语学院学报》,第6期。

朱冠明 2005《情态与汉语情态动词》,《山东外语教学》,第2期。

朱冠明 2008《〈摩诃僧祇律〉情态动词研究》,北京:中国戏剧出版社。

朱　熹 1981 四书章句集注，台北：长安出版社。
朱有明 1986《上古汉语中的“可”“可以”》，《新疆大学学报》，第 2 期。
庄惠茹 2003《两周金文助动词词组研究》，“国立”成功大学中国文学研究所硕士论文。
“中央”研究院词库小组 1993《中文词类分析》，台北：“中央研究院”词库小组技术报告。
复旦大学出土文献与古文字研究中心读书会 2008《攻研杂志(二)——复旦大学出土文献与古文字研究中心读书会札记》，复旦大学出土文献与古文字研究中心网(http://www.guwenzi.com)，2 月 1 日。
国家文物局古文献研究室编 1980《马王堆汉墓帛书》(壹)，北京：文物出版社。
国家文物局古文献研究室编 1985《马王堆汉墓帛书》(肆)，北京：文物出版社。
国家文物局古文献研究室编 1987《马王堆汉墓帛书》(叁)，北京：文物出版社。
河北省文物研究所定州汉墓竹简整理小组编 1997《定州汉墓竹简：论语》，北京：文物出版社。
河南省文物考古研究所编著 2003《新蔡葛陵楚墓》，郑州：大象出版社。
湖北省荆沙铁路考古队编 1991《包山楚简》，北京：文物出版社。
湖北省文物考古研究所，北京大学中文系编 1995《望山楚简》，北京：中华书局。
湖北省文物考古研究所，北京大学中文系编 2000《九店楚简》，北京：中华书局。
睡虎地秦墓竹简整理小组编 1977/2001《睡虎地秦墓竹简》，北京：文物出版社。
荆门市博物馆编 1998《郭店楚墓竹简》，北京：文物出版社。

银雀山汉墓竹简整理小组编 1975《银雀山汉墓竹简》(壹),北京:文物出版社。

银雀山汉墓竹简整理小组编 2010《银雀山汉墓竹简》(贰),北京:文物出版社。

中国文物研究所,湖北省文物考古研究所编 2010《龙岗秦简》,北京:中华书局。

Bloomfield L. 著,袁家骅译 1980《语言论》,北京:商务印书馆。

Fillmore C. J. 著,胡明扬译 2002《格辨》,北京:商务印书馆。

Li & Thompson 著,黄宣范译 1983《汉语语法》,台北:文鹤出版有限公司。

Allwood Jens S, Lars-Gunnar A. & Östen D. 1977 *Logic in Linguistics*. Cambridge: Cambridge University Press.

Austin J. 1975 *How to Do Things with Words*. (2nd ed.) Cambridge: Harvard University Press.

Bybee J. L. & William P. 1985 Cross-linguistic Comparison and the Development of Grammatical Meaning. In Jacek F. (ed.) *Historical Semantics, Historical Word Formation*. Berlin, New York: Mouton Publishers.

Bybee J. L, Revere P. & William P. 1994 *The Evolution of Grammar: Tense, Aspect, and Modality in the Languages of the World*. Chicago: University of Chicago Press.

Bybee J. L. 1985 *Morphology: A Study of the Relation between Meaning and Form*. Amsterdam & Philadelphia: John Benjamins.

Bybee J. L. 1988 Semantic Substance vs. Contrast in the Development of Grammatical Meaning. *Berleley Linguistic Society*, 14.

Bybee J. L. 1995 The Semantic Development of Past Tense Modals in English. In Joan B. & Suzanne F. (eds.) *Modality in Grammar and Discourse*. Amsterdam & Philadelphia: J. Benjamins.

Chafe W. 1986 Evidentiality in English Conversation and Academic Writing. In Chafe W. & Johanna N. (eds.) *Evidentiality the Linguistic Coding of Epistemology*. Norwood: Ablex Publishing Corporation.

Chao Yuan-ren. 1968 *A Grammar of Spoken Chinese*. Berkeley: University of California Press.

Cheng Lisa Lai Shen. 1989 Transitivity Alternations in Mandarin Chinese. In Chan M. & Emst T. (eds.) *Proceedings of the Third Ohio State University Conference on Chinese Linguistics*. Bloomington: Indiana University Linguistics Club.

Chung S. & Timberlake A. 1985 Tense, Aspect and Mood. In Shopen T. (ed.) *Language Typology and Syntactic Description, v. III: Grammatical Categories and the Lexicon*. Cambridge: Cambridge University Press.

Coates J. 1983 *The Semantics of the Modal Auxiliaries*. London: Croom Helm.

Comrie B. 1985 *Tense*. Cambridge: Cambridge University Press.

Dendale P. & Liliane T. 2001 Introduction: Evidentiality and Related Notions. *Journal of Pragmatics*, 33.

Dirven R. & Marjolijn V. (eds.) 1998 *Cognitive Exploration of Language and Linguistics*. Amsterdam & Philadelphia: John Benjamins.

Dobson W. A. C. H. 1959 *Late Archaic Chinese: A Grammatical Study*. Toronto: University of Toronto Press.

Droste F. S. 1968 Intention, Meaning, Interpretation. *Lingua*, 21.

Finegan E. 1995 Subjectivity and Subjectivisation: An Introduction.

In Stein & Wright (eds.) *Subjectivity and Subjectivisation*. Cambridge: Cambridge University Press.

Givón T. 1989 *Mind, Code, and Context Essays in Pragmatics*. Hilsdale: Erlbaum.

Givón T. 1994 Irrealis and the Subjunctive. *Studies in Language*, 18.

Halliday M. A. K. 1970 Functional Diversity in Language as Seen from a Consideration of Modality and Mood in English. *Foundations of Language*, 6. 3.

Halliday M. A. K. 1985 *An Introduction to Functional Grammar*. London: Edward Arnold.

Halliday M. A. K. 1994 *An Introduction to Functional Grammar*. (2nd ed.) London: Edward Arnold.

Harbsmeier C. 1989 The Classical Chinese Modal Particle yi(已). In *Proceedings of the Second International Conference on Sinology, Section on Linguistics*. Taipei: Academia Sinica.

Haser V. 2000 Metaphor in Semantic Change. In Antonio B. (ed.) *Metaphor and Metonymy at the Crossroads: A Cognitive Perspective*. Berlin/ New York: Mouton de Gruyter.

Hopper J. B. 1975 On Asserative Predicates. In John P. K. (eds.) *Syntax and Semantics*(4). New York: Academic Press.

Hsueh F. 1994"Subject Deletion"and"Passive Construction"in Classical Chinese. In Gassmann R. & He L. (eds.) *Papers of the First International Congress on Pre-Qin Chinese Grammar*. Changsha: Yuelu Press.

Huddleston R. 1976 Some Theoretical Issues in the Description of the English Verb. *Lingua*, 40.

Huddleston R. 1984 *Introduction to the Grammar of English*. Cambridge: Cambridge University Press.

Jespersen O. 1924/2007 *The Philosophy of Grammar*. London & New York : Routledge.

Johnson M. 1987 *The Body in the Mind: The Bodily Basis of Meaning, Imagination, and Reason*. Chicago: University of Chicago Press.

Kamio A. 1994 The Theory of Territory of Information: The Case of Japanese. *Journal of Pramatics*, 21.

Kamio A. 1997 *Territory of Information*. Amsterdam: John Benjamins.

Lakoff G. 1987 *Women, Fire, and Dangerous Things: What Categories Reveal about the Mind*. Chicago: University of Chicago Press.

Lampert G. & Martina L. 2000 *The Conceptual Structure(s) of Modality: Essences and Ideologies: A Study in Linguistic (meta-) Categorization*. Frankfurt am Main & New York: Peter Lang.

Li C. N. & Sandra A. T. 1981 *Mandarin Chinese: A Functional Reference Grammar*. Berkeley: University of California Press.

Lin Jo-wang & Chih-Chen Jane Tang. 1995 Modals as Verbs in Chinese: A GB Perspective. 载《"中央研究院"历史语言研究所集刊》,第 66 辑。

Lyons J. 1977 *Semantics*, 2 Vols. Cambridge & New York: Cambridge University Press.

Malmqvist G. 1981 On the Functions and Meanings of the Graph 其 CHYI in the TZUOOJUANN. In *Proceedings of the Second International Conference on Sinology. Section on Linguistics and Paleography*. Taipei: Academia Sinica.

Matlock T. 1989 Metaphor and the Grammaticalization of Evidentials. In *Proceedings of the 15th Annual Meeting of the Berkeley Linguistic Society* 15.

Meisterernst B. 2008a Modal Verbs in Han Period Chinese Part I: The Syntax and Semantics of kě 可 and kěyǐ 可以. *Cahiers de Linguistique Asie Orientale*, 37. 1.

Meisterernst B. 2008b Negative Markers in Combination with the Modal Auxiliary Verbs kě 可 and kěyǐ 可以. *Cahiers de Linguistique Asie Orientale*, 37. 2.

Meisterernst B. 2011 From Obligation to Future? A Diachronic Sketch of the Syntax and the Semantics of the Auxiliary Verb dāng 当. *Cahiers de Linguistique Asie Orientale*, 40. 2.

Mithun M. 1986 Evidential Diachrony in Northern Iroquoian. In Chafe W. & Johanna N. (eds.) *Evidentiality the Linguistic Coding of Epistemology*. Norwood: Ablex Publishing Corporation.

O'Connor D. J. 1954 Reviewed Work(s): An Essay in Modal Logic by Georg H. von Wright. *The British Journal for the Philosophy of Science*, 5. 18.

Palmer F. R. 1979 *Modality and the English Modals*. London: Longman.

Palmer F. R. 1986 *Mood and Modality*. Cambridge: Cambridge University Press.

Palmer F. R. 1990 *Modality and the English Modals*. (2nd ed.) London & New York: Longman.

Palmer F. R. 2001 *Mood and Modality*. (2nd ed.) Cambridge: Cambridge University Press.

Papafragou A. 2000 *Modality: Issues in the Semantics-pragmatics Interface*. Amsterdam & New York: Elsevier.

Perkins M. R. 1983 *Modal Expressions in English*. Norwood, N. J. :

Ablex Pub. Corp.

Peyraube A. 2000 On the Modal Auxiliaries of Possibility in Classical Chinese. In Wang H. S, Tsao F. & Lien C. (eds.) *Selected Papers from the 5th International Conference on Chinese Linguistics*. Taipei: Crane Publishing Co.

Peyraube A. 2001 On the Modal Auxiliaries of Volition in Classical Chinese. In Hilary C. (ed.) *Sinitic Grammar: Synchronic and Diachronic Perspectives*. Oxford & New York: Oxford University Press.

Pulleyblank E. G. 1992 *Outline of Classical Chinese Grammar*. Vancouver: UBC Press.

Quirk R, Sidney G. & Geoffrey L. *et al*. 1985 *Comprehensive Grammar of the English Language*. London & New York: Longman.

Radford A. 1988 *Transformational Grammar: A First Course*. Cambridge & New York: Cambridge University Press.

Rescher N. 1968 *Topics in Philosophical Logic*. Drodrecht: Reibel.

Shopen T. 1985 *Language Typology and Syntactic Description*. Cambridge: Cambridge University Press.

Simon W. 1951 DER ERL JIANN 得而见 and DER JIANN 得见 in LUENYEU 论语 VII, 25. *Asia Major*, 2. 1.

Sweetser E. 1990 *From Etymology to Pragmatics: Metaphorical and Cultural Aspects of Semantic Structure*. Cambridge & New York: Cambridge University Press.

Tai James H-Y. 1984 Verbs and Times in Chinese: Vendler's Four Categories. In Testen D, Mishra V. & Drogo J. (eds.) *Papers from the Parasession on Lexical Semantics*. Chicago: Chicago Linguistic Society.

Takashima K. 1994 The Modal and Aspectual Particle Qi in Shang

Chinese. 载《第一届国际先秦汉语语法研讨会论文集》,长沙:岳麓书社。

Taylor J. R. 2002 *Cognitive Grammar*. Oxford & New York: Oxford University Press.

Tiee Henry Hung-Yeh. 1985 Modality in Chinese. In Nam-Kil & Henry Hung-heh Tiee(eds.) *Studies in East Asian Linguistics*. Los Angeles: Department of East Asian Languages and Cultures, University of Southern California.

Traugott E. C. 1982 From Propositional to Textual and Expressive Meanings; Some Semantic-pragmatic Aspects of Grammaticalization. In Winfred P. L. & Yakov M. (eds.) *Perspectives on Historical Linguistics*. Amsterdam: Benjamins.

Traugott E. C. 1989 On the Rise of Epistemic Meanings in English: An Example of Subjectification in Semantic Change. *Language*, 65. 1.

Traugott E. C. 2002 *Regularity in Semantic Change*. Cambridge / New York: Cambridge University Press.

Traugott E. C. 2006 Historical Aspects of Modality. In William F. (ed.) *The Expression of Modality*. Berlin: Mouton de Gruyter.

Traugott E. & König E. 1991 The Semantics-pragmatics of Grammaticalization Revisited. In Traugott E. & Heine B. (eds.) *Approaches to Grammaticalization* Vol. 2. Amsterdam: Benjamins.

Tsang Chui Lim. 1981 *A Semantic Study of Modal Auxiliary Verbs in Chinese*. Ph. D. Dissertation, UMI.

Ts'ao Feng-fu. 1990 *Sentence and Clause Structure in Chinese: A Functional Perspective*. (《国语的句子与子句结构》)台北:学生书局。

van der Auwera J. & Plungian V. 1998 Modality's Semantic Map.

Linguistic Typology, 2.

von Wright G. H. 1951 *An Essay in Modal Logic*. Amsterdam: North-Holland.

Willett T. 1988 A Cross-linguistic Survey of the Grammaticalization of Evidentiality. *Studies in Language*, 12. 1.

"中央研究院"上古汉语标记语料库:
http://db1x. sinica. edu. tw/cgi-bin/kiwi/akiwi/akiwi. sh
"中央研究院"汉籍全文数据库:
http://hanchi. ihp. sinica. edu. tw/ihp/hanji. htm
"中央研究院"现代汉语平衡语料库:
http://db1x. sinica. edu. tw/kiwi/mkiwi/
北京大学中国语言学研究中心现代汉语语料库:
http://ccl. pku. edu. cn:8080/ccl_corpus/

附录：

专家评审意见(一)

大凡做学问以多闻阙疑、推陈布新为要，本书《先秦情态动词研究》反映作者惊人的毅力及扎实的做学问精神。本书共分七章：第一章为序论；第二章为情态动词的界定；第三章为典型情态动词析论；第四、五章为非情态动词析论(一)(二)；第六章为情态动词相关问题讨论；第七章为结语。

第一章内容包含呈现本书研究的意义、西方情态及情态研究概观，简介七位学者情态研究，回顾现代和先秦汉语情态研究，交代本书研究范围。

第二章涵盖情态动词的范围及界定。作者先从形式和语义的观点来界定现代汉语的情态动词，再回顾《马氏文通》以来先秦汉语情态动词的研究，并对各家做总评。由于情态动词在语义、句法上的纠葛，作者倡议从语义的界定先秦情态动词，最后讨论情态与主观性、可能世界、写实/非写实性的关系，界定认识、道义、动力、条件情态动词。

第三章分析“可”“足”“难”“易”“必”“宜”“当”“能”“克”“得”“获”等典型情态动词。

第四章分析非典型情态动词，其中包括“肯”“敢”“欲”“愿”“望”“冀”“请”“求”“索”“图/谋”“思”“虑”“喜”等。

第五章也分析非典型情态动词，包括“知识”“以为”“谓”“信”

“意”“度/料/量/计”“疑/恐/惧”“如”“若”“似”“类”“命/令”“使”“禁”“劝”“许”等。

第六章探讨情态动词相关问题。作者首先提出先秦情态动词分类表(表2-20),表中先秦情态动词的分类是依据两个准则:(1)动词类别(行为、感知、状态、分类四类);(2)情态类型(次分为认识、道义、动力、条件四类),其中认识、道义又依来源的正负值各次分为两小类:正值“来源”的情态动词是说者取向,负值“来源”的情态动词为非说话者(即主语)取向。条件情态词指涉及外在条件的各种可能性、必要性、可行性、许可或估价。其次制作情态动词语义地图,涵盖可能性、必要性及其他义域的语义,并做跨语言的比较,最后探讨情态动词形式与情态发展的关系。

本书在文献回顾上做得相当详尽,视野宽广,不止有介绍也有评述。作者从语义(而非句法)的观点对先秦时期情态动词给予定义:在句法上可以后接动词性成分,且在语义上表达说话者或主语对命题的承诺或评估的动词。

作者于书中提到鉴定先秦时期情态动词五个条件:(1)具有动词的全部或部分语法特点:(2)只出现于在动词成分之前;(3)可以单说;(4)不能重叠:(5)能够进入“不～不～”的双重否定框架。作者接着又指出这五个条件实践上都有困难,最后下结论说,先秦情态动词可界定为谓宾动词中可以表达情态的一类动词。至于情态动词和情态副词之区分,作者也坦承目前暂时无法处理。基于句法鉴别条件,作者以纯语义的条件来作为划定情态动词的准绳,其范围除一般熟知的认识、道义、动力情态,还包含外在条件情态。作者从类型学观点着重指出条件情态所反映事态的妥当性的这种语义属性是先秦情态系统中重要的一环,与熟知的西方情态动词系统有显著的区分,这是作者重要的洞见。

情态动词和主要动词的区别固然有困难,但是并非完全无法克服。词类之分别除了语义还需回归到形式的区别,比如情态动词做功能词是封闭而可穷举的词类,情态动词失去带论元之功能,情态动词阶层位置比主要动词还高等特点。又如情态动词理应是主要动词词组之前的助词,但如何决定是动词词组还是补语子句,这牵涉到动词词组和子句的分界及汉语限定子句和非限定子句如何划分的问题。这些都是古汉语研究深具挑战性但不能回避的问题。先秦汉语固然没有丰富屈折形态变化,但是其结构特性不容小觑,语词相结合的运作规律还是可以深入探讨,以捕捉其真正的特点。

本书论述详实、取材丰富,所触及的理论问题处处引人入胜,甚具开拓性的意义,特别是作者视野开阔,善于吸收中西方学界理论崭新的研究成果融会贯通,灵活运行于先秦汉语情态词的研究。有志于历时语言研究、古今汉语语法研究者本书断不能错过,虽不一定完全同意作者的见解,但是本书所触及问题的既深又广,阅读后定能获益匪浅并从中发掘出重要的理论议题,再进而做更深入的探索。

连金发

专家评审意见(二)

上古汉语情态动词研究受到重视始于 20 世纪 80 年代,但将上古汉语情态动词研究与西方情态动词研究的理论结合起来则是新世纪以后的事情。巫雪如女士的《先秦情态动词研究》在以下几个方面有比较突出的贡献:

(一)作者对西方情态动词研究的历史和现状了解全面,对西方情态动词研究的相关理论方法和成果掌握透彻。

(二)作者能够在西方情态动词研究理论的基础上结合先秦汉语实际提出自己的情态动词系统观,并能够找到比较切实有效的方法来厘清情态动词的范围。

(三)作者对国内情态动词研究的历史和现状了解全面,对国内情态动词研究得失的分析客观、允当。

(四)作者对先秦汉语材料的使用既充分利用了传世文献,也充分注意到出土文献,论文材料基础详实,对传世文献和出土文献的解读准确。

(五)作者不仅重视对先秦汉语情态动词系统的揭示,更注重先秦汉语情态动词语义演化过程的分析及其演化机制的揭示。在分析情态动词语义演化过程时不仅注重先秦汉语内部材料的支持,还运用了语义地图分析方法,因而对一些情态动词的语义来源及其演化过程的分析相当精当且卓有建树。

(六) 作者对一些情态动词的语义演化过程有独到见解,如对“敢”的语义演化过程的分析。

(七) 作者语言表述清晰流畅,文献征引翔实广泛,尤其是专著的写作规范很值得内地青年学者借鉴。

洪 波

《清华语言学博士丛书》章程

（一）《清华语言学博士丛书》(以下简称《丛书》)是清华大学语言研究中心主持编辑的一套丛书，选择海峡两岸暨香港、澳门语言学博士高质量的学术著作，经同行专家匿名评审和编委会审定后，由上海中西书局出版。每年出版1至5种。

（二）《丛书》旨在使优秀的语言学博士的著作得以较快出版，并在学界传播，扩大影响。一方面帮助语言学领域的优秀青年学者迅速成长，另一方面也为语言学的发展注入新的活力。

（三）学术定位

1. 以扎实的语言材料为基础，有较深入的分析和理论思考。

2. 具有学术前沿性和创新性。

3. 符合学术规范。

（四）编委会

顾问：丁邦新、陆俭明

主编：蒋绍愚(清华大学)

编委：蔡维天(新竹清华大学)，曹志耘(北京语言大学)，陈保亚(北京大学)，方一新(浙江大学)，冯胜利(香港中文大学)，何大安(台湾“中研院”)，邢向东(陕西师范大学)，张伯江(中国社科院语言所)，张美兰(清华大学)，张敏(香港科技大学)。

编委会负责邀请同行专家进行匿名评审，并召开编委会审阅和评定入选《丛书》的著作。

（五）申报条件

1. 作者为海峡两岸暨香港、澳门已获得语言学博士学位的青年学者(年龄在

45 周岁以下）。

2. 著作可以在博士论文或博士后出站报告的基础上修改而成，已获得语言学博士学位的青年学者的其他著作也可以申报。著作用中、英文撰写均可。

3. 著作内容符合本章程第（三）条所规定的学术定位。

4. 作者从取得博士学位的次年起即可申报，申报者需填写《申报表》，并有两位专家（不包括《丛书》编委和顾问）推荐。

（六）申报时间

每年 4 月 1 日至 5 月 31 日。6 至 8 月份由同行专家匿名评审。9、10 月份编委会开会评定，10 月 31 日前公布评定结果。申报和评审的具体办法另定。

（七）申报著作通过评定后，作者应根据编委会的意见进行修改，并在两年内将定稿送交上海中西书局，逾期视同放弃出版。

《清华语言学博士丛书申报表》可登陆网站下载，网址：http://www.tsinghua.edu.cn/publish/cll/index.html。

地　址：清华大学人文学院新斋 332

联系人：赵小英　电话：010—62773018

电子信箱：zwlxs@tsinghua.edu.cn

（2011 年 11 月 10 日《丛书》第一次编委会讨论通过）